U0531386

债权人视角下公司对外担保实务问答

许建添 著

法律出版社 LAW PRESS·CHINA
北京

图书在版编目（CIP）数据

债权人视角下公司对外担保实务问答 / 许建添著.
北京：法律出版社，2025. -- ISBN 978-7-5244-0246-6
Ⅰ. D922.291.915
中国国家版本馆CIP数据核字第2025S1F939号

债权人视角下公司对外担保实务问答 ZHAIQUANREN SHIJIAO XIA GONGSI DUIWAI DANBAO SHIWU WENDA	许建添 著	策划编辑　邢艳萍 责任编辑　邢艳萍 装帧设计　苏　慰

出版发行　法律出版社	开本　710毫米×1000毫米　1/16
编辑统筹　法律应用出版分社	印张　34.5　　字数　600千
责任校对　王语童	版本　2025年5月第1版
责任印制　刘晓伟	印次　2025年5月第1次印刷
经　　销　新华书店	印刷　北京盛通印刷股份有限公司

地址：北京市丰台区莲花池西里7号（100073）

网址：www.lawpress.com.cn　　　　　　　销售电话：010-83938349
投稿邮箱：info@lawpress.com.cn　　　　　客服电话：010-83938350
举报盗版邮箱：jbwq@lawpress.com.cn　　　咨询电话：010-63939796
版权所有·侵权必究

书号：ISBN 978-7-5244-0246-6　　　　　　定价：128.00元

凡购买本社图书，如有印装错误，我社负责退换。电话：010-83938349

前　言

公司对外担保作为商事交易的核心风控手段,其效力认定与责任划分长期困扰实务界。为此,最高人民法院于2019年发布了《全国法院民商事审判工作会议纪要》(以下简称《九民纪要》),为解决长期困扰公司对外担保实务的争议问题提供了重要指引。而《民法典》与《最高人民法院关于适用〈中华人民共和国民法典〉有关担保制度的解释》(以下简称《民法典担保制度解释》)的施行,对公司对外担保的规则体系进行了系统性重构,进一步强化了债权人的审查义务与风险责任。债权人审查义务的边界、越权担保的效力认定、上市公司特殊规则等议题急需系统性梳理。

本书立足于债权人视角,以实务问题为导向,结合《民法典》《公司法》《九民纪要》《民法典担保制度解释》等,就公司对外担保的核心争议与操作要点进行全面梳理。

第一部分是公司对外担保一般问题。该部分问题围绕公司对外担保的基础规则与共性争议,解析债权人审查决议的法理逻辑(如《公司法》(2023修订)第15条的规范性质)、特殊场景的规则适用(如借新还旧、执行担保、由第三人履行)、法律溯及力(《九民纪要》与《民法典担保制度解释》的衔接)及越权担保的司法审查主动性。

第二部分是关于非上市公司对外担保的问题。该部分内容主要是回答实践中债权人审查决议时遇到的常见实务问题,共有57个问答,为全书主体,聚焦公司章程与决议审查的实务难点,涵盖关联担保的回避表决、决议真实性认定(如复印件效力、授权表决程序)、章程冲突处理(公司出具决议的机关与章程规定不一致、章程与股东协议不一致、股东名册与工商登记不一致)、混合担保(保证+

抵押）的决议覆盖范围，以及隐名持股、差额补足等非典型担保的风险防控。此外，该部分还探讨了股权嵌套下实质全资子公司担保的决议豁免、章程规定由董事会或股东会以外的机关或个人就对外担保进行决定或决议等前沿议题。

第三部分是上市公司对外担保，突出信息披露的刚性约束，详解司法解释对公告审查的要求，分析上市公司控股子公司担保的穿透规则、概括性授权的合法性边界、"有决议无公告"的合同效力争议以及金融机构分支机构的非标担保特殊规则。

第四部分是越权对外担保的法律后果，厘清了担保对公司不发生效力时的责任配置，包括赔偿责任比例（如"二分之一责任上限"的适用条件）、追偿与返还请求权的行使路径、诉讼程序衔接（保证期间与诉讼时效）以及《民法典》施行前上市公司未公告担保的溯及力问题。

此外，本书还特别关注国有企业、合伙企业、外资企业等主体的担保特殊性，并对电子化表决等新兴问题予以回应，这些内容放在了第五部分。

公司对外担保的规则始终处于动态演进之中。近年来，最高人民法院通过司法解释、参考案例、典型案例等逐步统一裁判尺度，强调债权人在接受公司对外担保时的善意审查标准，同时兼顾交易安全与公司治理的平衡。本书在写作过程中，大量参考了最新司法案例中的裁判观点，力求为每一个问题寻找到契合当下法律环境的司法实践参考。

本书主要面向金融机构法务、企业合规部门、律师等从事公司担保实务工作的专业人士，亦可为公司法、担保法领域的学术研究者提供实践观察视角，希冀能助力读者穿透规则迷雾、构筑风控体系、优化交易安排。但需要特别声明：本书内容系基于现行法律框架与司法实践的实务梳理与学理探讨，不作为笔者或笔者所在律师事务所出具的任何形式法律意见，任何主体参照本书观点作出的决策或采取的行动，均应另行征询专业法律顾问，笔者及所属机构不因此承担任何法律后果。囿于笔者认知局限，书中观点难免存在疏漏或偏差，恳请学术界与实务界同仁不吝斧正，谨此致谢！

目 录

第一部分 公司对外担保一般问题

003 　一、为什么公司对外提供担保时,债权人需要审查公司的决议或公告?

008 　二、债权人是否需要审查借款人的章程和决议?

011 　三、所有权保留买卖、融资租赁、保理等涉及担保功能的业务中,债权人是否需要审查资金融入方的决议或公告?

014 　四、借款展期,是否需要担保人再次出具公司决议或公告?

022 　五、借新还旧时,新贷与旧贷均有担保,债权人是否需要审查新贷担保人决议或公告?

024 　六、不动产抵押已经办理抵押登记,能否豁免债权人审查决议或公告的义务?

026 　七、执行担保,是否不需要审查担保人决议?

033 　八、由第三人履行合同,债权人是否需要审查第三人公司决议?

039 　九、担保人未就越权担保问题提出抗辩,人民法院是否应当主动进行审查?

046 　十、《九民纪要》关于法定代表人越权担保的规则是否不适用颁布之前签订的担保合同?

047 　十一、《民法典担保制度解释》是否适用于2021年1月1日前签订的担保合同?

第二部分　非上市公司对外担保

053　十二、债权人应当如何证明其已对公司决议进行了合理审查？

059　十三、若担保决议系由借款人提交给债权人，债权人是否负有更加严格的审查义务？

061　十四、公司向债权人出具差额补足承诺函、回购承诺函、流动性支持函等文件，债权人是否需要审查公司决议？

069　十五、债权人审查决议，有无必要对股东会决议或董事会决议进行面签审查？

071　十六、若担保合同由公司法定代表人以外的自然人订立，债权人应如何审查？

075　十七、公司章程对担保数额有限额规定的，债权人应当如何处理？

078　十八、章程规定重大担保需要股东会决议，但未明确何为重大担保，债权人如何处理？

081　十九、章程与股东协议存在冲突，债权人应当以何者为准？

083　二十、主合同当事人协议以新贷偿还旧贷，担保人提供的公司决议未载明知晓或同意借新还旧，能否视为债权人善意？

084　二十一、公司决议缺少担保事项的直接内容或相关信息，债权人是否构成善意？

087　二十二、担保合同约定的担保事项与通过的决议不一致，以何者为准？

088　二十三、违反《关于加强中央企业融资担保管理工作的通知》，担保是否仍然有效？

091　二十四、"带押过户"，债权人是否需要审查新抵押人公司的决议？

094　二十五、公司为股东之间交易提供担保是否有效，债权人应当如何审查公司决议？

099　二十六、债权人有无义务举证证明股东会决议或董事会决议的来源？

101	二十七、担保决议通过后股东或董事发生变更,债权人是否构成善意?
103	二十八、公司提供的股东会决议或董事会决议是复印件,债权人是否构成善意?
106	二十九、债权人是否有义务审查公司章程?
111	三十、公司股东名册、公司章程与工商登记所记载的股东不一致,债权人应当如何审查股东会决议?
113	三十一、公司向债权人提供的董事会决议载明股东会已审议通过公司对外担保议案,但公司未提供该股东会决议,债权人是否构成善意?
115	三十二、章程规定对外担保由董事会决定、股东会审核,债权人仅审查公司董事会决议是否构成善意?
116	三十三、未设董事会的公司提供担保,由法定代表人(兼任公司唯一董事)订立担保合同,该担保合同对公司是否发生效力?
120	三十四、若公司决议系伪造、变造的,债权人在什么情况下仍构成善意?
123	三十五、章程能否规定由董事会或股东会以外的机关或个人作出担保决议或决定?
131	三十六、国家出资公司的章程规定对外担保需要履行党委会决议前置程序,债权人是否必须审查党委会决议?
133	三十七、章程未明确规定对外担保应由董事会还是股东会决议,非关联担保应由哪个机关作出决议?
135	三十八、对外担保决议的作出机关与公司章程规定不一致,债权人是否构成善意?
138	三十九、公司章程对于股东会或董事会决议就担保事项进行决议的通过比例有特殊规定,债权人应当如何审查股东会或董事会决议?
141	四十、未签订保证合同,但公司内部文件明确同意提供保证担保,债权人是否可接受该保证担保?

003

144	四十一、公司单方承诺担保行为已履行内部决议程序的,能否视为债权人已履行审查义务?
146	四十二、公司提供担保的数额超出了章程规定的限额,债权人应当如何处理?
148	四十三、公司同时提供保证担保与抵押担保,但仅就保证担保出具了决议,抵押担保效力如何?
150	四十四、公司章程只规定大额担保需要由董事会决议,是否属于概括授权法定代表人代表公司签署小金额的担保合同?
152	四十五、对外担保合同已经办理了赋予强制执行效力的债权文书公证,债权人是否还需要公司出具决议?
155	四十六、公司就担保事项出具的决议,如果董事、股东未出席而是授权他人出席会议并表决的,债权人应当如何审查?
158	四十七、公司决议无效、被撤销或不成立,已经订立的担保合同是否对公司发生效力?
161	四十八、公司为哪些主体提供担保可能构成关联担保?
166	四十九、关联担保中,应当回避的股东未回避且在股东会决议上签字或盖章,债权人是否可以接受该决议?
169	五十、公司为其股东或实际控制人投资或控制的其他公司提供担保,是否必须经股东会决议?
172	五十一、股东是隐名的主债务人,或者隐名股东是主债务人,是否属于关联担保而必须经股东会决议?
174	五十二、公司为公司的董监高或该等人员所控制的其他公司提供担保,是否属于关联担保?
177	五十三、公司为其母公司的股东提供担保,是否属于关联担保?
179	五十四、关联担保中,因股东无表决权而无法形成有效决议,债权人如何处理?

182	五十五、金融机构除开立保函以外，实践中有无其他担保可以免除决议？
184	五十六、金融机构的分支机构提供保函之外的非标准化担保无须决议吗？
189	五十七、夫妻公司为股东提供担保是否需要决议？
192	五十八、担保公司的分支机构对外提供担保，是否需要决议？
196	五十九、非上市公司为股权嵌套下的实质全资子公司或孙公司提供担保是否无须决议？
202	六十、公司章程规定所有对外担保必须经过股东会决议，若公司为其全资子公司提供担保，债权人是否应当审查股东会决议？
204	六十一、虽然表面上系对外担保，若被担保的借款直接用于公司自己的经营活动，是否可以免除决议？
206	六十二、开发商在预售商品房中为购房人按揭贷款提供阶段性担保是否无须机关决议？
209	六十三、若担保合同由2/3以上股东签字，债权人应当注意哪些问题？
211	六十四、票据的持票人是否需要审查票据保证人公司决议或公告？
213	六十五、保证保险未经保险公司出具股东会决议或董事会决议，是否对保险公司发生效力？
218	六十六、反担保是否需要审查决议或公告？
220	六十七、《九民纪要》颁布至《民法典担保制度解释》开始施行期间订立的担保合同，债权人主张无须决议，应当依何规定进行判断？
226	六十八、非上市公司股东、董事参与担保合同的起草、订立等过程，但该公司未出具决议，对外担保是否对该公司发生效力？

005

第三部分 上市公司对外担保

231 　六十九、哪些担保主体应当适用《民法典担保制度解释》第9条？

248 　七十、上市公司为自身债务提供担保，债权人是否需要审查上市公司公告？

250 　七十一、上市公司对外担保"有决议无公告"，担保合同是否对上市公司发生效力？

255 　七十二、除了审查上市公司关于担保事项的公告，债权人是否应当进一步审查上市公司章程并审查董事会决议、股东会决议是否符合程序要求？

261 　七十三、上市公司提供哪些担保必须由股东会审议？

267 　七十四、上市公司控股子公司对外担保，债权人应当如何审查决议或公告？

272 　七十五、债权人是否可以依据上市公司作出的概括性担保授权公告与上市公司订立担保合同？

280 　七十六、债权人应当以什么作为审查上市公司公告披露内容的标准？

283 　七十七、在上市公司未披露担保事项的情况下，债权人即与上市公司订立担保合同，上市公司事后发布的公告能否视为其对担保进行追认？

286 　七十八、上市金融机构的分支机构提供保函以外的非标准化担保，上市金融机构是否需要履行审议、披露程序？

第四部分 越权对外担保的法律后果

291 　七十九、公司订立担保合同时未作出适格决议，能否事后作出适格决议对担保合同进行追认？

294 　八十、公司对外担保因无适格决议而对公司不发生效力，公司是否需要承担责任？

298	八十一、所订立的担保合同因缺乏适格决议且债权人非善意而对公司不发生效力,公司承担担保责任后能否请求债权人返还其已清偿款项?
304	八十二、《民法典》施行前上市公司对外担保未公告是否承担赔偿责任?
308	八十三、"担保人承担的赔偿责任不应超过债务人不能清偿部分的二分之一"中"债务人不能清偿"如何确定?
320	八十四、担保合同缺乏适格决议对公司不发生效力,公司承担赔偿责任的比例是多少?
324	八十五、债权人是否必须在起诉时一并主张担保合同无效之后的赔偿责任?
331	八十六、保证合同对公司不发生效力,债权人主张赔偿责任是否受保证期间限制?

第五部分 其他问题

335	八十七、债权人接受国有企业提供的担保需要注意哪些规定?
366	八十八、除公司外,合伙企业等单位或组织对外担保有何特别要求?
375	八十九、中外合资经营企业、中外合作经营企业对外担保,决议机关是董事会还是股东会?
383	九十、公司采用电子通信方式就对外担保事项进行表决,债权人如何审查?

附录一 相关法律法规及司法解释

387	1.中华人民共和国公司法(2023修订)(节录)
388	2.中华人民共和国企业国有资产法(节录)
389	3.《最高人民法院关于适用〈中华人民共和国民法典〉有关担保制度的解释》(节录)

391		4.《全国法院民商事审判工作会议纪要》(节录)

附录二　上市公司对外担保监管规定

394		1.《上市公司监管指引第8号——上市公司资金往来、对外担保的监管要求》
400		2.《上市公司收购管理办法》(2025修正)(节录)
401		3.《上海证券交易所股票上市规则(2024年4月修订)》(节录)
406		4.《深圳证券交易所股票上市规则(2024年修订)》(节录)
409		5.《北京证券交易所股票上市规则(试行)(2024修订)(节录)
413		6.《上海证券交易所科创板股票上市规则(2024年4月修订)》(节录)
416		7.《深圳证券交易所创业板股票上市规则(2024年修订)》(节录)
419		8.《上海证券交易所上市公司自律监管指引第1号——规范运作(2023年12月修订)》(节录)
422		9.《上海证券交易所科创板上市公司自律监管指引第1号——规范运作(2023年12月修订)》(节录)
425		10.《上海证券交易所上市公司自律监管指南第1号——公告格式(2024年11月修订)》(节录)
430		11.《上海证券交易所科创板上市公司自律监管指南(2024年11月修订)》(节录)
432		12.《深圳证券交易所上市公司自律监管指南第2号——公告格式(2024年11月修订)》(节录)
435		13.《深圳证券交易所上市公司自律监管指引第1号——主板上市公司规范运作(2023年12月修订)》(节录)
440		14.《深圳证券交易所上市公司自律监管指引第2号——创业板上市公司

　　　　规范运作（2023年12月修订）》（节录）

446 ● 15.《全国中小企业股份转让系统挂牌公司信息披露规则》（2021修订）
　　　　（节录）

447 ● 16.《全国中小企业股份转让系统挂牌公司治理规则》（2021年11月修订）
　　　　（节录）

449 ● 17.《全国中小企业股份转让系统挂牌公司持续监管指引第2号——提供
　　　　担保》

452 ● 18.《上市公司章程指引》（2025修订）（节录）

456 ● 19.《监管规则适用指引——发行类第6号》（节录）

附录三　国有企业担保相关规定

458 ● 1.《国资委关于加强中央企业融资担保管理工作的通知》

460 ● 2.《财政部关于上市公司国有股质押有关问题的通知》

462 ● 3.《山东省省属企业担保管理办法》

467 ● 4.《北京市国有文化企业担保管理暂行办法》

475 ● 5.《浙江省国资委出资企业投资及对外担保监督管理暂行办法》

479 ● 6.《江苏省国资委关于印发〈省属企业借出资金与提供担保管理若干规
　　　　定〉的通知》

482 ● 7.《河南省省属企业担保管理暂行办法》

486 ● 8.《河南省人民政府国有资产监督管理委员会关于改进和加强省属企业
　　　　担保管理工作的意见》

489 ● 9.《湖南省国资委关于加强监管企业担保管理有关事项的通知》

491 ● 10.《福建省人民政府国有资产监督管理委员会所出资企业担保事项管理

暂行办法》

494 11.《省政府国资委关于进一步规范省管企业融资担保管理工作的通知》

495 12.《关于加强省属企业融资担保与借款管理的指导意见(试行)》

500 13.《安徽省国资委关于加强省属企业融资担保管理工作的通知》

501 14.《山西省省属企业担保管理暂行办法》

504 15.《贵州省国资委监管企业担保管理办法》

508 16.《广西壮族自治区人民政府国有资产监督管理委员会履行出资人职责企业担保管理办法》

514 17.《广州市国资委监管企业担保管理办法》

521 18.《厦门市国有企业担保管理办法》

525 19.《温州市市属国有企业担保管理办法》

531 20.《成都市属国有企业融资及担保监督管理办法》

538 后　记

第一部分

公司对外担保一般问题

一、为什么公司对外提供担保时，债权人需要审查公司的决议或公告？

问

为什么公司对外提供担保时，债权人需要审查非上市公司的股东会或董事会决议、审查上市公司就担保事项所发布的公告？

答

《公司法》（2023修订）第15条[1]规定："公司向其他企业投资或者为他人提供担保，按照公司章程的规定，由董事会或者股东会决议；公司章程对投资或者担保的总额及单项投资或者担保的数额有限额规定的，不得超过规定的限额。公司为公司股东或者实际控制人提供担保的，应当经股东会决议。前款规定的股东或者受前款规定的实际控制人支配的股东，不得参加前款规定事项的表决。该项表决由出席会议的其他股东所持表决权的过半数通过。"依据该规定，公司对外提供担保时，债权人接受公司提供的担保，必须审查公司的决议。如果提供担保的公司为上市公司，债权人还应当审查公告。某种程度上可以说，非上市公司"凡担保必决议"，上市公司"凡担保必公告"。

虽然现在大家对于债权人接受担保需要审查公司决议或公告已经不再陌生，但是，为什么债权人接受公司担保需要审查公司决议或公告？笔者认为，这一问题对于担保审查实务中债权人碰到的许多疑难问题都具有非常重要的指导意义，因此，有必要首先回答该问题。

第一，从规范解释角度看，《公司法》（2023修订）第15条本身并未规定违反

---

[1] 对应《公司法》（2018修正）第16条。

该条规定之法律后果，长期以来引发了学说上的分歧与大量司法裁判冲突，主要争议点在于该条规定是效力性强制性规定还是管理性强制性规定。但《九民纪要》并未纠结于该条规定本身的性质，而是明确指出法定代表人违反《公司法》(2023修订)第15条规定对外提供担保构成越权代表[1]，并统一了关于公司越权担保的裁判尺度，解决了长期以来困扰司法实践中的法律适用问题。《九民纪要》第17条规定："为防止法定代表人随意代表公司为他人提供担保给公司造成损失，损害中小股东利益，《公司法》第16条[2]对法定代表人的代表权进行了限制。根据该条规定，担保行为不是法定代表人所能单独决定的事项，而必须以公司股东（大）会、董事会等公司机关的决议作为授权的基础和来源。法定代表人未经授权擅自为他人提供担保的，构成越权代表，人民法院应当根据《合同法》第50条[3]关于法定代表人越权代表的规定，区分订立合同时债权人是否善意分别认定合同效力：债权人善意的，合同有效；反之，合同无效。"《合同法》(已废止，下同)第50条已经被《民法典》第61条[4]、第504条[5]所替代，相比之下后者并无实质变化。但是在越权担保的法律效果上，《合同法》第50条使用的是"该代表行为有效"的表述，而《民法典》第504条使用的是"订立的合同对法人或者非法人组织发生效力"的表述，相应地，《民法典担保制度解释》第7条也使用"担保合同对公司发生效力"与"担保合同对公司不发生效力"的表述。对《民法典》第504条作反向解释可知，若公司的法定代表人超越权限订立的合同，相对人知道或者应当知道其超越权限的，该合同对公司不发生效力。结合《公司法》(2023修订)第15条与《民法典》第504条，法律对公司法定代表人在对外担保的权力上已经作出了限制，法定代表人不得超越法律或者公司章程的规定行

---

[1] 但有学者认为《公司法》(2023修订)第15条的规范旨意系限制公司对外担保交易而非具体行为人的代表权或代理权。参见张家勇：《论越权担保无效时公司赔偿责任的规范基础》，载《法学》2024年第3期。

[2] 现为《公司法》(2023修订)第15条。

[3] 《合同法》第50条规定："法人或者其他组织的法定代表人、负责人超越权限订立的合同，除相对人知道或者应当知道其超越权限的以外，该代表行为有效。"

[4] 《民法典》第61条规定："依照法律或者法人章程的规定，代表法人从事民事活动的负责人，为法人的法定代表人。法定代表人以法人名义从事的民事活动，其法律后果由法人承受。法人章程或者法人权力机构对法定代表人代表权的限制，不得对抗善意相对人。"

[5] 《民法典》第504条规定："法人的法定代表人或者非法人组织的负责人超越权限订立的合同，除相对人知道或者应当知道其超越权限外，该代表行为有效，订立的合同对法人或者非法人组织发生效力。"

使代表权,法定代表人在未经公司股东会或董事会决议授权的情况下与债权人所订立的担保合同,债权人(相对人)对法定代表人超越权限的情形应当知晓,故担保合同对公司不发生效力。

第二,从立法目的角度看,法律规定公司对外担保需要决议,旨在保护公司和股东利益。在公司为他人提供担保领域,许多国家和地区的立法对公司为他人提供担保采取了禁止[1]或者限制[2]的做法,目的是保障资本充实和公司股东利益。[3]公司对外担保,对债权人而言是增加了债权的保障,但对公司和公司的股东而言则意味着存在风险。公司提供对外担保与对外投资一样,都属于可能显著增加公司经营风险的行为,并且可能弱化公司经营能力、危及公司资本充实。实践中,控股股东或者实际控制人操控公司,肆意对外提供巨额担保以掏空公司资产的案例屡见不鲜。[4]《公司法》(2023修订)第15条的规定,"实际上是以公司意思作为代表权的基础和来源,相对人在接受担保的时候,依法应当负有甄别法定代表人实施的担保行为是否符合公司真实意思的注意义务。也就是说,债权人只要有证据证明法定代表人以公司名义签订担保合同符合公司真实意思,该担保行为就符合民事法律行为有效要件。在判断担保合同的效力时,公司决议的存在当然是证明公司就对外担保行为作出了真实意思表示的最直接书面证据。也正因如此,按照公司治理现代化的要求,立法和司法均选择从公司作出决议作为切入点来规制公司对外担保行为,以确保公司担保符合公司真实意思,防止法定代表人慷他人之慨而损害公司其他股东和债权人的合法利益"。[5]

第三,从法律的普遍适用效力上看,《公司法》(2023修订)第15条的规定对债权人亦应具有约束力。《民法典》第61条第3款规定:"法人章程或者法人权力

---

[1] 我国台湾地区所谓"公司法"第16条规定:"公司除依其他法律或者公司章程规定得为保证者外,不得为任何保证人。"

[2] 《法国商事公司法》第106条就股份公司担保规定:"除公司经营金融事业外,禁止公司为董事、总经理、法人董事的常任代理人及他们的亲属向第三人承担的义务提供物的担保和保证。"

[3] 参见最高人民法院民事审判第二庭编著:《〈全国法院民商事审判工作会议纪要〉理解与适用》,人民法院出版社2019年版,第178页。

[4] 参见贺小荣主编:《最高人民法院民事审判第二庭法官会议纪要:追寻裁判背后的法理》,人民法院出版社2018年版,第195页。

[5] 最高人民法院民事审判第二庭:《最高人民法院民法典担保制度司法解释理解与适用》,人民法院出版社2021年版,第142页。

机构对法定代表人代表权的限制,不得对抗善意相对人。"法人章程或法人权力机构对法定代表人代表权的限制,属于意定限制,仅具有内部效力,因此不得对抗善意相对人。《公司法》(2023修订)第15条已经明确了公司法定代表人代表权限的限制,公司章程等对公司担保代表权的限制就不再是单纯的意定限制,相对人应当知道法定代表人并不一定具有订立担保合同的代表权。[1]特别是法律一经公布并生效,便理所当然地对任何人产生效力,所有人都应知晓并遵守,任何人不得以其自身不知法律而提出免责抗辩。[2]故法定代表人违反《公司法》(2023修订)第15条的规定:"未经公司决议程序擅自对外提供担保的,既意味着构成越权代表,往往也意味着相对人不是善意的,不存在根据表见代表规则让公司承担担保责任的问题。"[3]《最高人民法院关于适用〈中华人民共和国民法典〉合同编通则若干问题的解释》第20条第1款规定:"法律、行政法规为限制法人的法定代表人或者非法人组织的负责人的代表权,规定合同所涉事项应当由法人、非法人组织的权力机构或者决策机构决议,或者应当由法人、非法人组织的执行机构决定,法定代表人、负责人未取得授权而以法人、非法人组织的名义订立合同,未尽到合理审查义务的相对人主张该合同对法人、非法人组织发生效力并由其承担违约责任的,人民法院不予支持,但是法人、非法人组织有过错的,可以参照民法典第一百五十七条的规定判决其承担相应的赔偿责任。相对人已尽到合理审查义务,构成表见代表的,人民法院应当依据民法典第五百零四条的规定处理。"《公司法》(2023修订)第15条即属于"限制法人的法定代表人或者非法人组织的负责人的代表权"的典型法律规定。这就提醒债权人,不能只为保护自身利益而不顾对方可能的越权行为对担保人公司利益(资本充实)、股东利益甚至其他债权人利益的影响,而是应当进一步审查担保人的决议。

第四,从上市公司对外担保领域看,已经形成了以公告为核心的特殊担保审查规则,该规则有其特殊意义。上市公司所有担保事项都必须通过董事会或股东会审议后披露,因此上市公司公告有"彰显或印证上市公司对外担保已经通

---

[1] 参见陈树森:《公司对外担保:实践·规则·理念》,法律出版社2023年版,第140页。

[2] 参见周伦军:《公司对外提供担保的合同效力判断规则》,载《法律适用》2014年第8期。

[3] 最高人民法院民事审判第二庭编著:《〈全国法院民商事审判工作会议纪要〉理解与适用》,人民法院出版社2019年版,第181页。

过董事会或股东会决议，法定代表人有权代表公司订立担保合同"的作用。《上海证券交易所股票上市规则（2024年4月修订）》第6.1.10条规定："上市公司发生'提供担保'交易事项，除应当经全体董事的过半数审议通过外，还应当经出席董事会会议的三分之二以上董事审议通过，并及时披露。担保事项属于下列情形之一的，还应当在董事会审议通过后提交股东大会审议：……"《深圳证券交易所股票上市规则（2024年修订）》与《北京证券交易所股票上市规则（试行）》（2024修订）亦有相似规定。由上述规定可见，上市公司对外担保事项，要么仅由董事会审议，要么先由董事会审议通过后再由股东会审议通过。法律或监管规范明确规定应由股东会审议的担保事项，必须先经过董事会审议通过，其余担保事项可以仅由董事会审议。但是，无论是由董事会审议通过的担保，还是应当先经过董事会审议再由股东会审议通过的担保，上市公司一定需要公告，否则不仅不合规，而且相应担保对上市公司不发生效力。但是，通过公告彰显担保决议存在，这并非上市公司对外担保公告规则的核心意义。"境内上市公司属于公众公司，涉及众多中小投资者利益。"[1]担保信息公示公开更重要的意义在于维护证券市场广大投资者对特定担保事项的必要知情权，以消除上市公司违规暗保。同样，该知情权的维护，也意在保护股东利益。如果相对人没有根据上市公司公开披露的信息与上市公司订立担保合同，就会损害证券市场上广大股民的权利，该合同应当认定为对上市公司不发生效力，上市公司不应承担任何民事责任。可见，由于担保行为涉及公司以及股东的重大利益，不是法定代表人所能单独决定的事项，因此必须要以公司股东会、董事会等公司机关的决议作为法定代表人代表权的基础和来源。[2]

总之，笔者认为，债权人接受公司担保需要审查公司决议或公告的主要原因在于立法为了保护公司利益、股东利益与其他债权人利益而作出了相关规定，并因此要求债权人在接受公司担保时尽到善意义务。因此，债权人在实务中遇

---

〔1〕 最高人民法院民事审判第二庭：《最高人民法院民法典担保制度司法解释理解与适用》，人民法院出版社2021年版，第146页。

〔2〕 参见最高人民法院民事审判第二庭编著：《〈全国法院民商事审判工作会议纪要〉理解与适用》，人民法院出版社2019年版，第181页。

到担保决议审查方面的相关问题时,可以参考前述理由审查公司所出具的担保决议。

二、债权人是否需要审查借款人的章程和决议?

问

在借款人为公司的情况下,债权人是否需要审查借款人的章程和决议?若未审查,是否影响借款合同的效力?

答

现行法律法规并未规定债权人应当审查借款人的章程和决议,该问题无法直接引用法条得出结论。笔者认为可以从几个层面进行回答:

第一个层面,公司章程与决议是否具有外部效力。通常而言,公司章程与决议仅具有内部效力,在特殊情况下章程与决议才具有一定的外部效力。例如,债权人接受公司对外担保而未审查公司章程与决议,可能导致担保对公司不发生效力。只有在法律法规有明确规定的情况下,公司章程与决议才具有外部效力,而借款行为并不属于该情况,故原则上债权人不需要审查借款人的章程与决议。这也不难理解,因为借款行为是公司经营行为,公司从债权人处获得借款相当于获得了对价,通常不会损害公司的清偿能力,所以法律法规对公司借款行为无须额外考虑公司决议问题。此时,即使债权人未审查借款人的章程与决议,亦不影响借款之效力。

例如,在最高人民法院(2020)最高法民终314号借款合同纠纷案中,法院认为,法律并未就公司向金融机构融资时其法定代表人的职权作出特别规定,就借款人《章程》中关于公司对外融资的规定,金融机构并无法定审查义务,金融机构即便在订立《借款合同》时未审查借款人《章程》，亦不违反法律禁止性规定。因此，法院认为，借款人以金融机构未审查其《章程》中有关对外融资的规定，即未审查借款人就案涉借款是否作出股东会或董事会决议为由，主张金融机构对案涉合同的签订具有过错以及借款人不具有签订案涉合同的真实意思表示，均缺乏法律依据，不能成立。[1]

第二个层面，公司章程与决议并非绝对不具有外部效力。《民法典》第61条第3款规定："法人章程或者法人权力机构对法定代表人代表权的限制，不得对抗善意相对人。"《公司法》（2023修订）第11条第2款规定："公司章程或者股东会对法定代表人职权的限制，不得对抗善意相对人。"《最高人民法院关于适用〈中华人民共和国民法典〉合同编通则若干问题的解释》第20条第2款规定："合同所涉事项未超越法律、行政法规规定的法定代表人或者负责人的代表权限，但是超越法人、非法人组织的章程或者权力机构等对代表权的限制，相对人主张该合同对法人、非法人组织发生效力并由其承担违约责任的，人民法院依法予以支持。但是，法人、非法人组织举证证明相对人知道或者应当知道该限制的除外。"依据上述规定，如果相对人非善意，那么法人章程或法人权力机构（如股东会）对法定代表人代表权或职权的限制可对抗相对人。什么情况下相对人非善意？实践中比较典型的情形是，金融机构在审查借款人的融资申请时，一般都会要求借款人提供公司章程和股东会、董事会决议等资料。一旦金融机构取得了借款人公司章程、决议等资料，其便有义务审查公司章程或者公司决议是否对法定代表人代表权或职权有限制，否则即构成非善意。此时，如果金融机构明知或应知借款人的借款交易可能违反公司章程或内部决议要求，则不排除借款人主张借款交易存在效力瑕疵甚至主张无效之可能。

但是，在借款人为上市公司的场合，虽然上市公司的章程都是公开的，一般认为债权人并无审查上市公司章程之义务。例如，在最高人民法院（2019）最高法民申5052号民间借贷纠纷案中，借款人主张其系一家在深交所挂牌的上市公司，《公司章程》向全社会公开公示，债权人对借款人《公司章程》规定的公司对

---

[1] 参见最高人民法院民事判决书，(2020)最高法民终314号。

外借款必须经公司董事会批准的规定知道或应当知道,故债权人非善意相对人。对此,法院认为,与《公司法》规定公司增减股本、向其他企业投资或者为他人提供担保等必须经股东会或者董事会决议等情形不同,并未有相关的法律、行政法规规定公司向外借入款项必须经过股东会或者董事会的同意,故借款人认为债权人知道或应当知道且必须按照该公司章程的规定审查该公司对外借款是否经公司董事会批准,否则其作为款项出借人即非善意相对人缺乏法律依据,其据此请求依据《合同法》第50条规定认定借款合同无效不能成立。[1]

第三个层面,在存在两名以上借款人的情况下,债权人并非绝对无须审查借款人公司章程与内部决议。《民法典》第552条规定:"第三人与债务人约定加入债务并通知债权人,或者第三人向债权人表示愿意加入债务,债权人未在合理期限内明确拒绝的,债权人可以请求第三人在其愿意承担的债务范围内和债务人承担连带债务。"《九民纪要》第23条规定:"法定代表人以公司名义与债务人约定加入债务并通知债权人或者向债权人表示愿意加入债务,该约定的效力问题,参照本纪要关于公司为他人提供担保的有关规则处理。"《民法典担保制度解释》第36条规定:"第三人向债权人提供差额补足、流动性支持等类似承诺文件作为增信措施,具有提供担保的意思表示,债权人请求第三人承担保证责任的,人民法院应当依照保证的有关规定处理。第三人向债权人提供的承诺文件,具有加入债务或者与债务人共同承担债务等意思表示的,人民法院应当认定为民法典第五百五十二条规定的债务加入。前两款中第三人提供的承诺文件难以确定是保证还是债务加入的,人民法院应当将其认定为保证。第三人向债权人提供的承诺文件不符合前三款规定的情形,债权人请求第三人承担保证责任或者连带责任的,人民法院不予支持,但是不影响其依据承诺文件请求第三人履行约定的义务或者承担相应的民事责任。"依据上述规定,如果存在两名及以上借款人的,在借款人之间可能构成共同债务、债务加入等法律关系,因此债权人有必要参照公司对外担保的规定审查公司借款人的章程与内部决议。例如,在北京市第二中级人民法院(2020)京02民终10809号民间借贷纠纷案中,法院认为,某公司虽名为共同借款人,但综合案件事实,将还款协议视为某公司对案涉债务的加入

---

[1] 参见最高人民法院民事裁定书,(2019)最高法民申5052号。

更为准确和合理。因出借人未提供证据证明对某公司股东会决议履行了审查义务，故还款协议中涉及某公司债务加入部分无效。[1]

综上所述，笔者认为原则上债权人并无审查借款人公司章程与内部决议之法定义务，在例外情况下，如债权人明知公司章程与内部决议对法定代表人职权有限制性规定，或者存在多个借款人且可能被认定为债务加入的，则债权人也应审查借款人公司章程与内部决议。

三、所有权保留买卖、融资租赁、保理等涉及担保功能的业务中，债权人是否需要审查资金融入方的决议或公告？

问

除担保合同以外，所有权保留买卖、融资租赁、保理等涉及担保功能的业务，在这些业务中债权人是否需要审查所有权保留买受人、融资租赁承租人或保理申请人的决议或公告？

答

的确，所有权保留买卖、融资租赁、保理业务可能涉及担保功能。《民法典》第388条规定："……担保合同包括抵押合同、质押合同和其他具有担保功能的合同……"《民法典担保制度解释》第1条规定："因抵押、质押、留置、保证等担保发生的纠纷，适用本解释。所有权保留买卖、融资租赁、保理等涉及担保功能发生的纠纷，适用本解释的有关规定。"可见，《民法典》扩大了担保合同的范畴，采取广义的担保合同概念，将"其他具有担保功能的合同"均视为担保合同。同时，《民法典担保制度解释》第1条明确规定所有权保留买卖、融资租赁、保理等

---

[1] 参见北京市第二中级人民法院民事判决书，(2020)京02民终10809号。

涉及担保功能发生的纠纷，也适用该解释的有关规定。

但是，根据上述规定并不能推定出所有权保留买卖合同、融资租赁合同、保理合同等于担保合同，更不能据此将《公司法》(2023修订)第15条关于公司对外担保决议的规定直接适用于所有权保留买卖、融资租赁、保理等业务中。

首先，《民法典》第388条的规定仅是功能主义的担保观念在立法上的直接体现，强调交易的本质，只要交易本质对债权起担保作用，即被视为担保而受到相关法律或司法解释调整。以融资租赁为例，出租人对租赁物享有所有权只是交易手段，其本质目的是用于担保租金债权能够获得清偿，是借助所有权构造的交易模式达到担保租金债权实现的目的。

其次，是否所有的融资租赁交易、保理交易均涉及担保功能，理论上与实务中仍然存在一定争议。例如，若融资租赁交易当事人约定融资租赁期限届满后租赁物所有权归承租人所有[1]，出租人对该租赁物享有的所有权实质上为担保性的权利，此观点在理论与实务上已逐渐达成共识。但是，若融资租赁交易当事人约定融资租赁期限届满后租赁物所有权归出租人所有，出租人对租赁物所享有的所有权已经超出了担保物权的权能范围，此时还能否将出租人对租赁物的所有权等同于担保物权，则存在较大争议。又如，保理分为有追索权保理[2]与无追索权保理[3]，在有追索权保理中，保理人受让的债权具有担保功能，但在无追索权保理中，保理人受让债权后便对受让的债权享有完全的所有权，该所有权亦超出了担保权的权能范围。即使是有追索权的保理，《民法典》第766条采债权让与担保的学理构造，当应收账款债权人向保理人清偿作为主债务的保理

---

[1] 依据《民法典》第758条之规定，当事人既可约定租赁期限届满租赁物归承租人所有，也可约定租赁期限届满租赁物归出租人所有。《民法典》第758条："当事人约定租赁期限届满租赁物归承租人所有，承租人已经支付大部分租金，但是无力支付剩余租金，出租人因此解除合同收回租赁物，收回的租赁物的价值超过承租人欠付的租金以及其他费用的，承租人可以请求相应返还。当事人约定租赁期限届满租赁物归出租人所有，因租赁物毁损、灭失或者附合、混合于他物致使承租人不能返还的，出租人有权请求承租人给予合理补偿。"

[2] 《民法典》第766条："当事人约定有追索权保理的，保理人可以向应收账款债权人主张返还保理融资款本息或者回购应收账款债权，也可以向应收账款债务人主张应收账款债权。保理人向应收账款债务人主张应收账款债权，在扣除保理融资款本息和相关费用后有剩余的，剩余部分应当返还给应收账款债权人。"

[3] 《民法典》第767条："当事人约定无追索权保理的，保理人应当向应收账款债务人主张应收账款债权，保理人取得超过保理融资款本息和相关费用的部分，无需向应收账款债权人返还。"

融资款本息债务时,债权人先前为保理人提供的债权让与担保随之消灭,应收账款债权即自动复归于债权人,[1]可见其担保的主债务是应收账款债权人(保理申请人)自己所负债务,当然无须决议。此外,有观点认为在有追索权保理业务中,由于保理人并不承担应收账款债务人于清偿期届满后无支付能力的风险,保理人在应收账款债务人陷于无支付能力时得向原债权人(保理申请人)请求补偿或追偿,实际上相当于是借款人履行返还借款义务的担保手段,因此追索权的功能相当于应收账款债权人(保理申请人)为应收账款债务人的债务清偿能力提供了担保。[2]基于该理解,有人主张保理人应当审查应收账款债权人(保理申请人)的决议,否则保理无效。对此,笔者不敢苟同。即便前述对于追索权的功能理解是正确的,应当看到该担保表面上是应收账款债权人(保理申请人)为应收账款债务人提供了担保,似乎是对外担保,但实质上正如前文所述,应收账款债权人(保理申请人)将应收账款让与保理人的目的在于担保应收账款债权人(保理申请人)自己所负债务,应收账款债权人(保理申请人)应当保证其所提供的担保物——应收账款真实存在并确保应收账款债务人具备履行能力,此时所谓的担保并不属于对外担保,实则是为自身债务提供担保,无须决议。

最后,虽然实践中融资租赁的出租人、保理业务的保理人等从合规角度考虑,一般都会要求承租人或保理申请人出具相关决议或公告,但这并不能推导出融资租赁公司、保理人有义务审查决议或公告。即使融资租赁业务项下的所有权被视为担保物权,承租人被视为担保人,其将租赁物所有权转移给出租人,目的也在于担保承租人自身的租金债务,而非为他人债务提供担保。同理,保理申请人将其名下的债权转让于保理人,目的亦是用于担保其对保理人所负有的债务,所有权保留买卖中的标的物所有权也是用于担保买受人对出卖人所负的债务,均不是为他人债务提供担保。而《公司法》(2023修订)第15条规范的是公司向其他企业投资或者为他人提供担保的问题,并不适用于所有权保留买卖、融资租赁、保理等为自身债务担保的场合。因此,笔者认为在所有权保留买卖、融资

---

[1] 参见潘运华:《民法典中有追索权保理的教义学构造》,载《法商研究》2021年第5期。
[2] 参见最高人民法院民法典贯彻实施工作领导小组主编:《中华人民共和国民法典合同编理解与适用(三)》,人民法院出版社2020年版,第1785页。

租赁、保理等业务中,债权人并不具有审查所有权保留买受人、承租人或保理申请人的决议或公告的法定义务。

但值得提醒的是,在共同租赁或共同保理等存在多名承租人或保理申请人的场合,融资租赁出租人或保理人则应当更加谨慎,并判断是否有必要审查承租人、保理申请人的决议或公告。例如,在共同租赁的交易中,多名承租人共同作为融资租赁合同的一方,与出租人达成融资租赁交易。实践中此种交易模式可能是为了解决承租人资质问题或租赁物所有权转让问题,尤其是部分承租人并未实际使用融资却要承担共同归还租金的义务,此种交易模式存在被认定为"名为融资租赁实为担保"的法律风险。若出租人未审查此类交易中承租人的决议或公告,则相关融资租赁合同可能对该承租人不发生效力。因此,为避免可能出现的类似风险,笔者建议融资租赁出租人、保理人等机构在办理多名承租人或多名保理申请人的相关业务过程中,审查承租人或保理申请人的决议或公告。

四、借款展期,是否需要担保人再次出具公司决议或公告?

问

在公司为他人提供担保的情况下(假设该担保的决议或公告合法有效),已担保的主债务发生展期等变更情形时,若公司同意为展期后的主债务提供担保,那么债权人是否有必要审查公司权力机关再次就展期后债务担保事宜出具决议或作出公告?

答

《公司法》(2023修订)第15条、《九民纪要》及《民法典担保制度解释》等相关规范,仅明确公司为他人提供担保应当由公司权力机关出具决议(非上市公司)或作出公告(上市公司)。但是,上述规范却未明确,在公司已经同意为他人提供担保的情况下(假设该担保的决议或公告合法有效),已担保的主债务发生展期等变更情形时,若公司同意为展期后的主债务提供担保,那么债权人是否有必要审查公司权力机关就展期后债务提供担保而出具的决议或作出的公告?简言之,借款展期是否需要担保人为此重新出具公司决议?

(一)实务中的争议观点

对于该问题,实务中存在争议。

一种观点认为,主债务展期无须担保人为展期再次出具决议。其主要理由是,《公司法》(2023修订)第15条采用"公司为他人提供担保"的表述,《九民纪要》第17条采用"订立合同时"的表述以及《民法典担保制度解释》第7条采用"超越权限代表公司与相对人订立担保合同"的表述等,应理解为需要公司提供决议的担保事宜仅限于订立担保合同之时,不宜作扩大解释。在展期的场合下,主债务在实质上并未发生变化,仍然是公司所担保的主债务,只是债务期限发生了变更,展期并未设立新的债务,因此无须担保人为展期再次出具决议。

另一种观点认为,主债务展期也构成主债务的变更,而债务履行期限与主债务金额一样属于担保合同的重要因素,同样将严重影响担保人的责任承担,是公司权力机关决定是否同意提供担保的重要考量,因此也应当纳入《公司法》(2023修订)第15条调整的范畴。例如,在山西省高级人民法院(2015)晋民终字第465号借款合同纠纷案中,法院认为,本案涉及的《借款展期协议》是在未经某担保公司股东会或者股东大会决议的前提下形成的,体现的并非某担保公司真实的意思表示,如前所述,《借款展期协议》对某担保公司当然不具有法律约束力。[1]

(二)展期对担保责任的影响之主要规定

笔者认为,展期是对债务履行期限的变更,而债务履行期限属于主债权债务

---

[1] 参见山西省高级人民法院民事判决书,(2015)晋民终字第465号。

合同的内容之一，因此展期也属于主债权债务合同内容的变更。《民法典》第695条规定："债权人和债务人未经保证人书面同意，协商变更主债权债务合同内容，减轻债务的，保证人仍对变更后的债务承担保证责任；加重债务的，保证人对加重的部分不承担保证责任。债权人和债务人变更主债权债务合同的履行期限，未经保证人书面同意的，保证期间不受影响。"该条系关于未经保证人书面同意时主债权债务合同变更（包括履行期限变更）对保证责任、保证期间影响的规定。虽然《民法典》仅在第695条规定了主合同变更对保证责任的影响，未就第三人提供的物的担保作出相关规定，但就债权实现而言，人的担保与物的担保并无本质区别。[1]《民法典担保制度解释》第20条亦规定："人民法院在审理第三人提供的物的担保纠纷案件时，可以适用民法典第六百九十五条第一款、第六百九十六条第一款、第六百九十七条第二款、第六百九十九条、第七百条、第七百零一条、第七百零二条等关于保证合同的规定。"因此，《民法典》第695条第1款规定准用于第三人提供的物的担保情形。

（三）《民法典》第695条规定之"书面同意"应当由担保人公司决议或公告作出

主债权债务合同变更后，原由保证人承担的保证范围可能发生变化。如果债权人和债务人协商加重债务的，保证人的责任也会被加大或加重，显然不利于保证人。因此，《民法典》第695条规定要求债权人与债务人协议变更主债权债务合同时需要取得保证人的书面同意，若未经保证人书面同意则按照"有利变更则有效，不利变更则无效"处理。此处之"书面同意"，亦非保证人的法定代表人所能独立决定之事项，也应当依据《公司法》（2023修订）第15条之规定，按照公司章程的规定，由董事会或者股东会决议。否则，若主债权债务合同作出不利于保证人的变更，保证人未经公司决议所作出的书面同意可能规避《公司法》（2023修订）第15条之规定，故不利变更部分的内容对保证人公司不应当发生效力。

---

[1] 在第三人以特定财产为债权提供担保时，该第三人在法理上亦被称为物上保证人。物上保证人与保证人均是独立于主债务人之外的第三人，均是主债务人之外的第三人以自己的财产提供担保。

（四）"有利变更则需决议，不利变更则无须决议"

依据《民法典》第695条第1款之规定，若主债权债务合同的变更减轻债务，意味着担保人的担保责任相应减轻，担保人仍对变更后的债务承担保证责任；加重债务的，担保人对加重的部分不承担担保责任。相应地，减轻债务的，债权无须审查担保人公司决议或公告；加重债务的，债权人应当审查担保人公司董事会或股东会所作出的决议（上市公司需要公告）。

但实务中的难点在于，在不考虑其他因素（如债务金额变动、利率变动等）的情况下，主债权债务展期是减轻债务还是加重债务，难以判断。

有观点认为，展期未经担保人同意，客观上延长了主债务人的债务履行期限，显然增加了担保人的风险和担保责任，应当适用《民法典》第695条第1款"债权人和债务人未经保证人书面同意，协商变更主债权债务合同内容……加重债务的，保证人对加重的部分不承担保证责任"的规定。但笔者认为，仅就主债务履行期限延长或缩短这一因素而言，难以判断一定加重或一定减轻了担保责任。因为担保责任本身具有或然性，是否承担担保责任取决于主债务人是否具有偿债能力。而主债务履行期限的延长或缩短，主债务人的偿债能力是增强还是变弱具有不确定性，增强则对担保人有利，变弱则对担保人不利。例如，在最高人民法院（2016）最高法民终655号金融借款合同纠纷案中，法院认为，还款计划调整实际上是延长了借款人的借款使用时间，放宽了还款期限，减轻借款人的还款压力，以及随之可能产生的逾期还款罚息和复利。[1]

笔者认为，法律法规并未明确规定何为"加重债务"，但可以从《民法典》第695条的立法渊源进行解释。《民法典》第695条源于已经废止的《最高人民法院关于适用〈中华人民共和国担保法〉若干问题的解释》（以下简称《担保法解释》）第30条，后者规定："保证期间，债权人与债务人对主合同数量、价款、币种、利率等内容作了变动，未经保证人同意的，如果减轻债务人的债务的，保证人仍应当对变更后的合同承担保证责任；如果加重债务人的债务的，保证人对加重的部

---

[1] 参见最高人民法院民事判决书，(2016)最高法民终655号。

分不承担保证责任。债权人与债务人对主合同履行期限作了变动,未经保证人书面同意的,保证期间为原合同约定的或者法律规定的期间。债权人与债务人协议变动主合同内容,但并未实际履行的,保证人仍应当承担保证责任。"可见,《担保法解释》第30条第1款对可能"加重债务人的债务"的因素做了举例,即主合同数量、价款、币种、利率等变化,其中并不包括主债务履行期限。第2款则就主债务履行期限变动对保证期间的影响作出了规定。

参照《担保法解释》第30条的规定,《民法典》第695条规定中可能"加重债务"的内容亦不包括主债务履行期限,履行期限的变更仅会对保证期间产生影响。若展期未经保证人书面同意,保证期间不受影响,为原合同约定的或者法律规定的期间。例如,重庆市第二中级人民法院发布的金融借款典型案例之七,即重庆银行股份有限公司开州支行与彭某、尹某等金融借款合同纠纷案中,"一审法院经审理认为,重庆银行开州支行按照其与彭某签订的《个人经营性借款合同》向彭某发放了50万元贷款,彭某在贷款到期后应承担还本付息的责任。蒋某、罗某在贷款到期后,与彭某共同在《贷款展期合同》上签字,承诺对原贷款继续承担保证责任,故二人应对彭某的该贷款承担保证责任。尹某虽系《个人经营性借款合同》的保证人,但该笔贷款到期后,其并未在新的《贷款展期合同》上签字。因借款展期会相应延长保证期间,导致保证人的保证责任负担加重,作为债权人的重庆银行开州支行应将该情况告知尹某并征得尹某同意。现无证据表明尹某同意借款展期后继续承担保证责任,依据《中华人民共和国民法典》第六百九十五条第二款的规定,尹某仅在借款展期前约定的保证期间范围内承担保证责任"[1]。

(五)展期可能中断主债务诉讼时效从而影响担保物权的行使

《担保法解释》第12条第1款规定:"当事人约定的或者登记部门要求登记的担保期间,对担保物权的存续不具有法律约束力。"但《民法典》仅规定了保证期间是确定保证人承担保证责任的期间,未就第三人提供的物的担保规定担保期

---

[1] 马学文:《重庆二中法院发布金融借款典型案例》,载微信公众号"重庆二中法院"2022年6月21日,https://mp.weixin.qq.com/s/bg-pvikmqloXNxPyHNJnDQ。

间。《民法典担保制度解释》第20条也仅仅规定《民法典》第695条第1款适用于物的担保,即排除了第695条第2款对物的担保的适用。《民法典》第419条规定:"抵押权人应当在主债权诉讼时效期间行使抵押权;未行使的,人民法院不予保护。"可见,第三人提供的物的担保不存在保证期间制度,只要担保物权人在主债权诉讼时效届满前或申请执行时效期间行使担保物权即可得到法律保护。需要注意的是,无论是主债务诉讼时效还是申请执行时效,均不受第三人主观意思所影响。

此外,《民法典》第393条规定:"有下列情形之一的,担保物权消灭:(一)主债权消灭;(二)担保物权实现;(三)债权人放弃担保物权;(四)法律规定担保物权消灭的其他情形。"但该规定中并不包括主债务展期等情形,即主债务展期并不导致担保物权消灭。

因此,展期可能影响保证期间,同时主债务展期将产生主债务诉讼时效中断的效果,从而间接延长担保物权人行使担保物权的期间。在此情况下,笔者认为即使主债务展期未经提供物的担保的第三人书面同意,也不影响第三人的担保责任。相应地,提供物的担保的第三人公司是否就主债务展期出具决议或公告,也不影响其担保责任的承担,但债权人与保证人或提供物的担保的第三人另有约定除外。

(六)若保证人事先承诺"主合同展期无须保证人同意",那么债权人是否还有必要审查保证人的决议

实务中部分保证人可能在事先承诺对展期问题进行专门豁免并就此作出决议。例如,保证合同可能约定:"保证人同意,如果主债权债务合同项下的债务展期的,保证期间自展期协议重新约定的债务履行期限届满之日后三年止,无须保证人另行同意。"或者进行概括豁免约定:"除加重保证人担保责任外,主合同变更无须乙方同意,乙方仍在本合同确定的保证范围内承担担保责任。"若保证人已经就此作出决议或公告,在之后主债权债务合同展期时,债权人是否还有必要审查保证人的决议或公告?许多人可能基于直觉认为,如果保证人的事先承诺有效,则债权人无审查决议或公告的必要;如果保证人的事先承诺无效,则债权人有审查决议或公告的必要。但这在实务中也存在争议。

1.事先承诺或约定有效的观点

在最高人民法院（2016）最高法民终89号金融借款合同纠纷案中，法院认为，按照《最高额抵押合同》第16条第3款和《最高额保证合同》第11条的约定，主合同变更无须通知抵押人和保证人，该变更不影响抵押人和保证人承担责任。据此，《公司授信协议》变更还款期限的约定，对某公司应承担的责任并无影响。[1]最高人民法院（2019）最高法民终103号金融借款合同纠纷案中，《保证合同》《本金最高额保证合同（自然人版）》均约定：保证人同意，某银行绿城支行与债务人签订主合同或对主合同进行任何变更（包括但不限于延长债务履行期限或增加债权本金金额），均无须通知保证人，保证人仍应在本合同约定的担保范围内承担担保责任。对于该约定，一审法院认可了其效力。[2]上海市第二中级人民法院（2020）沪02民终2388号民间借贷纠纷案中，《保证合同》中明确约定，"债权人与债务人就借款合同债务履行期限达成展期协议的，保证人继续承担保证责任，保证期间自展期协议约定的债务履行期限届满之日起二年。该合同之效力基于借款人与债务人就借条或借款合同内容所作的变更、补充之协议"及"债权人与债务人就借款合同债务履行期限达成展期协议的，保证人继续承担保证责任，保证期间自展期协议约定的债务履行期限届满之日起二年，债权人和保证人不再另行签订保证合同，保证人的担保责任与该合同约定的相同"。对此约定，二审法院认可了其效力。[3]江苏省高级人民法院（2015）苏商终字第00350号民间借贷纠纷案中，《保证合同》约定某公司对案涉借款在借款合同期内及展期内承担连带责任保证，债权人和债务人就主合同债务履行期限达成展期协议的，某公司继续承担保证责任，保证期间自展期协议约定的债务履行期限届满之日起2年。之后案涉借款经过4次展期，期限届满后，借款人未能按期还款。最终法院认定，某公司应当按照《保证合同》的约定承担保证责任。[4]

---

[1] 参见最高人民法院民事判决书，(2016)最高法民终89号。
[2] 参见最高人民法院民事判决书，(2019)最高法民终103号。
[3] 参见上海市第二中级人民法院民事判决书，(2020)沪02民终2388号。
[4] 参见江苏省高级人民法院民事判决书，(2015)苏商终字第00350号。

按照上述观点,保证人事先约定有效,债权人无须审查保证人公司决议或公告。

2. 事先承诺或约定无效的观点

司法实践中也存在相反观点。上海市高级人民法院(2018)沪民初47号金融借款合同纠纷案中,法院认为虽然系争《保证合同》对主合同条款变更对保证人责任的影响做了特殊约定,但该特殊约定不能对抗因主合同变更导致保证人法定免责的情形。[1]按照该观点,《民法典》第695条规定属于保证人法定免责的情形,即使保证人事先承诺展期无须保证人同意,由于主债务展期将直接影响保证人的保证期间,从而可能影响保证人的法定免责情形,因此事先约定无效。在此情况下,主债务展期的,债权人应当要求保证人重新出具决议或公告。

尽管有上述争议,但笔者认为若展期未经保证人书面同意,最坏的结果是保证人的保证期间不受展期影响,即保证期间为原合同约定的或者法律规定的期间,债权人应当及时向保证人行使权利。

(七)上市公司担保的债务展期有特别规定

《上海证券交易所上市公司自律监管指引第1号——规范运作(2023年12月修订)》第6.2.9条规定:"上市公司担保的债务到期后需展期并继续由其提供担保的,应当作为新的对外担保,重新履行审议程序和信息披露义务。"因此,上市公司担保的债务到期后展期,并且拟继续由该上市公司对展期后债务提供担保的,需要重新履行相应的内部决策程序及信息披露义务。

由于该规定仅属于证券交易所的自律性规范,其是否对债权人具有约束力存在争议。但是,如前文所述,即使债权人因未按该指引审查上市公司公告,最坏的结果是保证期间不受影响。如果该上市公司提供的是物的担保,即使未履行信息披露义务,亦不影响债权人的担保物权。

(八)小结

综合上述规定及分析,已经提供担保的主债务展期是否需要担保人再次出

---

[1] 参见上海市高级人民法院民事判决书,(2018)沪民初47号。

具公司决议或公告,该问题在实务中可能存在争议。但仅就展期这一变动因素而言,若展期未经担保人决议或公告,对第三人提供的物的担保主要影响在于行使担保物权的期限可能因主债务诉讼时效中断而延长,而保证期间则不受影响。

五、借新还旧时,新贷与旧贷均有担保,债权人是否需要审查新贷担保人决议或公告?

问

债权人与债务人在旧贷尚未清偿的情况下,再次签订贷款合同,以新贷出的款项清偿部分或者全部旧的贷款,即借新还旧。如果新贷的担保系由借款人以外的第三人所提供,那么,在新贷中债权人是否需要审查担保人决议或公告?

答

在借新还旧的场景中,旧贷因新贷而获得清偿(旧贷债权消灭),基于担保的从属性,在旧贷上所设立的担保也因此而消灭,旧贷的担保人也不需要为旧贷承担担保责任。若新贷也有担保,并且新贷的担保系由借款人以外的第三人所提供(除非另有说明,本书所讨论的均为此种情况),那么新贷中债权人是否需要审查担保人的决议或公告,笔者分情形讨论。

(一)新贷与旧贷的担保人不同,或者旧贷无担保而新贷有担保

若新贷与旧贷的担保人不同,或者旧贷无担保而新贷有担保,新贷的担保人系为一笔新的贷款提供担保,债权人接受该担保的,应当依据《公司法》(2023修订)第15条规定审查担保人公司决议或公告。另外,需要注意《民法典担保制度解释》第16条第1款第2项规定:"主合同当事人协议以新贷偿还旧贷,债权人请

求旧贷的担保人承担担保责任的,人民法院不予支持;债权人请求新贷的担保人承担担保责任的,按照下列情形处理:……(二)新贷与旧贷的担保人不同,或者旧贷无担保新贷有担保的,人民法院不予支持,但是债权人有证据证明新贷的担保人提供担保时对以新贷偿还旧贷的事实知道或者应当知道的除外。"因此,在新贷与旧贷的担保人不同或者旧贷无担保新贷有担保的情况下,新贷担保人原则上不承担担保责任,除非债权人能提供证据证明担保人提供担保时对以新贷偿还旧贷的事实知道或者应当知道。从谨慎角度出发,债权人审查新贷担保人的决议或公告时,应当注意决议内容或公告内容中是否记载了以新贷偿还旧贷的事实。

(二)新贷与旧贷均有担保且担保人系同一人

依据《民法典担保制度解释》第16条第1款第1项规定,新贷与旧贷的担保人相同时,债权人请求新贷的担保人承担担保责任的,人民法院应予支持。对此,债权人是否应当审查担保人公司决议或公告,存在分歧。

一种观点认为,此时债权人无须审查担保人决议或公告。借新还旧中借贷双方的债权债务关系仍未消灭,客观上只是以新贷的形式延长了旧贷的还款期限,本质上是旧贷的特殊形式的展期。如果不通过借新还旧的方式偿还旧贷,担保人也不能免除担保责任,故由担保人对新贷承担担保责任,未加重担保人的风险。另外,该情形已经由司法解释明确新贷的担保人应当承担责任,因此债权人无须审查担保人决议或公告。

另一种观点认为,此时债权人仍需审查担保人决议或公告。新贷、旧贷的担保人虽为同一主体,但如果担保人不同意为新贷提供担保,由于旧贷已经消灭,担保人亦将不需要承担担保责任。而为新贷提供担保,对担保人而言也是对外提供担保,债权人应当审查担保人公司决议或公告。

笔者认为,两种观点都有一定道理,从谨慎角度出发,债权人当然有必要审查担保人决议或公告。司法解释之所以对借新还旧中新贷的担保人责任作出特别规定,是因为与一般借款合同中借款人实际取得款项用于生产生活不同,借新还旧中借款人并未实际取得借款,其仅仅通过借新还旧的方式清偿了旧的借款。

对于担保人而言，为新贷提供担保的风险远远大于为一般借款提供担保的风险。因此，如果新贷与旧贷的担保人不同，债权人当然应当审查新贷担保人的决议或公告。但在新贷与旧贷的担保人为同一主体的情况下，该情况具有一定特殊性。虽然旧贷因新贷获得清偿导致旧贷项下的担保随之消灭，但是该操作方式与借款人用自有资金归还旧贷从而消灭原债权债务关系有本质区别，客观上只是以新贷的形式延长了旧贷的还款期限，本质上是旧贷的特殊形式的展期。[1]从《公司法》（2023修订）第15条的立法目的出发，旧贷的同一担保人为新贷提供担保，并未加重担保人风险责任，同样也未加重公司股东的责任，因此在新贷中豁免债权人的审查担保人决议或公告的义务具有一定合理性。但需要注意的是，实践中新贷与旧贷的条件可能并不完全一致，新贷的条件可能比旧贷更宽松，但也可能比旧贷更苛刻。而后者可能增加担保人的担保责任，债权人注意在此种情况下应当审查担保人出具的决议或公告。

六、不动产抵押已经办理抵押登记，能否豁免债权人审查决议或公告的义务？

问

公司为他人债务向债权人提供不动产抵押担保，依照《民法典》之规定，抵押权自登记时设立。同时，办理抵押登记时不动产登记部门已经审查过抵押合同。那么签订抵押合同并办理了抵押登记后，抵押登记能否豁免债权人审查决议或公告的义务？

---

[1] 参见最高人民法院民事审判第二庭：《最高人民法院民法典担保制度司法解释理解与适用》，人民法院出版社2021年版，第205页。

答

《民法典》第402条规定:"……抵押权自登记时设立。"对此笔者认为,合法有效的不动产物权变动合同是不动产物权变动的原因行为,而登记则为不动产物权变动的效力要件,其并不影响合同的效力。因此,"抵押权自登记时设立"中的登记只是抵押权设立的必要条件,即抵押权的设立必须履行登记程序,才具有对世效力。抵押权是否有效设立,还需要考察抵押权设立的原因行为即抵押合同是否有效。因此,若公司为他人债务向债权人提供不动产抵押担保,抵押权人即债权人应当审查抵押人的决议或公告。

办理抵押登记时,不动产登记部门的确需要对抵押登记申请进行审查。但依照《不动产登记暂行条例》(2024修订)、《不动产登记暂行条例实施细则》(2024修正)的相关规定,不动产登记部门的审查是以形式审查为主、实质审查为辅,例如主要是审查申请材料是否齐全、是否符合法定形式、是否符合一致性。至于抵押人是否就该抵押担保作出了决议或公告,并不在不动产抵押登记部门的审查范围。例如,在江西省高级人民法院(2020)赣民终755号金融借款合同纠纷案中,被上诉人抗辩案涉抵押物已经办理抵押权证,担保经过了不动产登记部门审查,抵押合同合法有效。但法院认为,虽然案涉抵押物办理了抵押登记,但不动产抵押登记手续办理在后,签订抵押合同在前,不动产登记部门对抵押登记的审查不能作为免除债权人在签订合同时审慎审查义务的理由和依据。且肖某也明确表示提交给不动产登记局的《股东会决议》上签字非陈某本人所签,决议并非真实的。决议内容中涉及的曾某本人也确认对此不知情也未办理相关抵押手续。结合被上诉人自身无法提供股东会决议,确认签订合同时陈某未在公司的事实,被上诉人主张依据抵押权证放款,抵押合同合法有效的抗辩理由不能成立。[1]在该案后续的再审程序中,最高人民法院支持了江西省高级人民法院的前述观点。[2]

---

〔1〕 参见江西省高级人民法院民事判决书,(2020)赣民终755号。持有类似观点的案例:安徽省宣城市中级人民法院民事判决书,(2021)皖18民终569号、(2021)皖18民终601号。

〔2〕 参见最高人民法院民事裁定书,(2021)最高法民申3801号。

综上所述，即使不动产抵押已经在不动产登记部门办理了抵押登记，亦不能豁免债权人的审查义务。

七、执行担保，是否不需要审查担保人决议？

问

依据《民事诉讼法》(2023修正)第242条之规定，执行担保成立的三个要件分别是：一是被执行人向人民法院提供担保，二是申请执行人同意，三是人民法院决定。该规定未包含公司决议或公告的要求，那么，执行担保是否不需要审查担保人的决议？

答

依据《最高人民法院关于执行担保若干问题的规定》(2020修正)第1条之规定，执行担保，是指担保人依据《民事诉讼法》(2023修正)第242条规定，为担保被执行人履行生效法律文书确定的全部或者部分义务，向人民法院提供的担保。《民事诉讼法》(2023修正)第242条规定："在执行中，被执行人向人民法院提供担保，并经申请执行人同意的，人民法院可以决定暂缓执行及暂缓执行的期限。被执行人逾期仍不履行的，人民法院有权执行被执行人的担保财产或者担保人的财产。"该条仅规定"被执行人向人民法院提供担保"，但依据《最高人民法院关于执行担保若干问题的规定》(2020修正)第2条[1]规定及《最高人民法院关于

---

[1]《最高人民法院关于执行担保若干问题的规定》(2020修正)第2条："执行担保可以由被执行人提供财产担保，也可以由他人提供财产担保或者保证。"

适用〈中华人民共和国民事诉讼法〉的解释》(2022修正)第468条[1]规定,执行担保可以由被执行人提供财产担保,也可以由他人提供财产担保或者保证担保。

如果执行担保是由被执行人提供的,即使被执行人是公司,由于该执行担保属于为被执行人自身债务提供的担保,因此申请执行人(债权人)与执行法院均不需要审查被执行人出具的决议或公告。

如果执行担保是由当事人以外的公司提供的财产担保或者保证的,则属于公司提供对外担保,应当需要决议或公告。《最高人民法院关于执行担保若干问题的规定》(2020修正)第5条规定:"公司为被执行人提供执行担保的,应当提交符合公司法第十六条[2]规定的公司章程、董事会或者股东会、股东大会决议。"依据该规定,公司为被执行人提供执行担保应当提交符合《公司法》(2023修订)第15条规定的决议文件。虽然该规定只规定公司应当提供章程或决议,但是如果提供执行担保的公司是上市公司的,则应当履行相应的信息披露义务。

此外,需要注意的是,执行担保的接收方是执行法院,因此一般由执行法院对提供执行担保的公司的决议文件进行审查。例如,人民法院案例库参考案例佛山甲公司、佛山乙公司与某某公司执行复议案(入库编号2024-17-5-202-064)裁判要旨载明:"根据《最高人民法院关于执行和解若干问题的规定》第十八条的规定,执行和解协议约定担保条款,且担保人向人民法院承诺在被执行人不履行执行和解协议时自愿接受直接强制执行的,执行法院可以依申请执行人申请及担保条款的约定,直接裁定执行担保人的财产。但同时,担保行为以公司股东(大)会、董事会等公司机关的决议作为授权的基础和来源,根据《最高人民法院关于执行担保若干问题的规定》第五条的规定,公司为被执行人提供执行担保的,应当提交符合公司法第十六条规定的公司章程、董事会或者股东会、股东大会决议。据此,执行法院需对担保人提供执行担保的效力予以一定程度的

---

[1] 《最高人民法院关于适用〈中华人民共和国民事诉讼法〉的解释》(2022修正)第468条:"根据民事诉讼法第二百三十八条规定向人民法院提供执行担保的,可以由被执行人或者他人提供财产担保,也可以由他人提供保证。担保人应当具有代为履行或者代为承担赔偿责任的能力。他人提供执行保证的,应当向执行法院出具保证书,并将保证书副本送交申请执行人。被执行人或者他人提供财产担保的,应当参照民法典的有关规定办理相应手续。"

[2] 现为《公司法》(2023修订)第15条。

审查认定,主要涉及对决议机关及表决程序是否符合公司法及公司章程进行形式审查。如决议机关及表决程序不符合公司法及公司章程规定,则该执行担保的形式要件欠缺,执行法院不应据此直接执行担保人的财产。"

但也有案例观点认为,由于《最高人民法院关于执行担保若干问题的规定》于2018年2月22日发布、2018年3月1日起开始施行,且该规定明确"本规定施行前成立的执行担保,不适用本规定",因此执行担保发生在2018年3月1日之前的,该司法解释不要求提供执行担保的公司提供章程及公司有效决议。例如,湖南省郴州市北湖区人民法院(2021)湘1002执异67号借款合同纠纷执行裁定认为:"1.执行担保与民事担保存在很大区别,执行担保发生在执行过程中,审查依据主要是程序性规定,是否能够依据公司法等实体法规定进行审查应当有执行规范的明确规定;2.对于执行案件,应根据案件当时的规定加以评判,在2018年3月1日《最高人民法院关于执行担保若干问题的规定》施行之前,并无明确的法律及司法解释规定人民法院在审查公司为被执行人提供执行担保时,应当要求担保人提交符合公司法第十六条规定的公司章程、董事会或者股东会、股东大会决议,且该司法解释亦明确规定不适用于施行前成立的执行担保,而本案执行担保发生在2016年1月即发生在施行前,故对于施行前成立的执行担保,不能以是否提交公司法第十六条规定的材料为必要审查标准;3.相对方系善意,不应以股东会决议等内部约束对抗法院强制执行。故对异议人的该意见,本院不予采纳。"[1]

对上述案例中的观点,笔者认为值得商榷。公司提供执行担保需要提供符合《公司法》规定的章程、决议,其实并不是依照《最高人民法院关于执行担保若干问题的规定》这一司法解释的规定,而是源于《公司法》关于公司对外担保的规定。诚然,《最高人民法院关于执行担保若干问题的规定》施行时间是2018年3月1日且其明确规定"本规定施行前成立的执行担保,不适用本规定",但《公司法》关于公司对外担保应当按照公司章程的规定由董事会或者股东会决议的规定,最早于2005年修订的《公司法》中即已经有规定。例如,在四川省成都市中级人民法院(2018)川01执异654号公证债权文书执行案及江苏省苏州市中级人民法院(2018)苏05执复162号金融借款合同纠纷执行案中,虽然法院均认为

---

[1] 湖南省郴州市北湖区人民法院执行裁定书,(2021)湘1002执异67号。

对于2018年3月1日前成立的执行担保不能以是否提交符合公司法规定的材料为必要的审查标准，但后续相关裁定均被上级法院以认定基本事实不清为由发回重新审查。[1]因此，笔者认为即使是2018年3月1日之前发生的执行担保，在事后发生纠纷时，亦应当审查提供执行担保的公司是否出具了决议，以此判断该执行担保是否对公司发生效力。

参考案例

佛山甲公司、佛山乙公司与某某公司执行复议案
——公司为被执行人提供执行担保的，执行法院应对董事会或者股东会、股东大会是否符合公司章程进行形式审查

人民法院案例库入库编号：2024-17-5-202-064

关键词

执行　执行复议　执行担保　股东会决议　形式审查

▶ **基本案情**

某某公司与深圳甲公司、深圳乙公司、深圳丙公司、深圳丁公司、惠州甲公司企业借贷纠纷一案，海南省高级人民法院（以下简称海南高院）于2018年12月29日作出（2018）琼民初51号民事判决，主要内容：深圳甲公司向某某公司偿还《还款协议》项下重组债务人民币2.56亿元及其2018年9月28日以后的违约金、重组宽限补偿金、重组宽限补偿金的违约金等；如深圳甲公司到期不履行前述付款义务，某某公司有权对深圳丙公司、深圳丁公司名下相应财产（具体财产略）折价或拍卖、变卖后的价款优先受偿；深圳乙公司、深圳丁公司对深圳甲公司的债务承担连带清偿责任，在承担责任后有权向深圳甲公司追偿。

执行过程中，申请执行人某某公司，被执行人深圳甲公司、深圳乙公司、深

---

[1] 参见四川省成都市中级人民法院执行裁定书，(2018)川01执异654号；江苏省苏州市中级人民法院执行裁定书，(2018)苏05执复162号。

圳丙公司、深圳丁公司、惠州甲公司与佛山甲公司、佛山乙公司、佛山丙公司、吕某某于2019年6月19日达成《执行和解及担保协议》，该协议第5条约定，担保人佛山甲公司、佛山乙公司、佛山丙公司、吕某某同意为各方履行该协议下的约定义务提供连带责任担保，并向法院承诺：恢复执行原生效法律文书后，自愿接受法院直接强制执行，法院可以依申请执行人的申请及上述条款的约定，直接裁定执行担保人名下财产。该协议由各方有权签字人签字或盖章并加盖公章，经海南高院备案认可后，已生效。因被执行人及担保人未能履行协议，根据申请执行人某某公司申请，海南高院于2019年9月25日、10月22日分别作出（2019）琼执21号之二、（2019）琼执21号之三执行裁定，查封、冻结担保人佛山甲公司、佛山乙公司、佛山丙公司、吕某某名下相关资产。

佛山甲公司、佛山乙公司、佛山丙公司提出执行异议，请求撤销（2019）琼执21号之二、（2019）琼执21号之三执行裁定，主要理由为：1.佛山甲公司、佛山乙公司均为非适格担保人，《执行和解及担保协议》未经佛山甲公司、佛山乙公司的董事会或股东会决议，而某某公司及五个被执行人也非善意相对人，故《执行和解及担保协议》系无效担保协议。2.佛山丙公司涉诉及执行案件多达数百件，为五个被执行人在执行阶段向某某公司提供巨额担保的行为具有极其不合理性，严重损害其股东和众多债权人的利益，非佛山丙公司的真实意思表示。3.吕某某系佛山甲公司、佛山乙公司、佛山丙公司的实际控制人，《执行和解及担保协议》仅由吕某某与某某公司及5个被执行人沟通及签订，系吕某某个人行为，非佛山甲公司、佛山乙公司、佛山丙公司的真实意思表示。

海南高院于2020年4月27日作出（2020）琼执异57号执行裁定，驳回佛山甲公司、佛山乙公司、佛山丙公司的异议请求。佛山甲公司、佛山乙公司、佛山丙公司不服，向最高人民法院申请复议。最高人民法院于2020年12月31日作出（2020）最高法执复161号执行裁定，撤销海南高院（2020）琼执异57号执行裁定，发回海南高院重新审查。海南高院重新审查后，于2021年9月23日作出（2021）琼执异68号执行裁定，驳回佛山甲公司、佛山乙公司、佛山丙公司的异议请求。佛山甲公司、佛山乙公司不服，向最高人民法院申请复议。最高人民法院于2022年9月29日作出（2022）最高法执复31号执行裁定：一、撤销海南高院（2021）琼执异68号执行裁定;二、撤销海南高院(2019)琼执21号之二执行裁定中"查封、冻结担保人佛山甲公司名下财产"的内容;三、撤销海南高院(2019)琼执21号之三执行裁定。

▶ 裁判理由

法院生效裁判认为:本案争议焦点为佛山甲公司、佛山乙公司提供担保是否符合执行担保的形式要件,海南高院执行担保人财产是否符合法律规定。

根据《最高人民法院关于执行和解若干问题的规定》第18条的规定,执行和解协议中约定担保条款,且担保人向人民法院承诺在被执行人不履行执行和解协议时自愿接受直接强制执行的,人民法院可以依申请执行人申请及担保条款的约定,直接裁定执行保证人的财产。本案中,《执行和解及担保协议》第5条明确约定,佛山甲公司、佛山乙公司、佛山丙公司同意为本案被执行人各方履行本协议项下的约定义务提供连带责任担保,并向法院承诺:恢复执行原生效法律文书后,自愿接受法院直接强制执行,法院可以依某某公司申请及本条款的约定,直接裁定执行深圳甲公司、深圳乙公司、深圳丙公司、深圳丁公司、惠州甲公司、佛山甲公司、佛山乙公司、佛山丙公司各方财产。

但是,佛山甲公司、佛山乙公司提出《执行和解及担保协议》未经其股东会或董事会决议而无效的理由。《最高人民法院关于执行担保若干问题的规定》第5条规定,公司为被执行人提供执行担保的,应当提交符合《公司法》第16条[1]规定的公司章程、董事会或者股东会、股东大会决议。根据前述规定,对担保人佛山甲公司、佛山乙公司提供担保是否符合执行担保的形式要件进行审查,还需要审查董事会或者股东会决议同意决议的人数及签字人员是否符合公司章程的规定。经查,本案不涉及为公司股东或者实际控制人提供担保,佛山甲公司、佛山乙公司的公司章程就对外提供担保未规定由董事会或者股东会作出决议。就本案所涉担保,佛山甲公司、佛山乙公司提交了股东会决议,根据公司章程对股东会的议事方式和表决程序作出的规定,股东会会议必须经股东所持表决权过半数通过,股东会会议由股东按照认缴出资比例行使表决权。本案中,佛山甲公

---

[1] 现为《公司法》(2023修订)第15条。

司提交的《股东会决议》仅有出资比例占50%的佛山乙公司盖章,佛山乙公司根据章程仅享有50%的表决权,该股东会决议不符合公司章程规定的股东会决议通过条件。因此,《执行和解及担保协议》作为执行担保的形式要件欠缺,海南高院据此执行佛山甲公司财产,存有不当。佛山乙公司提交的《股东会决议》有出资比例占50%的佛山丙公司和出资比例占40%的佛山甲乙公司盖章,该股东会决议经享有90%表决权的股东通过,符合公司章程规定的股东会决议通过条件。因此,《执行和解及担保协议》对佛山乙公司产生约束力,海南高院据此执行佛山乙公司财产,并无不当。

▶ 裁判要旨

　　根据《最高人民法院关于执行和解若干问题的规定》第18条的规定,执行和解协议约定担保条款,且担保人向人民法院承诺在被执行人不履行执行和解协议时自愿接受直接强制执行的,执行法院可以依申请执行人申请及担保条款的约定,直接裁定执行担保人的财产。但同时,担保行为以公司股东(大)会、董事会等公司机关的决议作为授权的基础和来源,根据《最高人民法院关于执行担保若干问题的规定》第5条的规定,公司为被执行人提供执行担保的,应当提交符合公司法第16条规定的公司章程、董事会或者股东会、股东大会决议。据此,执行法院需对担保人提供执行担保的效力予以一定程度的审查认定,主要涉及对决议机关及表决程序是否符合公司法及公司章程进行形式审查。如决议机关及表决程序不符合公司法及公司章程规定,则该执行担保的形式要件欠缺,执行法院不应据此直接执行担保人的财产。

▶ 关联索引

　　《最高人民法院关于执行和解若干问题的规定》第18条
　　《最高人民法院关于执行担保若干问题的规定》第5条

　　执行异议:海南省高级人民法院(2020)琼执异57号执行裁定(2020年4月27日)

执行复议：最高人民法院（2020）最高法执复161号执行裁定（2020年12月31日）

执行异议：海南省高级人民法院（2021）琼执异68号执行裁定（2021年9月23日）

执行复议：最高人民法院（2022）最高法执复31号执行裁定（2022年9月29日）

八、由第三人履行合同，债权人是否需要审查第三人公司决议？

问

若债权人与债务人约定由第三人（该第三人为公司）向债权人履行债务，那么债权人是否有必要审查第三人公司的股东会或董事会决议？

答

《民法典》第523条规定："当事人约定由第三人向债权人履行债务，第三人不履行债务或者履行债务不符合约定的，债务人应当向债权人承担违约责任。"此条是关于由第三人履行合同的规定。若债权人与债务人约定由第三人（该第三人为公司）向债权人履行债务，那么债权人是否有必要审查第三人公司的股东会或董事会决议？

（一）什么是"由第三人履行合同"

由第三人履行的合同，又称第三人负担的合同，指双方当事人约定债务由第三人履行的合同。依据《民法典》第523条的规定，由第三人履行的合同，具有几个特点：一是合同是在债权人与债务人之间订立，以债权人、债务人为合同双方当事人，第三人不是合同当事人；二是合同标的是第三人向债权人的履行行为；

三是第三人不履行债务的违约责任由债务人承担,而不是由第三人承担。[1]

与由第三人履行合同容易混淆的合同有《民法典》第522条[2]规定的向第三人履行的合同与《民法典》第524条[3]规定的第三人代为履行的合同。《民法典》第522条第1款规定的是不真正的利益第三人合同,由债务人向第三人履行债务,是债权人与债务人之间所作的约定,该约定不对第三人产生法律约束力。第三人不享有请求债务人履行的权利,履行请求权仍然属于作为合同当事人的债权人。《民法典》第522条第2款是关于真正的利益第三人合同的规定,第三人取得了对债务人的履行请求权。[4]向第三人履行的合同,第三人是接受履行的一方,显然不涉及债权人是否需要审查第三人公司决议的问题。虽《民法典》第524条规定第三人代为履行的合同与《民法典》第523条规定的由第三人履行的合同均属于涉及第三人的合同,但两者属于不同法律制度与法律规则,在第三人履行债务的依据、是否需要第三人同意、债权人与债务人能否拒绝第三人履行、是否对第三人履行债务有限制、第三人履行后的法律效果、第三人履行后债务人享有的抗辩等方面均存在区别。[5]《民法典》第524条规定,"……第三人有权向债权人代为履行……",表明在第三人对债务履行具有合法利益时[6],第三人有权利实

---

[1] 参见黄薇主编:《中华人民共和国民法典合同编解读》(上册),中国法制出版社2020年版,第209~211页。

[2] 《民法典》第522条规定:"当事人约定由债务人向第三人履行债务,债务人未向第三人履行债务或者履行债务不符合约定的,应当向债权人承担违约责任。法律规定或者当事人约定第三人可以直接请求债务人向其履行债务,第三人未在合理期限内明确拒绝,债务人未向第三人履行债务或者履行债务不符合约定的,第三人可以请求债务人承担违约责任;债务人对债权人的抗辩,可以向第三人主张。"

[3] 《民法典》第524条规定:"债务人不履行债务,第三人对履行该债务具有合法利益的,第三人有权向债权人代为履行;但是,根据债务性质、按照当事人约定或者依照法律规定只能由债务人履行的除外。债权人接受第三人履行后,其对债务人的债权转让给第三人,但是债务人和第三人另有约定的除外。"

[4] 参见黄薇主编:《中华人民共和国民法典合同编解读》(上册),中国法制出版社2020年版,第205~208页。

[5] 参见王利明:《论第三人代为履行——以〈民法典〉第524条为中心》,载《法学杂志》2021年第8期。

[6] 《最高人民法院关于适用〈中华人民共和国民法典〉合同编通则若干问题的解释》(法释〔2023〕13号)第30条规定:"下列民事主体,人民法院可以认定为民法典第五百二十四条第一款规定的对履行债务具有合法利益的第三人:(一)保证人或者提供物的担保的第三人;(二)担保财产的受让人、用益物权人、合法占有人;(三)担保财产上的后顺位担保权人;(四)对债务人的财产享有合法权益且该权益将因财产被强制执行而丧失的第三人;(五)债务人为法人或者非法人组织的,其出资人或者设立人;(六)债务人为自然人的,其近亲属;(七)其他对履行债务具有合法利益的第三人。第三人在其已经代为履行的范围内取得对债务人的债权,但是不得损害债权人的利益。担保人代为履行债务取得债权后,向其他担保人主张担保权利的,依据《最高人民法院关于适用〈中华人民共和国民法典〉有关担保制度的解释》第十三条、第十四条、第十八条第二款等规定处理。"

施代为履行行为而债权人不得拒绝,同时第三人对债务履行具有合法利益,也表明其代为履行并非纯负担行为,因此不涉及债权人是否需要审查第三人公司决议的问题。

(二)由第三人履行合同与保证合同、债务加入的区别

由第三人履行合同中的第三人是保证人吗?由第三人履行的合同与保证合同具有一定的相似性,都是可能基于他人不履行债务的行为而承担一定的责任。由第三人履行合同的债务人因第三人不履行债务的行为承担责任,保证合同的保证人可能因主债务人不履行债务而承担责任。但二者存在本质的不同。保证合同是主债权债务的从合同,一般保证的保证人享有先诉抗辩权,在就债务人的财产依法强制执行仍不能履行债务前,有权拒绝承担保证责任;连带责任的保证人和债务人对债务承担连带责任。而由第三人履行的合同,是一种独立的合同,债务人对于第三人不向债权人履行债务的行为,独立向债权人承担违约责任;第三人不是债务人,其只实施履行行为,不对债权人承担违约责任。[1]由此可见,由第三人履行合同不属于保证合同,因此由第三人履行合同中的第三人不是保证人。

由第三人履行合同中的第三人是债务加入者吗?《民法典》第552条规定:"第三人与债务人约定加入债务并通知债权人,或者第三人向债权人表示愿意加入债务,债权人未在合理期限内明确拒绝的,债权人可以请求第三人在其愿意承担的债务范围内和债务人承担连带债务。"该条是关于债务加入的规定,债务加入可以由第三人和债务人约定,也可以由第三人直接向债权人表示愿意加入,但均需要由第三人作出明确的意思表示(向债务人作出或直接向债权人作出)。而在由第三人履行债务的情形下,当事人只是约定由第三人履行,并没有就债务转移达成协议,第三人接受的意思并不是要承担债务,不宜因此认定第三人行为构成债务加入,因此由第三人履行债务中的第三人并非债务加入者。[2]

---

〔1〕 参见黄薇主编:《中华人民共和国民法典合同编解读》(上册),中国法制出版社2020年版,第209~211页。

〔2〕 参见王利明:《论第三人代为履行——以〈民法典〉第524条为中心》,载《法学杂志》2021年第8期。

（三）债权人是否应当审查由第三人履行合同中第三人公司决议

既然由第三人履行既非保证担保，亦非债务加入，是否可以得出结论，债务人与债权人约定由第三人履行合同，债权人无须审查第三人公司决议？《公司法》（2023修订）第15条明确规定公司对外担保需要决议，公司加入债务亦准用担保规则而也需要决议[1]，甚至公司出具差额补足承诺函、回购承诺函等文件也需要决议[2]，但法律、司法解释或司法性规范文件均未规定由第三人履行合同时债权人需要审查第三人公司决议。在此情况下，个别债权人与债务人认为，由于法律法规或司法解释均未规定由第三人履行合同时债权人需要审查决议，便希望通过约定由第三人履行合同，以规避《公司法》（2023修订）第15条规定。

还有观点认为，担保合同应当被理解为负担行为，公司提供担保需满足经内部权力机构决议的法律强制性规定，而第三人代为履行作为一种事实上的处分行为，公司在具有真实意思表示的前提下，从公司名下账户内将资金支付予债权人的行为就应属于有效的有权处分行为，公司作为第三人代为履行没有与债权人达成过事先的意思联络，不能以未经决议导致合同无效来约束对抗债权人。[3] 按照该观点推断，既然第三人代为履行（指《民法典》第524条规定）是一种处分行为，那么由第三人履行的合同中第三人实际履行后，该履行行为也是一种处分行为，因此也无须公司决议。

对于上述观点，笔者认为值得商榷，不宜直接认为由第三人履行合同中债权人必须或者不必须审查第三人公司决议，而是应当具体问题具体分析。

首先，如前所述，由第三人履行合同系由债务人与债权人之间约定，第三人并非由第三人履行合同的当事人，第三人未履行的，也无须向债权人承担违约责

---

[1]《民法典担保制度解释》第12条："法定代表人依照民法典第五百五十二条的规定以公司名义加入债务的，人民法院在认定该行为的效力时，可以参照本解释关于公司为他人提供担保的有关规则处理。"《九民纪要》第23条："法定代表人以公司名义与债务人约定加入债务并通知债权人或者向债权人表示愿意加入债务，该约定的效力问题，参照本纪要关于公司为他人提供担保的有关规则处理。"

[2] 详见本书第十四问："公司向债权人出具差额补足承诺函、回购承诺函、流动性支持等文件，债权人是否需要审查公司决议？"

[3] 参见马济勇：《一文读懂"第三人履行"、"第三人代为履行"和"债务加入"》，载微信公众号"商讼Research"2022年3月29日，https://mp.weixin.qq.com/s/-zUIxDBQWHGl-jgDEOKSug。

任。换句话说，由第三人履行合同并未对第三人设立合同义务，合同对第三人并不具有法律约束力。因此，在债权人与债务人之间订立由第三人履行合同之时，第三人尚未真正履行，第三人也不是合同当事人，此时债权人当然无须审查第三人公司决议。

其次，如果第三人根据债务人的指示或委托，向债权人履行了债务，第三人便实际履行了债务。如果第三人是公司而未出具决议，第三人向债权人履行的行为是否对第三人发生效力？实践中，第三人之所以向债权人履行债务，多因为债务人与第三人之间存在其他法律关系。例如，第三人对债务人负有债务，第三人与债务人对此约定，第三人向债权人履行即可消灭第三人对债务人所负的债务等。[1]如果是这种情况，那么第三人向债权人履行获得的对价是消灭了其对债务人所负债务，第三人履行行为使其本身获益，无论第三人是否出具决议，该行为均未损害公司与股东利益。然而，实践中由第三人履行合同项下第三人与债务人之间的关系可能比较复杂，第三人与债务人之间可能并不存在任何债权债务关系，第三人可能是债务人所控制的公司。又如，债务人可能是第三人的股东或实际控制人，此时如果第三人受债务人的指示向债权人履行债务，与公司为股东担保并实际履行担保责任无异。笔者认为，若第三人未依据《公司法》（2023修订）第15条第2款规定出具股东会决议，债权人接受第三人的履行便可能构成非善意。

再次，虽然法律、法规与司法解释或其他规范性文件均未明确规定由第三人履行合同中债权人是否有必要审查第三人公司决议，甚至由第三人履行合同中第三人既不属于保证人也不属于债务加入者，但这并不是立法漏洞或疏忽。由第三人履行合同中第三人是否需要出具公司决议，属于组织法规范的范畴，而《民法典》第523条规范本身属于交易法范畴，该条规定当然不会也不必涉及第三人是否需要出具公司决议的问题。在《公司法》（2023修订）已有明确规定的情况下，债权人应当注意到，由第三人履行的，应当参考公司担保、债务加入，审查第三人履行的行为是否可能损害第三人公司及其股东利益，从而要求第三人出

---

[1] 参见黄薇主编：《中华人民共和国民法典合同编解读》（上册），中国法制出版社2020年版，第209页。

具公司决议，否则债权人可能构成非善意。

　　最后，对于前文提及的以处分行为、负担行为进行区分，从而推定由第三人履行时该行为属于处分行为，并进一步认为第三人公司无须决议的观点，笔者认为该观点值得商榷。即使第三人提供担保或债务加入行为属于负担行为，那么第三人承担了担保责任或履行了债务之后，第三人实际承担责任或履行债务的行为便是处分行为，承担责任属于处分行为并不影响此前决定提供担保或加入债务属于负担行为的性质。虽然由第三人履行合同项下第三人实际履行义务属于处分行为，但该行为暗含了前置程序——公司决议为"第三人"（此处第三人指由第三人履行合同中的债务人）履行义务，该决议行为亦应属负担行为。因此，不能仅以由第三人履行时该履行行为属于处分行为，就认为第三人公司无须决议。另外，负担行为中第三人的责任尚未实际发生，比如担保责任是或然的责任，而处分行为中第三人已经实际履行责任。两相比较，显然处分行为责任更重、损害更大。如果处分行为不需要决议，相反责任更轻、损害更小的负担行为却需要决议，那么在逻辑上亦难以自洽。

　　总之，笔者认为，债权人与债务人达成由第三人履行合同之时，债权人并无义务审查第三人公司决议。但是当第三人根据债务人的委托或指示，实际向债权人履行时，债权人应当审查到第三人与债务人之间是否存在其他债权债务关系，以及第三人与债务人之间是否存在关联关系，并判断第三人履行是否会损害第三人公司利益，从而决定是否需要审查第三人公司决议。但实践中债权人的操作难点可能在于，一是可能难以审查第三人与债务人之间的债权债务关系是否真实，二是债权人的审查要达到什么样的程度才能达到合理审查的范围，缺乏相应的指导意见或标准，三是若第三人公司不配合出具决议，该第三人履行是否导致债务人债务相应消灭、债权人能否接受第三人履行，目前缺乏统一的观点。的确，笔者目前未检索到相关案例，无法从案例探知司法实践中裁判者对类似问题的看法或意见。但是笔者认为谨慎起见，债权人至少可以审查第三人与债务人之间是否具有关联关系、是否存在真实的债权债务关系等，如果可能存在债务人利用其对第三人的控制地位损害第三人利益的，债权人应当谨慎接受第三人履行，必要时参考《公司法》（2023修订）第15条规定要求第三人出具决议。

九、担保人未就越权担保问题提出抗辩，人民法院是否应当主动进行审查？

问

在债权人要求公司承担担保责任时，作为担保人的公司未出庭应诉，或者虽然出庭应诉但未提出越权担保的抗辩观点，甚至认可担保的效力，那么人民法院是否应当主动审查担保行为是否构成越权？

答

在公司作为担保人应诉的情况下，大部分公司都会积极抗辩，提出包括其法定代表人是否越权担保等抗辩意见。也有部分案件中，担保人未出庭应诉，或者虽然出庭应诉但未提出其法定代表人越权担保的抗辩，甚至在答辩时承认债权人诉讼请求，认可担保的效力。此时，人民法院是否应当主动审查公司的担保行为是否构成越权？

有观点认为，抗辩权属于私权的一种，可以选择行使，也可以选择不行使。担保人对抗辩权的处分不违反法律的规定，也没有侵犯国家、集体及他人的合法权益，人民法院不应当主动干预。因此，遵循意思自治原则和处分原则，在公司未提出或不提出越权担保抗辩的情形下，人民法院不应主动进行审查，这也与人民法院居中裁判的地位相适应。

对此，最高人民法院民二庭在《最高人民法院民法典担保制度司法解释理解与适用》一书中提出倾向性意见：在担保人未出庭参加庭审的情况下，人民法院应当将原告债权人在签订担保合同时是否善意作为一个基本事实予以查明，因为查明案件的基本事实是人民法院的职责；在担保人出庭的情况下，如果被告没有抗辩其法定代表人越权担保,就案件的基本事实,人民法院负有查明的义务。这一基本事实应当结合债权人是否善意,一并查明。[1]

人民法院案例库参考案例某信托公司诉某建筑公司等金融借款合同纠纷案（入库编号2023-08-2-103-012）中,抵押人某建筑公司经法院依法传唤未到庭参加诉讼,亦未对抵押合同的效力提出异议,但法院认为《抵押合同》的效力及某信托公司是否尽到合理审查义务,为案件的基本事实,法院需主动审查查明。该参考案例的裁判要旨载明:"公司对外提供担保,债权人负有对公司章程、公司权力机关作出的担保决议等与担保相关文件的合理审查义务,否则担保合同对公司不产生效力。在担保人未对担保合同效力提出异议的场合,法院仍需要主动依职权审查债权人对公司对外担保尽到合理审查义务,主要理由为:1.无论担保人公司是否到庭参加诉讼,公司作为组织机构的属性并未变化,在诉讼中未提出异议,并不能当然视为公司整体及公司的所有股东在签署担保合同时同意公司对外提供担保,法院仍然需要主动审查公司组织机构的意思表示。2.法院主动审查担保合同签订时债权人是否尽到合理审查义务系查明案件事实的需要,因为查明案件基本事实是法院的职责,即使担保人未提出抗辩,法院也需依职权主动审查。3.法院主动审查担保合同效力有助于保护公司和中小股东权益。担保的无偿性特点决定了担保权人在获得担保债务清偿时无需支付任何对价,而公司其他债权人在获得债务清偿时系基于对待给付义务。因此,即使担保人未对担保合同效力提出异议,人民法院也应对债权人是否尽到合理审查义务进行主动审查,以平衡保护债权人和公司、公司中小股东的利益。"[2]

此外,也可以从合同效力角度说明人民法院应当依职权审查的理由。依照《民法典担保制度解释》第7条之规定,相对人善意的,担保合同对公司发生效力,相对人非善意的,担保合同对公司不发生效力。而合同效力的认定是人民法院审查担保合同纠纷案件的重要内容,即使担保人未就越权担保提出抗辩,人民法院亦应依职权审查。《九民纪要》亦明确:"人民法院在审理合同纠纷案件过程

---

[1] 参见最高人民法院民事审判第二庭:《最高人民法院民法典担保制度司法解释理解与适用》,人民法院出版社2021年版,第139～140页。

[2] 北京市西城区人民法院民事判决书,(2021)京0102民初7664号。

中，要依职权审查合同是否存在无效的情形，注意无效与可撤销、未生效、效力待定等合同效力形态之间的区别，准确认定合同效力，并根据效力的不同情形，结合当事人的诉讼请求，确定相应的民事责任。"

实践中也有案例从合同效力角度支持人民法院应当依职权审查。例如，在最高人民法院（2021）最高法民申1603号金融借款合同纠纷案中，某农商行申请再审主张，《公司法》第16条第1款[1]并非效力性强制性规定，某公司在原审中对提供保证担保事实予以确认，也未提出具有不予承担保证责任或者免除担保责任的抗辩事由，原判决主动适用上述规定适用法律错误。但法院认为，合同效力的审查，属于人民法院裁判权的范围，不受当事人是否主张的限制。本案中，合同效力的判断是认定保证责任承担的前提，某公司虽未以《保证合同》无效为由主张免除担保责任，但其主张本案贷款属于正常状态，不应还款付息，并非认可其应承担保证责任。故某农商行申请再审主张原判决主动适用《公司法》第16条第1款判定合同效力适用法律错误，法院不予支持。[2]

最高人民法院民二庭在《最高人民法院民法典担保制度司法解释理解与适用》一书中提出的倾向性意见只涉及担保人未出庭以及虽然出庭但未提出抗辩两种情况。除此两种情况外，还有第三种情况，如果担保人出庭应诉并且在诉讼中认可担保合同的效力，法院将如何处理？笔者认为，法院仍然将主动审查担保合同的效力，存在决议问题的担保不会因担保人认可其效力而被法院认定为有效。例如，在安徽省合肥市中级人民法院（2022）皖01民终12528号金融借款合同纠纷案中，提供保证担保的某锦公司在一审庭审答辩时称对债权人的主张连带清偿责任的诉请无异议且在庭审过程中也未对案涉保证合同效力提出明确异议，导致一审法院未将保证合同效力问题作为案件审理焦点，在一审判决后，其却以保证合同无效为主要理由认为其无须承担保证责任。二审法院认为，此行为明显有违诚信诉讼原则，存有不当。但二审法院同时认为，合同效力是人民法院审理合同类案件应当依法查明的基本事实，无效合同并不因当事人未提异议而当然有效，有效合同也不会因当事人提出异议而变得无效，故而即便某锦公司

---

[1] 现为《公司法》（2023修订）第15条第1款。
[2] 参见最高人民法院民事裁定书，（2021）最高法民申1603号。

在一审阶段对案涉保证合同的效力并未提出明确异议，人民法院仍旧应根据法律规定和在案证据反映的事实对合同效力问题依法作出认定。[1]与此情况类似，如果担保人出庭应诉，并且与原告债权人达成调解的，法院仍然有义务主动审查担保效力问题。[2]若原告债权人与担保人达成的调解协议中，担保人承担的责任可能大于原担保合同所约定的担保责任的，法官还可能要求担保人重新出具符合章程规定的决议。

综上，即使担保人未出庭应诉，或担保人未就越权担保问题提出抗辩，甚至担保人应诉后认可担保的效力，人民法院亦应当主动对公司提供的担保是否属于越权担保进行审查。

参考案例

某信托公司诉某建筑公司等金融借款合同纠纷案
——公司为他人提供担保时，法院需依职权主动审查
是否构成越权担保

人民法院案例库入库编号：2023-08-2-103-012

关键词

民事　金融借款合同　对外提供担保　内部决议　主动审查

▶ **基本案情**

原告某信托公司诉称：2019年，某信托公司与某建筑公司签订《信托贷款合同》及其补充协议。2019年8月30日，某信托公司分别与某住宅公司、辛某、吴某签订《保证合同》。2020年10月26日，某信托公司与某房地产公司签订《抵押合同》。2019年，某信托公司与某建筑公司签订《应收账款质押合同》。某信托公司与某实业公司签署《股权质押合同》。某信托公司与某住宅公司、某管理公司

---

[1] 参见安徽省合肥市中级人民法院民事判决书，(2022)皖01民终12528号。
[2] 根据笔者代理诉讼案件的经验，实践中仅个别案件中法官可能忽视对调解案件中公司决议的审查，大部分案件中即使当事人已经达成调解，法官仍然要求审查决议。

签订《抵押合同》。某信托公司已依约向某建筑公司发放三期贷款。2020年12月21日,某建筑公司无法按照合同约定支付利息,并经某信托公司多次催要仍未及时履行。2021年1月22日,某信托公司向某建筑公司发送《提前还款通知书》,宣布贷款提前到期,并要求立即偿还某信托公司全部债权,但某建筑公司仍未支付任何款项,故某信托公司起诉至法院。

被告某建筑公司辩称:第一,某信托公司与某建筑公司签订的《信托贷款合同》是格式合同,其中约定复利条款严重损害某建筑公司利益,且在签署时某信托公司未履行其应有的提示义务,因此该约定无效,某信托公司不得主张复利。对逾期归还的本金计收罚息具有惩罚性质,对欠付的利息及罚息计收复利,则属于重复计算利息,违反公平原则。第二,《抵押合同》中列举的39套商铺的不动产抵押登记手续尚未办理,相关抵押权未设立,某信托公司对前述财产不享有优先受偿权。

某住宅公司、辛某、吴某、某房地产公司、某管理公司均未到庭参加诉讼,亦未提交书面答辩意见。

法院经审理查明:2019年,某信托公司与某建筑公司签订《信托贷款合同》与《信托贷款合同之补充协议》,约定贷款人按本合同约定向借款人发放的贷款总金额为不超过2000万元。根据借款凭证记载,某信托公司先后发放三笔贷款。

2020年10月26日,某信托公司与某房地产公司签订《抵押合同》,约定为主合同项下债务人的全部债务提供抵押担保,已办理抵押登记,抵押物为160个车位。本案审理过程中,某房地产公司签收开庭传票,但未对抵押担保效力提出异议,经询,某信托公司未能提交某房地产公司同意提供抵押担保的公司内部决议文件。

某信托公司提交中国某某银行支付业务回单,主张某建筑公司仅于2020年9月17日通过案外人向某信托公司支付第一期贷款本金和利息,自2020年12月21日起未再偿还第二笔、第三笔贷款利息及本金。

另外,某住宅公司、辛某、吴某分别与某信托公司签订《保证合同》,某信托公司与某建筑公司签订《应收账款质押合同》,某信托公司与某住宅公司、某管理公司签署《抵押合同》,为案涉债权提供担保。

北京市西城区人民法院于2021年10月18日作出(2021)京0102民初7664号

民事判决：1.某建筑公司于本判决生效之日起10日内向某信托公司偿还借款本金1321万元，截至2021年1月27日的利息483,805.56元、罚息67,884.72元、复利5365元，以及自2021年1月28日起至实际清偿之日止的罚息、复利（按照《信托贷款合同》约定的标准计算，且利息、罚息、复利合计不超过年利率24%）；2.辛某、吴某、某住宅公司、某管理公司对本判决第一项确定的某某公司的给付义务向某信托公司承担连带清偿责任，辛某、吴某、某住宅公司、某管理公司清偿完毕后，有权向某建筑公司追偿；3.某房地产公司在某建筑公司就判决第一项所确定的债务不能清偿部分的1/2范围内承担民事责任；4.某实业公司于本判决生效后10日内配合某信托公司对某实业公司持有的某投资公司100%股权为某信托公司办理股权质押登记手续；5.驳回某信托公司的其他诉讼请求。宣判后，当事人未提出上诉，判决已发生法律效力。

▶ 裁判理由

法院生效裁判认为：某房地产公司作为抵押人，与某信托公司签署《抵押合同》，以其所有的160个车位为案涉债权提供抵押担保并办理了抵押登记。根据《公司法》第16条的规定，公司担保行为必须以公司股东（大）会或者董事会等公司机关的决议作为授权的基础和来源。本案中，某信托公司未能提交某房地产公司股东会、董事会等权力机关的决议文件，亦未能举证证明其就相关决议事项尽到了合理审查义务，且根据现有证据不足以认定本案中存在无须公司机关决议的例外情形。因此，在现有证据无法证明某信托公司构成善意的情况下，案涉《抵押合同》对某房地产公司不发生效力，该公司不承担基于有效担保产生的担保责任。需要说明的是，虽然本案中某房地产公司经法院依法传唤未到庭参加诉讼，亦未对抵押合同的效力提出异议，但《抵押合同》的效力及某信托公司是否尽到合理审查义务，为案件的基本事实，法院需主动审查查明。据此，对某信托公司要求对《抵押合同》中抵押物清单中的160个车位的折价或拍卖、变卖所得价款享有优先受偿权的主张，法院不予支持，并根据《担保法解释》第7条之规定，确定某房地产公司承担的民事责任为债务人某建筑公司不能清偿部分的1/2。

▶ 裁判要旨

公司对外提供担保，债权人负有对公司章程、公司权力机关作出的担保决议等与担保相关文件的合理审查义务，否则担保合同对公司不产生效力。在担保人未对担保合同效力提出异议的场合，法院仍需要主动依职权审查债权人对公司对外担保尽到合理审查义务，主要理由为：

1.无论担保人公司是否到庭参加诉讼，公司作为组织机构的属性并未变化，在诉讼中未提出异议，并不能当然视为公司整体及公司的所有股东在签署担保合同时同意公司对外提供担保，法院仍然需要主动审查公司组织机构的意思表示。

2.法院主动审查担保合同签订时债权人是否尽到合理审查义务系查明案件事实的需要，因为查明案件基本事实是法院的职责，即使担保人未提出抗辩，法院也需要依职权主动审查。

3.法院主动审查担保合同效力有助于保护公司和中小股东权益。担保的无偿性特点决定了担保权人在获得担保债务清偿时无须支付任何对价，而公司其他债权人在获得债务清偿时系基于对待给付义务。因此，即使担保人未对担保合同效力提出异议，人民法院也应对债权人是否尽到合理审查义务进行主动审查，以平衡保护债权人和公司、公司中小股东的利益。

▶ 关联索引

《公司法》（2023修订）第15条［本案适用的是《公司法》（2018修正）第16条］

《民法典》第392条、第688条（本案适用的是1995年6月30日施行的《担保法》第31条、第18条）

《民法典担保制度解释》第17条（本案适用的是2000年12月8日实施的《担保法解释》第7条）

一审：北京市西城区人民法院（2021）京0102民初7664号民事判决（2021年10月18日）

十、《九民纪要》关于法定代表人越权担保的规则是否不适用颁布之前签订的担保合同？

问

《九民纪要》是最高人民法院于2019年11月8日发布并施行的文件，根据法不溯及既往原则，《九民纪要》关于法定代表人越权担保的规则是否不适用于颁布之前签订的担保合同？

答

法不溯及既往是指任何法律规则不得适用于其生效之前的行为。但《九民纪要》本身并不属于法律法规，也不属于司法解释，本身亦未创设新的规则。笔者认为，《九民纪要》相当于是对既有规则在司法实务中存在的问题进行总结，消弭既有规则在适用中的分歧，因此也可理解为对既有规则的解释。

《九民纪要》关于法定代表人越权担保的规则实际上并非该纪要新设规则，而是来源于《公司法》(2018修正)第16条。[1]关于《公司法》(2023修订)第15条的规范性质，有管理性规定说、效力性规定说以及代表权限制说等多种观点，导致司法实务中裁判标准不统一。《九民纪要》则明确采纳代表权限制说，将该条视为对法定代表人代表权的法定限制，进而根据当时尚在施行的《合同法》第50条[2]的规定认定越权代表行为的效力。因此，《九民纪要》统一了司法实践中的裁判标准。正如最高人民法院在发布通知中指出，《九民纪要》目的在于"统一

---

[1] 现为《公司法》(2023修订)第15条。
[2] 《合同法》第50条规定："法人或者其他组织的法定代表人、负责人超越权限订立的合同，除相对人知道或者应当知道其超越权限的以外，该代表行为有效。"对应《民法典》第504条规定："法人的法定代表人或者非法人组织的负责人超越权限订立的合同，除相对人知道或者应当知道其超越权限外，该代表行为有效，订立的合同对法人或者非法人组织发生效力。"

裁判思路,规范法官自由裁量权,增强民商事审判的公开性、透明度以及可预期性,提高司法公信力"[1]。最高人民法院在发布通知中还指出:"纪要不是司法解释,不能作为裁判依据进行援引。《会议纪要》发布后,人民法院尚未审结的一审、二审案件,在裁判文书'本院认为'部分具体分析法律适用的理由时,可以根据《会议纪要》的相关规定进行说理。"[2]由于《公司法》(2023修订)第15条的规定早已有之,因此,《九民纪要》关于法定代表人越权担保的规则当然适用颁布之前签订的担保合同。

例如,最高人民法院(2021)最高法民申2980号民事裁定书中法院认为,《公司法》(2018修正)第16条第1款该条款自《公司法》2005年修订以来未发生变化,当事人签订的案涉协议书在2012年8月8日,理应受《公司法》(2018修正)第16条第1款约束,本案实质上不涉及法律是否溯及既往的问题。《九民纪要》并非新的司法解释,而是最高人民法院印发的旨在统一裁判思路、规范自由裁量权的规范性文件,其中关于法定代表人越权担保的规定不涉及是否溯及既往的问题。[3]

由于《公司法》(2005修订)第16条修订于2005年且自2006年1月1日起施行,因此,如果担保合同签订的时间是在2006年1月1日之前,则根据法不溯及既往的一般原则,担保事项即使未经过股东会或者董事会决议也合法有效。[4]

十一、《民法典担保制度解释》是否适用于2021年1月1日前签订的担保合同?

问

《民法典担保制度解释》与《民法典》均于2021年1月1日起施行,那么该司

---

[1]《最高人民法院关于印发〈全国法院民商事审判工作会议纪要〉的通知》(法〔2019〕254号)。
[2]《最高人民法院关于印发〈全国法院民商事审判工作会议纪要〉的通知》(法〔2019〕254号)。
[3] 参见最高人民法院民事裁定书,(2021)最高法民申2980号。
[4] 参见最高人民法院民事裁定书,(2021)最高法民申2369号。

法解释是否适用于施行之前签订的担保合同？

> **答**

《民法典担保制度解释》是为正确适用《民法典》有关担保制度的规定所作出的解释，而《民法典》的大部分内容来自已经被废止的《婚姻法》《继承法》《民法通则》《收养法》《担保法》《合同法》《物权法》《侵权责任法》《民法总则》等九部法律。对于《民法典》完全继受九部法律的部分，《民法典担保制度解释》的有关规定可在裁判说理时作为依据加以援引。相应地，关于法定代表人越权担保的规定，《民法典》施行之前已经有相关规定，并且2019年颁布的《九民纪要》就公司对外担保的理解进行了统一。因此，对于《民法典担保制度解释》施行之前签订的担保合同在《民法典担保制度解释》施行之后发生纠纷的，人民法院亦可在判决时援引该司法解释的相关规定进行说理，故具有一定的适用空间。

但笔者认为，《民法典担保制度解释》在以下两个方面，应当不具有溯及既往的适用效力，以保护当事人的合理预期：

一方面，属于《民法典担保制度解释》新创设的规则。"以上市公司对外提供担保为例，虽然《民法典担保制度解释》第9条[1]制定的依据是《公司法》第16条[2]，且《公司法》并未修改或者废止，但由于《公司法》第16条并无关于上市公司提供担保的特别规定，因此，《民法典担保制度解释》关于上市公司对外提供担保的规定属广义的法律解释，如果适用于《民法典担保制度解释》施行之前的担保行为，将背离当事人合理预期，故不应赋予其溯及既往的效力。也就是说，

---

[1] 《民法典担保制度解释》第9条规定："相对人根据上市公司公开披露的关于担保事项已经董事会或者股东大会决议通过的信息，与上市公司订立担保合同，相对人主张担保合同对上市公司发生效力，并由上市公司承担担保责任的，人民法院应予支持。相对人未根据上市公司公开披露的关于担保事项已经董事会或者股东大会决议通过的信息，与上市公司订立担保合同，上市公司主张担保合同对其不发生效力，且不承担担保责任或者赔偿责任的，人民法院应予支持。相对人与上市公司已公开披露的控股子公司订立的担保合同，或者相对人与股票在国务院批准的其他全国性证券交易场所交易的公司订立的担保合同，适用前两款规定。"

[2] 现为《公司法》（2023修订）第15条。

《民法典担保制度解释》第9条仅适用于2021年1月1日后发生的担保行为。"[1]

另一方面,《民法典担保制度解释》与《九民纪要》在公司对外担保方面,部分规定存在较大的区别,为保护当事人的合理预期可能不应当适用《民法典担保制度解释》之规定。典型的例子是关于无须机关决议的例外情况之规定,两者规定具有较大不同。《九民纪要》第19条规定:"存在下列情形的,即便债权人知道或者应当知道没有公司机关决议,也应当认定担保合同符合公司的真实意思表示,合同有效:……(2)公司为其直接或者间接控制的公司开展经营活动向债权人提供担保;(3)公司与主债务人之间存在相互担保等商业合作关系……"但是《民法典担保制度解释》删除了《九民纪要》两项规定,即该两项情形不属于可以免除机关决议的情形。因此,《九民纪要》颁布后至《民法典担保制度解释》施行期间,实践中当事人已经按照《九民纪要》第19条第2项与第3项的观点开展担保交易的,笔者认为就不应当适用《民法典担保制度解释》规定认定债权人为非善意相对人,而应当参照《九民纪要》之观点认定债权人系善意。例如,在北京市高级人民法院(2020)京民终798号买卖合同纠纷案中,法院认为:"在民法典担保制度解释作出明确规定前,对于公司为其直接或者间接控制的公司开展经营活动向债权人提供担保,即便债权人知道或者应当知道没有公司机关决议的情形,认定担保合同系公司的真实意思表示,合同有效,符合法律规定。案涉两份《保证合同》虽然仅显示签订的年份,没有写明签订的具体日期,但该事实并不能否定《保证合同》的真实性及其效力,一审法院认定案涉两份《保证合同》签订日期在2015年12月31日前并无不当。在案涉两份《保证合同》签署时,深圳比克动力公司、郑州比克公司系深圳比克公司直接或间接控制的公司,深圳比克公司为其直接或间接控制的公司开展经营活动提供担保,一审法院据此认定案涉两份《保证合同》合法有效亦无不当。"[2]

---

[1] 最高人民法院民事审判第二庭:《最高人民法院民法典担保制度司法解释理解与适用》,人民法院出版社2021年版,第78页。

[2] 北京市高级人民法院民事判决书,(2020)京民终798号。

第二部分

非上市公司对外担保

十二、债权人应当如何证明其已对公司决议进行了合理审查?

问

按照《民法典担保制度解释》第7条第3款之规定,债权人应当提供证据证明其已对公司决议进行了合理审查。那么,债权人应当如何证明呢?

答

关于债权人接受公司担保时是否善意的判断标准,《九民纪要》与《民法典担保制度解释》规定略有不同。

《九民纪要》第18条第2款规定:"债权人对公司机关决议内容的审查一般限于形式审查,只要求尽到必要的注意义务即可,标准不宜太过严苛。公司以机关决议系法定代表人伪造或者变造、决议程序违法、签章(名)不实、担保金额超过法定限额等事由抗辩债权人非善意的,人民法院一般不予支持。但是,公司有证据证明债权人明知决议系伪造或者变造的除外。"

《民法典担保制度解释》第7条第3款规定:"第一款所称善意,是指相对人在订立担保合同时不知道且不应当知道法定代表人超越权限。相对人有证据证明已对公司决议进行了合理审查,人民法院应当认定其构成善意,但是公司有证据证明相对人知道或者应当知道决议系伪造、变造的除外。"

通过比较可见,《九民纪要》规定债权人的审查只是形式审查,债权人"明知决议系伪造或者变造"构成非善意。而《民法典担保制度解释》则将相对人(债权人)审查公司决议的要求从"形式审查"提高为"合理审查"。另外,伪造、变造也从"明知"放宽为"知道或应当知道"。两者比较而言,《民法典担保制度解释》对债权人的审查义务提出了更高的要求。有观点激进地认为,《民法典担保制度解释》中所称的"合理审查",实际是要求债权人做到实质审查,至少应保证审查的真实性和合法性。[1]该观点与最高人民法院民事审判第二庭的观点并不相符,后者则认为合理审查仍然也只能是形式审查,难以要求相对人进行实质审查,毕竟相对人并非公司的内部人,难以了解公司决议的具体情况。[2]"合理审查"既非宽松的"形式审查",也非严苛的"实质审查",而是"审慎的形式审查"。[3]

从担保实务角度来看,虽然"合理审查"的标准应当是略高于"形式审查",但并不等同于实质审查,应当理解为债权人需要证明自己尽到了与作为善意相对人相匹配的审查义务,才能证明自己是善意的,否则不构成善意。同时,《九民纪要》中关于形式审查规定的合理内容在实践中仍然适用。至于债权人应当做到什么程度才满足已对公司决议进行了合理审查的判断标准,进而可以被人民法院认定构成善意,《民法典担保制度解释》未作进一步明确,所谓"合理审查"便应交由裁判者自由裁量。笔者认为,债权人应当从以下几个方面证明其已经对公司决议进行了合理审查:

第一,应当有决议。除非是《民法典担保制度解释》第8条[4]明确规定的三种例外情形外,债权人均应当要求担保人根据公司章程之规定提供股东会决议或董事会决议。依据《公司法》(2023修订)第15条规定,无论是关联担保还是非关联担保,均需经过公司决议程序来决定。因此,如果担保无决议,则法定代表人擅自对外提供担保即构成越权代表。值得提示的是,债权人应当保留决议原件以供审查。

第二,应当有章程。《公司法》(2023修订)第15条规定公司为他人提供担保"按照公司章程的规定,由董事会或者股东会决议",第59条第1款第9项规定股

---

[1] 参见黄一豪:《〈民法典〉施行背景下公司越权担保法律适用问题研究》,载《西部学刊》2021年第16期。

[2] 参见最高人民法院民事审判第二庭:《最高人民法院民法典担保制度司法解释理解与适用》,人民法院出版社2021年版,第136页。

[3] 高圣平:《再论公司法定代表人越权担保的法律效力》,载《现代法学》2021年第6期。

[4] 《民法典担保制度解释》第8条:"有下列情形之一,公司以其未依照公司法关于公司对外担保的规定作出决议为由主张不承担担保责任的,人民法院不予支持:(一)金融机构开立保函或者担保公司提供担保;(二)公司为其全资子公司开展经营活动提供担保;(三)担保合同系由单独或者共同持有公司三分之二以上对担保事项有表决权的股东签字同意。上市公司对外提供担保,不适用前款第二项、第三项的规定。"

东会行使的职权包括"公司章程规定的其他职权",第67条第2款第10项规定董事会行使的职权包括"公司章程规定或者股东会授予的其他职权"。可见,公司章程如果有关于公司为他人提供担保的规定的,则应当作为债权人审查决议的重要依据。从合理审查的角度考虑,债权人接受公司担保即必须审查公司章程。"形式审查与合理审查标准的区别,在很大程度上就在于应否审查章程,此点应予特别注意。"[1]

第三,应当审查决议是否适格。如果是为公司股东或者实际控制人提供的关联担保,则必须要经股东会决议(是否可以授权其他机关或个人,存在争议),且还要注意应当回避表决的股东是否参与了表决;如果是为其他人提供担保(非关联担保),则还要看章程如何规定。对于非关联担保,债权人应当按照章程的规定,审查股东会或董事会决议。对此,笔者认为应当区分以下几种情形:情形一,章程规定由股东会决议,则必须审查股东会决议;情形二,如果章程规定由董事会决议,则可以审查董事会决议,但股东会决议也应当属于适格决议;情形三,如果章程未规定的,主流观点认为股东会决议与董事会决议均可。[2]此外,还需要从形式上审查决议的表决是否符合法律或章程的规定。例如,表决同意的股东人数及其表决权比例、董事人数是否达到了决议通过的比例等。

第四,即便是"合理审查"标准,债权人仍然无须审查公司担保决议的形成是否存在程序上的瑕疵(如通知程序、召集程序、表决程序是否符合章程规定),也无须审查决议中的董事或股东的签章是否属实。但是,债权人"知道或者应当知道决议系伪造、变造"将不构成善意,因此债权人在审查决议时应注意决议是否具有明显伪造或变造痕迹。特别是在实践中,当章程与决议中记载的股东或董事的签名或盖章明显不一致时,为谨慎起见,债权人应当进一步审查。

此外,有观点认为,"对于不同的商事主体也应采取不同的审查标准,例如对于制度规范健全、经济实力强的大公司,应对其要求更高的审查标准"[3],甚

---

[1] 最高人民法院民事审判第二庭:《最高人民法院民法典担保制度司法解释理解与适用》,人民法院出版社2021年版,第136页。

[2] 关于章程规定的决议机构问题,详见本书第三十八问:"对外担保决议的作出机关与公司章程规定不一致,债权人是否构成善意?"

[3] 黄一豪:《〈民法典〉施行背景下公司越权担保法律适用问题研究》,载《西部学刊》2021年第16期。

至有学者提出依据相对人类型区分合理审查的标准[1]，或者主张应当根据相对人的商主体属性而区别对待。[2]类似观点在司法实践中也被部分法院所认可，例如，在最高人民法院（2019）最高法民终837号金融借款合同纠纷案中，法院认为，金融机构相较于其他商事主体而言，对于公司对外担保是否经过了决议程序，应具有更为严格的审慎审查义务。[3]不过，从大部分案例中法院对于金融机构等债权人审查义务的论述看，事实上其标准并未高于非金融机构债权人（包括自然人）等一般民事主体的注意义务标准。另外，当所订立的担保合同因缺乏适格决议且债权人非善意而对公司不发生效力时，法院可能会对银行、融资租赁公司、担保公司等专业机构的债权人苛以更重的责任。[4]

▎参考案例▎

上海某股权投资基金合伙企业诉李某亮、李某雷、某网络股份有限公司与公司有关的纠纷案
——公司担保中债权人审查义务的司法认定规则

人民法院案例库入库编号：2024-08-2-494-002

关键词

民事　与公司有关的纠纷　公司担保　债权人审查义务责任承担

▶ 基本案情

原告上海某股权投资基金合伙企业诉称：2016年12月，原告与被告李某亮、某网络股份有限公司签订《增资协议》，约定原告认购某网络股份有限公司股

---

[1] 参见李玲玲、董惠江：《论法定代表人越权担保中相对人善意的认定》，载《安徽大学学报（哲学社会科学版）》2023年第2期。

[2] 参见王建文：《〈民法典〉框架下公司代表越权担保裁判规则的解释论》，载《法学论坛》2022年第5期。

[3] 参见最高人民法院民事判决书，(2019)最高法民终837号。持有类似观点的案例：最高人民法院民事判决书，(2018)最高法民终36号；上海金融法院民事判决书，(2023)沪74民终346号。

[4] 详见本书第八十四问："担保合同缺乏适格决议对公司不发生效力，公司承担赔偿责任的比例是多少？"

份,若3年后某网络股份有限公司未能成功上市,原告有权要求被告李某亮、李某雷回购原告所持某网络股份有限公司的股份。后原告与三被告签订《补充协议》,约定被告某网络股份有限公司为被告李某亮、李某雷在《增资协议》和《补充协议》项下的所有责任和义务承担不可撤销的连带担保责任。现被告某网络股份有限公司未能成功上市,故要求被告李某亮、李某雷回购所持股份并要求被告某网络股份有限公司承担连带担保责任。

被告李某雷辩称:不同意原告的诉讼请求。就被告某网络股份有限公司对被告李某亮、李某雷的付款义务承担连带责任不予认可。

法院经审理查明:2016年12月,被告某网络股份有限公司、原告上海某股权投资基金合伙企业、被告李某亮共同签订了《增资协议书》,约定上海某股权投资基金合伙企业同意以增资扩股方式向某网络股份有限公司投资1000万元,认股某网络股份有限公司583,333元的新增股本。同月,某网络股份有限公司、上海某股权投资基金合伙企业、被告李某亮、被告李某雷共同签订了《补充协议》,约定某网络股份有限公司未能于2019年12月31日成功上市,上海某股权投资基金合伙企业有权要求李某亮、李某雷无条件回购投资方届时所持有的部分或全部的股份,直至投资方不再持有公司股份。某网络股份有限公司、李某亮、李某雷确认并同意就在《增资协议》及《补充协议》项下的所有责任和义务互相承担不可撤销的连带担保责任;其中,某网络股份有限公司以公司所有资产承担连带担保责任,李某亮、李某雷以其所有公司资产和个人财产承担连带担保责任。

2016年12月20日,被告某网络股份有限公司《2016年第一次临时股东大会决议》载明,审议通过《关于公司增资扩股的议案》,注册资本由7000万元增至84,204,166元等内容。

2017年1月3日,原告向被告某网络股份有限公司账户转账支付了1000万元,用途备注为"投资款"。

2017年1月17日,被告某网络股份有限公司《2017年第一次临时股东大会决议》载明,审议通过《关于公司增资扩股的议案》,注册资本由84,204,166元增至87,413,866元等内容。

另查明,被告李某亮、李某雷系被告某网络股份有限公司的股东。

上海市浦东新区人民法院于2021年5月28日作出（2021）沪0115民初92610号民事判决：一、被告李某亮、李某雷应于本判决生效之日起十日内支付原告上海某股权投资基金合伙企业（有限合伙）股权回购款14,336,667元；二、被告李某亮、李某雷应于本判决生效之日起10日内支付原告上海某股权投资基金合伙企业（有限合伙）违约金（14,336,667元为基数，自2020年8月26日起至实际付清之日止，按照每年8.50%计算）；三、被告某网络股份有限公司对被告李某亮、李某雷在上述第一项、第二项中的付款义务不能清偿部分承担1/2的赔偿责任；四、驳回原告上海某股权投资基金合伙企业（有限合伙）的其余诉讼请求。宣判后，双方当事人均未提出上诉，判决于2021年6月18日生效。

▶ **裁判理由**

法院生效裁判认为，《增资协议书之补充协议》约定，被告某网络股份有限公司与被告李某亮、李某雷之间就对方在《增资协议》或《增资协议书之补充协议》项下的所有责任和义务互相承担不可撤销的连带担保责任。对于被告某网络股份有限公司对被告李某亮、李某雷的付款义务提供担保的效力，根据《公司法》第16条的规定，公司为公司股东或者实际控制人提供担保的，必须经股东会或者股东大会决议，相关股东或者相关实际控制人支配的股东不得参加该事项的表决。现原告无证据证明审查过被告某网络股份有限公司的相关决议，被告李某雷虽表示被告某网络股份有限公司对被告李某亮、李某雷提供担保系经过股东会同意，但未提供相应股东会决议予以证明，原告提供的被告某网络股份有限公司2016年12月20日、2017年1月17日的临时股东大会决议中，也无法体现对担保事项进行了决议。原告仅以《增资协议书之补充协议》上加盖了被告某网络股份有限公司的公章及法定代表人李某亮签字，即信赖被告某网络股份有限公司的担保行为，显然未尽审慎注意义务，不属于法律所保护的善意相对人。因此，系争《增资协议书之补充协议》所涉的担保对被告某网络股份有限公司不发生效力，被告某网络股份有限公司对被告李某亮、李某雷的付款义务不承担连带担保责任。但是，被告某网络股份有限公司在未对担保事项作出决议的情况下，在《增资协议书之补充协议》上加盖了公章，而《增资协议书之补充协议》明确载明被告某网络股份有限公司对被告李某亮、李某雷在《增资协议》或《增资协议书之补充协议》项下责任和义务承担连带担保责任,被告某网络股份有限公司对于合同的审查、公章管理及法定代表人的监督方面存在疏漏,具有一定的过错,法院确定被告某网络股份有限公司应承担被告李某亮、李某雷对原告1,4336,667元股权回购款及违约金的债务中不能清偿债务部分1/2的赔偿责任。

▶ 裁判要旨

公司为其股东或者实际控制人提供担保时,若债权人无证据证明审查过公司的相关决议,仅因担保合同上加盖了公司的公章及法定代表人签字,即信赖公司作出的担保行为,显然未尽审慎注意义务,不属于法律所保护的善意相对人,所涉担保对公司不发生效力。但是,公司在未对担保事项作出决议的情况下,在担保合同上加盖公章,其对于合同的审查、公章管理及法定代表人的监督方面存在疏漏,具有一定的过错,应当承担债务人不能清偿债务部分1/2的赔偿责任。

▶ 关联索引

《公司法》(2018年修正)第16条

《民法典担保制度解释》第7条(本案适用的是2000年12月13日施行的《担保法解释》第7条)

一审:上海市浦东新区人民法院(2021)沪0115民初92610号民事判决(2021年6月18日)

十三、若担保决议系由借款人提交给债权人,债权人是否负有更加严格的审查义务?

问

实践中,借款人为尽快获得借款,可能主动承担担保人与债权人之间资料传递的工作，例如将担保人出具的担保决议转交予债权人。此时，债权人是否对该决议负有更加严格的审查义务？

● 答

从《公司法》（2023修订）第15条规定来看，无论是股东会决议还是董事会决议，均是担保人的股东会决议或董事会决议，而不是借款人的股东会决议或董事会决议。因此，正常情况下，股东会决议或董事会决议应当由为债务提供担保的担保人提交予债权人。同时，法律法规亦不禁止该等决议由借款人或其他主体转交于债权人。

但是，从债权人为证明其已经履行相应的谨慎审查义务的角度而言，对于不是由担保人直接提交而是由借款人或其他主体提交的担保人股东会决议或董事会决议，债权人有必要进一步审查决议的真实性。例如，在江苏省常州市中级人民法院(2021)苏04民终890号保证合同纠纷案中，某银行自己陈述案涉股东会决议并非担保人提交，而是由借款人公司的工作人员提交。法院认为，从提交主体来看，由于不是担保人公司提交，某银行对此应尽更多的审查义务，应进一步审查和核实股东会决议的真实性。[1] 笔者认为，法院作出如此认定的主要原因在于担保决议来源的异常，削弱或者破坏了债权人对决议真实的信赖基础，从而对债权人苛以更重的审查义务。在此情况下，债权人的"合理审查"便更加接近于"实质审查"。因此，笔者建议，若担保决议系由借款人甚至是其他主体提交于债权人，债权人应当更加严格审查决议的真实性；若发现决议的真实性存在疑问，则及时要求担保人重新提交决议。

---

[1] 参见江苏省常州市中级人民法院民事判决书，(2021)苏04民终890号。

十四、公司向债权人出具差额补足承诺函、回购承诺函、流动性支持函等文件，债权人是否需要审查公司决议？

问

《公司法》（2023修订）第15条仅规定公司对外担保需要决议，那么公司向债权人出具差额补足承诺函、回购承诺函、流动性支持函等未有"担保"字样的承诺文件，债权人是否需要审查公司决议？

答

实践中，许多公司为规避出具决议或作出公告，便在文件中回避使用"担保""保证"等字样，转而采用出具差额补足承诺函、回购承诺函、流动性支持函等类似文件，以期规避《公司法》（2023修订）第15条的适用。但是，即使文件中未使用"担保""保证"等字样，司法实践中法院一般也会根据公司所出具文件的具体内容认定其性质，所认定的性质主要包括保证担保[1]、债务加入[2]或是独立合同（或无名合同）[3]，也有个别案例中法院认定为对赌协

---

[1] 参见最高人民法院民事判决书，(2019)最高法民终560号、(2019)最高法民终877号；广东省广州市中级人民法院民事判决书，(2021)粤01民初239号；广东省深圳市中级人民法院民事判决书，(2021)粤03民终7022号；北京市高级人民法院民事判决书，(2021)京民终754号；北京市第四中级人民法院民事判决书，(2018)京04民初207号；浙江省杭州市中级人民法院民事判决书，(2020)浙01民终7925号。

[2] 参见最高人民法院民事判决书，(2019)最高法民终1438号、(2020)最高法民终295号；北京市第二中级人民法院民事判决书，(2018)京02民初109号。

[3] 参见最高人民法院民事判决书，(2018)最高法民终127号、(2019)最高法民终1524号；最高人民法院民事裁定书，(2021)最高法民申2922号；上海市高级人民法院民事判决书，(2020)沪民终567号；北京市第一中级人民法院民事判决书，(2021)京01民初383号；北京市第三中级人民法院民事判决书，(2019)京03民初109号；北京市高级人民法院民事裁定书，(2020)京民申3230号；上海金融法院民事判决书，(2019)沪74民初2871号；湖北省武汉市中级人民法院民事判决书，(2018)鄂01民终10500号；广东省广州市中级人民法院民事判决书，(2020)粤01民初725号。

议[1]、第三人清偿[2]、借款合同[3]、混合合同[4]等。这些性质的认定标准在理论与实践中本身存在较大争议，本书不讨论如何认定的问题，主要讨论债权人是否需要审查公司决议的问题。

《九民纪要》第23条规定："法定代表人以公司名义与债务人约定加入债务并通知债权人或者向债权人表示愿意加入债务，该约定的效力问题，参照本纪要关于公司为他人提供担保的有关规则处理。"《民法典担保制度解释》第12条规定："法定代表人依照民法典第五百五十二条的规定以公司名义加入债务的，人民法院在认定该行为的效力时，可以参照本解释关于公司为他人提供担保的有关规则处理。"之所以如此处理，主要的原因在于，债务加入人承担的责任比担保人承担的责任重，根据举轻以明重的原理，既然为他人提供担保都必须依据《公司法》（2023修订）第15条的规定经过公司有权机关决议，那么债务加入人如果是公司，其加入债务，当然也应当遵守《公司法》（2023修订）第15条的规定。[5]由上可见，公司向债权人出具差额补足承诺函、回购承诺函、流动性支持函等文件，如果构成保证担保，自然需要公告或决议。如果构成债务加入，则亦应当参照公司为他人提供担保的规则处理。

实践中争议比较大的是，如果差额补足承诺函等既不构成保证担保，也不构成债务加入，而是构成独立合同，此种情况下债权人是否有义务审查提供差额补足承诺函的公司所出具的决议，即若差额补足承诺函等被认定为独立合同，是否仍然应当准用担保规则？

一种观点认为，《九民纪要》第23条仅规定债务加入参照关于公司为他人提供担保的有关规则处理，《民法典担保制度解释》第12条也仅规定加入债务可以参照该解释关于公司为他人提供担保的有关规则处理。据此作反面解释，若不

---

[1] 参见浙江省高级人民法院民事判决书，(2020)浙民终525号；浙江省金华市中级人民法院民事判决书，(2020)浙07民终2152号。
[2] 参见江西省高级人民法院民事判决书，(2017)赣民终44号。
[3] 参见最高人民法院民事判决书，(2017)最高法民终604号。
[4] 参见最高人民法院民事判决书，(2017)最高法民终478号。
[5] 参见最高人民法院民事审判第二庭：《最高人民法院民法典担保制度司法解释理解与适用》，人民法院出版社2021年版，第178页。

是债务加入而是属于独立合同的,除章程另有特别规定外,均无须经过公司内部决议程序。例如,上海金融法院在(2019)沪74民初2871号营业信托纠纷案中,《信托合同》中约定了差额补足条款,对此法院认为,《信托合同》并未约定委托人签署合同需经过符合公司章程规定的内部有权机关决议通过,而系争差额补足条款系原告作为劣后受益人向优先受益人作出的保证补足投资收益差额的承诺,属于债务人对债权人作出的将全面履行合同约定义务的承诺,而非保证人为他人履行主合同义务而向债权人作出的担保性承诺,因此不属于保证,不适用《公司法》(2018修正)第16条[1]关于公司向其他企业投资或者为他人提供担保,依照公司章程的规定,由董事会或者股东会、股东大会决议的规定。系争董事会决议是否违反原告的章程并不影响原告时任法定代表人代表原告签署《信托合同》并加盖公章之民事法律行为的效力。因此原告关于董事会决议无效因而《信托合同》及其差额补足条款无效的主张缺乏法律依据,法院不予支持。[2]该观点系目前司法实践中的主流观点。曾有律师以"非典型担保+决议"为关键词,检索到各级人民法院共计319份裁判文书;在援引《公司法》(2018修正)第16条的15267份判决书中,以"差额补足"为关键词,筛选出113份裁判文书。在合计432份裁判文书中,共计有16份案例认定差补协议系独立合同,其中2份案例为自然人差补,14份案例为公司差补,在所有认定为独立合同的案例中,没有一份案例认定独立合同准用担保规则。[3]

另一种观点认为,对差额补足承诺函等增信文件作实质理解,尚不能轻易排除公司决议要求准用于独立合同类型增信措施的可能。例如,在实务中产生争议的广东省高级人民法院(2022)粤民终1734号借款合同纠纷案中法院即持有该观点。该案二审法院在认定案涉差补协议是独立合同的前提下,进一步分析认

---

[1] 现为《公司法》(2023修订)第15条。

[2] 参见上海金融法院民事判决书,(2019)沪74民初2871号。持有类似观点的案例:最高人民法院民事判决书,(2019)最高法民终1524号;上海金融法院民事判决书,(2020)沪74民初3448号;安徽省合肥市中级人民法院民事判决书,(2020)皖01民初639号;上海市高级人民法院民事判决书,(2020)沪民终567号。

[3] 参见马铭蔚等:《国内首例?!差补协议被认定系独立合同并准用担保规则,无决议不发生效力!》,载微信公众号"虹桥正瀚律师"2023年3月2日,https://mp.weixin.qq.com/s/4r1dORO56bTNAZW3YCtGcg。

定差补协议具有担保功能,属于广义的"非典型的人的担保",虽法律未予明确公司对外提供非典型担保的情形是否应当适用决议程序,但因差额补足义务与担保责任在对公司与股东利益的影响上具备一致性,应对《公司法》(2018修正)第16条进行目的性扩张,认定该案中的差额补足协议是纯负担合同,法定代表人代表公司签订差额补足协议时应当经公司机关决议,符合"实质重于形式"的监管要求。进而,法院认定案涉差额补足协议因未经差补人内部决议,对差补人不发生效力。[1]"在公司对外担保的决议程序要求上,因差额补足将给公司带来额外的债务负担,故应做目的性扩张解释,认为差额补足应当参照担保,经过公司决议程序,包括上市公司公告程序。"[2]

笔者认为,虽然目前主流司法观点认为差额补足承诺函等增信文件被认定构成独立合同的,可以不参照适用公司对外担保的相关规则,即无须公司决议,但持相反观点的理由亦很有说服力。不可否认的是,无论差额补足承诺函等增信措施构成保证担保、债务加入抑或构成独立合同,对提供差额补足承诺函等增信措施的公司来说都构成一项负担。正如有学者主张,将债务加入、第三方差额补足、到期回购以及流动性支持等增信措施定性为非典型保证,并进一步认为,公司对外提供的可能产生财产责任后果的增信措施与对外担保在效果上别无二致,公司治理的理念客观上要求公司不能随意对外提供增信措施,而增信措施借由非典型担保可被《公司法》(2023修订)第15条所涵摄,公司对外提供增信措施的,同样应遵循公司对外担保的规则。[3]因此,笔者认为无论差额补足承诺函、回购承诺函、流动性支持函等文件被认定构成保证担保、债务加入还是独立合同,债权人均应当谨慎审查文件出具方的公司决议或公告,以尽到善意相对人的审查义务。即便在构成独立合同的情况下可能无须决议,但实践中困扰债权人

---

[1] 参见广东省高级人民法院民事判决书,(2022)粤民终1734号案。截至本书定稿时,中国裁判文书网尚未公开该案判决书,但《中捷资源投资股份有限公司关于收到二审〈民事判决书〉的公告》(证券代码:002021;公告编号:2023-004)有关于该案判决书内容的详细记载。详见http://static.cninfo.com.cn/finalpage/2023-02-07/1215780193.PDF。

[2] 李志刚等:《差额补足的性质、效力与担保的从属性》,载《人民司法》2021年第25期。

[3] 参见刘保玉、梁远高:《"增信措施"的担保定性及公司对外担保规则的适用》,载《法学论坛》2021年第2期。

的另一个问题是差额补足承诺函等究竟构成保证担保、债务加入还是独立合同,在达成相关交易时并非泾渭分明,不同的裁判者可能作出不同的认定。在此情况下,债权人为稳妥起见均应当要求公司出具决议或作出公告。

另外,实践中也存在争议的是,《九民纪要》颁布之前并无法律规范对债务加入予以规制,公司提供债务加入未履行决策程序,债权人是否构成善意?对此,司法实践认定不一。在最高人民法院(2019)最高法民终1438号金融借款合同纠纷案中,法院基于"举轻以明重"的原则,认为公司提供担保需要履行内部决策程序的,公司提供责任更重的债务加入当然需要履行内部决策程序。[1]但是,上海市高级人民法院(2021)沪民终270号其他信托纠纷案中,法院认为:"涉案《差补文件》订立时,并无相关法律规定债务加入需经股东会或董事会决议后才产生效力。民法领域,法无禁止即可为。要求当事人在法律没有明确规定的情况下,就按未来才制定的新法律、新司法解释去签订合同,显然会明显减损当事人合法权益,增加当事人法定义务或背离当事人的合理预期。"[2]最终,法院认为根据承诺作出时的法律规定,差额补足承诺函作出公司虽未提供公司股东会或董事会决议,但并不影响其差额补足承诺的效力。

《九民纪要》并不是法律或司法解释,但其可以统一裁判思路,并不会因为差额补足承诺函、回购承诺函等文件签署于《九民纪要》颁布之前而豁免公司决策程序。《公司法》(2023修订)第15条的规定始于2005年,要求债权人接受差额补足承诺函、回购承诺函等文件时履行相应的公司决议审查义务,并未超出当事人的预期。甚至实践中部分当事人之所以签署差额补足承诺函、回购承诺函等文件,其目的可能就是规避公司决议程序,因此更应当对此作出否定性评价。因此,笔者认为,即使差额补足承诺函、回购承诺函等文件签署于《九民纪要》颁布之前,仍然应当参照公司担保的相关规则,债权人必须审查公司决议才构成善意。

---

[1] 参见最高人民法院民事判决书,(2019)最高法民终1438号。
[2] 上海市高级人民法院民事判决书,(2021)沪民终270号。

| 参考案例 |

某银行股份公司诉某资本投资公司其他合同纠纷案
——私募资管业务中差额补足等增信措施的性质和效力认定

人民法院案例库入库编号:2023-08-2-483-001

关键词

民事　其他合同　私募资管　差额补足　增信措施　保证担保　债的加入　独立合同

▶ **基本案情**

2016年2月,某银行股份公司通过某财产管理公司与某资本投资公司等共同发起设立上海某基金企业,其中某财产管理公司认购优先级有限合伙份额28亿元,某资本投资公司认购劣后级有限合伙份额6000万元,某资本投资公司为基金执行事务合伙人。2016年4月,某资本投资公司向某银行股份公司出具《差额补足函》,载明"某银行股份公司通过某财产管理公司设立的专项资产管理计划,认购基金的优先级有限合伙份额28亿元;……我司同意在基金成立满36个月之内,由某科技或我司指定的其他第三方以不少于28亿元(1+8.2% 资管计划存续天数/365)的目标价格受让基金持有的JINXIN HK LIMITED(某资本香港投资公司)100%的股权,我司将对目标价格与股权实际转让价格之间的差额无条件承担全额补足义务。届时,资管计划终止日,如果MPS股权没有完全处置,我司同意承担全额差额补足义务"。某证券股份公司系某资本投资公司唯一股东,其向某资本投资公司出具《关于某资本投资公司跨境并购基金的回复》,载明"我司已知悉并认可某资本投资公司对某银行股份公司的补足安排"。后因收购的MPS公司濒临破产,上海某基金企业无法顺利退出,某银行股份公司遂诉请某资本投资公司履行差额补足义务。

上海金融法院于2020年7月30日作出(2019)沪74民初601号民事判决:一、某资本投资公司向某银行股份公司支付3,115,778,630.04元;二、某资本投资公司向某银行股份公司支付以3,115,778,630.04元为基数,自2019年5月6日起至实际清偿之日止的利息损失。宣判后,某资本投资公司提起上诉。上海市高级人民法院于2021年6月4日作出(2020)沪民终567号,判决驳回上诉,维持原判。

▶ **裁判理由**

  法院生效裁判认为,关于《差额补足函》的效力认定问题,被告并非所涉投资资金的管理人或者销售机构,不属于《私募股权投资基金监督管理暂行办法》所规制的刚性兑付行为。上海某基金企业系被告与某集团公司共同发起设立的产业并购基金,原告、被告分别认购上海某基金企业的优先级、劣后级合伙份额,被告系基于自身利益需求,自愿利用上述结构化安排以及《差额补足函》的形式,与原告就双方的投资风险及投资收益进行分配,该行为不构成法定无效情形。《差额补足函》系原告、被告双方真实意思表示,不存在违反法律、法规强制性规定的情形,被告股东某证券股份公司对差额补足安排明确予以同意,应认定其合法有效。

  关于《差额补足函》的法律性质认定,被告出具《差额补足函》的目的确系为原告投资资金的退出提供增信服务,但是否构成保证仍需根据保证法律关系的构成要件进行具体判断。本案中,原告不是《合伙协议》及MPS公司股权回购协议中的直接债权人,被告履行差额补足义务也不以《合伙协议》中上海某基金企业的债务履行为前提。被告在《差额补足函》中承诺的是就香港某公司股权转让目标价格与实际转让价格之间的差额承担补足义务或在MPS公司股权没有完全处置时承担全额差额补足义务,与MPS公司股权回购协议的相关债务不具有同一性。因此,差额补足义务具有独立性。被告直接向原告承诺差额补足义务是为确保原告的理财资金能够在资管计划管理期限届满时及时退出。在未能按期完成股权转让交易的情况下,被告需无条件独立承担支付义务,与基金项目是否清算无关,故履行条件已成就,被告应依约承担差额补足义务。

▶ **裁判要旨**

  1.私募资管案件中,差额补足等增信措施的法律性质是案件审理中的焦点和难点,学理上存在保证担保、债的加入以及独立合同等不同学说,实践中也存在不同的认识。法律定性不同,将导致法律效果的不同。如果差额补足协议被定性为担保合同和债务加入,则可能因未依照法律和公司章程规定履行内部决议程序而导致无效;如果差额补足协议被定性为独立合同,则无须受制于《公司法》第16条的规定,差额补足义务人需按照承诺文件履行义务。《全国法院民商事审判工作会议纪要》第91条规定,信托合同之外的当事人提供第三方差额补足、代为履行到期回购义务、流动性支持等类似承诺文件作为增信措施,其内容符合法律关于保证的规定的,人民法院应当认定当事人之间成立保证合同关系。其内容不符合法律关于保证的规定的,依据承诺文件的具体内容确定相应的权利义务关系,并根据案件事实情况确定相应的民事责任。故对于差额补足等增信措施是何种性质,不能一概而论。如果确定符合保证规定的,理应按照保证担保处理。如果属于其他法律性质的,则应当按照差额补足的实际性质认定法律关系确定法律责任。

2.案涉主要争议焦点在于某资本投资公司提供的《差额补足函》的性质和效力的认定。生效裁判在对《差额补足函》是否真实并合法有效、某银行股份公司是否系《差额补足函》的权利主体、《差额补足函》的法律性质如何界定、差额补足义务的支付条件是否成就、差额补足义务范围如何确定等方面,进行全面严谨分析的基础上,认定某资本投资公司出具《差额补足函》的目的确系为某银行股份公司投资资金的退出提供增信服务,但不能认为凡是增信性质的文件均属于保证。增信文件是否构成保证,仍需根据保证法律关系的构成要件进行具体判断。因《差额补足函》中并无明确的连带责任保证担保的意思,也没有担保对象,故《差额补足函》并非担保,而是某银行股份公司和某资本投资公司之间独立的合同关系。《差额补足函》系当事人的真实意思表示,且不违反法律、法规的强制性规定,应为合法有效。

▶ 关联索引

《民法典》第577、584条(本案适用的是1999年10月1日起施行的《合同法》第107、113条)

一审:上海金融法院(2019)沪74民初601号民事判决(2020年7月30日)
二审:上海市高级人民法院(2020)沪民终567号民事判决(2021年6月4日)

十五、债权人审查决议，有无必要对股东会决议或董事会决议进行面签审查？

问

面对担保人就对外担保出具的股东会决议或董事会决议，债权人担心其存在伪造可能，那么债权人有无必要对股东会决议或董事会决议进行面签审查？

答

《公司法》(2023修订)第15条只规定了公司对外担保需要决议，但未规定债权人应当如何审查。《九民纪要》与《民法典担保制度解释》虽然对于债权人的审查标准提出了明确的要求，但亦未明确债权人是否需要对股东会决议或董事会决议进行面签审查。但是，从《九民纪要》与《民法典担保制度解释》的规定来看，笔者认为债权人并无义务或者没有必要对股东会决议或董事会决议进行面签审查。

《九民纪要》第18条第2款明确规定："债权人对公司机关决议内容的审查一般限于形式审查，只要求尽到必要的注意义务即可，标准不宜太过严苛。公司以机关决议系法定代表人伪造或者变造、决议程序违法、签章（名）不实、担保金额超过法定限额等事由抗辩债权人非善意的，人民法院一般不予支持。但是，公司有证据证明债权人明知决议系伪造或者变造的除外。"《民法典担保制度解释》第7条第3款规定："第一款所称善意，是指相对人在订立担保合同时不知道且不应当知道法定代表人超越权限。相对人有证据证明已对公司决议进行了合理审查，人民法院应当认定其构成善意，但是公司有证据证明相对人知道或者应当知道决议系伪造、变造的除外。"

由上述规定可见,《九民纪要》对债权人的审查要求是"形式审查",同时明确规定即使公司以机关决议系法定代表人伪造或者变造、决议程序违法、签章(名)不实、担保金额超过法定限额等事由抗辩债权人非善意的,人民法院一般不予支持。按照《九民纪要》之规定,在一般情况下,债权人对公司提供的股东会决议或董事会决议是否系伪造或者变造、签章(名)是否真实,不具有实质审查义务,当然也不需要对股东会决议或董事会决议进行面签审查。同时,只有在债权人明知决议系伪造或者变造的情况下仍然接受该决议的,债权人才构成非善意。

与《九民纪要》规定债权人只需要进行形式审查不同,《民法典担保制度解释》将审查标准提升到了合理审查标准。笔者认为合理审查的要求比形式审查更高,但仍不属于实质审查。在合理审查要求之下,债权人知道(即明知)或应当知道决议系伪造、变造均不构成善意。与《九民纪要》规定债权人明知(不包括应当知道)决议系伪造或者变造不构成善意相比,《民法典担保制度解释》的规定显然更为严格一些。但是,不管是形式审查还是合理审查,均未要求债权人就公司出具的股东会决议或董事会决议进行面签审查。例如,广东省广州市中级人民法院(2021)粤01民终16447号金融借款合同纠纷案中,二审法院即认为,一审法院认定银行未让保证人公司股东面签确认股东会决议存在重大过失,保证人不承担保证责任及赔偿责任,过于苛求债权人的审查义务,认定不当,二审法院予以纠正。[1]

此外,实践中部分债权人(尤其是大型企业或金融机构)可能在内部管理制度中规定,在接受公司提供担保的过程中,经办人员应当对股东会决议或董事会决议进行面签。[2]实践中债权人对所有提供担保的公司股东会决议或董事会决议进行面签具有较大操作困难,可能会增加交易成本,甚至可能加重债权人的审查责任。笔者认为,债权人内部作出比法律或司法解释更加严格的规定仅适用于其内部管理,在缺乏法律或司法解释明确规定的情况下,不应当以债权人是否严格执行其内部管理规定作为认定债权人与公司订立担保合同时是否善意的标准。

---

〔1〕 参见广东省广州市中级人民法院民事判决书,(2021)粤01民终16447号。
〔2〕 例如,在江苏省常州市中级人民法院(2021)苏04民终890号保证合同纠纷案中,某银行的经办人员在一审中陈述,该行内部的管理规定在办理公司提供担保的过程中,对股东会决议要求进行面签。

十六、若担保合同由公司法定代表人以外的自然人订立，债权人应如何审查？

问

实践中有些公司的担保合同并非由公司法定代表人订立，可能是由公司委派的某个自然人订立，债权人应当如何审查？

答

无论是《公司法》(2023修订)第15条，还是《九民纪要》与《民法典担保制度解释》，在公司对外担保方面所作出的规定，均旨在规范法定代表人越权担保行为。例如，《九民纪要》第17条[1]与第18条[2]均针对法定代表人提供担保作

---

[1] 《九民纪要》第17条规定："为防止法定代表人随意代表公司为他人提供担保给公司造成损失，损害中小股东利益，《公司法》第16条对法定代表人的代表权进行了限制。根据该条规定，担保行为不是法定代表人所能单独决定的事项，而必须以公司股东(大)会、董事会等公司机关的决议作为授权的基础和来源。法定代表人未经授权擅自为他人提供担保的，构成越权代表，人民法院应当根据《合同法》第50条关于法定代表人越权代表的规定，区分订立合同时债权人是否善意分别认定合同效力：债权人善意的，合同有效；反之，合同无效。"

[2] 《九民纪要》第18条："前条所称的善意，是指债权人不知道或者不应当知道法定代表人超越权限订立担保合同。《公司法》第16条对关联担保和非关联担保的决议机关作出了区别规定，相应地，在善意的判断标准上也应当有所区别。一种情形是，为公司股东或者实际控制人提供关联担保，《公司法》第16条明确规定必须由股东(大)会决议，未经股东(大)会决议，构成越权代表。在此情况下，债权人主张担保合同有效，应当提供证据证明其在订立合同时对股东(大)会决议进行了审查，决议的表决程序符合《公司法》第16条的规定，即在排除被担保股东表决权的情况下，该项表决由出席会议的其他股东所持表决权的过半数通过，签字人员也符合公司章程的规定。另一种情形是，公司为公司股东或者实际控制人以外的人提供非关联担保，根据《公司法》第16条的规定，此时由公司章程规定是由董事会决议还是股东(大)会决议。无论章程是否对决议机关作出规定，也无论章程规定决议机关为董事会还是股东(大)会，根据《民法总则》(已废止，下同)第61条第3款关于'法人章程或者法人权力机构对法定代表人代表权的限制，不得对抗善意相对人'的规定，只要债权人能够证明其在订立担保合同时对董事会决议或者股东(大)会决议进行了审查，同意决议的人数及签字人员符合公司章程的规定，就应当认定其构成善意，但公司能够证明债权人明知公司章程对决议机关有明确规定的除外。债权人对公司机关决议内容的审查一般限于形式审查，只要求尽到必要的注意义务即可，标准不宜太过严苛。公司以机关决议系法定代表人伪造或者变造、决议程序违法、签章(名)不实、担保金额超过法定限额等事由抗辩债权人非善意的，人民法院一般不予支持。但是，公司有证据证明债权人明知决议系伪造或者变造的除外。"

出了规定,《民法典担保制度解释》第7条[1]亦是如此。同时,现有法律、司法解释对于非法定代表人(例如其他董事、高级管理人员或其他工作人员)订立担保合同如何处理,并无直接的规范或指引。笔者认为,这并非立法疏漏,《公司法》(2023修订)第15条既是对法定代表人代表权限的法定限制,也是对代理人代理权限的法定限制。[2]根据现有法律法规或司法解释,债权人应当知晓,如果担保合同的订立人非公司法定代表人的,债权人应当履行更加严格的审查义务,不仅应当审查订立担保合同是否获得了公司担保决议授权,还要审查代理公司订立担保合同之人是否获得了公司授予的代理权。

首先,既然公司对外担保非法定代表人能够单独决定的事务,那么举重以明轻,作为非法定代表人的公司其他人员更无权单独决定。如果担保合同的订立人并非公司的法定代表人,作为相对方的债权人当然应当严格审查。具体而言,在公司担保的场合,债权人应当审查公司的股东会决议或董事会决议。除了决议之外,由于法定代表人本身依法具有代表公司执行公司事务的概括授权,在这方面债权人无须予以过多关注,但非法定代表人的董事、高级管理人员或其他工作人员以公司名义实施的法律行为,必须经由代理机制确定是否对公司产生法律约束力。因此,当订立担保合同的系非法定代表人时,债权人还应当考察该自然人是否得到了公司的授权,其是否具有代理公司订立担保合同的授权,如果未得到公司授权,则构成无权代理。例如,在最高人民法院(2016)最高法民再207号民间借贷纠纷案中,梁某不是某公司的法定代表人,而是某公司聘用的经理,法院认为其在并未得到授权的情况下在《借款协议》担保人处加盖某公司公章

---

[1]《民法典担保制度解释》第7条:"公司的法定代表人违反公司法关于公司对外担保决议程序的规定,超越权限代表公司与相对人订立担保合同,人民法院应当依照民法典第六十一条和第五百零四条等规定处理:(一)相对人善意的,担保合同对公司发生效力;相对人请求公司承担担保责任的,人民法院应予支持。(二)相对人非善意的,担保合同对公司不发生效力;相对人请求公司承担赔偿责任的,参照适用本解释第十七条的有关规定。法定代表人超越权限提供担保造成公司损失,公司请求法定代表人承担赔偿责任的,人民法院应予支持。第一款所称善意,是指相对人在订立担保合同时不知道且不应当知道法定代表人超越权限。相对人有证据证明已对公司决议进行了合理审查,人民法院应当认定其构成善意,但是公司有证据证明相对人知道或者应当知道决议系伪造、变造的除外。"

[2] 参见高圣平:《试论公司担保中的无权代理——基于裁判分歧的展开和分析》,载《商业经济与管理》2022年第5期。

的行为系无权代理。[1]

其次,如果担保合同虽加盖公章但无法定代表人签名,债权人应当举证证明该公司对该担保有相应的授权。《最高人民法院关于适用〈中华人民共和国民法典〉合同编通则若干问题的解释》(法释〔2023〕13号)第21条第1款规定:"法人、非法人组织的工作人员就超越其职权范围的事项以法人、非法人组织的名义订立合同,相对人主张该合同对法人、非法人组织发生效力并由其承担违约责任的,人民法院不予支持……"显然,公司对外担保并不属于法人、非法人组织的工作人员职权范围,工作人员无权代表公司订立担保合同,因此债权人应当加强审核。在安徽省高级人民法院(2019)皖民初14号保证合同纠纷案中,担保合同上担保人处虽加盖有公司印章,但无公司法定代表人签名,债权人亦不能证明该公司对该担保有相应授权,债权人主张该公司承担担保责任的,法院未予支持。法院裁判的主要理由在于,一是涉及代理权表象的问题,主要是案涉合同加盖公司印章。对此,因为盖章行为的本质在于表明行为人从事的是职务行为,有代表权或代理权的人盖章确认的合同,自然对公司具有约束力。如加盖印章的人并无代表权或代理权,即使加盖印章也不能产生合同有效的预期效果。公司对外担保无相应股东会或董事会决议,不能认定为公司真实意思表示。二是对合同相对人来说,一般而言,合同书加盖公章的情况下,其可以信赖公章显示的主体为合同当事人,并推定合同记载的条款系该主体作出的意思表示。但《公司法》第16条[2]对于公司担保已经作出明确规定,相对人对于签署保证合同人是否具有代理权限应当进行审查,尽到必要的注意义务,否则不属于善意无过错的相对人。因此,案涉保证合同虽加某公司印章,不能视为某公司的真实意思表示,上述担保行为亦不符合表见代理的构成要件,该合同对某公司不发生法律效力,某公司亦不承担责任。[3]

再次,依照《最高人民法院关于适用〈中华人民共和国民法典〉合同编通则

---

[1] 参见最高人民法院民事判决书,(2016)最高法民再207号。持有类似观点的案例:上海市高级人民法院民事判决书,(2019)沪民终329号;最高人民法院民事判决书,(2021)最高法民终355号。
[2] 现为《公司法》(2023修订)第15条。
[3] 参见安徽省高级人民法院民事判决书,(2019)皖民初14号。

若干问题的解释》之规定，如果担保合同仅加盖法人、非法人组织的印章而无人员签名或者按指印，则债权人应当证明该担保合同系法定代表人、负责人或者工作人员在其权限范围内订立。《最高人民法院关于适用〈中华人民共和国民法典〉合同编通则若干问题的解释》第22条第3款规定："合同仅加盖法人、非法人组织的印章而无人员签名或者按指印，相对人能够证明合同系法定代表人、负责人或者工作人员在其权限范围内订立的，人民法院应当认定该合同对法人、非法人组织发生效力。"因此，如果担保合同是由非法定代表人订立，债权人应当对其是否具有订立担保合同的授权做进一步审查。

最后，非法定代表人的自然人未获得公司授权而代表公司与债权人订立担保合同的，其法律后果与法定代表人越权代表公司提供对外担保的不同。依据《民法典担保制度解释》第7条与第17条第1款第1项[1]之规定，法定代表人越权提供担保虽然对公司不发生效力，但公司仍然可能需要承担不超过债务人不能清偿部分的1/2的赔偿责任。但是在无权代理的场合，依据《民法典》第171条[2]之规定，代理人订立担保合同的代理行为若未获得公司以适格的公司担保决议追认，则担保合同对公司不发生效力，不管担保合同是否有效，其法律后果均不由公司承受。相应地，债权人应当知道代理人订立担保合同应获得公司授权，而代理人未获得公司授权的，债权人在主观上属于恶意，其无权要求公司承担赔偿责任，而只能向有过错的无权代理人主张损害赔偿请求权。[3]

此外，在个别案例中，公司股东未在公司任职，亦未取得公司关于签订担保合同或向他人出具担保函的代理授权，仅以公司股东身份签订担保合同或出具

---

[1]《民法典担保制度解释》第17条第1款第1项："主合同有效而第三人提供的担保合同无效，人民法院应当区分不同情形确定担保人的赔偿责任：（一）债权人与担保人均有过错的，担保人承担的赔偿责任不应超过债务人不能清偿部分的二分之一……"

[2]《民法典》第171条："行为人没有代理权、超越代理权或者代理权终止后，仍然实施代理行为，未经被代理人追认的，对被代理人不发生效力。相对人可以催告被代理人自收到通知之日起三十日内予以追认。被代理人未作表示的，视为拒绝追认。行为人实施的行为被追认前，善意相对人有撤销的权利。撤销应当以通知的方式作出。行为人实施的行为未被追认的，善意相对人有权请求行为人履行债务或者就其受到的损害请求行为人赔偿。但是，赔偿的范围不得超过被代理人追认时相对人所能获得的利益。相对人知道或者应当知道行为人无权代理的，相对人和行为人按照各自的过错承担责任。"

[3] 参见高圣平：《试论公司担保中的无权代理——基于裁判分歧的展开和分析》，载《商业经济与管理》2022年第5期。

担保函，不足以成为相对人相信其在合同中签字盖章的行为系职务行为或有权代理的合理理由。因此，该股东的行为不构成表见代理，债权人不需要依据《公司法》（2023修订）第15条以及法律关于表见代理的规定进行审查，其代表公司签订担保合同或向他人出具的担保函对公司不发生法律效力。[1]

总之，若担保合同是由非公司法定代表人订立的，债权人除应当审查公司对外担保的股东会决议或董事会决议外，还应当审查该订立担保合同的自然人是否获得了公司的授权，以确定其是否有权代理公司订立担保合同。

十七、公司章程对担保数额有限额规定的，债权人应当如何处理？

问

《公司法》（2023修订）第15条第1款规定："……公司章程对投资或者担保的总额及单项投资或者担保的数额有限额规定的，不得超过规定的限额。"那么，如果公司章程规定对外担保的数额不得超过一定限额，债权人应当如何处理？

答

这个问题其实暗含了两个问题：第一个问题是公司章程就对外担保数额规定了限额，该规定是否约束债权人；第二个问题是如果公司章程关于对外担保数额的限额对债权人具有约束力，那么债权人应当如何处理？

关于第一个问题，有观点认为，章程对担保数额作出限额规定，是公司内部的规定，对债权人不具有约束力，即债权人在接受公司担保时，不受章程关于担保数额限制性规定的约束。该观点主要依据是章程关于担保数额的规定，是章

---

[1] 参见最高人民法院民事判决书，(2019)最高法民终1535号。

程对法定代表人对外担保在数额方面的限制，不得对抗善意相对人。《民法典》第61条第3款规定："法人章程或者法人权力机构对法定代表人代表权的限制，不得对抗善意相对人。"《公司法》(2023修订)第11条第2款规定："公司章程或者股东会对法定代表人职权的限制，不得对抗善意相对人。"因此，依照法律规定，章程对担保数额作出的限制，也不得对抗善意相对人。如果债权人是善意相对人，则即使担保数额超过了章程规定的限额，该担保亦对公司具有约束力。此时所谓的善意，是指债权人不知道且不应当知道章程对担保数额有限额规定。而最高人民法院在其著作中的观点亦认为，债权人对公司决议的审查只能是形式审查，至于公司以担保金额超过法定限额等事由抗辩债权人非善意的，人民法院一般不予支持。[1]但是，笔者认为《民法典担保制度解释》将债权人的审查标准定位为"合理审查"，债权人应当审查公司的章程，方可视为已经履行谨慎审查义务。那么，既然债权人应当审查公司章程，债权人便知道或者应当知道章程中是否对担保数额有限额规定，也就不能以其不知道章程规定为由主张其属于善意相对人。因此，笔者认为，公司章程对担保数额有限额规定的，债权人亦应当受其约束，债权人在接受该公司提供担保时，应当审查担保数额是否超过了章程规定的限额。

第二个问题，债权人如果发现公司章程就对外担保的数额有限额规定，债权人应当如何审查担保数额是否超过了公司章程规定的限额？笔者认为，应当区分决议是由股东会作出还是由董事会作出，同时区分是担保总额有限额规定，还是单项担保数额有限额规定。

如果同意公司对外担保的决议系由股东会所作出，并且股东会决议是经代表2/3以上表决权（或者公司章程对修改章程的表决通过比例所作出的更高规定）的股东通过的，该决议相当于股东会修改了公司章程规定的担保限额，因此即使本次担保数额（无论是担保总额还是单项担保数额）超过了章程规定的担保限额，亦对公司发生效力。相反，虽然股东会作出了同意公司对外担保的决议（如股东会作出的决议经代表过半数表决权的股东通过），但是股东会决议未经由代

---

[1] 参见最高人民法院民事审判第二庭：《最高人民法院民法典担保制度司法解释理解与适用》，人民法院出版社2021年版，第136页。

表2/3以上表决权（或公司章程对修改章程的表决权通过比例作出的更高规定）的股东通过，该决议并不能视为股东会已经同意修改了章程规定的担保限额，则本次担保由于担保数额超过或可能超过章程规定的担保限额，债权人应当进一步审查，避免担保对公司不发生效力。如果同意公司对外担保的决议系由董事会所作出，由于董事会决议并无修改公司章程的权限，因此债权人应当审查担保数额问题。

在担保数额的具体限制方面，单项担保数额是否超过了章程规定比较容易审查，债权人通过查阅章程即可完成相应的审查。实践中，比较困难的是债权人接受本次担保后，公司对外担保总额是否超过了公司章程规定的担保限额。债权人欲审查该事项，除知晓公司章程规定的公司担保总额限额以外，还应当知晓公司已经实际对外担保的金额，即公司实际已经占用的担保额度是多少，还剩余多少在章程规定限额以内的担保额度。在此情况下，如果仅仅以公司自行出具的情况说明（如公司可能出具一份书面情况说明称其对外担保的总额是多少，剩余担保额度是多少，本次担保未超过剩余额度等）证明公司对外担保未超额的，其是否能视为债权人已经履行了相应的谨慎审查义务，在实务中仍然存在争议。有观点认为，由于债权人需要负担额外的审查成本才能调查清楚，并且最高人民法院在其著作中的观点已经明确将担保限额超出法定限额排除出公司抗辩理由，因此即使《公司法》（2023修订）第15条第1款明确规定公司担保不得超过章程规定限额，公司亦不得以此进行抗辩，债权人亦不负有对章程规定的担保限额进行审查的义务。"如果章程有单项担保限额规定，那么担保合同中超过的部分无效，自无疑义；如果章程仅是对公司担保总额予以规定，因《公司法》对于非上市公司对外担保总额并无限制性规范，公司在一定期间内提供过几笔担保、每笔担保的数额是多少、还款期限如何等都属于公司内部的财务信息，涉及公司的商业秘密，公司之外的第三人是难以知悉的。因此，若非该单笔担保超过公司担保总限额，则应该认为决议不存在效力瑕疵……"[1]

笔者认为，虽然目前司法实践中对此问题没有形成统一的裁判观点，但是债

---

[1] 李建伟：《公司非关联性商事担保的规范适用分析》，载《当代法学》2013年第3期。

权人仍有必要谨慎处理。一方面，可以要求公司股东会作出决议，并且要求决议表决通过的股东表决权比例必须达到符合章程规定的修改章程应达到的比例，才可相应免除债权人对担保总额的审查责任。另一方面，债权人可以取得其他佐证公司对外担保未超过额度限制的文件。实践中，上述文件的具体形式通常为记载保证人对外担保金额的中国人民银行征信报告、审计报告等。债权人审查这些文件及公司出具的情况说明，应当足以构成善意。需要说明的是，对于有限公司或非上市股份公司通过股东决定或股东会决议等形式提前授予对外担保预计额度，债权人根据该决议及额度接受其提供的担保，该担保法律效力如何，缺少相应的司法裁判案例样本，实践中仍存在较大争议，债权人应当谨慎接受此类担保。

十八、章程规定重大担保需要股东会决议，但未明确何为重大担保，债权人如何处理？

问

公司章程规定对外提供重大担保的，需要提交股东会决议。但是该公司章程未进一步明确何为重大担保。债权人接受该公司提供的担保，应当如何判断是否必须股东会决议？

答

笔者认为，如果所提供的担保是关联担保的，由于《公司法》（2023修订）第15条明确规定应由股东会决议且关联股东应当回避，则无论是否属于重大担保均需要股东会决议，因此题述问题一般是指在非关联担保的场合。

公司章程的该规定，是关于对外提供重大担保决议机关的规定。债权人在审查该公司章程时，应当知道公司章程对此已经有特别规定，因此应当按照章程之规定，如果该公司提供的担保属于重大担保的，必须由该公司股东会决议。但是，在非上市公司方面，未有任何法律法规或规章对重大担保进行定义，公司章程也未进一步明确何为重大担保。在此情况下，债权人从谨慎角度，可以就任何担保均要求公司提供股东会决议，避免后续可能产生的担保对公司不发生效力之风险。同时，也可以参考上市公司关于"重大担保"的规定，以决定什么情况下应当由股东会决议。

我国《证券法》(2019修订)在规定上市公司的重大事件时提到了"重大担保"。《证券法》(2019修订)第80条规定："发生可能对上市公司、股票在国务院批准的其他全国性证券交易场所交易的公司的股票交易价格产生较大影响的重大事件，投资者尚未得知时，公司应当立即将有关该重大事件的情况向国务院证券监督管理机构和证券交易场所报送临时报告，并予公告，说明事件的起因、目前的状态和可能产生的法律后果。前款所称重大事件包括……(三)公司订立重要合同、提供重大担保或者从事关联交易，可能对公司的资产、负债、权益和经营成果产生重要影响……"根据对该规定的理解，上市公司对外担保公告仅在可能对公司的资产、负债、权益和经营成果产生重要影响，且投资者尚未得知等两大事由同时出现之时才得以触发。[1]但是，该规定同样未进一步明确何为重大担保。

尽管如此，从关于上市公司对外担保决策程序的规定，可以推断出"重大担保"的判断标准。

《公司法》(2023修订)第135条规定："上市公司在一年内购买、出售重大资产或者向他人提供担保的金额超过公司资产总额百分之三十的，应当由股东会作出决议，并经出席会议的股东所持表决权的三分之二以上通过。"

《上海证券交易所股票上市规则(2024年4月修订)》6.1.10规定："上市公司发生'提供担保'交易事项，除应当经全体董事的过半数审议通过外，还应当经出席董事会会议的三分之二以上董事审议通过，并及时披露。担保事项属于下

---

[1] 参见王瑞贺主编：《中华人民共和国证券法释义》，法律出版社2020年版，第149页。

列情形之一的,还应当在董事会审议通过后提交股东大会审议:(一)单笔担保额超过上市公司最近一期经审计净资产10%的担保;(二)上市公司及其控股子公司对外提供的担保总额,超过上市公司最近一期经审计净资产50%以后提供的任何担保;(三)上市公司及其控股子公司对外提供的担保总额,超过上市公司最近一期经审计总资产30%以后提供的任何担保;(四)按照担保金额连续12个月内累计计算原则,超过上市公司最近一期经审计总资产30%的担保;(五)为资产负债率超过70%的担保对象提供的担保;(六)对股东、实际控制人及其关联人提供的担保;(七)本所或者公司章程规定的其他担保。上市公司股东大会审议前款第(四)项担保时,应当经出席会议的股东所持表决权的三分之二以上通过。"《深圳证券交易所股票上市规则(2024年修订)》亦有类似规定。

《上市公司监管指引第8号——上市公司资金往来、对外担保的监管要求》(以下简称《上市公司监管指引第8号》)第7条规定:"上市公司对外担保必须经董事会或者股东大会审议。"第9条规定:"应由股东大会审批的对外担保,必须经董事会审议通过后,方可提交股东大会审批。须经股东大会审批的对外担保,包括但不限于下列情形:(一)上市公司及其控股子公司的对外担保总额,超过最近一期经审计净资产百分之五十以后提供的任何担保;(二)为资产负债率超过百分之七十的担保对象提供的担保;(三)单笔担保额超过最近一期经审计净资产百分之十的担保;(四)对股东、实际控制人及其关联方提供的担保。股东大会在审议为股东、实际控制人及其关联方提供的担保议案时,该股东或者受该实际控制人支配的股东,不得参与该项表决,该项表决由出席股东大会的其他股东所持表决权的半数以上通过。"

从上述规定可以看出,上市公司对外提供一般的担保,既可以由董事会决议也可以由股东会决议。但由于上市公司的公众属性,重大数额的担保(重大担保)会影响投资者利益,故对一些可能影响上市公司市值的担保事项必须由股东会决议。

笔者认为,如果债权人考虑到业务开展需要,不得不接受公司提供的担保的,那么不妨参考上市公司关于重大担保的界定,以认定何为重大担保,并进一步判断是否要求公司提供股东会决议或者董事会决议。需要注意的是,目前司法实践中对此问题尚无可供借鉴的案例,法院或仲裁机构对于该问题是何观点,尚无定论。因此,若实务中碰到公司章程如此规定,笔者仍建议债权人要求公司就担保事项出具股东会决议。

十九、章程与股东协议存在冲突,债权人应当以何者为准?

问

公司向债权人提供了最新有效之章程,同时亦向债权人提供了最新有效之股东协议,在关于公司对外担保方面(例如应当由股东会或董事会决议、决议通过的表决权比例等),章程规定与股东协议不一致,债权人在审查该公司出具的担保决议时,应当以何者为准?

答

笔者认为,一般情况下,债权人应当依据公司章程审查该公司出具的担保决议。理由如下:

首先,公司章程与公司股东之间的协议,属于两个不同性质的文件。例如,在签订主体上,依据《公司法》(2023修订)第45条[1]与第94条[2]之规定,有限责任公司章程由全体股东共同制定,股份有限公司章程由发起人共同制定。而股东协议的签订主体可能仅为公司部分股东,而未包括全体股东,法律法规对此亦无强制要求。在约定的内容上,公司章程是公司自治的重要依据,对公司组织架构、经营运转、内部权力分配等重大事项均作出明确规定,一般不涉及股东之间的特殊约定。而股东协议一般会对各股东的权利义务进行详细约定,特别是对

---

[1] 《公司法》(2023修订)第45条:"设立有限责任公司,应当由股东共同制定公司章程。"
[2] 《公司法》(2023修订)第94条:"设立股份有限公司,应当由发起人共同制订公司章程。"

投资方优先权的约定。在效力上，股东协议具有相对性，一般仅对签署股东发生法律效力，对未签署该协议的股东以及公司的董事、监事、高级管理人员、其他员工等一般不发生任何效力。而公司章程对公司、股东、董事、监事、高级管理人员具有约束力，尽管该等人员并未签署公司章程。此外，股东协议并非公司设立或合法存续的必备文件，公司和股东可根据实际情况自行选择是否签署该协议。但设立公司应当依法制定公司章程，若无公司章程，公司将无法完成设立登记。

其次，公司章程与股东协议不一致的，在涉及对外关系（如发生对外担保纠纷时，涉及公司债权人等第三人）时，为了保护第三人的信赖利益，司法实践中法院一般认定应以对外公示的公司章程作为判断和处理相关争议的依据。例如，在上海市高级人民法院（2020）沪民申1450号民事裁定书中，《合作协议》就股东出资方式的约定与公司章程不一致，法院认为，为维护公司利益，保障与公司交易关联方的信赖利益，股东应当根据公司章程履行出资义务。如申请人意图以其他方式出资的，应当由公司通过公司章程变更、验资等法定程序予以办理。法院不能因为各方之间存在一份与公司章程内容矛盾的协议，就变更公司章程记载的出资方式。[1]

最后，《公司法》（2023修订）第15条明确规定公司向其他企业投资或者为他人提供担保，按照公司章程的规定，由董事会或者股东会决议。因此，就对外担保事项作出董事会或者股东会决议的依据是公司章程，那么债权人审查董事会或者股东会决议的依据也应当是公司章程。

尽管如此，在特殊情况下股东协议亦有代替公司章程的可能。《民法典担保制度解释》第8条第1款第3项规定："有下列情形之一，公司以其未依照公司法关于公司对外担保的规定作出决议为由主张不承担担保责任的，人民法院不予支持：……（三）担保合同系由单独或者共同持有公司三分之二以上对担保事项有表决权的股东签字同意。"因此，笔者认为特殊情况下债权人可以依据股东协议审查公司对外担保决议，但应当满足以下条件：一是股东协议明确就公司对外担

---

〔1〕 参见上海市高级人民法院民事裁定书，（2020）沪民申1450号。持有类似观点的案例：四川省成都市中级人民法院民事判决书，（2019）川01民终527号。

保的决议机关、决议方式作出了特别约定,二是股东协议明确该部分内容对公司债权人发生效力,三是股东协议的签订主体是单独或者共同持有公司2/3以上对担保事项有表决权的股东,四是公司将该股东协议提交给债权人。需要特别注意的是,毕竟此种情况较为特殊,债权人应当谨慎审查。

二十、主合同当事人协议以新贷偿还旧贷,担保人提供的公司决议未载明知晓或同意借新还旧,能否视为债权人善意?

问

主合同当事人协议以新贷偿还旧贷,担保人提供的公司决议仅载明其同意为主合同项下债务提供担保,但未载明知晓或同意以新贷偿还旧贷,能否视为债权人善意?

答

《民法典担保制度解释》第16条第1款规定:"主合同当事人协议以新贷偿还旧贷,债权人请求旧贷的担保人承担担保责任的,人民法院不予支持;债权人请求新贷的担保人承担担保责任的,按照下列情形处理:(一)新贷与旧贷的担保人相同的,人民法院应予支持;(二)新贷与旧贷的担保人不同,或者旧贷无担保新贷有担保的,人民法院不予支持,但是债权人有证据证明新贷的担保人提供担保时对以新贷偿还旧贷的事实知道或者应当知道的除外……"依据该规定,如果新贷与旧贷的担保人相同的,借新还旧不影响担保人的担保责任,故无论担保人公司决议是否载明知晓或同意以新贷偿还旧贷,担保人均应当为新贷承担担保责任。

但是,如果新贷与旧贷的担保人不同,或者旧贷无担保而新贷有担保的,笔者认为担保人的股东会或董事会除了应当对担保事项进行表决以外,还应当就以新贷偿还旧贷的事实进行表决,否则该担保可能存在瑕疵。因为"与一般借款合同中借款人实际取得款项用于生产生活、担保人是否承担担保责任具有或然性不同,在借新还旧的场合下,借款人并未实际取得贷款,其仅仅通过借新还旧的方式来清偿此前尚未偿还的借款,使得旧贷消灭而产生新贷。并且,当事人采取借新还旧的方式主要基于旧贷债务人不能按时清偿债务,对于债权人而言,增加了贷款偿还的担保方式,而对于担保人而言,对于新贷提供担保的风险远大于一般借款。因此,对债权人应课以告知义务,即告知担保人借新还旧的事实,保证担保人能够全面衡量债务人履行能力从而决定是否提供担保,否则担保人根据《民法典》第695条的规定主张不承担担保责任的,人民法院应予支持"。[1]相应地,是否同意公司为新贷提供担保,也应当由公司的股东会或董事会进行决议确定,确保相关决议是经由股东会或董事会全面衡量债务人履行能力之后才作出的决定。相反,如果公司股东会或董事会决议时并不知晓本次担保的主债权是用于归还旧贷的新贷,那么即使公司签订了担保合同,也可能对该公司不发生法律效力。

二十一、公司决议缺少担保事项的直接内容或相关信息,债权人是否构成善意?

问

公司出具的股东会决议或董事会决议虽然载明同意对外提供担保,但缺少担保事项的直接内容或相关信息(例如主债权种类、数额、保证方式与期间、主合同的编号等),债权人是否构成善意?

---

[1] 最高人民法院民事审判第二庭:《最高人民法院民法典担保制度司法解释理解与适用》,人民法院出版社2021年版,第204页。

答

《公司法》(2023修订)第15条规定公司对外担保需要经过决议,但未明确决议内容需要具体明确到何种程度。如果公司决议缺少担保事项的直接内容或信息,应当根据决议内容进行具体分析,看是否能够得出公司同意对外提供担保的结论。结合实践中的情况,以下几种情况值得债权人注意:

首先,股东会或董事会决议必须明确表明同意公司对外提供担保。这是对股东会决议或董事会决议最基本的要求,如果决议未载明公司同意对外担保的内容,则债权人不构成善意,担保对公司不发生效力。例如,上海金融法院(2022)沪74民终1316号金融借款合同纠纷案中,公司为股东提供担保,但法院基于以下三点理由认定债权人不构成善意:一是《股东会决议》仅载明公司同意股东向银行进行借款,未明确是否用于公司经营,亦未就公司对借款合同项下股东的债务承担连带担保责任进行决议;二是即便《企业担保承诺书》上公司法定代表人(同时也是公司股东)的姓名章真实性可予确认,根据该法定代表人的持股比例,亦不属于"持有公司三分之二以上有表决权的股东签字同意"而无须股东会决议的例外情况;三是系争借款分别打入借款人本人和案外人账户,亦无证据证明借款用于公司自身经营。[1]在本案中,股东会决议缺少明确的同意公司对外提供担保的内容,因此法院认定债权人不构成善意。债权人在审查公司提供的股东会决议或董事会决议时,务必审查决议内容是否包含同意公司对外提供担保的内容。

其次,决议是否记载主合同、担保合同编号、金额并非决议成立与否的必备条件,但在具备条件的情况下,亦不妨记载明确以便审查。例如,辽宁省高级人民法院(2022)辽民终97号船舶抵押合同纠纷案中,保证人抗辩称股东决议没有编号、金额等可以与案涉保证合同对应的信息,法院则认为该保证人未能在法院指定的期间内提供证据证明其出具的该股东决议是为其他与银行之间的贷款业务提供担保,故法院认定,该股东决议同意公司承担的连带责任保证具有确定性,系对案涉主债务提供的担保,对于保证人以股东决议瑕疵为由拒绝承担连带

---

[1] 参见上海金融法院民事判决书,(2022)沪74民终1316号。

保证责任的主张,法院不予支持。[1]尽管如此,笔者认为,《民法典》已经明确规定保证合同、抵押合同、质押合同在一般情况下应当包括的条款,债权人亦可参考这些条款,要求公司出具的决议包含这些内容。例如,《民法典》684条规定:"保证合同的内容一般包括被保证的主债权的种类、数额,债务人履行债务的期限,保证的方式、范围和期间等条款。"第400条第2款规定:"抵押合同一般包括下列条款:(一)被担保债权的种类和数额;(二)债务人履行债务的期限;(三)抵押财产的名称、数量等情况;(四)担保的范围。"第427条第2款规定:"质押合同一般包括下列条款:(一)被担保债权的种类和数额;(二)债务人履行债务的期限;(三)质押财产的名称、数量等情况;(四)担保的范围;(五)质押财产交付的时间、方式。"如果股东会决议或董事会决议能明确这些信息,则可便于债权人审查。但实践中一般是先有决议再签订担保合同,故上述内容未必在决议作出之时就能明确。而且一旦决议载明这些内容,如果后续签订的担保合同与决议内容不一致的,则可能会产生争议。[2]

最后,如果股东存在多家全资子公司,而股东决定或者股东会决议未载明该决议系就哪家全资子公司对外提供担保而作出的决定或决议,可能引发争议。例如广东省深圳市中级人民法院(2021)粤03民终3165号金融借款合同纠纷案中,担保人深圳保千里公司的唯一股东江苏保千里公司出具的《股东会决议》载明:"同意本公司为晶锐显公司在宝生银行办理3500万元的综合授信业务提供连带保证责任担保。"该决议加盖了江苏保千里公司的公章而未加盖深圳保千里公司的公章,江苏保千里公司主张担保无效,其理由是"上述《股东会决议》未写明江苏保千里公司同意哪一公司为晶锐显公司提供担保,因江苏保千里公司作为唯一股东的公司除了深圳保千里公司外,还有其他公司,上述股东会决议存在瑕疵"。对此,法院认为,涉案《股东会决议》与《最高额保证合同》的落款时间、借款主体、贷款金额以及担保范围、业务类型等均完全一致,相互印证。在江苏保千里公司有七个全资子公司的情况下,虽然涉案《股东会决议》未写明江苏保千里公司同意哪家公司提供担保,但未能提交证据证实除深圳保千里公司之外

---

[1] 参见辽宁省高级人民法院民事判决书,(2022)辽民终97号。
[2] 详见本书第二十二问:"担保合同约定的担保事项与通过的决议不一致,以何者为准?"

的其他全资子公司与某银行签订了保证合同，一审关于该保证合同指向明确的认定无误。[1]在该案中，《股东会决议》即未写明公司同意哪家公司提供担保，但由于决议与保证合同的落款时间、借款主体、贷款金额以及担保范围、业务类型等均完全一致，最终法院认为债权人善意，保证担保对公司发生效力。该案亦从侧面说明，股东会决议或董事会决议应当尽量记载担保合同的内容，避免将来发生争议。而实践中，不少担保人可能会故意利用股东会决议或董事会决议的模糊表述，企图在将来抗辩担保效力存在瑕疵而减少甚至免除担保责任，债权人对此应当注意。

二十二、担保合同约定的担保事项与通过的决议不一致，以何者为准？

问

公司股东会决议或董事会决议通过的担保事项（如担保形式、担保金额、保证期间等）与最终签订的担保合同约定的担保事项内容不一致，那么担保合同是否对公司发生效力？担保人应当依据担保合同还是依据决议承担担保责任？

答

公司就对外担保事宜向债权人出具了股东会或董事会决议，但决议通过的担保事项（如担保形式、担保金额、保证期间或其他担保要素）与公司实际签订的担保合同所约定的担保事项不一致，可能有两种情况：一种情况是担保合同约定的担保责任轻于决议，另一种情况是担保合同约定的担保责任重于决议。

---

[1] 参见广东省深圳市中级人民法院民事判决书，(2021)粤03民终3165号。

笔者认为，对于前者，债权人与公司签订的担保合同已经对担保责任进行了约定，虽然约定的担保责任轻于决议，但表明法定代表人在股东会或董事会授权的权限范围内与债权人订立担保合同，该担保合同对公司发生效力，公司应当依据担保合同承担担保责任。

对于后者，担保合同约定的担保责任重于决议意味着公司法定代表人超越了决议授权范围与债权人订立担保合同，对于超出部分的担保责任，对公司应当不发生效力。以保证期间为例，债权人明知保证人公司真实意思表示情况下，保证期限与保证人董事会决议通过期限不一致的，应以决议为准。"董事会决议是公司的意思表示。合同相对方在明知董事会决议的情况下，持含有与之内容不一致的保证合同至公司盖章，且未就格式条款作出明确说明。合同虽经公司盖章，但就董事会决议与格式条款不一致的内容应认定双方并未达成合意。"[1]但对于决议范围内的担保责任，公司仍应当承担相应的担保责任。

二十三、违反《关于加强中央企业融资担保管理工作的通知》，担保是否仍然有效？

问

国务院国有资产监督管理委员会于2021年10月9日发布了《关于加强中央企业融资担保管理工作的通知》（国资发财评规〔2021〕75号，以下简称《中央企业担保通知》），就融资担保对象、规范、比例等作出了比较严格的规定。如果中央企业提供的担保违反了《中央企业担保通知》，那么担保是否有效？

---

[1] 李道丽：《合同签订过程中公司真实意思的确定——江苏高院判决江苏银行诉捷诚公司保证合同纠纷案》，载《人民法院报》2010年12月30日，第6版。持有类似观点的案例：甘肃省天水市秦安县人民法院民事判决书，(2022)甘0522民初1162号。

答

　　《中央企业担保通知》出台的背景是国务院国有资产监督管理委员会（以下简称国资委）下属的部分中央企业虽然建立了担保制度，但担保行为不够规范，存在担保规模增长过快、隐性担保风险扩大、代偿损失风险升高等问题。国资委为进一步规范和加强中央企业融资担保管理，有效防范企业相互融资担保引发债务风险，便发布了该通知。但该通知发布后，针对该通知对中央企业担保行为效力产生的影响，实践中存在争议。笔者从以下几个方面进行讨论。

　　第一，《中央企业担保通知》对融资担保所作出的定义，主要包括中央企业为纳入合并范围内的子企业和未纳入合并范围的参股企业借款和发行债券、基金产品、信托产品、资产管理计划等融资行为提供的各种形式担保，如一般保证、连带责任保证、抵押、质押等，也包括出具有担保效力的共同借款合同、差额补足承诺、安慰承诺等支持性函件的隐性担保，不包括中央企业主业含担保的金融子企业开展的担保以及房地产企业为购房人按揭贷款提供的阶段性担保。可见，在担保主体上，《中央企业担保通知》规范的担保行为是中央企业为纳入合并范围内的子企业和未纳入合并范围的参股企业提供担保，不包括为自身提供担保；在规范的担保行为上，《中央企业担保通知》规范的担保行为不仅包括《民法典》规定的典型担保行为，还包括具有担保效力的"隐性担保"，但不包括中央企业主业含担保的金融子企业开展的担保以及房地产企业为购房人按揭贷款提供的阶段性担保。

　　第二，《中央企业担保通知》对中央企业担保的限制主要包括三方面：(1)严格限制融资担保对象。中央企业严禁对集团外无股权关系的企业提供任何形式担保。原则上只能对具备持续经营能力和偿债能力的子企业或参股企业提供融资担保。不得对进入重组或破产清算程序、资不抵债、连续三年及以上亏损且经营净现金流为负等不具备持续经营能力的子企业或参股企业提供担保，不得对金融子企业提供担保，集团内无直接股权关系的子企业之间不得互保，以上三种情况确因客观情况需要提供担保且风险可控的，须经集团董事会审批。中央企业控股上市公司开展融资担保业务应符合《证券法》和证券监管等相关规定。（2）严格控制融资担保规模。中央企业应当转变子企业过度依赖集团担保融资的观念，鼓励拥有较好资信评级的子企业按照市场化方式独立融资。根据自身财务承受能力合理确定融资担保规模，原则上总融资担保规模不得超过集团合并净资产的40%，单户子企业（含集团本部）融资担保额不得超过本企业净资产的50%，纳入国资委年度债务风险管控范围的企业总融资担保规模不得比上年增加。（3）严格控制超股比融资担保。中央企业应当严格按照持股比例对子企业和参股企业提供担保。严禁对参股企业超股比担保。对子企业确需超股比担保的，需报集团董事会审批，同时，对超股比担保额应由小股东或第三方通过抵押、质押等方式提供足额且有变现价值的反担保。对所控股上市公司、少数股东含有员工持股计划或股权基金的企业提供超股比担保且无法取得反担保的，经集团董事会审批后，在符合融资担保监管等相关规定的前提下，采取向被担保人依据代偿风险程度收取合理担保费用等方式防范代偿风险。

第三，如果违反《中央企业担保通知》的上述限制，那么中央企业提供的担保（尤其是"隐性担保"）是否有效？国资委在其官方网站"互动交流"栏目公布的问答中，国资委就"关于具有担保效力的理解以及违反75号文的后果的咨询"[1]作出的回复称："按照《关于加强中央企业融资担保管理工作的通知》要求，企业提供共同借款合同、差额补足承诺、安慰函、支持函等函件是否具有担保效力，需要企业法律部门根据具体条款进行判定，具有担保效力的则属于隐性担保。融资担保应当作为企业内部审计、巡视巡查的重点，因违规融资担保造成国有资产损失或其他严重不良后果的，应当按照有关规定对相关责任人严肃追究责任。"[2]该回复虽未直接回应违反规定后的担保效力问题，但亦可明确，《中央企业担保通知》主要是为了规范和加强中央企业融资担保管理，不涉及担保文

---

[1] 具体问题内容包括：（1）《关于加强中央企业融资担保管理工作的通知》国资发财评规〔2021〕75号文中提及了"具有担保效力的共同借款合同、差额补足承诺、安慰承诺等支持性函件的隐性担保"，请问什么是"具有担保效力"，如何判定函件是否具有担保效力？（2）违反《关于加强中央企业融资担保管理工作的通知》的规定提供担保，是否会影响相关担保文件的效力？

[2] 国务院国有资产监督管理委员会：《关于具有担保效力的理解以及违反75号文的后果的咨询》，载国务院国有资产监督管理委员会官方网站互动交流栏目2022年8月10日，http://www.sasac.gov.cn/n2588040/n2590387/n9854157/c25906967/content.html。

件效力方面的内容。在另外一则国资委问答中，国资委回复："《关于加强中央企业融资担保管理工作的通知》（国资发财评规〔2021〕75号，以下简称75号文）属于国务院国资委规范性文件。75号文第八条'应当按照有关规定对相关责任人严肃追究责任'中的有关规定具体指《中央企业违规经营投资责任追究实施办法（试行）》（国资委令第37号）。75号文主要是为了规范和加强中央企业融资担保管理，不涉及担保文件效力方面的内容。"[1]

第四，《中央企业担保通知》在效力层级上属于规范性文件，不属于法律或行政法规，其不应成为判断中央企业提供的担保文件是否有效的依据。《民法典》第153条规定："违反法律、行政法规的强制性规定的民事法律行为无效。但是，该强制性规定不导致该民事法律行为无效的除外。违背公序良俗的民事法律行为无效。"因此，认定担保合同是否有效，应当依据法律、行政法规的强制性规定判断。而《中央企业担保通知》并不属于法律、行政法规的强制性规定。如果中央企业提供的担保文件不违反法律、行政法规的强制性规定，不存在其他导致无效的法定情形，即使不符合《中央企业担保通知》，也应认定有效。

二十四、"带押过户"，债权人是否需要审查新抵押人公司的决议？

问

当抵押物是不动产时，如果债权人同意抵押人"带押过户"，债权人是否需要审查抵押不动产受让人（新抵押人）公司的决议？

---

[1] 国务院国有资产监督管理委员会:《〈关于加强中央企业融资担保管理工作的通知〉的咨询》，载国务院国有资产监督管理委员会官方网站互动交流栏目2022年1月26日，http://www.sasac.gov.cn/n2588040/n2590387/new_wdxd_wz_index.html?MZ=RvMgKnSA149vs6ew0LR%2BkQ%3D%3D。

> **答**

"带押过户"指在未注销抵押不动产上的抵押权(不注销原有不动产上的抵押登记)的情况下,实现不动产所有权人的变更。"带押过户"并非法律专业术语,是近年来基于《民法典》规定及相关政策支持出现的一种新交易模式。《物权法》(已废止,下同)第191条第2款规定:"抵押期间,抵押人未经抵押权人同意,不得转让抵押财产,但受让人代为清偿债务消灭抵押权的除外。"依据该规定,在传统交易模式下抵押不动产必须先注销原抵押登记才能办理过户,流程冗长而复杂。而《民法典》第406条第1款规定:"抵押期间,抵押人可以转让抵押财产。当事人另有约定的,按照其约定。抵押财产转让的,抵押权不受影响。"据此,《民法典》修改了《物权法》的规定,可以"带押过户",便利交易步骤、提高交易效率。正如《自然资源部、中国银行保险监督管理委员会关于协同做好不动产"带押过户"便民利企服务的通知》(自然资发〔2023〕29号,以下简称《"带押过户"通知》)第1条规定:"'带押过户'是指依据《民法典》第四百零六条'抵押期间,抵押人可以转让抵押财产。当事人另有约定的,按照其约定'的规定,在申请办理已抵押不动产转移登记时,无需提前归还旧贷款、注销抵押登记,即可完成过户、再次抵押和发放新贷款等手续,实现不动产登记和抵押贷款的有效衔接。"

当抵押物是不动产时,对于"带押过户",抵押权人(债权人)是否需要审查抵押不动产受让人(新抵押人)公司的决议,法律法规未明确规定。由于《民法典》第406条第1款中明确规定"抵押财产转让的,抵押权不受影响",因此,在抵押权人不变、仅变更抵押不动产所有权人的情况下,抵押权不受影响,抵押权人亦无须审查抵押不动产受让人公司决议。

另外,还有观点认为,由于抵押不动产的受让人明知抵押不动产存在抵押权负担而同意受让抵押不动产,应当视为受让人同意在该不动产上设立抵押权负担,因此债权人无须审查受让人的股东会或董事会决议。对此观点,笔者认为具有适用前提。如前所述,在仅变更抵押不动产所有权人而抵押权人未变更的场合,"抵押财产转让的,抵押权不受影响"是指原有的抵押权不受影响,包括抵押权人、抵押担保主债权金额、抵押担保范围不受影响。但是,如果抵押权人、抵押担保主债权金额及抵押担保范围发生变动,则需要分情形予以讨论。

《"带押过户"通知》介绍了三种"带押过户"的模式。

模式一:新旧抵押权组合模式。通过借新贷、还旧贷无缝衔接,实现"带押过户"。买卖双方及涉及的贷款方达成一致,约定发放新贷款、偿还旧贷款的时点和方式等内容,不动产登记机构合并办理转移登记、新抵押权首次登记与旧抵押权注销登记。

模式二:新旧抵押权分段模式。通过借新贷、过户后还旧贷,实现"带押过户"。买卖双方及涉及的贷款方达成一致,约定发放新贷款、偿还旧贷款的时点和方式等内容,不动产登记机构合并办理转移登记、新抵押权首次登记等,卖方贷款结清后及时办理旧抵押权注销登记。

模式三:抵押权变更模式。通过抵押权变更实现"带押过户"。买卖双方及涉及的贷款方达成一致,约定抵押权变更等内容,不动产登记机构合并办理转移登记、抵押权转移登记以及变更登记。

由上可见,模式一与模式二实质上是借新贷还旧贷以消灭旧的抵押权同时设立新的抵押权,只不过是在同一时间将转移登记、新抵押权首次登记与旧抵押权注销登记办理完成。而模式三虽然只是抵押权变更,经抵押权人(债权人)同意后变更了抵押人(相当于债务转移),但仍然需要抵押不动产的买方(新抵押人)作出同意以买受的抵押不动产提供抵押担保的意思表示。因此,上述三种模式均涉及新所有权人(新抵押人)将抵押不动产抵押予债权人的情形,因此,若该抵押系对外担保的,依法应当按照新抵押人公司章程之规定由股东会或董事会决议。此外,如果"带押过户"情形下债权人无须审查新抵押人公司决议的,那么"带押过户"亦可能成为规避担保决议之途径,当事人可能以此规避《公司法》(2023修订)第15条之规定。

综上所述,笔者认为,如果"带押过户"时抵押权人、抵押担保金额、抵押担保范围不发生变化,则债权人无须审查抵押不动产受让人公司决议。但如果这些因素发生变化,特别是抵押担保金额增加、抵押担保范围扩大,则债权人应当审查抵押不动产受让人（新抵押人）公司决议。否则，未经决议而办理"带押过户"的，该抵押可能对新抵押人不发生效力。

二十五、公司为股东之间交易提供担保是否有效，债权人应当如何审查公司决议？

问

公司为股东之间的交易（常见的是股东之间股权转让）提供担保是否有效，作为公司股东的债权人之一应当如何审查公司决议？

答

从这个问题的内容来看，公司担保的债务人是公司的股东，属于公司为股东担保的情形。依据《公司法》（2023修订）第15条第2款"公司为公司股东或者实际控制人提供担保的，应当经股东会决议"之规定，该担保应当经公司股东会决议，被担保的股东（债务人）不得参加该事项的表决，该项表决由出席会议的其他股东所持表决权的过半数通过。但是，题述问题所担保的债务人、债权人都是公司股东，公司为股东之间的交易（常见的是股东之间股权转让）提供担保是否有效，在理论与实务中长期争议不决。因此，题述问题首先还需要解决一个前提问题，即公司为股东之间交易提供担保是否有效？其次，如果有效，债权人应当如何审查决议？

（一）关于公司为股东之间交易担保的相关规定

《公司法》（2023修订）第163条规定："公司不得为他人取得本公司或者其母公司的股份提供赠与、借款、担保以及其他财务资助，公司实施员工持股计划的除外。为公司利益,经股东会决议,或者董事会按照公司章程或者股东会的授权作出决议,公司可以为他人取得本公司或者其母公司的股份提供财务资助,但财务资助的累计总额不得超过已发行股本总额的百分之十。董事会作出决议应当经全体董事的三分之二以上通过。违反前两款规定,给公司造成损失的,负有责任的董事、监事、高级管理人员应当承担赔偿责任。"该条规定系原则上禁止股份有限公司为他人取得本公司股份提供担保等资助,但并未原则禁止有限责任公司开展财务资助,系给予有限责任公司自治权利。

实践中,有限责任公司为股东之间的股权转让提供担保,早已成为保障公司增信融资、投资者有效退出的重要方式。《九民纪要(征求意见稿)》曾在第10条对于公司为股东之间转让股权提供担保的效力问题作出规定,该条明确:"有限责任公司的股东之间相互转让股权,公司与转让股东签订协议,承诺对股权转让款支付承担担保责任,公司根据《公司法》第十六条的有关规定履行了决议程序,如无其他影响合同效力的事由的,应当认定担保合同有效。"然而,2019年11月14日发布的《九民纪要》正式稿中,却将本条规定予以删除。由于缺乏明确的裁判依据,该类关联担保的效力问题变得模糊不清,司法实践中也存在较大分歧。

(二)公司为股东之间交易提供担保是否有效

1. 主张担保无效的观点

司法实践中,主张公司为股东之间交易提供担保无效的观点,其主要理由包括:(1)公司未获得对价;(2)股东利用关联关系损害公司及其他股东的利益;(3)属于抽逃出资,违背公司资本维持原则;(4)属于恶意串通,损害第三人利益;(5)其他理由,如若公司只有两个股东,无法形成有效决议。[1]

例如,最高人民法院(2012)民二终字第39号股权转让纠纷案中,法院认为,李某平等三人与汪某峰、应某吾等人原均为某铁业公司股东,其间发生股权转让由公司提供担保,即意味着在受让方不能支付股权转让款的情形下,公司应向转让股东支付转让款,从而导致股东以股权转让的方式从公司抽回出资的后果。

---

[1] 参见李志刚等:《公司为股东间交易提供担保的效力》,载微信公众号"法与思"2021年2月7日,https://mp.weixin.qq.com/s/3iy178OyfJCdq2zSyUrtSg。

公司资产为公司所有债权人的债权提供一般担保,公司法规定股东必须向公司缴纳其认缴的注册资本金数额,公司必须在公司登记机关将公司注册资本金及股东认缴情况公示,在未经公司注册资本金变动及公示程序的情形下,股东不得以任何形式用公司资产清偿其债务,否则构成实质上的返还其投资。因此,《还款协议》中关于某铁业公司承担担保责任的部分内容,因不符合公司法的有关规定,应认定无效,某铁业公司不应承担担保责任。[1]

在持有该观点的案例中,湖南省高级人民法院(2019)湘民终290号股权转让纠纷案,于2020年初被《人民法院报》编辑部评选为2019年度人民法院十大商事案件之一。[2]该案法院否认公司为股东之间股权转让提供担保的效力,其主要理由之一是缺乏适格的决议,理由之二是构成实质意义上的抽逃出资,违反公司法规定。[3]

2. 主张担保有效的观点

司法实践中,也有不少案例认为公司为股东之间交易提供担保有效,其主要理由包括:(1)《公司法》(2023修订)第15条规定说明,允许公司为股东提供担保,说明公司为股东提供担保,不等于抽逃出资或者变相抽逃出资,仅仅是需要决议程序保护其他股东的利益[若只有两个股东,在二者之间的交易,则没有需要《公司法》(2023修订)第15条通过特别程序所保护的股东];(2)承担担保责任是担保合同的履行问题,是或然的责任。承担责任后,还有追偿权,权利和责任财产与抽逃出资显著不同;(3)公司债权人有合同法上的其他制度保护,其可通过行使撤销权、代位权等方式主张权利(也可能没有其他债权人,不能因为假想一个可能存在的债权人,而直接认定恶意串通损害公司债权人利益);(4)《公司

---

[1] 参见最高人民法院民事判决书,(2012)民二终字第39号。持有类似观点的案例:最高人民法院民事判决书,(2018)最高法民终111号;最高人民法院民事裁定书,(2017)最高法民申3671号;福建省漳州市中级人民法院民事判决书,(2018)闽06民终2287号;河南省高级人民法院民事判决书,(2018)豫民终1067号;重庆市第一中级人民法院民事判决书,(2017)渝01民初1016号;山东省莱芜市中级人民法院民事判决书,(2016)鲁12民终286号;湖南省高级人民法院民事判决书,(2019)湘民终290号。另外,《江苏省高级人民法院公报》2011年第6辑(总第18辑)刊登的"南通轻工机械厂诉江苏黄河公司、江苏苏辰公司股东之间股权转让及公司为股东担保纠纷案"亦持该观点。

[2] 参见韩芳:《2019年度人民法院十大商事案件》,载微信公众号"人民法院报"2020年1月18日,https://mp.weixin.qq.com/s/zlbH5rKw0vm8B9wFEkZMbg。

[3] 参见湖南省高级人民法院民事判决书,(2019)湘民终290号。

法》、《担保法》(已废止)及《合同法》均未规定担保必须有对价,以没有对价为由,主张担保无效,无法律依据。[1]

也有观点认为,担保行为有利于公司自身经营发展,未损害公司及中小股东权益。[2]例如,在最高人民法院(2023)最高法民再185号股权转让纠纷案中,法院认为,公司提供案涉担保并未减损公司注册资本,即使公司最后承担连带偿付责任后,亦依法取得对王某某的追偿权。在整个公司资产变化过程中,公司即便最后因履行担保责任,对外的支付也将转化为应收账款债权,资产负债表中所有权权益总额并不减少,公司资本维持不变。而且在本案中,陈某将其持有的51%股权转让给王某某时,王某某与公司另一股东陈某某(持股49%)系夫妻关系,公司在王某某受让股权后实际上变成了王某某和陈某某的"夫妻公司"。在陈某某书面同意的情况下,公司为作为股东的夫妻一方王某某(签约时尚属于未登记股东)提供担保,在本质上并不违背公司利益,也无证据证明该项担保损害了公司债权人的利益。[3]

此外,《广西壮族自治区高级人民法院民事审判第二庭关于印发〈关于审理公司纠纷案件若干问题的裁判指引〉的通知》(桂高法民二〔2020〕19号)第3条规定:"股权转让合同的双方当事人是股权出让方与股权受让方,目标公司并非合同当事人,目标公司不应承担股权受让方的股款支付义务。合同当事人约定由目标公司履行支付义务的,或约定目标公司为股权受让方的股款支付义务承担保证责任或提供担保的,可能使目标公司资产直接受到减损,成为一种变相抽逃出资的行为,违反公司资本维持原则,最终将损害目标公司独立财产与债权人利益,故人民法院可以根据个案情况认定该类约定为无效。但如果该目标公司

---

[1] 参见李志刚等:《公司为股东间交易提供担保的效力》,载微信公众号"法与思"2021年2月7日,https://mp.weixin.qq.com/s/3iy178OyfJCdq2zSyUrtSg。

[2] 参见最高人民法院民事判决书,(2016)最高法民再128号。

[3] 参见最高人民法院民事判决书,(2023)最高法民再185号。持有类似观点的案例:最高人民法院民事判决书,(2016)最高法民再128号;最高人民法院民事裁定书,(2016)最高法民申2970号、(2019)最高法民申4849号、(2020)最高法民申5256号、(2021)最高法民申1559号、(2021)最高法民申2177号、(2021)最高法民申2380号;四川省高级人民法院民事判决书,(2016)川民终281号;安徽省滁州市中级人民法院民事判决书,(2019)皖11民终138号;福建省高级人民法院民事判决书,(2014)闽民终字第687号;浙江省温州市中级人民法院民事判决书,(2015)浙温商终字第114号;浙江省高级人民法院民事裁定书,(2015)浙民申字第2716号。

参照公司法关于公司提供担保的相关规定(《公司法》第16条[1])履行了相应程序,且没有明显损害目标公司债权人利益情形的,则不应认定为无效。"

3. 折中观点说

除了主张无效与主张有效的观点,还存在折中观点。该观点认为,在公司未分配利润或新股东对公司享有应收款数额多于公司担保金额等情形下,不存在股东抽逃出资可能,应认定担保有效,除此之外,应认定担保无效。例如,在江苏省苏州市中级人民法院(2019)苏05民终11575号股权转让纠纷案中,法院认为,公司为新股东受让原股东股权提供担保,在公司承担担保责任而新股东又不能补足的情况下,可能存在变相抽逃出资的情形。因此,公司承担担保责任的前提应当是不存在新股东变相抽逃出资可能,如具备公司未分配利润金额或者新股东对公司享有应收款数额多于公司担保金额等情形。[2]

(三)笔者倾向性观点与建议

由上可见,关于公司为股东之间的交易(常见的是股权转让)提供担保是否有效,理论与实务中尚未形成统一意见。但是从最高人民法院近几年公布的案例来看,最高人民法院的裁判思路可能已经发生转变,逐渐倾向于认定有效。因此,笔者倾向于认为公司为股东之间的交易提供担保并不一定构成抽逃出资。同时,公司为股东之间的交易提供担保应当符合《公司法》(2023修订)第15条之规定,形成适格决议。在此情况下,担保行为就有较大可能被法院认定为有效,对公司发生效力。

若需要采取公司为股东之间交易提供担保的方式作为交易的增信措施,从债权人视角看,笔者建议采取以下措施降低风险:(1)各方应严格按照《公司法》(2023修订)第15条规定或公司章程规定,形成有效的股东会决议,尤其注意排除关联股东表决权、担保的数额不应超出公司章程限制等,避免担保因程序瑕疵而无效或对公司不发生效力;(2)必要时可以聘请第三方审计机构对公司的财务情况进行审计并出具审计报告,以最大限度避免被认定为抽逃出资;(3)若公司存

---

[1] 现为《公司法》(2023修订)第15条。
[2] 参见江苏省苏州市中级人民法院民事判决书,(2019)苏05民终11575号。

在资不抵债可能的,应当在公司提供担保前,取得全体或主要公司债权人同意公司提供担保的确认函(但该点可能较难以实现),或要求债务人股东提供资信证明以证明其具备履行能力,以避免被认定为存在恶意串通损害债权人利益。

二十六、债权人有无义务举证证明股东会决议或董事会决议的来源?

问

债权人对股东会决议或董事会决议的审查并不需要达到实质审查的程度,债权人只需要举证证明已对公司决议进行了合理审查,一般均构成善意。那么,若发生关于担保事项的争议,尤其是在决议涉嫌伪造、变造的情况下,债权人是否有义务举证证明股东会决议或董事会决议的来源?

答

《九民纪要》第18条第2款规定:"债权人对公司机关决议内容的审查一般限于形式审查,只要求尽到必要的注意义务即可,标准不宜太过严苛。公司以机关决议系法定代表人伪造或者变造、决议程序违法、签章(名)不实、担保金额超过法定限额等事由抗辩债权人非善意的,人民法院一般不予支持。但是,公司有证据证明债权人明知决议系伪造或者变造的除外。"该规定确立的审查标准为形式审查。但《民法典担保制度解释》并没有简单沿袭《九民纪要》之规定,而是在其第7条第3款规定:"第一款所称善意,是指相对人在订立担保合同时不知道且不应当知道法定代表人超越权限。相对人有证据证明已对公司决议进行了合理审查,人民法院应当认定其构成善意,但是公司有证据证明相对人知道或者应当知道决议系伪造、变造的除外。"可见,《民法典担保制度解释》将审查标准提升至合理审查标准,比形式审理更为严格。在决议系伪造、变造导致债权人不构成善意的认定方面,《九民纪要》仅要求债权人明知,而《民法典担保制度解释》则规定债权人知道或者应当知道的,亦不构成善意。也就是说,债权人除了明知决议伪造、变造不构成善意外,应当知道而未发现决议伪造、变造的,债权人亦不构成善意。

依据《民法典担保制度解释》第7条第3款之规定,证明债权人知道或者应当知道决议系伪造、变造的举证责任或义务在担保人公司一方,如果担保人不能举证证明债权人知道或者应当知道决议系伪造、变造,一般应推定债权人为善意。但无论是《九民纪要》还是《民法典担保制度解释》的规定,均未明确要求债权人举证证明股东会决议或董事会决议的来源。尽管如此,笔者认为《九民纪要》与《民法典担保制度解释》对债权人审查公司决议的要求,均暗含一个逻辑前提:所审查的决议来源于担保人。笔者暂未在已经公开的案例中检索到法院要求债权人举证证明股东会决议或董事会决议来源的案例,但在个别案例中,已经有法院注意到决议的来源问题并因此影响法院对决议真实性的认定,从而影响法院对债权人是否构成善意的判断。例如,在江苏省常州市中级人民法院(2021)苏04民终890号保证合同纠纷案中,债权人自认案涉股东会决议并非担保人公司提交,而是由借款人公司的工作人员提交。据此,法院认为在股东会决议并非由担保人提交的情况下,债权人应进一步审查和核实股东会决议的真实性,但从该案的证据和相关陈述来看,债权人并未采取有效措施进行核实,故法院认定债权人对案涉的股东会决议的审查未尽合理注意义务,不构成善意相对人。[1]

既然债权人只需要对决议进行合理审查,并且《九民纪要》与《民法典担保制度解释》等均未规定债权人有证明决议来源的责任,那么是否债权人在诉讼中向法院提交形式上符合担保人公司章程规定的决议即可?如果签订担保合同时,事实上公司并未出具决议,而在纠纷发生时,债权人向法庭出示了一份担保人公司的股东会或董事会决议。此时,从举证责任角度看,债权人已经履行完毕相应的举证责任,并且债权人并不承担证明决议真实性的举证责任。相反,如果

---

[1] 参见江苏省常州市中级人民法院民事判决书,(2021)苏04民终890号。

担保人主张决议系伪造、变造且债权人对此应知或明知的,则应当由担保人承担相应举证责任。关于该决议是否属于伪造、变造,尚且有可能通过印章或笔迹鉴定予以证明,但担保人在事实上很难证明债权人知道或者应当知道决议系伪造、变造。按照证明责任规则,担保人将可能承担举证不利的后果,即法院可能认定担保对公司发生效力。笔者尚未检索到实践中有类似的案例,债权人伪造担保人公司股东会决议或董事会决议在实践中较为少见,毕竟该行为轻则构成违法,重则可能涉嫌构成犯罪。与其如此,债权人不如在签订担保合同之时,便严格审查担保人公司出具的决议。但是,也不排除个别债权人为了使法院判决担保对公司发生效力,不惜铤而走险。

笔者认为,为应对担保人公司提出股东会决议或董事会决议系伪造、变造的抗辩,或者担保人抗辩称相关决议来源不明等,债权人在接受担保人公司提供担保之时,对于决议的来源应当进行适当留痕,以备不时之需。例如,担保人向债权人提交决议时,债权人可以与担保人签署文件交接清单,或者由担保人在股东会、董事会决议上加盖公章,以证明决议系由担保人提供。

二十七、担保决议通过后股东或董事发生变更,债权人是否构成善意?

问

债权人接受公司担保时,审查了公司出具的股东会决议或董事会决议,但之后股东或董事发生变更,债权人是否构成善意?

答

作为善意的债权人,应当对公司出具的股东会决议或董事会决议进行合理审查。虽然合理审查不需要达到实质审查的程度，例如无须对决议上股东盖章、签名或董事签名是否真实进行实质调查，但至少需要审查决议上签名或盖章的股东是否为公司的股东，决议上签名的董事是否与公司现任董事相符，表决通过比例是否符合法律和章程的规定等。

担保决议通过之后股东或董事发生变更，判断债权人是否构成善意，笔者认为需要根据变更的时间判断，即股东或董事变更于担保合同订立之前还是订立之后。

如果担保决议已经通过并且法定代表人已经与债权人订立担保合同，则该担保合同已经订立并生效（对生效另约定附条件或附期限的除外），对公司已经发生效力，之后股东或董事才发生变更的，不影响担保合同效力，债权人构成善意。

如果担保决议已经通过，但在法定代表人与债权人订立担保合同之前，公司的股东或董事发生变更的，虽然旧的股东会决议或董事会决议对法定代表人所作出的授权并不因股东或董事变更而必然失效，但是在订立担保合同之时公司的股东、董事已经发生变更，法定代表人是否有权代表公司订立担保合同，可能会存在争议。《民法典担保制度解释》第7条第3款规定："第一款所称善意，是指相对人在订立担保合同时不知道且不应当知道法定代表人超越权限……"依据该规定，司法解释对善意债权人的要求是在订立担保合同时应当善意。因此，若担保合同尚未订立，则债权人应当对股东或董事变更尽到合理的注意义务，以确保担保合同的订立获得了股东会或董事会的授权，否则所订立的担保合同可能对公司不发生效力。例如，成渝金融法院及辖区法院金融纠纷典型案例五即张某某、某文化公司等与某银行重庆分行金融借款合同纠纷案中，在《保证合同》签订前，某文化公司的公司章程记载的股东已发生变更，在提交给银行的股东会决议上签名的股东为原股东。法院审理后认为，在股东会决议上签名的并非提供担保时的公司股东，某文化公司对外提供担保没有按公司章程规定经公司股东会决议，公司法定代表人系越权代表公司订立《保证合同》。某银行重庆分行本可以通过公开信息平台查询到《保证合同》签订时公司章程记载的股东名单，但其未进行合理审查,并非善意相对人,故《保证合同》对公司不发生效力。[1]

笔者认为,债权人在与公司订立担保合同之时,对担保决议记载的股东、董事进行审查时应当注意,一方面担保决议通过之时,担保决议记载的股东、董事是否为公司的现任股东或董事;另一方面订立担保合同之时,公司的股东、董事是否发生变更,是否与担保决议上所记载的股东或董事一致。债权人按照上述标准履行相应的合理审查义务的,方可构成善意。

需要注意的是,《公司法》(2023修订)第86条规定:"股东转让股权的,应当书面通知公司,请求变更股东名册;需要办理变更登记的,并请求公司向公司登记机关办理变更登记。公司拒绝或者在合理期限内不予答复的,转让人、受让人可以依法向人民法院提起诉讼。股权转让的,受让人自记载于股东名册时起可以向公司主张行使股东权利。"对此规定,理论与实务中对于股权变动的时间点存在争议,存在签订股权转让合同说、股东名册变更说与工商变更登记说。笔者认为,考虑到债权人作为公司之外的主体,无法进一步掌握公司内部股东、董事的实时变更情况,并且《公司法》(2023修订)第34条亦规定:"公司登记事项发生变更的,应当依法办理变更登记。公司登记事项未经登记或者未经变更登记,不得对抗善意相对人。"因此,无论是对股东的审查还是对董事的审查,债权人均可以以工商登记公示的股东、董事作为判断是否发生变更的标准。

二十八、公司提供的股东会决议或董事会决议是复印件,债权人是否构成善意?

问

债权人在接受公司提供的担保时,审查了公司出具的股东会决议或者董

---

[1] 参见成渝金融法院:《成渝金融法院及辖区法院金融纠纷典型案例》,载微信公众号"成渝金融法院"2024年11月29日,https://mp.weixin.qq.com/s/vV-yLIRegwCXOIOUsOMl_Q。

事会决议原件，但只留存了与原件核对一致的复印件，债权人是否构成善意？

> **答**

理论上，债权人确实审查了公司出具的股东会决议或者董事会决议原件，说明债权人已经依据《公司法》（2023修订）第15条之规定履行了相应的审查义务，债权人应当构成善意。但在实务中，对于担保是否对公司发生效力有争议的，证明债权人已经履行了审查决议的义务的责任在于债权人一方，即债权人应当举证证明其已经审查公司的股东会决议或者董事会决议。如果债权人仅能提供股东会决议或者董事会决议的复印件而不能提供原件，则该复印件可能难以证明债权人履行了相应的审查义务，从而较大可能被法院认定为不构成善意相对人。

例如，在上海金融法院（2021）沪74民初943号金融借款合同纠纷案中，债权人陈述其在与保证人签订保证合同前，审核了保证人的公司章程、股东会决议、董事会决议、审计报告和财务报告等文件。债权人核对股东会决议原件、董事会决议原件后进行复印，债权人经办人在复印件签字并加盖与原件核对无异章，保证人在复印件上加盖保证人的公章。根据保证人的要求，债权人将股东会决议原件、董事会决议原件还给了保证人。对此，法院判决认为，债权人提供的股东会决议、董事会决议为复印件，不足以证明其在订立保证合同时已合理审查公司决议。法院亦注意到董事会决议、股东会决议是向债权人出具，而债权人对未持有上述决议原件未能作出合理解释。因此，法院最终认为难以认定债权人构成善意，《保证合同》对公司不发生效力。[1]

但也有个别案例，虽然债权人只提供了股东会决议复印件，但法院综合考量分析之后认定债权人尽到了相应的审查义务，属于善意相对人。[2]

---

[1] 参见上海金融法院民事判决书，(2021)沪74民初943号。
[2] 参见河南省洛阳市老城区人民法院民事判决书，(2020)豫0302民初1949号。但该判决被河南省洛阳市中级人民法院作出(2021)豫03民申584号民事裁定书提审，截至本书定稿之日，未检索到该案提审后作出的民事判决书。

因此，笔者认为如果公司仅提供股东会决议或董事会决议复印件给债权人而收回了原件，则将来发生纠纷时债权人可能面临举证较为困难的处境。即使债权人经办人在复印件签字并加盖与原件核对无异章，甚至担保人也会在决议复印件上盖章确认该复印件与原件核对一致，但本质上仍然缺乏担保人股东会或董事会决议的确认，故在诉讼中该复印件难以证明债权人已经履行了相应的审查义务，债权人可能被认定为非善意。

如果在实务中公司坚持要求收回股东会决议或者董事会决议原件，债权人应当如何处理？笔者建议，原则上应当由债权人保留股东会决议或者董事会决议原件，并且应当保留原件交接的凭证，以证明该决议原件系由担保人或担保人的股东、董事会提供予债权人。[1]依据《最高人民法院关于民事诉讼证据的若干规定》（2019修正）第61条第2项之规定，对书证进行质证时，当事人应当出示证据的原件，但有证据证明复制件、复制品与原件或者原物一致的除外。[2]因此，如果担保人较为强势而债权人不得不妥协的，建议就股东会决议或者董事会决议办理复印件公证。如果债权人保存股东会决议或者董事会决议复印件是经过公证的，则该复印件与原件具有相同的证明力。退一万步，如果不方便公证，债权人亦可聘请律师对股东会决议或者董事会决议的复印件进行见证并出具见证书，证明债权人已经审查股东会决议或者董事会决议。总之，债权人应当对于其不能提供股东会决议或者董事会决议原件作出合理解释，并足以证明债权人已经审查了股东会决议或者董事会决议。

---

〔1〕 实践中，个别担保人可能抗辩称从未向债权人提供过股东会决议或者董事会决议原件，并主张股东会决议或者董事会决议是由债权人所伪造。为避免该风险，债权人在审查决议之时可以保留股东会决议或者董事会决议的交接记录。详见本书第二十六问："债权人有无义务举证证明股东会决议或董事会决议的来源？"

〔2〕《最高人民法院关于民事诉讼证据的若干规定》（2019修正）第61条规定："对书证、物证、视听资料进行质证时，当事人应当出示证据的原件或者原物。但有下列情形之一的除外：（一）出示原件或者原物确有困难并经人民法院准许出示复制件或者复制品的；（二）原件或者原物已不存在，但有证据证明复制件、复制品与原件或者原物一致的。"

二十九、债权人是否有义务审查公司章程?

● 问

《公司法》(2023修订)第15条要求公司对外担保应当按照公司章程的规定,由董事会或者股东会决议,那么债权人在接受公司担保过程中审查公司所出具的决议时,是否有义务审查公司的章程?

● 答

债权人在接受公司提供对外担保时,除审查公司提供的决议,是否有必要审查公司的章程,实务中存在一定争议。一种观点认为,债权人仅需要审查公司出具的决议。另一种观点认为,债权人审查决议应当按照公司章程进行审查,故除了审查决议以外还应当审查公司的章程。笔者认为,债权人在接受公司担保时,除了有义务审查决议,也有义务审查公司章程。

(一)审查章程之必要性:章程对法定代表人代表权的限制

《民法典》第504条规定:"法人的法定代表人或者非法人组织的负责人超越权限订立的合同,除相对人知道或者应当知道其超越权限外,该代表行为有效,订立的合同对法人或者非法人组织发生效力。"那么,债权人要接受公司为他人债务提供担保时,是否有义务审查签约之人的代表权限?即债权人是否有义务审查公司章程,并依据公司章程之规定判断签约之人是否经过了公司内部授权?

《民法典》第61条第3款规定:"法人章程或者法人权力机构对法定代表人代表权的限制,不得对抗善意相对人。"依据该款规定,法人章程对法定代表人代表权的限制,属于意定限制,不得对抗善意相对人。因此,似乎可以得出结论,即债权人在接受公司提供对外担保时无须审查公司的章程。

但是,《公司法》(2023修订)第15条第1款和第2款规定:"公司……为他人提供担保,按照公司章程的规定,由董事会或者股东会决议……公司为公司股东或者实际控制人提供担保的,应当经股东会决议……"依据该规定,在公司为他人提供担保的问题上,存在法定的限制,即公司对外担保必须经过公司董事会或者股东会决议。"所谓'章程限制'其实也是一种'法律限制',当然具有外部约束力。对公司担保的限制,不仅仅是一种公司内部的管理性规范——而是'表现为法律'的公司内部治理规范。由于对公司担保的章程限制表现为公司法的规定,因此,上述章程限制应同时具有法律的外部约束力/影响力,而不仅仅是公司内部的约束力。"[1]但也有观点认为,相对人在接受公司提供担保时,基于《民法典》第504条的规定,应当关注法定代表人的代表权限,就公司章程、公司担保决议等内部文件进行审查,这不是公司章程对外效力的体现,而是基于法律规定的注意义务。[2]

笔者认为,法律规定具有公示作用,推定任何第三人均应知悉,因此《公司法》(2023修订)第15条对法定代表人对外担保权限的限制是法定限制,同时章程对法定代表人的限制亦具有外部约束力。即使公司章程不具有对外效力,债权人也应当基于法律规定的注意义务而予以审查。据此,当公司为他人提供担保时,债权人不得引用《民法典》第61条第3款之规定而认为债权人无须审查公司章程,而应当注意到《公司法》(2023修订)第15条之法定限制,即债权人应当审查公司为其提供担保是否符合公司章程之规定。

(二)《九民纪要》未明确债权人是否有必要审查公司章程

《九民纪要》在债权人是否需要审查公司章程的问题上,似乎并不明确。在公司为公司股东或者实际控制人以外的人提供非关联担保时,《九民纪要》第18条规定:"根据《公司法》第16条[3]的规定,此时由公司章程规定是由董事会决

---

[1] 蒋大兴:《超越商事交易裁判中的"普通民法逻辑"》,载《国家检察官学院学报》2021年第2期。
[2] 参见周伦军:《公司对外提供担保的合同效力判断规则》,载《法律适用》2014年第8期。转引自高圣平:《担保法前沿问题与判解研究(第五卷)——最高人民法院新担保制度司法解释条文释评》,人民法院出版社2021年版,第78页。
[3] 现为《公司法》(2023修订)第15条。

议还是股东（大）会决议。无论章程是否对决议机关作出规定，也无论章程规定决议机关为董事会还是股东（大）会，根据《民法总则》第61条第3款关于'法人章程或者法人权力机构对法定代表人代表权的限制，不得对抗善意相对人'的规定，只要债权人能够证明其在订立担保合同时对董事会决议或者股东（大）会决议进行了审查，同意决议的人数及签字人员符合公司章程的规定，就应当认定其构成善意，但公司能够证明债权人明知公司章程对决议机关有明确规定的除外。"

按照《九民纪要》的意思，在非关联担保时，依据《公司法》（2023修订）第15条第1款之规定，由公司章程规定是由股东会作出决议还是由董事会作出决议。章程未规定的，董事会或股东会任一决议都可以；章程规定由股东会决议，实际上却出自董事会决议的，依据《民法总则》中"法人章程或者法人权力机构对法定代表人代表权的限制，不得对抗善意相对人"（现为《民法典》第61条第3款）的规定，原则上不得对抗善意相对人，除非该公司为上市公司；章程规定由董事会决议的，股东会决议也可以。总之，对于非关联担保，原则上只要有决议即可，即董事会决议、股东会决议均可，不论章程如何规定。由此可见，债权人并无审查公司章程之义务。

但是，《九民纪要》中"只要债权人能够证明其在订立担保合同时对董事会决议或者股东（大）会决议进行了审查，同意决议的人数及签字人员符合公司章程的规定"的规定，似乎表明债权人仍然具有审查公司章程的义务，否则如何得出"同意决议的人数及签字人员符合公司章程的规定"之审查结论？一旦债权人审查了公司章程，那么公司章程对决议机关是否有明确规定，或者公司章程对于法定代表人代表权限的限制，债权人应当能够一并知晓。在此情况下，债权人恐怕很难以"善意相对人"自居而主张其不知道章程对法定代表人权限之限制。

（三）《民法典担保制度解释》要求债权人合理审查，债权人是否有义务审查章程？

《民法典担保制度解释》第7条第3款对于相对人善意的标准，作出了新的规定："第一款所称善意，是指相对人在订立担保合同时不知道且不应当知道法定代表人超越权限。相对人有证据证明已对公司决议进行了合理审查，人民法院应当认定其构成善意,但是公司有证据证明相对人知道或者应当知道决议系伪造、变造的除外。"虽然该规定没有明确相对人是否有义务审查公司的章程,但笔者认为,《民法典担保制度解释》关于相对人善意的要求,已经从《九民纪要》的"形式审查"上升到了"合理审查"。"在此情况下,债权人不仅需要审查决议,还要审查章程。如果没有进行审查,相对人非善意,担保对于公司不生效力。"[1]"形式审查与合理审查标准的区别,在很大程度上就在于应否审查章程,此点应予特别注意。"[2]债权人需审查公司章程,明确公司对外担保的决议机关及担保数额,进而审查相应的董事会或者股东会决议,确保决议人数及签字人员符合章程规定。[3]《最高人民法院关于执行担保若干问题的规定》(2020修正)第5条亦规定:"公司为被执行人提供执行担保的,应当提交符合公司法第十六条[4]规定的公司章程、董事会或者股东会、股东大会决议。"该司法解释规定亦表示章程是公司担保必须提交的材料之一,因此债权人有义务进行审查。

因此,对公司决议进行合理审查,有必要审查公司章程的内容。例如,章程规定对外担保是由股东会决议还是由董事会决议、公司董事的姓名、公司股东名称等,均是相对人审查决议是否符合公司章程规定的必要信息。此外,《公司法》(2023修订)第65条规定:"股东会会议由股东按照出资比例行使表决权;但是,公司章程另有规定的除外。"因此,债权人在审查公司股东会决议时,必须审查公司章程,才能注意到公司章程对于股东表决权有无特殊规定,以便判断股东会决议是否合法有效。

在关联担保的场合,通过审查公司章程,可以明确哪些股东有权签署股东会决议。在非关联担保的场合,通过审查公司章程可以明确担保决议应当由董事会作出还是由股东会作出。如果章程未规定,则董事会决议与股东会决议都是适格决议[5];如果章程规定由董事会决议,那么董事会决议与股东会决议均

---

[1] 王毓莹:《公司担保规则的演进与发展》,载《法律适用》2021年第3期。
[2] 最高人民法院民事审判第二庭:《最高人民法院民法典担保制度司法解释理解与适用》,人民法院出版社2021年版,第136页。
[3] 参见王毓莹:《新公司法二十四讲:审判原理与疑难问题深度释解》,法律出版社2024年版,第441页。
[4] 现为《公司法》(2023修订)第15条。
[5] 但实践中对此还存在争议,详见本书第三十七问:"章程未明确规定对外担保应由董事会还是股东会决议,非关联担保应由哪个机关作出决议?"

可；如果章程规定由股东会决议的，则相对人不得接受董事会决议，否则构成非善意。

当然，相对人虽然负有合理审查之义务，但该审查义务的标准只是与其作为担保权人的身份相匹配，或者与相对人应当尽到与合同义务相匹配的审查义务即可，而不能随意提高标准。在相对人知道或者应当知道决议系伪造、变造的情况下，相对人才有可能构成非善意。

至于有观点认为，《公司法》（2023修订）第15条第1款"公司……为他人提供担保，按照公司章程的规定，由董事会或者股东会决议……"规定中的"由董事会或者股东会决议"，意思是有董事会或者股东会决议任一决议即可，故相对人审查董事会决议或股东会决议即属于合理审查。笔者认为，此处的规定仅仅表明在公司为他人提供担保时是由董事会还是由股东会决议，公司章程可以根据公司治理情况自由规定，法律并不强求，但不代表相对人可以不审查章程。

（四）小结：债权人在审查决议的同时应审查章程

笔者认为，债权人在接受公司为他人债务提供担保时，一方面必须审查决议，另一方面还必须审查公司的章程。因为，只有审查了公司章程，才能判断决议是否符合章程之规定。

另外，虽然从公开的裁判文书来看，既往的案例中各法院对于债权人是否应当审查章程存在较大分歧，但自从《九民纪要》发布之后，越来越多的司法观点倾向于认为在公司为他人提供担保的场合，债权人有义务审查公司章程。例如，最高人民法院（2019）最高法民终1465号金融借款合同纠纷案件中，法院认为基于《公司法》对公司为他人提供担保权限的规定，案涉保证合同的相对人知道或者应当知道保证人在拟决定签订该保证合同时应当按照保证人章程规定的权限行事。据此，相对人在签订该保证合同以前应当合理审慎地审查保证人的章程及有关决议或者决定文件。[1]

实务中有部分债权人比较疑惑的问题是，既然债权人有义务审查公司章程，

---

〔1〕 参见最高人民法院民事判决书，（2019）最高法民终1465号。持有类似观点的案例：北京市高级人民法院民事判决书，（2020）京民终674号；最高人民法院民事裁定书，（2020）最高法民申5144号。

那么债权人是否有必要聘请律师调取公司在市场监督管理局备案的章程？《公司法》（2023修订）并未规定公司章程必须登记，并且《市场主体登记管理条例》规定公司章程仅属于备案事项。[1]虽然《企业信息公示暂行条例》（2024修订）第6条规定，市场监督管理部门应当通过国家企业信用信息公示系统，公示其在履行职责过程中产生的备案信息，但事实上国家企业信用信息公示系统至今未公示公司的章程信息。如果债权人要获取公司的章程，无法直接通过登录国家企业信用信息公示系统查询获得，而是必须通过向市场监督管理局调取公司的档案才能获取。因此在实践中，一般债权人获取公司章程的主要途径是要求公司主动提供，而不是直接从市场监督管理局获取章程。因为查询公司的档案需要具备相应的条件，并非所有社会公众都能够查询公司的备案章程。虽然债权人聘请律师可以调取到公司在市场监督管理局备案的章程，但该行为将不合理地增加债权人的审查成本，因此笔者认为债权人并无此义务。

三十、公司股东名册、公司章程与工商登记所记载的股东不一致，债权人应当如何审查股东会决议？

问

债权人在审查公司提供的股东会决议时，发现公司的股东名册、公司章程与工商登记所记载的股东名称或姓名不一致，债权人应当如何确定公司有哪些股东，从而审查股东会决议是否有效？

答

虽然《九民纪要》与《民法典担保制度解释》均未要求债权人对公司的决议

---

[1]《市场主体登记管理条例》第9条规定："市场主体的下列事项应当向登记机关办理备案：（一）章程或者合伙协议……"

进行实质审查，但无论是《九民纪要》提出的形式审查要求，还是《民法典担保制度解释》提出的合理审查要求，都要求债权人审查股东会决议时必须审查决议的作出主体是否为公司的股东。在实践中，公司的股东可能正在变更过程中而导致公司的股东名册、公司章程与工商登记所记载的股东不一致，债权人可能无从判断股东究竟是谁，从而给债权人审查股东会决议造成一定困难。

笔者先简单介绍一下股东名册、公司章程与工商登记三者关于股东记载的相关规定。

依据《公司法》(2023修订)第56条[1]之规定，有限责任公司应当置备股东名册，记载于股东名册的股东，可以依股东名册主张行使股东权利。因此，记载于股东名册上的主体，理应属于公司的股东。但股东可能发生变更，如果股东发生变更，股东名册、公司章程的相关内容也应当相应发生变更。

《公司法》(2023修订)第86条规定："股东转让股权的，应当书面通知公司，请求变更股东名册；需要办理变更登记的，并请求公司向公司登记机关办理变更登记。公司拒绝或者在合理期限内不予答复的，转让人、受让人可以依法向人民法院提起诉讼。股权转让的，受让人自记载于股东名册时起可以向公司主张行使股东权利。"第87条规定："依照本法转让股权后，公司应当及时注销原股东的出资证明书，向新股东签发出资证明书，并相应修改公司章程和股东名册中有关股东及其出资额的记载。对公司章程的该项修改不需再由股东会表决。"

《市场主体登记管理条例》第8条规定："市场主体的一般登记事项包括：(一)名称；(二)主体类型；(三)经营范围；(四)住所或者主要经营场所；(五)注册资本或者出资额；(六)法定代表人、执行事务合伙人或者负责人姓名。除前款规定外，还应当根据市场主体类型登记下列事项：(一)有限责任公司股东、股份有限公司发起人、非公司企业法人出资人的姓名或者名称……"

可见，股东转让股权的，应当书面通知公司，公司收到通知之后应当相应修改公司章程和股东名册中有关股东及其出资额的记载，并办理工商变更登记。

---

[1]《公司法》(2023修订)第56条："有限责任公司应当置备股东名册，记载下列事项：(一)股东的姓名或者名称及住所；(二)股东认缴和实缴的出资额、出资方式和出资日期；(三)出资证明书编号；(四)取得和丧失股东资格的日期。记载于股东名册的股东，可以依股东名册主张行使股东权利。"

实践中，大部分有限责任公司可能没有置备股东名册，但一定置备了公司章程（否则无法设立公司），工商登记中亦一定会记载有限责任公司股东姓名或者名称（股份有限公司则仅登记发起人的姓名或者名称）。

当股东发生变更时，有可能公司章程未及时修改，工商登记未及时办理变更，从而导致股东名册（若有）与公司章程、工商登记记载不一致。对此，作为债权人，应当以股东名册、公司章程还是以工商登记为准判断股东名称或姓名？笔者认为，三者记载的股东不一致，大部分情况是公司股东发生变更而公司未及时修改公司章程、股东名册或未及时办理工商变更登记所致。目前在理论上与实务中对于股权何时发生转让（或股权受让人何时取得股东身份）存在较大争议[1]，因此债权人不应当陷入此种争议当中而增加审查决议的风险。若提供担保的主体是有限公司，建议债权人要求公司及时完成股东名册修改、章程修改或者办理变更登记，待股东名册、公司章程、工商登记所载股东姓名或名称一致后，债权人再行审查该公司就对外担保所作出的股东会决议。若提供担保的主体是股份有限公司，则应当由股份公司提供最新的股东名册、公司章程，债权人据此审查相关资料所记载的股东姓名或者名称是否一致。

三十一、公司向债权人提供的董事会决议载明股东会已审议通过公司对外担保议案，但公司未提供该股东会决议，债权人是否构成善意？

问

公司向债权人提供了一份董事会决议，但该决议并非就公司对外担保事

---

[1]《公司法》（2023修订）第86条第2款规定："股权转让的，受让人自记载于股东名册时起可以向公司主张行使股东权利。"据此，有观点认为股权受让人取得股东身份以记载于股东名册之时开始。但也有观点认为，在股权转让人与受让人之间按合同约定，对公司而言以转让通知到达公司为准，而对外部第三人（如债权人）则应当以工商登记为准。

项所作出的决议,而是有部分内容记载称股东会已经审议通过了公司对外提供担保的议案。此外,公司并未向债权人提供董事会决议中所称的股东会决议。在此情况下,债权人接受公司担保是否构成善意?

答

这个问题的重点在于公司仅提供了公司对外担保已经由股东会决议的间接证据(董事会决议),而未提供直接证据即股东会决议。暂且不论公司章程规定对外担保应由股东会作出决议还是由董事会作出决议,也不论本次担保是否属于关联担保,债权人是否可以通过审查关于公司对外担保的间接证据,从而达到合理审查的标准?笔者认为,如果债权人仅提供题述问题中的董事会决议这一项间接证据,而无法提供其已经对股东会决议进行合理审查的直接证据,那么债权人不构成善意。

《民法典担保制度解释》第7条第3款规定:"第一款所称善意,是指相对人在订立担保合同时不知道且不应当知道法定代表人超越权限。相对人有证据证明已对公司决议进行了合理审查,人民法院应当认定其构成善意,但是公司有证据证明相对人知道或者应当知道决议系伪造、变造的除外。"该规定关于债权人审查义务的关键点有二:一是债权人已对公司决议进行了合理审查,二是债权人应当提供证据证明其审查行为。虽然题述问题中董事会决议有部分内容记载股东会已经通过了公司为债权人提供担保的决议,但是股东会的决议并未作为董事会决议之附件,公司亦未另行向债权人提供股东会决议。尽管"证明"股东会已经就担保事项通过决议的内容是由董事会决议所记载,但是董事会决议所记载的内容并不等于股东会决议本身。在此情况下,债权人客观上并未审查股东会就公司对外担保事项所作出的股东会决议。对于该股东会决议形式上是否符合公司章程要求,参加会议的股东是否符合章程规定,表决人数是否符合法律或章程规定,债权人均无从审查,债权人也无法证明其已经对公司股东会决议进行了合理审查。因此,笔者认为在题述情形下债权人不构成善意。

三十二、章程规定对外担保由董事会决定、股东会审核，债权人仅审查公司董事会决议是否构成善意？

问

债权人在审查公司对外担保决议时，发现公司章程董事会职权与股东会职权上的规定存在一定重合。该公司章程规定，董事会职权包括决定对外担保，同时章程也规定，股东会职权包括审核对外担保。但是公司仅能向债权人提供董事会决议而不能提供股东会决议，若债权人仅审查公司董事会决议是否构成善意？

答

从章程规定来看，董事会就公司对外担保事项享有决定权，但章程同时规定股东会就公司对外担保事项享有审核权。"决定"与"审核"两者含义似乎有交叉，但并不完全一致。《现代汉语词典》对"决定"的解释有三种含义：一是用作动词，表示对如何行动做出主张；二是用作名词，表示决定的事项；三是用作动词，表示某事物成为另一事物的先决条件，或起主导作用。[1]公司对外担保由董事会决定，应该是属于第一种含义，即用作动词，表示对同意公司对外担保做出主张。而《现代汉语词典》对"审核"则解释为动词，表示"审查核定（多指书面材料或数字材料）"[2]。与"决定"相比，"审核"具有检查核对是否正确、妥当的意思。虽然不清楚该公司股东在起草或修改章程过程中，就公司担保事项作出

---

[1] 参见中国社会科学院语言研究所词典编辑室编：《现代汉语词典》(第7版)，商务印书馆2016年版，第712页。

[2] 中国社会科学院语言研究所词典编辑室编：《现代汉语词典》(第7版)，商务印书馆2016年版，第1164页。

规定时使用"决定"与"审核"拟表达何种观点，但笔者认为至少说明公司章程在公司对外担保事项上的规定较为保守。公司章程虽然将公司对外担保的决定权赋予了董事会，但同时又规定由股东会审核。结合"决定"与"审核"的字面含义，笔者认为该公司并未将担保事项的决定权完全授予董事会，而是应当理解为公司对外担保事项必须经过董事会与股东会双重决议。如果债权人此时仅审查了董事会决议而未审查股东会决议，笔者认为债权人不构成善意。

类似的情况还有公司章程关于对外担保的决议机构规定不明确的，债权人应当如何处理。例如，某公司章程规定："不得违反公司章程的规定或未经股东同意，以公司财产为他人提供担保。"但是章程除了本条规定以外，其他地方并无关于公司对外担保的规定。对此，笔者认为虽然此处"违反公司章程的规定"与"未经股东同意"之间以"或"连接，似乎构成并列关系。但是，公司章程其他内容并无关于公司对外担保的规定，因此，该规定宜理解为公司对外担保必须经股东同意，即应当由股东会作出决议。

三十三、未设董事会的公司提供担保，由法定代表人（兼任公司唯一董事）订立担保合同，该担保合同对公司是否发生效力？

问

如果未设董事会的公司向债权人提供非关联担保，由法定代表人（兼任公司唯一董事）订立担保合同，该担保合同对公司是否发生效力？

答

《公司法》（2023修订）第75条规定："规模较小或者股东人数较少的有限责

任公司,可以不设董事会,设一名董事,行使本法规定的董事会的职权。该董事可以兼任公司经理。"因此,规模较小或者股东人数较少的有限责任公司未设董事会的,公司仅有一名董事[《公司法》(2018修正)规定的执行董事[1]],并且实践中该唯一董事往往兼任公司法定代表人。[2]此时,法定代表人与公司唯一董事的身份相重合,法定代表人在担保合同上的签字行为,能否视为公司董事的签字行为,从而以唯一董事行使董事会的职权为由认为该担保经过了公司董事会同意?依据《公司法》(2023修订)第15条之规定,公司对外提供非关联担保的,按照公司章程的规定,由董事会或者股东会决议。如果章程规定应当由股东会决议,那么仅由公司法定代表人(兼任董事)订立担保合同,该担保合同对公司不发生效力。但如果章程未规定,那么对于题述问题在实践中便存在较大分歧。笔者举几例《公司法》(2023修订)施行之前的案例,以供参考。

  第一种案例观点认为,公司唯一董事(执行董事)的签字具有相当于董事会决议的效力。此类观点认为,即使该唯一董事同时兼任公司法定代表人,由于该公司不设董事会,因此唯一董事行使董事会的职权,该董事在担保合同上签字就相当于董事会决议同意了担保,该担保对公司发生效力。例如,在最高人民法院(2021)最高法民申7872号民间借贷纠纷案中,法院认为李某系公司的法定代表人兼执行董事,其具有双重身份,其签字行为本身也具有双重身份。法院进一步认为,无论公司章程是否规定执行董事享有相当于董事会职权,因章程的相关规定不能对抗善意相对人,执行董事的签字具有相当于董事会决议的效力。因此,该公司以案涉《担保函》未经公司机关决议为由主张案涉《担保函》无效,依据不足。[3]又如,山东省青岛市中级人民法院(2021)鲁02民初757号金融不良债权追偿纠纷案中,某房地产开发有限公司的执行董事兼总经理覃某在《保证合同》《函》《担保函》的"法定代表人或授权代理人"处签字、捺印,法院认为可以认定

---

 [1] 《公司法》(2023修订)取消了"执行董事"的概念,"执行董事"是《公司法》(2018修正)中的概念。

 [2] 《公司法》(2023修订)第10条第1款规定:"公司的法定代表人按公司章程的规定,由代表公司执行公司事务的董事或者经理担任。"

 [3] 参见最高人民法院民事裁定书,(2021)最高法民申7872号。

债权人已经履行了审查义务,《保证合同》《函》《担保函》成立并生效。[1]另外,在个别案件中,公司章程明确规定公司为他人提供担保由执行董事作出决定,在此情况下,保证合同加盖了执行董事印鉴,法院据此认定债权人尽到了合理的督促和审查义务。[2]

第二种案例观点认为,如果仅以法定代表人名义而未以执行董事名义签订担保合同,构成越权代表。该观点主要是从尊重公司治理结构,维护公司担保制度出发,要求法定代表人仍然需要以董事身份另行签字,否则不能认为具有相当于董事会决议的效果。[3]例如,在新疆维吾尔自治区乌鲁木齐市中级人民法院(2020)新01民终2834号股权转让纠纷案中,作为公司执行董事的李某还兼任公司法定代表人,而李某在《保证担保合同》中的签字落款处仅有"法定代表人"字样,并无作为执行董事身份的签字。因债权人并未提供相应的证据证明其与公司签订《保证担保合同》时审查了公司的股东会决议,或是举证证明李某在签订《保证担保合同》的过程中系以执行董事的名义或身份签约的情况下,李某的签字行为不能认定其行使了相当于董事会决议的效力,故法院认为债权人在签订《保证担保合同》的过程中是存在过错且并非善意,涉案的《保证担保合同》无效。[4]从该案中可以反推出,如果以执行董事的名义或身份签约,则其签字行为可以认定其行使了相当于董事会决议的效力,那么可以认定债权人构成善意。

第三种案例观点认为,《公司法》(2023修订)第15条规定意在对法定代表人的代表权进行限制,如果公司未设董事会而且由法定代表人兼任董事,在公司对

---

[1] 参见山东省青岛市中级人民法院民事判决书,(2021)鲁02民初757号。持有类似观点的案例:辽宁省沈阳市中级人民法院民事判决书,(2022)辽01民终15244号、(2022)辽01民终18021号;广东省佛山市中级人民法院民事判决书,(2022)粤06民终5248号;江苏省扬州市中级人民法院民事判决书,(2021)苏10民终2288号;江苏省苏州市中级人民法院民事判决书,(2020)苏05民终5107号;北京市第一中级人民法院民事判决书,(2023)京01民终4109号;北京市海淀区人民法院民事判决书,(2022)京0108民初9608号;山东省济南市中级人民法院民事判决书,(2023)鲁01民终1430号;上海金融法院民事判决书,(2019)沪74民初3338号。

[2] 参见上海市第二中级人民法院民事判决书,(2019)沪02民终6225号。

[3] 参见最高人民法院民事审判第二庭编著:《〈全国法院民商事审判工作会议纪要〉理解与适用》,人民法院出版社2019年版,第187页。

[4] 参见新疆维吾尔自治区乌鲁木齐市中级人民法院民事判决书,(2020)新01民终2834号。持有类似观点的案例:四川省眉山市中级人民法院民事判决书,(2020)川14民终1001号。

外提供担保时,应当经过股东会决议程序才符合《公司法》的规定。在最高人民法院(2020)最高法民终908号金融借款合同纠纷案中,公司设有股东会、未设董事会,仅设有执行董事一人,即刘某。公司章程中未载明对外提供担保由股东会决议还是由董事会决议。对此,法院认为,刘某作为公司法定代表人,以公司名义为他人提供担保,应当经过公司机关决议授权。不设董事会而只设执行董事的公司中,执行董事必要时可以行使董事会职权。然而,本案中,刘某同时为法定代表人和执行董事,而《公司法》规定本身即为约束法定代表人随意代表公司为他人提供担保给公司造成损失,从而对法定代表人的代表权进行了限制。因此,在公司对外提供担保时,应当经过股东会决议程序才符合《公司法》的规定,关于刘某的签字行为也应当认定为公司履行了决议程序的主张没有事实与法律依据,法院不予支持。[1]另外还有观点认为,若公司章程中未规定对外担保的决议机构,则应由股东会决议作为对外担保的授权基础,执行董事未获得章程授权,其签名不具有完全法律效力。[2]

笔者认为,对上述观点,均可从立法目的出发,找到一定的支持理由。例如,支持法定代表人兼公司唯一董事有权订立担保合同的理由还包括,公司明知在未设董事会的情况下,公司将由唯一董事行使董事会的职权,却依然按照公司章程之规定选任其为法定代表人,意味着公司股东默认由该董事兼法定代表人有权决定对外担保事宜。但是,反对观点则可能认为,法律之所以规定公司对外担保应当经过股东会或董事会决议,意在限制法定代表人的权力。当法定代表人由公司唯一董事兼任时,限制了法定代表人的权力便同时限制了该公司唯一董事的权力,对外担保便应当由股东会决议。

对题述问题,最高人民法院民事审判第二庭编著的《〈全国法院民商事审判工作会议纪要〉理解与适用》表示最高人民法院民事审判第二庭没有进行过研究,但作者倾向于认为,如果法定代表人在缔约时同时表示执行董事身份,此时

---

[1] 参见最高人民法院民事判决书,(2020)最高法民终908号。持有类似观点的案例:重庆市巴南区人民法院民事判决书,(2023)渝0113民初3813号。

[2] 参见上海市闵行区人民法院民事判决书,(2022)沪0112民初10978号。

不必要另行签字；如果未亮明身份的，原则上需要另行签字。[1]由此可见，目前司法实践中对题述问题尚无统一观点。从债权人角度而言，在接受公司担保之时，便应当注意到在公司未设董事会的时候，法定代表人兼任董事的双重身份问题，此时应当做进一步严格审查，要求公司就担保事项出具股东会决议。退而求其次，至少应当要求法定代表人在签约时表明其同时是公司唯一董事的身份。

三十四、若公司决议系伪造、变造的，债权人在什么情况下仍构成善意？

问

若公司就对外担保出具的决议系伪造、变造的，债权人在什么情况下仍然构成善意？

答

题述问题，《九民纪要》与《民法典担保制度解释》都有明确规定，但两者的表述并不完全相同，相应对债权人的要求也并不完全一致。

《九民纪要》第18条第2款规定："债权人对公司机关决议内容的审查一般限于形式审查，只要求尽到必要的注意义务即可，标准不宜太过严苛。公司以机关决议系法定代表人伪造或者变造、决议程序违法、签章（名）不实、担保金额超过法定限额等事由抗辩债权人非善意的，人民法院一般不予支持。但是，公司有证据证明债权人明知决议系伪造或者变造的除外。"

《民法典担保制度解释》第7条第3款则规定："……相对人有证据证明已对公

---

[1] 参见最高人民法院民事审判第二庭编著：《〈全国法院民商事审判工作会议纪要〉理解与适用》，人民法院出版社2019年版，第187页。

司决议进行了合理审查,人民法院应当认定其构成善意,但是公司有证据证明相对人知道或者应当知道决议系伪造、变造的除外。"

通过比较可见,《九民纪要》规定债权人的审查只是形式审查,债权人"明知决议系伪造或者变造"构成非善意,从文义解释看,债权人应当知道而不知道的,仍然构成善意。而《民法典担保制度解释》则将相对人(债权人)审查公司决议的要求从"形式审查"提高为"合理审查"。另外,伪造、变造也从"明知"放宽为"知道或应当知道"。两者比较而言,《民法典担保制度解释》对债权人的审查义务提出了更高的要求。

笔者认为,虽然"合理审查"的标准应当是略高于"形式审查",但并不等同于实质审查,应当理解为债权人需要证明自己尽到了与作为善意相对人相匹配的审查义务,才能证明自己是善意的,否则不构成善意。例如,即便是"合理审查"标准,债权人仍然无须审查公司担保决议的形成是否存在程序上的瑕疵(如通知程序、召集程序、表决程序是否符合章程规定),也无须审查决议中的董事或股东的签章是否属实。但是,债权人"知道或者应当知道决议系伪造、变造"将不构成善意。反之,如果正常、理性债权人在经过合理审查后仍然无法发现决议存在伪造或变造可能,即使事后决议被证明是伪造、变造,债权人仍然构成善意。

因此债权人在审查决议时应注意决议是否具有明显伪造或变造痕迹,如果有明显伪造或者变造痕迹,债权人"应当知道"决议存在伪造、变造可能时,债权人应当更加谨慎。"在某些情形下,比如法人的印章明显不符合商事规范,或者自然人的签名与公司章程进行对照字迹明显不一致,签章存在明显瑕疵的情形是作为一个商业理性人能够判断出或至少产生合理怀疑的依据,此时并不需要花费巨大的审查成本,仍然属于合理审查之范畴。"[1]对此,笔者举几例实践中常见的明显瑕疵供参考:

1. 公司是否有效存续。公司在对外提供担保之时,应当是合法有效存续的主体,此乃商事交易之基本常识,债权人当然应当尽到最基本的审查义务。公司

---

[1] 尹晓坤:《公司对外担保中相对人善意之判定》,载《时代法学》2024年第3期。

是否有效存续,债权人可通过国家企业信用信息公示系统、天眼查、企查查等多种手段进行查询,并未额外增加审查成本。在最高人民法院(2017)最高法民再210号民间借贷纠纷案中,2013年2月8日的《借款担保协议》上虽然加盖了"厦门××资产管理股份有限公司"的印章,但厦门××资产管理股份有限公司系于2014年1月27日新设成立,故法院认为应当认定债权人在接受担保之时,连保证人在当时是否存在都未做核实,根本未尽基本的核查义务。〔1〕

2. 股东会决议股东是公司时,股东的名称存在明显错误。一是股东的公司名称不符合规定。《企业名称登记管理规定实施办法》第12条第1项规定,公司应当在名称中标明"有限责任公司"、"有限公司"或者"股份有限公司"、"股份公司"字样。因此,如果股东的公司名称(包括公章)中不包括上述4种名称的,那么决议属于存在明显的瑕疵。二是股东公司名称已经变更而决议仍然为股东旧的公司名称,或者所加盖的股东公章仍为旧名称公章。〔2〕

3. 董事会决议中董事人数、姓名与公司董事名册或公示的信息不一致,或者董事、股东的签名、印章与预留的印鉴明显不一致的,债权人应当做进一步审查,要求公司对相关瑕疵做进一步说明,或补充材料予以证明。

4. 公司出具决议的时间、场所明显不合理。例如,上海市高级人民法院(2019)沪民终329号金融借款合同纠纷案中,债权人的担保业务经办人明知股东印章不在案涉场所保管,法定代表人也不在案涉场所办公,担保人股东也不可能在业务办理前的半小时左右召开股东会并形成决议,但经办人将用章材料交给担保人工作人员后,半小时内便完成盖章材料并交付相对人,对此,法院认为不

---

〔1〕 参见最高人民法院民事判决书,(2017)最高法民再210号。笔者认为,如果公司在事先已经形成的借款合同上加盖公司表明其担保意愿的,为避免出现该案中的情形,可以要求公司在盖章位置写上加盖公章的日期。

〔2〕 关于股东会决议瑕疵比较典型的案例是最高人民法院的一则公报案例,即最高人民法院民事判决书,(2012)民提字第156号。在该案中,担保公司的股东名称为"辽宁科技创业投资有限责任公司",而《股东会担保决议》上盖有股东印章名称为"辽宁科技创业投资责任公司"没有"有限"二字,与股东名称明显不符。股东大连科技风险投资有限公司在2003年就已经将名称由"大连科技风险投资有限公司"变更为"大连科技风险投资基金有限公司",其所盖印章名称虽系更名前的名称,但并不是更名前的作废旧印章。因该公司更名前的旧印章上有数码标志,而《股东会担保决议》所盖旧印章却没有数码标志。最终,法院判决认定债权人构成善意。笔者认为,如果该案放在当下的司法环境下,是否仍然会被认定为构成善意,存在较大不确定性。

合理,债权人存在过失,不构成善意。[1]

5. 其他明显不符合常理所出具的股东会或董事会决议,债权人应当知道决议系伪造、变造的情形。

三十五、章程能否规定由董事会或股东会以外的机关或个人作出担保决议或决定?

问

如果章程规定公司对外担保无须董事会或股东会决议,而是由法定代表人、董事长、总裁或总经理决定,或者规定公司为股东提供担保时由董事会决议,是否有效?债权人在接受该公司提供的担保时,应当如何合理审查决议,从而确保担保对该公司发生效力?

答

这个问题稍微有点复杂,并且存在较大争议。笔者拟从三方面进行回复:首先,章程能否规定公司对外担保由董事会、股东会以外的机关或个人作出决议或决定;其次,讨论笔者倾向性观点;最后,如果债权人在实务中遇到这种情况,应当如何审查此类担保决定或决议。

(一)章程能否规定公司对外担保由董事会、股东会以外的机关或个人作出决议或决定?

1. 否定观点及其理由

持否定观点者认为,《公司法》(2023修订)第15条是强制性规定,其"保留

---

[1] 参见上海市高级人民法院民事判决书,(2019)沪民终329号。但该案被最高人民法院(2020)最高法民申4725号民事裁定书裁定提起再审。截至本书定稿之日,未检索到与该案相关的再审判决或裁定。

了部分担保规则决定权,具体表现之一就是在公司担保的决策机关选择上,第16条[1]给了公司章程一个二选一的自主选择空间,要么选择董事会,要么不选择董事会。这意味着,一方面,公司章程不能将提供担保的决定权配置给董事、经理甚至股东等股东大会与董事会以外的公司机关或个人……"[2]"对外担保要么由股东会决议要么由董事会决议,实质是强制性。"[3]"允许公司章程确定具体的决议机关,但只能在股东会与董事会之间选择,并无第三条道路……"[4]"虽然第16条给予了公司将决策权分配给'股东(大)会'或'董事会'的自由,但也'强制'公司只能在二者之间择其一。立法意图显系未免控股股东、法定代表人或个别董事滥权,而将决策权上收至'股东会'与'董事会'。第16条显然进行的是法律行为'内容'的控制,即不许章程或者决议另行授权,属于'禁止规范'。非将其界定为'效力性强制性规定',立法目的显难实现。故另行授权的章程、决议应依《公司法》第22条第1款[5]认定为无效。"[6]与此观点类似,有学者认为,虽然依《公司法》(2023修订)第15条第1款"按照公司章程的规定,由董事会或者股东会决议"的文义,作为公司自治工具的章程对公司担保的决议机关享有选择权,由此属于公司内部之意定限制,但是无论章程选择何种决议机关,也是在法定的两种选项下进行取舍,于相对人而言,决议系公司承担担保责任的必要条件。[7]另外,对于允许章程自由规定的事项,《公司法》已明确规定"公司章程另有规定的除外",而《公司法》(2023修订)第15条并无该规定。"《公司法》[8]第148条第1款第3项规定,董事、高级管理人员不得'违反公司章程的规

---

[1] 该条文序号系《公司法》(2018年修正)法条序号,现为《公司法》(2023修订)第15条。
[2] 吴飞飞:《公司章程司法裁判问题研究》,商务印书馆2020年版,第269页。
[3] 贺小荣主编:《最高人民法院民事审判第二庭法官会议纪要:追寻裁判背后的法理》,人民法院出版社2018年版,第198页。
[4] 李建伟主编:《公司法评注》,法律出版社2024年版,第54页。
[5] 指《公司法》(2013修订)第22条第1款,该条款规定:"公司股东会或者股东大会、董事会的决议内容违反法律、行政法规的无效。"现为《公司法》(2023修订)第25条,该条规定:"公司股东会、董事会的决议内容违反法律、行政法规的无效。"
[6] 楼秋然:《公司对外担保的理论与实践——规范定性、善意认定与缺省决策机关》,载《汕头大学学报(人文社会科学版)》2017年第6期。
[7] 参见房绍坤、寇枫阳:《论上市公司对外担保公告的体系定位——以〈民法典担保制度解释〉第9条为中心》,载《法学评论》2022年第5期。
[8] 指《公司法》(2018修正)。

定,未经股东会、股东大会或者董事会同意……以公司财产为他人提供担保'。这进一步表明,公司担保决议机构只能是董事会或者股东(大)会。"[1]

此外,持否定观点者还认为,无论是《公司法》(2023修订)还是其他任何法律法规,均未规定公司章程可以将对外担保的决议权授予其他机关或个人。如果允许章程将对外担保的决议权转授予其他机关或个人,相当于架空《公司法》(2023修订)第15条之规定,该条规定的立法目的可能难以实现。"虽各方对《公司法》关于组织机构职权的规定,是否属于强制性规范存在争议,但考虑到我国多数公司股权较集中,公司章程及股东会决议往往仅体现多数股东的意志,而多数股东通常兼任公司董事或实际控制董事会,故通过章程或股东会决议删减股东会或董事会的法定职权,不利于保护少数股东。例如,如将第15条第2款项下股东会对关联担保作出决议的权力转移至董事会,则控股股东可以轻松规避关联股东回避表决的规定。"[2]

2. 肯定观点及其理由

持肯定观点者认为,《公司法》(2023修订)第15条虽然规定对外担保由董事会或股东会决议,但并无任何法律法规明确规定禁止章程将对外担保的决议权授予董事会或股东会以外的机关或个人。《公司法》(2023修订)第15条规定意在避免法定代表人未经授权而对外提供担保,从而损害股东(尤其是中小股东)利益。只要对外担保的意思表示来源于股东的授权,那么该意思表示就不属于越权的意思表示,就应当对公司发生效力。而章程是由股东制定的,章程规定由董事会或股东会以外的机关与个人就对外担保事宜进行决议或决策,不违反股东意志。

例如,在上海市高级人民法院(2020)沪民终9号金融借款合同纠纷案中,法院认为:"恒大集团公司章程将大额担保授权由董事会决议,无需股东会决议,'举重以明轻',更小金额的担保也就更没有理由需要程序烦琐的股东会决议。按反推解释,公司章程既然只规定大额担保需要董事会决议,没有规定的更小金额的担保需要董事会决议,即是概括授权法定代表人代表公司签署。""法定代表

---

[1] 高圣平:《论相对人审查义务视角下的公司担保决议——基于〈民法典〉实施之后的裁判分歧的展开和分析》,载《法制与社会发展》2022年第6期。
[2] 李建伟主编:《公司法评注》,法律出版社2024年版,第302页。

人基于公司章程的概括性预先授权,其有权直接对外签订低于章程限额的担保合同。"[1]可见,司法实践中部分法院亦认可公司章程将对外担保事项授权给董事会、股东会以外的个人。

3. 其他观点及其理由

公司董事会或股东会将对外担保事项的决议权力概括授权给董事长或总经理办公会决策,是否可行?

有观点认为:"这种概括授权的方式不可行,也不构成《民法典担保司法解释》第7条的'善意'。但是,一事一授权是可行的。也就是说,债权人在审查提供担保公司的股东会/董事会决议时,如果提供担保公司出具的是:(1)股东会/董事会概括授权给董事长/总经理办公会决策的文件;(2)董事长/总经理办公会决策同意担保事项的文件。债权人仅审查以上两项文件,不足以认定债权人达到了'善意'的标准。但是,如果以上第(1)项文件不是概括授权,而是一事一授权,即股东会/董事会将是否同意本次担保事项的决策权授权给董事长/总经理办公会决策,再加上第(2)项文件,那么债权人在审阅公司章程的前提下又审查了这两项文件,就达到了'善意'的标准。"[2]

按照该观点,董事会或者股东会不可概括授权他人决策对外担保事项,但一事一授权可行。

(二)笔者倾向于赞同肯定观点

笔者认为,若章程规定公司对外担保由董事会、股东会以外的机关或个人作出决议或决定,对于该规定不宜一概否认其效力,应从《公司法》(2023修订)第15条的立法目的与规范性质出发对该问题做进一步讨论。

1.《公司法》(2023修订)第15条的立法目的

《公司法》(2023修订)第15条立法目的系在于防止公司大股东滥用其控制地位,出于个人需要、为其个人债务而由公司提供担保,从而损害公司及公司中小

---

[1] 上海市高级人民法院民事判决书,(2020)沪民终9号。
[2] 《民法典时代公司对外担保的法律适用规则》,载微信公众号"阿琛说法"2021年6月23日,https://mp.weixin.qq.com/s/T7IlKV7qVGp5j_EwAFFn0Q。

股东权益。因此,该条规定其实是出于保护股东利益而赋予股东对公司对外担保的最终决定权。一方面,对于非关联担保,股东可通过章程规定对外担保的决议机关为董事会还是股东会;另一方面,对于关联担保则由股东自行通过股东会决定。无论是非关联担保还是关联担保,股东拥有最终决定权。

2.《公司法》(2023修订)第15条的规范性质

前文所举的否定观点,其主要理由在于《公司法》(2023修订)第15条是强制性规定,公司章程关于对外担保决议机关的规定不得违反该强制性规定。但是,该理由并不符合目前司法主流观点。目前,理论和实务的主流观点认为,应将第15条作为对法定代表人等以公司名义提供对外担保的限制性规定,例如,《九民纪要》及《民法典担保制度解释》中关于法定代表人超越权限为他人提供担保的效力的规定,均以《公司法》(2023修订)第15条系代表权限制规范为理论基础。[1]对于《公司法》(2023修订)第15条有观点认为,"作为公司法规定的规范,属于组织规范的范畴,限制的是法定代表人的代表权限,即法定代表人尽管可以一般地代表公司对外从事行为,但对于担保行为,因其涉及公司以及股东的重大利益,不是法定代表人所能单独决定的事项,而必须要以公司股东会、董事会等公司机关的决议作为法定代表人代表权的基础和来源"。[2]"关于有限责任公司股东可否以决议的方式排除《公司法》第16条第2款的适用问题,笔者认为,既然《公司法》第16条第2款规定为股东或实际控制人的债务提供担保,必须召开股东会、股东大会表决形成决议,说明这个事股东说了算,既然是股东说了算的事,那么通常情形下只会影响到股东私人利益。如果股东们认为为股东或者实际控制人债务提供担保,不必再召开股东会了,形成这样的决议,就要尊重股东的决议。这说明《公司法》第16条第2款在这个意义上是能够被约定排除其适用的任意性规定。"[3]

---

[1] 参见最高人民法院民事审判第二庭编著:《〈全国法院民商事审判工作会议纪要〉理解与适用》,人民法院出版社2019年版,第181页。另参见最高人民法院民事审判第二庭:《最高人民法院民法典担保制度司法解释与适用》,人民法院出版社2021年版,第134页。

[2] 最高人民法院民事审判第二庭编著:《〈全国法院民商事审判工作会议纪要〉理解与适用》,人民法院出版社2019年版,第181页。

[3] 王轶:《民法典合同编理解与适用的重点问题》,载马世忠主编、最高人民法院政治部编:《人民法院大讲堂:民法典重点问题解读》,人民法院出版社2021年版,第162页。

因此，既然《公司法》(2023修订)第15条是代表权限制规范，应当属于任意性规范而不是强制性规范。在满足一定条件下（如全体股东一致同意），可以排除该条规定的适用，公司可以限制法定代表人的权限，也可不限制法定代表人的权限。

3. 允许授权符合股东意思自治

若全体股东通过章程或决议的形式，将公司对外担保的决议权授权董事会及股东会以外的机关或个人，该决定系由股东自行作出，相当于股东通过章程或决议放弃了对担保事项的决定权。该弃权行为不违反法律、行政法规的强制性规定的，不违背公序良俗，不损害他人合法权益，应属有效。需要注意的是，初始章程的订立，由于需要全体股东签字同意，因此章程的规定能够体现全体股东的意思表示。但是，公司章程的修改一般采用经代表2/3以上表决权的股东通过的表决程序。当该章程的修改未经全体股东一致同意时，若修改后的章程将公司对外担保决议或决定的权力赋予董事会及股东会以外的机关或个人，笔者认为其可能损害对章程修改投反对票的股东的权利，章程关于担保决议的规定能否约束投反对票的股东，不无疑问。此时，如果债权人接受公司担保而未由董事会或股东会决议，担保效力亦可能存在争议。[1]

分析至此，关于公司董事会或股东会将对外担保事项的决议权力概括授权给董事长、总经理办公会决策是否可行的问题，笔者认为亦不难得出结论，即可行与否不在于是概括授权还是一事一授权，而在于董事会或股东会是否具有授权他人行使决策的权力。

4. 实践中特殊情形亦允许授权

上海证券交易所、深圳证券交易所的规范运作指引均规定，上市公司向其控股子公司提供担保，如每年发生数量众多、需要经常订立担保协议而难以就每份协议提交董事会或者股东大会审议的，上市公司可以对资产负债率为70%以上以及资产负债率低于70%的两类子公司分别预计未来12个月的新增担保总额度，

---

[1] 另外还有一种观点认为，股东如果不认可章程，大可"用脚投票"离开公司。笔者认为，该观点毫无法律或法理依据。且不说该观点在逻辑上或法律上是否成立，实践中股东虽然有权自由转让股权，但并不是股东想转让就一定能转让的。

并提交股东大会审议。[1]

依照沪深交易所的规范运作指引,年度预计担保制度意在为符合特定情形的担保程序提供便利,表明沪深交易所允许年度预计担保额度内的担保实际发生时不再需要由股东会或董事会审议,而是可以由股东会授权的机构或个人批准。

在江苏省苏州市中级人民法院(2019)苏05民初281号金融借款合同纠纷案中,债权人提交了《关于预计为控股公司提供新增担保额度的公告》《2017年度股东大会决议公告》,依据该公告,担保人(系上市公司)的股东审议通过了《关于预计为控股子公司提供新增担保40亿元额度的议案》,债权人还提交了担保人出具的总经理办公会决议。因此,法院判决认为,债权人已经就担保人所作的担保意思表示进行了合理的审查。[2]

综上,《公司法》(2023修订)第15条属于代表权限制规范,是任意性规范,而非强制性规范。如果章程是经过全体股东一致同意的,章程规定由董事会、股东会以外的机关或主体对担保事项作出决议或决定,该情形可视为股东放弃了对担保事项的决定权。股东的该行为通常情况下只涉及股东私人利益而不损害社会公共利益或第三人利益,应属有效。此外,在上市公司年度预计担保方面,监管规则亦表明允许股东大会授权其他机构或个人审查批准在预计额度内实际发生的担保,并且司法实践中已经有案例支持。[3]

(三)债权人应如何审查此类担保决定或决议

除上市公司及其控股子公司对外担保需要公告之外,若实践中债权人拟接受提供担保的公司章程存在授权其他机构或个人审批担保事项等规定的,债权人应当如何审查此类公司在提供担保时出具的决议或决定?对于授权其他机关

---

[1]《上海证券交易所上市公司自律监管指引第1号——规范运作(2023年12月修订)》(上证发〔2023〕193号发布)第6.2.5条与《深圳证券交易所上市公司自律监管指引第1号——主板上市公司规范运作(2023年12月修订)》(深证上〔2023〕1145号发布)第6.26条均有类似规定。

[2] 参见江苏省苏州市中级人民法院民事判决书,(2019)苏05民初281号。

[3] 关于上市公司概括授权担保事宜,详见本书第七十五问:"债权人是否可以依据上市公司作出的概括性担保授权公告与上市公司订立担保合同?"

或个人审批的担保事项的效力如何，本身在理论上与实务中尚存争议，因此债权人面对此类情况时应当从严把握，更加谨慎。

1. 审查章程规定的授权是否明确清晰

由于授权董事会或股东会以外的机关就担保事宜进行决策，本身即容易让人感觉与《公司法》（2023修订）第15条的规定抵牾，因此章程中此类授权的描述是否清晰，可能直接影响授权是否有效。例如，章程规定"本公司对外担保由法定代表人依法依规独立决策"或类似规定，但未进一步规定哪些对外担保（关联或非关联担保）由法定代表人独立决策，未进一步明确是否需要提交董事会或股东会决议或未明确排除适用《公司法》（2023修订）第15条的规定。笔者认为，即使章程有该规定，债权人亦应当依据《公司法》（2023修订）第15条之规定审查董事会或股东会决议。

2. 审查章程修改通过情况

审查公司章程是初始章程还是修改后的章程。如果是修改后章程，章程修改是否系由全体股东一致同意并通过。对于初始章程及由全体股东一致同意并通过的修改后章程，如果章程规定公司对外担保无须董事会或股东会决议，而是由法定代表人、董事长、总裁或总经理决定，笔者认为该规定应属有效。债权人可以接受章程规定的对担保事项有权作出决定的主体所出具的书面决定。

若章程是修改后的章程且该修改是由代表2/3以上表决权的股东表决同意而未经全体股东一致同意，则笔者认为该公司对外担保仍应当依据《公司法》（2023修订）第15条的规定由董事会或股东会决议，若是关联担保则应由股东会决议（关联股东应当回避表决）。

3. 审查实际作出决议的机关与章程规定是否有出入

若章程规定由董事会与股东会以外的机关或个人作出决议，但实际由董事会或股东会作出决议，如何处理？笔者认为，股东会作为公司的最高权力机构可以修改公司章程，同样也可以通过决议绕开章程之规定就对外担保事项进行表决，但此时股东会的对外担保决议应当符合章程关于决议程序的规定，并且关联股东已回避。而董事会权力源于股东，在股东已经一致同意通过章程规定将公司对外担保决议事项交由董事会以外的机关或个人决定的情况下，笔者认为董事会无权就对外担保事项作出决议。

由上可见,虽然《民法典担保制度解释》第7条仅规定债权人应当合理审查公司的决议,但"形式审查与合理审查标准的区别,在很大程度上就在于应否审查章程,此点应予特别注意"[1]。特别在公司章程就担保事项的决议机关有特殊规定的情况下,债权人应当进一步审查公司章程的内容及其效力。当然,合理审查不等于实质审查,但其注意义务高于形式审查。在合理审查要求之下,债权人可争取以最低的成本做到最审慎的合理审查,以确保拟接受的担保合法有效。

三十六、国家出资公司的章程规定对外担保需要履行党委会决议前置程序,债权人是否必须审查党委会决议?

问

《公司法》(2023修订)第15条仅规定公司对外担保应当由股东会或董事会决议,但部分国家出资公司的章程规定,公司对外担保除应当按照法律规定由股东会或董事会决议以外,还应当履行党委会决议前置程序。那么,债权人是否必须审查党委会决议?

答

《公司法》(2023修订)第170条规定:"国家出资公司中中国共产党的组织,按照中国共产党章程的规定发挥领导作用,研究讨论公司重大经营管理事项,支持公司的组织机构依法行使职权。"该条规定通过法律的形式明确了党组织在国家出资公司治理中的作用。中共中央办公厅、国务院办公厅于2010年6月5

---

[1] 最高人民法院民事审判第二庭:《最高人民法院民法典担保制度司法解释理解与适用》,人民法院出版社2021年版,第136页。

日出台《关于进一步推进国有企业贯彻落实"三重一大"决策制度的意见》第13条规定:"董事会、未设董事会的经理班子研究'三重一大'事项时,应事先与党委(党组)沟通,听取党委(党组)的意见。进入董事会、未设董事会的经理班子的党委(党组)成员,应当贯彻党组织的意见或决定。企业党组织要团结带领全体党员和广大职工群众,推动决策的实施,并对实施中发现的与党和国家方针政策、法律法规不符或脱离实际的情况及时提出意见,如得不到纠正,应当向上级反映。"由上可见,党组织在国家出资公司中处于核心领导地位,党组织领导国家出资公司,国家出资公司的章程规定公司对外担保等重大事项应事先与党委(党组)沟通,听取党委(党组)的意见,甚至规定应履行党委会决议前置程序,都是合理合法的。

虽然《公司法》(2023修订)第15条规定常规情况下担保所需的决议文件为股东会决议或董事会决议,并没有单独规定国家出资公司对外担保是否需要党委会决议,但是,在国家出资公司的章程明确规定公司对外担保应当履行党委会决议前置程序的情况下,若债权人未审查党委会决议,债权人接受该国家出资公司担保存在被认定为不构成善意的风险。一方面,如前所述,中共中央、国务院联合下发的政策文件虽然只是政策性文件,但文件层级很高,对所有国家出资企业都具有强制力,特别是如果债权人也是国家出资企业的,其理应受到文件的约束。另一方面,虽然只是国家出资企业的章程作出的规定,但债权人在接受公司担保时有义务审查公司的章程[1],因此债权人应当知晓公司章程中关于对外担保应当履行党委会决议前置程序的规定,在审查过程中理应负有相应注意义务。

综上,如果国家出资公司的章程中规定公司对外担保应当履行党委会决议前置程序的,笔者建议债权人应当审查该国家出资公司的党委会决议。但实践中,由于党委会决议的保密性要求,公司未必同意提交债权人审查,甚至是无法提交债权人审查。面对此种困境,债权人为降低风险,可以尝试要求公司提供党委会决议复印件(可将除担保事项以外的内容脱敏处理)并加盖公司公章,或者由公司出具情况说明,或者在所出具的董事会决议或股东会决议中记载,明确该担保事项已经履行章程所规定的党委会决议前置程序。

---

[1] 详见本书第二十九问:"债权人是否有义务审查公司章程?"

三十七、章程未明确规定对外担保应由董事会还是股东会决议，非关联担保应由哪个机关作出决议？

问

《公司法》（2023修订）第15条规定，公司向其他企业投资或者为他人提供担保，按照公司章程的规定，由董事会或者股东会决议。如果公司章程没有规定由董事会还是股东会决议，那么非关联担保应当由哪个机关作出决议？

答

依据《公司法》（2023修订）第15条第2款之规定，如果公司是为公司股东或者实际控制人提供担保的，应当经股东会决议。如果公司不是为股东或者实际控制人提供担保（对外提供非关联担保），而此时公司章程恰恰又未规定由董事会还是股东会决议，应当由哪个机关就对外担保事宜作出决议，存在一定分歧。

第一种观点认为，若公司章程未就对外提供非关联担保的决议机构作出规定，则债权人无须审查公司决议。例如，在辽宁省抚顺市中级人民法院（2021）辽04民终34号借款合同纠纷案中，公司的章程没有公司对外担保的明确规定，法院认为在公司章程没有明确规定的情形下，公司在案涉合同上以保证人身份加盖公章即意味着公司向债权人明确确认其同意承担案涉借款的保证义务，公司没有对案涉担保召开股东会讨论研究是其自身过错问题，公司不能以其自身过错而要求债权人承担风险，故公司不同意承担案涉担保责任的理由法院无法支持。[1]

---

[1] 参见辽宁省抚顺市中级人民法院民事判决书，(2021)辽04民终34号。持有类似观点的案例：山东省日照市中级人民法院民事判决书，(2021)鲁11民终1012号；新疆维吾尔自治区乌鲁木齐市中级人民法院民事判决书，(2023)新01民终2139号。

笔者认为，该观点不仅缺乏法律依据，而且明显与目前理论与实务观点相悖，章程没有规定不代表公司提供非关联担保不需要决议，故不可取。

第二种观点认为，既然公司章程未作规定，即可认为股东并未通过公司章程授权董事会对公司担保问题作出决议，董事会自无公司担保决策权，应当由公司的最高权力机关即股东会就对外担保作出决议。[1]在章程对决议机关未作出规定的情况下，不能免除公司对外担保时必经的决议程序，那么依据《公司法》(2023修订)第15条规定仅有经董事会或者股东会决议两个选择，从维护公司利益、维护中小股东利益以及体现代表公司多数表决权的股东意志的角度，应该由公司的最高权力机构即股东会就对外担保作出决议，债权人对公司的对外担保行为应履行谨慎的形式审查义务。[2]该观点还有一个理由是，发起股东共同制定公司章程，修改公司章程的职权亦归于股东会，意味着公司担保的决议权收归股东会，且股东会作为公司权力机关，是公司担保意思的形成机构，在章程规定不明的情形下，应当由股东会决议公司担保事宜。[3]

第三种观点认为，对于公司提供非关联担保，章程未规定由董事会还是股东会决议的，董事会决议或股东会决议均为适格决议。《九民纪要》第18条第1款明确规定："……无论章程是否对决议机关作出规定，也无论章程规定决议机关为董事会还是股东(大)会，根据《民法总则》第61条第3款关于'法人章程或者法人权力机构对法定代表人代表权的限制，不得对抗善意相对人'的规定，只要债权人能够证明其在订立担保合同时对董事会决议或者股东(大)会决议进行了审查，同意决议的人数及签字人员符合公司章程的规定，就应当认定其构成善意，但公司能够证明债权人明知公司章程对决议机关有明确规定的除外。"按照该规定，在公司章程未明确规定决议机关时，董事会决议或股东会决议均为适格决议。最高人民法院民事审判第二庭就《九民纪要》及《民法典担保制度解释》所撰写的理解与适用书明确："章程未规定的，董事会决议或者股东会（或股东大

---

[1] 参见高圣平：《论相对人审查义务视角下的公司担保决议——基于〈民法典〉实施之后的裁判分歧的展开和分析》，载《法制与社会发展》2022年第6期。

[2] 参见《公司对外担保规则的演变以及公司章程未规定决议机关情况下的适用》，载微信公众号"段和段郑州金牌律师"2022年8月17日，https://mp.weixin.qq.com/s/BFqIjQq_47yt1zxbtgYHDA。

[3] 参见王毓莹：《新公司法二十四讲：审判原理与疑难问题深度释解》，法律出版社2024年版，第442页。

会）决议都是适格决议……"[1]

前述第三种观点是目前司法实践中的主流观点。例如，最高人民法院（2020）最高法民申5144号金融借款合同纠纷案中，最高人民法院认为："铁路运输公司在2017年提供担保时，提交了经工商部门备案的2007年《内资公司设立登记审核表》中的公司章程。根据该章程，铁路运输公司不设董事会，设执行董事一人，对公司股东会负责。同时该章程并未规定为他人提供担保时，由董事会还是股东会决议，而且本案并非为公司股东或者实际控制人提供担保，不是必须经过股东会决议，所以股东会决议或执行董事应均有权决定对外担保。"[2]

需要注意的是，有限责任公司章程未规定对外担保需要股东会决议，公司亦未设董事会且只有一名董事（兼任法定代表人），那么该董事兼法定代表人在担保合同上签字，担保是否有效？对于该问题，实务中亦存在分歧，详见本书第三十三问："未设董事会的公司提供担保，由法定代表人（兼任公司唯一董事）订立担保合同，该担保合同对公司是否发生效力？"

三十八、对外担保决议的作出机关与公司章程规定不一致，债权人是否构成善意？

问

如果公司章程规定对外担保应由股东会决议，实际却由董事会决议，或者

---

[1] 最高人民法院民事审判第二庭编著：《〈全国法院民商事审判工作会议纪要〉理解与适用》，人民法院出版社2019年版，第186页。最高人民法院民事审判第二庭：《最高人民法院民法典担保制度司法解释理解与适用》，人民法院出版社2021年版，第136页。
[2] 最高人民法院民事裁定书，(2020)最高法民申5144号。持有类似观点的案例：最高人民法院民事判决书，(2021)最高法民终574号；北京市第一中级人民法院民事判决书，(2023)京01民终4109号；北京市海淀区人民法院民事判决书，(2022)京0108民初9608号；北京市昌平区人民法院民事判决书，(2022)京0114民初191号；北京市西城区人民法院民事判决书，(2022)京0102民初1606号；山东省日照市中级人民法院民事判决书，(2019)鲁11民终299号；湖南省张家界市中级人民法院民事判决书，(2021)湘08民终550号。

公司章程规定由董事会决议，实际却由股东会决议，债权人是否构成善意？

> **答**

如果公司对外提供关联担保，依据《公司法》（2023修订）第15条第2款之规定，必须经股东会决议。因此在关联担保的场合，无论章程如何规定，债权人均应当要求公司出具股东会决议。[1]但是，在非关联担保的场合，则应当注意《民法典担保制度解释》施行前后，最高人民法院对此问题的观点发生了转变。

在《民法典担保制度解释》施行之前，按照《九民纪要》的观点，无论章程规定对外担保的决议机关为董事会还是股东会，只要债权人能够证明其在订立担保合同时审查了股东会或董事会决议，便构成善意。《九民纪要》第18条第1款规定："……公司为公司股东或者实际控制人以外的人提供非关联担保，根据《公司法》第16条的规定，此时由公司章程规定是由董事会决议还是股东（大）会决议。无论章程是否对决议机关作出规定，也无论章程规定决议机关为董事会还是股东（大）会，根据《民法总则》第61条第3款关于'法人章程或者法人权力机构对法定代表人代表权的限制，不得对抗善意相对人'的规定，只要债权人能够证明其在订立担保合同时对董事会决议或者股东（大）会决议进行了审查，同意决议的人数及签字人员符合公司章程的规定，就应当认定其构成善意，但公司能够证明债权人明知公司章程对决议机关有明确规定的除外。"对该规定的理解，最高人民法院民事审判第二庭认为："章程规定由股东会（或股东大会）决议，实际上出具董事会决议的，根据《民法总则》第61条第3款有关'法人章程或者法人权力机构对法定代表人代表权的限制，不得对抗善意相对人'的规定，原则上不得对抗善意相对人，除非该公司为上市公司；公司章程规定由董事会决议的，根据'举重以明轻'的解释规则，股东会决议也可以。由此可见，对于非关联担保，原则上只要有决议就行，不问该决议为董事会决议还是股东会或者股东大会决

---

[1] 股东会或全体股东能否约定或授权董事会甚至其他机关或个人就关联担保事项作出决议或决定，在理论与实务上仍存在较大争议。详见本书第三十五问："章程能否规定由董事会或股东会以外的机关或个人作出担保决议或决定？"

议。"[1]而《民法典担保制度解释》规定债权人在接受公司担保时负有合理审查义务,债权人有义务审查公司章程。[2]那么,债权人必然知晓公司章程关于公司对外担保决议机关的规定,不能再以"法人章程或者法人权力机构对法定代表人代表权的限制,不得对抗善意相对人"的法律规定作为债权人未审查公司章程的理由。

如果公司章程规定对外担保应当由股东会决议,那么债权人就应当按照公司章程的规定,审查股东会就担保事项所作出的决议。如果此时债权人仍然仅审查公司董事会决议的,债权人不构成善意。"在非关联担保中公司章程规定公司对外担保应当经过股东会决议,如果公司担保时仅提供董事会决议,担保合同是否对公司发生法律效力,依照《九民纪要》的规定,相对人只要尽到形式审查义务即可,该担保对于公司发生法律效力。而依照《担保解释》[3]相对人应当尽到合理的审查义务。换言之,在此情况下,债权人不仅需要审查决议,还要审查章程。如果没有进行审查,相对人非善意,担保对于公司不生效力。"[4]不过考虑到我国公司治理普遍不规范的客观现实,当股东会和董事会的组成人员高度重合,甚至在董事会决议上签章的董事就是公司的股东,此时,如果其中有表决权的股东所持表决权已达到法律和公司章程规定的比例,即使提供的是董事会决议而非股东会决议,亦可认定决议适格。[5]

在章程规定非关联担保的决议机关为董事会,而实际上却由股东会作出决议的场合,则可以根据"举重以明轻"的解释规则认定股东会决议也是适格决议,[6]债权人据此与公司订立担保合同构成善意。一种观点认为该情况下应当视为公司同意或追认担保。[7]由于股东会是公司最高权力机关,虽然章程规定非

---

[1] 最高人民法院民事审判第二庭编著:《〈全国法院民商事审判工作会议纪要〉理解与适用》,人民法院出版社2019年版,第186页。

[2] 详见本书第二十九问:"债权人是否有义务审查公司章程?"

[3] 指《民法典担保制度解释》。

[4] 王毓莹:《公司担保规则的演进与发展》,载《法律适用》2021年第3期。

[5] 参见高圣平:《论相对人审查义务视角下的公司担保决议——基于〈民法典〉实施之后的裁判分歧的展开和分析》,载《法制与社会发展》2022年第6期;高圣平:《公司担保相关法律问题研究》,载《中国法学》2013年第2期。持有该观点的案例有河南省郑州市中级人民法院民事判决书,(2019)豫01民终21055号。

[6] 参见最高人民法院民事审判第二庭:《最高人民法院民法典担保制度司法解释理解与适用》,人民法院出版社2021年版,第136页。

[7] 参见贺小荣主编:《最高人民法院民事审判第二庭法官会议纪要:追寻裁判背后的法理》,人民法院出版社2018年版,第193页。

关联担保由董事会决议,但仍不排斥由股东会就非关联担保事项作出决议。另一种观点认为此时应当视为股东会收回了对董事会的授权,但同意提供担保的股东所持表决权须达到修改公司章程的法定要求。其理由是"公司章程是股东意志的体现,公司章程规定由董事会表决是否对外提供担保,就相当于董事会得到了股东的授权,股东自然可以通过股东(大)会表决的方式收回相应权力;但这种权力的收回需要体现公司法的组织法特征,必须在形式上确实经过相应的表决,且股东只要针对公司章程约定的事项做出了相反表决,即可认定股东(大)会已经做出新的意思表示,而并不一定需要相关决议明确提出修改公司章程。当然,要得出这一结论,公司股东(大)会上同意提供担保股东所持有的表决权须达到修改公司章程的法定特别表决权要求,否则不宜认定股东(大)会决议能够替代公司章程的规定,因为这本质上属于修改公司章程的决议内容。"[1]

综上所述,笔者认为,债权人在接受公司对外担保过程中,有义务审查公司章程。当对外担保决议的作出机关与公司章程规定不一致,债权人应当区分情形处理。在关联担保的场合,债权人应当要求公司股东会作出决议。在非关联担保的场合,若章程规定由董事会作出决议的,则董事会决议与股东会决议均可(但由股东会作出决议的,需要注意是否达到修改公司章程的法定要求);若章程规定由股东会作出决议的,则必须由股东会作出决议而不得由董事会作出决议。

三十九、公司章程对于股东会或董事会决议就担保事项进行决议的通过比例有特殊规定,债权人应当如何审查股东会或董事会决议?

【问】

依照《公司法》(2023修订)之相关规定,关联担保由出席会议的其他股东

---

[1] 石冠彬:《论公司越权担保的认定标准及法律效果》,载《法商研究》2020年第2期。

（非关联股东）所持表决权的过半数通过，非关联担保若由股东会作出决议，则由代表过半数表决权的股东通过，若由董事会作出决议，则由全体董事的过半数通过。如果公司章程对关联担保的股东会之股东表决权比例有例外安排，债权人应当如何审查股东会或董事会决议？

答

依据《公司法》(2023修订)第15条[1]第2款和第3款之规定，公司为公司股东或者实际控制人提供担保的，不仅应当经股东会决议，而且关联股东应当回避，该项表决由出席会议的其他股东所持表决权的过半数通过。依据《公司法》(2023修订)第66条[2]第2款和第3款之规定，股东会就非关联担保事项作出决议，仅须经代表过半数表决权的股东通过。依据《公司法》(2023修订)第73条第2款[3]之规定，董事会对非关联担保事项作出决议，应当经全体董事的过半数通过。这是法律关于股东会或董事会就担保事项进行决议的通过比例之一般性规定，但实践中部分公司章程可能对此有特殊规定，相应地，债权人在审查股东会或董事会决议时，应当结合担保的类型（关联担保或非关联担保）、章程对表决通过比例的规定进行审查。

第一，依据《公司法》(2023修订)之相关规定，公司章程可以对股东会、董事会的议事方式和表决程序作出特别规定。在《民法典》及《民法典担保制度解释》施行之前，债权人可以引用《民法总则》第61条第3款"法人章程或者法人权

---

[1]《公司法》(2023修订)第15条："公司向其他企业投资或者为他人提供担保，按照公司章程的规定，由董事会或者股东会决议；公司章程对投资或者担保的总额及单项投资或者担保的数额有限额规定的，不得超过规定的限额。公司为公司股东或者实际控制人提供担保的，应当经股东会决议。前款规定的股东或者受前款规定的实际控制人支配的股东，不得参加前款规定事项的表决。该项表决由出席会议的其他股东所持表决权的过半数通过。"

[2]《公司法》(2023修订)第66条："股东会的议事方式和表决程序，除本法有规定的外，由公司章程规定。股东会作出决议，应当经代表过半数表决权的股东通过。股东会作出修改公司章程、增加或者减少注册资本的决议，以及公司合并、分立、解散或者变更公司形式的决议，应当经代表三分之二以上表决权的股东通过。"

[3]《公司法》(2023修订)第73条第2款："董事会会议应当有过半数的董事出席方可举行。董事会作出决议，应当经全体董事的过半数通过。"

力机构对法定代表人代表权的限制,不得对抗善意相对人"之规定,主张对公司章程关于股东会、董事会的议事方式和表决程序不知道或不应当知道,从而继续按照法律关于股东会、董事会决议通过比例的一般规定对公司就担保事项作出的股东会或董事会决议进行审查。那么对于关联担保,即使公司章程中对表决权的比例有例外安排,如规定公司为其股东、实际控制人等提供担保的应经其他股东所持表决权的2/3以上通过,也仅需要审查同意担保的其他股东所持表决权是否超过1/2。[1]但《民法典担保制度解释》施行后,债权人应当尽到合理审查义务,包括有义务对公司的章程进行审查[2],那么债权人就应当知道公司章程对股东会、董事会的议事方式和表决程序是否有特别规定。因此,债权人在审查公司就担保事项作出的决议时,应当注意审查公司章程关于股东会、董事会就担保事项进行表决的通过比例是否有特殊安排。

第二,如果章程对表决权的通过比例作出了更低的规定,笔者认为仍然应当按照《公司法》(2023修订)所规定的通过比例审查股东会或董事会决议。虽然章程作出了更低比例的规定,但法律对于通过比例所作出的一般规定,应当理解为强制性规定,章程不得对此作出更低比例的规定,否则与法律强制性规定相抵触,章程所作出的更低比例的规定当属无效。[3]

第三,如果章程对表决权的通过比例作出了更高的规定,例如对于关联担保要求由出席会议的非关联股东所持表决权的2/3以上通过,对于非关联担保则要求经代表2/3以上表决权的股东通过,或者规定应当经全体董事的2/3以上通过。对此,笔者认为公司章程就担保事项的表决通过比例作出了比法律更高要求的规定,应当有效。而司法实践中法院一般也认可公司章程可规定高于法律规定的通过比例。[4]债权人在审查公司就担保事项作出的决议时,应当按照章程的规定进行审查。如果公司章程对股东会决议的表决权比例另有规定,且该表决权

---

[1] 参见高圣平:《担保法前沿问题与判解研究(第五卷)——最高人民法院新担保制度司法解释条文释评》,人民法院出版社2021年版,第84页。
[2] 详见本书第二十九问"债权人是否有义务审查公司章程?"。
[3] 参见北京市第二中级人民法院民事判决书,(2008)二中民终字第19385号。
[4] 参见北京市第二中级人民法院民事判决书,(2012)二中民终字第01571号;江苏省高级人民法院民事判决书,(2021)苏民终232号;上海市第三中级人民法院行政判决书,(2022)沪03行终552号。

比例高于《公司法》(2023修订)规定的,应当以公司章程的记载为准。[1]另外,依据《民法典担保制度解释》第8条第1款第3项规定,当担保合同系由单独或者共同持有公司2/3以上对担保事项有表决权的股东签字同意时,亦无须决议。但如果公司章程明确规定了更高比例的表决权要求,则债权人应当按照公司章程之规定进行审查,签字股东所持有的表决权除了满足《民法典担保制度解释》第8条第1款第3项规定以外,还应当同时满足公司章程所规定的表决权比例。

综上所述,债权人在接受公司担保时,应要求公司提交除公司担保决议之外的公司章程和相关文件[2],如果公司章程就担保事项的表决通过比例作出了低于法定比例的规定,则债权人应当按照法定比例进行审查;如果公司章程就担保事项的表决通过比例作出了高于法定比例的规定,则债权人应当按照章程规定比例进行审查。

四十、未签订保证合同,但公司内部文件明确同意提供保证担保,债权人是否可接受该保证担保?

● 问

如果公司未与债权人签订保证合同,但公司内部文件(如股东会决议等)明确表示同意向债权人提供保证担保,该保证担保是否对公司发生效力,债权人是否可以接受该公司提供的保证担保?

● 答

在实践中,大部分情况下保证关系的成立有赖于当事人签订的保证合同或担保函。但在部分特别情形下,不排除当事人未签订保证合同或担保函,而是存

---

[1] 参见高圣平:《再论公司法定代表人越权担保的法律效力》,载《现代法学》2021年第6期。
[2] 参见高圣平:《再论公司法定代表人越权担保的法律效力》,载《现代法学》2021年第6期。

在特殊形态的保证文件,例如保证人的股东会决议或董事会决议、审批文件等。此时,当事人之间并未订立书面保证合同,但是公司的股东会决议或者董事会决议等内部文件中明确载明了股东会或董事会同意公司提供保证担保的文字,该保证担保是否有效?对此,司法实践中的观点存在一定分歧。

(一)肯定观点:内部文件交付债权人,债权人未提出异议的,担保意愿真实,保证成立

《民法典》第685条规定:"保证合同可以是单独订立的书面合同,也可以是主债权债务合同中的保证条款。第三人单方以书面形式向债权人作出保证,债权人接收且未提出异议的,保证合同成立。"据此,肯定观点认为:"股东会决议或董事会决议作为公司的决策方式,本身不能作为保证合同。但当公司将其交付给债权人,债权人接收后并未提出异议的,可以依据本条第2款[1]之规定,认定双方已经订立了保证合同。"[2]笔者认为,股东会决议、董事会决议等虽然是公司内部文件,但当公司将该等内部文件交付给债权人,相当于公司单方以书面形式向债权人作出了保证,债权人接收且未提出异议的,保证合同亦成立,符合《民法典》第685条之规定。

例如,最高人民法院(2017)最高法民申370号金融借款合同纠纷案中,法院认为:"从上述股东会决议内容看,安投集团公司在该决议中表达了两方面的意思表示,一是以安控公司股东的身份同意安控公司为本案借款提供连带责任担保,二是以公司身份承诺对本案借款承担连带保证责任。安投集团公司在该决议上加盖了公司公章,法定代表人亦签名。上述事实表明安投集团公司承诺对本案借款承担连带担保责任的意思表示是真实且明确的。上述决议由安控公司提供给了中原银行开州路支行,该行未提出异议,予以接受。基于此事实,原判决认为本案属于《担保法解释》第二十二条第一款规定的'第三人单方以书面形式向债权人出具担保书,债权人接受且未提出异议的,保证合同成立'的情形,可以适用该条款认定安投集团公司与中原银行开州路支行之间的保证合同成

---

[1] 指《民法典》第685条第2款。
[2] 麻锦亮编著:《民法典担保注释书》,中国民主法制出版社2023年版,第133页。

立。该认定有事实和法律依据,并无不当。"〔1〕

(二)否定观点:内部文件效力不及于第三方,未签订保证合同的不构成保证担保

否定观点认为,股东会决议、董事会决议等均属于公司内部文件,该等文件的意思表示效力并不当然及于公司之外的第三人。例如,最高人民法院(2018)最高法民终816号企业借贷纠纷案件中,法院认为:"因《董事会决议》系公司内部文件,其中意思表示的效力并不能当然及于公司之外的任何第三方。本案中,即便可以认定金某勋、李某植在决议上的签名真实且取得了北京贸易公司、青岛化工公司相应授权,亦仅能说明二公司具有向债权人就案涉债务提供担保的效果意思,该意思以《董事会决议》为载体,仅在公司内部发生效力,不能认定客观上已外化。重庆商贸公司认为其知晓《董事会决议》内容即表示北京贸易公司、青岛化工公司与其建立了保证法律关系,理据并不充分。因设定保证法律关系是保证人和债权人之间的法律行为,该种行为要求双方当事人意思表示达成一致,而达成一致的过程应是两个意思表示双向交流的过程。同时,根据《中华人民共和国担保法》第十三条'保证人与债权人应当以书面形式订立保证合同'之规定,保证法律关系的成立还要求通过一定的法律形式表现出来。因此,《董事会决议》中有关北京贸易公司、青岛化工公司对商投石化公司债务提供担保的决议内容,并不能证明北京贸易公司、青岛化工公司与重庆商贸公司建立了民事法律关系。"〔2〕在个别案例中,即使内部文件已经交付给债权人,法院亦认为不应视为向债权人发出要约,债权人收到后虽未提出异议,也不应视为对要约作出承诺。〔3〕

---

〔1〕 最高人民法院民事裁定书,(2017)最高法民申370号。持有类似观点的案例:最高人民法院民事判决书,(2018)最高法民终1183号;最高人民法院民事裁定书,(2018)最高法民申2884号;四川省广元市中级人民法院民事判决书,(2020)川08民终995号;甘肃省嘉峪关市中级人民法院民事判决书,(2020)甘02民初55号;甘肃省天水市中级人民法院民事判决书,(2016)甘05民初40号。

〔2〕 最高人民法院民事判决书,(2018)最高法民终816号。持有类似观点的案例:最高人民法院民事裁定书,(2017)最高法民申3547号;贵州省贵阳市乌当区人民法院民事判决书,(2020)黔0112民初658号;四川省宜宾市叙州区人民法院民事判决书,(2020)川1521民初2015号;湖南省华容县人民法院民事判决书,(2019)湘0623民初1668号;河北省衡水市冀州区人民法院民事判决书,(2018)冀1181民初2202号。

〔3〕 参见四川省宜宾市叙州区人民法院民事判决书,(2020)川1521民初2015号。

(三)笔者观点

从目前主流司法观点来看,载明股东同意提供保证担保等文字的股东会决议或董事会决议等内部文件,是否构成保证担保文件,需要判断其是否符合《民法典》第685条第2款"第三人单方以书面形式向债权人作出保证,债权人接收且未提出异议,保证合同成立"之规定。即使股东会决议、董事会决议属于公司内部文件,但如果公司将该文件交付于债权人,可视为公司向债权人单方面出具的书面文件。如果债权人接收且未提出异议,保证合同成立。

依据上述规定,笔者认为股东会决议、董事会决议等内部文件要构成保证担保文件,需要满足三个要件:第一,具有明确提供保证的意思表示;第二,该意思表示是对外向债权人作出的(如内部文件已经提交给债权人);第三,债权人对此表示接受而未提出异议。在前述肯定观点所举的案例中,完全符合以上三个要件,而否定观点所举案例中,则未能同时满足以上三个要件。因此,虽然未签订保证合同,如果公司提供给债权人的股东会决议、董事会决议等内部文件符合上述三个条件的,该内部文件亦可构成保证合同,债权人可接受该保证担保。

由此可见,保证合同的成立也是灵活多变的。但是对于债权人而言,接受载明了股东同意提供保证担保的内部文件并据此行使担保权利,仍然具有一定法律风险。笔者建议,债权人尽量要求保证人签署标准的保证合同或担保函,并且审查公司提供的保证担保是否经过股东会或董事会决议。

四十一、公司单方承诺担保行为已履行内部决议程序的,能否视为债权人已履行审查义务?

问

公司为债权人提供担保时,其单方书面承诺担保行为已经由股东会或董事会决议通过,能否视为债权人已经履行了相应的审查义务?

● 答

　　司法实践中主流观点认为,仅在担保合同或者担保承诺书中记载公司董事会或者股东会已就担保事项作出了决议,并不足以表明公司已经形成担保意思,债权人还需要审查公司的具体决议。例如,在最高人民法院(2019)最高法民终1603号合同纠纷案中,银行起诉主张保证人为案涉借款签订的《保证合同》合法有效,《保证合同》中载明保证人对外提供担保已经经过保证人股东会决议。但是,银行并未提供审查保证人股东会决议材料的证据。对此,二审法院认为该《保证合同》应认定为无效。[1]

　　在上海市松江区人民法院(2023)沪0117民初393号民间借贷纠纷案中,在债务转移的情况下,两位保证人分别为原债务人与原债务的保证人,承诺继续为转移后的债务提供保证担保。虽然债权人未能提供相关公司决议,但两位保证人在保证合同中书面承诺提供担保已经履行了法律和章程的相关规定,由股东决定同意,不存在瑕疵。法院并未仅依据该书面承诺认定保证担保有效,而是进一步论证,所担保的债务本身就是从保证人之一受让而来,且另一保证人原来本身就是连带责任保证人且其股东曾出具股东决定,受让债务的新债务人与原债务人均为原债务的保证人集团成员企业,故法院认为债权人完全有理由相信两位保证人继续提供保证担保已经过法定程序,并认定该保证担保有效。[2]该案进一步说明,仅依据保证人的书面承诺,仍不足以认定债权人已经履行了相应的审查义务。

　　此外,司法实践中也有案例认为,公司虽未提交董事会或者股东会同意为他人债务提供担保的相关决议,但相对人基于公司作出的"该担保已经过本公司股东会会议决议通过"等表述,已经对公司担保事项进行了审查,而相对人对公司

―――――――――
　　[1] 参见最高人民法院民事判决书,(2019)最高法民终1603号。持有类似观点的案例:上海市青浦区人民法院民事判决书,(2021)沪0118民初9189号。
　　[2] 参见上海市松江区人民法院民事判决书,(2023)沪0117民初393号。

担保决议内容的审查只需尽到必要的注意义务即可。基于合同信赖利益的保护原则,应当认定担保合同对公司发生效力。[1]该案的裁判结果虽然被二审裁定判决维持,但二审裁定维持认定担保合同对公司发生效力的理由并非基于公司作出的"该担保已经过本公司股东会会议决议通过"等表述,而是基于被担保人是担保人的全资控股子公司,属于无须决议的情形。[2]

对前述个案一审法院的观点,笔者不敢苟同。首先,《公司法》(2023修订)第15条要求债权人审查公司股东会决议或董事会决议,是对法定代表人在对外担保方面代表权的限制。担保合同或担保函中作出的"该担保已经过本公司股东会会议决议通过"等类似承诺,仍然只是公司法定代表人所作出的意思表示,而不能代表股东会决议或董事会决议。其次,作为债权人,审查决议的目的是了解公司内部是否形成了同意担保的意思表示,显然担保合同或担保函中的承诺不足以让公司对此目的形成足够的信赖。最后,如果公司通过在担保合同或担保函中作出"该担保已经过本公司股东会会议决议通过"等类似承诺,即视为债权人已经履行了相应的审查义务,那么《公司法》(2023修订)第15条之规定将形同虚设。

综上所述,公司单方承诺担保行为已履行内部决议程序的,不能视为债权人已履行审查义务,债权人仍应当要求公司出具股东会决议或董事会决议。

四十二、公司提供担保的数额超出了章程规定的限额,债权人应当如何处理?

问

如果公司提供担保的数额(担保总额或者单项担保数额)已经超出了公司章程的规定,债权人应当如何处理,是否一律不能接受该担保?

---

[1] 参见北京市海淀区人民法院民事判决书,(2020)京0108民初45048号。
[2] 参见北京市第一中级人民法院民事裁定书,(2021)京01民终8004号。

答

《公司法》(2023修订)第15条第1款规定:"……公司章程对投资或者担保的总额及单项投资或者担保的数额有限额规定的,不得超过规定的限额。"依据该规定,债权人在审查公司提供的担保时,应当注意公司章程中是否有关于担保的数额(担保总额或者单项担保数额)的规定。如果章程中有关于担保数额的规定,则依据前述规定,公司对外担保的数额原则上不得超出公司章程所规定的数额,否则超出部分对公司可能不发生效力。

还有观点认为,《民法典》第61条第3款规定:"法人章程或者法人权力机构对法定代表人代表权的限制,不得对抗善意相对人。"《公司法》(2023修订)第11条第2款规定:"公司章程或者股东会对法定代表人职权的限制,不得对抗善意相对人。"因此,公司章程关于对外担保数额的规定,不得对抗债权人,公司以担保金额超过法定限额等事由抗辩债权人非善意的,人民法院一般不予支持。[1]笔者认为该观点不成立,理由是债权人在接受公司担保过程中本身即负有审查公司章程的义务[2],债权人应当知晓章程中是否具有关于对外担保数额的规定,因此债权人在审查担保时应当按照章程的规定进行审查,即章程的规定对债权人具有约束力。

那么,是否公司对外担保超过了章程规定的限额,债权人就一律不予认可?笔者认为,可以根据公司出具的担保决议是股东会决议还是董事会决议(此处暂不考虑公司就担保事项应当出具的具体决议类型),以及决议通过情况,分情形决定是否接受公司担保。

一方面,如果公司出具的担保决议只是董事会决议,则无论董事会决议是否由全体董事一致同意通过,因董事会无权修改公司章程,故该董事会决议不能改变公司章程关于担保限额的规定。在此情况下,债权人不应当接受公司所提供

---

[1] 参见最高人民法院民事审判第二庭:《最高人民法院民法典担保制度司法解释理解与适用》,人民法院出版社2021年版,第136页。

[2] 详见本书第二十九问:"债权人是否有义务审查公司章程?"

的超过章程规定数额的担保。

另一方面，如果公司出具的担保决议是股东会决议，由于依照《公司法》（2023修订）之相关规定，股东会有权作出修改公司章程的决议，因此债权人可以根据决议通过情况判断是否可以接受公司提供的超过章程规定数额的担保。在一般情况下，如果公司就担保事项作出的股东会决议，只需要经代表过半数表决权的股东表决即可通过，章程规定了更高通过比例的，按照章程规定执行。依据《公司法》（2023修订）第66条第3款规定，股东会作出修改公司章程的决议，应当经代表2/3以上表决权的股东通过。如果章程对修改公司章程的决议规定了更高的表决权通过比例的，则按照章程规定执行。因此，如果公司就对外担保事项所作出的股东会决议，其同意决议的表决权比例已经达到有表决权的2/3以上，或者达到了章程规定的关于修改章程的更高通过比例的，意味着股东会决议已经修改了章程的限额规定。那么，即使本次公司对外担保数额超出了章程规定的限额，该担保亦对公司发生效力，债权人亦可接受该担保。

综上所述，如果公司提供担保的数额（担保总额或者单项担保数额）已经超出了公司章程的规定，债权人并非一律不能接受该担保，但是应当根据公司就担保事项作出的决议类型及其表决通过情况判断。

四十三、公司同时提供保证担保与抵押担保，但仅就保证担保出具了决议，抵押担保效力如何？

> **问**
>
> 公司同时与债权人签订了保证担保合同与抵押担保合同（办理了抵押登记），公司仅就保证担保出具了符合章程规定的决议，但未就抵押担保出具决议，债权人能否以保证责任重于抵押责任为由，主张公司无须出具抵押担保决议，并主张该抵押担保对公司发生效力？

答

实践中，公司同时与债权人签订保证担保合同与抵押担保合同的情况并不少见。但债权人在审查公司决议时，可能出于疏忽而只审查公司就保证担保出具的决议，却未审查公司就抵押担保所出具的决议。在此情况下，债权人能否以保证责任重于抵押责任为由，主张公司无须出具抵押担保决议，并主张该抵押担保对公司发生效力？

在公司出具的决议所记载的事项不包括抵押担保的情况下，虽然保证担保责任是以公司全部财产提供担保，抵押担保责任是公司以抵押物提供担保，保证担保责任要重于抵押担保责任，但保证担保责任与抵押担保责任属于两种不同的责任形式，针对保证担保事项所作出的决议无法取代或豁免抵押担保事项应当进行的决议。与此同时，抵押登记本身并不能豁免债权人对决议的审查义务。[1]因此，笔者认为，如果公司仅针对保证担保事项出具了符合公司章程规定的决议，不能免除债权人审查公司就抵押担保事项出具的决议。

例如，在上海市浦东新区人民法院（2024）沪0115民初18724号融资租赁合同纠纷案中，因原告与被告某国资公司针对《融资租赁合同》签订了《抵押合同》，但未提供公司机关的决议，原告对此认为，被告某国资公司已经就案涉《融资租赁合同》项下被告某医院所有债务提供连带责任保证出具了股东会决议，保证担保是以被告某国资公司的全部财产作为担保，而抵押担保是以被告某国资公司的特定财产作为担保，对于被告某国资公司来说保证担保的责任重于抵押担保。既然被告某国资公司股东已经同意承担较重的保证担保责任，根据"举重以明轻"的原则，表明被告某国资公司股东也同意承担抵押担保责任。对此，法院认为，以公司资产对外担保，必须以公司股东会、董事会等公司机关的决议作为授权的基础和来源。原告在接受担保时，应当负有甄别公司代理人实施担保行为是否符合公司真实意思的注意义务。原告未能提交相关证据证明签订《抵押合同》过程中对被告某国资公司提供抵押担保的有关公司决议进行了合理审

---

[1] 详见本书第六问："不动产抵押已经办理抵押登记，能否豁免债权人审查决议或公告的义务？"

查，因此本案所涉该份《抵押合同》不能认定为被告某国资公司的真实意思，故法院认定本案中原告和被告某国资公司之间的《抵押合同》无效，原告要求被告某国资公司承担抵押担保责任的诉讼请求，法院不予支持。[1]

另外，在上海市高级人民法院（2019）沪民终265号融资租赁合同纠纷案中，同一担保人就抵押合同出具了公司决议，但未就保证合同出具公司决议，法院否定保证合同效力的理由之一即为融资租赁公司不能提供担保人出具的同意提供保证担保的股东会决议。[2]

综上，笔者认为，既然公司决议作为法定代表人代表公司提供对外担保的授权文件，是公司意思表示的载体，那么适格的决议就应当能够完整体现公司同意对外担保的意思表示。无论是保证担保还是抵押担保，抑或债务加入，债权人均应当审查公司出具的决议是否已经明确包含公司拟向债权人提供担保的具体类型，避免担保对公司不发生效力。但是，如果公司所出具的决议未限定于保证担保，而是记载为"为××债务人对债权人的债务提供担保"，由于"担保"包括保证担保、抵押担保、质押担保，那么公司应当要求担保人进一步明确，所谓"提供担保"的具体范围，避免将来被法院认定为债权人未履行合理审查义务。

四十四、公司章程只规定大额担保需要由董事会决议，是否属于概括授权法定代表人代表公司签署小金额的担保合同？

问

公司章程仅规定大额担保需要由董事会决议，没有规定小金额的担保是否需要由董事会决议，那么是否可以据此推定出，对于小金额的对外担保，公

---

[1] 参见上海市浦东新区人民法院民事判决书，(2024)沪0115民初18724号。持有类似观点的案例：新疆维吾尔自治区高级人民法院伊犁哈萨克自治州分院民事判决书，(2023)新40民终644号。

[2] 参见上海市高级人民法院民事判决书，(2019)沪民终265号。该案中，法院否定保证合同效力的另外一个原因是保证合同上的公章经过鉴定系假章。

司章程已经概括授权由法定代表人代表公司签署担保合同?

● 答

有不少债权人认为,既然公司章程仅对超过一定金额的对外担保需要由董事会决议作出明确规定,而未就低于该金额之下的对外担保是否需要由股东会或董事会决议作出明确规定,那么意味着公司章程已经授权法定代表人可以就大于一定金额的对外担保签署担保合同。其主要依据是上海市高级人民法院(2020)沪民终9号金融借款合同纠纷案中,法院判决认可该观点。在该案中,恒大集团公司章程规定:"公司及合并报表范围内子公司的对外担保总额超过公司上一年度末总资产30%以后提供的任何对外担保需要经过董事会批准。""单笔审议对外超过公司上一年度末总资产10%的对外担保。"对此,法院经过分析后认为,恒大集团法定代表人基于公司章程的概括性预先授权,其有权直接对外签订低于章程限额的担保合同,恒大长沙公司作为合并报表的公司,恒大集团的法定代表人也有权决定是否对外进行担保,系争担保合同因此成立并生效。[1]

笔者认为,前述案例并不具有普遍参考意义,在此情况下不应当认为章程已经授权法定代表人签署低于一定金额的对外担保合同。理由如下:

首先,前述案例判决系于《民法典》及《民法典担保制度解释》正式施行以前作出,彼时《九民纪要》仅要求债权人尽到"形式审查"义务即构成善意。而《民法典担保制度解释》则要求债权人尽到"合理审查"义务才构成善意,前者标准较后者标准更加宽松。因此,该案的裁判结果具有一定的个案特殊性,对于《民法典担保制度解释》施行后的案件,不具有普遍参考意义。因此,笔者认为债权人仍然应当按照"合理审查"的标准审查公司对外担保决议。

其次,关于章程能否就担保事项进行授权或概括性规定,在理论上与实务中存在较大争议。[2]但即便章程可以进行授权,笔者认为应当以文字的方式明确作出授权,不宜采取默示的方式进行授权。特别需要指出的是,《公司法》(2023

---

[1] 参见上海市高级人民法院民事判决书,(2020)沪民终9号。
[2] 详见本书第三十五问:"章程能否规定由董事会或股东会以外的机关或个人作出担保决议或决定?"

修订）第15条规定公司对外担保应当"按照公司章程的规定，由董事会或者股东会决议"，在章程未规定的情况下，并不得以此认为公司章程已经授权法定代表人签署相关合同，而仍然应当由股东会或董事会作出相关决议。因此，如果要授权，就应当明确规定，而不得采取默示方式，否则即视为未授权。

最后，如果章程仅规定大额担保需要由董事会决议便推断出小额担保无须决议，则有违《公司法》（2023修订）第15条规定之立法本意与目的。[1]因为即使章程规定大额担保需要由董事会决议，如果此时法定代表人有权就小金额担保签署担保合同，则法定代表人只需要将大额担保拆分成小额担保，便有可能规避法律规定，显然有违立法本意与目的。至于章程规定超过一定金额需要由董事会作出决议，笔者认为应当解释为公司章程对大额担保的重视，进一步强调董事会决议之必要性，但不应当解释为小额担保就无须决议。

四十五、对外担保合同已经办理了赋予强制执行效力的债权文书公证，债权人是否还需要公司出具决议？

问

依照《民事诉讼法》之规定，对公证机关依法赋予强制执行效力的债权文书，一方当事人不履行的，对方当事人可以向有管辖权的人民法院申请执行，受申请的人民法院应当执行。如果公司就对外担保所订立的担保合同已经办理了赋予强制执行效力的债权文书公证，债权人是否还需要公司出具决议？

答

经公证赋予强制执行效力的债权文书，可以不经诉讼而直接向人民法院申

---

[1] 关于立法目的，详见本书第一问："为什么公司对外提供担保时，债权人需要审查公司的决议或公告？"

请强制执行。因此，部分债权人认为，为避免公司提供的担保被人民法院认定为无效或对公司不发生效力，可以对主合同及担保合同办理赋予强制执行效力的债权文书公证。若债务人、担保人违约，可不经诉讼而在申请执行证书后向人民法院申请执行。笔者认为，该观点不成立。若公司在未出具符合章程规定的决议的情况下与债权人订立担保合同提供对外担保，即使该担保合同已经办理了赋予强制执行效力债权文书公证，该公证债权文书亦可能因为公司未出具决议而被撤销或不予执行。

首先，未经公司决议所提供的对外担保属于越权担保，所订立的担保合同对公司不发生效力。《公司法》（2023修订）第15条明确规定公司对外担保应当按照公司章程的规定，由董事会或者股东会决议。同时，依照《九民纪要》《民法典担保制度解释》等相关规定，法定代表人签署担保合同时未提供符合公司章程约定的决议的，构成越权代表。除存在无须决议的情形外，相关担保合同对公司不发生效力。如果公证机构所公证并赋予强制执行效力的担保合同未由公司出具董事会或者股东会决议，所出具的公证书即属于有错误的公证书。

其次，对于有错误的公证书，当事人可以申请撤销，公证机构应当复查后作出处理。《公证法》（2017修正）第39条规定："当事人、公证事项的利害关系人认为公证书有错误的，可以向出具该公证书的公证机构提出复查。公证书的内容违法或者与事实不符的，公证机构应当撤销该公证书并予以公告，该公证书自始无效；公证书有其他错误的，公证机构应当予以更正。"此外，《公证程序规则》（2020修正）亦有规定，如果当事人或公证事项的利害关系人认为公证书有错误，可以向公证机构提出撤销或者更正公证书的具体要求，公证机构复查、核实后将根据不同情况作出处理，包括可能撤销公证书。因此，即使担保合同办理了赋予强制执行效力的公证，也可能因公司未出具相关决议而被撤销。

最后，对于有错误的公证债权文书，法院可能裁定不予执行、不予受理，债务人或担保人也可能提起诉讼请求不予执行。《民事诉讼法》（2023修正）第249条第2款规定："公证债权文书确有错误的，人民法院裁定不予执行，并将裁定书送达双方当事人和公证机关。"《最高人民法院关于适用〈中华人民共和国民事诉讼法〉的解释》（2022修正）第478条规定："有下列情形之一的，可以认定为民事诉讼法第二百四十五条[1]第二款规定的公证债权文书确有错误:(一)公证债权文书属于不得赋予强制执行效力的债权文书的……(三)公证债权文书的内容与事实不符或者违反法律强制性规定的……"《最高人民法院关于公证债权文书执行若干问题的规定》(法释〔2018〕18号)第5条规定:"债权人申请执行公证债权文书,有下列情形之一的,人民法院应当裁定不予受理;已经受理的,裁定驳回执行申请:(一)债权文书属于不得经公证赋予强制执行效力的文书……(五)其他不符合受理条件的情形。"第22条规定:"有下列情形之一的,债务人可以在执行程序终结前,以债权人为被告,向执行法院提起诉讼,请求不予执行公证债权文书:……(二)经公证的债权文书具有法律规定的无效、可撤销等情形……债务人提起诉讼,不影响人民法院对公证债权文书的执行。债务人提供充分、有效的担保,请求停止相应处分措施的,人民法院可以准许;债权人提供充分、有效的担保,请求继续执行的,应当继续执行。"

由上可见,即使公司订立的担保合同办理了赋予强制执行效力债权文书公证,并且债权人已向人民法院申请强制执行,也可能被法院裁定不予受理、不予执行。即使法院未作出不予受理或不予执行的裁定,作为担保人的公司仍然有权依照相关规定以债权人为被告向人民法院提起诉讼,以公司提供的对外担保对公司不发生效力为由请求人民法院不予执行公证债权文书。例如,在山东省济南市中级人民法院(2019)鲁01民初2040号保证合同纠纷案中,法院认为担保人的法定代表人在签署《公司无限连带责任保证书(不可撤销)》时无代表权,该担保合同对该公司不发生效力,则执行案件中与该公司担保义务有关的公证债权文书失去执行的基础,故公证债权文书中对于该公司设定义务的部分,该公司请求不予执行,于法有据,法院予以支持。[2]

另外,目前实践中公证机构就担保合同办理赋予强制执行效力债权文书公证的,一般均要求公司就该担保事项出具相关决议并进行审查。对于债权人而言,需要注意的是公证机构的审查不能代替债权人的审查,债权人仍然应当履行

---

[1] 现为《民事诉讼法》(2023修正)第238条。
[2] 参见山东省济南市中级人民法院民事判决书,(2019)鲁01民初2040号。持有类似观点的案例:广东省高级人民法院民事判决书,(2021)粤民终982号。

合理审查义务,避免公司出具的决议不符合法律或章程的规定。

四十六、公司就担保事项出具的决议,如果董事、股东未出席而是授权他人出席会议并表决的,债权人应当如何审查?

问

如果公司就对外担保事项出具的决议签名显示,董事或股东的签名系由他人代签(如决议中的董事或自然人股东签字之处备注由某某代签),那么债权人应当如何审查此类决议?

答

有观点认为,公司就对外担保事项出具的决议若存在签章(或签名)不实、程序违法等情形,不属于债权人的审查范围,不影响担保合同的效力。但笔者认为,无论是《九民纪要》规定的"形式审查"还是《民法典担保制度解释》规定的"合理审查",债权人都有义务对决议进行审查,审查范围包括同意决议的人数及签字人员是否符合公司章程的规定。如果决议显示某董事或股东的签字系由他人代签,债权人应当进一步审查代签之人是否具有相应的代理权限,否则难谓履行了"合理审查"义务。那么,公司的董事会、股东会就对外担保事项进行决议时,董事、股东能否授权他人出席会议并作出表决? 对此,应当区分不同情形。

第一,股份有限公司的董事可以书面委托其他董事出席董事会。《公司法》(2023修订)第五章"股份有限公司的设立和组织机构"之第125条第1款规定:"董事会会议,应当由董事本人出席;董事因故不能出席,可以书面委托其他董事代为出席,委托书应当载明授权范围。"该条是针对股份有限公司所作出的规定。依据该条规定,出席董事会会议并为公司利益最大化作出决策判断,属于董事履行勤勉义务的基本要求，所以出席董事会会议属于董事的职责，原则上"应当由董事本人出席"，并且该规定属于强制性规定。该款同时也规定了例外情形，即董事本人因故不能出席的，可通过书面方式委托其他董事代为出席。但是，受托人的身份必须是公司的其他董事（可能是基于董事会涉及商业秘密以及商业决策的能力等考量），而不能是董事以外的自然人，并且董事作为委托人应当出具委托书提交给公司，载明授权范围。就涉及公司对外担保决议的会议，授权范围可以是代为就担保事项进行审议、发表意见、投票。

第二，有限责任公司的董事能否书面委托董事以及非董事代为出席董事会并就担保事项进行表决？《公司法》（2023修订）仅规定股份有限公司的董事因故不能出席可以书面委托其他董事代为出席，但对于有限责任公司并无规定。笔者认为，除非公司章程另有规定，否则有限公司董事也可以书面委托其他董事出席董事会。但有限责任公司的董事能否委托非董事参加董事会？法律没有明确规定，笔者认为，考虑到董事出席董事会不仅是权利（力）而且是职责，是董事履行对公司负有的勤勉义务，应当参照股份公司的相关规定，只能委托其他董事出席。但司法实践中有个别案例认为，有限责任公司的董事可以委托非董事作为代理人出席董事会。例如，在山东省泰安市高新技术产业开发区人民法院（2018）鲁0991民初128号公司决议撤销纠纷案中，原告以董事不能委托非董事为由要求撤销公司所作的决议，而法院认为《公司法》对非董事代表董事参加董事会进行表决没有禁止性规定，因此判决驳回了原告的诉讼请求。[1]

第三，虽然董事可以授权其他董事出席董事会，但董事长不得概括授权他人出席董事会。《公司法》（2023修订）第72条规定："董事会会议由董事长召集和主持；董事长不能履行职务或者不履行职务的，由副董事长召集和主持；副董事长不能履行职务或者不履行职务的，由过半数的董事共同推举一名董事召集和主持。"第122条第2款规定："董事长召集和主持董事会会议，检查董事会决议的实施情况。副董事长协助董事长工作，董事长不能履行职务或者不履行职务的，由副董事长履行职务；副董事长不能履行职务或者不履行职务的，由过半数的

---

[1] 参见山东省泰安市高新技术产业开发区人民法院民事判决书，(2018)鲁0991民初128号。持有类似观点的案例：福建省三明市中级人民法院民事判决书，(2021)闽04民终788号。

董事共同推举一名董事履行职务。"可见，董事长的职责不得授权他人行使，如果董事长不能履行职务或不履行职务，依法由副董事长履行职务。如果未经公司股东会或董事会决议，董事长不得概括授权他人代行职务，否则该概括授权的行为应属无效。例如，最高人民法院(2019)最高法民再35号确认合同无效纠纷案中，法院认为参照公司法的相关规定，董事长因故不能履职时，应通过法定程序让渡权力或者进行改选，而不能通过个人总体概括授权的方式让渡董事长职权。[1]因此，虽然股份公司董事可以书面委托其他董事出席董事会、有限责任公司在不违反章程规定的情况下可书面委托其他董事出席董事会，但董事长因故不能履职时，应通过法定程序让渡权力或者进行改选，而不能通过个人总体概括授权的方式让渡职权。

第四，无论是股份有限公司还是有限责任公司，股东均有权委托他人出席股东会。《公司法》(2023修订)第五章"股份有限公司的设立和组织机构"之第118条规定："股东委托代理人出席股东会会议的，应当明确代理人代理的事项、权限和期限；代理人应当向公司提交股东授权委托书，并在授权范围内行使表决权。"《公司法》(2023修订)针对股份有限公司明确规定股东可以委托代理人出席股东会。对于有限责任公司，《公司法》(2023修订)既未作出授权性规定，也未作出禁止性或限制性规定。《民法典》第161条第2款规定："依照法律规定、当事人约定或者民事法律行为的性质，应当由本人亲自实施的民事法律行为，不得代理。"依据该规定反推，凡不具有人身性的行为，皆可委托他人代为实施。与董事负有勤勉义务而且董事执行职务的行为具有一定人身性不同，股东出席股东会及其投票的行为并不具有人身性。因此，股东本人不能出席股东会会议时，是否可以委托他人出席需要遵循公司章程的规定，在章程无特别规定的情况下，无论是股份有限公司还是有限责任公司，股东均可委托代理人出席股东会。

由上可见，债权人在审查担保人提供的董事会或股东会决议时，如果出现董事或股东的表决系由代理人代理表决的，债权人应当进一步审查该代理行为是否符合《公司法》(2023修订)及公司章程的相关规定，并审查书面委托文件是否

---

[1] 参见最高人民法院民事判决书,(2019)最高法民再35号。

齐备。债权人另外需要特别注意的是，董事委托代理人出席董事会会议的，代理人必须是其他董事，而股东委托代理人出席股东会的则无身份限制。

四十七、公司决议无效、被撤销或不成立，已经订立的担保合同是否对公司发生效力？

问

公司按照章程之规定就对外担保事项向债权人出具了决议，债权人与公司订立担保合同之后，公司所出具的决议被人民法院宣告无效、撤销或者确认不成立的，那么已经签署的担保合同是否仍然对公司发生效力？

答

《民法典》第85条规定："营利法人的权力机构、执行机构作出决议的会议召集程序、表决方式违反法律、行政法规、法人章程，或者决议内容违反法人章程的，营利法人的出资人可以请求人民法院撤销该决议。但是，营利法人依据该决议与善意相对人形成的民事法律关系不受影响。"《公司法》（2023修订）第28条第2款规定："股东会、董事会决议被人民法院宣告无效、撤销或者确认不成立的，公司根据该决议与善意相对人形成的民事法律关系不受影响。"《最高人民法院关于适用〈中华人民共和国公司法〉若干问题的规定（四）》（2020修正）第6条规定："股东会或者股东大会、董事会决议被人民法院判决确认无效或者撤销的，公司依据该决议与善意相对人形成的民事法律关系不受影响。"

依据上述规定，如果债权人在与公司订立担保合同时是善意的，则所订立的担保合同之效力不受影响。依据《最高人民法院关于适用〈中华人民共和国民法典〉合同编通则若干问题的解释》（法释〔2023〕13号）第20条[1]之规定，如果相对人尽到了合理审查义务，就可以被认定为"善意相对人"。同时，《民法典担保制度解释》第7条亦规定，相对人有证据证明已对公司决议进行了合理审查，人民法院应当认定其构成善意，但是公司有证据证明相对人知道或者应当知道决议系伪造、变造的除外。

《公司法》（2023修订）就决议的无效、决议的撤销、决议的不成立作出了明确的规定。其中，第25条规定："公司股东会、董事会的决议内容违反法律、行政法规的无效。"第26条规定："公司股东会、董事会的会议召集程序、表决方式违反法律、行政法规或者公司章程，或者决议内容违反公司章程的，股东自决议作出之日起六十日内，可以请求人民法院撤销。但是，股东会、董事会的会议召集程序或者表决方式仅有轻微瑕疵，对决议未产生实质影响的除外。未被通知参加股东会会议的股东自知道或者应当知道股东会决议作出之日起六十日内，可以请求人民法院撤销；自决议作出之日起一年内没有行使撤销权的，撤销权消灭。"第27条规定："有下列情形之一的，公司股东会、董事会的决议不成立：（一）未召开股东会、董事会会议作出决议；（二）股东会、董事会会议未对决议事项进行表决；（三）出席会议的人数或者所持表决权数未达到本法或者公司章程规定的人数或者所持表决权数；（四）同意决议事项的人数或者所持表决权数未达到本法或者公司章程规定的人数或者所持表决权数。"从这些规定来看，影响决议是否不成立或可撤销的主要因素是形成决议的会议召集程序、表决程序等事项。对于

---

[1] 《最高人民法院关于适用〈中华人民共和国民法典〉合同编通则若干问题的解释》（法释〔2023〕13号）第20条："法律、行政法规为限制法人的法定代表人或者非法人组织的负责人的代表权，规定合同所涉事项应当由法人、非法人组织的权力机构或者决策机构决议，或者应当由法人、非法人组织的执行机构决定，法定代表人、负责人未取得授权而以法人、非法人组织的名义订立合同，未尽到合理审查义务的相对人主张该合同对法人、非法人组织发生效力并由其承担违约责任的，人民法院不予支持，但是法人、非法人组织有过错的，可以参照民法典第一百五十七条的规定判决其承担相应的赔偿责任。相对人已尽到合理审查义务，构成表见代表的，人民法院应当依民法典第五百零四条的规定处理。合同所涉事项未超越法律、行政法规规定的法定代表人或者负责人的代表权限，但是超越法人、非法人组织的章程或者权力机构等对代表权的限制，相对人主张该合同对法人、非法人组织发生效力并由其承担违约责任的，人民法院依法予以支持。但是，法人、非法人组织举证证明相对人知道或者应当知道该限制的除外。法人、非法人组织承担民事责任后，向有过错的法定代表人、负责人追偿因越权代表行为造成的损失的，人民法院依法予以支持。法律、司法解释对法定代表人、负责人的民事责任另有规定的，依照其规定。"

这些事项，债权人在审查公司出具的决议时仅需要履行合理审查义务。

按照合理审查标准，就《公司法》(2023修订)第25条规定的决议无效而言，"决议内容违反法律、行政法规"但未明确规定具体适用情形，司法裁判尚且难以判断，担保债权人更难以审查。但是，在公司对外担保的场景下，《公司法》(2023修订)第15条第2款明确规定公司为股东或实际控制人提供担保应当由股东会作出决议，若担保债权人仅审查董事会决议，可认定为决议内容违法而归于无效，担保债权人非善意。就《公司法》(2023修订)第26条规定的决议可撤销而言，在公司对外担保的场景下，如果章程规定非关联担保应当由股东会决议，而公司仅由董事会作出决议，并且债权人仅审查董事会决议，也可以认为该决议内容违反了公司章程规定，无论决议是否在事后被撤销，担保债权人均非善意。而决议在程序上的瑕疵主要指会议召集程序和决议方式违反法律、行政法规或公司章程的规定，担保债权人作为公司外部主体无义务参与决议作出的程序过程，难以对其审查，不应当以此作为判断债权人是否善意的标准。就《公司法》(2023修订)第27条规定的决议不成立而言，若担保债权人未审查非关联担保符合章程规定的表决比例、关联担保股东或实际控制人回避表决并符合表决比例，其法定比例不足导致担保决议不成立的，担保债权人非善意。至于未开会、未表决，即便担保债权人以合理注意义务审查伪造的担保决议，也应当认定其尽到合理审查义务。易言之，担保债权人并不审查公司担保决议的真实性。[1]例如，最高人民法院(2012)民二终字第35号保证合同纠纷案中，法院认为公司通过决议的方式同意对外提供担保，该意思表示的形成属于公司内部的事情，即使董事会和股东会决议被法院确认无效，也仅在公司内部发生效力，不影响其对外形成的法律关系效力。[2]在司法实践中，一般也认为，因债权人在接受担保时已经对公司的决议进行审查，故其为善意相对人，担保关系并不因决议已被撤销而产生影响。[3]

---

[1] 王毓莹：《新公司法二十四讲：审判原理与疑难问题深度释解》，法律出版社2024年版，第443页。

[2] 参见最高人民法院民事判决书，(2012)民二终字第35号。持有类似观点的案例：浙江省高级人民法院民事判决书，(2020)浙民终232号；浙江省温州市中级人民法院民事裁定书，(2020)浙03民申11号；江苏省泰州市中级人民法院民事判决书，(2023)苏12民终391号。

[3] 参见陆文芳、程勇跃：《公司决议效力纠纷案件的审理思路和裁判要点》，载微信公众号"上海一中法院"2023年12月18日，https://mp.weixin.qq.com/s/upiAFz5WpE7QL3NtGjyHdQ。

综上所述，对于债权人而言，在接受公司担保时，应当合理审查公司就担保事项所出具的决议。在债权人已经尽到合理审查义务的情况下，即使将来公司决议被人民法院宣告无效、撤销或者确认不成立，所订立的担保合同仍然对公司发生效力。

四十八、公司为哪些主体提供担保可能构成关联担保？

问

公司为哪些主体提供担保可能构成关联担保[1]，从而必须经股东会决议？

答

根据公司对外提供担保对象的不同，可以将公司担保分为关联担保和非关联担保。依据《九民纪要》第18条的规定，关联担保是指公司为公司股东或者实际控制人提供的担保，而非关联担保是指公司为公司股东或者实际控制人以外的人所提供的担保。[2]《公司法》（2023修订）第15条第2款规定："公司为公司股东或者实际控制人提供担保的，应当经股东会决议。"由于关联担保应当经股东会决议，因此债权人在审查公司提供的对外担保时，应当识别是否属于关联担保，从而决定是否必须审查公司的股东会决议。从条文上看，《公司法》（2023修订）第15条第2款所规定的关联担保主体只限于两种，即公司全体股东与实际控

---

〔1〕 因上市公司对外担保应当公告，并且监管对于应当由股东会审议通过的担保事项已经有明确规定，本问答主要讨论非上市公司的关联担保。关于上市公司对外担保的审议机关，详见本书第七十三问："上市公司提供哪些担保必须由股东会审议？"

〔2〕 有学者认为《九民纪要》对"关联担保"的界定过于狭窄，从而将为公司股东、实际控制人以外的关联人士提供的关联担保排除在关联担保之外，引人误解地认为，该类担保不需按《公司法》（2018修正）第124条规定，遵循关联董事回避程序，并在特定情形下需经上市公司股东大会决议。参见蒋大兴：《超越商事交易裁判中的"普通民法逻辑"》，载《国家检察官学院学报》2021年第2期。

制人。

关于公司股东,如果是公司股东名册或工商登记的股东,尚不难辨识,如果是为隐名股东提供担保,是否属于关联担保则可能存在争议,实践中也有案例将隐名股东归为实际控制人。[1]由于《公司法》(2018修正)对实际控制人的范围作出了"虽不是公司的股东"的限制[2],似乎实际控制人不能同时是公司的股东,即公司股东与实际控制人在身份上不具有兼容性。但是从司法实践中的案例来看,主流观点则并未局限于法律条文中"虽不是公司的股东"之限制,而是认为股东身份与实际控制人身份可以兼容。例如,最高人民法院在(2021)最高法民申4920号建设工程施工合同纠纷案中认为:"鹏华公司知道刘某骅不仅是华汇公司的法定代表人,还是华阳公司的控股股东、实际控制人,有权代理华阳公司从事民事行为。"[3]又如,最高人民法院在(2019)最高法民终1947号证券回购合同纠纷案中认为:"张某豪作为长生生物的控股股东、实际控制人,对其控股的长生生物发布公告应当知悉。"[4]此外,监管部门发布的与上市公司有关规则亦认可控股股东与实际控制人身份的兼容性。例如,《上市公司收购管理办法》(2025修正)第5条规定:"收购人可以通过取得股份的方式成为一个上市公司的控股股东,可以通过投资关系、协议、其他安排的途径成为一个上市公司的实际控制人,也可以同时采取上述方式和途径取得上市公司控制权。收购人包括投资者及与其一致行动的他人。"该条规定表明投资人可以通过同时成为控股股东、实际控制人的方式来获取公司的控制权。更为重要的是,《公司法》(2023修订)第265条第3项规定对实际控制人的定义,删除了《公司法》(2018修正)中"虽不是公司股东"的表述,只要"通过投资关系、协议或者其他安排,能够实际支配公司行为",即属于实际控制人,弥补了《公司法》(2018修正)的关于控股股东与实际控制人规定的法律漏洞。因为依照《公司法》(2018修正)的规定,就会存在一个

---

[1] 参见上海市浦东新区人民法院民事判决书,(2020)沪0115民初61051号。持有类似观点的案例:山东省昌乐县人民法院民事判决书,(2017)鲁0725民初2426号。

[2] 《公司法》(2018修正)第216条第3项:"本法下列用语的含义:……(三)实际控制人,是指虽不是公司的股东,但通过投资关系、协议或者其他安排,能够实际支配公司行为的人……"

[3] 最高人民法院民事裁定书,(2021)最高法民申4920号。

[4] 最高人民法院民事判决书,(2019)最高法民终1947号。

"真空"状态——持股比例不足50%且所持表决权不足以对决议产生重大影响的股东，又通过投资关系、协议或者其他安排成为实际支配公司行为的主体，该主体在《公司法》(2018修正)语境中不构成实际控制人，也不构成控股股东。[1]可见，《公司法》(2023修订)对实际控制人规定的定义更为精准。

关于实际控制人，《公司法》(2023修订)第265条第3项规定："实际控制人，是指通过投资关系、协议或者其他安排，能够实际支配公司行为的人。"[2]"相较于控股股东通过股权控制公司的方式，实际控制人支配公司的方式更为隐蔽、复杂，其范围十分宽泛。"[3]《公司法》(2023修订)第265条第3项对实际控制人的规定，包括通过投资关系、协议或者其他安排等三种途径，以达到实际支配公司行为的效果。但这三种途径的具体情形在《公司法》(2023修订)及相关司法解释或规范性文件中均未明确规定，笔者尝试结合相关案例对此进行分析。

一是存在投资关系（包括直接投资关系与间接投资关系）能够实际支配公司行为，相关主体可能被认定为实际控制人。直接投资关系控制是直接通过投资关系控制公司，直接持有公司出资或者股权、股份所形成的关系。间接投资关系控制是通过控股公司或其他中间实体间接持有目标公司的股权、股份，从而实现对目标公司的实际控制。在间接投资关系控制中，实际控制人并不直接出现在目标公司的股东名册上，但能够通过控制控股公司或中间实体来影响目标公司的决策和经营。直接投资关系控制，因股东登记在册，比较容易判断。而间接投资关系控制，则需要结合投资关系情况综合进行判断。例如，在最高人民法院(2018)最高法民再361号确认合同无效纠纷案中，某贸易公司持有某大酒店60%的股权，为某大酒店的控制股东，朱某是某贸易公司的法定代表人，朱某通过投资关系，能够实际支配某大酒店的行为，法院认定朱某系某大酒店的实际控制

---

[1] 参见周游：《实际控制人识别标准的差异化实践与制度表达》，载《政法论坛》2024年第1期。
[2] 三大证券交易所也有类似规定。《上海证券交易所股票上市规则(2024年4月修订)》(上证发〔2024〕51号)第15.1条第7项："实际控制人：指通过投资关系、协议或者其他安排，能够实际支配公司行为的自然人、法人或者其他组织。"《深圳证券交易所股票上市规则(2024年修订)》(深证上〔2024〕339号)、《深圳证券交易所创业板股票上市规则(2024年修订)》(深证上〔2024〕340号)、《北京证券交易所股票上市规则(试行)》(2024修订)(北证公告〔2024〕22号)等也有类似规定。
[3] 刘斌编著：《新公司法注释全书》，中国法制出版社2024年版，第934页。

人。〔1〕通过间接投资关系实际支配公司的,常见的是隐名持股的情形。例如,上海市浦东新区人民法院(2020)沪0115民初61051号损害公司债权人利益责任纠纷案中,康某、徐某系某物流公司股东,各持股50%。康某称某物流公司系被朱某丈夫张某借用身份证设立的公司。朱某虽非某物流公司注册登记的股东,但其曾自认是某物流公司实际管理人。某物流公司借用他人资金,并用于注册资本验资等均由朱某安排。法院认为,朱某隐蔽身份通过其他途径达到控制某物流公司的目的,是某物流公司的实际控制人。〔2〕

二是通过协议能够实际支配公司行为,相关主体可能被认定为实际控制人。这里指通过托管协议、控制协议等契约方式取得公司控制权的人,常见于关联企业、公司重组等过程中。除了直接与公司签订契约的主体外,这类实际控制人还应当包括通过征集投票权、代理行使表决权、表决权信托等广义的契约方式取得公司控制权的人。〔3〕实践中比较常见的是一致行动人协议或多协议协同控制。例如,湖南省长沙市中级人民法院(2019)湘01民终3799号请求收购股份纠纷案中,根据郭某、王某签订的《一致行动协议》,郭某作为王某一致行动人,在某信息技术公司经营过程中无条件与王某保持一致。同时,王某除直接持有某信息技术公司股权外,还担任某信息技术公司董事长,能对某信息技术公司决策产生重大影响并实际控制某信息技术公司的经营决策,因此王某与一致行动人(即郭某)系某信息技术公司的共同实际控制人。〔4〕

三是通过其他安排达到实际支配公司行为的效果,相关主体可能被认定为公司的实际控制人。此种情形更加复杂,为实现控制目的,有利用特殊身份关系

---

〔1〕 参见最高人民法院民事判决书,(2018)最高法民再361号。持有类似观点的案例:最高人民法院民事判决书,(2019)最高法民终30号、(2020)最高法知民终1905号;最高人民法院民事裁定书,(2021)最高法民申241号、(2021)最高法民申228号;湖南省永州市中级人民法院民事判决书,(2022)湘11民终2470号;广西壮族自治区高级人民法院民事判决书,(2020)桂民终15号。

〔2〕 参见上海市浦东新区人民法院民事判决书,(2020)沪0115民初61051号。持有类似观点的案例:山东省昌乐县人民法院民事判决书,(2017)鲁0725民初2426号;山东省淄博市张店区人民法院民事判决书,(2023)鲁0303民初7190号;贵州省六盘水市水城区人民法院民事判决书,(2024)黔0221民初2438号。

〔3〕 参见叶敏、周俊鹏:《公司实际控制人概念辨析》,载《国家检察官学院学报》2007年第6期。

〔4〕 参见湖南省长沙市中级人民法院民事判决书,(2019)湘01民终3799号。持有类似观点的案例:上海市高级人民法院民事判决书,(2010)沪高民二(商)终字第31号;北京市高级人民法院民事判决书,(2018)京民终18号民事判决书;江西省抚州市中级人民法院民事判决书,(2021)赣10民初285号。

（如夫妻关系）的[1]，有利用控制公司印章证照及核心经营资料的[2]，也有对公司的重大事项（如董监高等人事的任免、公司财务或资金支配等）具有决策权或者对外代表公司实行法律行为的。[3]在实践中，相关主体往往不仅是通过前述一种方式实现支配公司行为，也有可能同时通过前述多种方式实现支配公司行为，从而被法院认定为属于公司的实际控制人。[4]

需要注意的是，笔者所举前述案例均有一个共同特征，即相关案例大部分都不是债权人在接受公司担保时审查相关主体是否构成实际控制人，而是债权人追究实际控制人赔偿责任时，通过诉讼方式最终由法院认定相关主体是否构成实际控制人。而笔者在此讨论的是债权人在接受公司担保时，应当注意哪些主体可能构成关联担保，属于事前审查而不属于事后追责。债权人只需要尽到合理审查义务，即通过合理审查如果无法认定公司系为实际控制人提供担保的，则不属于必须由股东会决议的对外担保事项。毕竟，合理审查应满足信息获取成本适中、外观存在明显瑕疵等要求。[5]

在实践中，债权人应当重点审查公司直接或间接持股情况，该等信息债权人可以通过公司章程、股东名册、工商登记信息或公司主动披露的持股信息等完成对公司的持股情况调查。由于这些信息要么属于公开可调查信息，要么是公司主动披露，因此并未额外增加债权人的审查义务，债权人应当进行合理审查。至于公司与被担保对象之间是否存在隐名持股关系、协议安排或其他安排从而使被担保对象能够实际支配公司行为，该等情形难以通过公开的信息进行调查核实，超出了债权人合理审查的范围。"基于协议或者其他安排的实际控制人，担

---

[1] 参见最高人民法院民事裁定书，(2020)最高法民申1105号、(2021)最高法民申4969号。

[2] 参见山东省高级人民法院民事判决书，(2012)鲁商终字第199号；四川省成都市中级人民法院民事判决书，(2021)川01民终8645号；山东省潍坊市奎文区人民法院民事判决书，(2019)鲁0705民初2732号。

[3] 参见最高人民法院民事裁定书，(2019)最高法民申6232号、(2021)最高法民申4488号；福建省高级人民法院民事裁定书，(2020)闽民申2846号；广东省广州市中级人民法院执行裁定书，(2022)粤01执复95号。

[4] 参见最高人民法院民事裁定书，(2019)最高法民申1127号、(2021)最高法民申4969号；广东省开平市人民法院民事判决书，(2021)粤0783民初5235号；江苏省南京市栖霞区人民法院民事判决书，(2018)苏0113民初2223号；广东省佛山市中级人民法院民事判决书，(2021)粤06民终17547号；辽宁省瓦房店市人民法院民事判决书，(2024)辽0281民初448号。

[5] 参见尹晓坤：《公司对外担保中相对人善意之判定》，载《时代法学》2024年第3期。

保债权人作为公司外部人难以知悉,所以合理审查标准不应课予其此种严苛的审查义务。"[1]因此,笔者认为除非有证据证明债权人知道或者应当知道前述隐名持股关系、协议安排或其他安排,否则债权人无义务主动调查核实,可按非关联担保进行审查。

综上所述,一般情况下,关联担保的关联主体应当仅限于股东、实际控制人。但是,实践中的情况往往较为复杂,随着对公司、中小股东利益保护的加强,司法实践中往往会对债权人苛以更重的审查义务。在司法实践中,部分法院突破了《公司法》(2023修订)第15条所界定的关联方范围,有囊括"其他与公司有关联关系的主体"的解释论倾向。[2]特别是《公司法》(2023修订)第192条引入了影子董事条款,对实际控制人的界定必然产生重大影响,对实际控制人的判定可能更多依赖其行为进行判断而不是对其身份的简单认定。[3]因此,债权人在接受公司提供担保时,应当重点审查提供担保的公司与被担保人之间(直接或间接)的关系,除了股东身份以外,更要注意不具有股东身份的被担保对象对公司行为是否存在支配控制的可能,以进一步判断是否构成关联关系甚至关联担保。

四十九、关联担保中,应当回避的股东未回避且在股东会决议上签字或盖章,债权人是否可以接受该决议?

问

关联担保(主要指为公司股东或者实际控制人提供担保)中,应当回避的股东未回避并且在股东会决议上签字,债权人是否可以接受该决议?

---

[1] 王毓莹:《新公司法二十四讲:审判原理与疑难问题深度释解》,法律出版社2024年版,第442页。
[2] 参见李建伟主编:《公司法评注》,法律出版社2024年版,第55页。
[3] 参见刘斌编著:《新公司法注释全书》,中国法制出版社2024年版,第934页。

答

《公司法》(2023修订)第15条第2款规定:"公司为公司股东或者实际控制人提供担保的,应当经股东会决议。"第3款规定:"前款规定的股东或者受前款规定的实际控制人支配的股东,不得参加前款规定事项的表决。该项表决由出席会议的其他股东所持表决权的过半数通过。"从该规定字面意思理解,关联担保时,关联股东(被担保的股东或者被担保的实际控制人所支配的股东)不得在股东会决议上表决、签字,否则即属于违反了前述规定。前述规定的初衷在于防止大股东滥用控制权损害公司及中小股东利益,最大限度以程序正义确保实体正义。但实务中,由于商事主体不了解法律规定或者出于其他原因,公司股东会在审议并表决关联担保事项时,全体股东均参加并且表决。即使包括金融机构在内的债权人也可能遇到不完全符合前述回避要求的股东会决议,那么债权人是否可以接受或认可该股东会决议?

有观点认为,如果应当回避表决的关联股东未回避,参加股东会会议并且表决的,应当一律认定该表决程序违法,就担保事项所作出的股东会决议无效,据此订立的担保合同亦对公司不发生效力。该观点的主要理由在于股东会之所以召开会议就担保事项进行审议、表决,其中"议"的过程非常关键。实践中关联股东往往都是公司的大股东甚至控股股东,在涉及关联股东利益时关联股东如果未回避,可能使股东会"议"的过程形式化,非关联股东可能受关联股东影响而不敢深入讨论或充分发表意见,所形成的股东会决议无法完全体现非关联股东的真实意思表示。因此,即使扣除关联股东的表决权,剩余表决权满足非关联股东所持表决权的过半数,据此订立的担保合同亦不应当对公司发生效力。

但司法实践中的主流观点则认为,此种情况下是否应当认定担保合同对公司发生效力,关键在于股东会决议在扣除应回避股东的表决权后,剩余股东的表决权(非关联股东所持表决权)是否已经过半数通过。例如,在最高人民法院(2019)最高法民申3163号损害股东利益责任纠纷案中,法院认为被担保的股东参加股东会并行使了表决权存在决议程序瑕疵,但在否定被担保的股东表决权效力后,无关联方股东行使表决权所达到的比例仍符合法律与章程规定,股东会表决方式的瑕疵对决议未产生实质性影响,股东会决议的内容也没有违反法律、行政法规的规定,应认定为合法有效。[1]根据该案法院的观点,并非只要关联股东参与了表决签字,就应当直接否认该决议的效力,而是应当先排除被担保股东的表决权,再判断剩下的股东所持表决权是否满足法律规定的过半数通过的条件。该裁判观点与《九民纪要》第18条的规定相一致,第18条规定:"……为公司股东或者实际控制人提供关联担保,《公司法》第16条[2]明确规定必须由股东(大)会决议,未经股东(大)会决议,构成越权代表。在此情况下,债权人主张担保合同有效,应当提供证据证明其在订立合同时对股东(大)会决议进行了审查,决议的表决程序符合《公司法》第16条的规定,即在排除被担保股东表决权的情况下,该项表决由出席会议的其他股东所持表决权的过半数通过,签字人员也符合公司章程的规定……"

另外,在个别案例中,虽然公司未作出决议,但公司全体股东均在担保合同上签字,在排除关联股东签字效力之后,其他签字股东所持表决权已经超过了排除关联股东后过半数,法院据此认为担保有效。[3]在此情况下,虽然未涉及决议效力认定的问题,但一审、二审依然沿用了与决议类似的思路,即排除关联股东后剩余其他无关联股东签字满足过半数担保即为有效的裁判思路。同时,《民法典担保制度解释》第8条第1款第3项规定"担保合同系由单独或者共同持有公司三分之二以上对担保事项有表决权的股东签字同意"属于无须决议的情形。因此,虽然未形成决议,但是担保合同是否对公司发生效力,可以通过排除关联股

---

[1] 参见最高人民法院民事裁定书,(2019)最高法民申3163号。该裁定书对应二审判决为广东省高级人民法院民事判决书,(2018)粤民终1090号。持有类似观点的案例:广东省深圳市福田区人民法院民事判决书,(2019)粤0304民初50324号、(2019)粤0304民初53966号;浙江省温州市中级人民法院民事判决书,(2020)浙03民终969号;上海市松江区人民法院民事判决书,(2020)沪0117民初10568号;上海市虹口区人民法院民事判决书,(2024)沪0109民初6466号;最高人民法院民事裁定书,(2019)最高法民申4849号、(2016)最高法民终693号、(2021)最高法民申2519号、(2021)最高法民申2532号、(2021)最高法民申2583号、(2021)最高法民申2585号;最高人民法院民事判决书,(2016)最高法民再128号。

[2] 现为《公司法》(2023修订)第15条。

[3] 参见最高人民法院民事裁定书,(2021)最高法民申7078号。该裁定书对应二审判决为河南省高级人民法院民事判决书,(2020)豫民终712号。持有类似观点的案例:甘肃省酒泉市中级人民法院民事判决书,(2022)甘09民终1634号。

东签字效力之后的其余签字股东所代表的表决权情况进行判断。

总之,司法实践主流观点认为,关联担保时应当回避的股东未回避并且在股东会决议上签字,据此订立的担保合同并非绝对对公司不发生效力。债权人遇到此类决议时,应当审查该类决议在排除关联股东的表决权之后,剩余股东表决权是否满足法律所规定的过半数规定或章程所规定的更高比例的要求。但是如果股东会未作出决议,而是由股东签字同意公司与债权人订立担保合同的,则在排除关联股东签字之后,剩余签字股东应当为对担保事项有表决权的股东,且应当单独或共同持有公司2/3以上表决权。

五十、公司为其股东或实际控制人投资或控制的其他公司提供担保,是否必须经股东会决议?

● 问

《公司法》(2023修订)第15条第2款仅规定,公司为公司股东或者实际控制人提供担保的,应当经股东会决议。如果公司不是为公司股东或者实际控制人提供担保,但被担保的主体是公司股东或实际控制人所投资或控制的其他公司,是否属于关联担保而必须经公司股东会决议?

● 答

对于该问题,司法实践中存在一定分歧。

一种观点认为,依据《公司法》(2023修订)第15条第2款之规定,关联担保限定于为公司股东或者实际控制人提供的担保,并不包括为股东或实际控制人投资或控制的其他关联公司提供担保的情形。例如,在上海市高级人民法院(2020)沪民终599号金融借款合同纠纷案中,保证人抗辩称法律规定中的"实际控制人"应扩张解释为包括实际控制人控制的其他关联人,但法院认为此种主张已经超出了法律条文通常的文义范围,故不属于关联担保。[1]在山东省高级人民法院(2020)鲁民终2277号保证合同纠纷案中,保证人的股东潘书某同为主债务人的股东,但主债务人并非保证人的股东或实际控制人,法院认为依据法律规定,关联担保限定于为公司股东或者实际控制人提供的担保,并不包括为股东或实际控制人投资的其他关联公司提供担保的情形,所以该保证人所提供的担保并非关联担保,主债务人的股东潘书某作为保证人的股东在股东会决议表决时无须回避。[2]

另一种观点认为,对"关联担保"的情形应做适当扩大解释,不仅限于为公司股东或实际控制人担保,公司为公司股东或实际控制人所控制的另一家公司提供担保的,也需经股东会决议。典型案例如上海金融法院(2020)沪74民终289号湖南天润数字娱乐文化传媒股份有限公司与广州南华深科信息技术有限公司、赖某某其他合同纠纷案。在该案中,赖某某实际控制了保证人与主债务人,案涉担保是保证人为其实际控制人赖某某所控制的另一家公司提供担保。对此,法院认为,由于公司实际控制人对公司董事会具有相当影响力,如果该担保仅需董事会决议即可通过,恐无法体现公司决策的集体意志,容易使中小股东利益受损。因此,根据法律的立法目的和精神,应认定本案担保亦属法律规定的"公司为公司股东或者实际控制人提供担保的,应当经股东会决议"的关联担保之情形。[3]最高人民法院民事审判第二庭在其所著的《最高人民法院民法典担

---

〔1〕 参见上海市高级人民法院民事判决书,(2020)沪民终599号。持有类似观点的案例:辽宁省高级人民法院民事判决书,(2020)辽民终1324号。

〔2〕 参见山东省高级人民法院民事判决书,(2020)鲁民终2277号。持有类似观点的案例:最高人民法院民事裁定书,(2019)最高法民申2629号、(2020)最高法民申6666号、(2021)最高法民申2532号;江苏省苏州市中级人民法院民事判决书,(2020)苏05民终7142号。

〔3〕 参见上海金融法院民事判决书,(2020)沪74民终289号。该案系上海金融法院2021年3月16日发布的上海金融法院2020年度典型案例之一,详见上海金融法院:《权威发布丨上海金融法院2020年度典型案例》,载微信公众号"上海金融法院"2021年3月16日,https://mp.weixin.qq.com/s/UQpNS7BumNKAaEaycXtrkQ。持有类似观点的案例:江苏省苏州市中级人民法院民事判决书,(2019)苏05民终2549号;江苏省高级人民法院民事裁定书,(2020)苏民申5163号;最高人民法院民事判决书,(2021)最高法民终849号、(2021)最高法民终850号;甘肃省高级人民法院民事判决书,(2021)甘民终110号;天津市高级人民法院民事判决书,(2023)津民终671号;上海市金山区人民法院民事判决书,(2024)沪0116民初2345号。

保制度司法解释理解与适用》一书中亦认为："实践中,受被担保的实际控制人支配的股东,既可能是名义股东,也可能是基于协议控制而被实际控制人支配的股东。如果公司不是为股东或者实际控制人提供担保,而是为股东或者实际控制人所控制的公司提供担保,根据《公司法》第16条[1]的立法目的,应理解为关联担保为宜,否则就无法避免大股东或者实际控制人通过公司担保损害中小股东的利益。"[2]

实践中特殊情况下,如果债权人根据现有的途径无法调查了解到保证人所提供的担保是为其股东或者实际控制人的关联公司提供担保的,人民法院亦有可能排除《公司法》(2023修订)第15条第2款规定的适用。例如,在新疆维吾尔自治区高级人民法院(2021)新民终298号金融借款合同纠纷案中,法院认为前述条款的适用,应以债权人知道或者应当知道保证人为其股东或者实际控制人的关联公司提供担保为前提,债权人的注意义务范围应仅限于通过通常途径可以获知的信息。该案中,保证人控制主债务人公司的部分公司的信息形成于境外,债权人在国内公开信息渠道不能查询到主债务人系由保证人控制的完整信息,亦无法定义务必须获取,而保证人亦无证据证明其曾向债权人披露主债务人与保证人系由同一实际控制人控制的关联公司的事实,故该案不应适用关联担保的相关规定。[3]但是,此类情况在实践中毕竟属于个案。债权人在接受公司提供的担保时,应当进一步审查判断是否存在关联担保的可能,审查主债务人、担保人的股东、实际控制人等情况,必要时应当进行穿透审查,要求主债务人、担保人配合提供股东、实际控制人的相关资料信息。

总之,目前司法实践的主流观点是,如果公司不是为公司股东或者是实际控制人提供担保,但被担保的主体为公司股东或实际控制人所投资或控制的其他公司,该情形属于关联担保。此时,担保事项必须经公司股东会决议,并且关联股东或实际控制人应当回避表决。

---

〔1〕 现为《公司法》(2023修订)第15条。
〔2〕 最高人民法院民事审判第二庭:《最高人民法院民法典担保制度司法解释理解与适用》,人民法院出版社2021年版,第144页。
〔3〕 参见新疆维吾尔自治区高级人民法院民事判决书,(2021)新民终298号。

五十一、股东是隐名的主债务人，或者隐名股东是主债务人，是否属于关联担保而必须经股东会决议？

问

公司的股东是隐名的主债务人，或者隐名股东（实际出资人）是主债务人，此时公司为主债务人提供担保，是否属于关联担保而必须经股东会决议？

答

公司对外提供担保时，若担保的对象名义上并非公司股东但实际上是公司股东，包括公司登记的股东是隐名的主债务人或者虽然公司登记的股东不是主债务人，但公司的隐名股东（实际投资人）是主债务人，在此情况下，与公司为股东提供担保并无本质区别。此时，若债权人在接受担保时知道或应当知道前述关联关系的，应当要求公司就担保事项出具股东会决议。

例如，在最高人民法院（2020）最高法民申4620号借款合同纠纷案中，公司登记的股东即为隐名的主债务人。在该案中，各方当事人在签订案涉借款合同时就已了解廖某、廖美某不是实际借款人，案涉借款合同是由廖荣某与债权人伍某某的姑姑磋商确定后签订。原审法院结合廖某、廖美某与廖荣某之间的关系，以及廖某、廖美某根据廖荣某指示接受和转移案涉资金的情况，认定案涉借款合同实际借款人为廖荣某，债权人伍某某对此应为明知。因此二审法院认为，廖荣某是某汽车配件制造有限公司（担保人）股东，原审判决认定某汽车配件制造有限公司为案涉借款提供担保构成关联担保并无不当。该案各方当事人均未提供某汽车配件制造有限公司担保时的股东会决议，债权人伍某某也没有提供证据证明其在订立案涉相关担保合同时,按照《公司法》第16条[1]规定对某汽车配件制造有限公司为廖荣某提供担保的股东会决议进行了审查,不能证明其在该关联担保中属于善意相对方,故原审判决认定某汽车配件制造有限公司提供担保行为无效,二审法院认为并无不妥。[2]

在隐名股东即实际出资人是主债务人的场合,实践中也有相关案例。例如,在重庆市第四中级人民法院(2021)渝04民终936号民间借贷纠纷案中,牛某电器有限公司给郝某出具了《保证担保书》,载明了公司自愿以全部资产为安某、吴某向郝某的全部债务提供连带保证担保,并约定了保证担保范围等。而牛某电器有限公司实际控制人为安某,安某与杨某、吴某、郝某分别签订《代持股协议》,将自己实际持有的牛某电器有限公司的股权分别交由三人代持,三人代安某持有牛某电器有限公司的股份分别为30%、10%、60%。[3]

但是,在隐名股东是主债务人的情况下,是否有必要根据隐名股东是否显名化及代持比例的高低而有所区分?有观点认为,如果隐名股东依据《最高人民法院关于适用〈中华人民共和国公司法〉若干问题的规定(三)》(2020修正)第24条第2款提起诉讼并获得显名,则应按"公司股东"处理。如果未获得显名,则应根据代持比例作进一步讨论,如果代持比例之高已使实际出资人取得控制地位,则应按"实际控制人"处理;但既未显名,又未得控制地位,实际出资人不在《公司法》(2023修订)第15条第2款规定的股东或实际控制人之列。[4]

对上述观点,笔者不敢苟同。在隐名股东是主债务人的情况下,存在两个主体即实际投资人与名义股东(代持人),名义股东的利益代表的就是实际投资人的利益,两者其实可以等同视之。那么,不论实际出资人是否显名,公司为隐名股东即实际出资人提供担保,不就相当于为股东提供担保吗?但实践中的主要

---

[1] 现为《公司法》(2023修订)第15条。
[2] 参见最高人民法院民事裁定书,(2020)最高法民申4620号。
[3] 参见重庆市第四中级人民法院民事判决书,(2021)渝04民终936号。在该案中,法院以牛某电器有限公司未出具相关决议为由判决保证担保无效,笔者不敢苟同。由于牛某电器有限公司的股权实际上100%由安某隐名持有,因此牛某电器有限公司为安某的债务提供担保相当于一人公司为股东提供担保,应当无须决议。
[4] 参见陈耀权等:《公司担保争议解决双年观察之主题二:非上市公司关联担保》,载微信公众号"天同诉讼圈"2022年10月22日,https://mp.weixin.qq.com/s/ft4IVL3mPL_SYNhXibQVeA。

问题是，作为债权人如何合理审查并发现，公司担保的对象即主债务人仅为名义主债务人，实际主债务人是公司股东，或者公司担保的对象是隐名股东（实际出资人）。

笔者认为，实践中如果主债务人、公司或股东未主动披露，债权人一般难以发现主债务人、公司、公司股东之间内部的隐名或代持等关系。因此，债权人在履行合理审查义务后未发现主债务人、公司及股东等主体之间存在隐名或代持关系的，即使客观上该等主体之间存在隐名或代持关系，亦不应苛求债权人按照关联担保对担保事项的相关决议进行审查。相反，如果主债务人或公司、股东主动披露了存在隐名或代持关系，则债权人应当按照关联担保进行审查。

五十二、公司为公司的董监高或该等人员所控制的其他公司提供担保，是否属于关联担保？

问

公司并非为公司股东或者实际控制人提供担保，也不是为公司股东或者实际控制人所投资或控制的其他公司提供担保，而是为公司的董事、监事、高级管理人员或者董事、监事、高级管理人员所控制的其他公司提供担保，是否属于关联担保？

答

《公司法》（2023修订）第15条第2款将关联担保限定在为公司股东或者实际控制人提供担保，并没有将公司为董事[1]、监事、高级管理人员（以下简称董监

---

[1]《公司法》(2023修订)第10条第1款："公司的法定代表人按照公司章程的规定，由代表公司执行公司事务的董事或者经理担任。"因此，法定代表人也包含于董事、高级管理人员之列。

高)或者董监高所控制的其他公司提供担保作为关联担保予以明确规定。正因如此,有观点认为,公司为董监高或董监高所控制的其他公司提供担保不属于关联担保,无须依据《公司法》(2023修订)第15条第2款之规定由股东会决议。[1]笔者认为该观点欠妥,尤其是在《公司法》(2023修订)已经进一步完善董监高忠实义务的情况下,如果公司为董监高或董监高所控制的其他公司提供担保的,债权人应当参照关联担保进行审查。

第一,依据《公司法》(2023修订)第15条第2款规定,关联担保时对决议的要求更高,必须由股东会作出决议而不得由董事会作出决议,并且关联股东应当回避表决。其立法意图在于保护公司利益从而间接保护股东利益。而公司为董监高或董监高所控制的其他公司担保,亦存在利益输送之可能,道德风险极高。虽然第15条第2款未将董监高作为关联担保的主体,但其他条文其实已经将董监高视为关联关系予以处理。例如《公司法》(2023修订)第22条规定:"公司的控股股东、实际控制人、董事、监事、高级管理人员不得利用其关联关系损害公司利益。违反前款规定,给公司造成损失的,应当承担赔偿责任。"第265条第4项规定:"关联关系,是指公司控股股东、实际控制人、董事、监事、高级管理人员与其直接或者间接控制的企业之间的关系,以及可能导致公司利益转移的其他关系。但是,国家控股的企业之间不仅因为同受国家控股而具有关联关系。"

第二,《公司法》(2023修订)第180条规定:"董事、监事、高级管理人员对公司负有忠实义务,应当采取措施避免自身利益与公司利益冲突,不得利用职权牟取不正当利益。董事、监事、高级管理人员对公司负有勤勉义务,执行职务应当为公司的最大利益尽到管理者通常应有的合理注意。公司的控股股东、实际控制人不担任公司董事但实际执行公司事务的,适用前两款规定。"该条明确规定董监高负有忠实义务、勤勉义务。更重要的是,第182条新增董监高关于利益冲突事项的报告义务,扩大自我交易与关联交易中关联人的范围,除了董监高本人以外,董监高的近亲属,董监高或者其近亲属直接或者间接控制的企业,以及与董监高有其他关联关系的关联人,与公司订立合同或进行交易,均属于自我交易

---

[1] 参见赵旭东主编:《新公司法诉讼实务指南》,法律出版社2024年版,第309~311页。

与关联交易范畴。在此情况下，公司为董监高或者董监高所控制的其他公司提供担保应当属于"自我交易"或"关联交易"的范畴，应当属于关联担保。

第三，尽管《公司法》（2023修订）第185条[1]规定了利益冲突事项关联董事回避表决的规则，但是参考第15条第2款之规定，笔者认为公司为董监高或董监高所控制的公司提供担保应当由股东会进行决议。正如《浙江省高级人民法院民二庭关于印发〈商事审判若干疑难问题理解〉的通知》（浙法民二〔2010〕15号）在回答"有限责任公司为股东、实际控制人、董事、监事或其他高管人员的债务提供担保，应如何把握债权人的充分注意义务？"这一问题时引用的最高人民法院民二庭宋晓明庭长在接受《人民司法》记者访谈时所发表的观点："当公司为董事、监事和高管人员的债务而与债权人签订担保协议时，债权人应当注意公司法第一百四十九条[2]对董事、监事和高管人员交易行为的规定，了解股东对相关人员提供担保的意思表示……"

第四，《公司法》（2023修订）第192条规定："公司的控股股东、实际控制人指示董事、高级管理人员从事损害公司或者股东利益的行为的，与该董事、高级管理人员承担连带责任。"该条规定引入了"影子董事"条款，对《公司法》（2023修订）第265条第3项"实际控制人，是指通过投资关系、协议或者其他安排，能够实际支配公司行为的人"之规定对实际控制人的界定也可能产生重大影响。如果公司的董监高甚至"影子董事"能够对公司董事会或董事会中的大多数成员形成有效的指示，足以构成支配公司行为的话，这些主体也将因其指示行为而构成实际控制人。[3]相应地，公司为这些主体担保，应当参照关联担保的规定，由股东会决议。

第五，在司法实践中也有法院认为，公司为董监高所控制的公司提供担保，属于关联担保，道德风险很高，债权人应当承担更高的注意义务。例如，在上海市高级人民法院（2019）沪民终329号金融借款合同纠纷案中，卢某系担保人公

---

[1] 《公司法》（2023修订）第185条："董事会对本法第一百八十二条至第一百八十四条规定的事项决议时，关联董事不得参与表决，其表决权不计入表决权总数。出席董事会会议的无关联关系董事人数不足三人的，应当将该事项提交股东会审议。"

[2] 指《公司法》（2005修订）第149条，对应《公司法》（2023修订）第181条。

[3] 参见刘斌编著：《新公司法注释全书》，中国法制出版社2024年版，第934页。

司副总经理,卢某以担保人公司名义为自己担任法定代表人的某公司的债务提供担保。法院认为,该担保属于关联担保,道德风险很高。因此,相对于其他担保,关联担保的相对人应当承担更高的注意义务。关联担保的相对人应当审查卢某是否经担保人公司授权,是否系有权代表,系争担保合同是否经公司股东会决议,且决议的表决程序符合关联担保表决程序的规定。法院进一步认为,无论从利益平衡的角度还是从注意义务分配的角度看,债权人都应对卢某持有双重身份来办理担保手续的事宜尽到审慎审查义务。[1]正如部分学者观察司法裁判现状后所认为的那样,部分法院突破了《公司法》(2023修订)第15条第2款所界定的关联方范围,存在囊括"其他与公司有关联关系的主体"的解释论倾向,[2]值得债权人予以关注。

综上所述,如果公司并非为公司股东或者实际控制人提供担保,而是为公司的董监高或者董监高所控制的其他公司提供担保,即使该担保不属于《公司法》(2023修订)第15条第2款所规定的关联担保,笔者亦建议债权人参照关联担保的要求,审查公司股东会决议。

五十三、公司为其母公司的股东提供担保,是否属于关联担保?

问

公司并非为股东提供担保,而是为其母公司的股东提供担保,是否应当参照关联担保要求,由股东会决议?

答

公司为母公司的股东提供担保,根据不同持股情况,可能会存在多种场景。

---

[1] 参见上海市高级人民法院民事判决书,(2019)沪民终329号。
[2] 参见李建伟主编:《公司法评注》,法律出版社2024年版,第55页。

笔者假设担保人为某公司，其股东为甲公司（若某公司非一人公司，则假设另一股东为乙公司），甲公司的股东为A（若甲公司非一人公司，则假设另一股东为B）。

第一种情况，假设某公司、甲公司均为一人公司，则依据《民法典担保制度解释》第10条"一人有限责任公司为其股东提供担保，公司以违反公司法关于公司对外担保决议程序的规定为由主张不承担担保责任的，人民法院不予支持……"之规定，无论某公司为其唯一股东甲公司提供担保，还是为其唯一股东甲公司的唯一股东A提供担保，均无须决议。

第二种情况，假设某公司非一人公司，其股东是甲公司和乙公司，甲公司股东是A和B，某公司为A提供担保。此时，被担保人A间接持有某公司股权，相当于被担保人A系担保人某公司的间接股东。此时，债权人应当参照关联担保的要求，审查某公司的股东会决议，并且股东会决议应当排除甲公司的表决。

第三种情况，假设某公司为一人公司，其股东为甲公司，甲公司股东是A（大股东）和B（小股东），某公司为A提供担保。此时，如果机械地参照关联担保审查要求某公司出具股东决定，因其一人股东甲公司与担保事项亦存在关联，排除之后将无法作出股东决定。而甲公司的股东A和B对某公司享有的利益，实际上是通过甲公司间接持有某公司100%股权实现的。虽然法律、司法解释均未就此情况作出明确的规定，但笔者认为从《公司法》（2023修订）第15条第2款的立法目的出发，为保护最终股东利益，此时应当将某公司与甲公司作为一个整体看待。因此，债权人从谨慎角度出发，不仅可以要求某公司出具股东决定、董事会决议，还应当要求甲公司出具股东会决议，并且该决议应当排除被担保的股东A的表决权，即某公司为甲公司的大股东A提供担保，应当获得小股东B的同意。

在司法实践中，个别案例中法院认为，属于同一集团下具有股权关系的母公司的再上一级母公司不能直接等同于实际控制人，为股东的股东提供担保，属于关联公司内部之间的担保安排，不等同于为公司股东或实际控制人提供担保，对外担保公司的股东的表决权不应该排除。[1]在该案中，法院假定公司进行股

---

[1] 参见上海市高级人民法院民事判决书，(2020)沪民终578号。

东会表决，由于大股东持有85%的绝对控股比例，而借款人又系大股东的100%控股股东，因此，大股东一定会作出同意公司为借款人提供担保的表决意见；同时，持股15%的小股东也无法出具具有相反意思表示的公司决议，因此，可以认定系争担保合同是持有公司2/3以上对担保事项有表决权的股东签字同意，是无须机关决议之例外情形。[1]笔者并不赞同该案法院观点。在该案中，公司实质上系为持有大股东的100%股份的股东提供担保，大股东与借款人具有100%的关联关系，应当被排除在"有表决权的股东"的范围之外。那么，法院如何认为持股15%的小股东是否签署公司决议的审查不影响公司意思表示？但该案例亦为个案，不具有普遍适用性或指导意义。

总之，笔者认为，公司为其母公司的股东提供担保，应当属于关联担保。但应当如何审查公司决议，则应当视公司与母公司之间的股权情况而定。

五十四、关联担保中，因股东无表决权而无法形成有效决议，债权人如何处理？

问

在关联担保中，部分股东因章程规定未实缴出资不享有表决权，导致排除关联股东后无法形成有效的股东会决议，债权人应当如何审查决议？

答

《公司法》（2023修订）第65条规定："股东会会议由股东按照出资比例行使表决权；但是，公司章程另有规定的除外。"第66条第1款规定："股东会的议事方式和表决程序，除本法有规定的外，由公司章程规定。"因此，一般情况下，股东

---

〔1〕 参见上海市高级人民法院民事判决书，(2020)沪民终578号。

179

会会议由股东按照出资（包括认缴但尚未实缴）比例行使表决权，除非公司章程另有规定。实践中，部分公司的章程规定，未实缴出资的股东不享有表决权。该情况可能产生的结果是，公司无法就关联担保事项形成有效的股东会决议。此时，一方面，依据《公司法》（2023修订）第15条的规定，公司为股东提供担保应当经过股东会决议，并且关联股东应当回避表决。另一方面，按照公司章程规定，非关联股东由于未实缴出资而不享有表决权，即公司将无法形成有效决议。面对此情况，债权人应当如何处理？

笔者先引述一个案例，即最高人民法院（2020）最高法民终180号金融借款合同纠纷案。在该案中，东莞某公司的股东为哈尔滨某公司与张某。根据东莞某公司章程之规定，《关于承担经济担保事项的决议及授权书》出具时，该公司另一股东张某未实缴出资而不享有表决权，哈尔滨某公司为该公司唯一享有表决权的股东。因此，东莞某公司出具的《关于承担经济担保事项的决议及授权书》仅有哈尔滨某公司的盖章。一审法院以张某未在《关于承担经济担保事项的决议及授权书》上签字，认定东莞某公司不应承担保证责任。二审法院则持相反观点，认为虽然根据《公司法》（2018修正）第16条第3款[1]的规定关联股东应当回避表决，但按照公司章程规定，哈尔滨某公司为该公司唯一享有表决权的股东，公司的决策经营管理权均由其行使，并无适用前述规定的前提条件。另外，《公司法》（2018修正）第16条的规定并非禁止关联担保，而是通过公司内部治理的特别决议机制来确保公司对外提供担保的意思表示为公司的真实意思表示，进而防止公司大股东利用关联担保损害公司或者小股东利益。二审法院进一步认为，本案中东莞某公司唯一有表决权的股东同意提供担保，不仅体现股东意志，也体现公司意志，不能依据该条款的规定认定仅有股东哈尔滨某公司签章的公司决议非东莞某公司真实意思表示。因此，二审法院认为一审法院以张某未在《关于承担经济担保事项的决议及授权书》上签字，认定东莞某公司不应承担保证责任，适用法律错误，故予以纠正。[2]

上述案例中，根据最高人民法院的观点，如果在排除关联股东后无法形成有

---

[1] 现为《公司法》（2023修订）第15条第3款。
[2] 参见最高人民法院民事判决书，(2020)最高法民终180号。

效的股东会决议的,可以由关联股东签字代表公司真实意思表示。笔者联想到一人公司为其股东提供担保时也存在类似的问题。关于一人公司为其股东提供担保的效力,长期存在争议。一种意见认为在一人公司为股东提供担保的情形下,不仅无法形成有效的股东会决议,甚至无法召开股东会,因此一人公司为股东提供担保所订立的合同应当被认定为无效。另一种意见则认为,依据《公司法》(2023修订)第23条第3款,一人公司的人格与股东的人格被推定是混同的,因此,一人公司为股东担保应理解为公司为自己提供担保,即使公司无法形成有效决议,也不影响担保的效力。《民法典担保制度解释》第10条规定:"一人有限责任公司为其股东提供担保,公司以违反公司法关于公司对外担保决议程序的规定为由主张不承担担保责任的,人民法院不予支持……"因此,一人公司为其股东提供担保,亦无须决议。

但最高人民法院(2020)最高法民终180号金融借款合同纠纷案从法院查明的事实来看,公司与股东亦不存在人格混同之情形,并不属于一人公司。该案判决纯属个案,尚不代表普遍的司法观点,但笔者认为该案对于今后债权人接受担保也有一定启示。

首先,《公司法》(2023修订)第15条的规定目的在于防止公司大股东利用关联担保损害公司或者小股东利益。而该案在客观上即属于公司为股东担保,属于关联担保,即应按照《公司法》(2023修订)第15条之规定经董事会或股东会决议。而该案中的股东会决议仅有被担保的股东签章,依据《公司法》(2023修订)第15条第3款之规定,该决议本身即属于无效决议。

其次,依据《公司法》(2023修订)第65条之规定,有限公司股东出资与表决权可以分离。因此,实践中除了该案公司章程规定按照实缴出资比例行使表决权以外,亦可能出现其他限制表决权的章程规定。若因表决权限制的约定导致无法形成有效的对外担保股东会决议,是否一概不适用《公司法》(2023修订)第15条第3款?笔者认为并不能当然得出这样的结论,否则该条款保护小股东利益的目的恐难实现。

最后,无论是《九民纪要》还是《民法典担保制度解释》中规定的无须决议的情形,均不包括本案中的情形。更重要的是,笔者认为从《九民纪要》至《民法典担保制度解释》精神来看，对类似问题的裁判尺度应该是越来越严。例如，最高人民法院民事审判第二庭所著的《最高人民法院民法典担保制度司法解释理解与适用》一书即认为，除了《民法典担保制度解释》第8条所规定的三种公司决议例外情形，在公司为他人提供担保领域，不存在其他任何公司决议例外事由，须从严把握。[1]

因此，若债权人在实践中遇到此类情形，建议按照《公司法》(2023修订)第15条第3款之规定从严审查担保人公司的股东会决议。若是担保人公司章程有类似规定导致无法形成有效的股东会决议的，则债权人可考虑结合《民法典担保制度解释》第8条第1款第3项[2]之规定，要求非关联股东签字同意公司向债权人提供担保，而不一定要形成股东会决议。

五十五、金融机构除开立保函以外，实践中有无其他担保可以免除决议？

问

依据《民法典担保制度解释》第8条第1款第1项规定，金融机构开立保函无须决议，那么在实践中金融机构对外提供其他担保是否有免除决议的可能？

答

《民法典担保制度解释》第8条第1款第1项规定金融机构开立保函无须公司

---

[1] 参见最高人民法院民事审判第二庭：《最高人民法院民法典担保制度司法解释理解与适用》，人民法院出版社2021年版，第143页。

[2] 《民法典担保制度解释》第8条第1款第3项："有下列情形之一，公司以其未依照公司法关于公司对外担保的规定作出决议为由主张不承担担保责任的，人民法院不予支持：……(三)担保合同系由单独或者共同持有公司三分之二以上对担保事项有表决权的股东签字同意……"

决议，第11条第2款规定金融机构的分支机构在其营业执照记载的经营范围内开立保函，或者经有权从事担保业务的上级机构授权开立保函，亦无须决议。这是由于保函业务属于金融机构的标准化业务，是金融机构从事的日常经营活动。[1] 按照最高人民法院的观点，除《民法典担保制度解释》第8条第1款规定的三种公司决议例外情形，在公司为他人提供担保领域，不存在其他任何公司决议例外事由，须从严把握。[2] 因此，如果严格适用司法解释，在实践中金融机构对外提供保函以外的其他担保，不具有免除决议的可能性。

然而，实践中也有个别案例，法院考虑案件的特殊情况，即使金融机构提供保函以外的担保未出具决议，亦被判决承担相应的担保责任。例如，在新疆维吾尔自治区且末县人民法院（2021）新2825民初564号合同纠纷案中，原告与被告某药业公司签订了发展中药材种植合同书，并与被告某药业新疆公司签订补偿协议各一份，由被告某财产保险公司提供担保但未出具公司决议。法院认为，被告某财产保险公司负责人张某在补偿协议担保方处加盖被告某财产保险公司的印章，原告有理由相信其系代表被告某财产保险公司为该债务提供担保，原告对该担保无恶意，其不知道也不应当知道被告某财产保险公司提供担保未经公司决议程序，故被告某财产保险公司应当承担担保责任。[3] 在该案中，被告某财产保险公司提供的担保并非其保函业务，也并非其日常经营范围的业务，虽然法院判决引用了《民法典担保制度解释》第11条，但仍然判决被告某财产保险公司承担担保责任。如果严格适用《民法典担保制度解释》第8条第1款及第11条规定，笔者认为担保对被告某财产保险公司不发生效力。法官可能是基于个案背景考虑，例如可能是原告的身份是种植户，以及所担保的债权系原告在之前的种植合作中的损害赔偿债权等。因此，该案不具有普遍适用性。

另外，在湖南省长沙市中级人民法院（2021）湘01民终14399号房屋租赁合同纠纷案中，某银行长沙分行作为次承租人，为承租人在租赁合同项下对出租人

---

[1] 参见最高人民法院民事审判第二庭：《最高人民法院民法典担保制度司法解释理解与适用》，人民法院出版社2021年版，第171页。

[2] 参见最高人民法院民事审判第二庭：《最高人民法院民法典担保制度司法解释理解与适用》，人民法院出版社2021年版，第143页。

[3] 参见新疆维吾尔自治区且末县人民法院民事判决书，（2021）新2825民初564号。

的债务提供连带责任保证担保。尽管某银行长沙分行主张印章不真实、担保未经总行授权应属无效，但是法院引用《民法典担保制度解释》第11条第2款之规定，认为某银行长沙分行系涉案房屋的实际使用者，其在合同履行过程中亦是直接向出租人支付租金，在此情况下，出租人有理由相信担保函上印章的真实性。故在某银行长沙分行未举证证明出租人主观上知道且应当知道分支机构对外提供担保未经金融机构授权的情况下，法院认为担保函有效，某银行长沙分行应当承担连带清偿的责任。[1]在该案中，法院认为债权人（出租人）对某银行长沙分行提供的担保具有"不知道且不应当知道分支机构对外提供担保未经金融机构授权"的合理信赖。

由上可见，金融机构除了开立保函以外，实践中个别情况下可能免除决议，但这些情况均属于个案而不具有普遍意义。债权人万不可抱有侥幸心理。特别是债权人的身份、地位、业务经验等，也会直接影响法院对债权人是否具有合理信赖的判断。

五十六、金融机构的分支机构提供保函之外的非标准化担保无须决议吗？

问

《民法典担保制度解释》第11条第2款规定："……金融机构的分支机构未经金融机构授权提供保函之外的担保，金融机构或者其分支机构主张不承担担保责任的，人民法院应予支持，但是相对人不知道且不应当知道分支机构对外提供担保未经金融机构授权的除外。"依据该规定，是否意味着金融机构的分支机构提供保函之外的非标准化担保只需要金融机构授权而无须决议？

---

〔1〕 参见湖南省长沙市中级人民法院民事判决书，(2021)湘01民终14399号。

答

金融机构或者其分支机构开立保函、提供保函之外的非标准化担保，存在一定特殊性。《民法典担保制度解释》也分别在第8条、第11条作出了相应规定。但是在理解上，似乎并不统一。特别是对于金融机构的分支机构提供保函之外的非标准化担保，是否还需要金融机构出具决议或公告，最高人民法院的相关著作中的观点存在商榷余地。

（一）金融机构及其分支机构开立保函

金融机构开立保函无须决议。金融机构的分支机构开立保函，需视其是否属于营业执照记载的业务范围或者是否经有权从事担保业务的上级机构授权，以此判断开立保函是否对金融机构的分支机构发生效力。《民法典担保制度解释》第8条第1款第1项规定："有下列情形之一，公司以其未依照公司法关于公司对外担保的规定作出决议为由主张不承担担保责任的，人民法院不予支持：（一）金融机构开立保函或者担保公司提供担保……"据此，金融机构开立保函的，相对人无须依据《公司法》（2023修订）第15条的规定审查金融机构的决议或公告。同时，依据《民法典担保制度解释》第11条第2款"金融机构的分支机构在其营业执照记载的经营范围内开立保函，或者经有权从事担保业务的上级机构授权开立保函，金融机构或者其分支机构以违反公司法关于公司对外担保决议程序的规定为由主张不承担担保责任的，人民法院不予支持……"之规定，如果金融机构的分支机构的营业执照记载有保函业务，或者经有权从事担保业务的上级机构授权开立保函，也应理解为已经获得了金融机构的授权，金融机构的分支机构开立保函亦无须经公司决议授权。

（二）金融机构的分支机构提供保函之外的担保

金融机构的分支机构提供保函之外的担保，是否需要决议，可能根据不同规定得出不同结论。

一方面，对《民法典担保制度解释》第8条第1款第1项规定进行反向解释，不难得出另一个结论,即金融机构提供保函之外的担保(非标准化业务),相对人仍然需要审查决议或公告。举重以明轻,金融机构提供保函之外的担保尚且需要决议或公告,那么金融机构的分支机构对外担保当然也需要决议或公告。正如《民法典担保制度解释》第11条第1款规定:"公司的分支机构未经公司股东(大)会或者董事会决议以自己的名义对外提供担保,相对人请求公司或者其分支机构承担担保责任的,人民法院不予支持,但是相对人不知道且不应当知道分支机构对外提供担保未经公司决议程序的除外。"而且最高人民法院就《民法典担保制度解释》出版的《最高人民法院民法典担保制度司法解释理解与适用》一书亦认为:"对于非标准化的担保行为,如签订个别化的保证合同或者在金融机构的分支机构管理的财产上设定担保物权,则仍应遵循公司分支机构以自己名义对外提供担保的一般规则。"[1]

另一方面,依据《民法典担保制度解释》第11条第2款规定,金融机构的分支机构提供保函之外的担保,如果是经过金融机构授权,该担保对金融机构或者其分支机构就发生效力。但是,如何理解"经金融机构授权"?是否需要经过金融机构出具决议或者进行公告?该司法解释未作进一步明确。对此,最高人民法院民事审判第二庭所著的《最高人民法院民法典担保制度司法解释理解与适用》一书则认为:"鉴于金融机构对外提供担保本身无须决议,因而此处所谓的一般规则[2],并非需要金融机构通过董事会或者股东(大)会以公司决议的形式授权,而是可由法定代表人代表公司进行授权。"[3]按照该观点,金融机构的分支机构提供保函之外的担保,仅需要金融机构授权,即可由金融机构的法定代表人代表金融机构进行授权,而无须金融机构通过董事会或者股东会以公司决议的形式授权。显然,该结论与《民法典担保制度解释》第8条第1款第1项反推出的结论及《民法典担保制度解释》第11条第1款规定相悖,只能理解为是对金融机构分支机构所作出的特别规定。

---

[1] 最高人民法院民事审判第二庭:《最高人民法院民法典担保制度司法解释理解与适用》,人民法院出版社2021年版,第172页。

[2] 即该书前文所述"公司分支机构以自己名义对外提供担保的一般规则"。

[3] 最高人民法院民事审判第二庭:《最高人民法院民法典担保制度司法解释理解与适用》,人民法院出版社2021年版,第172页。

（三）笔者不赞同"金融机构的分支机构提供保函之外的担保仅需要金融机构授权"

对于《民法典担保制度解释》第11条第2款第2句以及最高人民法院民事审判第二庭所著的《最高人民法院民法典担保制度司法解释理解与适用》中的观点，笔者有不同理解。

首先，《民法典担保制度解释》第8条第1款第1项并未规定金融机构对外担保无须决议，而只是规定金融机构开立保函无须决议。因此，金融机构的分支机构提供保函之外的担保，相对人也应当依据《公司法》（2023修订）第15条的规定审查金融机构的决议。在此情况下，金融机构分支机构对外担保即使经过金融机构授权，若该对外担保未经金融机构决议，严格而言也属于越权担保。

其次，《民法典担保制度解释》第11条共4款，除第4款系关于非善意相对人就分支机构对外担保请求公司承担赔偿责任的规定外，前3款均是分支机构对外担保的规定。第1款是关于分支机构对外担保的一般性规定，即公司的分支机构对外担保需要经过公司决议。而第2款、第3款则分别是金融机构的分支机构和担保公司的分支机构对外提供担保相关问题。相对于第1款而言，第2款、第3款更像是特殊规定。因此，虽然第1款规定公司的分支机构对外担保也需要经过公司决议，但第2款第2句作为特别规定应当优先适用，即金融机构的分支机构提供保函之外的担保无须金融机构决议，只需要经过金融机构授权即可。若此理解正确，则《民法典担保制度解释》第11条第2款第2句规定似乎与《民法典担保制度解释》第8条第1款第1项规定不一致。

最后，最高人民法院民事审判第二庭所著的《最高人民法院民法典担保制度司法解释理解与适用》一书指出"鉴于金融机构对外提供担保本身无须决议……"[1]，但笔者并未找到该观点的法律依据。笔者认为，无论是从《公司法》（2023修订）第15条之规定，还是从《民法典担保制度解释》第8条关于无须决议

---

[1] 最高人民法院民事审判第二庭：《最高人民法院民法典担保制度司法解释理解与适用》，人民法院出版社2021年版，第172页。

情形的规定,都无法得出金融机构的分支机构提供保函之外的担保只需要金融机构授权而无须决议或公告这样的结论。相反,既然《民法典担保制度解释》第11条第1款规定普通公司的分支机构对外提供担保尚需公司决议,那么对于关乎金融风险的金融机构对外担保理应更加审慎,就金融机构的分支机构所提供的保函以外的非标准化担保,当然更需要金融机构的公司决议。

尽管如此,笔者认为《民法典担保制度解释》及最高人民法院民事审判第二庭所著的《最高人民法院民法典担保制度司法解释理解与适用》认为"金融机构的分支机构提供保函之外的担保仅需要金融机构授权"的逻辑有三个方面。第一个方面,金融机构本身具有提供担保的资格或能力。依据《商业银行法》(2015修正)第3条第1款第11项之规定,商业银行的业务范围中包括"提供信用证服务及担保"。因此,"金融机构本身具有提供担保的权利能力和行为能力,在其为他人债务提供担保之时,也就不再需要按照《公司法》第16条[1]的规定提供相关决议"。[2] 第二个方面,出于现实角度考虑,不要求金融机构决议。考虑到中国金融机构的分支机构数量过多(如银行在全国各地的分行、支行),如果对于金融机构的分支机构对外提供保函之外的担保,一律需要金融机构出具董事会或股东会决议,现实操作可能性太低。反之,若因为金融机构的分支机构数量过多而不对金融机构的分支机构对外担保进行限制,又可能产生巨大的金融风险。因此,从现实角度考虑,并且从防范金融风险角度出发,《民法典担保制度解释》第11条第2款第2句作出的规定,相当于免除了相对人在接受金融机构的分支机构提供保函之外的担保时,合理审查金融机构的股东会或者董事会决议之义务。第三个方面,比较《民法典担保制度解释》第11条第1款与第2款可见,第1款是一般规定而第2款是特殊规定。第1款规定分支机构对外提供担保需要公司决议,第2款规定金融机构的分支机构对外提供保函以外的非标准化担保需要金融机构授权,在表述上第2款使用"授权"而未使用"决议"意味着不需要决议。

总之,从《民法典担保制度解释》第11条规定及最高人民法院的理解来看,

---

[1] 对应《公司法》(2023修订)第15条。

[2] 高圣平:《民法典担保制度及其配套司法解释理解与适用》(上),中国法制出版社2021年版,第56页。值得商榷的是,商业银行的经营范围包括"提供信用证服务及担保",就一定代表所有金融机构的经营范围均包括"提供信用证服务及担保"、所有金融机构本身具有提供担保的权利能力和行为能力吗?

相对人接受金融机构的分支机构提供保函之外的担保的,无须审查金融机构决议,但应当审查分支机构是否获得了金融机构的个别授权。但笔者建议债权人在接受金融机构分支机构提供保函之外的非标准担保时,尽量审查金融机构的决议。

五十七、夫妻公司为股东提供担保是否需要决议?

问

夫妻公司为股东提供担保是否需要按照《公司法》(2023修订)第15条第2款规定出具股东会决议?

答

所谓夫妻公司一般指夫妻婚姻关系存续期间出资设立的有限责任公司或股份有限公司,股东有且仅有夫妻二人。夫妻公司为股东提供担保,如果以"公司为股东提供担保"为标准进行判断,则符合《公司法》(2023修订)第15条第2款规定的公司为股东提供担保的情形,应当经股东会决议。但如果将夫妻公司视为一人公司,则依据《民法典担保制度解释》第10条"一人有限责任公司为其股东提供担保,公司以违反公司法关于公司对外担保决议程序的规定为由主张不承担担保责任的,人民法院不予支持……"之规定,即使夫妻公司未出具决议,仍然需要承担担保责任。因此,对于题述问题,理论与实践中的主要争议点在于,是否将夫妻公司直接视为一人公司。

将夫妻公司认定为一人公司的主要理由在于,夫妻公司股权(或股份,下同)来源于夫妻共同财产,夫妻公司的股权为一个所有权共同享有和支配,该股权主体具有利益的一致性和实质的单一性。即使夫妻共同财产分为法定共同共有和约定按份共有,其中按份共有系夫妻内部的约定,不具有对外效力。同时,现实中夫妻公司在实质上充当了夫妻股东的代理人，使夫妻公司与一人公司在主体构成和规范适用上具有高度相似性。为保护公司债权人利益，应当将夫妻公司认定为一人公司。例如，在最高人民法院（2019）最高法民再372号执行异议之诉案中，公司由夫妻二人在婚姻关系存续期间设立，公司资产归夫妻共同共有，双方利益具有高度一致性，亦难以形成有效的内部监督。夫妻均实际参与公司的管理经营，夫妻其他共同财产与公司财产亦容易混同，从而损害债权人利益。法院认为在此情况下，应参照《公司法》（2018修正）第63条规定[1]，将公司财产独立于股东自身财产的举证责任分配给夫妻股东。因此，法院认为该公司与一人有限责任公司在主体构成和规范适用上具有高度相似性，认定该公司系实质意义上的一人有限责任公司并无不当。[2]又如，最高人民法院（2023）最高法民再256号合同纠纷案中，蒲某系某化工公司法定代表人，而某化工公司系由蒲某与苏某云共同设立的夫妻公司。法院认为，夫妻公司与一人有限责任公司在主体构成和规范适用上具有高度相似性，因此应当认定某化工公司为实质意义上的一人有限责任公司，蒲某的承诺可以认定为某化工公司具有同意担保的意思表示。[3]在该案中，夫妻公司为股东提供担保未出具决议，法院最终以夫妻公司为实质上的一人公司为由，将股东的担保承诺视为公司的意思表示。

未将夫妻公司认定为一人公司的主要理由在于，我国现有法律、法规并未规定夫妻公司可直接认定为一人公司，亦无规定夫妻公司可直接参照适用一人公司的相关规定；夫妻公司不符合一人公司的形式特征，一人公司是指只有一个股东的有限责任公司或股份有限公司，而夫妻公司具有两个自然人股东，显然不符合前述股东人数特征。例如，最高人民法院（2018）最高法民终1184号建设工程施工合同纠纷案中，一审法院认为："夫妻公司与一人公司并不能完全等同。夫

---

[1]《公司法》（2018修正）第63条："一人有限责任公司的股东不能证明公司财产独立于股东自己的财产的，应当对公司债务承担连带责任。"该条对应《公司法》（2023修订）第23条第3款规定："只有一个股东的公司，股东不能证明公司财产独立于股东自己的财产的，应当对公司债务承担连带责任。"

[2] 参见最高人民法院民事判决书，（2019）最高法民再372号。持有类似观点的案例：江西省高级人民法院民事判决书，（2020）赣民终401号；广东省高级人民法院民事裁定书，（2018）粤民申13071号；广东省广州市花都区人民法院民事判决书，（2015）穗花法狮民初字第648号。

[3] 最高人民法院民事判决书，（2023）最高法民再256号。持有类似观点的案例：广东省广州市中级人民法院民事判决书，（2021）粤01民终323号。

妻共同财产制亦不能等同于夫妻公司财产即为夫妻两人共同财产，公司财产与股东财产相互分离，公司财产仅归公司所有，这并不会因为股东为夫妻关系即发生改变。公司在取得投资者财产所有权之同时，用股权作为交换，投资者也凭该股权获得股东身份，在投资之前，股东之间之财产关系如何，是否实际为夫妻共同财产，有无订立财产分割协议，对公司资本构成及资产状况实质并无影响，更不应据此而认定为一人公司。"[1]二审法院维持了一审法院观点。

在实践中，一人公司有形式一人公司与实质一人公司之分。所谓形式一人公司，是指名义股东仅有一人的公司，而实质一人公司则是指公司股东名义上虽为复数，但实质上复数股东均为一致行动人，或者除某一特定股东为真正股东，实质上掌握公司控制权者外，其余股东皆为挂名股东。例如，夫妻以共同财产出资且股东仅为夫妻二人的公司，虽然公司登记的股东人数为二人因而其外观上并不属于一人公司。但依照《民法典》之相关规定，夫妻之间如无特别约定则适用夫妻财产共有制，即使夫妻约定财产分别所有，该约定亦因属于内部约定而不具有对外效力。因此，尽管夫妻公司的股东并非一人，但是两位股东之间的财产是混同、共有的，股东各自持有的股权或股份都是夫妻共同财产，故而实践中夫妻公司往往被视为实质的一人公司。

但是，如果将所有夫妻公司均视为一人公司，则显得过于武断。即便夫妻公司的股权属于夫妻共同财产，但并不意味着夫妻股东之间的利益完全一致，实践中夫妻争夺公司控制权案例并不在少数（典型案例如李某庆与俞某争夺某网站的控制权）。因此，若一概认定夫妻公司为一人公司，实则漠视了夫妻股东独立的法律人格。

回到题述问题，夫妻公司为股东提供担保是否需要决议，某种程度上夫妻公司是否属于一人公司，可能会直接决定是否需要决议，因此实践中的案例亦存在相反的观点。一种观点认为，公司的出资来源于夫妻共同财产，因此该公司全部股权实质来源于同一财产权，并为一个所有权共同享有和支配，股东之间具有利

---

[1] 最高人民法院民事判决书，(2018)最高法民终1184号。持有类似观点的案例：广东省高级人民法院民事裁定书，(2018)粤民申12291号；山东省高级人民法院民事裁定书，(2018)鲁民申3225号；江西省景德镇市昌江区人民法院民事判决书，(2022)赣0202民初479号。

益的一致性和实质的单一性,系实质上的一人公司,此时公司为夫或妻的债务提供担保,实质上系为自己的债务提供担保,应豁免公司担保决议。[1]最高人民法院民事审判第二庭亦认为,如果公司是一个实质的一人公司,就应适用《民法典担保制度解释》第10条的规定,认定担保合同有效。[2]但相反观点则认为,虽然公司的全部股权来源于夫妻共有财产,但夫妻财产的共有并不代表意思表示的一致,公司为其股东提供担保之时,不能豁免决议。[3]

如前所述,理论与实践中对于夫妻公司是否应当认定为一人公司尚存在较大争议,尤其是个案事实的差别可能导致结论不同,使相关裁判标准显得更加模糊。笔者认为,作为债权人在接受夫妻公司为股东提供担保时,不宜简单化将夫妻公司等同于一人公司而不审查公司决议。如果夫妻系共同主债务人(包括主债务系夫妻共同债务的情形),则夫妻公司为股东夫妻提供担保可参照《民法典担保制度解释》第10条之规定而无须决议。但如果难以判断担保的主债务的性质,或者所担保的主债务明显不属于夫妻共同债务的,建议债权人要求夫妻股东共同确认,或者认可所担保的债务为夫妻共同债务,或者同意公司为股东提供担保。

五十八、担保公司的分支机构对外提供担保,是否需要决议?

问

依据《民法典担保制度解释》第8条第1款第1项规定,担保公司提供担保无须决议,那么担保公司的分支机构对外提供担保,是否需要决议?

---

[1] 参见山东省青岛市中级人民法院民事判决书,(2021)鲁02民终13594号;广东省广州市中级人民法院民事判决书,(2021)粤01民终323号。

[2] 参见最高人民法院民事审判第二庭:《最高人民法院民法典担保制度司法解释理解与适用》,人民法院出版社2021年版,第164页。

[3] 参见广东省佛山市顺德区人民法院民事判决书,(2020)粤0606民初8145号;湖南省邵东市人民法院民事判决书,(2021)湘0521民初2773号。

答

《民法典担保制度解释》第8条第1款第1项规定:"有下列情形之一,公司以其未依照公司法关于公司对外担保的规定作出决议为由主张不承担担保责任的,人民法院不予支持:(一)金融机构开立保函或者担保公司提供担保……"该项规定是为了确保担保的便捷性,以担保为主营业务的担保公司对外提供担保时也无须公司进行决议。[1]但是,与金融机构出具保函属于标准化业务不同,担保公司对外提供的担保大多是非标准化的担保行为,为便于担保公司加强风险控制,防止担保公司的分支机构在未经总公司授权的情况下擅自对外担保,《民法典担保制度解释》第11条第3款规定:"担保公司的分支机构未经担保公司授权对外提供担保,担保公司或者其分支机构主张不承担担保责任的,人民法院应予支持,但是相对人不知道且不应当知道分支机构对外提供担保未经担保公司授权的除外。"即担保公司的分支机构对外提供担保的,必须经担保公司授权。

需要注意的是,金融机构的分支机构在其营业执照记载的经营范围内开立保函无须获得上级机构授权,但是担保公司的分支机构即使在营业执照记载了担保业务,不能视为担保公司已就其分支机构对外提供担保进行了概括授权。[2]题述问题是担保公司的分支机构对外提供担保,是否需要决议,即担保公司授权其分支机构对外提供担保是否还需要担保公司按照公司章程规定出具决议。对此,笔者认为,《民法典担保制度解释》第8条第1款第1项已经明确规定担保公司提供担保无须决议,那么担保公司授权其分支机构对外提供担保亦相当于担保公司自身对外提供担保,也无须决议。

---

[1] 参见最高人民法院民事审判第二庭:《最高人民法院民法典担保制度司法解释理解与适用》,人民法院出版社2021年版,第172页。

[2] 参见最高人民法院民事审判第二庭:《最高人民法院民法典担保制度司法解释理解与适用》,人民法院出版社2021年版,第172页。

| 参考案例 |

甘肃某融资担保公司诉
甘肃某生物科技公司、甘肃某房地产开发公司借款合同纠纷案
——分公司以登记在其名下的财产对外提供担保的，
应由公司股东（大）会或者董事会作出决议

人民法院案例库入库编号：2023-08-2-103-005

关键词

民事　借款合同　分公司对外担保　股东会决议

▶ **基本案情**

2017年4月14日，甘肃某融资担保公司（以下简称某融资担保公司）、甘肃某生物科技公司（以下简称某生物科技公司）与某银行兰州分行三方签订《委托贷款借款合同》，约定某融资担保公司委托某银行兰州分行向某生物科技公司发放借款1700万元。

2017年4月17日，某融资担保公司与甘肃某房地产开发公司庆阳分公司（以下简称庆阳分公司）签订《抵押合同》，合同约定庆阳分公司以其所有的位于××市××区××会所部分房屋为上述借款合同提供抵押担保。庆阳某食品公司（以下简称食品公司）、刘某、张某、刘某某对上述借款相继提供保证担保。

2017年4月18日，庆阳分公司向某融资担保公司提交了同意以上述房屋提供抵押的分公司《股东会决议》，于4月21日依法办理了抵押登记。同日，某融资担保公司与庆阳分公司签订《保证合同》，约定庆阳分公司为上述借款提供保证担保，庆阳分公司向某融资担保公司提交了《担保承诺函》，载明担保业务最高限额1700万元。

2017年4月26日，某银行兰州分行受某融资担保公司委托，将借款1700万元发放到某生物科技公司账户，借款借据载明执行年利率13%，借款到期后某生物科技公司未按约还本付息。

某融资担保公司向法院提出诉讼请求,请求判令某生物科技公司向某融资担保公司偿还本金及利息,庆阳分公司、甘肃某房地产开发公司(以下简称房地产开发公司)对上述债务承担连带清偿责任,某融资担保公司对房地产开发公司所有××会所优先受偿。

甘肃省兰州市中级人民法院于2020年11月19日作出(2020)甘01民初454号民事判决:一、某生物科技公司于判决生效后10日内向某融资担保公司偿还借款本金1700万元、利息286,789.05元(利息截至2020年4月26日),并自2020年4月27日起以未偿还借款本金为基数按年利率19.05%支付利息至借款清偿完毕之日止。二、某生物科技公司于判决生效后10日内向某融资担保公司支付律师费10万元。三、某融资担保公司有权对庆阳分公司名下××会所面积2242.41平方米的房屋折价或者以拍卖、变卖所得价款在本金1000万元及相应利息、实现债权费用范围内优先受偿。四、食品公司、刘某某等3人承担连带清偿责任。五、驳回某融资担保公司的其他诉讼请求。宣判后,某融资担保公司、庆阳分公司、房地产开发公司、某生物科技公司提出上诉。甘肃省高级人民法院于2021年3月29日作出(2020)甘民终115号民事判决:一、维持甘肃省兰州市中级人民法院(2020)甘01民初454号民事判决第二项、第四项;二、撤销甘肃省兰州市中级人民法院(2020)甘01民初454号民事判决第二项、第五项;三、变更甘肃省兰州市中级人民法院(2020)甘01民初454号民事判决第一项为:某生物科技公司于判决生效后10日内向某融资担保公司偿还借款本金1700万元、利息286,789.05元(利息截至2020年4月26日),并自2020年4月27日起以未偿还借款本金为基数按年利率19.5%支付利息至借款清偿完毕之日止;四、庆阳分公司对某生物科技公司向某融资担保公司不能清偿债务部分的1/2内承担民事责任;五、驳回某融资担保公司的其他诉讼请求。

▶ 裁判理由

根据《公司法》第16条的规定,公司对外提供担保尚且需要有公司决议,举重以明轻,分公司对外提供担保更需要有公司的决议。庆阳分公司属于企业分支机构,不具有法人资格,其在签订《抵押合同》对外进行抵押担保时,其民事责任由公司承担。因此，该分公司对外进行担保，依照公司章程的规定，应当经房地产开发公司董事会或者股东会、股东大会决议，庆阳分公司出具的《股东会决议》和《担保承诺书》系分公司文件，不符合《公司法》第16条的规定，该《抵押合同》应属无效合同。

▶ 裁判要旨

分公司对外民事法律行为的法律后果依法由公司承担。分公司以登记在其名下的财产对外提供担保，应当适用《公司法》第16条的规定，由公司股东（大）会或者董事会作出决议。

▶ 关联索引

《公司法》（2023修订）第15条［本案适用的是《公司法》（2018修正）第16条］

《民法典担保制度解释》第11条第1款（本案适用的是1995年10月1日施行的《担保法》第10条）

一审：甘肃省兰州市中级人民法院（2020）甘01民初454号民事判决（2020年11月19日）

二审：甘肃省高级人民法院（2020）甘民终115号民事判决（2021年3月29日）

五十九、非上市公司为股权嵌套下的实质全资子公司或孙公司提供担保是否无须决议？

问

依据《民法典担保制度解释》第8条第1款第2项之规定，公司为其全资子公司开展经营活动提供担保无须决议。那么，如果非上市公司为其为股权嵌套下的实质全资子公司或孙公司提供担保是否也无须决议？

答

《民法典担保制度解释》第8条第1款第2项规定:"有下列情形之一,公司以其未依照公司法关于公司对外担保的规定作出决议为由主张不承担担保责任的,人民法院不予支持:……(二)公司为其全资子公司开展经营活动提供担保……"该规定的正当性是源于在经济层面公司为其全资子公司提供担保作为增信措施,相当于母公司自己为自己的债务提供担保,因此无须另行确认是否代表公司意志。[1]在条文上,该项仅规定公司[2]为其全资子公司开展经营活动提供担保无须决议,依此逻辑,如果是公司为其全资子公司的全资子公司(全资孙公司)提供担保,也应当是无须决议。例如,陕西省汉中市中级人民法院(2021)陕07民初48号建设工程施工合同纠纷案中,法院认为某公司为其全资孙公司的经营活动提供支付担保,无论债权人是否知道没有机关决议,该支付担保也符合某公司的真实意思表示,应为合法有效的担保。[3]

在司法实践中,也有法院对该规定予以适度扩大解释并予以适用,在股权嵌套结构下的实质全资子公司以及全资孙公司亦可被认为属于全资子公司范畴。

例如,重庆市第五中级人民法院(2022)渝05民终5682号合同纠纷案[4]中,某创西南公司(非上市公司)是间接持有某富房产公司100%股权的实际控制人,具体情况是:某创西南公司持有某创融霖公司100%股权,某创融霖公司持有某创慕申公司100%股权,某创慕申公司持有某创昂麒公司100%股权,某创昂麒公司持有某富房产公司70%股权;某创西南公司持有某创置地公司100%股权,某创置地公司持有某富房产公司30%股权,某创西南公司为某富房产公司提供担保。对此,法院认为,《民法典担保制度解释》第8条第1款第2项规定非上市公司为其全资子公司开展经营活动提供担保无须公司决议的规定,是考虑到公司持有子公司全部股权,相应的全资子公司利益全部归属于公司,与其他主体无关。

---

[1] 参见程啸等:《最高人民法院新担保司法解释理解与适用》,法律出版社2021年版,第58页。
[2] 本问答仅指非上市公司。
[3] 参见陕西省汉中市中级人民法院民事判决书,(2021)陕07民初48号。
[4] 该案系人民法院案例库参考案例(入库编号:2024-08-2-483-011),同时获评最高人民法院年度优秀案例一等奖。

公司为全资子公司经营活动提供担保是为自身利益提供担保，也不存在向子公司其他股东不当输送利益的情形，可以认定公司具有对外担保的真实意思表示，能够避免扰乱公司交易秩序，防范公司恶意逃避担保责任的道德风险。从这个角度看，在担保人公司实际控制被担保人公司100%股权的情形中，虽然担保人公司通过了多层股权架构持股，但在任何一层股权架构中，均不存在其他股东利益，也即是担保人公司为其实际控制、间接持有100%股权的公司提供担保时，也是为了自己的利益，同样不存在为其他股东输送利益的情形。此种情形下，即使公司对外担保未经公司决议，也不违背《公司法》（2023修订）第15条规定之立法目的和《民法典担保制度解释》第8条第1款第2项之规范目的，不能因此认定该担保不对公司发生效力。〔1〕

又如，山东省青岛市中级人民法院（2021）鲁02民初1116号买卖合同纠纷案中，在签订案涉《保证合同》时，某新能源公司持有某太阳能科技公司99.5%股权，通过全资子公司持有某太阳能科技公司0.5%股权。实质上，某太阳能科技公司系某新能源公司完全控股的全资子公司。法院认为，前述某新能源公司为某太阳能科技公司提供担保属于"公司为其全资子公司开展经营活动提供担保"的情形，因此原告虽未提供某新能源公司的股东或董事会决议文件，也应当认定《保证合同》符合某新能源公司的真实意思表示，《保证合同》合法有效。〔2〕

由上可见，对于《民法典担保制度解释》第8条第1款第2项所规定的全资子公司，可以适当做扩张解释，不仅限于一级全资子公司，还包括二级甚至三级全资子公司，也不仅限于直接持股的子公司，还包括股权嵌套结构下的实质全资子公司。

此外，有观点认为，母公司为全资子公司的债务提供担保，无须母公司的决议可能损害母公司其他中小股东的利益。该观点举例如下："如甲乙丙丁设立了A公司，甲作为法定代表人，保管公司公章，但无法全面控制A公司。A公司对B公司持有100%的股权，甲控制了B公司。甲完全可能订立有损B公司利益的合同，并由A公司担保。在这种情形下，若有证据表明甲与他人恶意串通，应当依

---

〔1〕 参见重庆市第五中级人民法院民事判决书，(2022)渝05民终5682号。
〔2〕 参见山东省青岛市中级人民法院民事判决书，(2021)鲁02民初1116号。持有类似观点的案例：最高人民法院民事判决书，(2019)最高法民终1529号；陕西省汉中市中级人民法院民事判决书，(2021)陕07民初48号；上海市浦东新区人民法院民事判决书，(2024)沪0115民初27389号。

据《民法典》第154条认定主合同无效,且A公司对主合同无效不存在过错。"[1]笔者认为,该观点所举例子,与甲利用其法定代表人身份直接代表A公司签订有损A公司利益的合同是一样的,与公司对外担保是否需要决议所考虑的问题并非同一层面的问题。

参考案例

重庆市某电缆公司诉重庆某房地产开发公司、西南某房地产开发(集团)公司合同纠纷案

——非上市公司为其间接持股100%的公司提供担保无须决议

人民法院案例库入库编号:2024-08-2-483-011

关键词

民事　合同　公司对外担保　全资子公司　间接持股100%　决议程序

▶ 基本案情

2021年6月30日,重庆某房地产开发有限公司(以下简称重庆某房地产公司)签发了票据金额为人民币100万元(币种下同)的电子商业承兑汇票1张,票面记载出票人和承兑人为重庆某房地产公司,收票人为重庆某机电设备安装有限公司,汇票到期日2021年12月29日,承兑人承诺:本汇票已经承兑,到期无条件付款。2021年11月19日,重庆某机电设备安装有限公司将案涉票据背书转让给重庆市某电缆有限公司(以下简称重庆某电缆公司)。重庆某电缆公司于2022年1月18日提示付款,当日遭到拒付。

2022年3月9日,持票人重庆某电缆公司(甲方)与承兑人重庆某房地产公司(乙方)、保证人西南某房地产开发(集团)有限公司(以下简称西南某房地产集团公司)(丙方)达成《商票兑付延期协议》。该协议主要约定:三方一致同意将前述商票的兑付时间延期至2022年3月22日,乙方向甲方完成线下兑付,同时乙方

---

[1] 程啸等:《最高人民法院新担保司法解释理解与适用》,法律出版社2021年版,第59页。

于2022年3月22日向甲方支付资金占用费17,054.79元；乙方应于兑付当日将应承兑的商票票面金额及对应的资金占用费转入甲方指定账户；若乙方未按本协议约定完成线下兑付商票及支付资金占用费，则自逾期之日起，乙方向甲方以应付未付款金额为基数计算按日万分之五支付违约金；甲方为实现债权而实际支出的诉讼费、差旅费、律师费等费用，全部由乙方承担；丙方对本协议项下乙方所付全部商票兑付义务、资金占用费支付义务、违约金或损失支付义务（若有）提供连带责任担保。甲、乙、丙三方分别在协议上加盖公章。约定付款到期后，重庆某房地产公司未能按约履行上述义务。故重庆某电缆公司提起诉讼，请求法院判令：1.重庆某房地产公司向重庆某电缆公司支付商票兑付款100万元、资金占用费17,054.79元及按照约定计算的迟延支付违约金、律师费5万元；2.西南某房地产集团公司对重庆某房地产公司前述债务承担连带清偿责任；3.诉讼费、保全费、担保费由重庆某房地产公司、西南某房地产集团公司承担。

另查明，《商票兑付延期协议》签订时，西南某房地产集团公司并未提供董事会或股东会决议。此外，西南某房地产集团公司持有某霖公司100%股权，某霖公司持有某申公司100%股权，某申公司持有某麒公司100%股权，某麒公司持有重庆某房地产公司70%股权；西南某房地产集团公司持有某地公司100%股权，某地公司持有重庆某房地产公司30%股权，即西南某房地产集团公司间接持有重庆某房地产公司100%股权。重庆某电缆公司委托律师处理本案诉讼事宜，支出律师费5万元。

重庆市江津区人民法院于2022年5月19日作出（2022）渝0116民初5555号民事判决：一、重庆某房地产公司自本判决生效之日起5日内向重庆某电缆公司支付100万元；二、重庆某房地产公司自本判决生效之日起5日内向重庆某电缆公司支付前期资金占用损失费17,054.79元；三、重庆某房地产公司自本判决生效之日起5日内向重庆某电缆公司支付违约金（以1,000,000元为基数，从2022年3月23日起直至清偿完毕之日止，按全国银行间同业拆借中心公布的1年期贷款市场报价利率3倍计付）；四、重庆某房地产公司自本判决生效之日起5日内向重庆某电缆公司支付律师费5万元；五、西南某房地产集团公司对重庆某房地产公司上述支付义务承担连带清偿责任；六、驳回重庆某电缆公司的其他诉讼请求。宣判后，重庆某房地产公司不服，提起上诉。重庆市第五中级人民法院于2022年7月27日作出（2022）渝05民终5682号民事判决：驳回上诉，维持原判。

▶ 裁判理由

法院生效裁判认为：本案争议焦点是西南某房地产集团公司未经公司决议订立案涉《商票兑付延期协议》，为重庆某房地产公司债务提供担保，应否按照约定承担担保责任。

根据《民法典担保制度解释》第8条第1款第2项的规定，非上市公司为其全资子公司开展经营活动提供担保，公司以其未依照公司法关于公司对外担保的规定作出决议为由主张不承担担保责任的，人民法院不予支持。本案中，西南某房地产集团公司并非上市公司。《商票兑付延期协议》签订时，重庆某房地产公司不是西南某房地产集团公司的全资子公司。西南某房地产集团公司系间接持有重庆某房地产公司100%股权的实际控制人。西南某房地产集团公司为重庆某房地产公司提供担保是否需要公司决议，应当根据《公司法》（2018修正）第16条和《民法典担保制度解释》第8条的规定及立法目的予以判定。

根据《公司法》（2018修正）第16条的规定，公司对外担保需要公司决议。公司法如此规定，是考虑到，公司对外担保可能会承担相应的责任，对公司和股东利益带来影响，故以公司决议作为切入点来规制公司对外担保行为，以确保公司担保符合公司真实意思，防止法定代表人或公司其他人员为他人利益而损害公司及股东的合法利益。《公司法》（2018修正）第16条是以公司决议来证明公司对外担保符合公司的真实意思表示。《民法典担保制度解释》第8条第1款第2项关于非上市公司为其全资子公司开展经营活动提供担保无须公司决议的规定，则是考虑到公司持有子公司全部股权，而全资子公司利益全部归属于公司，与其他主体无关。公司为全资子公司经营活动提供担保是为自身利益提供担保，也不存在向子公司其他股东不当输送利益的情形，可以认定公司具有对外担保的真实意思表示。前述规定，既可以避免扰乱安定的公司交易秩序，又能防范公司恶意逃避担保责任的道德风险。同理，在担保人公司为其实际控制、间接持有100%股权的公司提供担保时，也是为了自己的利益，亦不存在为其他股东输送利益的情形。此种情形下，即使公司对外担保未经公司决议，也不违背《公司法》(2018修正)第16条的立法目的和《民法典担保制度解释》第8条第1款第2项的规范目的,不能因此认定该担保对公司不发生效力。本案中,西南某房地产集团公司未经公司决议通过订立《商票兑付延期协议》为重庆某房地产公司提供担保,该协议仍应对其发生效力,西南某房地产集团公司应当承担相应担保责任。故法院依法作出如上裁判。

▶ 裁判要旨

非上市公司为其采用多层股权架构间接持股100%的公司提供担保,实质系为自身利益进行担保,并无损害中小股东或其他股东权益之虞,可以认定属于《民法典担保制度解释》第8条第1款第2项规定的公司对外担保无须决议的情形。

▶ 关联索引

《公司法》第15条(本案适用的是2018年10月26日修正的《公司法》第16条)
《民法典担保制度解释》第8条

一审:重庆市江津区人民法院(2022)渝0116民初5555号民事判决(2022年5月19日)

二审:重庆市第五中级人民法院(2022)渝05民终5682号民事判决(2022年7月27日)

六十、公司章程规定所有对外担保必须经过股东会决议,若公司为其全资子公司提供担保,债权人是否应当审查股东会决议?

问

公司章程规定所有对外担保必须经过股东会决议,若公司为其全资子公司提供担保，债权人是否应当审查股东会决议？例如，A公司持有B公司100%股权。A公司章程规定公司股东会职权包括：审议涉及公司及/或其子公司与其关联人的关联交易的条款的调整或修改方案，包括但不限于直接或间接向公司及/或其子公司的关联人提供贷款、担保、为其债务承担补偿或保证责任；公司为其子公司担保金额单笔及当月累计不超过5000万元除外。现B公司向银行申请融资1亿元，A公司为B公司的债务向银行提供担保，A公司向银行提供了章程。那么，就A公司提供的担保，银行是否必须按照A公司章程，要求A公司提供担保已经由股东会通过的决议？

答

如果从对外担保要求决议的立法目的意在保护中小股东利益，避免法定代表人滥用担保损害股东利益，在母公司为全资子公司担保的场合，则不存在损害股东利益的问题。在此情况下，依据《民法典担保制度解释》第8条第1款第2项"公司为其全资子公司开展经营活动提供担保"之规定，公司为其全资子公司担保无须决议。但是，在担保人向债权人提供了章程的情况下，债权人应当知道公司对外提供担保已经超出了法定代表人的权限，如果未按照章程规定由股东会决议而提供对外担保，属于越权行为。主要理由包括：

一是章程对法定代表人代表权的限制，不得对抗善意相对人。《民法典》第61条第3款规定："法人章程或者法人权力机构对法定代表人代表权的限制，不得对抗善意相对人。"《公司法》(2023修订)第11条第2款规定："公司章程或者股东会对法定代表人职权的限制，不得对抗善意相对人。"因此，如果债权人是善意的，例如题述问题的场景中债权人并不知道A公司章程有关于对外担保的特殊规定，那么可以不受章程之约束，接受A公司提供担保无须决议。

二是题述问题场景中A公司章程关于为子公司提供担保需要股东决议的规定，属于意定限制，而不属于法律、行政法规对法定代表人或者负责人的代表权限制。《最高人民法院关于适用〈中华人民共和国民法典〉合同编通则若干问题的解释》(法释〔2023〕13号)第20条第2款规定："合同所涉事项未超越法律、行政法规规定的法定代表人或者负责人的代表权限,但是超越法人、非法人组织的章程或者权力机构等对代表权的限制,相对人主张该合同对法人、非法人组织发生效力并由其承担违约责任的,人民法院依法予以支持。但是,法人、非法人组织举证证明相对人知道或者应当知道该限制的除外。"债权人作为接受A公司担保的相对人,如果知道或者应当知道A公司章程存在相关限制,则债权人接受A公司担保时,应当按照A公司章程之规定,审查A公司股东会决议。

　　三是在一般情况下,债权人接受公司提供对外担保除了应当审查公司决议之外,还应当审查公司的章程。[1]但是,由于《民法典担保制度解释》第8条第1款第2项明确规定公司为其全资子公司开展经营活动提供担保无须决议,债权人在接受公司为其全资子公司所提供的担保时,债权人可能既不审查公司决议也不审查公司章程。在此情况下,债权人便无从知晓公司章程的内容,即使接受公司为其全资子公司提供担保未审查决议,此时亦构成善意相对人。但是,在债权人明知公司章程存在相关规定的情况下,笔者认为债权人应当按照公司章程规定审查公司就对外担保事项作出的决议。

　　综上所述,如果公司章程就公司担保决议事项作出了比法律、法规或司法解释更严格的规定,并且债权人明知存在该规定,则债权人应当受到章程规定的约束,在接受公司提供的担保时,应当按照公司章程之规定审查决议。

六十一、虽然表面上系对外担保,若被担保的借款直接用于公司自己的经营活动,是否可以免除决议?

问

　　虽然表面上系对外担保,但是若被担保的借款系直接用于公司自己的经营活动,该担保是否属于为自己提供担保而不适用《公司法》(2023修订)第15

---

〔1〕 详见本书第二十九问:"债权人是否有义务审查公司章程?"

条规定从而无须决议?

答

依据《公司法》(2023修订)第15条之规定,公司为他人提供担保需要按照公司章程的规定出具股东会或董事会决议。因此,如果公司为自身债务提供担保,无须依据该条规定出具决议。那么,如果公司表面上是为他人提供担保,但实质上系为自身债务提供担保,是否可以免除决议?例如,虽然借款合同中的借款人系其他公司或个人,公司为该借款提供担保在表面上看是对外担保,但是如果主合同项下的借款系用于该公司自己的经营活动,那么,该担保能否被认定为是为自己提供担保而排除《公司法》(2023修订)第15条之适用,从而无须决议?

对于符合公司利益的担保合同,即使是未经公司担保决议而订立的,亦应推定法定代表人或者代理人所表达的意思为公司的真实意思,《公司法》(2023修订)第15条即可豁免适用。[1]例如,最高人民法院(2017)最高法民终865号民间借贷纠纷案件中,《借款协议》约定借款用途为专项用于投资某旅游公司国有建设用地使用权出让合同的项目,法院认定某旅游公司作为用款人对该借款提供担保符合其利益,并进一步认为该担保虽因未经某旅游公司股东会决议而属于越权签订担保合同的行为,但根据本案事实,债权人有理由相信某旅游公司的法定代表人签订担保合同的行为系某旅游公司的真实意思表示,因此,本案担保合同对某旅游公司发生法律效力。[2]

此外,应收账款证券化业务中产品发行及兑付的直接和间接债务人常采取承诺为理财产品最终兑付提供连带责任保证的形式增加投资者对产品的信赖。由于原基础法律关系中的债务公司本身就是产品发行及兑付的直接和间接债务

---

[1] 参见高圣平:《论相对人审查义务视角下的公司担保决议——基于〈民法典〉实施之后的裁判分歧的展开和分析》,载《法制与社会发展》2022年第6期。

[2] 参见最高人民法院民事判决书,(2017)最高法民终865号。持有类似观点的案例:最高人民法院民事裁定书,(2021)最高法民申3398号;最高人民法院民事裁定书,(2020)最高法民申436号;河南省信阳市中级人民法院民事判决书,(2020)豫15民再294号;广东省广州市中级人民法院民事判决书,(2021)粤01民终4633号;福建省厦门市中级人民法院民事判决书,(2022)闽02民终3053号;广东省佛山市中级人民法院民事判决书,(2021)粤06民终14327号;新疆维吾尔自治区高级人民法院民事裁定书,(2023)新民申760号。

人,此种增信承诺看似原债务公司对外提供担保,实为原债务公司自我担保。此时,法院认为无须再依据公司为他人提供担保的决议程序来判断该种自我担保效力及法律责任。[1]

在上述案例中,虽然法院最终认定担保对公司发生效力,但在案件审理过程中当事人之间对此存在比较大的争议。因此笔者认为,债权人在接受公司提供担保时,原则上不得以被担保的借款系直接用于公司自己的经营活动为由而怠于审查公司的决议,以降低可能存在的风险。如果是出于迫不得已而要接受类似的担保,则债权人应当要求借款人、提供担保的公司共同出具书面确认文件,明确被担保的借款系直接用于提供担保的公司自己的经营活动,通过书面方式明确该担保符合公司的利益,降低担保未经公司股东会或董事会决议可能产生的风险。

六十二、开发商在预售商品房中为购房人按揭贷款提供阶段性担保是否无须机关决议?

问

商品房预售买卖交易中,开发商为了促成交易,在银行放款日至取得房屋抵押权证期间为购房人的借款向银行提供保证担保,开发商提供的该担保是否无须机关决议?

答

所谓开发商提供的阶段性担保是指在商品房预售买卖交易中,开发商为了促成交易,在银行放款日至取得房屋抵押权证期间为购房人的借款向银行提供

---

[1] 参见上海市第一中级人民法院民事判决书,(2021)沪01民终1809号。

保证担保,待银行取得抵押权证后,开发商不再承担保证责任。开发商阶段性担保设立的初衷,是为了解决贷款风险敞口期的问题,即在商品房预售买卖交易中,在购房人未取得不动产登记证明,无法在银行办理抵押权证,而银行在没有增信措施的情况下不愿意放款,进而可能导致购房人无法通过按揭借款的方式购买不动产。此时,开发商通常会选择与银行合作,愿意在此期间提供连带责任保证担保,直至银行取得抵押权,进而促成交易以早日回收资金。同时,在实践中类似担保数量过多,开发商往往不会就相关担保逐笔进行决议。但若之后开发商出售的房产未能办妥抵押登记而银行要求收回贷款,开发商可能以未出具决议为由进行抗辩,因此而发生纠纷。

如果从开发商阶段性担保的债权人、主债务人、担保人等主体来看,开发商提供的阶段性担保属于对外担保,适用《公司法》(2023修订)第15条的规定。同时,该情形亦不属于《民法典担保制度解释》第8条第1款所规定的例外情形。按照最高人民法院的观点,除《民法典担保制度解释》第8条规定的三种公司决议例外情形,在公司为他人提供担保领域,不存在其他任何公司决议例外事由,须从严把握。[1]那么,开发商在预售商品房中为购房人按揭贷款提供阶段性担保也应当出具股东会或董事会决议。

然而,司法实践一般认为,即便开发商未经决议,仍非属越权担保。其主要理由在于开发商提供阶段性担保的目的在于及时售出房屋,系为开发商自身利益的正常经营行为,不仅不会损害公司及股东利益,相反,有利于促进交易而使公司及股东间接获益,应认定为公司真实意思表示,不属于《公司法》(2023修订)第15条的规制对象。例如,在上海金融法院(2020)沪74民终44号金融借款合同纠纷案中,法院认为,债权人在与担保人缔约时,负有甄别法定代表人的行为是否符合公司真实意思的注意义务,但机关决议并非认定公司意思的唯一证据,如果有其他事实足以表明担保是为了公司利益,也可以认定公司具有对外提供担保的真实意思表示。开发商提供阶段性担保,属于为自身开展经营活动

---

[1] 参见最高人民法院民事审判第二庭:《最高人民法院民法典担保制度司法解释理解与适用》,人民法院出版社2021年版,第142页。

对外提供担保，即便贷款银行未审查机关决议，也不影响担保合同的效力。[1] 又如，广西壮族自治区柳州市中级人民法院二审（2022）桂02民终2366号金融借款合同纠纷案中，法院认为，《公司法》（2023修订）第15条规定的决议前置程序旨在确保公司为他人提供担保系公司的真实意思表示。房地产开发商在预售商品房中为购房人按揭贷款提供阶段性担保，是房地产开发商为促进期房销售即为其自身经营活动所作出的行为，符合公司利益，应推进为公司的真实意思表示，即便房地产开发商未对担保行为作出相关决议，也应认定担保合同或担保条款有效。[2]

也有个别案例持相反观点。例如，甘肃省高级人民法院（2023）甘民申806号金融借款合同纠纷案中，法院认为公司向其他企业投资或者为他人提供担保，就要承担相应的责任，就会对公司和股东的利益产生影响，因此法律作出严格的限制。出卖人未经公司决议，擅自签署担保合同，属于越权担保。某银行作为商事主体未对出卖人对外有效决议做审慎审查，不属于善意相对人。[3] 但该案事实有其特殊之处，即该案中出卖人、担保人实际是某酒店集团，其经营范围并无房地产开发及销售，不排除法院认为所涉及的房屋销售及担保行为或许并非出卖人日常经营事项，因而不属于行业通常做法而认定为与普通的担保无异，故要求债权人必须审查担保人出具的决议。

由上可见，无论是《民法典》施行之前还是《民法典》施行之后，实践中的主流观点均认为开发商在预售商品房中为购房人按揭贷款提供阶段性担保无须机关决议。但笔者认为，要求开发商就商品房销售阶段性担保逐笔出具决议难度较大，但开发商为了与银行等金融机构合作而提供阶段性担保，其配合度必然较高，银行在接受此类担保时，仍然可以要求开发商就其所提供的阶段性担保出具决议（但不必针对每笔贷款阶段性担保逐一作出决议，可以作出概括性授权决

---

[1] 参见上海金融法院民事判决书，(2020)沪74民终44号。
[2] 参见广西壮族自治区柳州市中级人民法院民事判决书，(2022)桂02民终2366。持有类似观点的案例：江苏省宿迁市宿城区人民法院民事判决书，(2020)苏1302民初6506号；湖北省荆门市东宝区人民法院民事判决书，(2021)鄂0802民初809号；山东省威海市中级人民法院民事判决书，(2022)鲁10民终1345号；山东省济南市天桥区人民法院民事判决书，(2021)鲁0105民初6576号；山东省潍坊高新技术产业开发区人民法院民事判决书，(2021)鲁0791民初2932号；山东省潍坊市奎文区人民法院民事判决书，(2021)鲁0705民初5833号等。
[3] 参见甘肃省高级人民法院民事裁定书，(2023)甘民申806号。

议),以最大化维护银行的利益。另一个现实问题是实践中如果开发商拒绝出具决议,银行由于内部合规要求,一般也不太可能接受开发商提供的阶段性担保。

六十三、若担保合同由2/3以上股东签字,债权人应当注意哪些问题?

问

若公司未就担保合同作出决议,但担保合同系由单独或者共同持有公司2/3以上对担保事项有表决权的股东签字同意,债权人应注意哪些问题?

答

《民法典担保制度解释》第8条第1款第3项规定:"有下列情形之一,公司以其未依照公司法关于公司对外担保的规定作出决议为由主张不承担担保责任的,人民法院不予支持:……(三)担保合同系由单独或者共同持有公司三分之二以上对担保事项有表决权的股东签字同意。"依据该规定,即使公司对外担保没有作出股东会决议或董事会决议,并不一定就认定担保对公司不发生效力,如果担保合同是由单独或者共同持有公司2/3以上对担保事项有表决权的股东签字同意,也可以对公司发生效力。在实践中,债权人接受公司提供担保时,应当注意以下问题:

第一,如果提供担保的公司系上市公司或上市公司已公开披露的控股子公司,则不适用该规定。依据《民法典担保制度解释》第9条规定,上市公司或上市公司已公开披露的控股子公司对外担保一定要公告。

第二,在适用的担保类型上,不仅适用于公司为他人提供的担保(非关联担保),也适用于公司为其股东或者实际控制人担保的担保(关联担保)。在非关联担保的情形下，即使公司章程规定对外担保应当由董事会决议而非股东会决议，也不影响该规定的适用，因为在非关联担保的情形下，单独或者共同持有公司2/3以上对担保事项有表决权的股东可通过股东会议修改公司章程，将对外提供担保的决议机关改为股东会。〔1〕

第三，如果公司提供的是关联担保，依据《公司法》（2023修订）第15条第3款的规定，被担保的股东或者受被担保的实际控制人支配的股东，不得对担保事项进行表决，因此"三分之二以上对担保事项有表决权的股东签字同意"的计算基数应当排除应回避的股东。

第四，需要特别注意的是，尽管《民法典担保制度解释》第8条第1款第3项明确规定了2/3的比例，但债权人仍然应当审查公司章程，特别注意公司章程关于对外担保事项表决通过比例是否有高于2/3比例的相关规定。我国法律允许公司章程对于重大事项的表决通过比例作出高于法定表决比例的规定。如果公司章程规定公司对外担保需要由股东会决议并且通过比例高于2/3，则债权人不应当仍以2/3以上表决权比例的股东签字推定为公司意思表示。〔2〕尤其是债权人在接受公司担保之时有义务审查公司章程，债权人明知章程对于公司对外担保的表决通过比例有特殊规定，故而亦受公司章程约束。〔3〕因此，如果公司章程有高于2/3比例的特殊规定的，不应当适用《民法典担保制度解释》第8条第1款第3项的规定的比例，而应当适用章程所规定的比例。

综上所述，债权人应当注意提供担保的公司是否属于上市公司或上市公司已公开披露的控股子公司，担保类型是关联担保还是非关联担保，如果是关联担保则需要审查关联股东是否回避或者排除关联股东的表决权比例是否仍然满足"单独或者共同持有公司三分之二以上"表决权。此外，还需要注意审查公司章程是否对于担保事项通过比例有特殊规定。

---

〔1〕 参见最高人民法院民事审判第二庭：《最高人民法院民法典担保制度司法解释理解与适用》，人民法院出版社2021年版，第144页。

〔2〕 详见本书第三十九问："公司章程对于股东会或董事会决议就担保事项进行决议的通过比例有特殊规定，债权人应当如何审查股东会或董事会决议？"

〔3〕 详见本书第二十九问："债权人是否有义务审查公司章程？"

六十四、票据的持票人是否需要审查票据保证人公司决议或公告？

问

债权人从其交易对手中取得一张电子商业承兑汇票，该汇票载明由某公司提供票据保证。债权人作为持票人是否应当要求为票据提供保证的某公司出具决议或作出公告？

答

票据保证，是指票据债务人以外的第三人以担保票据债务为内容的票据附属行为。《票据法》(2004修正)第46条规定："保证人必须在汇票或者粘单上记载下列事项：(一)表明'保证'的字样；(二)保证人名称和住所；(三)被保证人的名称；(四)保证日期；(五)保证人签章。"故票据保证是"要式"行为，必须在汇票或者粘单上记载，未记载而另行签订保证合同或保证条款的不属于票据保证。在票据保证关系中，被保证人可以是持票人、承兑人、背书人，保证人与被保证人对持票人承担连带责任，汇票到期得不到付款的，持票人有权向保证人请求付款。为确保票据保证行为的效力，《票据法》(2004修正)第48条还规定，保证不得附有条件；附有条件的，不影响对汇票的保证责任。因此，票据保证具有无因性、要式性、文义性和独立性。

由上可见，票据保证与民法上的保证同属于人的担保，都是无偿行为，都以保证主债务的履行为目的。但是，票据保证又是一种票据行为，产生票据法上的债权债务关系，不同于民法上的保证。对于民法上的保证，依据《公司法》(2023修订)第15条规定，债权人应当审查公司股东会或董事会决议。对于票据保证，债权人（持票人）是否应当审查票据保证人的股东会或董事会决议？第一种观点认为，票据保证是一种无偿的法律行为，同样存在"给公司造成损失，损害中小股东利益"的风险，因此票据保证需以公司决议作为授权的基础和来源。第二种观点认为，从票据保证与意思表示的关系以及《公司法》（2023修订）第15条的规范意旨来看，票据保证无须公司决议。

笔者赞同第二种观点，主要理由如下：

首先，如前所述，票据保证具有文义性。票据行为内容以票据上记载的文字意义来确定，不能依其他事实来探究行为人的真实意思是否与文义相符。票据保证作为一种票据行为，亦是如此，应当依照法律规定在票据上签章并记载法定事项，并按照所记载的事项承担票据保证责任。《最高人民法院关于审理票据纠纷案件若干问题的规定》（2020修正）第61条规定："保证人未在票据或者粘单上记载'保证'字样而另行签订保证合同或者保证条款的，不属于票据保证，人民法院应当适用《中华人民共和国民法典》的有关规定。"因此，票据的文义决定了如果票据记载的事项不符合法定要求便不构成票据保证。

其次，票据具有高度流通性，票据的无因性、文义性、要式性都是为了保证票据的流通，票据权利人无须关注票据的基础关系，仅需要按照形式审查要求对票据保证行为予以审核即可。如果票据保证必须经过内部的决议才生效，则对于后手的票据受让人而言，为确保票据保证之效力就需要负担高昂的审查成本，无疑会严重影响票据的流通性，也与票据流通的商业逻辑不符。

最后，司法实践中的主流观点认为票据保证不需要决议。例如，广东省高级人民法院（2020）粤民终1310号票据纠纷案件中，法院认为："票据保证与民事保证同属人的担保方式，但在评价票据保证效力问题时应当优先适用《中华人民共和国票据法》这一规范票据法律关系的特别法。长春中天公司所作的票据保证符合《中华人民共和国票据法》第四十六条关于票据保证记载事项的要求，应当依法承担票据保证责任。长春中天公司主张对其票据保证的效力应当根据《中华人民共和国公司法》第十六条的规定进行审查，不符合票据流通性要求，也不符合票据保证作为单方法律行为的特征，本院对长春中天公司的该项上诉主张不予采纳。"[1]

综上，笔者倾向于认为，持票人不需要审查票据保证人公司决议或公告。

六十五、保证保险未经保险公司出具股东会决议或董事会决议，是否对保险公司发生效力？

问

债务人与保险公司签订了以债权人为被保险人的保证保险合同，约定了保险公司向债权人支付赔偿金的条件及追偿权等内容。该保证保险合同是否属于担保合同？如果保险公司未出具股东会决议或董事会决议，该保证保险合同是否对保险公司发生效力？

答

对该问题，笔者认为可以从以下三方面进行回答：一是保证保险的概念，二是保证保险合同的性质（是否属于担保合同），三是保证保险合同是否需要参照公司对外担保的审查要求由保险公司出具决议。

（一）保证保险的概念

我国保证保险业务的主要开展形式为消费贷款等融资性保证保险，其合法地位已经由法律予以明确。《保险法》（2015修正）第95条第1款第2项规定："保

---

[1] 广东省高级人民法院民事判决书，(2020)粤民终1310号。持有类似观点的案例：重庆市合川区人民法院民事判决书，(2022)渝0117民初884号；山东省烟台市中级人民法院民事判决书，(2022)鲁06民终2887号；四川省成都市中级人民法院民事判决书，(2019)川01民终11211号。但是对于"评价票据保证之效力应当优先适用《票据法》这一规范票据关系的特别法"这一观点，有人并不赞同。参见齐昕、何雅婷：《公司担保规则适用的再校准——准用限制与例外把握》，载微信公众号"燕大元照法学教室"2024年9月22日，https://mp.weixin.qq.com/s/EQ3Ysb3U88xO__q1KubxmA。

险公司的业务范围：……（二）财产保险业务，包括财产损失保险、责任保险、信用保险、保证保险等保险业务……"因此，保证保险属于财产保险业务之一种，属于保险公司的业务范围。但法律未就保证保险的定义等具体内容作进一步规定。

《信用保险和保证保险业务监管办法》（银保监办发〔2020〕39号）第1条规定："本办法所称信用保险和保证保险，是指以履约信用风险为保险标的的保险。信用保险的信用风险主体为履约义务人，投保人、被保险人为权利人；保证保险的投保人为履约义务人，被保险人为权利人……本办法所称融资性信保业务，是指保险公司为借贷、融资租赁等融资合同的履约信用风险提供保险保障的信保业务……"

由上可见，保证保险是被保险人如果不履行合同约定义务，导致权利人遭受财产损失时，保险人负责赔偿权利人损失的一种财产保险。以最常见的融资性保证保险为例，保证保险的业务模式是发生债务人不能按期还款的保险事故后，由保险公司先行赔付债权人，保险公司再向投保人（同时也是债务人）追偿。

（二）保证保险合同的性质

如前所述，保证保险的业务模式与保证担保具有一定的相似性，这也导致理论与实务中对保证保险的性质长期存在争论。

1. 保证合同说

该观点认为，从形式上看，保证保险是保险公司设立的一种由保险人对债权人进行担保的险种。"在借款合同仅有履约保证保险为担保时，法律关系相对简单，保证保险合同属于《民法典》第388条所规定的'其他具有担保功能的合同'，此自无疑义，适用保险法与适用合同法并无冲突，因为保证保险合同就是担保合同，二者同一。"[1]例如，最高人民法院在（1998）经终字第291号信用证垫付款纠纷案中认为："基于该险种的特殊性，以普通财产保险的法律规定不能调整该险种所涉及的三方当事人之间所形成的法律关系。所以，从其所形成的民

---

［1］ 李晓云：《保险的功能主义担保再造——以履约保证保险与民事担保并存的法律适用规则为中心》，载《法律适用》2024年第8期。

事法律关系来看,更符合保证的法律特质,即中保公司为中行山东分行与惠德公司之间的债权债务关系提供保证。因此,应当认定中保公司为保证人,由于其出具了《进口付汇履约保证保险单》,在该公司与惠德公司、中行山东分行之间形成了保证关系。对这一关系应适用《中华人民共和国担保法》及相关的司法解释予以调整。"[1]

2. 保险合同说

该观点认为,保证保险虽具有一定的担保属性,但其实质为财产保险的一种,是保险公司以"保证"形式经营的一种新型保险业务。保证保险合同具有独立性,其效力不受基础合同的影响。在保证保险合同有关的纠纷中,优先适用《保险法》及其相关司法解释确定当事人的权利义务。例如,原中国保险监督管理委员会于1999年发布的《关于保证保险合同纠纷案的复函》(保监法〔1999〕16号)中明确保证保险是财产险的一种。最高人民法院(2000)经终字第295号保险合同纠纷案中,最高人民法院首次认为,保证保险属于保险而不是保证。[2]《最高人民法院关于保证保险合同纠纷案件法律适用问题的答复》(〔2006〕民二他字第43号)认为:"汽车消费贷款保证保险是保险公司开办的一种保险业务。在该险种的具体实施中,由于合同约定的具体内容并不统一,在保险公司、银行和汽车销售代理商、购车人之间会形成多种法律关系。在当时法律规定尚不明确的情况下,应依据当事人意思自治原则确定合同的性质。你院请示所涉中国建设银行股份有限公司纠纷案,在相关协议、合同中,保险人没有作出任何担保承诺的意思表示。因此,此案所涉保险单虽名为保证保险单,但性质上应属于保险合同。同意你院审判委员会多数意见,此案的保证保险属于保险性质。"

此外,地方法院的裁判类指引或意见大部分持该观点。例如,福建省高级人民法院民事审判第二庭《关于审理保险合同纠纷案件的规范指引》(〔2010〕闽民二3号)规定:"保证保险合同效力独立于借款合同或借款担保合同效力之外,不具有从属性。""人民法院审理保证保险合同纠纷案件,应当适用保险法、合同法

---

[1] 最高人民法院民事判决书,(1998)经终字第291号。
[2] 参见最高人民法院民事判决书,(2000)经终字第295号。持有类似观点的案例有:吉林省高级人民法院民事裁定书,(2020)吉民申1533号。

及其他相关法律、法规和司法解释。"上海市高级人民法院《2012年第一次高中院金融审判联席会议纪要》(2012年4月10日)规定:"鉴于2009年《保险法》已将保证保险明确纳入财产保险范畴,故法院在审理此类合同引发的纠纷时,应将之作为保险法律关系处理。对于此类合同纠纷,首先适用《保险法》《合同法》的相关规定,《保险法》《合同法》没有明确规定的,才参照《担保法》相关规定。"

3. 折中说(又称二元说)

该观点又有两种观点:一种观点认为,保证保险属于混同合同,不属于保证合同或保险合同,应当适用《民法典》关于无名合同的有关规定,保证与保险相辅相成,相互配合;另一种观点认为,要根据个案具体情况确定合同的法律性质,进而判断应当适用《民法典》的保证规定还是保险法。

《最高人民法院对湖南省高级人民法院关于〈中国工商银行郴州市苏仙区支行与中保财产保险有限公司湖南省郴州市苏仙区支公司保证保险合同纠纷一案的请示报告〉的复函》(〔1999〕经监字第266号)明确:"湖南省高级人民法院:你院〔1996〕湘经再字第53号《中国工商银行郴州市苏仙区支行与中保财产保险有限公司湖南省郴州市苏仙区支公司保证保险合同纠纷一案的请示报告》收悉。经研究,答复如下:一、保证保险是由保险人为投保人向被保险人(债权人)提供担保的保险,当投保人不能履行与被保险人签订合同所规定的义务,给被保险人造成经济损失时,由保险人按照其对投保人的承诺向被保险人承担代为补偿的责任。因此,保证保险虽是保险人开办的一个险种,其实质是保险人对债权人的一种担保行为。在企业借款保证保险合同中,因企业破产或倒闭,银行向保险公司主张权利,应按借款保证合同纠纷处理,适用有关担保的法律。"最高人民法院在(2004)民二终字第38号借款及保证保险合同纠纷案中认为:"在三方当事人订立的《销售协议》《附加协议》中均载明了某保险对三九公司的贷款本金、利息及可能发生的罚息承担保证责任的意愿;且在《分期付款购车保险单》中,某保险将该项保证责任明确在192,972,669元范围之内。在此情况下,某营业部根据合同约定,履行了向三九公司发放1.5亿元贷款的义务。双方关于保证的意思表示真实,据此某营业部与某保险之间形成了保证合同关系。本案上述主、从合同法律关系的构建方式借用了保险合同的形式,虽有别于传统的借款担保合同关系的模式,但两者的本质相同。该保证合同记载的内容明确且不违反法律,应为有效合同。原审判决对本案合同性质的认定并无不当。"[1]

随着2009年《保险法》第95条明确规定保险公司的财产保险业务"包括财产损失保险、责任保险、信用保险、保证保险等保险业务",前述关于保证保险合同性质的争论中,"保证说"的观点已非主流,目前主要争议是"保险说"与"折中说"(或二元说)。但在最高人民法院层面,最高人民法院第二巡回法庭2021年第20次法官会议纪要中倾向于采取保险合同说,认为:"2009年修订后的《保险法》第95条第1款明确规定了保证保险这一险种,认定其属于财产险的一种。因《保险法》(2015修正)对其性质作出了明确规定,在合同无特殊约定保险人承担保证责任的情形下,保证保险法律性质应为保险,优先适用《保险法》及相关司法解释的规定。"[2]

(三)保证保险合同是否需要保险公司出具决议

如果将保证保险合同认定为保证合同,那么在法律、司法解释未规定保证保险合同无须决议的情况下,债权人自然需要与接受普通的担保合同一样,审查保险公司出具的决议。而无论是保险合同说还是折中说(或二元说),其实都无法否定保证保险所具有的担保功能,将保证保险合同在某种程度上纳入《民法典》第388条所规定的其他具有担保功能的合同亦无不可。既然保证保险合同具有担保功能,即具有与保证合同类似的功能,那么是否需要保险公司出具决议呢?笔者认为不需要,理由如下:

一方面,目前主流观点已经否认了保证保险合同的性质为保证合同,那么保证保险就不属于公司对外提供担保。因此,不应当直接适用《公司法》(2023修订)第15条之规定,要求保险人出具股东会决议或董事会决议。

另一方面,即使保证保险合同具有担保功能,需要注意的是保证保险本身属于保险公司的财产保险业务,该财产保险业务并不属于《公司法》(2023修订)第

---

[1] 最高人民法院民事判决书,(2004)民二终字第38号。
[2] 贺小荣主编:《最高人民法院第二巡回法庭法官会议纪要》(第3辑),人民法院出版社2022年版,第322页。

15条所调整的范畴。在保证保险属于保险公司正常经营范围且该业务可维持保险公司可持续经营发展时，若还要求其每次开展保证保险业务均遵循《公司法》（2023修订）第15条规定，既有违商事交易的效率和便捷原则，也背离了立法目的。正如《民法典担保制度解释》第8条对以为他人提供担保为主营业务的担保公司以及开展保函业务的银行或者非银行金融机构规定决议豁免，原因是以担保为业的公司不属于《公司法》（2023修订）第15条的调整范围。[1]

总之，笔者认为，保证保险业务属于保险公司的标准化业务，是保险公司从事的日常经营活动，因此无须决议即可对保险公司发生效力。但是，对于保证保险以外的非标准化的担保行为，如订立个别化的保证合同，则仍应遵循公司对外提供担保的一般规则，由保险公司出具相关决议。

六十六、反担保是否需要审查决议或公告？

问

反担保中，接受反担保的"债权人"是否需要审查提供反担保的公司决议或者公告？

答

《民法典》第387条第2款规定："第三人为债务人向债权人提供担保的，可以要求债务人提供反担保。反担保适用本法和其他法律的规定。"第689条规定："保证人可以要求债务人提供反担保。"这是《民法典》关于反担保的相关规定。由上述规定可见，反担保指的是为债务人向债权人提供担保的第三人，为保证自己的追偿权得到实现，要求债务人为自己追偿权的实现而提供的担保。反担保

---

[1] 参见最高人民法院民事审判第二庭：《最高人民法院民法典担保制度司法解释理解与适用》，人民法院出版社2021年版，第143页。

是与本担保相对的概念，因为其目的在于确保非债务人的担保人承担担保责任后得到债务人的清偿，因此也被称为"求偿担保"。[1]可见，反担保的主要功能是为了保障担保人追偿权的实现，或者说弥补担保人因承担担保责任遭受的损失。本担保和反担保均是一般意义上的担保，二者本质上并无差异，那么公司对外提供反担保，自然也应当适用《公司法》（2023修订）第15条关于公司对外担保的规定，接受反担保的"债权人"（为债务人向债权人提供担保的第三人）就应当审查反担保人的决议或公告。[2]

在反担保的主体上，可以由债务人提供反担保，也可以由债务人以外的其他人提供反担保。债务人充当反担保人时，反担保的形式只能是物的担保而不能是保证担保（债务人提供保证担保无实际意义）。债务人以外的其他人提供反担保时，可以提供物的保证（物的担保），也可以提供人的保证。

在债务人作为反担保人时，反担保的主债权是"为债务人向债权人提供担保的第三人"对债务人享有的追偿权，因此债务人相当于反担保的主债务人，债务人此时所提供的反担保实际上是为自身的债务提供担保，不适用《公司法》（2023修订）第15条规定的关于公司对外提供担保的情形。此观点可以从证券交易所的相关规定得到佐证，即上市公司及其控股子公司为以自身债务为基础的担保提供反担保时，证券交易所豁免上市公司的审议程序和信息披露义务。例如，《上海证券交易所上市公司自律监管指引第1号——规范运作（2023年12月修订）》第6.2.11条规定："上市公司及其控股子公司提供反担保应当比照担保的相关规定执行，以其提供的反担保金额为标准履行相应审议程序和信息披露义务，但上市公司及其控股子公司为以自身债务为基础的担保提供反担保的除外。"《深圳证券交易所上市公司自律监管指引第1号——主板上市公司规范运作（2023年12月修订）》第6.2.12条规定："上市公司及其控股子公司提供反担保应当比照担保的相关规定执行，以其提供的反担保金额为标准履行相应审议程序和

---

〔1〕 最高人民法院民法典贯彻实施工作领导小组主编：《中华人民共和国民法典物权编理解与适用》（下），人民法院出版社2020年版，第990页。

〔2〕 持有该观点的案例有：吉林省吉林市中级人民法院民事判决书，(2023)吉02民终3035号；吉林省辽源市中级人民法院民事判决书，(2022)吉04民终386号；安徽省安庆市中级人民法院民事判决书，(2022)皖08民终532号；上海市金山区人民法院民事判决书，(2023)沪0116民初8341号。

信息披露义务,但上市公司及其控股子公司为以自身债务为基础的担保提供反担保的除外。"《深圳证券交易所上市公司自律监管指引第2号——创业板上市公司规范运作(2023年12月修订)》第7.2.12条亦规定:"上市公司及其控股子公司提供反担保应当比照担保的相关规定执行,以其提供的反担保金额为标准履行相应审议程序和信息披露义务,但上市公司及其控股子公司为以自身债务为基础的担保提供反担保的除外。"因此,为债务人向债权人提供担保的第三人(接受债务人提供反担保的主体),并无审查债务人公司决议或公告的义务。但需要注意的是,上海证券交易所科创板及北京证券交易所未就"上市公司及其控股子公司为以自身债务为基础的担保提供反担保"规定可以豁免审议程序和信息披露义务。

在债务人以外的其他公司作为反担保人时,该反担保并非为以该反担保人自身债务为基础的担保提供反担保,则"为债务人向债权人提供担保的第三人"应当依据《公司法》(2023修订)第15条规定审查提供反担保的公司所出具的决议或公告。

六十七、《九民纪要》颁布至《民法典担保制度解释》开始施行期间订立的担保合同,债权人主张无须决议,应当依何规定进行判断?

问

《九民纪要》与《民法典担保制度解释》均就公司对外担保无须决议的情形作出了规定,但与《九民纪要》相比,《民法典担保制度解释》对于无须决议的情形做了更加严格的限制。那么,如果《九民纪要》颁布至《民法典担保制度解释》开始施行期间订立担保合同,但纠纷发生于《民法典担保制度解释》施行之后,债权人主张无须决议的,应当依何规定进行判断?

答

《九民纪要》第19条规定:"存在下列情形的,即便债权人知道或者应当知道没有公司机关决议,也应当认定担保合同符合公司的真实意思表示,合同有效:……(2)公司为其直接或者间接控制的公司开展经营活动向债权人提供担保;(3)公司与主债务人之间存在相互担保等商业合作关系……"《民法典担保制度解释》未简单沿袭《九民纪要》的规定,而是将其进行修改:一是将"公司为其直接或者间接控制的公司开展经营活动向债权人提供担保"修改成"公司为其全资子公司开展经营活动提供担保",二是删除了"公司与主债务人之间存在相互担保等商业合作关系"的规定。由此产生的问题是,《九民纪要》颁布之后,公司对外提供担保,但纠纷发生于《民法典担保制度解释》施行之后,债权人能否以"公司为其直接或者间接控制的公司开展经营活动向债权人提供担保"或"公司与主债务人之间存在相互担保等商业合作关系"为理由,依据《九民纪要》第19条之规定主张担保对公司发生效力?

对此,实践中存在两种观点。

(一)观点一:法不溯及既往,应当根据《九民纪要》的规定进行论证,判断担保是否符合《九民纪要》第19条所规定的无须决议的情形

该观点的主要理由是,应以法律行为作出时的法律来判断该法律行为的效力,以确保当事人对法律行为的合理预期。根据法不溯及既往的原则,从维护合同当事人基于法的安定性的合理期待来考量,公司对外担保所订立的担保合同是否对公司发生效力,应当依照担保合同订立时已经颁布的《九民纪要》的有关规定进行审查。

例如,北京市高级人民法院(2020)京民终798号买卖合同纠纷案中,法院认为《民法典》《民法典担保制度解释》均自2021年1月1日起施行,依据《最高人民法院关于适用〈中华人民共和国民法典〉时间效力的若干规定》(法释〔2020〕15号)第1条第2款的规定,《民法典》施行前的法律事实引起的民事纠纷案件,适用

当时的法律、司法解释的规定,但是法律、司法解释另有规定的除外。因担保事实发生在《民法典》施行之前,故法院认为仍应适用《民法典》施行之前的法律、司法解释的规定,并进一步认为在案涉两份《保证合同》签署时,深圳某公司为其直接或间接控制的公司开展经营活动提供担保,一审法院据此认定案涉两份《保证合同》合法有效亦无不当。[1]

也有许多在《民法典担保制度解释》施行之后作出判决的案例中,法院依据《九民纪要》第19条第3项"公司与主债务人之间存在相互担保等商业合作关系"为依据,支持担保对公司发生效力。[2]

此外,还有一些案例中,法院虽然未支持担保合同对公司发生效力,但法院系依据《九民纪要》关于"公司与主债务人之间存在相互担保等商业合作关系"之规定,认为担保不属于"相互担保等商业合作关系",从而认定担保对公司不

---

[1] 参见北京市高级人民法院民事判决书,(2020)京民终798号。持有类似观点的案例:四川省新津县人民法院民事判决书,(2022)川0118民初4515号;安徽省宣城市中级人民法院民事判决书,(2023)皖18民初74号;吉林省四平市铁西区人民法院民事判决书,(2023)吉0302民初342号;广东省广州市南沙区人民法院民事判决书,(2021)粤0115民初21619号;上海市杨浦区人民法院民事判决书,(2022)沪0110民初12906号;四川自由贸易试验区人民法院民事判决书,(2023)川0193民初4724号;云南省昆明市中级人民法院民事判决书,(2023)云01民终20678号;上海市浦东新区人民法院民事判决书,(2023)沪0115民初64642号;陕西省城固县人民法院民事判决书,(2024)陕0722民初1556号;广东省高级人民法院民事判决书,(2021)粤民终982号;山东省菏泽市中级人民法院民事判决书,(2021)鲁17民终4759号;山东省东阿县人民法院民事判决书,(2023)鲁1524民初2784号。

[2] 参见福建省南平市中级人民法院民事判决书,(2021)闽07民终956号;重庆市铜梁区人民法院民事判决书,(2021)渝0151民初4949号;湖南省岳阳市岳阳楼区人民法院民事判决书,(2021)湘0602民初874号;四川省成都市中级人民法院民事判决书,(2022)川01民终9230号;江苏省无锡市中级人民法院民事判决书,(2021)苏02民终7616号;四川省成都市青羊区人民法院民事判决书,(2021)川0105民初17257号;四川省成都市青羊区人民法院民事判决书,(2021)川0105民初17257号;浙江省嘉兴市南湖区人民法院民事判决书,(2021)浙0402民初8641号;山东省潍坊市中级人民法院民事判决书,(2022)鲁07民终11211号;山东省枣庄市中级人民法院民事判决书,(2021)鲁04民终220号;山东省聊城市中级人民法院民事判决书,(2022)鲁15民终70号;上海市奉贤区人民法院民事判决书,(2022)沪0120民初7042号;江苏省靖江市人民法院民事判决书,(2021)苏1282民初2560号;甘肃省兰州市中级人民法院民事判决书,(2022)甘01民初319号;北京市第三中级人民法院民事判决书,(2022)京03民初5124号;北京市第三中级人民法院民事判决书,(2021)京03民终8968号;河南省商丘市中级人民法院民事判决书,(2021)豫14民终712号;北京市第二中级人民法院民事判决书,(2022)京02民终12822号;上海市松江区人民法院民事判决书,(2020)沪0117民初13965号;江苏省南通市中级人民法院民事判决书,(2022)苏06民终2644号;江苏省南通市中级人民法院民事判决书,(2021)苏06民终1046号。

发生效力。[1]反面解释之,如果担保属于"相互担保等商业合作关系"则对公司发生效力,相当于认可应当适用《九民纪要》之规定。

(二)观点二:担保的事实持续发生至《民法典》施行之后,且互联互保作为无须决议的例外情形有违立法目的,故不应当适用《九民纪要》的规定判断担保是否对公司发生效力

该观点认为虽然担保合同订立于《九民纪要》颁布之后《民法典》施行之前,但仍然不应当适用《九民纪要》的规定判断担保是否对公司发生效力。

其理由之一为,虽然担保合同订立在前,但担保事实持续发生至《民法典》施行之后,故依据《最高人民法院关于适用〈中华人民共和国民法典〉时间效力的若干规定》(法释〔2020〕15号)第1条第3款的规定,《民法典》施行前的法律事实持续至《民法典》施行后,该法律事实引起的民事纠纷案件,适用《民法典》的规定。相应地,对于担保是否有效的认定也不应当适用《九民纪要》之规定。例如,在北京金融法院(2021)京74民初1407号金融借款合同纠纷案中,法院认为,案涉《信托贷款合同》《信托贷款合同补充合同》《保证合同》《股权质押合同》虽订立于《民法典》施行前,但本案诉争的法律事实持续至《民法典》施行后,故该法律事实引起的民事纠纷案件,应当适用《民法典》的相关规定。[2]

其理由之二为,如果将《九民纪要》第19条第3项规定中的"等商业合作关系"扩大理解为包含互相担保在内的一切商业合作关系,会导致例外的情况外延被无限扩大,偏离《公司法》立法初衷,且《民法典担保制度解释》关于公司对外

---

[1] 参见北京市高级人民法院民事判决书,(2021)京民终197号;河南省濮阳市中级人民法院民事判决书,(2021)豫09民终70号;广东省江门市中级人民法院民事判决书,(2021)粤07民终323号;浙江省宁波市江北区人民法院民事判决书,(2020)浙0205民初4824号;山东省潍坊市中级人民法院民事裁定书,(2020)鲁07民终4128号;甘肃省高级人民法院民事判决书,(2021)甘民终155号;重庆市铜梁区人民法院民事判决书,(2023)渝0151民初6386号;广东省江门市新会区人民法院民事判决书,(2021)粤0705民初307号;山东省青岛市中级人民法院民事判决书,(2021)鲁02民终2235号;安徽省亳州市中级人民法院民事判决书,(2024)皖16民终220号;甘肃省高级人民法院民事判决书,(2021)甘民终110号;四川省自贡市中级人民法院民事判决书,(2021)川03民终231号;广东省中山市第一人民法院民事判决书,(2022)粤2071民初34953号。

[2] 参见北京金融法院民事判决书,(2021)京74民初1407号。持有类似观点的案例:上海市长宁区人民法院民事判决书,(2023)沪0105民初52号;湖南省张家界市永定区人民法院民事判决书,(2022)湘0802民初3号。

担保无须决议的规定已将上述例外情形予以剔除，可见对上述规定不宜作扩大解释，更有利于债权人和股东之间的利益平衡。[1]

其理由之三为，《民法典担保制度解释》第8条规定了公司对外担保无须机关决议的例外情形，该规定并非创设公司对外担保效力认定的新规则和标准，而是为适法统一对该类问题的裁判标准予以明确，不存在溯及力问题，应当作为人民法院审理公司对外担保效力争议的裁判依据。[2]

（三）笔者倾向性观点：应当适用《九民纪要》认定担保效力

由上可见，对于《九民纪要》颁布至《民法典担保制度解释》开始施行期间订立的担保合同，应当适用《九民纪要》还是《民法典担保制度解释》，司法实践中存在较大争议，甚至同一法院的裁判观点也可能存在不一致。笔者倾向于认为，应当适用《九民纪要》认定担保效力。

第一，《九民纪要》对民商事实务具有指引作用。《最高人民法院关于印发〈全国法院民商事审判工作会议纪要〉的通知》明确规定："纪要不是司法解释，不能作为裁判依据进行援引。《会议纪要》发布后，人民法院尚未审结的一审、二审案件，在裁判文书'本院认为'部分具体分析法律适用的理由时，可以根据《会议纪要》的相关规定进行说理。"由此可见，《九民纪要》虽然不是司法解释，但在客观上起到了统一裁判观点的作用，其影响力并不亚于司法解释，在颁布之后对当事人的民商事活动具有指引作用。在客观上，《九民纪要》颁布之后，实务界掀起了一波又一波学习《九民纪要》的浪潮。当事人依据《九民纪要》之规定对外提供担保，那么对担保效力的认定也应当按照《九民纪要》的观点进行处理。

第二，虽然《九民纪要》不是司法解释，但"法不溯及既往"是基本原理，对于不是司法解释但胜似司法解释的《九民纪要》而言，在无须决议的情形方面，《民法典担保制度解释》作出了不完全一样的规定，很难说不是规则的变化。以《民法典担保制度解释》的新规定，去否定依据《九民纪要》所提供的担保之效

---

[1] 参见广东省深圳市中级人民法院民事判决书，(2020)粤03民终26835号、(2020)粤03民终26836号。
[2] 参见上海市第三中级人民法院民事判决书，(2021)沪03民初387号。

力,明显背离当事人的预期,有违"法不溯及既往"这一基本原理。

第三,对于以《最高人民法院关于适用〈中华人民共和国民法典〉时间效力的若干规定》(法释〔2020〕15号)第1条第3款为依据主张应当适用《民法典担保制度解释》的观点,笔者亦不敢苟同。担保合同订立于《民法典》施行之前,订立担保合同的法律事实已经发生并结束,担保合同订立之后是双方担保法律关系的持续,而非订立担保合同这一事实的持续,不属于"民法典施行前的法律事实持续至民法典施行后",当然也就不应当适用《民法典担保制度解释》之规定,而是应当依据法律事实发生之时即担保合同订立之时的规则进行认定。

第四,至于认为互联互保作为无须决议的例外情形有违立法目的这一观点,也是《民法典担保制度解释》施行之后对《九民纪要》所作出的评论,如果有充分证据证明在《民法典担保制度解释》施行之前订立的担保合同符合"公司与主债务人之间存在相互担保等商业合作关系"的情形,笔者认为仍然应当适用《九民纪要》之规定而无须决议。但需要特别注意的是,《九民纪要》的该规定本身的确存在不合理之处,并且互联互保的事实判断标准难以量化,即使在《九民纪要》时代,部分法院对于该无须决议的情形亦是从严把握[1],那么在《民法典担保制度解释》施行后,即使担保合同订立于《民法典担保制度解释》施行前,对于以互联互保为由豁免决议的适用应当更加谨慎、严格。

综上,《九民纪要》与《民法典担保制度解释》关于无须决议的情形规定不一致,笔者认为应当适用担保合同订立之时的规则认定是否符合无须决议的情形。但司法实践中对此观点存在冲突,若因为存量担保合同引发的纠纷,当事人可以根据案件情况需要,充分主张有利观点。

---

[1] 例如,上海市高级人民法院(2020)沪民终285号质押式证券回购纠纷案中,法院认为:"如当事人之间长期存在有效的相互担保,担保金额基本相近,则此后某次欠缺决议的担保,有可能被法院仍认定为有效。但如果此前的相互担保就是无效的,就不能因为违法违规行为的不断累积,导致此后的担保成为有效。"

六十八、非上市公司股东、董事参与担保合同的起草、订立等过程，但该公司未出具决议，对外担保是否对该公司发生效力？

问

非上市公司订立的未经公司机关决议的担保合同，如果有证据证明法定代表人以公司名义订立对外担保合同系公司真实意思表示，例如公司的股东和董事对担保合同的起草、订立、履行过程充分知晓并参与，担保合同内容并不损害公司及其全体股东利益等，那么该公司订立的对外担保合同是否对公司发生效力？

答

对于《公司法》（2023修订）第15条，最高人民法院认为，"实际上是以公司意思作为代表权的基础和来源，相对人在接受担保的时候，依法应当负有甄别法定代表人实施的担保行为是否符合公司真实意思的注意义务。也就是说，债权人只要有证据证明法定代表人以公司名义订立担保合同符合公司真实意思，该担保行为就符合民事法律行为有效要件。在判断担保合同的效力时，公司决议的存在当然是证明公司就对外担保行为作出了真实意思表示的最直接书面证据"。[1]笔者认为，法律要求债权人审查决议的目的在于确认担保属于公司真实意思表示，决议只是证明的手段而非目的。如果公司未出具决议，但是有其他证据证明法定代表人以公司名义订立担保合同符合公司真实意思表示的，那么该

---

〔1〕 最高人民法院民事审判第二庭：《最高人民法院民法典担保制度司法解释理解与适用》，人民法院出版社2021年版，第142页。

担保应当也能够对公司发生效力。正因如此,《民法典担保制度解释》第8条第1款对无须机关决议的例外情形作出了规定。虽然最高人民法院民事审判第二庭认为,除了《民法典担保制度解释》第8条第1款规定的三种公司决议例外情形,在公司为他人提供担保领域,不存在其他任何公司决议例外事由。[1]但是,即使不属于《民法典担保制度解释》第8条第1款明文规定的情形,如果通过其他手段也能实现目的,即有其他证据证明担保是公司真实意思表示的,也应当认定该担保对公司发生效力。

例如,北京金融法院(2022)京74民终100号合同纠纷案中,尽管担保协议的订立未经决议,且不存在无须决议的情形,但该协议系在担保人实际控制人和控股股东的直接参与下起草、修订、签署和履行,公司董事会亦知晓并默许该协议的履行,且协议的订立不损害担保人及其股东利益。法院认为可以认定担保人订立的担保协议符合该公司及其控股股东的真实意思表示,不存在越权担保行为,其理由是:"本案中,案涉《差额补足协议》系某基金公司的真实意思表示,其应承担连带保证责任。首先,保证人某基金公司签订《差额补足协议》时,某投资基金管理公司系某基金公司的控股股东和实际控制人。其次,某基金公司的控股股东和董事会全体成员均对案涉《差额补足协议》的内容和履行情况明确知悉,且全程直接参与了协议的起草、修订、签署和履行过程。在起草、修订和签署案涉协议的过程中,某基金公司的控股股东某投资基金管理公司的工作人员全程参与并代替保证人与担保权人某管理公司进行沟通和协商,主导了整个协议的签署进程和修订内容。在履行案涉协议的过程中,相关邮件往来记录显示某基金公司在履行往期年度收益差额补足义务时,系由其控股股东某投资基金管理公司的工作人员向某管理公司发送通知,且同步通知了某基金公司的董事会全体成员。此外,某基金公司在履行往期年度收益差额补足义务后,与其控股股东共同委托某律师事务所向B级份额委托人提起诉讼和仲裁进行追偿,相应仲裁裁决书已生效。最后,案涉《差额补足协议》的签订不损害某基金公司及其股东的利益。某基金公司的控股股东在案涉协议签订时虽然在名义持有股份

---

[1] 参见最高人民法院民事审判第二庭:《最高人民法院民法典担保制度司法解释理解与适用》,人民法院出版社2021年版,第143页。

上看为小股东,但其实质上是某基金公司的实际控制人(亦为实际上的唯一股东),其不仅对案涉协议签署、履行等情况知悉,而且从宏观交易流程的角度来看,其通过案涉交易参股并控制了上市公司,并享有获益。故本案不存在现行公司法第十六条立法目的所保护的避免公司法定代表人对外越权担保损害中小股东利益的情形,案涉《差额补足协议》系某基金公司的真实意思表示,其应承担连带保证责任。"[1]

又如,江西省高级人民法院(2021)赣民再153号民间借贷合同纠纷案中,公司对担保事项同样未作出决议,但法院认为公司对与自身利益密切相关的债务,其法定代表人及相关职能人员共同、长期、反复作出担保和还款意思表示,公司董事、股东未提出异议的,符合《民法典担保制度解释》第8条规定之精神,即便债权人未审查公司关于担保的决议,亦应当认定为善意相对人,该公司担保行为应为有效。[2]

此外,上海市高级人民法院(2021)沪民终271号金融借款合同纠纷案件中,公司作为担保人对外订立《最高额抵押合同》,虽然公司出具的董事会决议形式不符合章程规定,但在证明公司的实际控制人及股东对此知情并同意后,通过两级审判最终认定了该决议实质上发生符合章程规定的对外担保决议效力,担保合同应当有效。[3]

虽然上述案例中法院的做法值得肯定,但值得注意的是,上述案例的处理结果突破了《民法典担保制度解释》第8条第1款所规定的三种公司决议例外情形,在审理层面体现了法院对《公司法》(2023修订)第15条立法本意的精准把握,在诉讼层面则离不开债权人对担保协议订立、履行过程相关事实的穷尽举证,既有实力体现,也有一定运气成分。作为债权人,应当注重在订立担保合同之时履行合理审查义务,切勿在订立担保合同之后再看担保是否符合公司意思表示,甚至在诉讼阶段才匆忙收集相关证据。

---

〔1〕 蒙瑞、单海涛:《未经非上市公司机关决议的对外担保合同并不当然无效——北京金融法院判决某管理公司诉某基金公司等合同纠纷案》,载《人民法院报》2024年1月25日,第7版。
〔2〕 参见江西省高级人民法院民事判决书,(2021)赣民再153号。
〔3〕 参见上海市高级人民法院民事判决书,(2021)沪民终271号。

第三部分

上市公司对外担保

六十九、哪些担保主体应当适用《民法典担保制度解释》第9条？

问

《民法典担保制度解释》第9条规定对外担保需要公告的担保主体包括"上市公司""上市公司已公开披露的控股子公司""股票在国务院批准的其他全国性证券交易场所交易的公司"，但具体包括哪些？

答

笔者根据《民法典担保制度解释》第9条规定分三点回答上述问题。

（一）所有境内上市公司均适用

依据《民法典担保制度解释》第9条之规定，接受上市公司对外担保必须审查上市公司的公告基本已经是债权人的共识。但事实上，并非所有的上市公司均适用该条规定，而《民法典担保制度解释》并未定义何为"上市公司"及"上市公司已公开披露的控股子公司"，因此哪些担保主体应当适用该条规定，便值得讨论。

根据公司注册地、上市地不同，上市公司可以分四类：（1）境内注册，仅在境内上市；（2）境内注册，仅在境外上市；（3）境内注册，但在境内境外同时上市；（4）境外注册并且在境外上市。

《民法典担保制度解释》第9条是对《公司法》（2023修订）第15条[1]的解释，而《公司法》（2023修订）第2条规定该法所称公司，是"指依照本法在中华人民共和国境内设立的有限责任公司和股份有限公司"。因此，《民法典担保制度解

---

[1]《公司法》（2018修正）第16条。

释》第9条规定的上市公司是指前述第一类在境内注册、在境内证券交易所上市交易的股份有限公司。正如最高人民法院民事审判第二庭概括《民法典担保制度解释》第9条的条文主旨时明确指出:"本条是关于境内上市公司对外提供担保的规定。"[1]那么,前述第四类即境外注册并且在境外上市的上市公司,不属于《公司法》(2023修订)第2条规定的范围,也就不适用《公司法》(2023修订)第15条规定及《民法典担保制度解释》第9条之规定。[2]

有争议的是,对于前述第二类、第三类上市公司,是否适用《民法典担保制度解释》第9条的规定,目前尚无定论。对于境内注册但仅在境外上市的公司,最高人民法院民事审判第二庭的观点是:"《民法典担保制度解释》第9条中规定的'上市公司',仅指在境内注册、境内上市的公司,故接受境内注册、仅在境外上市的公司提供的担保,是否适用《民法典担保制度解释》第9条的规定,需要解释。由于《民法典担保制度解释》对此没有明文规定,我们的意见是,对此问题还需要研究,再通过正式的途径表明最高人民法院的观点。"[3]"境内注册、仅在境外上市的公司并不适用我国有关上市公司的监管规定,域外法是否应就案涉担保事项负有信息披露义务尚不确定,如果强制性地要求相对人根据境外上市公司公开披露的关于担保事项已经董事会或者股东大会决议通过的信息订立担保合同,不仅损及担保交易的效率,而且可能引发域外法在我国的适用等争议问题。此时,应限缩《民法典担保制度解释》第9条的适用范围,将其中的上市公司解释为在我国境内上市的公司。"[4]在司法实践中,已经有法院按照该思路进行

---

[1] 最高人民法院民事审判第二庭:《最高人民法院民法典担保制度司法解释理解与适用》,人民法院出版社2021年版,第146页。

[2] 另外还有观点认为,《涉外民事关系法律适用法》第14条规定:"法人及其分支机构的民事权利能力、民事行为能力、组织机构、股东权利义务等事项,适用登记地法律。法人的主营业地与登记地不一致的,可以适用主营业地法律。法人的经常居所地,为其主营业地。"据此,公司对外担保是关于法人行为能力的事项,依据《涉外民事关系法律适用法》第14条的规定,应适用登记地法律。参见最高人民法院民事审判第二庭:《最高人民法院民法典担保制度司法解释理解与适用》,人民法院出版社2021年版,第151页。另参见上海金融法院民事判决书,(2023)沪74民初150号。

[3] 最高人民法院民事审判第二庭:《最高人民法院民法典担保制度司法解释理解与适用》,人民法院出版社2021年版,第150~151页。

[4] 高圣平:《上市公司对外担保特殊规则释论——以法释〔2020〕28号第9条为中心》,载《法学》2022年第5期。

裁判,认为境外上市公司所披露的控股子公司提供担保,不适用《民法典担保制度解释》第9条之规定。[1]需要注意的是,虽然第二类公司(境内注册,仅在境外上市)不适用《民法典担保制度解释》第9条,但由于其在境内注册,属于《公司法》(2023修订)的管辖对象,其对外担保行为的效力应可适用《公司法》(2023修订)第15条与《民法典担保制度解释》第7条。[2]

对于境内注册且在境内境外同时上市的上市公司,最高人民法院民事审判第二庭的观点是:"虽然这类公司在境内注册、在境内上市,但是该公司同时在境外上市,对这类公司是否适用《民法典担保制度解释》第9条的规定,也需要解释。我们的意见是,对此问题还需要研究,再通过正式的途径表明最高人民法院的观点。"[3]笔者认为,既然可以确定的是《民法典担保制度解释》第9条所规定的上市公司需要满足境内注册、境内上市的条件,那么境内注册但仅在境外上市的公司不满足境内上市这一条件,因此不应当适用;而境内注册且在境内境外同时上市的上市公司,虽然在境外上市,但其同时满足境内注册与境内上市的条件,应当适用《民法典担保制度解释》第9条的规定。考虑到最高人民法院民事审判第二庭的观点仍然有所保留,笔者建议债权人在遇到该情况时,应当谨慎处理,采取更加保守的审查策略。

(二)债权人如何确认上市公司已公开披露的控股子公司

对于债权人而言,《民法典担保制度解释》第9条第3款规定中"上市公司已公开披露的控股子公司"包括两个关键点,一是上市公司的控股子公司,二是上市公司已公开披露。

1.何谓上市公司的控股子公司

如前所述,《民法典担保制度解释》第9条所规定的上市公司一般指境内上市公司,因此所谓上市公司的控股子公司应当是指境内上市公司的控股子公司。

---

[1] 参见上海市长宁区人民法院民事判决书,(2023)沪0105民初52号。
[2] 参见高圣平:《上市公司对外担保特殊规则释论——以法释〔2020〕28号第9条为中心》,载《法学》2022年第5期。
[3] 最高人民法院民事审判第二庭:《最高人民法院民法典担保制度司法解释理解与适用》,人民法院出版社2021年版,第151页。

例如，在北京市第二中级人民法院（2022）京02民初158号保证合同纠纷案中，上海某公司抗辩其系上市公司公开披露的100%控股子公司，担保事项未经法定程序对外披露公告，因此无效。对此，法院认为《民法典担保制度解释》第9条仅适用于境内上市公司，上海某公司系在上海注册的非上市公司，上海某公司的100%控股股东系在我国香港特别行政区注册的非上市公司，上海某公司的100%控股股东的间接控股股东系在开曼群岛注册、在我国香港特别行政区上市的公司，并非境内上市公司，故上海某公司的抗辩不具有事实与法律依据。[1]

关于何谓上市公司的控股子公司，《民法典担保制度解释》未明确，《公司法》（2023修订）与《证券法》（2019修订）亦未规定。财政部对何为"子公司"、何为"控制"有作出规定，其通知发布的《企业会计准则第33号——合并财务报表》（财会〔2014〕10号）第2条规定："合并财务报表，是指反映母公司和其全部子公司形成的企业集团整体财务状况、经营成果和现金流量的财务报表。母公司，是指控制一个或一个以上主体（含企业、被投资单位中可分割的部分，以及企业所控制的结构化主体等，下同）的主体。子公司，是指被母公司控制的主体。"第7条规定："合并财务报表的合并范围应当以控制为基础予以确定。控制，是指投资方拥有对被投资方的权力，通过参与被投资方的相关活动而享有可变回报，并且有能力运用对被投资方的权力影响其回报金额。本准则所称相关活动，是指对被投资方的回报产生重大影响的活动。被投资方的相关活动应当根据具体情况进行判断，通常包括商品或劳务的销售和购买、金融资产的管理、资产的购买和处置、研究与开发活动以及融资活动等。"虽然该规定中表述为"控制"，但明确规定子公司是指被母公司控制的主体，在概念上接近于控股子公司与上市公司之间的关系。[2]

目前，上海证券交易所、深圳证券交易所及北京证券交易所的股票上市规则均有关于上市公司控股子公司的定义，并且三者基本概念一致，但表述上略有差

---

〔1〕 参见北京市第二中级人民法院民事判决书，(2022)京02民初158号。持有类似观点的案例：上海市长宁区人民法院民事判决书，(2023)沪0105民初52号；福建省高级人民法院民事判决书，(2023)闽民终605号。

〔2〕 笔者认为，严格说来"控制"的范围可能要大于"控股"，除了通过股权或股份控制，理论上还可以通过其他手段或方式进行控制。但"控股"的效果也是"控制"。

异。最高人民法院民事审判第二庭在《最高人民法院民法典担保制度司法解释理解与适用》一书中则直接援引了上海证券交易所与深圳证券交易所股票上市规则关于控股子公司的规定。[1]

《上海证券交易所股票上市规则（2024年4月修订）》第15章"释义"第15.1条规定："本规则下列用语具有如下含义：……（八）上市公司控股子公司：指上市公司持有其50%以上的股份，或者能够决定其董事会半数以上成员的当选，或者通过协议或其他安排能够实际控制的公司……"

《深圳证券交易所股票上市规则（2024年修订）》第15章"释义"第15.1条规定："本规则下列用语具有如下含义：……（九）上市公司控股子公司：指上市公司能够控制或者实际控制的公司或者其他主体。此处控制，是指投资方拥有对被投资方的权力，通过参与被投资方的相关活动而享有可变回报，并且有能力运用对被投资方的权力影响其回报金额……"

《北京证券交易所股票上市规则（试行）（2024修订）》第12章"释义"第12.1条规定："本规则下列用语的具体含义或计算方法如下：……（十二）上市公司控股子公司，是指上市公司合并报表范围内的子公司，即持有其50%以上股份，或者能够决定其董事会半数以上成员组成，或者通过协议或其他安排能够实际控制的公司……"

三大证券交易所对控股子公司的定义虽然表述上并不完全一致，但其定义均以"控制"为核心[2]，包括直接或间接控制的子公司，最高人民法院民事审判第二庭认为审判实践中应据此把握上市公司控股子公司的标准。[3]对于债权人而言，为了保证担保合同的效力，可以对控股子公司的范畴做更宽泛理解，参考《深圳证券交易所股票上市规则（2024年修订）》第15.1条的规定，不仅关注公司这一组织形式，同时注意上市公司实际控制的合伙企业和其他主体。

---

[1] 参见最高人民法院民事审判第二庭：《最高人民法院民法典担保制度司法解释理解与适用》，人民法院出版社2021年版，第154～155页。

[2] 除以上规定外，科创板、创业板的规定也十分类似。

[3] 参见最高人民法院民事审判第二庭：《最高人民法院民法典担保制度司法解释理解与适用》，人民法院出版社2021年版，第155页。

2. 如何判断上市公司已公开披露

如何判断上市公司已公开披露，是债权人应当重点关注的另外一个点。《民法典担保制度解释》第9条第3款将上市公司的控股子公司限定在"已公开披露"的范围之内，因此债权人审查重点应当放在担保主体是否属于上市公司"已公开披露"。

《上市公司信息披露管理办法》（2025修订）第7条规定："信息披露文件包括定期报告、临时报告、招股说明书、募集说明书、上市公告书、收购报告书等。"第8条规定："依法披露的信息，应当在证券交易所的网站和符合中国证监会规定条件的媒体发布，同时将其置备于上市公司住所、证券交易所，供社会公众查阅。信息披露文件的全文应当在证券交易所的网站和符合中国证监会规定条件的报刊依法开办的网站披露，定期报告、收购报告书等信息披露文件的摘要应当在证券交易所的网站和符合中国证监会规定条件的报刊披露。信息披露义务人不得以新闻发布或者答记者问等任何形式代替应当履行的报告、公告义务，不得以定期报告形式代替应当履行的临时报告义务。在非交易时段，上市公司和相关信息披露义务人确有需要的，可以对外发布重大信息，但应当在下一交易时段开始前披露相关公告。"依据上述规定，上市公司一般在其定期报告（如年度财务报告、半年度财务报告、季度财务报告等）或者重大交易的临时公告中披露控股子公司，债权人可通过查阅证券交易所网站、符合中国证监会规定条件的报刊及该等报刊依法开办的网站，以及上市公司住所的定期或者临时报告等，以判断担保主体是否属于上市公司公开披露的控股子公司。

实践中债权人还应当注意两个问题，一是上市公司的定期财务报告的披露本身存在一定滞后性，可能发生订立担保合同时上市公司尚未集中披露控股子公司的情况。因此债权人还应当注意除了审查上市公司的定期报告外，也应当审查上市公司的临时公告，以确定是否有披露控股子公司。二是部分上市公司对外投资的子公司数量较多，可能仅披露重要子公司（所披露的控股子公司名单不完整）。为最大限度降低风险，笔者建议债权人除了审查公告外，还应当审查工商登记信息所反映的股权结构等，必要时还应当要求上市公司提供完整的子公司名单。若债权人审查后认定订立担保合同的公司是上市公司已公开披露的控股子公司，则应当审查上市公司公开披露的担保信息。

（三）股票在国务院批准的其他全国性证券交易场所交易的公司的识别

债权人与股票在国务院批准的其他全国性证券交易场所交易的公司订立担保合同时，也应当按照与上市公司订立担保合同一样，审查担保人的公告。

《证券法》（2019修订）第37条规定："公开发行的证券，应当在依法设立的证券交易所上市交易或者在国务院批准的其他全国性证券交易场所交易。非公开发行的证券，可以在证券交易所、国务院批准的其他全国性证券交易场所、按照国务院规定设立的区域性股权市场转让。"依据该条规定，我国公开发行的证券交易场所只有两类，一是依法设立的证券交易所，二是国务院批准的其他全国性证券交易场所（同《民法典担保制度解释》第9条第3款规定）。我国目前主要有上海证券交易所、深圳证券交易所、北京证券交易所三大证券交易所，而国务院批准的其他全国性证券交易场所目前只有全国中小企业股份转让系统，俗称新三板。《全国中小企业股份转让系统挂牌公司信息披露规则》（2021修订）第7条第1款规定："挂牌公司及其他信息披露义务人按照本规则和相关规则披露的信息，应当在符合《证券法》规定的信息披露平台（以下简称规定信息披露平台）发布。挂牌公司在其他媒体披露信息的时间不得早于在规定信息披露平台披露的时间。"因此，新三板企业的公告可以从全国中小企业股份转让系统官网获取。

值得讨论的是，《民法典担保制度解释》第9条第3款规定适用第1款、第2款规定应当公告的主体仅有"上市公司已公开披露的控股子公司"与"股票在国务院批准的其他全国性证券交易场所交易的公司"，那么"股票在国务院批准的其他全国性证券交易场所交易的公司"的控股子公司，是否需要适用第1款与第2款规定？如果从条文表述上看，第3款规定的两个适用前两款规定的主体是并列的，并不包括"股票在国务院批准的其他全国性证券交易场所交易的公司"的控股子公司。因此，后者似乎是不适用前两款规定。但是笔者认为，从司法解释要求公众型公司对外担保必须披露的立法意旨出发，"股票在国务院批准的其他全国性证券交易场所交易的公司"的控股子公司提供对外担保也应当履行相应的披露程序。例如，《全国中小企业股份转让系统挂牌公司信息披露规则》（2021修订）第28条规定："挂牌公司控股子公司发生本规则第三章第三至五节规定的重大事件，视同挂牌公司的重大事件，适用本规则。挂牌公司参股公司发生本规则第三章第三至五节规定的重大事件，可能对挂牌公司股票及其他证券品种交易价格或投资者决策产生较大影响的，挂牌公司应当参照本规则履行信息披露义务。"第3章"临时报告"第3节"交易事项"第35条第1款第3项规定："挂牌公司发生以下交易，达到披露标准的，应当及时披露：……（三）提供担保……"例如，人民法院案例库参考案例山东省高级人民法院（2023）鲁民终634号某仓储公司诉某物流公司、香港某投资公司、某货运代理公司国际货物买卖合同纠纷案（入库编号：2024-10-2-084-004）即认为，新三板挂牌公司为其全资子公司提供担保应作出决议并对外公告。[1]

｜参考案例1｜

某国际金融产品（新加坡）有限公司诉香港某甲公司等质押合同纠纷案
——跨境股权质押合同效力审查及准据法适用

人民法院案例库入库编号：2023-10-2-106-001
关键词

民事　质押合同　准据法　跨境担保　股权质押效力

▶ 基本案情

原告某国际金融产品（新加坡）有限公司（以下简称某新加坡公司）诉称：2019年8月22日，本案相关方签署《股权质押合同》，约定以本案被告香港某甲公司、香港某乙公司所持有的扬州某有限公司的股权向某新加坡公司出质，为第三人某锂业有限公司（以下简称某锂业公司）债务提供担保。该合同约定，因出质人原因质权未有效设立，质权人有权要求出质人对担保的债务与债务人承担无限连带保证责任。后某锂业公司未按时还本付息，香港某甲公司、香港某乙公司

---

〔1〕参见山东省高级人民法院民事判决书，(2023)鲁民终634号。

未按照合同约定完成股权质押登记手续,且未履行担保责任。某新加坡公司请求判令:香港某甲公司、香港某乙公司就11,636,983.60新加坡元的欠款以及主债权合同诉讼相关费用向某新加坡公司承担连带清偿责任,并支付利息及承担为实现本案债权而产生的全部实际费用。

香港某甲公司、香港某乙公司共同辩称:一、本案《股权质押合同》系香港某甲公司原董事陈某与某新加坡公司恶意串通签订,依法应认定为无效。两被告对外提供担保须经公司决议机关同意后执行。另外,根据[1997]外经贸法发第267号《外商投资企业投资者股权变更的若干规定》(以下简称《股权变更规定》,已废止)第12条规定,投资者将中外合资企业股权质押,应当经其他投资者和企业董事会决议同意后,报审批机关审批。未办理审批和备案的质押行为无效。某新加坡公司与陈某签订《股权质押合同》时,中外合资企业的股权质押登记仍执行上述规定。某新加坡公司在签订质押合同时未对法律明确要求的董事会决议和其他投资者的同意进行任何审查,不能认定其为善意。本案两被告系香港特别行政区公司,原告系新加坡公司,案涉《借款协议》是在境外签订,双方却特地跑到与双方及质押合同均无任何关联点的上海签订《股权质押合同》,并约定上海法院对本案有管辖权,不符合基本的商业规律。二、即使《股权质押合同》有效,其约定的两被告承担连带清偿责任的条件也未成就。《股权质押合同》第9.1条规定:在质权未能有效成立的情形下,出质人承担连带保证责任的条件是"因出质人的原因导致质权未能有效设立"。本案中,案涉股权质押因没有办理登记而不能有效设立,系因扬州某有限公司的中方投资者就两被告质押股权不肯出具同意意见所致,不属于出质人的原因导致质权未能有效成立,《股权质押合同》约定的出质人对债务承担连带保证责任的条件并未成就。

第三人某锂业公司未向法院陈述意见。

法院经审理查明:2017年12月21日,某新加坡公司与第三人某锂业公司签署一份《借款协议》,约定由某新加坡公司向某锂业公司提供1200万新加坡元的借款。合同约定借款期限为12个月,最长可再展期24个月,还约定本协议受新加坡法律管辖并依据新加坡法律进行解释。借款到期后,某锂业公司于2019年1月2日支付了借款利息84万新加坡元,未能偿还本金。在某锂业公司的请求下,某新加坡公司同意给予6个月的展期,并适用新的借款年利率8.5%。第三人某锂业公司的母公司某控股有限公司为上述借款向原告提供了担保。2019年6月20日,原告给予的借款展期到期,第三人某锂业公司、某控股公司均未能偿还本息。原告于2019年8月以第三人某锂业公司、某控股公司为被告,向新加坡共和国最高法院提起诉讼。2020年1月29日,新加坡共和国最高法院高等法庭判决某锂业公司需向原告支付主债务总额11,636,983.60新加坡元及应付费用和利息;某控股公司连带偿付上述费用。2021年9月21日,经申请人某新加坡公司请求,上海市第二中级人民法院作出(2021)沪02协外认9号民事裁定书,承认新加坡共和国最高法院高等法庭作出的上述民事判决。

另查明,2019年8月22日,在某锂业公司到期未能还本付息的情况下,两被告作为某锂业公司的关联公司,与某新加坡公司签署《股权质押合同》,约定以香港某甲公司、香港某乙公司所持有的扬州某有限公司的股权向某新加坡公司出质以提供担保。合同第2.4条约定,"出质人应于本合同签署之次个工作日起十五(15)个工作日内于标的公司注册地有管辖权的市场监督管理部门办理完毕股权质押登记手续取得相应股权质押登记核准通知书"。第9.1条规定:"如果因出质人的原因导致质权未能有效设立,……且出质人与债务人不是同一人,质权人有权要求出质人在本合同约定的担保范围内对担保的债务与债务人承担无限连带保证责任。"第12.1条约定,本合同应按中国法律进行解释,并受中国法律之管辖。后两被告未按照合同约定完成股权质押登记手续,相应质权并未有效设立。

上海市第二中级人民法院于2022年12月8日作出(2021)沪02民初10号民事判决:一、香港某甲公司、香港某乙公司就新加坡共和国最高法院高等法庭作出的民事判决所确认的某锂业公司应向某新加坡公司支付11,636,983.60新加坡元的付款义务,向某新加坡公司承担连带清偿责任。二、香港某甲公司、香港某乙公司就新加坡共和国最高法院高等法庭作出的民事判决所确认的某锂业公司应向某新加坡公司支付费用和利息向某新加坡公司承担连带清偿责任。一审判决后,各方未提出上诉,该判决已生效。

▶ 裁判理由

法院生效裁判认为:本案争议焦点为案涉法律关系的准据法适用和《股权质

押合同》的效力问题。

一、关于案涉法律关系的准据法适用。本案系涉外股权质押合同纠纷。质权人系新加坡公司，两出质人系香港特别行政区注册公司，各方依据协议约定，就涉案质押合同纠纷适用我国内地法律均无异议，但对于两香港特别行政区被告对外提供质押担保是否须经公司内部授权以及案涉质押担保的效力应适用的法律存有争议。法院认为，案涉《股权质押合同》虽约定协议项下的纠纷适用我国法律，但两被告提出的关于其对外担保是否须经公司机关决议及标的公司扬州某有限公司的内部授权问题，其实质涉及的系公司权利能力以及行为能力的认定，根据《涉外民事关系法律适用法》第14条第1款"法人及其分支机构的民事权利能力、民事行为能力、组织机构、股东权利义务等事项，适用登记地法律"的规定，应当适用香港某甲公司、香港某乙公司登记地法律，即香港特别行政区法律予以认定。

二、关于《股权质押合同》的效力认定。两被告辩称因标的公司为中外合资企业，涉案股权质押须经标的公司中方股东同意并经董事会决议通过，报审批机关审批，未经审批和备案的质押行为无效。某新加坡公司签订质押合同时，未对出质人和标的公司的公司决议及中方股东是否同意股权质押进行审查，故应认定某新加坡公司签订合同时并非善意相对人。法院对此认定如下：

首先，本案系两家香港特别行政区以其在内地投资的股权设定质押，向某新加坡公司提供担保。两被告为香港特别行政区，其对外提供担保是否需经两被告的公司机关决议，以及某新加坡公司是否有义务审查两被告决议或进而是否须审查标的公司董事会决议的问题，应适用香港特别行政区法律进行评价。根据法院查明，在香港特别行政区法律下，《香港公司条例》并未就公司向其他公司提供担保需进行内部决议存在相关规定，本案两被告作为出质人签署《股权质押合同》，亦未违反香港特别行政区法律和公司章程细则；且在公司董事签署对外担保合同并加盖公司印章的情况下，《香港公司条例》亦未要求另一方在签署合同时履行任何审查义务。故两被告关于某新加坡公司有义务对两被告的机关决议、标的公司董事会决议及中方股东是否同意股权质押进行审查的抗辩意见，缺乏法律依据。

其次，两被告提出的〔1997〕外经贸法发第267号《股权变更规定》系商务部的部门规章，根据该规定，外商投资企业将股权质押的，须报经有权审批的机关批准，未办理审批和备案的质押行为无效。但是随着涉外金融贸易业务的发展，我国司法政策已取消涉外担保合同核准、登记生效要件，转而采取了涉外股权质押合同自合同签订时发生法律效力的制度安排。根据《最高人民法院关于审理外商投资企业纠纷案件若干问题的规定（一）》第13条规定，外商投资企业股东与债权人订立的股权质押合同，除法律、行政法规另有规定或者合同另有约定外，自成立时生效。未办理质权登记的，不影响股权质押合同的效力。国家外汇管理局2014年发布的《跨境担保外汇管理规定》第29条亦明确规定，"外汇局对跨境担保合同的核准、登记或备案情况以及本规定明确的其他管理事项与管理要求，不构成跨境担保合同的生效要件"。据此，涉案《股权质押合同》依法已成立并生效。未办理质权登记的，不影响股权质押合同的效力。综上，两被告上述关于本案《股权质押合同》无效的主张不能成立，人民法院不予采信。根据《股权质押合同》第2.4条约定，两被告作为出质人有义务办理股权质押登记手续。现两被告未按约办理质押登记，导致质权未有效设立，某新加坡公司未能取得质押标的的优先受偿权，两被告的行为显属违约，依法应承担相应的民事责任。根据《股权质押合同》第9.1条有关违约责任的约定，如因出质人的原因导致质权未能有效设立的，则出质人在合同约定的担保范围内对担保的债务与债务人承担无限连带保证责任。故某新加坡公司依据合同约定，要求两被告就担保的债务承担连带保证责任的诉讼请求，具有合同依据和法律依据，予以支持。

▶ **裁判要旨**

1. 境外公司以其持有的外商投资企业股权为出质标的，双方就质押合同效力产生争议的，因涉及公司权利能力、行为能力、组织机构等主体因素的认定，应以公司登记地法律为准据法进行审查。

2. 除法律、行政法规另有规定或者合同另有约定外，一方当事人仅以境外公司出质外商投资企业股权未经外商投资企业董事会决议、中方股东同意或行政机关核准、登记、备案为由,主张股权质押合同无效的,人民法院不予支持。

▶ **关联索引**

《涉外民事关系法律适用法》第14条、第41条

《最高人民法院关于审理外商投资企业纠纷案件若干问题的规定(一)》第13条

一审:上海市第二中级人民法院(2021)沪02民初10号民事判决(2022年12月8日)

| 参考案例2 |

某仓储公司诉某物流公司、香港某投资公司、某货运代理公司 国际货物买卖合同纠纷案

——新三板挂牌公司为其全资子公司提供担保应作出决议并对外公告

人民法院案例库入库编号:2024-10-2-084-004

关键词

民事　国际货物买卖合同　涉港　新三板挂牌公司　全资子公司　担保

▶ **基本案情**

某仓储公司诉称:某物流公司系香港某投资公司、某货运代理公司的全资母公司。2020年4月,某仓储公司与某物流公司、香港某投资公司签订《业务合作协议》,约定:某仓储公司负责国内货物的采购、出运、出口报关等费用及垫付目的港的清关费用,香港某投资公司负责非洲市场开拓与销售,某物流公司提供综合贸易服务并保证香港某投资公司给某仓储公司回款,委托某货运代理公司进行全程物流服务。2021年1月,某仓储公司与某物流公司就《业务合作协议》在履行过程中的相关情况达成了《业务合作补充协议》,约定:某仓储公司出口的货物,如因国内13%的退税率降低为4%而给某仓储公司造成损失的,该损失由某物流公司承担。某仓储公司退税款到账后,某物流公司应在5个工作日内支付

相关损失,若未能按期支付的,某物流公司应当自到期日起按照月息1%另行向某仓储公司支付资金使用费(利息)。若某物流公司违约,应当赔偿某仓储公司的全部损失(包括但不限于因催收或诉讼产生的律师费、调查费、公证费、诉讼费、保全费、公告费等)。2021年3月,某仓储公司与某物流公司、香港某投资公司及某货运代理公司签订《四方补充协议》,该协议对前期的延期回款制定了详尽的还款和赔偿方案,同时补充约定:各方应按照《业务合作协议》及其补充协议的相关约定及时向某仓储公司付款,若再有拖欠货款及清关费的行为,自到期日起按照月息1%支付违约金。合作期间,某仓储公司向三家境外公司销售的相关货物,视同该公司向香港某投资公司销售的货物,香港某投资公司应承担订单项下的全部责任,且某物流公司与某货运代理公司对订单项下按时回款提供担保。2022年8月,某仓储公司与某物流公司签订《协议书》一份,对上述全部事实进行了梳理,并对截至当日的债权债务再次进行了确定。该协议进一步明确:1.截至该协议签订之日,境外公司尚欠某仓储公司货款本金937,211.72美元,根据上述《四方补充协议》第2条第(4)项约定,某物流公司对该款的给付提供连带责任保证;2.截至该协议签订之日,某货运代理公司尚欠清关费总额为人民币345万元、补偿款33,340元未支付。根据2020年4月签署的《业务合作协议》第4条第3款的约定,某物流公司对某货运代理公司的上述债务承担连带保证责任。在该协议中,某物流公司还就上述债务如何清偿制订了详尽的还款计划。同时,某物流公司以其名下的土地一宗为上述债权设立抵押权(抵押范围包括但不限于债权本息及为实现债权而支付的各项费用)。该协议生效后五日内,双方共同到不动产登记部门为上述抵押权的设立办理登记。但截至立案之日,某物流公司既未就上述抵押权向不动产登记部门办理抵押登记,也未按照其自行约定的还款计划履行付款义务,该情形已经构成严重违约。某仓储公司提起诉讼,请求判令:1.香港某投资公司向某仓储公司支付所欠货款937,211.72美元及资金占用期间的利息(利息计算方式为:自货物离港之日第101天起算,按照月息1%计至实际付清之日;截至2022年12月12日按上述方式计算的利息累计186,154.3美元),按中国人民银行公布的汇率1:6.9479计算,本息合计折合人民币为7,805,034.77元;2.某货运代理公司向某仓储公司返还垫付的清关费人民币345

万元及资金占用期间的利息（利息自2021年8月14日起，按照月息1%计至实际付清之日；截至2022年12月12日，资金占用期间的利息为588,216.67元），本息合计4,038,216.67元；3.某货运代理公司向某仓储公司支付补偿款33,340元；4.某物流公司对第1项、第2项、第3项诉讼请求涉及的全部应支付款项承担连带清偿责任；5.某物流公司向某仓储公司支付因实现债权而支付的律师代理费359,500元、诉责险保费17,633元，共计377,133元；6.将某物流公司名下土地拍卖变卖，某仓储公司对所得价款在约定范围内享有优先受偿权；7.本案诉讼费、保全费由香港某投资公司、某货运代理公司、某物流公司承担。

某物流公司辩称：某物流公司系新三板挂牌公司，其为香港某投资公司、某货运代理公司提供担保，未经公司决议，更未进行公告，根据《公司法》第16条、《民法典担保制度解释》第9条的规定，担保未发生法律效力，某物流公司不承担担保责任。

法院经审理查明：2016年6月，全国中小企业股份转让系统有限责任公司出具《关于同意某物流公司股票在全国中小企业股份转让系统挂牌的函》，同意某物流公司股票在全国中小企业股份转让系统挂牌，转让方式为协议转让。公司挂牌后纳入非上市公众公司监管。某仓储公司认可某物流公司作为新三板挂牌公司，未按照监管部门的要求履行信息披露义务。

山东省德州市中级人民法院于2023年3月16日作出（2022）鲁14民初108号民事判决：一、香港某投资公司向某仓储公司支付欠付的货款本金937,211.72美元及截至2022年12月12日的资金占用期间利息186,154.3美元，以上本息合计折合人民币7,805,034.77元，剩余资金占用期间利息以货款本金6,511,653元为基数，自2022年12月13日起至实际给付之日止，按月息1%计算；二、某货运代理公司向某仓储公司返还清关费345万元及资金占用期间利息557,750元（利息以345万元为基数，自2022年12月13日起至实际给付之日止，按月息1%计算）；三、某货运代理公司向某仓储公司支付补偿款33,340元；四、某物流公司对判决第一项中的货款本金6,511,653元、判决第二项中的清关费345万元、判决第三项的补偿款33,340元承担连带清偿责任；五、某物流公司向某仓储公司支付律师费946元、诉责险保费17,633元；六、驳回某仓储公司的其他诉讼请求。宣判后，某仓储公司、香港某投资公司、某货运代理公司、某物流公司均提起上诉。山东省高级人民法院于2023年11月24日作出（2023）鲁民终634号民事判决：一、维持山东省德州市中级人民法院（2022）鲁14民初108号民事判决第一、二、三、五项；二、撤销山东省德州市中级人民法院（2022）鲁14民初108号民事判决第四、六项；三、驳回某仓储公司的其他诉讼请求。

▶ 裁判理由

法院生效裁判认为：各方当事人均同意适用中华人民共和国内地法律，中华人民共和国内地法律为解决本案实体争议的准据法。《公司法》第16条系对公司担保决议前置的一般性规定，该规定系针对法定代表人提供担保的权限进行限制的强制性规定，以公司意思作为法定代表人代表权的基础及来源，债权人接受担保时，负有甄别法定代表人实施的担保行为是否符合公司真实意思表示的注意义务。《民法典担保制度解释》第8条第1款规定了三种无决议担保的例外情形，第2款明确规定上市公司不适用第1款第2项、第3项的规定，即上市公司对外提供担保（金融机构开立保函或者担保公司提供担保除外）不适用无决议担保的例外情形。《民法典担保制度解释》第9条系对上市公司对外担保的强制性规定，并将该强制性规定扩展适用于上市公司公开披露的控股子公司及股票在国务院批准的其他全国性证券交易场所交易的公司（现仅指新三板挂牌公司）。从上述法条的逻辑顺序来看，《公司法》第16条系对公司担保的一般性规定，《民法典担保制度解释》第8条系《公司法》第16条的三种例外情形规定。《民法典担保制度解释》第9条系对上市公司、上市公司公开披露的控股子公司及新三板挂牌公司对外提供担保的特别规定。新三板挂牌公司与上市公司均具有公众性，拥有数量众多的中小投资者，《民法典担保制度解释》第9条对中小投资者利益进行了倾斜保护，以倒逼债权人在接受上市公司、上市公司已公开披露的控股子公司及新三板挂牌公司这三类特殊主体提供的担保前尽到审查对外担保公告的义务，从而促进公司合规经营和治理水平的提升，保障证券市场的健康发展。根据特别规定优于一般规定的法律适用原则，本案应适用《民法典担保制度解释》第9条的规定。《民法典担保制度解释》第9条规定："相对人根据上市公司公开披露的关于担保事项已经董事会或者股东大会决议通过的信息,与上市公司订立担保合同,相对人主张担保合同对上市公司发生效力,并由上市公司承担担保责任的,人民法院应予支持。相对人未根据上市公司公开披露的关于担保事项已经董事会或者股东大会决议通过的信息,与上市公司订立担保合同,上市公司主张担保合同对其不发生效力,且不承担担保责任或者赔偿责任的,人民法院应予支持。相对人与上市公司已公开披露的控股子公司订立的担保合同,或者相对人与股票在国务院批准的其他全国性证券交易场所交易的公司订立的担保合同,适用前两款规定。"本案中,某物流公司为香港某投资公司、某货运代理公司提供担保,根据上述规定,相对人某仓储公司在接受某物流公司提供的担保前,须审查某物流公司就公司决议公开披露的担保公告。在某仓储公司未尽到审查义务的情形下,某物流公司主张担保合同对其不发生效力,其不承担担保责任,依法应予支持。一审法院认定某物流公司提供担保有效,应对案涉债务承担连带清偿责任,适用法律错误,应予以纠正。二审改判某物流公司不承担担保责任。

▶ 裁判要旨

关于新三板挂牌公司为其全资子公司提供担保应如何适用法律的问题。本案系涉港商事纠纷,各方当事人均同意适用中华人民共和国内地法律,中华人民共和国内地法律为解决本案实体争议的准据法。《公司法》第16条系对公司担保的一般性规定,《民法典担保制度解释》第8条系《公司法》第16条的三种例外情形规定。《民法典担保制度解释》第9条系对上市公司、上市公司公开披露的控股子公司及新三板挂牌公司对外提供担保的特别规定。根据特别规定优于一般规定的法律适用原则,新三板挂牌公司为其全资子公司提供担保应适用《民法典担保制度解释》第9条的规定。

▶ 关联索引

《公司法》(2023修订)第15条(本案适用的是2018年10月26日修正的《公司法》第16条)

《民法典担保制度解释》第8条、第9条

《涉外民事关系法律适用法》第41条

《最高人民法院关于适用〈中华人民共和国涉外民事关系法律适用法〉若干问题的解释（一）》（2020修正）第17条

一审：山东省德州市中级人民法院（2022）鲁14民初108号民事判决（2023年3月16日）

二审：山东省高级人民法院（2023）鲁民终634号民事判决（2023年11月24日）

七十、上市公司为自身债务提供担保，债权人是否需要审查上市公司公告？

问

《民法典担保制度解释》第9条规定："相对人根据上市公司公开披露的关于担保事项已经董事会或者股东大会决议通过的信息，与上市公司订立担保合同……"该规定中"担保事项""与上市公司订立担保合同"的表述未明确规定是否仅指对外提供担保，是否意味着上市公司为自身债务提供担保而订立担保合同，债权人也需要审查上市公司公告？

答

《民法典担保制度解释》第7条是关于公司的法定代表人超越权限为他人提供担保的效力的规定，第8条是关于公司对外担保时无须机关决议的例外情形的规定，这两条规定中都写明了"对外担保"，因此不难理解，这两条所规范的担保类型是公司为其他主体提供担保而不包括公司为自身债务提供担保。但是《民法典担保制度解释》第9条关于上市公司担保的规定却在表述上和第7条、第8条有所区别，即第9条在条文上并未表述为"对外担保"而是表述为"担保事项"及

"与上市公司订立担保合同"。从字面上看,"担保事项"及"与上市公司订立担保合同"所包含的担保类型要大于"对外担保",即除了对外担保外,还可能包括为自身债务担保。

同时,《上海证券交易所股票上市规则(2024年4月修订)》第6章"应当披露的交易"第1节"重大交易"第6.1.1条规定:"本节所称重大交易,包括除上市公司日常经营活动之外发生的下列类型的事项:……(四)提供担保(含对控股子公司担保等)……"第6.1.10条规定:"上市公司发生'提供担保'交易事项,除应当经全体董事的过半数审议通过外,还应当经出席董事会会议的三分之二以上董事审议通过,并及时披露。担保事项属于下列情形之一的,还应当在董事会审议通过后提交股东大会审议:……"[1]根据上述规则,上市公司提供担保均应当公开披露,不仅包括提供对外担保,还包括为自身债务提供担保。

结合《民法典担保制度解释》第9条规定及各交易所的股票上市规则,是否意味着第9条不仅适用于上市公司"对外担保",而且适用于上市公司为自身债务担保(一般是提供物的担保)?

笔者认为,《民法典担保制度解释》第9条与第7条、第8条均是对于《公司法》(2023修订)第15条关于公司对外担保的解释,从体系解释的角度看,《民法典担保制度解释》第9条也应当仅适用于上市公司对外担保。虽然依据证券交易所的相关规则,上市公司为自身债务提供担保也应当进行披露,但是披露与否并不影响债权人与上市公司订立的担保合同的效力。此外,《民法典担保制度解释》第9条规定在《九民纪要》中也能找到相对应的规定,即《九民纪要》"二、关于公司纠纷案件的审理"之"(六)关于公司为他人提供担保"的第22条:"【上市公司为他人提供担保】债权人根据上市公司公开披露的关于担保事项已经董事会或者股东大会决议通过的信息订立的担保合同,人民法院应当认定有效。"虽然该条规定的表述也是"担保事项""订立的担保合同",未表述为"对外担保",但是从

---

[1]《深圳证券交易所股票上市规则(2024年修订)》具有类似规定。但《北京证券交易所股票上市规则(试行)》(2024修订)第7章"应披露的交易"第1节"重大交易"第7.1.1条则规定:"本章所称'交易'包括下列事项:……(三)提供担保(即上市公司为他人提供的担保,含对控股子公司的担保)……"依据该规定,"提供担保"似乎不包括上市公司为自身债务提供担保。

其标题"(六)关于公司为他人提供担保"及该条前面的方括号注释来看,显然也是关于上市公司为他人提供担保的规定,而不适用于上市公司为自身债务提供担保。对此问题,最高人民法院民事审判第二庭亦明确境内上市公司对自身债务提供担保不适用《民法典担保制度解释》第9条的规定。[1]

综上所述,上市公司为自身债务提供担保,债权人不需要审查上市公司公告。同样,上市公司控股子公司为自身债务提供担保,债权人也不需要审查控股子公司决议及上市公司公告。需要注意的是,关于"对外担保"的理解,结合证监会的相关规定[2]及公司法上法人独立人格属性,无论是上市公司(及合并报表范围内主体)还是非上市公司,只要公司不是为了公司本身债务提供担保,为其他任何公司(母公司、子公司、同一控制下关联企业、其他第三方)提供担保,都是公司法意义上的"对外担保"。例如,上市公司为控股子公司提供担保、控股子公司为上市公司提供担保、控股子公司为上市公司合并报表范围内的其他子公司提供担保,也是"对外担保",并不因在上市主体合并报表范围内就构成"非对外担保"。但需要注意的是,根据担保金额、担保对象不同,可能需要履行不同的董事会或股东会审议程序。[3]

七十一、上市公司对外担保"有决议无公告",担保合同是否对上市公司发生效力?

● 问

上市公司就对外担保事项作出了董事会决议、股东会决议,但未进行公开

---

〔1〕 参见最高人民法院民事审判第二庭:《最高人民法院民法典担保制度司法解释理解与适用》,人民法院出版社2021年版,第156页。
〔2〕 例如,《上市公司监管指引第8号——上市公司资金往来、对外担保的监管要求》第27条第1项规定:"本指引所称'对外担保',是指上市公司为他人提供的担保,包括上市公司对控股子公司的担保。"
〔3〕 详见本书第七十三问:"上市公司提供哪些担保必须由股东会审议?"

披露("有决议无公告")。债权人据此与上市公司订立担保合同,那么该担保合同对上市公司是否发生效力?

答

《民法典担保制度解释》于2021年1月1日施行后,这个问题答案显然是非常明确,上市公司"凡担保必公告",债权人应当根据上市公司公开披露的关于担保事项已经董事会或者股东大会决议通过的信息,与上市公司订立担保合同,否则担保合同对上市公司不发生效力。值得探讨的是,《民法典担保制度解释》施行之前,如果上市公司对外担保"有决议无公告",该担保是否对上市公司发生效力?

《民法典担保制度解释》第9条第1款、第2款规定:"相对人根据上市公司公开披露的关于担保事项已经董事会或者股东大会决议通过的信息,与上市公司订立担保合同,相对人主张担保合同对上市公司发生效力,并由上市公司承担担保责任的,人民法院应予支持。相对人未根据上市公司公开披露的关于担保事项已经董事会或者股东大会决议通过的信息,与上市公司订立担保合同,上市公司主张担保合同对其不发生效力,且不承担担保责任或者赔偿责任的,人民法院应予支持。……"第1款正面规定债权人依据公告订立的担保合同对上市公司发生效力,第2款则从反面规定若债权人未依据公告订立担保合同,该担保合同对上市公司不发生效力。因此,公告是担保对上市公司发生效力的必要条件。

但《九民纪要》关于上市公司为他人提供担保的规定则只有类似于《民法典担保制度解释》第9条第1款的正面规定而无反面规定。《九民纪要》第22条规定:"【上市公司为他人提供担保】债权人根据上市公司公开披露的关于担保事项已经董事会或者股东大会决议通过的信息订立的担保合同,人民法院应当认定有效。"最高人民法院对此理解前后并不一致。最高人民法院民事审判第二庭在其《〈全国法院民商事审判工作会议纪要〉理解与适用》一书中认为:"如果有证据证明,上市公司召开了董事会会议,会议通过了为该债权人提供担保的决议,债权人据此与上市公司签订了担保合同,但上市公司没有公告担保事项,这时应认为债权人善意担保合同有效。"[1]但是最高人民法院民事审判第二庭在其《最高人民法院民法典担保制度司法解释理解与适用》一书中对该条解释时认为,根据反面解释规则,债权人没有根据上市公司公开披露的信息与上市公司订立的担保合同,应当认定无效。[2]对此,笔者不敢苟同。依据《九民纪要》第22条规定的字面意思,债权人"根据上市公司公开披露的关于担保事项已经董事会或者股东大会决议通过的信息"订立担保合同,是人民法院认定担保有效的充分条件(而非必要条件)。反之,如果上市公司未公开披露担保事项已经董事会或者股东大会决议通过的信息,但是债权人审查了上市公司的董事会、股东大会决议,担保合同对上市公司是否发生效力,则无法直接依据该条规定作出判断。

对此类案件,司法实践中的案例亦呈现出不同观点。

一种观点认为,审查上市公司公开披露的信息中是否有关于对外担保的决议事项系债权人的基本审查义务,未履行该义务的,不应认为是善意,担保合同无效或对上市公司不发生效力。例如,在北京市高级人民法院(2020)京民终670号金融借款合同纠纷案中,债权人与上市公司订立的《最高额保证合同》未经股东大会审议通过且未经公告,担保事项已经持有上市公司2/3以上表决权的股东书面签字盖章同意。尽管如此,法院亦认为,根据深圳证券交易所和上海证券交易所的上市规则,上市公司所有为他人提供担保的事项,因影响广大中小投资者的利益和整个证券市场的健康发展,都必须公开披露。法院进一步认为,与上市公司订立担保合同的相对人是否善意的判断标准是相对人是否根据公开披露的担保信息订立担保合同。相对人根据公开披露的担保信息订立的担保合同,对公司发生效力。相对人没有根据公开披露的担保信息订立的担保合同,对公司不发生效力。因此,法院认为,在上市公司没有公开披露《最高额保证合同》的情况下,即使担保事项已经持有上市公司2/3以上表决权的股东书面签字盖章同意,债权人与上市公司订立的《最高额保证合同》亦非善意,《最高额保证

---

[1] 最高人民法院民事审判第二庭编著:《〈全国法院民商事审判工作会议纪要〉理解与适用》,人民法院出版社2019年版,第199页。

[2] 参见最高人民法院民事审判第二庭:《最高人民法院民法典担保制度司法解释理解与适用》,人民法院出版社2021年版,第157页。

合同》对上市公司亦不发生法律效力。[1]在持有类似观点的案例中,部分法院对于2021年1月1日以前的存量担保关系直接参考《民法典担保制度解释》第9条之精神作出判决,但并未进行详细说理。

另一种观点认为,2021年1月1日之前的存量担保应当适用《民法典担保制度解释》施行以前的法律法规,新的司法解释不应当溯及适用。例如,在上海金融法院(2021)沪74民初1195号质押合同纠纷案中,被告依据《民法典担保制度解释》第9条主张,其作为上市公司的全资子公司,未经上市公司的股东会决议及公告程序作出的对外担保行为无效。法院则认为,虽然《民法典担保制度解释》第9条制定的依据是《公司法》(2018修正)第16条[2],且该条规定并未修改或者废止,但由于该条规定并无关于上市公司及其控股子公司提供担保的特别规定,因此《民法典担保制度解释》关于上市公司及其控股子公司对外提供担保的规定属带有规则创制性质的法律解释,不应赋予其溯及既往的效力。[3]另外,也有案例中法院虽然未以上市公司担保是否公告作为判断担保效力之标准,但认为债权人应当对上市公司提供的担保进行实质审查,即核查上市公司关于担保的决议是否符合公开可查询的公司章程或公告文件且不违反法律之规定,以此认定其是否善意。[4]

对于《民法典担保制度解释》第9条的溯及适用问题,上海金融法院(2021)沪74民初1195号担保合同纠纷案的审理法官进一步撰文认为:"若将《民法典担

---

〔1〕 参见北京市高级人民法院民事判决书,(2020)京民终670号。持有类似观点的案例:广东省深圳市中级人民法院民事判决书,(2021)粤03民终6366号;广东省高级人民法院民事判决书,(2021)粤民终982号;北京市高级人民法院民事判决书,(2020)京民终671号、(2021)京民终21号、(2021)京民终127号、(2021)京民终724号;北京市第三中级人民法院民事判决书,(2021)京03民初94号;最高人民法院民事裁定书,(2021)最高法民申1082号;安徽省高级人民法院民事判决书,(2020)皖民终1157号;上海金融法院民事判决书,(2020)沪74民初1528号;浙江省杭州市中级人民法院民事判决书,(2020)浙01民终2204号。

〔2〕 现为《公司法》(2023修订)第15条。

〔3〕 参见上海金融法院民事判决书,(2021)沪74民初1195号。持有类似观点的案例:北京市高级人民法院民事判决书,(2020)京民终375号;上海市高级人民法院民事判决书,(2020)沪民终599号;广东省深圳市中级人民法院民事判决书,(2021)粤03民终3164号;北京市第二中级人民法院民事判决书,(2021)京02民初309号。

〔4〕 参见上海市高级人民法院民事判决书,(2020)沪民终599号;山东省青岛市人民法院民事判决书,(2020)鲁02民初1441号;北京市第二中级人民法院民事判决书,(2021)京02民初309号;北京市朝阳区人民法院民事判决书,(2021)京0105民初50250号;广东省佛山市中级人民法院民事判决书,(2021)粤06民初349号;最高人民法院民事裁定书,(2021)最高法民申4688号、(2021)最高法民申5103号。

保制度解释》第9条规定的相对人审查义务,适用于民法典施行之前上市公司控股子公司签订的担保合同,将明显减损当事人合法权益、增加当事人法定义务或者背离当事人合理预期。《民法典担保制度解释》第9条规定的上市公司担保规则不应具有溯及力,法院不得据此认定相关担保合同无效。"[1]最高人民法院民事审判第二庭亦认为,关于上市公司对外提供担保的特别规定属于广义的法律解释,带有规则创制的性质,为保护当事人的合理预期,不宜将此类解释溯及至对原法律的理解,《民法典担保制度解释》第9条仅适用于2021年1月1日后发生的担保行为。[2]但是,2021年1月1日以前上市公司担保也是需要公告的,只是对于未公告而提供的对外担保是否对上市公司发生效力,实务中存在分歧。因此,笔者认为最高人民法院的上述观点并不适用于本问所讨论的情况。

其实,对于2021年1月1日之前上市公司提供的担保公告与否是否影响担保效力,虽然《九民纪要》第22条的规定存在不周延之处,无法直接依据该规定反推未公告一定无效,但从最高人民法院民事审判第二庭的相关著作中的观点,亦不难推断得出最高人民法院的倾向性观点,即上市公司对外担保未公告则对上市公司不发生效力。理由之一是如前所述,最高人民法院民事审判第二庭对《九民纪要》第22条进行反面解释,认为债权人没有根据上市公司公开披露的信息与上市公司订立的担保合同,应当认定无效。理由之二是最高人民法院民事审判第二庭在其编著的《〈全国法院民商事审判工作会议纪要〉理解与适用》一书中对于"凡是上市公司没有公开披露的担保,债权人都不是善意的"这一观点倾向于认为"这是很有道理的"。[3]

综上所述,上市公司于2021年1月1日之前提供的对外担保,如果上市公司未公告,该担保是否对上市公司发生效力,实务中仍然存在一定分歧。此类案件随着时间推移可能会越来越少,但仍然不排除存在相关纠纷的可能。结合司法实

---

[1] 张娜娜、李重托:《民法典施行前上市公司控股子公司对外担保的效力审查》,载《人民司法》2022年第8期。

[2] 参见最高人民法院民事审判第二庭:《最高人民法院民法典担保制度司法解释理解与适用》,人民法院出版社2021年版,第160页。

[3] 参见最高人民法院民事审判第二庭编著:《〈全国法院民商事审判工作会议纪要〉理解与适用》,人民法院出版社2019年版,第199页。

践中的倾向性观点，笔者认为在未公告的情况下，上市公司所提供的对外担保被法院认定为对上市公司不发生效力的可能性要大一些。

七十二、除了审查上市公司关于担保事项的公告，债权人是否应当进一步审查上市公司章程并审查董事会决议、股东会决议是否符合程序要求？

问

债权人应当根据上市公司公开披露的关于担保事项已经董事会或者股东大会决议通过的信息与上市公司订立担保合同，债权人除了审查上市公司关于担保事项已经董事会或者股东大会决议通过的公告，是否应当进一步审查上市公司章程？是否应当进一步审查董事会决议、股东会决议是否符合程序要求？

答

从《民法典担保制度解释》第9条第1款、第2款所规定的条文语境来看，已经明确要求公开披露的信息须包括"担保事项已经董事会或者股东大会决议通过"，因此债权人与上市公司订立担保合同必须把握的上市公司披露信息具有两层要求：第一层要求是上市公司必须公开披露担保事项，第二层要求是所披露的信息必须包含"担保事项已经董事会或者股东大会决议通过"的内容。因此，如果上市公司所披露的信息中不包括该担保已经董事会或者股东会决议通过的内容，而仅有该上市公司同意为某债务人的多少债务提供担保的，那么虽然有公告，但是该担保对上市公司不发生效力。[1]但是有争议的是，如果上市公司发布

---

[1] 参见最高人民法院民事审判第二庭：《最高人民法院民法典担保制度司法解释理解与适用》，人民法院出版社2021年版，第154页。

的担保公告中已包含了"担保事项已经董事会或者股东大会决议通过"的内容，债权人是否还应当审查上市公司的章程？以及，债权人是否应当进一步审查董事会决议、股东会决议是否符合程序要求？

（一）关于债权人是否还应当审查上市公司章程的争议观点

关于债权人是否还应当审查上市公司章程，存在两种观点。

一种观点认为应当审查，其理由是从意思表示生效的法律逻辑上看，公告只是上市公司意思表示的传达方式，仅依公告不能当然得出其意思表示真实的结论，特别是《民法典担保制度解释》第9条沿袭《九民纪要》的精神，而根据该精神，担保债权人需要审查上市公司章程。[1] 最高人民法院民事审判第二庭在《〈全国法院民商事审判工作会议纪要〉理解与适用》一书中亦曾认为："因为上市公司是公众公司，债权人要与其签订担保合同，当然有义务查看该公司的章程，特别是与担保有关的事项。"[2]

另一种观点则认为不需要审查上市公司章程。最高人民法院民事审判第二庭在《最高人民法院民法典担保制度司法解释理解与适用》一书中即倾向于该观点。其理由是：担保债权人对公告的依赖利益应当受到保护；如果在上市公司公告之外，还要求担保债权人审查公司章程，将使《民法典担保制度解释》第9条第1款形同具文，不符合法律解释的逻辑；参考《物权法》中的"公示公信"原理，担保债权人有理由相信，只要是经过公告的公司决议，就应当是符合监管规则和公司章程的。[3] 由上可见，最高人民法院关于上市公司对外担保审查原则及标准已经有所修正，最高人民法院目前倾向于认为债权人无须审查上市公司章程。另外，还有观点认为，上市公司对外担保公告已有律师就相关会议的召集、召开、表决程序、表决结果是否合法有效出具法律意见，而且独立董事也对上市公司需

---

[1] 参见最高人民法院民事审判第二庭：《最高人民法院民法典担保制度司法解释理解与适用》，人民法院出版社2021年版，第158页。

[2] 最高人民法院民事审判第二庭编著：《〈全国法院民商事审判工作会议纪要〉理解与适用》，人民法院出版社2019年版，第199页。

[3] 最高人民法院民事审判第二庭：《最高人民法院民法典担保制度司法解释理解与适用》，人民法院出版社2021年版，第158页。

披露的对外担保事项发表独立意见,对该事项的合法合规性作出说明,因此,债权人对上市公司对外担保公告的决议结果具有合理信赖,再要求相对人审查公司担保决议是否符合公司章程的规定,已脱逸出合理审查的范畴。[1]

(二)关于债权人是否应当进一步审查董事会决议、股东会决议是否符合程序要求的争议观点

关于债权人是否应当进一步审查董事会决议、股东会决议是否符合程序要求,目前也存在一定争议。

一种观点认为,债权人无进一步审查之义务,债权人只需要审查公告即可。依据相关法律、部门规章、证券交易所的自律规则可知,如果上市公司及其已公开披露的控股子公司对外担保,必须要经过上市公司的董事会或股东会决议,且应当及时进行信息披露。在监管规则之下,只要上市公司及其已公开披露的控股子公司对外提供的是合规担保,上市公司都会进行公告。因此,相较于接受非上市公司提供的担保,债权人在接受上市公司及其已公开披露的控股子公司提供的担保时,其审查范围有所变化。换言之,债权人只要审查上市公司公开披露的关于担保事项已经董事会或者股东会决议通过的信息即可,至于是否审查了董事会或股东会决议,并不影响相对人善意的判断。[2]最高人民法院民事审判第二庭认为:"如果担保事项事实上未经决议通过,但是上市公司在公告信息中虚假陈述其已经董事会或股东大会决议通过,该担保对上市公司发生效力。"[3]"在上市公司外部关系中,《民法典担保制度解释》第9条确立了公告的中心地位——无决议有公告时,担保合同仍对上市公司发生效力,即使公告系虚假陈述。"[4]最高人民法院审判委员会专职委员刘贵祥法官亦认为:"为发挥信息披露对保护

---

[1] 参见高圣平:《上市公司对外担保特殊规则释论——以法释[2020]28号第9条为中心》,载《法学》2022年第5期。

[2] 参见高圣平:《担保法前沿问题与判解研究(第五卷)——最高人民法院新担保制度司法解释条文释评》,人民法院出版社2021年版,第105页。

[3] 最高人民法院民事审判第二庭:《最高人民法院民法典担保制度司法解释理解与适用》,人民法院出版社2021年版,第154页。

[4] 房绍坤、寇枫阳:《论上市公司对外担保公告的体系定位——以〈民法典担保制度解释〉第9条为中心》,载《法学评论》2022年第5期。

债权人交易安全的保护功能……即使上市公司未就对外提供担保进行决议,但如果上市公司已经公开披露了关于担保事项已经董事会或者股东大会决议通过的信息,就应保护债权人的合理信赖,认定该担保合同已经成立并有效。"[1]由此可见,该观点认为《民法典担保制度解释》第9条已经构建了一个以公告为中心的上市公司对外担保规则,完全独立于非上市公司。

另一种观点则认为,虽然最高人民法院就上市公司对外担保确定了"披露主义"的裁判逻辑,然而存在并不必然等同合理。[2]也有学者认为,审查义务和信息披露制度之间具有不同的法律意义,相对人对法定代表人担保权限的审查义务根植于《民法典》第504条[3],旨在判断法定代表人是否具有担保权限,而决定法定代表人具有担保权限的是适格的公司担保决议。如此,相对人在接受公司提供担保之时应根据法律、公司章程及相关文件合理审查公司担保决议是否适格,而基于信息披露制度的上市公司对外担保公告并不具有公示法定代表人担保权限的作用。上市公司法定代表人的担保权限同样源于适格的公司担保决议,而非上市公司公开披露的担保信息。相对人在接受上市公司提供担保之时,仍应审查公司担保决议是否适格,而非上市公司对外担保公告。因此可以认为,相对人对于上市公司对外担保公告的审查,仅为其更为审慎地进行尽职调查的体现,但并非其审查义务的当然内容。[4]

(三)笔者倾向性观点

由上可见,对于前述两个问题,在理论与实务中还存在一定分歧。虽然最高人民法院曾一度认为,债权人与上市公司订立担保合同时有义务了解法律、交易所的规则及公司章程,并且债权人不得以其不知道这些规定为由来证明自己的

---

[1] 刘贵祥:《担保制度一般规则的新发展及其适用——以民法典担保制度解释为中心》,载《比较法研究》2021年第5期。

[2] 参见袁康、李攀燊:《从决议主义到披露主义?——上市公司担保合同效力裁判逻辑的流变与重释》,载《上海政法学院学报(法治论丛)》2022年第5期。

[3] 《民法典》第504条规定:"法人的法定代表人或者非法人组织的负责人超越权限订立的合同,除相对人知道或者应当知道其超越权限外,该代表行为有效,订立的合同对法人或者非法人组织发生效力。"

[4] 参见高圣平:《上市公司对外担保特殊规则释论——以法释〔2020〕28号第9条为中心》,载《法学》2022年第5期。

善意。[1]但如前文所述,如今最高人民法院的倾向性观点是债权人与上市公司订立担保合同,仅需要审查公告而既无审查上市公司章程之必要,也无进一步审查董事会决议、股东会决议是否符合程序要求的义务。依此观点,债权人接受上市公司担保时所负担的审查义务似乎是轻了不少。

但是笔者认为,债权人要接受上市公司提供担保,仅审查上市公司公告也存在被认定为非善意的风险。《民法典担保制度解释》第9条所规定的"公开披露的关于担保事项已经董事会或者股东大会决议通过的信息"中,值得债权人关注的是,通过担保事项的决议可能只是董事会决议,也可能包括董事会决议和股东会决议。

首先,上市公司章程可能对哪些担保事项需要由董事会决议或股东会决议作出规定,还可能对董事会决议或股东会决议表决比例作出高于法律法规或监管要求的规定。尽管章程对法定代表人的限制可归为意定限制的范畴,但债权人获取上市公司章程并不困难,并未明显增加债权人审查成本。"上市公司章程属公开文件,任何人不需花费太高查询成本均可从网上直接获得上市公司章程。因此,要求债权人查询、知晓上市公司章程关于担保的规定(包括担保决议程序和担保数额限制的规定),不会不成比例地增加债权人的注意义务。"[2]因此,债权人应当知道上市公司章程对法定代表人的限制。如果章程规定某项担保应当由股东会决议通过,但上市公司披露的信息却只显示担保仅由董事会通过,债权人依据该公告与上市公司订立担保合同的,难谓善意。

其次,法律法规或监管规范,也有规定要求上市公司对外担保达到一定条件的应当由股东会作出决议。例如,《公司法》(2023修订)第15条第2款规定:"公司为公司股东或者实际控制人提供担保的,应当经股东会决议。"第135条规定:"上市公司在一年内购买、出售重大资产或者向他人提供担保的金额超过公司资产总额百分之三十的,应当由股东会作出决议,并经出席会议的股东所持表决权的三分之二以上通过。"又如,《上市公司监管指引第8号——上市公司资金往来、

---

[1] 参见最高人民法院民事审判第二庭编著:《〈全国法院民商事审判工作会议纪要〉理解与适用》,人民法院出版社2019年版,第198页。
[2] 蒋大兴:《超越商事交易裁判中的"普通民法逻辑"》,载《国家检察官学院学报》2021年第2期。

对外担保的监管要求》（以下简称《上市公司监管指引第8号》）第9条规定："应由股东大会审批的对外担保，必须经董事会审议通过后，方可提交股东大会审批。须经股东大会审批的对外担保，包括但不限于下列情形：（一）上市公司及其控股子公司的对外担保总额，超过最近一期经审计净资产百分之五十以后提供的任何担保；（二）为资产负债率超过百分之七十的担保对象提供的担保；（三）单笔担保额超过最近一期经审计净资产百分之十的担保；（四）对股东、实际控制人及其关联方提供的担保。股东大会在审议为股东、实际控制人及其关联方提供的担保议案时，该股东或者受该实际控制人支配的股东，不得参与该项表决，该项表决由出席股东大会的其他股东所持表决权的半数以上通过。"此外，《上市公司章程指引》（2025修订）、《上海证券交易所股票上市规则（2024年4月修订）》、《深圳证券交易所股票上市规则（2024年修订）》等均有类似规定。在上述规定中，对于监管规范是否应当约束债权人，尚存一定争议，但是《公司法》（2023修订）作为法律规定就上市公司对外担保作出的限制性规定，属于法定限制，债权人理应受其约束。

再次，若债权人系金融机构的，本身负有更加谨慎的审查义务。例如，《上市公司监管指引第8号》第13条规定："上市公司在办理贷款担保业务时，应向银行业金融机构提交《公司章程》、有关该担保事项董事会决议或者股东大会决议原件、该担保事项的披露信息等材料。"既然上市公司向银行业金融机构提交了《公司章程》、有关该担保事项董事会决议或者股东会决议原件、该担保事项的披露信息等材料，银行业金融机构不能无视这些文件，若对于通过审查章程、董事会决议或者股东会决议即可发现的问题视而不见，银行业金融机构难谓善意。

最后，虽然上市公司对外担保公告可能依据监管规范已由律师出具法律意见并由独立董事发表独立意见，但该等意见均为上市公司一方所完成，上市公司公告具有公示性不代表其具有公信力（证券交易所和公告网站均不对公告内容进行实质审查），更不能以公告代替债权人应当履行的合理审查义务。

由上可见，债权人接受上市公司提供的担保，并非仅需要审查上市公司所披露的信息即可。尤其是当上市公司公告仅披露担保事项已由董事会决议通过，而未提及股东会是否已经作出决议并通过，甚至部分公告明确载明担保事项仅由董事会决议通过，还需要经过股东会决议，那么作为债权人当然有义务进一步审查上市公司章程对担保事项有无特别要求。因此基于合规要求及谨慎、稳妥起见，笔者仍然建议债权人在可能的范围内审查上市公司的章程，审查担保事项根据章程规定是否确已履行适当的上市公司内部决议程序，并就章程规定的决议程序与上市公司所披露的担保事项公告中的信息一并予以审查，以确保尽到审查义务。

七十三、上市公司提供哪些担保必须由股东会审议？

问

债权人应当根据上市公司公开披露的关于担保事项已经董事会或者股东大会决议通过的信息，与上市公司订立担保合同，那么，上市公司提供哪些担保可以仅由董事会审议，而哪些担保必须由股东会审议？

答

（一）上市公司担保事项要么由董事会审议通过，要么由董事会审议通过后再提交股东会审议

《公司法》（2023修订）第15条第1款规定："公司向其他企业投资或者为他人提供担保，按照公司章程的规定，由董事会或者股东会决议……"《上市公司监管指引第8号》第9条规定："应由股东大会审批的对外担保，必须经董事会审议通过后，方可提交股东大会审批……"《上海证券交易所股票上市规则（2024年4月修订）》第6.1.10条规定："上市公司发生'提供担保'交易事项，除应当经全体董事的过半数审议通过外，还应当经出席董事会会议的三分之二以上董事审议通过,并及时披露。担保事项属于下列情形之一的,还应当在董事会审议通过后提交股东大会审议:……"《深圳证券交易所股票上市规则(2024年修订)》和《北京证券交易所股票上市规则(试行)》(2024修订)亦有相似规定。由上述规定可知,在上市公司领域,如果担保事项必须由股东会审议的,必须先经过董事会审议通过。上市公司对外担保事项,要么仅由董事会审议,要么先由董事会审议通过后再由股东会审议通过。相应地,除了法律、监管规范及上市公司章程明确规定应当由股东会审议通过的担保事项外,其余担保事项可以仅由董事会审议。

(二)除规定应当由股东会审议通过的担保事项,其余担保事项仅需董事会审议

对具体哪些担保事项应当由股东会审议通过,法律、证监会、交易所分别作出了规定。

1. 法律规定应当由股东会审议通过的担保事项

《公司法》(2023修订)第15条第2款规定:"公司为公司股东或者实际控制人提供担保的,应当经股东会决议。"第135条规定:"上市公司在一年内购买、出售重大资产或者向他人提供担保的金额超过公司资产总额百分之三十的,应当由股东会作出决议,并经出席会议的股东所持表决权的三分之二以上通过。"因此,符合该两条规定的担保事项,必须经股东会审议。

2. 证监会规定应当由股东会审议的担保事项

《上市公司监管指引第8号》第9条规定:"应由股东大会审批的对外担保,必须经董事会审议通过后,方可提交股东大会审批。须经股东大会审批的对外担保,包括但不限于下列情形:(一)上市公司及其控股子公司的对外担保总额,超过最近一期经审计净资产百分之五十以后提供的任何担保;(二)为资产负债率超过百分之七十的担保对象提供的担保;(三)单笔担保额超过最近一期经审计净资产百分之十的担保;(四)对股东、实际控制人及其关联方提供的担保。股东大会在审议为股东、实际控制人及其关联方提供的担保议案时,该股东或者受该实际控制人支配的股东,不得参与该项表决,该项表决由出席股东大会的其他股东所持表决权的半数以上通过。"《上市公司章程指引》(2025修订)第47条规定:"公司下列对外担保行为,须经股东大会审议通过。(一)本公司及本公司控股子公司的对外担保总额,超过最近一期经审计净资产的百分之五十以后提供的任何担保;(二)公司的对外担保总额,超过最近一期经审计总资产的百分之三十以后提供的任何担保;(三)公司在一年内担保金额超过公司最近一期经审计总资产百分之三十的担保;(四)为资产负债率超过百分之七十的担保对象提供的担保;(五)单笔担保额超过最近一期经审计净资产百分之十的担保;(六)对股东、实际控制人及其关联方提供的担保。注释:公司应当在章程中规定股东大会、董事会审批对外担保的权限和违反审批权限、审议程序的责任追究制度。"与《公司法》(2023修订)相比,《上市公司监管指引第8号》规定的情形多了3项,但少了1项,《上市公司章程指引》(2025修订)规定的情形多了4项。综合比较下来,证监会规定的情形共多了4项,分别是"本公司及本公司控股子公司的对外担保总额,超过最近一期经审计净资产的百分之五十以后提供的任何担保""公司的对外担保总额,超过最近一期经审计总资产的百分之三十以后提供的任何担保""为资产负债率超过百分之七十的担保对象提供的担保""单笔担保额超过最近一期经审计净资产百分之十的担保"。需要注意的是,《上市公司章程指引》(2025修订)新增的情形中,"本公司及本公司控股子公司的对外担保总额"与"公司的对外担保总额"旨在区分上市公司及其控股子公司对外担保总额与上市公司对外担保总额,两者的范围并不相同。此外,证监会将《公司法》(2023修订)第15条第2款所规定的关联担保的范围由"股东或者实际控制人"进行了扩展,还包括"关联方",还将《公司法》(2023修订)第135条"上市公司在一年内……向他人提供担保的金额超过公司资产总额百分之三十"中的"公司资产总额"明确为公司"最近一期经审计总资产"。

3. 各大交易所规定应当由股东会审议通过的事项

各大交易所的规定也基本上吸收了《上市公司监管指引第8号》及《上市公司章程指引》(2025修订)所规定的情形,但个别情形有所不同,甚至作出了更为严格的规定。

一是对于《上市公司章程指引》(2025修订)第47条第1款第2项规定的"公司的对外担保总额,超过最近一期经审计总资产的百分之三十以后提供的任何担保"这一情形,《上海证券交易所科创板股票上市规则（2024年4月修订）》《深圳证券交易所创业板股票上市规则（2024年修订）》及《北京证券交易所股票上市规则（试行）》(2024修订)均未作出规定。但《上市公司章程指引》(2025修订)是证监会所规定的指引,理论上上海证券交易所科创板、深圳证券交易所创业板及北京证券交易所的相关上市公司亦应遵照适用。

二是《上海证券交易所股票上市规则（2024年4月修订）》和《深圳证券交易所股票上市规则（2024年修订）》将《上市公司章程指引》(2025修订)第47条第1款第2项规定的"公司的对外担保总额,超过最近一期经审计总资产的百分之三十以后提供的任何担保"均修改为"上市公司及其控股子公司对外提供的担保总额,超过上市公司最近一期经审计总资产30%以后提供的任何担保"。相比之下,计算的分子由"公司的对外担保总额"扩大为"上市公司及其控股子公司对外提供的担保总额",但计算的分母仍然是上市公司最近一期经审计总资产,可见交易所的规定更加严格。

三是《深圳证券交易所创业板股票上市规则（2024年修订）》第7.1.14条第2款第4项增加了1种应当由股东大会审议的情形,即"连续十二个月内担保金额超过公司最近一期经审计净资产的50%且绝对金额超过5000万元"。

综上所述,应当在董事会审议通过后提交股东会审议的情形包括:(1)对股东、实际控制人及其关联方提供的担保;(2)上市公司在一年内提供担保的金额超过公司最近一期经审计总资产30%的担保;(3)上市公司及其控股子公司的对外担保总额,超过最近一期经审计净资产的50%以后提供的任何担保;(4)上市公司(若是上海证券交易所主板与深圳证券交易所主板,则为上市公司及其控股子公司)的对外担保总额,超过最近一期经审计总资产的30%以后提供的任何担保;(5)为资产负债率超过70%的担保对象提供的担保;(6)单笔担保额超过最近一期经审计净资产10%的担保;(7)(仅适用深圳证券交易所创业板)连续12个月内担保金额超过公司最近一期经审计净资产的50%且绝对金额超过5000万元。除以上情形外,仅需由董事会审议。

需要注意的是,上市公司对外担保事项,除应当经全体董事的过半数审议通过外,还应当经出席董事会会议的2/3以上董事审议通过,并及时披露。对于需要由股东会审议的担保事项，前述第（1）种情形关联股东应当回避且担保事项应当由出席股东会的其他股东所持表决权过半数通过，前述第（2）种情形应当经出席股东会会议的股东所持表决权的2/3以上通过，其余情形由出席股东会的股东所持表决权过半数通过。

（三）上市公司为全资子公司或控股子公司提供担保，是否存在特殊规定

《上市公司监管指引第8号》第27条第1项规定："本指引所称'对外担保'，是指上市公司为他人提供的担保，包括上市公司对控股子公司的担保。"因此，所谓的上市公司对外担保，包括上市公司为全资子公司或控股子公司提供担保。同时，依据《民法典担保制度解释》第8条之规定，公司为其全资子公司开展经营活动提供担保无须决议，但如果上市公司为其全资子公司开展经营活动提供担保则不属于无须决议或公告的情形。举重以明轻，既然上市公司为其全资子公司提供担保尚应当公告，那么上市公司为其控股子公司提供担保也应当公告。相应地，如果上市公司为其全资子公司或控股子公司提供担保，符合前文所述的法律、证监会和各大交易所规定的情形的，也应当分别提交董事会审议通过，或者在董事会审议通过之后再提交股东会审议。

需要注意的是，对于上市公司为其全资子公司提供担保，或者为其控股子公司提供担保且控股子公司其他股东按所享有的权益提供同等比例担保，不损害上市公司利益的，上海证券交易所科创板、深圳证券交易所创业板以及北京证券交易所规定可以豁免提交股东会审议。

例如，《上海证券交易所科创板股票上市规则（2024年4月修订）》第7.1.16条第2款规定："上市公司下列担保事项应当在董事会审议通过后提交股东大会审议：（一）单笔担保额超过公司最近一期经审计净资产10%的担保；（二）公司及其控股子公司的对外担保总额，超过公司最近一期经审计净资产50%以后提供的任何担保；（三）为资产负债率超过70%的担保对象提供的担保；（四）按照担保金额连续12个月累计计算原则，超过公司最近一期经审计总资产30%的担保；（五）本所或者公司章程规定的其他担保。"第7.1.17条规定："上市公司为全资子公司提供担保，或者为控股子公司提供担保且控股子公司其他股东按所享有的

权益提供同等比例担保,不损害上市公司利益的,可以豁免适用第7.1.16条第一项至第三项的规定,但是公司章程另有规定除外。上市公司应当在年度报告和半年度报告中汇总披露前述担保。"

《深圳证券交易所创业板股票上市规则(2024年修订)》第7.1.14条第2款规定:"担保事项属于下列情形之一的,应当在董事会审议通过后提交股东大会审议:(一)单笔担保额超过公司最近一期经审计净资产10%的担保;(二)公司及其控股子公司的提供担保总额,超过公司最近一期经审计净资产50%以后提供的任何担保;(三)为资产负债率超过70%的担保对象提供的担保;(四)连续十二个月内担保金额超过公司最近一期经审计净资产的50%且绝对金额超过5000万元;(五)连续十二个月内担保金额超过公司最近一期经审计总资产的30%;(六)对股东、实际控制人及其关联人提供的担保;(七)本所或者公司章程规定的其他担保情形。"第7.1.15条规定:"上市公司为全资子公司提供担保,或者为控股子公司提供担保且控股子公司其他股东按所享有的权益提供同等比例担保,属于第7.1.14条第二款第一项至第四项情形的,可以豁免提交股东大会审议,但是公司章程另有规定除外。"

《北京证券交易所股票上市规则(试行)》(2024修订)第7.1.11条第2款规定:"符合以下情形之一的,还应当提交公司股东大会审议:(一)单笔担保额超过上市公司最近一期经审计净资产10%的担保;(二)上市公司及其控股子公司提供担保的总额,超过上市公司最近一期经审计净资产50%以后提供的任何担保;(三)为资产负债率超过70%的担保对象提供的担保;(四)按照担保金额连续12个月累计计算原则,超过上市公司最近一期经审计总资产30%的担保;(五)中国证监会、本所或者公司章程规定的其他担保。"第7.1.12条规定:"上市公司为全资子公司提供担保,或者为控股子公司提供担保且控股子公司其他股东按所享有的权益提供同等比例担保,不损害公司利益的,可以豁免适用本规则第7.1.11条第二款第一至三项的规定,但是公司章程另有规定除外。上市公司应当在年度报告和中期报告中汇总披露前述担保。"

除上述规定外,《上海证券交易所股票上市规则(2024年4月修订)》和《深圳证券交易所股票上市规则(2024年修订)》均未作出豁免规定。债权人与上海证券交易所科创板、深圳证券交易所创业板以及北京证券交易所上市公司订立担保合同时，上市公司可能以相关担保事项已经获得交易所股票上市规则豁免为由，拒绝履行股东会审议程序。从谨慎、合规角度考虑，在此情况下笔者建议债权人要求上市披露无须提交股东会审议的具体依据，以充分体现债权人在订立担保合同过程中的善意。

七十四、上市公司控股子公司对外担保，债权人应当如何审查决议或公告？

问

债权人接受上市公司公开披露的控股子公司订立担保合同的，应当如何审查决议或公告？

答

依据《民法典担保制度解释》第9条第3款之规定，债权人与上市公司已公开披露的控股子公司订立的担保合同，适应该条第1款、第2款之规定。即债权人应当根据上市公司公开披露的关于担保事项已经董事会或者股东大会决议通过的信息，与上市公司的控股子公司订立担保合同。对此，债权人应当如何审查决议或公告，成为实务中必须面对的问题。笔者认为主要包括两方面问题：一是控股子公司本身是否应当依法依章程规定进行决议？二是上市公司在披露控股子公司的对外担保事项之前，是否应当在上市公司层面对控股子公司的对外担保事项进行审议？

（一）控股子公司本身是否应当依法依章程规定进行决议？

对于这个问题的答案，较为明确。上市公司的控股子公司作为独立法人，其当然适用《公司法》(2023修订)第15条之规定,即控股子公司对外担保应当依法依章程之规定就担保事项进行决议。依据《民法典担保制度解释》第8条第2款之规定,上市公司的控股子公司"为其全资子公司开展经营活动提供担保",或者上市公司的控股子公司订立的"担保合同系由单独或者共同持有公司三分之二以上对担保事项有表决权的股东签字同意",不能免除决议并公告。因此,除非上市公司的控股子公司是金融机构开立保函,或者上市公司的控股子公司是担保公司提供担保,否则均应当依法依章程就对外担保事项进行决议。

(二)上市公司在披露控股子公司的对外担保事项之前,是否应当在上市公司层面对控股子公司的对外担保事项进行审议?

对于这个问题,《民法典担保制度解释》并未明确,而最高人民法院民事审判第二庭在《最高人民法院民法典担保制度司法解释理解与适用》一书中的观点则认为:"我们认为,不需要。对此,应尊重监管机关及交易所的规定。"[1]从其观点表述来看,前后明显存在一定矛盾,但最高人民法院并未进一步明确,如果监管机关或交易所规定上市公司应当在披露控股子公司的对外担保事项之前进行审议,而上市公司未进行审议便直接披露,那么债权人依据上市公司所披露的信息,与上市公司的控股子公司订立担保合同,该担保合同对上市公司的控股子公司是否发生效力?其实,从《民法典担保制度解释》第9条所确立的以公告为中心的上市公司对外担保规则来看,无论是上市公司对外担保还是上市公司的控股子公司对外担保,其是否履行了内部董事会或股东会审议程序,对担保合同的效力并不具有根本性影响。[2]因此,关于公告前是否还需要上市公司对控股子公司的担保事项再进行决议,最高人民法院才会得出"我们认为,不需要"的结论。至于最高人民法院进一步认为"应尊重监管机关及交易所的规定",旨在明确最高人民法院不干涉监管机关及交易所对上市公司的监督管理权力,上市公司仍然应当遵守监管机关及交易所的规定。鉴于此,有必要了解一下监管机

---

[1] 最高人民法院民事审判第二庭:《最高人民法院民法典担保制度司法解释理解与适用》,人民法院出版社2021年版,第159页。

[2] 但笔者对此观点仍然持有一定保留,详见本书第七十二问:"除了审查上市公司关于担保事项的公告,债权人是否应当进一步审查上市公司章程并审查董事会决议、股东会决议是否符合程序要求?"

关及交易所对这一问题的规定。

根据监管机关及交易所的相关规定,控股子公司担保对象分为上市公司合并报表范围之外与合并报表范围之内的主体,笔者据此讨论两种情况下上市公司是否应当履行相应的审议程序。

1. 控股子公司担保对象为上市公司合并报表范围之外的主体

《上市公司监管指引第8号》第15条规定:"上市公司控股子公司对于向上市公司合并报表范围之外的主体提供担保的,应视同上市公司提供担保,上市公司应按照本章[1]规定执行。"《上海证券交易所上市公司自律监管指引第1号——规范运作（2023年12月修订）》第6.2.10条第2款规定:"上市公司控股子公司为前款规定主体以外的其他主体提供担保的,视同上市公司提供担保,应当遵守本节[2]相关规定。"《深圳证券交易所上市公司自律监管指引第1号——主板上市公司规范运作（2023年12月修订）》第6.2.11条第2款、《深圳证券交易所上市公司自律监管指引第2号——创业板上市公司规范运作（2023年12月修订）》第7.2.11条第2款也有基本一致的规定。《上海证券交易所股票上市规则（2024年4月修订）》第2.2.10条第1款规定:"上市公司控股子公司及控制的其他主体发生本规则规定的相关重大事项,视同上市公司发生的重大事项,适用本规则。"《深圳证券交易所股票上市规则（2024年修订）》第2.2.9条第1款、《北京证券交易所股票上市规则（试行）》（2024修订）第5.2.8条第1款、《上海证券交易所科创板股票上市规则（2024年4月修订）》第5.2.6条第1款、《深圳证券交易所创业板股票上市规则（2024年修订）》第5.2.13条第1款均有相似规定。由上可见,不论是证监会还是各大交易所,均明确规定控股子公司对外担保的,视同上市公司对外担保,适用上市公司担保的相关规定。因此,控股子公司向上市公司合并报表范围外主体提供担保的,上市公司也应当履行相应的审议程序,即由上市公司董事会审议,或者由上市公司董事会审议后提交股东会审议。根据监管机关及交易所的规定,控股子公司对外担保事项除控股子公司依法依章程决议外,符合以下七种情形

---

[1] 即《上市公司监管指引第8号》第3章"对外担保"。
[2] 即《上海证券交易所上市公司自律监管指引第1号——规范运作（2023年12月修订）》第6章"重点规范事项"之第2节"提供担保"。

的,上市公司层面应当在董事会审议通过后提交股东会审议,其余则由上市公司董事会审议即可[1]:(1)对股东、实际控制人及其关联方提供的担保;(2)上市公司在一年内提供担保的金额超过公司最近一期经审计总资产30%的担保;(3)上市公司及其控股子公司的对外担保总额,超过最近一期经审计净资产的50%以后提供的任何担保;(4)上市公司(若是上海证券交易所主板与深圳证券交易所主板,则为上市公司及其控股子公司)的对外担保总额,超过最近一期经审计总资产的30%以后提供的任何担保;(5)为资产负债率超过70%的担保对象提供的担保;(6)单笔担保额超过最近一期经审计净资产10%的担保;(7)(仅适用深圳证券交易所创业板)连续12个月内担保金额超过公司最近一期经审计净资产的50%且绝对金额超过5000万元。除以上情形外,仅需由董事会审议。

2. 控股子公司担保对象为上市公司合并报表范围之内的主体

由于《上市公司监管指引第8号》第15条仅规定上市公司控股子公司对于向上市公司合并报表范围之外的主体提供担保应视同上市公司提供担保,因此有观点认为如果控股子公司为合并报表范围之内的主体提供担保,无须上市公司层面履行审议程序。对此笔者认为,虽然《上市公司监管指引第8号》未就控股子公司担保对象为上市公司合并报表范围之内的主体作出明确规定,但不能根据第15条进行反面解释,得出控股子公司为上市公司合并报表范围之内的主体提供担保时上市公司层面无须履行审议程序。相反,各交易所对此问题有相关规定,上市公司应当遵照执行。

首先,上海证券交易所主板与深圳证券交易所主板豁免了部分担保事项在上市公司层面的审议程序。《上海证券交易所上市公司自律监管指引第1号——规范运作(2023年12月修订)》第6.2.10条第1款规定:"上市公司控股子公司为上市公司合并报表范围内的法人或者其他组织提供担保的,上市公司应当在控股子公司履行审议程序后及时披露,按照本所《股票上市规则》应当提交上市公司股东大会审议的担保事项除外。"《深圳证券交易所上市公司自律监管指引第1号——主板上市公司规范运作(2023年12月修订)》第6.2.11条第1款规定:"上市

---

[1] 具体依据详见本书第七十三问:"上市公司提供哪些担保必须由股东会审议?"

公司控股子公司为上市公司合并报表范围内的法人或者其他组织提供担保的，上市公司应当在控股子公司履行审议程序后及时披露。按照本所《股票上市规则》第6.1.10条，需要提交上市公司股东大会审议的担保事项除外。"依据该规定，若控股子公司为上市公司合并报表范围内的主体提供担保符合《上海证券交易所股票上市规则（2024年4月修订）》和《深圳证券交易所股票上市规则（2024年修订）》所规定的需要提交上市公司股东会审议的情形[1]，则除了控股子公司依法依章程决议外，还需要由上市公司层面董事会、股东会审议。除此之外，只需要控股子公司依法依章程决议即可，亦无须上市公司层面董事会审议。

其次，深圳证券交易所创业板豁免了上市公司层面的审议程序。《深圳证券交易所上市公司自律监管指引第2号——创业板上市公司规范运作（2023年12月修订）》第7.2.11条第1款规定："上市公司控股子公司为上市公司合并报表范围内的法人或其他组织提供担保的，上市公司应当在控股子公司履行审议程序后及时披露。"依据该规定，深圳证券交易所创业板的上市公司控股子公司向合并报表范围内的法人或其他组织提供担保的，仅需要履行控股子公司层面的审议程序，无须再由上市公司层面的董事会或股东会审议。与上海证券交易所主板与深圳证券交易所主板只豁免部分担保事项在上市公司层面的审议程序不同，深圳证券交易所创业板相当于全面豁免。

最后，上海证券交易所科创板、北京证券交易所均未作出与上述豁免类似的规定，因此上海证券交易所科创板、北京证券交易所的上市公司控股子公司向合并报表范围内的主体提供担保，与向合并报表范围外的主体提供担保相比，两者审议程序一致。

另外，上市公司的全资子公司对外担保，是否也适用前述规则？判断把握上市公司控股子公司的标准在于上市公司对子公司的"控制"，包括直接或间接控制的子公司。[2] 基于前述上市公司控股子公司的界定，上市公司全资子公司当属

---

[1] 具体情形详见本书前文"控股子公司担保对象为上市公司合并报表范围之外的主体"结论部分内容。

[2] 参见最高人民法院民事审判第二庭：《最高人民法院民法典担保制度司法解释理解与适用》，人民法院出版社2021年版，第155页。另详见本书第六十九问："哪些担保主体应当适用《民法典担保制度解释》第9条？"

上市公司控股子公司的文义涵摄范围,其对外担保问题自应与上市公司控股子公司对外担保作同一解释。[1]因此,上市公司的全资子公司对外担保也适用前述上市公司控股子公司对外担保的规则。但是,在上市公司全资子公司为上市公司提供担保的场合,有观点认为依据《民法典担保制度解释》第10条"一人有限责任公司为其股东提供担保,公司以违反公司法关于公司对外担保决议程序的规定为由主张不承担担保责任的,人民法院不予支持"之规定,上市公司无须公告。但这一解释结论与上市公司控股子公司对外担保规则存在体系冲突[2],因而不可取。虽然上市公司的全资子公司可以为母公司即上市公司提供担保,但仍须对外公告。[3]

七十五、债权人是否可以依据上市公司作出的概括性担保授权公告与上市公司订立担保合同?

问

上市公司仅公告披露年度预计担保额度及审议通过该年度预计担保额度的股东会决议,债权人是否可以仅依据该公告与上市公司订立担保合同?

答

实践中许多上市公司在披露担保事项时,采取年度担保计划的方式提交年度董事会、年度股东大会申请集中授权,概括性授权董事长或总裁在担保额度范

---

[1] 高圣平:《上市公司对外担保特殊规则释论——以法释〔2020〕28号第9条为中心》,载《法学》2022年第5期。

[2] 高圣平:《上市公司对外担保特殊规则释论——以法释〔2020〕28号第9条为中心》,载《法学》2022年第5期。

[3] 参见程啸等:《最高人民法院新担保司法解释理解与适用》,法律出版社2021年版,第70页。

围内订立相关担保合同，无须再逐笔提交董事会、股东大会审议。由于这种方式不再就单笔担保事项出具董事会或股东会决议，甚至不再另行公告，而是采取事先概括授权并公告，笔者称之为概括性担保授权。[1]债权人能否仅依据上市公司披露的概括性担保授权公告与上市公司订立担保合同，实务中存在较大争议。笔者梳理监管机关与交易所的相关规定，结合司法实践中的案例，对该问题进行探讨。

（一）监管机关、交易所关于概括性担保授权的相关规定

从监管机关层面的规定来看，《上市公司监管指引第8号》第12条规定："上市公司董事会或者股东大会审议批准的对外担保，必须在证券交易所的网站和符合中国证监会规定条件的媒体及时披露，披露的内容包括董事会或者股东大会决议、截止信息披露日上市公司及其控股子公司对外担保总额、上市公司对控股子公司提供担保的总额。"该规定并未要求上市公司必须对于概括性担保授权公告项下的担保实际发生时进行"逐笔披露"，因此某种程度上而言，概括性担保授权公告可以认为已经达到上述规定关于披露内容的要求。

从交易所的上市规则来看，未见关于上市公司对概括性担保授权公告项下的担保事项必须"逐笔披露"的规定，但在上海证券交易所主板与深圳证券交易所主板、创业板的自律监管指引中有关于概括性担保授权的内容。例如，《上海证券交易所上市公司自律监管指引第1号——规范运作（2023年12月修订）》第6.2.5条规定："上市公司向其控股子公司提供担保，如每年发生数量众多、需要经常订立担保协议而难以就每份协议提交董事会或者股东大会审议的，上市公司可以对资产负债率为70%以上以及资产负债率低于70%的两类子公司分别预计未来12个月的新增担保总额度，并提交股东大会审议。前述担保事项实际发生时，上市公司应当及时披露。任一时点的担保余额不得超过股东大会审议通过的担保额度。"第6.2.6条规定："上市公司向其合营或者联营企业提供担保且

---

[1]《上海证券交易所上市公司自律监管指南第1号——公告格式（2024年11月修订）》之《第四号 上市公司为他人提供担保公告（2023年8月修订）》称为"年度担保预计"。《深圳证券交易所上市公司自律监管指南第2号——公告格式（2024年11月修订）》之《交易类第5号 上市公司对外担保公告格式》称为"担保额度预计"。最高人民法院民事审判第二庭所著的《最高人民法院民法典担保制度司法解释理解与适用》则称为"集中担保"，参见最高人民法院民事审判第二庭：《最高人民法院民法典担保制度司法解释理解与适用》，人民法院出版社2021年版，第157页。

被担保人不是上市公司的董事、监事、高级管理人员、持股5%以上的股东、控股股东或实际控制人的关联人,如每年发生数量众多、需要经常订立担保协议而难以就每份协议提交董事会或者股东大会审议的,上市公司可以对未来12个月内拟提供担保的具体对象及其对应新增担保额度进行合理预计,并提交股东大会审议。前述担保事项实际发生时,上市公司应当及时披露,任一时点的担保余额不得超过股东大会审议通过的担保额度。"《深圳证券交易所上市公司自律监管指引第1号——主板上市公司规范运作(2023年12月修订)》第6.2.6条、第6.2.7条亦有类似规定。《深圳证券交易所上市公司自律监管指引第2号——创业板上市公司规范运作(2023年12月修订)》第7.2.8条规定:"上市公司为其控股子公司提供担保,如每年发生数量众多、需要经常订立担保协议而难以就每份协议提交董事会或者股东大会审议的,上市公司可以对资产负债率为70%以上以及资产负债率低于70%的两类子公司分别预计未来十二个月的新增担保总额度,并提交股东大会审议。前述担保事项实际发生时,上市公司应当及时披露,任一时点的担保余额不得超过股东大会审议通过的担保额度。"《深圳证券交易所上市公司自律监管指南第2号——公告格式(2024年11月修订)》之《交易类第5号 上市公司对外担保公告格式》亦规定:"已审议额度内的担保实际发生时,除按本公告格式披露相关内容外,还应当在相关公告中明确披露对被担保方相关担保额度的审议情况,包括审议过程、审议时间、审议的担保额度以及本次担保前后对被担保方的担保余额(已提供且尚在担保期限内的担保余额,下同)、可用担保额度等。"《上海证券交易所上市公司自律监管指南第1号——公告格式(2024年11月修订)》之《第四号 上市公司为他人提供担保公告(2023年8月修订)》与《深圳证券交易所创业板上市公司自律监管指南第2号——公告格式(2024年11月修订)》之《第7号 上市公司提供担保公告格式》亦有类似规定。

依据上述规定,交易所自律监管指引所规定的概括性担保授权制度其实要求上市公司披露两方面的信息,一是概括性担保授权的股东会决议公告,二是担保事项实际发生时(担保额度实际占用时)的公告。

对于前者,允许上市公司将概括性担保授权提交股东会审议的主要原因是"每年发生数量众多、需要经常订立担保协议而难以就每份协议提交董事会或者股东大会审议",即通过概括性担保授权制度,免去频繁提交董事会或者股东会审议,以提高上市公司的运作效率。相应地,在担保事项实际发生时可能不再需要由董事会或者股东会决议,但具体被授权的主体是谁则应根据概括性担保授权公告中的授权情况而定。

对于后者,《上市公司信息披露管理办法》(2025修订)第63条第1款第3项规定:"本办法下列用语的含义:……(三)及时,是指自起算日起或者触及披露时点的两个交易日内。"《上海证券交易所股票上市规则(2024年4月修订)》第15.1条第1款第2项规定:"及时披露:指自起算日起或者触及本规则披露时点的2个交易日内披露。"[1]因此,当担保事项实际发生时,上市公司应当在两个交易日内披露。但是需要注意的是,该及时披露的要求也有例外。如果上海证券交易所主板上市公司为其控股子公司提供担保,上海证券交易所对担保事项实际发生时的披露允许按月汇总披露。《上海证券交易所上市公司自律监管指南第1号——公告格式(2024年11月修订)》之《第四号　上市公司为他人提供担保公告(2023年8月修订)》中适用情形第2点明确,上市公司进行年度担保预计的,在担保预计额度内发生具体担保事项时,应当参照本公告格式披露实际发生的担保情况,披露本次担保的基本情况、担保余额等主要信息,并就担保对象的财务状况、资产负债率等是否发生显著变化作出特别提示。上市公司因担保发生频次较高,逐笔披露确有不便的,对于上市公司为子公司实际提供的担保及上市公司合并报表范围内子公司之间实际发生的担保,可以按月汇总披露实际发生的担保情况,但应当充分论述原因及合理性。可见,若担保发生频次较高,逐笔披露确有不便,在充分论述原因及合理性后,亦可按月汇总披露。

(二)司法实践中对概括性担保授权公告的态度

在担保实践中,上市公司概括性担保授权公告非常普遍,但因此而发生争议并诉诸法院的案例不如其他担保案例丰富。尽管如此,司法实践中公开的类似案例仍有一些,并且不同法院对此问题的看法并不一致。

---

[1]《深圳证券交易所股票上市规则(2024年修订)》第15.1条第8项、《深圳证券交易所创业板股票上市规则(2024年修订)》第13.1条第2项、《上海证券交易所科创板股票上市规则(2024年4月修订)》第15.1条第7项、《北京证券交易所股票上市规则(试行)(2024修订)》第12.1条第7项亦有类似规定。

1. 正方观点：债权人审查概括性担保授权公告即构成善意

正方观点认为，上市公司对外提供担保，债权人能够举证证明其已经审查上市公司概括性担保授权公告，即足以证明其履行了注意义务，由此订立的担保合同有效或对上市公司发生效力。例如，江苏省苏州市中级人民法院（2019）苏05民初281号金融借款合同纠纷案中，银行提交了《关于预计为控股公司提供新增担保额度的公告》《2017年度股东大会决议公告》，依据该公告，上市公司股东审议通过了《关于预计为控股子公司提供新增担保40亿元额度的议案》。银行还向法庭提交了上市公司出具的总经理办公会决议。对此，法院认为，银行已经就上市公司所作出的担保意思表示进行了合理的审查，上市公司亦在《最高额保证合同》加盖公章确认，《最高额保证合同》系上市公司的真实意思表示。[1]在该案例中，债权人在接受上市公司提供的担保时审查的是上市公司股东会审议通过的预计担保额度公告，法院认为债权人已经进行了合理审查，从而支持了债权人要求上市公司承担保证责任的诉讼请求。

2. 反方观点：上市公司发布概括性担保授权公告不能豁免债权人的决议审查义务

反方观点对预计担保额度公告持否定态度。例如，北京市高级人民法院（2020）京民终670号金融借款合同纠纷案中，虽然上市公司发布了预计担保额度公告，但法院仍然认为，由于上市公司签订的《最高额保证合同》未经股东大会审议通过且未经公告，故在上市公司没有公开披露《最高额保证合同》的情况下，即使担保事项已经持有上市公司2/3以上表决权的股东书面签字盖章同意，银行与上市公司签订《最高额保证合同》亦非善意，《最高额保证合同》对上市公司不发生法律效力。[2]

---

[1] 参见江苏省苏州市中级人民法院民事判决书,(2019)苏05民初281号。持有类似观点的案例：陕西省宝鸡市中级人民法院民事判决书,(2020)陕03民终1444号；安徽省合肥市中级人民法院民事判决书,(2019)皖01民初1207号、(2020)皖01民初1271号。

[2] 参见北京市高级人民法院民事判决书,(2020)京民终670号。持有类似观点的案例：安徽省高级人民法院民事判决书,(2020)皖民终1157号；湖北省高级人民法院民事判决书,(2020)鄂民终524号。

3. 中立观点：除审查预计担保额度外，债权人还应进一步审查本次担保是否在预计额度范围内，或者主债务人是否属于公告所载明的担保对象

个别法院认为，债权人除了应审查预计担保额度公告外，还应进一步审查本次担保是否在预计公告额度范围内，以确定是否属于担保事宜已经决议的情况。例如，浙江省杭州市中级人民法院（2019）浙01民初2130号金融借款合同纠纷案中，虽然上市公司的公告载明在案涉借款和担保事宜发生的时间段，上市公司股东大会审议通过了上市公司为某集团（系上市公司股东）担保累计不超过4亿元的议案，但2017年7月13日的公告所涉议案载明，截至当时，不含本次担保计划，上市公司及其控股子公司对外担保（不包括对控股和全资子公司担保）累计人民币39,182.50万元，2017年12月25日的公告所涉议案和2018年1月13日的公告载明的截至2017年12月25日，不含本次担保计划，上市公司及其控股子公司对外担保（不包括对控股和全资子公司担保）累计金额亦为39,182.50万元。亦即从2017年7月13日到2017年12月25日，上市公司公告的对外担保累计金额并未发生变化，而债权人某信托公司在庭审中确认案涉借款、保证等合同签订日期为2017年11月或12月，故法院认为，债权人某信托公司并未能提供充分证据证明上市公司就案涉借款的保证事宜经过股东会或者股东大会决议。但法院并未依此认定案涉保证合同无效，而是以上市公司与其股东即主债务人某集团之间存在长期的相互担保等商业合作关系为由认定担保合同符合上市公司的真实意思表示，案涉保证合同有效。[1]按照该法院的裁判逻辑，如果债权人某信托公司能举证证明案涉担保在上市公司担保计划的额度范围内，担保即可被认定为有效。

另外，在最高人民法院（2021）最高法民申4688号保证合同纠纷案中，最高人民法院认为对于上市公司对外担保的效力应当从严把握。在该案中，上市公司披露的公告系其某一年度对外担保额度的公告，公告正文载明了"2018年公司拟提供的对外担保额度具体情况"列表，列明了对五家公司的担保情况，其中并没有案涉担保的主债务人，而债权人亦未能进一步举证证明案涉担保已经股东大会决议，导致担保合同被判定无效。[2]按照该案法院的裁判逻辑，如果案涉担

---

[1] 参见浙江省杭州市中级人民法院民事判决书，(2019)浙01民初2130号。
[2] 参见最高人民法院民事裁定书，(2021)最高法民申4688号。

保的主债务人也在公告载明的担保对象之列,则该担保可能被认定为有效。

(三)接受上市公司担保,债权人是否可以仅审查概括性担保授权公告?

由前述案例可见,司法实践中对于预计担保额度公告的态度存在分歧。在学术上,也有观点并不认可预计担保额度,而认为债权人仅审查预计担保额度公告不足以达到善意相对人标准。比较具有代表性的为高圣平教授的观点,他认为相对人除审查上市公司的预计担保额度公告之外,还需审查上市公司的持续信息披露公告。[1]笔者认为,只要上市公司依法合规披露了担保事项,债权人在其力所能及的范围内合理审查了相关公告,债权人接受上市公司担保即属于善意,该担保对上市公司发生效力。

首先,《民法典担保制度解释》第9条对境内上市公司对外提供担保进行了特别规定,目的就是全面落实法律关于境内上市公司信息披露的规定,以保护众多中小投资者利益。[2]因此,从监管角度看,无论是最高人民法院还是其他各级人民法院均是司法机关而不是上市公司的监管机关,当监管机关就上市公司对外担保事项的公告有相关要求时,司法裁判观点一般不应当与监管的要求相抵牾。而且从最高人民法院民事审判第二庭所著的《最高人民法院民法典担保制度司法解释理解与适用》观点来看,最高人民法院在相关问题上的观点亦是尊重监管机关及交易所的规定。[3]因此,原则上,在上市公司对外担保年度预计额度公告的问题上,也应当尊重监管机关及交易所的相关规定。

其次,债权人应当参考监管机关对于上市公司对外担保披露的要求审查相关担保事项是否披露。当上市公司将概括性担保授权以公告的形式对外披露之后,投资者已然知晓上市公司在未来一年内可能发生的担保额度,并且知晓在担保额度内可能发生实际的担保,那么投资者根据这些信息足以判断是否需要"用脚投票",并作出是否继续持有股票的决定。因此,概括性担保授权的披露足以

---

[1] 参见高圣平:《上市公司对外担保特殊规则释论——以法释〔2020〕28号第9条为中心》,载《法学》2022年第5期。

[2] 参见最高人民法院民事审判第二庭:《最高人民法院民法典担保制度司法解释理解与适用》,人民法院出版社2021年版,第146页。

[3] 参见最高人民法院民事审判第二庭:《最高人民法院民法典担保制度司法解释理解与适用》,人民法院出版社2021年版,第159页。

实现保护中小投资者利益的目的。但监管机关同样要求上市公司在担保事项实际发生之后及时（2个交易日内）披露，显然这有利于进一步保护中小投资者的利益。相应地，如果债权人能够做到既审查概括性担保授权公告又审查单笔担保公告，那么债权人就应当履行该审查义务，否则不构成善意。

再次，由于交易所亦允许部分担保事项按月汇总披露而无须逐笔披露，对此类担保事项，亦不应苛求债权人必须审查上市公司的单笔担保事项的公告。上市公司依据监管的规定对于预计担保额度内的单笔公告未逐笔披露，如果该单笔担保事项在监管层面获得合规评价而在司法层面却被认定为对上市公司不发生效力，则违背立法宗旨，亦违背法的评价一致性原则。笔者认为，若上市公司以担保事项发生频次较高、逐笔披露确有不便为由采用按月汇总披露的，债权人一方面可以审查该担保是否属于上市公司为子公司、子公司之间等上市公司并表范围内实际发生的担保，另一方面可以审查上市公司陈述的原因是否充分、合理，以确保其未披露的单笔担保事项符合监管规定，以履行谨慎审查义务。

最后，债权人在接受上市公司担保过程中，应当于担保前与上市公司沟通，要求其按照监管规定或交易所相关监管指引在单笔担保事项实际发生时及时披露，并且公告内容应严格按照交易所对应的公告格式的要求进行详尽披露。债权人在合同文本设计上也可做一些调整，如约定"上市公司依法依规披露本次担保事项"作为主合同生效条件或者将该条款设定为放款先决条件，促使上市公司履行及时披露义务。此外，债权人应当注意审查上市公司的年度报告、中期报告、临时报告、公开披露的对外担保信息，甚至结合公司相关的新闻信息等，以审查上市公司对外披露的担保额度使用情况（包括担保额度调剂情况）及担保余额情况，确保本次担保事项发生时点担保总金额并未超过上市公司已经对外披露的担保额度范围。

总之，从司法政策趋势看，债权人的审查义务越来越重[1]，因此债权人在接

---

[1]《九民纪要》对于上市公司对外担保的公告问题仍然是比较柔和的，债权人审查了上市公司针对担保作出的董事会或股东会决议，或者审查了上市公司公开披露的关于担保事项已经董事会或者股东大会决议通过的信息，都可以认定债权人是善意的。但是《民法典担保制度解释》则不同，对于上市公司对外担保采取"凡担保，必公告"的政策，即债权人只审查上市公司的董事会或股东会决议并不构成善意，而是必须查阅担保公告，否则担保对上市公司不发生效力。可见，司法政策在总体趋势上对债权人是越来越严格。

受担保时应当更加谨慎一些。实务中债权人并非都处于商业优势地位,尤其是在接受上市公司提供的担保时,债权人反而可能处于弱势谈判地位,上市公司往往并不会按照债权人要求的时间、频率对担保事项进行审议、披露。在此情况下,债权人更应当谨慎审查相关担保是否符合上市公司监管机关或交易所的相关规定,并参考监管机关或交易所的相关规定对上市公司所提供的对外担保事项进行审查。

七十六、债权人应当以什么作为审查上市公司公告披露内容的标准?

问

债权人应当根据上市公司公开披露的关于担保事项已经董事会或者股东大会决议通过的信息,与上市公司订立担保合同,那么债权人应当以什么作为审查上市公司公告披露内容的标准?

答

依据《民法典担保制度解释》第9条之规定,债权人应当根据上市公司公开披露的关于担保事项已经董事会或者股东大会决议通过的信息,与上市公司订立担保合同。从条文规定来看,似乎债权人只需要审查上市公司公告所披露的"关于担保事项已经董事会或者股东大会决议通过的信息"即可。《最高人民法院民法典担保制度司法解释理解与适用》一书认为:"无论是单项担保公告,还是集中担保公告,债权人审查的最重要内容有:(1)该担保事项是否已经董事会或者股东大会决议通过的信息;(2)被担保人也就是主债务人是谁;(3)为主债务人担保的金额是多少。"[1]《上市公司监管指引第8号》第12条规定:"上市公司董事会或者股东大会审议批准的对外担保,必须在证券交易所的网站和符合中国证监会规定条件的媒体及时披露,披露的内容包括董事会或者股东大会决议、截止信息披露日上市公司及其控股子公司对外担保总额、上市公司对控股子公司提供担保的总额。"依据上述观点与规定,有观点认为债权人只需要审查上市公司披露的以下五项内容:(1)该担保事项是否为已经董事会或者股东会决议通过的信息;(2)被担保人也就是主债务人是谁;(3)为主债务人担保的金额是多少;(4)截至信息披露日上市公司及其控股子公司对外担保总额;(5)上市公司对其控股子公司提供担保的总额。对此,笔者认为远远不够。

一方面,《最高人民法院民法典担保制度司法解释理解与适用》一书所列的三项审查内容只是债权人审查的"最重要内容",意味着除了这三项内容外,还有其他内容也是债权人应当审查的。考虑到最高人民法院对上市公司监管机关及交易所规定的尊重[2],债权人在具体审查内容上应当以上市公司监管机关及交易所规定为标准。

另一方面,《上市公司监管指引第8号》第12条规定的上市公司应当披露的内容包括"董事会或者股东大会决议、截止信息披露日上市公司及其控股子公司对外担保总额、上市公司对控股子公司提供担保的总额",但不能反面解释为无须披露其他内容。事实上,各交易所关于上市公司对外担保需要披露的内容均有详细的规定,实践中上市公司应当按照交易所的公告格式要求披露对外担保事项。例如,《深圳证券交易所上市公司自律监管指南第2号——公告格式(2024年11月修订)》之《交易类第5号 上市公司对外担保公告格式》即要求对外担保公告应当包括以下内容:担保情况概述(简要介绍担保基本情况,包括协议签署日

---

[1] 最高人民法院民事审判第二庭:《最高人民法院民法典担保制度司法解释理解与适用》,人民法院出版社2021年版,第158页。

[2] 例如,对于境内上市公司控股子公司为他人提供担保,由控股子公司自己依法依章程决议后需要由境内上市公司对此进行公告,那么公告前,是否还需要境内上市公司对此再进行决议,最高人民法院民事审判第二庭认为不需要,但表示对此应尊重监管机关及交易所的规定。参见最高人民法院民事审判第二庭:《最高人民法院民法典担保制度司法解释理解与适用》,人民法院出版社2021年版,第159页。

期、签署地点、被担保人和债权人的名称、担保金额等。简要说明董事会审议担保议案的表决情况；交易生效所必需的审议或审议程序，如是否需经过股东大会或有关部门批准等)、上市公司及其控股子公司存在担保额度预计情况的应在相关预计公告中披露的详细情况、被担保人基本情况、担保协议的主要内容、董事会意见、累计对外担保数量及逾期担保的数量等。《深圳证券交易所创业板上市公司自律监管指南第2号——公告格式（2024年11月修订）》之《第7号 上市公司提供担保公告格式》亦有类似规定。《上海证券交易所上市公司自律监管指南第1号——公告格式（2024年11月修订）》之《第四号 上市公司为他人提供担保公告（2023年8月修订）》则要求对外担保公告应当包括担保情况概述（简要介绍担保基本情况，如协议签署日期、被担保人和债权人的名称、担保金额、担保方式、担保期限、担保原因及范围、是否有反担保等；如为控股子公司或参股公司提供担保，说明其他股东提供担保的情况；上市公司就本次担保事项履行的内部决策程序及尚须履行的决策程序；担保预计基本情况)、被担保人基本情况、担保协议的主要内容、担保的必要性和合理性、董事会意见、累计对外担保数量及逾期担保的数量等。

由上可见，《民法典担保制度解释》第9条规定较为简单，而《最高人民法院民法典担保制度司法解释理解与适用》一书只列出了债权人审查的"最重要内容"，但是债权人实际要审查上市公司公告所披露的内容远不止这些。即使是《上市公司监管指引第8号》第12条规定亦不能概括全部应当审查的内容。对债权人而言，谨慎的做法是依据交易所颁布的公告格式标准[1]进行审查。当然，除了审查公告，债权人还应当合理审查上市公司章程、担保事项获得审议通过的董事会决议或（及）股东会决议。[2]

---

〔1〕 关于上市公司对外公告格式标准，各交易所网站均可查询、下载。
〔2〕 详见本书第七十二问："除了审查上市公司关于担保事项的公告，债权人是否应当进一步审查上市公司章程并审查董事会决议、股东会决议是否符合程序要求？"

七十七、在上市公司未披露担保事项的情况下,债权人即与上市公司订立担保合同,上市公司事后发布的公告能否视为其对担保进行追认?

问

债权人未根据上市公司公开披露的关于担保事项已经董事会或者股东大会决议通过的信息与上市公司订立担保合同,那么之后上市公司补发公告以披露担保事项,该补充披露能否视为对担保事项的追认而补正担保合同效力?

答

《民法典担保制度解释》第9条第2款规定:"相对人未根据上市公司公开披露的关于担保事项已经董事会或者股东大会决议通过的信息,与上市公司订立担保合同,上市公司主张担保合同对其不发生效力……"从该条规定的文义来看,似有应先披露担保信息,再订立担保合同之意。最高人民法院亦认为:"相对人根据公开披露的担保信息订立的担保合同,对公司发生效力。相对人没有根据公开披露的担保信息订立的担保合同,对公司不发生效力。"[1]但是,若上市公司事后补充披露担保信息或担保事项,所订立的担保合同能否"起死回生"对上市公司发生效力,《民法典担保制度解释》与最高人民法院均未提及。

从监管规定层面,若上市公司对外担保未及时(2个交易日内)披露,可能构成违规。即使上市公司在担保事项发生后过一段时间再补充披露,只要超过了规定的披露时限要求,仍然构成违规,无法改变已经违规的事实。同时,上市公

---

[1] 最高人民法院民事审判第二庭:《最高人民法院民法典担保制度司法解释理解与适用》,人民法院出版社2021年版,第152页。

司可能还因此被监管处罚,甚至被法院判决对投资者承担相应赔偿责任。但是,笔者在巨潮资讯网以标题关键词"追认对外担保"进行检索,共检索到包含"追认对外担保"关键词的搜索结果217条。[1]可见,实践中通过补发公告对担保进行追认的情形并不罕见,有些被追认的担保合同签订日期与发布追认公告的日期相距长达一年甚至更长。[2]此外,也有个别上市公司发布公告,明确对上市公司之前所提供的对外担保不予追认。[3]

笔者认为,上市公司就担保事项补充发布公告,可以视为对担保事项的追认而补正担保合同效力。理由如下:

首先,上市公司补充发布公告不影响立法目的的实现。法律、监管规范、司法解释要求上市公司就对外担保事项进行公告的立法本意与目的:其一,通过公告彰显对外担保符合《公司法》(2023修订)第15条项下的决议要求,从而形成有权担保;其二,更重要的是在于通过担保信息的公示公开,维护证券市场广大投资者对特定担保事项的必要知情权,消除违规暗保。[4]那么,上市公司事后发布的公告能否视为其对担保进行追认,取决于事后发布公告在多大程度上违背了前述立法本意与目的。一方面,上市公司事后补发公告,大多是经过董事会或股东会决议的;另一方面,担保信息的事后披露"虽迟但到",也足以消除违规暗保。至于上市公司未及时披露,因此产生的法律后果在监管层面可能受到处罚,在资本市场方面则投资者可能出售股票,甚至投资者可能以上市公司因未及时披露信息为由要求上市公司及相关责任人员承担赔偿责任。但无论是监管层面的处罚还是投资者提出的赔偿主张,均不能否定补发公告仍然足以实现立法目的。

其次,目前理论界与实务界的通说认为,违反《公司法》(2023修订)第15条规定的担保构成越权代表。《九民纪要》第17条明确规定,法定代表人未经授权

---

[1] 检索日期2025年4月22日,检索网址http://www.cninfo.com.cn。

[2] 例如,方正阀门集团股份有限公司(证券代码:873908)2023年11月21日发布的《关于追认2020年度对外担保的公告》(公告编号:2023-120),担保发生时间为2020年1月,距公告发布时间近3年。详见http://static.cninfo.com.cn/finalpage/2023-11-21/1218394849.PDF。

[3] 例如,摩登大道时尚集团股份有限公司(证券代码:002656)2019年11月13日发布《关于对控股股东伙同相关金融机构擅自以公司及公司控股子公司名义开展的担保业务不予追认的公告》(公告编号:2019-111)。详见http://static.cninfo.com.cn/finalpage/2019-11-13/1207085796.PDF。

[4] 详见本书第一问:"为什么公司对外提供担保时,债权人需要审查公司的决议或公告?"

擅自为他人提供担保的,构成越权代表,人民法院应当根据《合同法》第50条[1]关于法定代表人越权代表的规定,区分订立合同时债权人是否善意分别认定合同效力,并规定越权代表订立的担保合同无效。《民法典担保制度解释》则对《九民纪要》的观点进行了吸收与改进,除了肯定越权代表观点外,依据《民法典》第504条的规定将越权代表订立的担保合同规定为对公司不发生效力。但无论是《九民纪要》还是《民法典担保制度解释》,均肯定了法定代表人越权代表公司订立的担保合同在相对人非善意的情况下对公司不发生效力的观点。《公司法》(2023修订)第15条既不是效力性规范也不是管理性规范,而是"对法定代表人的代表权进行了限制"(《九民纪要》第17条)的限权性规范。尽管《公司法》(2023修订)第15条并未明述合同效力状态,但是从其法律后果逻辑形式上看类似于"效力待定"状态,可以推知公司方事后同意担保则合同对其发生效力,公司方不同意担保则合同对其不发生效力,直观形式上与"效力待定"状态如出一辙。[2]同理,即使上市公司提供担保之时因未及时披露而构成越权担保,那么通过事后补充披露,亦可构成对担保事项的追认而对上市公司发生效力。

最后,司法实践中也已经有案例认可上市公司对外担保补充公告的效力。例如,在安徽省亳州市中级人民法院(2021)皖16民终402号债权转让合同纠纷案中,二审期间债权人向法院提交了上市公司股东会决议与上市公司发布的《关于追认对外担保的公告(补发)》欲证明股东会决议对案涉《股权转让解除协议书》担保进行追认,法院认为能够证明上市公司股东会对案涉债务的担保以及法定代表人的越权代表行为进行了追认,能够证明上市公司对案涉债务的担保是其真实意思表示,故认定上市公司在该案中亦应承担担保责任。[3]需要注意的是,若上市公司年报披露担保信息,是否可以视为对担保效力的追认,司法实践中存在争议。一种观点认为,若债权人能够提供证据证明其在接受上市公司的担保时获取了该公司董事会决议并进行了审查,该董事会决议的表决人数符合

---

[1] 现为《民法典》第504条:"法人的法定代表人或者非法人组织的负责人超越权限订立的合同,除相对人知道或者应当知道其超越权限外,该代表行为有效,订立的合同对法人或者非法人组织发生效力。"
[2] 参见王毓莹:《公司担保规则的演进与发展》,载《法律适用》2021年第3期。
[3] 参见安徽省亳州市中级人民法院民事判决书,(2021)皖16民终402号。

公司章程的规定,应当认定债权人构成善意,而上市公司在之后的年度报告中自行公开披露其对外担保的事项,应认为担保合同对公司发生效力。[1]另一种观点则认为,若上市公司在订立担保合同时未公开披露担保事项已经董事会或者股东大会决议通过的信息,仅在订立担保合同之后的年度报告中载明存在对外担保,而未载明该担保已经股东大会决议追认,不视为上市公司已经对该担保进行追认。[2]

综上所述,笔者认为上市公司在担保事项发生之后补发公告,可以视为对担保事项的追认而补正担保合同效力。但债权人应当注意,此种情况下仍然应当履行相应的合理审查义务,既要审查公告,也要审查上市公司章程、董事会决议及(或)股东会决议,若发现有不符合章程及监管规定的,及时要求上市公司补正。若上市公司是通过年度报告披露担保事项以对担保进行追认的,债权人应当审查该年度报告是否载明担保事项已经股东会或董事会决议(具体决议机关取决于担保事项与法律、监管规范及公司章程规定)追认。

七十八、上市金融机构的分支机构提供保函以外的非标准化担保,上市金融机构是否需要履行审议、披露程序?

问

金融机构(包括上市金融机构)开立保函,或者金融机构的分支机构在其营业执照记载的经营范围内开立保函,均无须决议或履行审议程序。那么,上市金融机构的分支机构提供保函以外的非标准化担保,上市金融机构是否需要履行审议、披露程序?

---

[1] 参见上海金融法院民事判决书,(2019)沪74民终920号。
[2] 参见广东省高级人民法院民事判决书,(2021)粤民终982号。

答

关于金融机构分支机构提供保函之外的非标准化担保是否需要决议的问题,《民法典担保制度解释》第11条作出了相关规定,但在理解上可能还存在一定分歧。[1]由于《民法典担保制度解释》第11条并未排除对上市金融机构的适用,因此讨论题述问题仍然离不开该规定。《民法典担保制度解释》第11条第1款规定:"公司的分支机构未经公司股东(大)会或者董事会决议以自己的名义对外提供担保,相对人请求公司或者其分支机构承担担保责任的,人民法院不予支持,但是相对人不知道且不应当知道分支机构对外提供担保未经公司决议程序的除外。"第2款规定:"金融机构的分支机构在其营业执照记载的经营范围内开立保函,或者经有权从事担保业务的上级机构授权开立保函,金融机构或者其分支机构以违反公司法关于公司对外担保决议程序的规定为由主张不承担担保责任的,人民法院不予支持。金融机构的分支机构未经金融机构授权提供保函之外的担保,金融机构或者其分支机构主张不承担担保责任的,人民法院应予支持,但是相对人不知道且不应当知道分支机构对外提供担保未经金融机构授权的除外。"

由上可见,《民法典担保制度解释》第11条第1款系公司的分支机构以自己名义对外提供担保的一般规则,第2款系金融机构分支机构以自己名义对外提供担保(包括保函等标准化担保与其他非标准化担保)的特殊规则。依据《民法典担保制度解释》第11条第2款之规定,如果上市金融机构的分支机构在其营业执照记载的经营范围内(概括授权)开立保函,或者经有权从事担保业务的上级机构授权(个别授权)开立保函,上市金融机构自然不需要履行审议程序,也无须对外披露。但是,如果上市金融机构的分支机构提供保函以外的非标准化担保而未经上市金融机构授权,则该非标准化担保对金融机构及其分支机构不发生效力。对该规定进行反向解释,如果上市金融机构的分支机构所提供的保函以外的非标准化担保是获得上市金融机构授权的,那么该保函以外的非标准化担保

---

[1] 详见本书第五十六问:"金融机构的分支机构提供保函之外的非标准化担保无须决议吗?"

对上市金融机构及其分支机构发生效力。

由上可见,非标准化担保对上市金融机构及其分支机构是否发生效力,取决于该非标准化担保是否获得上市金融机构的授权。但是,《民法典担保制度解释》第11条第2款规定中的"授权",是否需要由上市金融机构履行审议程序并披露?最高人民法院认为:"对于非标准化的担保行为,如签订个别化的保证合同或者在金融机构的分支机构管理的财产上设定担保物权,则仍应遵循公司的分支机构以自己名义对外提供担保的一般规则。鉴于金融机构对外提供担保本身无须决议,因而此处所谓的一般规则,并非需要金融机构通过董事会或者股东(大)会以公司决议的形式授权,而是可由法定代表人代表公司进行授权。"[1]相应地,上市金融机构的分支机构对外提供保函以外的非标准化担保,亦不需要上市金融机构履行审议程序,可由法定代表人代表上市金融机构进行授权。

此外,从《民法典担保制度解释》第11条第1款与第2款条文用词表述来看,也可得出上述结论。如前所述,《民法典担保制度解释》第11条第1款系一般规则,第2款系特殊规则。其中,第1款要求公司的分支机构以自己的名义对外提供担保需要经过公司股东会或者董事会决议,但第2款并未要求金融机构分支机构提供保函之外的担保需要金融机构决议,而只需要授权。可见,上市金融机构的分支机构提供保函以外的非标准化担保,上市金融机构不需要履行审议、披露程序。

---

[1] 最高人民法院民事审判第二庭:《最高人民法院民法典担保制度司法解释理解与适用》,人民法院出版社2021年版,第172页。但笔者对此观点存在一定保留,详见本书第五十六问:"金融机构的分支机构提供保函之外的非标准化担保无须决议吗?"

第四部分

越权对外担保的法律后果

七十九、公司订立担保合同时未作出适格决议，能否事后作出适格决议对担保合同进行追认？

问

公司与债权人订立担保合同时并未作出适格决议，并且该担保合同不属于司法解释所规定的无须决议的情形，若公司在事后作出适格决议对担保合同进行追认，该担保合同对公司是否发生效力？

答

公司法定代表人违反《公司法》（2023修订）第15条之规定未经股东会或董事会决议授权而擅自为他人提供担保的，构成越权代表，人民法院应当根据《民法典》第504条关于法定代表人越权代表的规定，区分担保合同订立时债权人是否善意分别认定合同效力。[1]因此，债权人是否善意的判断时点应为订立担保合同之时。[2]那么，若公司与债权人订立担保合同时并未作出适格决议，并且该担保合同不属于司法解释所规定的无须决议的情形的，公司能否在事后作出适格决议对担保合同进行追认并使担保合同对公司发生效力？《民法典担保制度解释》第7条、第9条均仅规定债权人接受公司担保应当审查决议或公告，而未涉及公司就担保事项进行事后追认的效力，但并不能因此而得出结论认为法定代表人越权担保不得由公司事后进行追认，不过对此理论上存在争议。

持否定观点者认为，无权代表行为无效，不适用追认。该观点主张，在《公

---

[1] 参见最高人民法院民法典贯彻实施工作领导小组主编：《中华人民共和国民法典合同编理解与适用（一）》，人民法院出版社2020年版，第317页。

[2] 参见程啸等：《最高人民法院新担保司法解释理解与适用》，法律出版社2021年版，第56页。

司法》(2023修订)第15条已经明确规定法定代表人对外担保需要获得公司决议特别授权的情况下,债权人未能履行审查义务,未能确认相关公司决议的存在,属于债权人自甘冒险的行为,法律没有必要对其予以特殊保护,越权担保行为构成无权代表,法定代表人越权订立的担保合同在相对人非为善意时应为无效,而非效力待定。〔1〕但持有否定观点的学者同时又认为,如果公司确实愿意承认担保合同效力的,可以通过公司决议授权法定代表人重新订立担保合同,其与公司追认的效力并无不同。〔2〕既然如此,笔者认为,若公司须通过公司决议授权法定代表人重新订立担保合同,那么重新订立担保合同更不经济、便利,与交易效率需求不符。笔者不赞同否定观点。

持肯定观点者认为,法定代表人越权代表的法律后果应类推适用《民法典》第171条〔3〕无权代理规则,公司享有追认与否的选择权。公司选择追认的,担保合同的法律后果由公司承受;公司拒绝追认的,公司不承担担保责任。〔4〕笔者赞同肯定观点。尽管《公司法》(2023修订)第15条并未明述合同效力状态,但是从其法律后果逻辑形式上看类似于"效力待定"状态,可以推知公司方事后同意担保则合同对其发生效力,公司方不同意担保则合同对其不发生效力,直观形式上与"效力待定"状态如出一辙。〔5〕那么,法定代表人越权对外代表公司签订的担

---

〔1〕 参见迟颖:《法定代表人越权行为的效力与责任承担——〈民法典〉第61条第2、3款解释论》,载《清华法学》2021年第4期。

〔2〕 参见迟颖:《法定代表人越权行为的效力与责任承担——〈民法典〉第61条第2、3款解释论》,载《清华法学》2021年第4期。

〔3〕 《民法典》第171条:"行为人没有代理权、超越代理权或者代理权终止后,仍然实施代理行为,未经被代理人追认的,对被代理人不发生效力。相对人可以催告被代理人自收到通知之日起三十日内予以追认。被代理人未作表示的,视为拒绝追认。行为人实施的行为被追认前,善意相对人有撤销的权利。撤销应当以通知的方式作出。行为人实施的行为未被追认的,善意相对人有权请求行为人履行债务或者就其受到的损害请求行为人赔偿。但是,赔偿的范围不得超过被代理人追认时相对人所能获得的利益。相对人知道或者应当知道行为人无权代理的,相对人和行为人按照各自的过错承担责任。"

〔4〕 参见高圣平:《试论公司担保中的无权代理——基于裁判分歧的展开和分析》,载《商业经济与管理》2022年第5期;高圣平:《再论公司法定代表人越权担保的法律效力》,载《现代法学》2021年第6期;高圣平等:《公司担保问题的裁判路径与具体规则》,载《人民司法》2019年第10期;贺小荣主编:《最高人民法院民事审判第二庭法官会议纪要——追寻裁判背后的法理》,人民法院出版社2018年版,第193页;高圣平:《担保法前沿问题与判解研究(第五卷)——最高人民法院新担保制度司法解释条文释评》,人民法院出版社2021年版,第94页;赵迟迟、张亚飞:《法定代表人越权担保效力判断的反思与优化——以〈担保制度解释〉第7条为分析基点》,载《北方金融》2021年第8期;谢鸿飞:《超越代表权法定限制缔约行为的法律评价》,载《法学杂志》2024年第6期。

〔5〕 参见王毓莹:《公司担保规则的演进与发展》,载《法律适用》2021年第3期。

保合同,亦应允许公司事后进行追认。

在实务中,法定代表人越权代表公司向债权人提供担保的,公司比较少会同意进行追认。这也不难理解,若是公司同意提供担保的,正常情况下也会出具股东会或董事会决议。实践中因缺少公司股东会或董事会决议构成越权担保的,往往就是法定代表人在未得到公司股东会或董事会授权的情况下所提供的担保,公司同意追认的情形比较少见。但笔者认为亦可以从司法实践中法院所作出的判决,探究法院对于公司事后追认的态度。

对于法定代表人越权提供担保的案件,司法实践中法院判决可能从两个层面进行否定评价。第一个层面是认为,公司与债权人订立担保合同时,债权人未审查公司的股东会或董事会决议,违反了《公司法》(2023修订)第15条规定;第二个层面是认为,在越权提供担保的情况下,公司事后对该担保合同未予追认或不予追认,故认定该担保合同对公司不发生效力。[1]根据对法院裁判理由进行反面解释,既然公司事后未予追认或不予追认故对公司不发生效力,那么如果公司事后予以追认,则担保合同应当对公司发生效力。例如,上海市浦东新区人民法院(2021)沪0115民初95328号保证合同纠纷案中,被告在订立担保合同时未出具股东会或董事会决议,在诉讼过程中被告同意还款,并提供由持股比例超过2/3的股东所出具的《关于还款承诺书说明》,法院认为可视为共同持有被告超过2/3的股东追认担保的效力,故担保对被告发生法律效力。[2]

综合上述分析,笔者认为,法定代表人越权提供担保的,若公司在事后作出

---

[1] 参见最高人民法院民事判决书,(2019)最高法民终837号、(2019)最高法民终877号;最高人民法院民事裁定书,(2020)最高法民申5944号、(2020)最高法民申6149号;北京市高级人民法院民事判决书,(2019)京民终1606号、(2020)京民终44号、(2020)京民终81号、(2020)京民终223号;四川省高级人民法院民事判决书,(2019)川民终1146号;河南省高级人民法院民事判决书,(2021)豫民终361号;河北省高级人民法院民事判决书,(2019)冀民终872号;江苏省高级人民法院民事裁定书,(2018)苏民申5823号;北京市第一中级人民法院民事判决书,(2019)京01民初444号、(2019)京01民终7851号、(2019)京01民终78519998号、(2020)京01民初261号;安徽省马鞍山市中级人民法院民事判决书,(2020)皖05民初91号;重庆市第三中级人民法院民事判决书,(2020)渝03民终1871号;广东省惠州市中级人民法院民事判决书,(2018)粤13民再27号;江苏省南通市中级人民法院民事判决书,(2019)苏06民终3101号;陕西省西安市高陵区人民法院民事判决书,(2024)陕0117民初522号;上海市青浦区人民法院民事判决书,(2023)沪0118民初27958号;上海市浦东新区人民法院民事判决书,(2019)沪0115民初19750号。

[2] 参见上海市浦东新区人民法院民事判决书,(2021)沪0115民初95328号。持有类似观点的案例:浙江省高级人民法院民事裁定书,(2017)浙民申761号;最高人民法院民事判决书,(2020)最高法民终189号。

适格决议对担保合同进行追认,该追认应当有效并可使担保合同对公司发生效力。但需要注意的是公司事后追认的方式,不能以在担保合同上加盖公司公章而直接推断公司对法定代表人的越权担保行为进行了追认[1],仍然应当由公司出具适格决议。[2]并且,公司对越权担保进行事后追认的方式应当是追认时公司现行有效的有权机关就同意提供担保事宜出具决议,而不是由担保合同订立之时公司的有权机关进行事后追认。[3]在个别案例中,公司在诉讼中对其法定代表人越权提供担保没有提出异议,并且一审判令公司对借款本息承担连带清偿责任后,公司没有上诉,法院认为公司在诉讼中不提异议而默示的,视为公司自认其应当承担相应的担保责任。[4]对此观点,笔者认为值得商榷,理由一是追认行为不应当以默示的方式作出,二是追认亦需要由公司出具适格决议。此外,根据民事诉讼程序的要求,笔者认为公司追认担保的最后时间节点应当是在法庭辩论终结之前。

八十、公司对外担保因无适格决议而对公司不发生效力,公司是否需要承担责任?

问

公司对外担保由于无适格决议且债权人非善意,而对公司不发生效力。[5]那么,公司是否仍然需要承担责任?

---

[1] 参见最高人民法院民事裁定书,(2019)最高法民申5029号。
[2] 关于上市公司法定代表人越权担保的事后追认问题,详见本书第七十七问:"在上市公司未披露担保事项的情况下债权人即与上市公司订立担保合同,上市公司事后发布的公告能否视为其对担保进行追认?"
[3] 参见江苏省高级人民法院民事裁定书,(2018)苏民申4056号。
[4] 参见最高人民法院民事裁定书,(2018)最高法民申2995号。
[5] 关于公司法定代表人越权提供对外担保的担保合同效力法律效果归属,《九民纪要》第20条规定表述为担保合同无效,但《民法典担保制度解释》结合《民法典》第504条之规定表述为担保合同对公司不发生效力。

答

若公司法定代表人越权提供对外担保（如无决议或无适格决议），并且债权人非善意的，虽然此时担保行为对公司不发生效力，所以公司不承担基于有效担保产生的担保责任，但并非公司无须承担任何责任。

《九民纪要》第20条规定："【越权担保的民事责任】依据前述3条规定，担保合同有效，债权人请求公司承担担保责任的，人民法院依法予以支持；担保合同无效，债权人请求公司承担担保责任的，人民法院不予支持，但可以按照担保法及有关司法解释关于担保无效的规定处理。公司举证证明债权人明知法定代表人超越权限或者机关决议系伪造或者变造，债权人请求公司承担合同无效后的民事责任的，人民法院不予支持。"《担保法解释》第7条规定："主合同有效而担保合同无效，债权人无过错的，担保人与债务人对主合同债权人的经济损失，承担连带赔偿责任；债权人、担保人有过错的，担保人承担民事责任的部分，不应超过债务人不能清偿部分的二分之一。"依据前述规定，公司法定代表人越权担保导致担保合同无效的，公司不承担担保责任，但债权人可依据《担保法解释》第7条之规定要求公司承担合同无效后的民事责任。此时，如果公司举证证明债权人明知法定代表人超越权限或者机关决议系伪造或者变造，公司不需要承担合同无效后的民事责任。在法定代表人越权担保的场合，债权人至少对于缺乏机关决议是明知的，在此情况下，似乎公司未经机关决议而提供对外担保，公司均可免于承担合同无效后的民事责任。[1]

但是《民法典担保制度解释》并未完全采纳《九民纪要》第20条的规定，最高人民法院的观点认为："只要法定代表人不能提供适格决议，相对人就应该明知其超越权限提供担保，但这仅表明相对人是恶意的，并不能进一步推导出公司自身无过错。而只要公司自身存在过错，其就应承担责任，故公司不能仅以相对人明知超越权限为由主张免责。"[2]因此，《民法典担保制度解释》第7条第1款第

---

[1] 实践中有案例参考《九民纪要》第20条之观点，认定公司不需要承担担保合同无效的赔偿责任。参见福建省高级人民法院民事判决书，(2020)闽民终1516号；湖南省高级人民法院民事判决书，(2020)湘民终903号；最高人民法院民事裁定书，(2019)最高法民申2313号。

[2] 最高人民法院民事审判第二庭：《最高人民法院民法典担保制度司法解释理解与适用》，人民法院出版社2021年版，第138页。

2项规定:"相对人非善意的,担保合同对公司不发生效力;相对人请求公司承担赔偿责任的,参照适用本解释第十七条的有关规定。"第17条规定:"主合同有效而第三人提供的担保合同无效,人民法院应当区分不同情形确定担保人的赔偿责任:(一)债权人与担保人均有过错的,担保人承担的赔偿责任不应超过债务人不能清偿部分的二分之一;(二)担保人有过错而债权人无过错的,担保人对债务人不能清偿的部分承担赔偿责任;(三)债权人有过错而担保人无过错的,担保人不承担赔偿责任。主合同无效导致第三人提供的担保合同无效,担保人无过错的,不承担赔偿责任;担保人有过错的,其承担的赔偿责任不应超过债务人不能清偿部分的三分之一。"《民法典担保制度解释》第7条第1款第2项中"参照适用"的表述意味着此处公司承担的赔偿责任和担保合同无效的责任并不相同,但司法解释以及最高人民法院并未明确指出区别所在,而是直接认为《民法典担保制度解释》第17条及第11条第4款是公司承担赔偿责任的规范依据。[1]

除此之外,《民法典》第388条第2款及第682条第2款,亦可作为公司对越权担保承担责任的规范依据。《民法典》第388条第2款规定:"担保合同被确认无效后,债务人、担保人、债权人有过错的,应当根据其过错各自承担相应的民事责任。"第682条第2款规定:"保证合同被确认无效后,债务人、保证人、债权人有过错的,应当根据其过错各自承担相应的民事责任。"

  法定代表人代表公司提供的担保构成越权担保,公司承担损害赔偿责任的责任性质属于缔约过失责任,该观点已被我国目前立法、司法和理论界普遍采纳。[2]但是该观点亦非无懈可击,仍然值得商榷。例如,缔约过失责任的前提是

---

[1] 参见最高人民法院民事审判第二庭:《最高人民法院民法典担保制度司法解释理解与适用》,人民法院出版社2021年版,第138页、第167页。

[2] 参见最高人民法院民事审判第二庭:《最高人民法院民法典担保制度司法解释理解与适用》,人民法院出版社2021年版,第132页、第138页、第167页;黄薇主编:《中华人民共和国民法典物权编解读》,中国法制出版社2020年版,第612页;谢鸿飞、朱广新主编:《民法典评注:合同编·典型合同与准合同(2)》,中国法制出版社2020年版,第17页;高圣平:《民法典担保制度及其配套司法解释理解与适用》(上),中国法制出版社2021年版,第34页;殷秋实:《公司担保无效责任的复位——基于责任性质、主体与效果的区分视角》,载《法学》2022年第2期;张家勇:《论越权担保无效时公司赔偿责任的规范基础》,载《法学》2024年第3期。另参见最高人民法院民事判决书,(2019)最高法民再236号;《北京市高级人民法院关于审理公司纠纷案件若干问题的指导意见》[北京市高级人民法院审判委员会2008年2月25日第1次(总第205次)会议讨论通过]第6条甚至直接规定:"公司提供担保未履行《公司法》第16条规定的公司内部决议程序,或者违反公司章程规定的,应认定担保合同未生效,由公司承担缔约过失责任。担保人不能证明其尽到充分注意义务的,应承担相应的缔约过错责任。"

第四部分　越权对外担保的法律后果

债权人具有信赖利益,信赖利益是指当事人信赖法律行为的有效性而遭受的损害。[1]同时,缔约过失责任前提在于缔结合同行为。而法定代表人越权提供担保的行为,实际实施签订担保合同行为的人是越权的法定代表人而不是公司,公司并无缔结担保合同的行为,自然也不存在缔约过失。反之,债权人明知法定代表人越权提供对外担保,却依然接受该担保,足以说明债权人足以预见担保行为对公司不发生效力,债权人对担保行为的有效性并未产生信赖。既未产生信赖,便不存在信赖利益,那么又凭何要求公司承担缔约过失责任对债权人的信赖利益进行赔偿? 相反,债权人明知法定代表人越权提供担保而仍然接受担保,却可依据《民法典担保制度解释》第17条获得1/2或1/3的补充赔偿,由此产生的法律效果是无效担保"有效化"。[2]因此,有学者对此是否适用侵权责任或缔约过失责任存疑,或者认为债权人在不存在善意的前提下,确实不需要适用缔约过失责任予以保护,甚至认为如果适用的话可能与《公司法》(2023修订)第15条的意旨有冲突。[3]而高圣平教授则坚持主张,无论担保合同是否有效,公司均不是相应法律责任的归属主体,自然无须再承担赔偿责任,而应当由法定代表人和相对人基于各自的过错承担相应的赔偿责任(性质上属于缔约过失责任)。[4]

然而,司法实践中法院在处理法定代表人越权提供担保的案件时,一般就直接依据司法解释判决公司承担1/2或1/3赔偿责任或补充赔偿责任,而较少论证在债权人非善意的情况下为什么仍然判决公司要承担赔偿责任。最高人民法院倾向于认为,公司承担责任的前提是其具有过错,此种过错是公司自身的过错的话,主要表现为对法定代表人的选任监督过错,以及公章管理等方面的过错。[5]但该观点也受到学者的批评,例如有观点认为过失必须是针对担保这个行为的

---

[1] 参见韩世远:《合同法总论》(第3版),法律出版社2011年版,第621页。
[2] 参见殷秋实:《公司担保无效责任的复位——基于责任性质、主体与效果的区分视角》,载《法学》2022年第2期。
[3] 参见李志刚等:《公司对外担保无效之赔偿责任》,载《人民司法·应用》2020年第19期。
[4] 参见高圣平:《再论公司法定代表人越权担保的法律效力》,载《现代法学》2021年第6期。另有学者亦认可该观点,参见甘培忠、马丽艳:《公司对外担保制度的规范逻辑解析——从〈公司法〉第16条属性认识展开》,载《法律适用》2021年第3期。
[5] 参见最高人民法院民事审判第二庭:《最高人民法院民法典担保制度司法解释理解与适用》,人民法院出版社2021年版,第138页。

具体过失,不应当把所谓选任失察归于公司,否则就成欲加之罪。[1]另外还有学者批评认为,公司疏于管理而导致法定代表人越权担保的,债权人即使明知法定代表人越权担保,公司也应当向债权人承担赔偿责任,有过度保护相对人之嫌,最终可能会导致相对人在侥幸心理的驱使下与越权法定代表人签署越权担保合同。[2]

在司法实践中,仅个别案例中法院认为,如债权人在公司机关决议的审查过程中存在故意或者重大过失,特别是在债权人恶意追求公司担保的情况下,则其对于公司担保不具有可保护的信赖利益,债权人要求公司赔偿担保无效后的相应损失,人民法院不应支持。[3]尽管如此,由于司法解释已经具有明确规定,因此一般情况下,公司对外担保若无适格决议且债权人非善意,即使该对外担保对公司不发生效力,公司仍然需要承担不超过债务人不能清偿部分的1/2的赔偿责任。但是,如果债权人明知决议是伪造或者变造仍然接受担保,可以认定法定代表人与债权人恶意串通损害公司利益,公司可以据此免责。[4]

八十一、所订立的担保合同因缺乏适格决议且债权人非善意而对公司不发生效力,公司承担担保责任后能否请求债权人返还其已清偿款项?

问

公司与债权人订立担保合同后按照担保合同约定向债权人承担了部分担保责任,但事后发现所订立的担保合同因缺乏适格决议且债权人非善意而对

---

[1] 参见李志刚等:《公司对外担保无效之赔偿责任》,载《人民司法·应用》2020年第19期。

[2] 参见迟颖:《法定代表人越权行为的效力与责任承担——〈民法典〉第61条第2、3款解释论》,载《清华法学》2021年第4期。

[3] 参见江苏省苏州市中级人民法院民事判决书,(2022)苏05民终2365号。持有类似观点的案例:浙江省宁波市中级人民法院民事判决书,(2020)浙02民终3179号。

[4] 参见最高人民法院民事审判第二庭:《最高人民法院民法典担保制度司法解释理解与适用》,人民法院出版社2021年版,第138页。

公司不发生效力,公司能否请求债权人返还已清偿款项?

> **答**

依据《公司法》(2023修订)第15条之规定,公司为他人提供担保应当按照公司章程的规定,由董事会或者股东会决议,公司为公司股东或者实际控制人提供担保的,应当经股东会决议。如果公司是上市公司的,还应当公开披露关于担保事项已经董事会或者股东大会决议通过的信息。除非符合《民法典担保制度解释》第8条[1]、第10条[2]所规定的情形,否则接受公司担保的债权人属于非善意相对人,所订立的担保合同对公司不发生效力。所谓担保合同对公司不发生效力,是指公司不承担基于有效担保而产生的担保责任。如果公司基于对公司不发生效力的担保合同承担了本不应承担的担保责任,即已经向债权人清偿了主合同项下债务,事后公司能否请求债权人返还其已清偿款项?

首先,既然担保合同对公司不发生效力,公司便不承担基于有效担保而产生的担保责任,那么公司按照担保合同约定向债权人进行清偿的行为亦属于越权行为,该清偿行为对公司不发生效力,债权人因此而获得的利益属于不当得利,公司有权请求债权人返还。公司未经决议所签订的担保合同本身对公司不发生效力(债权人善意的除外),那么该担保合同除非经公司股东会或董事会决议追认,否则不会因为公司实际清偿了主合同项下债务而对公司发生效力。虽然依据《民法典担保制度解释》第7条第1款第2项及第17条之规定,公司可能因未经股东会或董事会决议订立担保合同而向债权人承担赔偿责任,但该赔偿责任属于债权人一方的请求权。当公司请求债权人返还基于对公司不发生效力的担保

---

[1]《民法典担保制度解释》第8条:"有下列情形之一,公司以其未依照公司法关于公司对外担保的规定作出决议为由主张不承担担保责任的,人民法院不予支持:(一)金融机构开立保函或者担保公司提供担保;(二)公司为其全资子公司开展经营活动提供担保;(三)担保合同系由单独或者共同持有公司三分之二以上对担保事项有表决权的股东签字同意。上市公司对外提供担保,不适用前款第二项、第三项的规定。"

[2]《民法典担保制度解释》第10条:"一人有限责任公司为其股东提供担保,公司以违反公司法关于公司对外担保决议程序的规定为由主张不承担担保责任的,人民法院不予支持。公司因承担担保责任导致无法清偿其他债务,提供担保时的股东不能证明公司财产独立于自己的财产,其他债权人请求该股东承担连带责任的,人民法院应予支持。"

合同所清偿的款项时,债权人可以提出相应的抗辩或在诉讼中提起反诉。

其次,公司明知(或应当知晓)担保合同对其不发生效力而仍然向债权人进行清偿,该行为是否属于明知无给付义务而进行的债务清偿,从而被认定为不得向债权人主张返还?《民法典》第985条规定:"得利人没有法律根据取得不当利益的,受损失的人可以请求得利人返还取得的利益,但是有下列情形之一的除外:(一)为履行道德义务进行的给付;(二)债务到期之前的清偿;(三)明知无给付义务而进行的债务清偿。"若债权人依据该条第3项规定,就公司提出的不当得利返还请求进行抗辩,能否得到法院支持?该项规定排除不当得利,其理论根据在于禁反言原则,即明知没有给付义务而进行的给付再请求返还,则构成了前后矛盾,有违诚信原则,所以不允许。[1]但笔者认为,公司给付不属于该项规定的除外情形。一方面,公司的清偿行为应当认定为过失而不是明知。另一方面,公司对外担保、对外清偿担保债务均非法定代表人能单独决定的事项,那么是否知晓"无给付义务而进行清偿"的意思表示亦非法定代表人所能单独作出,而必须经过股东会或董事会决议。因此,在担保合同对公司不发生效力的情况下,公司向债权人清偿的行为,不属于明知无给付义务而进行的债务清偿,债权人亦不得依据《民法典》第985条第3项抗辩不予返还。

最后,有权向债权人主张清偿行为对公司不发生效力的主体除了公司外,公司的其他债权人是否有权提出相应主张?人民法院案例库参考案例深圳市某某数据科技有限公司诉某某电器(深圳)有限公司、无锡某某新材料科技有限公司债权人撤销权纠纷案(入库编号:2024-08-2-078-001)中法院认为,公司未经决议程序为股东清偿债务,相对人未对公司决议程序进行合理审查,该清偿行为对公司不发生效力,但公司或其他股东有权选择是否追认,主张不发生效力的权利应归于公司或其他股东,公司的债权人无权代位主张。虽然该案例是参考案例,但笔者并不赞同其观点。如前所述,当担保合同对公司不发生效力时,公司有权请求债权人返还不当得利。尽管公司可以依据《公司法》(2023修订)第15条之规定通过出具股东会决议或董事会决议的方式对担保合同及清偿行为进行

---

[1] 参见黄薇主编:《中华人民共和国民法典合同编解读》(下册),中国法制出版社2020年版,第1589页。

追认,但是在追认之前,公司请求债权人返还不当得利的请求权也属于公司对外享有的债权,并且不属于专属于公司自身的权利[1],公司的其他债权人有权依据《民法典》第535条[2]的规定提起代位权诉讼。

参考案例

深圳市某某数据科技有限公司诉某某电器(深圳)有限公司、无锡某某新材料科技有限公司债权人撤销权纠纷案
——债权人以债务人未经公司决议程序为股东清偿债务为由行使撤销权的认定和处理

人民法院案例库入库编号:2024-08-2-078-001

关键词

民事　债权人撤销权　担保合同　以物抵债　股东会决议　合同效力审查

▶ 基本案情

深圳市某某数据科技有限公司(以下简称某数据科技公司)诉称:1.撤销某某电器(深圳)有限公司(以下简称某电器公司)将无锡市滨湖区某园×1号、×2号不动产转让给无锡某某新材料科技有限公司(以下简称某新材料公司)的行为;2.判令某电器公司、某新材料公司将上述不动产变更登记至某电器公司名下。

---

[1]《最高人民法院关于适用〈中华人民共和国民法典〉合同编通则若干问题的解释》(法释〔2023〕13号)第34条:"下列权利,人民法院可以认定为民法典第五百三十五条第一款规定的专属于债务人自身的权利:(一)抚养费、赡养费或者扶养费请求权;(二)人身损害赔偿请求权;(三)劳动报酬请求权,但是超过债务人及其所扶养家属的生活必需费用的部分除外;(四)请求支付基本养老保险金、失业保险金、最低生活保障金等保障当事人基本生活的权利;(五)其他专属于债务人自身的权利。"

[2]《民法典》第535条:"因债务人怠于行使其债权或者与该债权有关的从权利,影响债权人的到期债权实现的,债权人可以向人民法院请求以自己的名义代位行使债务人对相对人的权利,但是该权利专属于债务人自身的除外。代位权的行使范围以债权人的到期债权为限。债权人行使代位权的必要费用,由债务人负担。相对人对债务人的抗辩,可以向债权人主张。"

法院经审理查明：2018年7月5日，某电器公司与某数据科技公司签订《物料代采购协议》，约定某数据科技公司按照某电器公司指定的物料供应商开展具体型号物料的采购。同日，某电器公司副总经理兼董事尤某某向某数据科技公司签写《担保函》，载明其愿向某电器公司提供连带责任担保。2019年3月至8月间，某电器公司与某数据科技公司之间陆续形成多份对账单，某数据科技公司据此提起诉讼，法院于2020年12月9日就该案作出判决：1.某电器公司偿还某数据科技公司货款18,825,702.84元并支付违约金；2.尤某某就前述付款义务承担连带责任。

2018年10月20日，某电器公司法定代表人黄某代表某电器公司与某新材料公司签订两份《无锡市存量房买卖合同》，分别约定某电器公司以300万元的价格向某新材料公司出售无锡市滨湖区某园×1号房屋；以312万元的价格出售无锡市滨湖区某园×2号房屋。上述两套房屋后于2018年10月24日转移登记至某新材料公司名下。

2019年6月21日，某新材料公司的法定代表人颜某某向法院提起诉讼，请求判令尤某某偿还本金人民币3,861,444.47元（1000万港元扣除尤某某以无锡市滨湖区某园×1号、×2号不动产抵偿借款人民币5,273,855.53元）。该案审理查明：颜某某同意尤某某用其公司名下的无锡市滨湖区某园×2号不动产、无锡市滨湖区某园×1号不动产抵偿借款。尤某某陈述：2018年，为偿还该案债务，其已将无锡市滨湖区某园×1号、×2号不动产过户给某新材料公司，某新材料公司没有支付房款，双方当时约定应付房款抵销该案债务。后法院于2020年4月8日判决尤某某偿还借款本金3,861,444.47元及利息。

某电器公司与某新材料公司在本案中均未能提供上述不动产转让行为经某电器公司的公司机关决议的证据。

江苏省无锡市滨湖区人民法院于2021年12月9日作出（2021）苏0211民初1240号民事判决：驳回某数据科技公司的诉讼请求。宣判后，某数据科技公司不服原审判决，提出上诉。江苏省无锡市中级人民法院于2022年3月22日作出（2022）苏02民终983号民事判决：驳回上诉，维持原判。

▶ **裁判理由**

法院生效裁判认为：虽然某电器公司与某新材料公司签订的是房产转让合同，但结合颜某某（某新材料公司的法定代表人）与尤某某（某电器公司的副总经理、董事）的民间借贷诉讼及相关证据来看，某电器公司与某新材料公司并不存在房屋买卖的真实交易，而是某电器公司以自己的房产抵偿尤某某结欠颜某某的借款，并由颜某某指定某新材料公司受领该房产。因此，某电器公司与某新材料公司之间并不存在买卖房产的意思表示，也就不存在无偿或低价转让房产的行为，某数据科技公司的撤销主张不能成立。

《民法典担保制度解释》第7条规定，公司的法定代表人违反公司法关于公司对外担保决议程序的规定，超越权限代表公司与相对人订立担保合同，相对人非善意的，担保合同对公司不发生效力。该不发生效力的法律后果系因欠缺公司的意思表示且相对人不构成善意取得而引起。本案的以房抵债可以比照上述担保行为，虽然未经股东会决议，但其法律后果并非无效，而是对某电器公司不发生效力，某电器公司或其股东有权选择是否予以追认，该权利应归于某电器公司或其股东，某数据科技公司作为某电器公司的债权人无权代位主张无效。

▶ **裁判要旨**

1.公司以其财产为股东清偿债务，财产受让方系以消灭原有债权的方式付出了财产对价，公司的清偿行为并不属于无偿处分财产权益的法定情形，财产受让方不知道或不可能知道该行为影响公司债权人实现债权的，债权人行使撤销权，人民法院不予支持。

2.公司未经决议程序为股东清偿债务，相对人未对公司决议程序进行合理审查，该清偿行为对公司不发生效力，但公司或其他股东有权选择是否追认，主张不发生效力的权利应归于公司或其他股东，公司的债权人无权代位主张。

▶ **关联索引**

《民法典》第146条、第538条、第539条

《公司法》（2018修正）第16条

《民法典担保制度解释》第7条

一审：江苏省无锡市滨湖区人民法院（2021）苏0211民初1240号民事判决（2021年12月9日）

二审：江苏省无锡市中级人民法院（2022）苏02民终983号民事判决（2022年3月22日）

八十二、《民法典》施行前上市公司对外担保未公告是否承担赔偿责任？

问

《民法典担保制度解释》第9条第2款规定，上市公司提供对外担保未公告，则该担保对上市公司不发生效力，并且上市公司不承担担保责任或者赔偿责任。那么对于该解释施行之前，即《民法典》施行之前上市公司提供对外担保未公告导致担保无效或对上市公司不发生效力的，上市公司是否承担赔偿责任？

答

（一）《民法典担保制度解释》第9条第2款是否溯及既往

《九民纪要》第22条规定："【上市公司为他人提供担保】债权人根据上市公司公开披露的关于担保事项已经董事会或者股东大会决议通过的信息订立的担保合同，人民法院应当认定有效。"《民法典担保制度解释》第9条规定："相对人根据上市公司公开披露的关于担保事项已经董事会或者股东大会决议通过的信息，与上市公司订立担保合同，相对人主张担保合同对上市公司发生效力，并由上市公司承担担保责任的,人民法院应予支持。相对人未根据上市公司公开披露的关于担保事项已经董事会或者股东大会决议通过的信息,与上市公司订立担保合同,上市公司主张担保合同对其不发生效力,且不承担担保责任或者赔偿责任的,人民法院应予支持……"

相较而言,《九民纪要》是从正面规定依据披露订立担保有效,而《民法典担保制度解释》则既有正面规定,也有反面规定(未依据披露订立担保对上市公司不发生效力)。除此之外,根据《民法典担保制度解释》第9条第2款还明确规定,上市公司对外担保无效的,上市公司不承担担保责任或者赔偿责任。由于该规定"带有规则创制的性质,为保护当事人的合理预期,不宜将此类解释溯及至对原法律的解释",因此"根据法不溯及既往的原理,在无效的后果上,上市公司与一般公司承担的责任没有区别。换言之,《民法典》施行之前相对人与境内上市公司订立的担保合同被认定无效的,境内上市公司应当视情况承担不超过主债务人不能履行部分的二分之一或者三分之一的民事责任"。[1]因此,最高人民法院观点是认为,《民法典担保制度解释》第9条不能溯及既往,《民法典》施行前上市公司对外担保未公告仍然应当视情况承担赔偿责任。

但是,笔者认为,"不超过主债务人不能履行部分的二分之一或者三分之一的民事责任"之"不超过"意味着责任的范围最高是1/2或者1/3,最低可能是不承担民事责任。《九民纪要》第20条第2句明确规定:"公司举证证明债权人明知法定代表人超越权限或者机关决议系伪造或者变造,债权人请求公司承担合同无效后的民事责任的,人民法院不予支持。"在上市公司法定代表人越权对外提供担保的场合,上市公司的法定代表人虽然形式上具有法定代表人的身份,但因关于上市公司对外担保的规则应当推定为债权人是明知的,即债权人明知上市公司的法定代表人超越权限提供担保,此时若继续要求上市公司承担责任,则缺乏相应的法律基础。

从司法实践中的案例来看,《民法典》施行之前与施行之后,在上市公司是否承担赔偿责任、承担多少赔偿责任方面,法院的观点并不统一。

---

[1] 最高人民法院民事审判第二庭:《最高人民法院民法典担保制度司法解释理解与适用》,人民法院出版社2021年版,第159页。

(二)《民法典》施行之前司法裁判观点

先看《民法典》施行之前审理的案件。对于《民法典》施行之前上市公司提供的对外担保纠纷案件中,在主合同有效的情形下,人民法院判决上市公司对外担保无效之后,同时判决上市公司承担赔偿责任的范围及理由包括以下情形:

第一,主流观点,即上市公司承担1/2的赔偿责任。持该观点的人民法院一般认为,上市公司签约代表越权,担保合同无效;担保人存在内部管理不当的过错,应对主债务人不能清偿的部分向债权人承担1/2的赔偿责任。[1]

第二,上市公司承担1/3的赔偿责任。持该观点的人民法院一般认为,相较于担保人为非上市公司的担保,债权人对担保人为上市公司的担保行为是否经公司权力机构决议的审查途径更为便捷。又因相对于非关联担保,债权人对关联担保应该承担更高的注意义务。综合考虑上述情况,债权人的审慎审查义务履行不到位的过错责任程度显然重于担保人上市公司内部管理不当的过错责任程度,同时为倡导债权人积极履行审查义务以遏制上市公司的违规担保行为,保护上市公司背后广大中小股东以及投资者的合法权益,确保资本市场持续健康发展,上市公司承担赔偿责任的范围应认定为债务人不能清偿部分的1/3为宜。[2]

第三,上市公司承担30%的赔偿责任。持该观点的人民法院一般认为,上市公司作为担保人,在公司的公章管理和法定代表人越权行为、公司内部治理上具有过错,故上市公司应承担缔约过失赔偿责任,法院综合各方过错程度,酌定上市公司就债务人不能清偿的债务在30%的范围内承担赔偿责任。[3]

第四,上市公司承担10%的赔偿责任。持该观点的人民法院一般认为,综合考虑案件情况以及各方当事人的过错程度,酌情确定上市公司对主债务人不能

---

[1] 参见最高人民法院民事判决书,(2019)最高法民终451号、(2019)最高法民终1524号、(2019)最高法民终1603号、(2019)最高法民终1804号、(2020)最高法民终1161号。

[2] 参见浙江省宁波市中级人民法院民事判决书,(2019)浙02民终5428号。

[3] 参见北京市高级人民法院民事判决书,(2020)京民终44号。

清偿部分债务向债权人承担10%的赔偿责任。[1]

第五,上市公司不承担责任。持该观点的人民法院一般认为,由于债权人未提交证据证明其在订立担保合同前曾对上市公司的董事会决议或股东会决议进行过审查,债权人并非善意相对人,债权人对于上市公司的法定代表人超越权限订立担保合同应属明知。在此情形下,法定代表人虽然形式上具有法定代表人的身份,但实质上已经纯粹是自然人,既然债权人对于法定代表人超越权限在案涉保证合同处代表上市公司签字是明知的,其就失去了让上市公司承担责任的法律基础,故上市公司不应就保证合同承担责任。[2]需要说明的是,个别案件中法院判决上市公司不承担任何责任,但未就此进行充分说理,仅从公开的裁判文书无从知晓其判决理由。

由上可见,对于《民法典》施行之前审理的案件,上市公司承担的民事责任应当根据案件具体情况分析,并不意味着上市公司一定承担1/2或1/3的赔偿责任。若依据《九民纪要》第20条之规定,从债权人明知上市公司对外担保规则却仍然接受法定代表人越权担保的角度考虑,不排除人民法院判决上市公司不承担民事责任。

(三)《民法典》施行前上市公司提供对外担保,纠纷发生于《民法典》施行后,实践中关于上市公司是否承担赔偿责任的观点

如前所述,《民法典担保制度解释》第9条不应当溯及既往,司法实践中的主流观点亦是如此。例如,上海金融法院(2021)沪74民终1549号其他合同纠纷案中,上市公司依据《民法典担保制度解释》第9条第2款规定抗辩称不承担担保无效后的责任,但法院认为,在《民法典担保制度解释》施行之前,相关法律及司法解释并未针对上市公司未经公开披露的对外担保效力及法律后果作出特别规定。因此,本案上市公司出具的法人承诺函的效力及法律后果确属于"民法典实施前的法律事实引起的民事纠纷案件,当时的法律、司法解释没有规定而民法典有规定的"情况。但法院依据《最高人民法院关于适用〈中华人民共和国民法

---

[1] 参见最高人民法院民事判决书,(2020)最高法民终1228号。
[2] 参见北京市第三中级人民法院民事判决书,(2018)京03民初571号。

典〉时间效力的若干规定》(法释〔2020〕15号)第3条规定[1],认为本案不应适用《民法典担保制度解释》第9条第2款,依法判决上市公司承担赔偿责任。[2]同理,如果是上市公司子公司提供担保,一般也不溯及适用《民法典担保制度解释》。[3]在极端情况下,个案中法院可能溯及适用《民法典担保制度解释》第9条第2款。[4]

也有个别案例中,法院依据《九民纪要》第20条"……公司举证证明债权人明知法定代表人超越权限或者机关决议系伪造或者变造,债权人请求公司承担合同无效后的民事责任的,人民法院不予支持"之规定,直接以债权人对于案涉担保合同属越权出具不仅是非善意而且是明知为由,认定上市公司不承担任何赔偿责任。[5]

综上所述,《民法典》施行前上市公司提供对外担保,但纠纷发生于《民法典》施行后,司法实践的主流观点认为,《民法典担保制度解释》第9条第2款不具有溯及既往的效力,因此上市公司亦应当承担相应的赔偿责任。

八十三、"担保人承担的赔偿责任不应超过债务人不能清偿部分的二分之一"中"债务人不能清偿"如何确定?

问

如果担保合同因缺乏适格决议而对公司不发生效力,人民法院可能认为债权人与公司均有过错,从而依据《民法典担保制度解释》第17条第1款第1项

---

〔1〕《最高人民法院关于适用〈中华人民共和国民法典〉时间效力的若干规定》(法释〔2020〕15号)第3条:"民法典施行前的法律事实引起的民事纠纷案件,当时的法律、司法解释没有规定而民法典有规定的,可以适用民法典的规定,但是明显减损当事人合法权益、增加当事人法定义务或者背离当事人合理预期的除外。"

〔2〕参见上海金融法院民事判决书,(2020)沪74民初1528号。持有类似观点的案例:北京市第三中级人民法院民事判决书,(2021)京03民终4329号;最高人民法院民事裁定书,(2021)最高法民申1082号、(2021)最高法民申4459号、(2021)最高法民申6970号;最高人民法院民事判决书,(2021)最高法民终511号。

〔3〕参见上海市第一中级人民法院民事判决书,(2021)沪01民终9348号。

〔4〕参见北京市第三中级人民法院民事判决书,(2021)京03民终7029号。

〔5〕参见广东省广州市中级人民法院民事判决书,(2021)粤01民终7597号。持有类似观点的案例:北京市第三中级人民法院民事判决书,(2021)京03民初91号。

的规定判决担保人承担债务人不能清偿部分的1/2赔偿责任。那么,"债务人不能清偿"如何确定?

答

《民法典担保制度解释》第7条第1款第2项规定:"公司的法定代表人违反公司法关于公司对外担保决议程序的规定,超越权限代表公司与相对人订立担保合同,人民法院应当依照民法典第六十一条和第五百零四条等规定处理:……(二)相对人非善意的,担保合同对公司不发生效力;相对人请求公司承担赔偿责任的,参照适用本解释第十七条的有关规定。"第17条第1款第1项规定:"主合同有效而第三人提供的担保合同无效,人民法院应当区分不同情形确定担保人的赔偿责任:(一)债权人与担保人均有过错的,担保人承担的赔偿责任不应超过债务人不能清偿部分的二分之一……"但是,"债务人不能清偿"如何判断,《民法典担保制度解释》未做进一步解释,值得探讨。

《最高人民法院民法典担保制度司法解释理解与适用》一书认为:"关于债务人不能清偿的部分,主要是指债务人在债务到期后清偿债权的剩余部分,与债务人是否仍有清偿能力有关,如果债务人仍有清偿能力,则应当先执行债务人的责任财产。"[1]按照该理解,如果债务人名下仍有责任财产,则属于仍有清偿能力,尚不能确定债务人不能清偿部分,相应地担保人还不应当承担赔偿责任,因此"债务人不能清偿部分"以债务人的全部财产被执行完毕为前提。但实践中,债务人名下虽然有责任财产但无法执行或不方便执行的情况时有发生,如果此时仍然视债务人具备清偿能力而不能要求担保人承担赔偿责任,债权人请求担保人承担赔偿责任的权利将迟迟无法实现。

《担保法解释》第131条规定:"本解释所称'不能清偿'指对债务人的存款、现金、有价证券、成品、半成品、原材料、交通工具等可以执行的动产和其他方便执行的财产执行完毕后,债务仍未能得到清偿的状态。"虽然该规定已经被废止,

---

[1] 最高人民法院民事审判第二庭:《最高人民法院民法典担保制度司法解释理解与适用》,人民法院出版社2021年版,第210页。

但其关于"不能清偿"的解释，笔者认为仍具有参考意义。最高人民法院指导案例120号青海金泰融资担保有限公司与上海金桥工程建设发展有限公司、青海三工置业有限公司执行复议案对《担保法解释》第131条规定理解为："在一般保证情形，并非只有在债务人没有任何财产可供执行的情形下，才可以要求一般保证人承担责任，即债务人虽有财产，但其财产严重不方便执行时，可以执行一般保证人的财产。参照上述规定精神，由于青海三工置业有限公司仅有在建工程及相应的土地使用权可供执行，既不经济也不方便，在这种情况下，人民法院可以直接执行金泰公司的财产。"人民法院案例库参考案例某某银行与某担保公司执行复议案（入库编号：2024-17-5-202-018）裁判要旨载明："在执行程序中，承担补充赔偿责任的必要条件是主债务人不能清偿到期债务。执行法院经穷尽执行措施，发现主债务人确无财产可供执行或者虽然发现了财产，但不方便执行的，可以认定主债务人不能清偿到期债务。"[1]前述指导案例及参考案例的观点，与《担保法解释》第131条规定的精神类似，主债务人的财产全部被执行完毕当然可作为认定"债务人不能清偿"的情形，但是如果主债务人名下虽然有财产但是不方便执行的，也可认定为"债务人不能清偿"。

此外，如果人民法院在对债务人进行强制执行后作出了终结本次执行的裁定书，也应当足以认为债务人符合不能清偿的条件。例如，人民法院案例库参考案例厦门某公司与四川某公司、天津某公司执行监督案（入库编号：2024-17-5-203-027）裁判要旨载明："执行法院对主债务人作出终本裁定后，可以视为主债务人不具有可供执行的财产，表明补充责任人承担补充责任的条件已成就，执行法院可执行补充责任人的财产。"[2]该参考案例中法院认为，按照最高人民法

---

〔1〕 持有类似观点的案例：最高人民法院民事判决书，(2018)最高法民终891号、(2019)最高法民再112号；最高人民法院执行裁定书，(2017)最高法执复38号、(2020)最高法执监41号、(2023)最高法执监216号；江苏省高级人民法院执行裁定书，(2017)苏执监496号、(2017)苏执监497号、(2017)苏执监498号；广东省高级人民法院执行裁定书，(2019)粤执复753号；山东省高级人民法院执行裁定书，(2018)鲁执复121号、(2020)鲁执复170号；江西省高级人民法院民事判决书，(2017)赣民终437号；江西省高级人民法院执行裁定书，(2020)赣执复34号；四川省高级人民法院执行裁定书，(2019)川执复437号；上海市高级人民法院执行裁定书，(2018)沪执复18号；云南省高级人民法院执行裁定书，(2020)云执复392号。

〔2〕 持有类似观点的案例：甘肃省白银市中级人民法院民事判决书，(2021)甘04民终369号；最高人民法院民事裁定书，(2021)最高法民申6661号；最高人民法院执行裁定书，(2021)最高法执监502号。

院有关终结本次执行程序的多项司法解释等规范性文件的要求，终结本次执行程序意味着被执行人无依法可供执行的财产，或者对可以执行的动产和其他方便执行的财产已经执行完毕。如主债务人的财产已经符合终本条件，则表明已经符合保证责任案件中主债务人"不能清偿"的条件，从而应当执行一般保证人财产的条件。《民法典担保制度解释》第28条，也将"人民法院作出终结本次执行程序裁定"作为对保证人起算诉讼时效的情形之一，这从另一角度实质上表达了要求保证人承担责任的程序判断标准。按照本案补充赔偿责任对一般保证责任的成就条件的参照适用关系，本案执行法院因四川省某集团公司无财产可供执行而作出终本裁定，则应可以认定四川省某集团公司财产"不足以赔偿"，并进一步表明对补充责任人某交易所予以执行的条件成就。[1]

参考《担保法解释》的规定以及指导案例、参考案例的观点，笔者认为所谓"债务人不能清偿"，不应当以债务人的全部财产被执行完毕作为唯一标准，即"不能清偿"的判断是以方便执行的财产已被执行完毕为前提，而不是以对债务人所有财产执行完毕为必要，更不是以穷尽被执行人所有财产的执行可能性为必要。即使债务人有财产，但是其财产严重不方便执行的，也属于债务人不能清偿。同时，在实务中，如果法院已经就债务人作出了终结本次执行的裁定，亦可作为判断债务人不能清偿之直接依据。

参考案例1

某某银行与某担保公司执行复议案
——主债务人的财产不属于方便执行的财产的，
可以认定补充赔偿责任条件成就

人民法院案例库入库编号：2024-17-5-202-018

关键词

执行　执行复议　主债务人　不能清偿　补充赔偿责任　条件成就

---

[1] 最高人民法院执行裁定书，(2023)最高法执监388号。

▶ 基本案情

某担保公司与某某公司、某某银行等借款、保证合同纠纷一案，河南省高级人民法院（以下简称河南高院）作出二审判决，就某担保公司于2007年3月30日向某某公司提供的1000万元借款，某某银行对某某公司不能清偿部分的1/3承担赔偿责任。如果未按该判决指定的期间履行给付金钱义务，应当依照《民事诉讼法》第229条之规定，加倍支付迟延履行期间的债务利息。判决生效后，某担保公司于2013年1月11日申请执行，河南省郑州市中级人民法院（以下简称郑州中院）于2013年2月1日立案执行。执行中查明：截至2012年6月9日，另有其他法院执行某某公司作为被执行人的案件共28件，执行标的4.2亿元（不含申请执行后产生的利息）。某某公司的房地产、机器设备等资产已设定抵押，且也已被其他法院查封。2013年2月17日，执行法院以某某公司已无可供执行的财产为由，作出执行裁定，冻结、划拨被执行人某某银行的银行存款459万元（含本金333万元，利息和迟延履行金126万元），并于2月20日送达某某银行，同时告知某某银行，某某公司无可供执行的财产，责令其依照生效判决的内容承担赔偿费用。某某银行以某某公司不能清偿债务的条件未成就及执行裁定超出了判决的范围等为主要理由向执行法院提出执行异议。

郑州中院于2013年6月19日作出（2013）郑执异字第15号执行裁定，冻结、划拨被执行人某某银行存款333.33万元及迟延履行利息（计算至实际履行之日）。某某银行不服执行法院的该执行裁定，向河南高院申请复议。河南高院于2013年8月1日作出（2013）豫法执复字第00031号执行裁定，驳回某某银行的复议申请。

▶ 裁判理由

法院生效裁判认为，本案争议焦点为某某银行在执行中承担补充责任的条件是否已成就。从查明事实可以认定，被执行人某某公司严重资不抵债，无可供执行的财产，已构成"不能清偿"的事实，某某银行承担赔偿责任的条件已经成就，执行中也履行了告知义务。故某某银行认为还不能对其予以执行的理由不能成立。关于利息问题，由于生效判决中未对利息的承担作出判决，某某银行认为不应承担利息部分的理由成立，应予支持。迟延履行期间的加倍债务利息是给付金钱义务判决中的法定义务，某某银行未按期履行，应当支付自执行法院告知其承担赔偿责任后迟延履行期间的加倍债务利息。2013年6月19日，该执行法院作出执行裁定，冻结、划拨被执行人某某银行存款333.33万元及迟延履行利息（计算至实际履行之日）。某某银行不服执行法院的该执行裁定，向河南高院申请复议，具体理由为：执行法院认为被执行人某某公司"不能清偿"证据不充分。某某公司总资产多少，是否经过评估，是否经过法定程序对某某公司的资产全部予以处置，在没有证据的情况下，作出有巨额外债就"不能清偿"的推论在逻辑上不成立。某某公司还有包括正在生产的车间、对外出租的办公大楼、土地使用权及附属物等财产均可供执行。故执行某某银行不公平。

河南高院经审查认为，某某银行在本案中承担的是补充赔偿责任，即在主债务人某某公司不能清偿债务的情况下，某某银行应承担其不能清偿部分1/3的赔偿责任。本案中，某某公司虽然有生产车间、办公大楼、土地使用权及附属物等财产，但这些财产已设定抵押，且被其他法院在另案执行中查封，不属于可方便执行的财产，执行法院无法通过拍卖、变卖等执行措施进行变现从而实现担保公司的债权。某某银行也未向执行法院提供某某公司有方便执行的财产。因此，执行法院认定某某公司已不能清偿债务的事实清楚，某某银行承担补充赔偿责任的条件已经成就。在执行法院告知某某银行而该行没有自动履行的情况下对其强制执行并无不当。某某银行请求中止本案执行不符合中止执行的法定事由。故裁定驳回某某银行的复议申请。

▶ 裁判要旨

在执行程序中，承担补充赔偿责任的必要条件是主债务人不能清偿到期债务。执行法院经穷尽执行措施，发现主债务人确无财产可供执行或者虽然发现了财产，但不方便执行的，可以认定主债务人不能清偿到期债务。

▶ 关联索引

《民事诉讼法》第236条（本案适用的是2017年修正的《民事诉讼法》第225条）

执行异议：河南省郑州市中级人民法院（2013）郑执异字第15号执行裁定

(2013年6月19日)

执行复议：河南省高级人民法院（2013）豫法执复字第00031号执行裁定（2013年8月1日）

| 参考案例2 |

厦门某公司与四川某公司、天津某公司执行监督案
——执行法院对主债务人作出终本裁定后，表明执行补充责任人的条件已成就，执行法院可执行补充责任人财产

人民法院案例库入库编号：2024-17-5-203-027

关键词

执行　执行监督　执行异议　补充责任

▶ **基本案情**

招行某分行与四川某公司、天津某公司金融借款合同纠纷一案，经天津高院一审作出（2018）津民初19号民事判决，最高人民法院二审于2020年4月7日作出（2019）最高法民终1990号民事判决，最终判决主要内容如下：一、四川某公司偿还招行某分行借款本金97,112,828.39元，截至2015年2月10日的利息2,651,974.23元，以及自2015年2月11日起至实际给付之日止的罚息、复利（计算方式，略）；二、依法强制执行四川某公司财产后仍不足以赔偿招行某分行损失的，天津某公司在19,422,565.68元的范围内向招行某分行承担补充赔偿责任（案件受理费和财产保全费部分，略）。本案诉讼期间，天津高院即保全冻结天津某公司银行存款，二审判决作出后，天津高院于2020年5月8日裁定将冻结数额变为1,953,0690.48元，由中信银行天津某支行协助冻结。该案立案执行后，天津高院于2020年5月26日将该案指定天津市第三中级人民法院（以下简称天津三中院）执行。天津三中院于同年6月3日立（2020）津03执284号案执行。该案卷宗显示，招行某分行曾向该院提交《扣划账户存款申请书》，申请扣划已被法院冻结的天

津某公司账户下存款,落款时间为2020年7月15日。2020年11月19日,该院裁定终结本次执行程序。终本裁定中称,通过全国法院网络查控系统查询四川某公司财产情况,暂未发现可供执行财产线索,轮候冻结、查封了四川某公司股权、房产。当日的询问笔录中也做了上述记载,笔录中招行某分行代理人表示:鉴于法院调查的情况,申请法院及时发还天津某公司账户款项。2021年4月16日,中信银行天津某支行向天津三中院出具(2020)津03执284号《协助冻结存款通知书(回执)》,载明:天津某公司在该行的账户存款已冻结19,530,690.48元。2021年8月20日,天津三中院作出(2021)津03执异50号执行裁定,变更厦门某公司为该案申请执行人。2021年12月,厦门某公司申请恢复执行,并要求将已经冻结的天津某公司账户资金扣划支付给申请执行人。天津三中院未予答复。2022年3月,厦门某公司向天津三中院提出书面异议申请称,其于2021年4月、2021年12月提交了《恢复执行申请书》,至今没有恢复,现请求恢复对(2019)最高法民终1990号民事判决的执行,并对已经冻结的被执行人天津某公司名下结算账户内存款采取扣划措施。

天津三中院于2022年8月25日作出(2022)津03执异245号执行裁定,驳回厦门某公司的异议申请。厦门某公司不服,向天津高院申请复议。天津高院于2022年11月21日作出(2022)津执复175号执行裁定,驳回厦门某公司的复议申请。厦门某公司不服,向最高人民法院申诉,最高人民法院于2023年12月28日作出(2023)最高法执监388号,撤销天津高院(2022)津执复175号执行裁定,撤销天津三中院(2022)津03执异245号执行裁定,并裁定由天津三中院恢复执行最高人民法院(2019)最高法民终1990号民事判决。

▶ 裁判理由

法院生效裁判认为,本案的争议焦点为:本案是否符合恢复执行的条件。

鉴于本案涉及最高人民法院民事判决判项的正确理解,天津高院给最高人民法院的报告意见已经明确,最高人民法院对此问题一并处理。本案(2019)最高法民终1990号民事判决确定:依法强制执行四川某公司财产后仍不足以赔偿债权人损失的,天津某公司在19,422,565.68元的范围内向债权人承担补充赔偿责任。该项补充赔偿责任的条件，其表述与一般保证人承担责任条件在规则意旨上相同，因此可参照一般保证责任成就条件进行判断。而一般保证人承担责任的条件，长期以来司法实践的共识是，应按照《担保法解释》第131条中关于"'不能清偿'指对债务人的存款、现金、有价证券、成品、半成品、原材料、交通工具等可以执行的动产和其他方便执行的财产执行完毕后，债务仍未能得到清偿的状态"的规定进行判断。故对于本案天津某公司补充赔偿责任的条件是否成就，也应参照上述司法解释中"不能清偿"的定义进行认定。本案审查过程中，最高人民法院作出本案二审判决的审判庭向执行部门反馈了释明意见，对上述意见予以确认。

终结本次执行程序是"不能清偿"的程序判断标准。按照最高人民法院有关终结本次执行程序的多项司法解释等规范性文件的要求，终结本次执行程序意味着被执行人无依法可供执行的财产，或者对可以执行的动产和其他方便执行的财产已经执行完毕。如对主债务人财产执行已经符合终本条件，则表明已经符合保证责任案件中主债务人"不能清偿"的条件，从而应当认定已满足执行一般保证人财产的条件。《民法典担保制度解释》第28条，也将"人民法院作出终结本次执行程序裁定"作为对保证人起算诉讼时效的情形之一，这从另一角度实质上表达了要求保证人承担责任的程序判断标准。按照本案补充赔偿责任对一般保证责任的成就条件的参照适用关系，本案执行法院因四川某公司无财产可供执行而作出终本裁定，则应可以认定四川某公司财产"不足以赔偿"，并进一步表明对补充责任人天津某公司予以执行的条件成就。天津三中院以不排除后续四川某公司有可供执行财产为由，拒绝对补充责任人执行，将整个案件做终本处理，不符合本案判决的要求，是错误的。本案应当恢复执行。当然，如恢复执行后查明四川某公司目前有可供执行的财产，仍应首先执行四川某公司财产。如四川某公司仍符合终本的条件，则应执行补充责任人天津某公司的财产。

▶ 裁判要旨

执行法院对主债务人作出终本裁定后，可以视为主债务人不具有可供执行的财产，表明补充责任人承担补充责任的条件已成就，执行法院可执行补充责任人的财产。

▶ 关联索引

《民法典担保制度解释》第28条

执行异议：天津市第三中级人民法院（2022）津03执异245号执行裁定（2022年8月25日）

执行复议：天津市高级人民法院（2022）津执复175号执行裁定（2022年11月21日）

执行监督：最高人民法院（2023）最高法执监388号执行裁定（2023年12月28日）

参考案例3

某银行股份有限公司重庆分行诉向某会、重庆某置业有限公司金融借款合同纠纷案

——债务人自己提供物保与第三人提供保证并存时，债权人应当先就债务人物保优先受偿，再由第三人承担保证无效的赔偿责任

人民法院案例库入库编号：2024-08-2-103-013

关键词

民事　金融借款合同　保证无效　赔偿责任范围　债务人物保　优先受偿

▶ 基本案情

某银行股份有限公司重庆分行（以下简称某银行重庆分行）与向某会、重庆某置业有限公司（以下简称某置业公司）订立《个人贷款合同》。案涉《个人贷款合同》主要约定：向某会向某银行重庆分行借款22万元用于购买住房。向某会以其名下案涉房屋为该笔贷款提供抵押，并办理抵押登记。保证人某置业公司为该笔贷款提供连带保证等。因向某会逾期未偿还借款，某银行重庆分行诉至法

院,请求判令:1.向某会偿还某银行重庆分行借款本金及利息、罚息等;2.确认某银行重庆分行对向某会名下案涉房屋享有优先受偿权;3.某置业公司对上述向某会应当承担的赔偿义务承担连带保证。

另查明,某置业公司在向某银行重庆分行作出前述连带保证时,没有提供董事会或者股东会、股东大会表决同意的决议。

重庆市渝中区人民法院于2021年12月23日作出(2021)渝0103民初12257号民事判决:一、向某会在判决生效之日起立即向某银行股份有限公司重庆分行偿还欠付的贷款本息共计209,383.95元;二、向某会在判决生效之日起立即向某银行股份有限公司重庆分行偿还依法计算的罚息、复利;三、向某会在本判决生效之日起立即向某银行股份有限公司重庆分行支付律师费1581.01元;四、某银行股份有限公司重庆分行对向某会名下案涉房屋享有抵押权,有权就该房屋拍卖、变卖所得价款优先受偿;五、重庆某置业有限公司就本判决第一项、第二项、第三项确定的债务以104,691元为限承担赔偿责任;六、驳回某银行股份有限公司重庆分行的其他诉讼请求。

宣判后,重庆某置业有限公司以其不应对案涉债务承担连带责任为由提起上诉。重庆市第五中级人民法院于2022年6月27日作出(2022)渝05民终4498号民事判决:一、维持重庆市渝中区人民法院(2021)渝0103民初12257号民事判决第一项、第二项、第三项、第四项;二、撤销重庆市渝中区人民法院(2021)渝0103民初12257号民事判决第五项、第六项;三、重庆某置业有限公司对某银行股份有限公司重庆分行在重庆市渝中区人民法院(2021)渝0103民初12257号民事判决第一项、第二项、第三项确定的债权范围内就向某会名下案涉房屋优先受偿后向某会未清偿部分的1/2承担赔偿责任;四、驳回某银行股份有限公司重庆分行的其他诉讼请求。

▶ 裁判理由

法院生效裁判认为,本案争议焦点为:某置业公司是否应当向某银行重庆分行承担赔偿责任及其责任范围如何确定。

首先,根据《公司法》第16条及《民法典担保制度解释》第7条的规定,公司为他人提供担保,应当按照公司章程的规定由董事会或者股东会决议作出意思表示。公司法定代表人或其他工作人员未经公司对外担保决议程序与相对人订立担保合同,相对人非善意的,该担保合同对公司不发生效力;相对人请求公司承担赔偿责任的,参照适用《民法典担保制度解释》第17条的有关规定。《民法典担保制度解释》第17条第1款规定:"主合同有效而第三人提供的担保合同无效,人民法院应当区分不同情形确定担保人的赔偿责任:(一)债权人与担保人均有过错的,担保人承担的赔偿责任不应超过债务人不能清偿部分的二分之一;(二)担保人有过错而债权人无过错的,担保人对债务人不能清偿的部分承担赔偿责任;(三)债权人有过错而担保人无过错的,担保人不承担赔偿责任。"本案中,某银行重庆分行与向某会订立的《个人贷款合同》作为主合同有效。某置业公司作为商事主体在为向某会作出保证时应当进行公司决议但实际并未履行该程序;某银行重庆分行作为金融机构在接受某置业公司提供担保时,应当审查但实际并未审查某置业公司提供案涉保证是否履行决议程序,故某银行重庆分行与某置业公司订立的保证合同对某置业公司不发生效力且双方对此均有过错。参照适用《民法典担保制度解释》第17条第1款第1项的规定,某置业公司作为担保人应当向债权人某银行重庆分行承担赔偿责任且范围为"不应超过债务人不能清偿部分的二分之一"。

其次,《民法典担保制度解释》第17条未对"债务人不能清偿部分"的范围作出具体规定。《民法典》第392条规定:"被担保的债权既有物的担保又有人的担保的,债务人不履行到期债务或者发生当事人约定的实现担保物权的情形,债权人应当按照约定实现债权;没有约定或者约定不明确,债务人自己提供物的担保的,债权人应当先就该物的担保实现债权;第三人提供物的担保的,债权人可以就物的担保实现债权,也可以请求保证人承担保证责任。提供担保的第三人承担担保责任后,有权向债务人追偿。"结合前述两项规定可知,在被担保的债权既有债务人自己提供的物的担保又有第三人提供的保证,第三人提供的保证无效时,《民法典担保制度解释》第17条所称"债务人不能清偿部分"应当理解为,债权人在债权范围内,先就债务人自己提供的物的担保优先受偿,尚未足额受偿的部分即为"债务人仍然不能清偿的部分"。本案中,某银行重庆分行应当首先就向某会名下案涉房屋拍卖、变卖所得价款进行优先受偿。而后，某置业公司应当就某银行重庆分行在实现前述优先受偿后向某会仍不能清偿部分的1/2份额内承担赔偿责任。故法院依法作出如上裁判。

▶ 裁判要旨

被担保的债权既有债务人自己提供的物的担保又有第三人提供的保证，第三人提供的保证无效，保证人和债权人均有过错的，债权人应当首先就债务人自己提供的物的担保优先受偿，然后再由保证人在不超过债务人仍不能清偿部分的1/2范围内承担赔偿责任。

▶ 关联索引

《公司法》(2023修订)第15条(本案适用的是2018年10月26日施行的《公司法》第16条)

《民法典》第392条

《民法典担保制度解释》第7条、第17条

一审：重庆市渝中区人民法院(2021)渝0103民初12257号民事判决(2021年12月23日)

二审：重庆市第五中级人民法院(2022)渝05民终4498号民事判决(2022年6月27日)

八十四、担保合同缺乏适格决议对公司不发生效力，公司承担赔偿责任的比例是多少？

问

若担保合同因缺乏适格决议且债权人非善意，而对公司不发生效力，公司应当承担赔偿责任的比例是否一定是1/2？

答

在《民法典》施行之前，实践中有案例参考《九民纪要》第20条[1]之观点，以"债权人明知法定代表人超越权限"为由认定公司不需要承担担保合同无效的赔偿责任。[2]《民法典》施行之后，《民法典担保制度解释》并未完全采纳《九民纪要》第20条的规定，未将"债权人明知法定代表人超越权限"作为公司免予承担赔偿责任的理由，而是认为："只要法定代表人不能提供适格决议，相对人就应该明知其超越权限提供担保，但这仅表明相对人是恶意的，并不能进一步推导出公司自身无过错。而只要公司自身存在过错，其就应承担责任，故公司不能仅以相对人明知超越权限为由主张免责。"[3]因此，依据《民法典担保制度解释》第7条第1款第2项之规定，担保合同对公司不发生效力，债权人请求公司承担赔偿责任的，参照适用该司法解释第17条的有关规定。

《民法典担保制度解释》第17条第1款规定："主合同有效而第三人提供的担保合同无效，人民法院应当区分不同情形确定担保人的赔偿责任：（一）债权人与担保人均有过错的，担保人承担的赔偿责任不应超过债务人不能清偿部分的二分之一；（二）担保人有过错而债权人无过错的，担保人对债务人不能清偿的部分承担赔偿责任；（三）债权人有过错而担保人无过错的，担保人不承担赔偿责任。"该条第1款第1项规定担保人承担的赔偿责任不应超过债务人不能清偿部分的1/2，1/2是担保人承担赔偿责任的份额上限，并非所有的案件只能按照债务人不

---

[1] 《九民纪要》第20条："【越权担保的民事责任】依据前述3条规定，担保合同有效，债权人请求公司承担担保责任的，人民法院依法予以支持；担保合同无效，债权人请求公司承担赔偿责任的，人民法院不予支持，但可以按照担保法及有关司法解释关于担保无效的规定处理。公司举证证明债权人明知法定代表人超越权限或者机关决议系伪造或者变造，债权人请求公司承担合同无效后的民事责任的，人民法院不予支持。"

[2] 参见福建省高级人民法院民事判决书，(2020)闽终1516号；湖南省高级人民法院民事判决书，(2020)湘民终903号；最高人民法院民事裁定书，(2019)最高法民申2313号。

[3] 最高人民法院民事审判第二庭：《最高人民法院民法典担保制度司法解释理解与适用》，人民法院出版社2021年版，第138页。

能清偿部分的1/2裁判〔1〕,也即意味着责任范围是大于零、小于或等于1/2,并不是一定等于1/2。

从条文规定来看,司法解释作出"不应超过二分之一"的规定,实际上是要求法院在具体案件审理中对担保合同无效或不发生效力的原因予以审查,并结合债权人、债务人和担保人是否存在过错以及过错程度,合理确定担保人应当承担的具体份额。〔2〕从另一个层面看,相当于赋予了法官较大自由裁量权,即法官可根据债权人、担保人的过错程度在债务人不能清偿部分的1/2范围内酌定担保人之赔偿责任。但是,司法实践中,在担保合同因缺乏适格决议导致对公司不发生效力的场合,人民法院一般认为债权人与公司均有过错,因此依据《民法典担保制度解释》第17条第1款第1项之规定,大部分情况下判决担保人承担的赔偿责任为债务人不能清偿部分的1/2。例如,最高人民法院(2021)最高法民终355号典当合同纠纷案中,法院认为某典当公司由于对公司公章管理不善,使该公司孟某具备代为缔约的合理外观,而债权人某矿业公司未审查某典当公司的决议文件,亦未尽到应有的注意义务,双方对于债务加入行为的不具有法律效力均负有过错。法院参照《民法典担保制度解释》第7条、第17条的规定,酌定某典当公司应承担借款人不能清偿债务部分50%的赔偿责任。〔3〕可以说,这是实践中大部分案件的处理方式,但公开的裁判文书基本上只是简单说理,很难从法院所作出的文书中看出法院为什么按司法解释规定的上限作出判决。

在部分情况下,法院可能判决担保人承担的责任低于1/2。例如,江苏省无锡市锡山区人民法院(2023)苏0205民初776号民间借贷合同纠纷案中,法院结

---

〔1〕 参见最高人民法院民事审判第二庭:《最高人民法院民法典担保制度司法解释理解与适用》,人民法院出版社2021年版,第211页。

〔2〕 参见最高人民法院民事审判第二庭:《最高人民法院民法典担保制度司法解释理解与适用》,人民法院出版社2021年版,第211页。

〔3〕 参见最高人民法院民事判决书,(2021)最高法民终355号。持有类似观点的案例:最高人民法院民事判决书,(2017)最高法民再258号、(2019)最高法民终451号、(2019)最高法民终877号、(2019)最高法民终1524号、(2019)最高法民终1603号、(2019)最高法民终1804号、(2020)最高法民终189号、(2020)最高法民再270号、(2020)最高法民终935号、(2020)最高法民终1143号、(2021)最高法民终511号、(2021)最高法民终687号、(2023)最高法民再232号。实践中还有大量判决公司承担1/2赔偿责任的案例,在此不再赘举。

合协议约定,综合考虑各方过错,酌定某材料公司(担保人)对债务人借款本金98.5万元不能清偿部分的20%承担赔偿责任。[1]但是法院并未论述最终认定公司承担低于1/2比例的责任之具体理由。另外,也有法院虽然在判决中陈述债权人对保证合同无效具有重大过错,却难以从文书中找到关于重大过错的更进一步分析。例如,在最高人民法院(2019)最高法民终267号保证合同纠纷案中,债权人明知担保人系为其控股股东提供担保,且知道或应当知道担保人没有相关股东会决议及其法定代表人越权代表,仍然与之订立保证合同,法院认为债权人对于保证合同无效具有重大过错,对于保证合同无效所造成的损失,应当承担主要责任。担保人未尽到对其法定代表人、公章的管理和注意义务,对于保证合同无效所造成的损失,应当承担次要责任。法院综合实际情况及双方当事人过错程度,依法酌情确定担保人应就债务人不能清偿的债务承担1/3的赔偿责任。

在判决担保人承担赔偿责任的比例低于1/2的案例中,比较难以从裁判文书的论述中看出法院酌减担保人责任、加重债权人责任的具体理由或具体影响因素。但是笔者经阅读大量相关案例的裁判文书发现,当债权人的身份为银行、融资租赁公司、担保公司等专业的金融机构或类金融机构时,法院可能会基于债权人的身份而对债权人苛以较重的责任。例如,最高人民法院(2020)最高法民终1228号与(2020)最高法民终1229号金融借款合同纠纷案中,法院认为债权人作为专业金融机构在知道公司对外担保未经公司机关决议的情况下签订《保证合同》,对《保证合同》无效应负主要过错责任。担保人虽无须就《保证合同》承担担保责任,但因其人员、公章内部管理不规范,对合同无效亦具有一定过错,两担保人应对主债务人不能清偿部分债务各向债权人承担10%的赔偿责

---

[1] 参见江苏省无锡市锡山区人民法院民事判决书,(2023)苏0205民初776号。判决承担赔偿责任低于1/2的案例有:北京市昌平区人民法院民事判决书,(2022)京0114民初14233号;北京市第一中级人民法院民事判决书,(2020)京01民终618号、(2024)京01民终838号;北京市高级人民法院民事判决书,(2019)京民终1606号、(2020)京民终44号;湖南省长沙市岳麓区人民法院民事判决书,(2020)湘0104民初4032号;江苏省无锡市中级人民法院民事判决书,(2024)苏02民终4134号;宁夏回族自治区石嘴山市中级人民法院民事判决书,(2024)宁02民终621号;广东省中山市中级人民法院民事判决书,(2023)粤20民终4511号;广东省高级人民法院民事判决书,(2022)粤民再142号;陕西省铜川市中级人民法院民事判决书,(2023)陕02民终31号;上海市第一中级人民法院民事判决书,(2021)沪01民终3161号。

任。[1]之所以如此,大概有以下原因:一是债权人作为专业金融机构,不仅自身内部具有较为完善的规章制度,外部还受到监管部门监管,还可能有相关行业指引或要求,因此此类债权人在接受公司提供的担保时负有较高的注意义务;二是债权人作为专业金融机构,无论是其风险意识还是业务能力水平,均高于普通的市场主体,其更熟悉担保审查要求或流程,更容易审查担保瑕疵。在此情况下,债权人仍然接受存在明显瑕疵(缺乏适格决议)的担保,其过错显然较重,相应酌减担保人的责任比例也是合情合理。

综上所述,若担保合同因缺乏适格决议且债权人非善意,而对公司不发生效力,公司应当承担赔偿责任的比例上限一般为1/2,并且该1/2是补充赔偿责任。虽然实践中大部分情况下法院直接认定由债权人与公司分别承担二分之一责任,但是如果法院综合案件事实认为债权人方的过错大于公司(例如当债权人是银行等金融机构时),则有可能认为债权人接受瑕疵担保应负主要责任,从而酌情降低公司承担赔偿责任的比例。

八十五、债权人是否必须在起诉时一并主张担保合同无效之后的赔偿责任?

问

债权人通过诉讼方式向担保人主张担保责任时,较少在提起诉讼时的诉讼请求中一并主张担保合同无效之后的赔偿责任。那么,如果担保合同对公司不发生效力,债权人是否必须在起诉时一并向公司主张赔偿责任?

---

[1] 参见最高人民法院民事判决书,(2020)最高法民终1228号、(2020)最高法民终1229号。持有类似观点的案例:河南省信阳市中级人民法院民事判决书,(2021)豫15民终2412号;江苏省涟水县人民法院民事判决书,(2021)苏0826民初4695号、(2021)苏0826民初1741号;最高人民法院民事裁定书,(2021)最高法民申1082号;北京金融法院民事判决书,(2022)京74民终1683号。

答

《民法典担保制度解释》第7条第1款第2项规定:"相对人非善意的,担保合同对公司不发生效力;相对人请求公司承担赔偿责任的,参照适用本解释第十七条的有关规定。"依据该规定,在债权人请求公司承担赔偿责任时,才参照适用该解释第17条的有关规定。但是该规定未明确债权人应当在什么时候主张赔偿责任,债权人是必须另案起诉,还是必须在同一案件中提出诉请。同时,是否可以从该规定反推出,如果债权人未请求公司承担赔偿责任,法院就可以不处理或者不应当处理公司是否承担赔偿责任的问题。对此如何处理,司法实践中需要分情况处理,本问讨论几种比较常见的情形。

(一)情形一:债权人未在诉讼中主张赔偿责任,法院主动判决公司承担赔偿责任

司法实践中,债权人在民事起诉状中一般仅要求担保人承担担保责任,而较少直接要求担保人承担担保合同无效之后的赔偿责任。如果法院经审理认为公司对外担保因为缺乏适格决议而对公司不发生效力,可能直接依据已废止的《担保法解释》第7条[1](适用旧法的案件)或者《民法典担保制度解释》第17条[2](适用新法的案件)判决公司承担赔偿责任。例如,最高人民法院(2021)最高法民再312号民间借贷纠纷案中,法院认为:债权人(原告)起诉时,基于保证合同有效请求保证人承担连带保证责任。经法院审理认定保证合同无效,保证人应根据其自身过错承担相应赔偿责任。该赔偿责任不同于保证责任,二者的请求

---

[1] 《担保法解释》第7条:"主合同有效而担保合同无效,债权人无过错的,担保人与债务人对主合同债权人的经济损失,承担连带赔偿责任;债权人、担保人有过错的,担保人承担民事责任的部分,不应超过债务人不能清偿部分的二分之一。"

[2] 《民法典担保制度解释》第17条:"主合同有效而第三人提供的担保合同无效,人民法院应当区分不同情形确定担保人的赔偿责任:(一)债权人与担保人均有过错的,担保人承担的赔偿责任不应超过债务人不能清偿部分的二分之一;(二)担保人有过错而债权人无过错的,担保人对债务人不能清偿的部分承担赔偿责任;(三)债权人有过错而担保人无过错的,担保人不承担赔偿责任。主合同无效导致第三人提供的担保合同无效,担保人无过错的,不承担赔偿责任;担保人有过错的,其承担的赔偿责任不应超过债务人不能清偿部分的三分之一。"

权基础并不一致。从纠纷一次性解决理念出发，无必要向债权人（原告）释明要求其变更诉讼请求、如不变更则驳回对保证人的诉讼请求，可直接根据债权人和保证人各自的过错情况，判令保证人承担相应的赔偿责任。[1]因此，法院未就担保对公司不发生效力的法律后果进行释明，债权人也未提出要求公司承担赔偿责任的主张，法院主动作出由公司承担赔偿责任的判决，也不属于超出原告的诉讼请求。又如，在新疆维吾尔自治区塔城地区中级人民法院（2022）新42民终412号民间借贷纠纷案中，债权人在一审请求公司承担连带清偿责任（连带保证担保责任），法院认为该请求是主张公司对借款人的所有借款本息承担连带清偿责任，一审判决公司在借款人不能清偿部分的1/2以内向债权人承担赔偿责任，该判决内容并未超过债权人的诉讼请求。故二审法院认为一审程序并无违法之处。

实践中部分案件中，一审法院并未审理赔偿问题，债权人上诉提出请求，二审法院亦一并予以处理。例如，在广东省东莞市中级人民法院（2023）粤19民终10476号民间借贷纠纷案中，债权人在一审中请求公司承担连带清偿责任，一审法院以缺乏适格决议为由认定公司担保行为无效，公司无须承担连带责任。二审法院则认为，为避免程序空转，衍生诉讼，增加当事人诉累，不能机械适用"不告不理"原则，仅就当事人的诉讼请求进行审理，而应向原告释明变更或者增加诉讼请求，尽可能一次性解决纠纷。因此，债权人上诉请求公司承担主债务人不能清偿部分1/2的赔偿责任，符合法律规定与最高人民法院的审判指导意见，该院予以支持。[2]

在另一种案型中，一审法院认定担保对公司发生效力，即支持债权人要求公司承担连带清偿责任（在公司提供连带责任保证担保情况下），但二审或再审法院经审理认为担保对公司不发生效力，因此二审或再审法院直接改判公司承担

---

[1] 最高人民法院民事判决书，(2021)最高法民再312号。持有类似观点的案例：北京市高级人民法院民事判决书，(2021)京民终17号；上海市奉贤区人民法院民事判决书，(2023)沪0120民初12422号；北京市西城区人民法院民事判决书，(2022)京0102民初21490号；浙江省台州市中级人民法院民事判决书，(2024)浙10民终80号；浙江省杭州市中级人民法院民事判决书，(2023)浙01民终11648号。

[2] 参见广东省东莞市中级人民法院民事判决书，(2023)粤19民终10476号。持有类似观点的案例：辽宁省高级人民法院民事判决书，(2021)辽民终1423号。

赔偿责任。[1]在此情况下，法院亦未向债权人进行释明。但在个别案件中，债权人未在一审中提出赔偿请求，而是在二审中才提出赔偿的请求，法院认为即使债权人在二审中提出了该项新的诉讼请求，依据《最高人民法院关于适用〈中华人民共和国民事诉讼法〉的解释》（法释〔2015〕5号）第328条[2]第1款规定，"在第二审程序中，原审原告增加独立的诉讼请求或者原审被告提出反诉的，第二审人民法院可以根据当事人自愿的原则就新增加的诉讼请求或者反诉进行调解；调解不成的，告知当事人另行起诉"，认为债权人可以另行起诉解决纠纷。[3]此外，在个别再审案件中，再审法院认为二审判决未将保证合同无效后的公司赔偿责任的承担问题一并处理确有不当，但尚不属于适用法律错误的情形，在二审判决已经告知债权人可通过另行起诉等方式解决后续问题，债权人的权利可以得到基本保障的情况下，再审法院对二审判决不再启动再审程序。[4]

（二）情形二：法院释明后债权人变更诉请，或虽然法院未释明但债权人主动变更诉请

在此种情形的处理中，法院审理后认为担保因缺乏适格决议而对公司不发生效力的，法院主动向债权人（原告）进行释明，要求债权人明确是否向公司主张担保对公司不发生效力后的赔偿责任，然后债权人变更诉请或者提出备位诉请。[5]也有些情况下，虽然法院未主动释明，但债权人主动提出变更诉请或者提出备位诉请。例如，如法院认定公司提供对外担保因缺乏适格决议而对公司不

---

〔1〕 参见甘肃省高级人民法院民事判决书，(2023)甘民终54号；河南省洛阳市中级人民法院民事判决书，(2023)豫03民终679号；安徽省合肥市中级人民法院民事判决书，(2022)皖01民终12528号；河南省信阳市中级人民法院民事判决书，(2023)豫15民终281号；陕西省铜川市中级人民法院民事判决书，(2022)陕02民再6号；最高人民法院民事判决书，(2022)最高法民再259号。

〔2〕 现为《最高人民法院关于适用〈中华人民共和国民事诉讼法〉的解释》(2022修正)第326条。

〔3〕 参见最高人民法院民事判决书，(2020)最高法民终4号。

〔4〕 参见最高人民法院民事判决书，(2023)最高法民申147号。

〔5〕 备位诉请（备位诉讼请求）或称预备性诉讼、补充性诉讼，虽然我国现行《民事诉讼法》没有对之进行明确规定，但是在司法实践中并不鲜见。当事人在一个诉讼中，有时会向同一被告就同一涉诉法律关系提出两个具有先后顺位、存在关联关系的主、次诉讼请求。之所以如此主张，是为了防止第一位次的请求不被承认，退而选择主张第二位次的请求。此类第二位次的诉请即为备位诉讼请求。参见叶佳：《备位诉请如何提出？法官这样建议》，载微信公众号"上海一中法院"2024年3月28日，https://mp.weixin.qq.com/s/Tyyo801Y6WeMNIowC35F-g。

发生效力，债权人同意在本案中对不发生效力的后果予以一并处理，不再另行解决，或者债权人明确要求公司承担赔偿责任。[1]

这种情形在实践中比较常见，可能是与《九民纪要》对合同无效时的释明问题作出了相关规定有关。《九民纪要》第36条规定："【合同无效时的释明问题】在双务合同中，原告起诉请求确认合同有效并请求继续履行合同，被告主张合同无效，或者原告起诉请求确认合同无效并返还财产，而被告主张合同有效的，都要防止机械适用'不告不理'原则，仅就当事人的诉讼请求进行审理，而应向原告释明变更或者增加诉讼请求，或者向被告释明提出同时履行抗辩，尽可能一次性解决纠纷。例如，基于合同有给付行为的原告请求确认合同无效，但并未提出返还原物或者折价补偿、赔偿损失等请求的，人民法院应当向其释明，告知其一并提出相应诉讼请求；原告请求确认合同无效并要求被告返还原物或者赔偿损失，被告基于合同也有给付行为的，人民法院同样应当向被告释明，告知其也可以提出返还请求；人民法院经审理认定合同无效的，除了要在判决书'本院认为'部分对同时返还作出认定外，还应当在判项中作出明确表述，避免因判令单方返还而出现不公平的结果。第一审人民法院未予释明，第二审人民法院认为应当对合同不成立、无效或者被撤销的法律后果作出判决的，可以直接释明并改判。当然，如果返还财产或者赔偿损失的范围确实难以确定或者双方争议较大的，也可以告知当事人通过另行起诉等方式解决，并在裁判文书中予以明确。当事人按照释明变更诉讼请求或者提出抗辩的，人民法院应当将其归纳为案件争议焦点，组织当事人充分举证、质证、辩论。"依据该规定，原则上法院如果经过审理后认为担保可能因为缺乏适格决议而对公司不发生效力的，都应当进行释明。另外，《最高人民法院关于在审判工作中促进提质增效　推动实质性化解矛

---

[1] 参见最高人民法院民事判决书，(2020)最高法民终1143号；上海金融法院民事判决书，(2022)沪74民初2833号；上海市青浦区人民法院民事判决书，(2023)沪0118民初24591号、(2023)沪0118民初30329号；上海市松江区人民法院民事判决书，(2023)沪0117民初5645号；上海市浦东新区人民法院民事判决书，(2023)沪0115民初91699号；上海市长宁区人民法院民事判决书，(2023)沪0105民初6790号；上海市徐汇区人民法院民事判决书，(2023)沪0104民初2132号；上海市闵行区人民法院民事判决书，(2022)沪0112民初37722号；山东省临沂经济技术开发区人民法院民事判决书，(2023)鲁1392民初3654号；浙江省绍兴市中级人民法院民事判决书，(2024)浙06民终1507号；浙江省杭州市上城区人民法院民事判决书，(2023)浙0102民初1791号；福建省厦门市中级人民法院民事判决书，(2022)闽02民终3925号；重庆市江北区人民法院民事判决书，(2022)渝0105民初32105号；云南省昆明市中级人民法院民事判决书，(2023)云01民初739号。

盾纠纷的指导意见》(法发〔2024〕16号)第11条规定:"人民法院在受理、审理合同纠纷时,可以根据起诉和答辩情况,向原告作出如下释明:(一)起诉主张解除合同的,人民法院可以告知诉讼请求不能被支持或者合同无效情形下,是否请求继续履行合同或者主张缔约过失责任;(二)起诉主张继续履行合同的,人民法院可以告知合同无效或者履行不能情形下,是否主张缔约过失责任或者请求解除合同;(三)起诉主张合同无效的,人民法院可以告知合同有效或者履行不能情形下,是否请求继续履行合同或者解除合同。经释明,原告提出相应诉讼请求的,人民法院应当向被告释明可以行使抗辩权。"参考该指导意见的规定,人民法院在审理担保合同纠纷时,也可以向债权人(原告)作出释明,若担保合同对公司(被告)不发生效力,是否主张缔约过失责任,即是否要求公司承担赔偿责任。

如果法院释明后,债权人仍未变更诉请,法院也可能对公司是否承担赔偿责任不予审理。例如,辽宁省辽阳市中级人民法院(2024)辽10民再13号金融借款合同纠纷案中,债权人在一审诉讼时的诉讼请求是要求某资产公司承担保证责任,因保证责任与赔偿责任性质不同,原审法院已向债权人释明是否需要变更原审诉讼请求,但债权人未变更,故原审法院对保证合同被认定无效后可能产生的相应法律后果未予审理,并明确可通过另诉解决,再审法院认为并无不当。[1]

(三)情形三:债权人另案起诉主张公司承担赔偿责任

如前述情形一所述,即使债权人未变更诉请或提出备位诉请,若法院审理后认为担保可能对公司不发生效力,也可以直接就赔偿责任进行处理并作出相应判决。但实践中可能出现法官在审理中未主动释明并且债权人也未变更诉请的情况,此时法院或者未对赔偿责任问题进行处理,或者仅判决驳回债权人要求公司承担担保责任的主张[2],或者要求债权人另案向公司主张赔偿责任。在个案中,虽然法院已就公司担保的效力问题向原告释明,告知原告可相应变更诉讼请求,尽可能一次性解决纠纷,但原告坚持要求公司承担连带责任,不同意变更诉讼请求,故法院对原告要求公司承担连带责任的诉讼请求不予支持,但于判决书

---

〔1〕 参见辽宁省辽阳市中级人民法院民事判决书,(2024)辽10民再13号。
〔2〕 参见浙江省杭州市萧山区人民法院民事判决书,(2023)浙0109民初6099号。

中载明原告可就公司因担保合同无效承担的赔偿责任部分另行诉讼。[1]在前述情况下，债权人均有权另案起诉主张公司承担赔偿责任。

如果法院在判决中未明确债权人可以另案起诉的，实践中部分法院可能会认为债权人另案起诉属于重复起诉，从而拒绝受理。例如，北京市第二中级人民法院（2021）京02民终2177号保证合同纠纷案中，樊某曾于2017年2月提起诉讼，请求判令某物业公司对借款人不能清偿的债务承担连带保证责任，北京市第一中级人民法院（2019）京01民终5017号民事判决书终审判决确认，担保条款对某物业公司不发生效力，某物业公司不承担保证责任，该裁判文书已经发生法律效力。法院认为，本案中樊某基于同一事实，以保证合同纠纷为案由再次提起诉讼，本案的诉讼请求实质上否定前诉裁判结果，故樊某的起诉构成重复起诉。[2]

笔者认为，债权人主张的担保责任与赔偿责任并非同一性质的责任，尽管案由可能均为抵押合同纠纷、质押合同纠纷或保证合同纠纷，但公司不承担担保责任，不代表公司不承担任何赔偿责任。[3]若前诉中法院未就赔偿责任进行处理，那么债权人提起后诉便不构成重复起诉，法院受理后诉案件并不违反"一事不再理"原则。例如，在福建省三明市中级人民法院（2024）闽04民终175号合同纠纷案中，郑某1先后两次提起诉讼，前案要求某甲公司承担连带担保责任，在该案审理中，法院仅就担保是否有效作出认定，并未就担保无效某甲公司是否应承担赔偿责任问题进行审理。而本案系郑某1要求某甲公司就案涉陈某对郑某1不能清偿债务部分承担赔偿责任，前后两案的诉讼请求并不相同，亦不存在本案诉讼将否定前案裁判结果的情形。故法院认为，某甲公司以一审法院违反一事不再理原则为由主张程序违法，没有事实和法律依据，不予支持。[4]

---

〔1〕 参见江苏省靖江市人民法院民事判决书，（2020）苏1282民初1007号。
〔2〕 参见北京市第二中级人民法院民事裁定书，（2021）京02民终2177号。持有类似观点的案例：湖北省高级人民法院民事裁定书，（2020）鄂民终284号；北京市第二中级人民法院民事裁定书，（2021）京02民终2178号；湖南省株洲市中级人民法院民事裁定书，（2014）株中法民一初字第30号。
〔3〕 详见本书第八十问："公司对外担保因无适格决议而对公司不发生效力，公司是否需要承担责任？"
〔4〕 参见福建省三明市中级人民法院民事判决书，（2024）闽04民终175号。持有类似观点的案例：浙江省诸暨市人民法院民事判决书，（2020）浙0681民初4456号；四川省洪雅县人民法院民事判决书，（2021）川1423民初456号；甘肃省正宁县人民法院民事判决书，（2022）甘1025民初1536号；最高人民法院民事裁定书，（2020）最高法民申209号；上海金融法院民事判决书，（2019）沪74民终377号；北京市第二中级人民法院民事判决书，（2020）京02民初606号；浙江省金华市中级人民法院民事判决书，（2017）浙07民终6525号；浙江省高级人民法院民事裁定书，（2016）浙民申1880号。

综上所述，如果担保合同对公司不发生效力，债权人并不是必须在起诉时一并向公司主张赔偿责任。从诉讼策略角度出发，债权人一般不必在诉状中主动提出担保对公司不发生效力时由公司承担赔偿责任的备位诉请，可以根据诉讼进展情况，适时调整主张。特别需要注意的是，如果法院在审理过程中向债权人进行释明，则债权人应当予以重视，及时判断担保是否对公司发生效力，并适时提出备位诉请。此外，考虑到诉讼效率的需要，一般不建议债权人另案起诉主张赔偿责任，而是在一个案件中同时主张。

八十六、保证合同对公司不发生效力，债权人主张赔偿责任是否受保证期间限制？

问

若保证合同因缺乏适格决议且债权人非善意而被认定为对公司不发生效力，债权人请求公司承担赔偿责任的，是否受保证期间限制？

答

若公司未经决议而与债权人订立保证合同，同时债权人又是非善意的，那么该保证合同对公司不发生效力。虽然保证合同对公司不发生效力，但公司仍然需要承担相应的赔偿责任。此时，债权人请求公司承担赔偿责任是否受保证期间的限制，在《民法典》施行之前存在较大争议。

一种观点认为，保证合同对公司不发生效力时，不应适用保证期间制度。[1]

---

[1] 参见最高人民法院民事裁定书，(2011)民申字第167号、(2017)最高法民申4155号；最高人民法院民事判决书，(1998)经终字第330号、(2002)民二终字第87号、(2018)最高法民再66号、(2019)最高法民终267号、(2019)最高法民终193号、(2019)最高法民终193号。

该观点主要理由在于,保证合同对公司不发生效力,公司与债权人之间不存在保证关系,公司也不承担保证责任。此时,用于约束保证责任的保证期间显然没有适用余地,此时公司应当承担的是缔约过失责任,适用诉讼时效,而非保证期间。最高人民法院民事审判第7次法官会议纪要即持该观点。[1]

另一种观点则认为,保证合同对公司不发生效力时,若公司不能受到保证期间的保护,那么就会出现悖论:保证合同有效时,因债权人未在保证期间内依法行使权利,公司无须承担任何责任;在保证合同对公司不发生效力时,虽然债权人未在保证期间内向公司主张缔约过失赔偿责任,但如果债权人的主张未超过诉讼时效的,公司仍须承担赔偿责任。因此,保证合同对公司不发生效力时,公司反倒可能要承担赔偿责任,导致债权人因合同对公司不发生效力时获得的利益,比合同对公司发生效力时获得的利益还要大,有失公允。因此,即使保证合同对公司不发生效力,仍然应当受保证期间的约束。[2]

对此,《民法典担保制度解释》第33条规定:"保证合同无效,债权人未在约定或者法定的保证期间内依法行使权利,保证人主张不承担赔偿责任的,人民法院应予支持。"虽然该条规定的是保证合同无效的情形,但结合《民法典担保制度解释》第7条第1款第2项"相对人非善意的,担保合同对公司不发生效力;相对人请求公司承担赔偿责任的,参照适用本解释第十七条的有关规定"的规定,第33条也可参照适用于保证合同对公司不发生效力的情形。因此,即使保证合同因缺乏适格决议而对公司不发生效力,也应当适用保证期间的规定,债权人应当在保证期间内向公司主张赔偿责任,否则公司既不承担保证责任,也不承担赔偿责任。

---

[1] 参见贺小荣主编:《最高人民法院民事审判第二庭法官会议纪要——追寻裁判背后的法理》,人民法院出版社2018年版,第233~238页。

[2] 参见最高人民法院民事裁定书,(2011)民申字第1209号、(2017)最高法民申3769号;最高人民法院民事判决书,(2011)民四终字第40号;北京市第一中级人民法院民事判决书,(2021)京01民终214号;北京市高级人民法院民事判决书,(2020)京民终402号;上海市第一中级人民法院民事判决书,(2014)沪一中民四(商)终字第S786号。另外,《陕西省高级人民法院民二庭关于审理担保纠纷案件若干法律问题的意见》(2007年12月6日发布)第8条规定:"保证合同无效,债权人在保证期间内未向保证人主张权利的,保证人原则上不再承担保证合同无效的赔偿责任。"

第五部分

其他问题

八十七、债权人接受国有企业提供的担保需要注意哪些规定？

问

债权人接受国有企业提供的担保需要注意哪些规定？

答

一般情况下，由于国有企业的资信较为良好，债权人比较愿意接受国有企业提供的担保。"国有企业或集体所有企业因其企业性质的特殊性，法律对其企业财产的保护往往更为严格，这是由于国有企业或集体所有企业往往承载了用于社会民生的国有资产利益或者涉集体成员的重大利益，涉及成员范围广且不特定，在公司担保中理应对此类利益与相对人、公司利益予以权衡。"[1]因此，债权人除了依照《公司法》（2023修订）的规定就国有企业提供的担保进行审查外，还可能需要遵守国有企业担保相关的特殊规定。债权人接受国有企业提供对外担保的，有必要了解国有企业的特殊规定。

（一）关于国有企业的定义与范围

"从法律意义上讲，国有企业这一概念，是关于国家出资设立企业的最宽泛概念，在外延上包括国家出资企业与国有公司。"[2]目前《国有企业参股管理暂行办法》（国资发改革规〔2023〕41号）第2条规定："本办法所称国有企业是指各级国有资产监督管理机构履行出资人职责的企业及其子企业，参股是指国有企业在所投资企业持股比例不超过50%且不具有实际控制力的股权投资。"严格来

---

[1] 尹晓坤：《公司对外担保中相对人善意之判定》，载《时代法学》2024年第3期。
[2] 李建伟主编：《公司法评注》，法律出版社2024年版，第677页。

说，国有企业没有法律层面规定的准确定义或概念，但是在实践中常常与民营企业、外资企业相对应使用。《企业国有资产法》、《公司法》(2023修订)、《企业国有资产监督管理暂行条例》(2019修订)、《企业国有资产交易监督管理办法》等法律法规或规章，对国有企业相关概念作出了相应规定，但在具体内涵与外延上既有重合，又有区别。

在法律层面，《企业国有资产法》第5条规定："本法所称国家出资企业，是指国家出资的国有独资企业、国有独资公司，以及国有资本控股公司、国有资本参股公司。"《公司法》(2023修订)第168条规定："国家出资公司的组织机构，适用本章规定；本章没有规定的，适用本法其他规定。本法所称国家出资公司，是指国家出资的国有独资公司、国有资本控股公司，包括国家出资的有限责任公司、股份有限公司。"可见，前者所规定的国家出资企业包括四种，即国有独资企业、国有独资公司，以及国有资本控股公司、国有资本参股公司。后者所规定的国家出资公司只包括两种，分别指国家出资的国有独资公司、国有资本控股公司，但不包括国有独资企业、国有资本参股公司。

其中，国有独资企业，是指非公司制国有企业，其实就是全民所有制工业企业，即狭义上的国有企业，"这些企业的名称里通常带有公司字样，但不包括'有限''有限责任''股份有限'的字样"[1]。《全民所有制工业企业法》(2009修正)第2条规定："全民所有制工业企业(以下简称企业)是依法自主经营、自负盈亏、独立核算的社会主义商品生产和经营单位。企业的财产属于全民所有，国家依照所有权和经营权分离的原则授予企业经营管理。企业对国家授予其经营管理的财产享有占有、使用和依法处分的权利。企业依法取得法人资格，以国家授予其经营管理的财产承担民事责任。"因此，国有独资企业不适用《公司法》(2023修订)，而应当适用《全民所有制工业企业法》(2009修正)。[2]

---

〔1〕 李建伟主编：《公司法评注》，法律出版社2024年版，第677页。
〔2〕 2017年7月国务院办公厅发布《中央企业公司制改制工作实施方案》(国办发〔2017〕69号)，要求2017年底前，按照《全民所有制工业企业法》登记、国务院国有资产监督管理委员会监管的中央企业(不含中央金融、文化企业)，全部改制为按照《公司法》登记的有限责任公司或股份有限公司。与此同时，地方传统国有企业也按照类似的改制方案要求加快改制。目前全民所有制工业企业的存量基本上被消解了，只剩下一批金融、文化领域的企业仍然保持了全民所有制工业企业身份，比如中宣部下属的"中国出版集团公司"。参见李建伟主编：《公司法评注》，法律出版社2024年版，第677页。

在规章层面，《企业国有资产交易监督管理办法》第4条规定："本办法所称国有及国有控股企业、国有实际控制企业包括：（一）政府部门、机构、事业单位出资设立的国有独资企业（公司），以及上述单位、企业直接或间接合计持股为100%的国有全资企业；（二）本条第（一）款所列单位、企业单独或共同出资，合计拥有产（股）权比例超过50%，且其中之一为最大股东的企业；（三）本条第（一）、（二）款所列企业对外出资，拥有股权比例超过50%的各级子企业；（四）政府部门、机构、事业单位、单一国有及国有控股企业直接或间接持股比例未超过50%，但为第一大股东，并且通过股东协议、公司章程、董事会决议或者其他协议安排能够对其实际支配的企业。"

结合前述规定，笔者理解国有企业是各级国有资产监督管理机构（或者各级人民政府授权的其他部门、机构，统称为履行出资人职责的机构）履行出资人职责[1]的企业及其子企业，具体包括国有独资企业、国有独资公司、国有全资企业、国有（或国有资本）控股公司、国有实际控制企业。依照《国有企业参股管理暂行办法》的相关规定[2]，国有资本参股公司的公司注册资本包含部分国有资本，但国有资本没有控股地位，并且国有企业是参股管理责任主体。因此，严格来说国有企业参股公司不属于国有企业，但也要严格遵守法律法规和国有资产监督管理规定。

（二）国有企业对外担保的相关规定

除国有独资企业不适用《公司法》（2023修订）外，国有独资公司、国有全资企业、国有（或国有资本）控股公司、国有实际控制企业等公司制的主体，均应当适用《公司法》（2023修订）的规定。相应地，这些企业对外担保也应当按照《公

---

[1]《公司法》（2023修订）第169条："国家出资公司，由国务院或者地方人民政府分别代表国家依法履行出资人职责，享有出资人权益。国务院或者地方人民政府可以授权国有资产监督管理机构或者其他部门、机构代表本级人民政府对国家出资公司履行出资人职责。代表本级人民政府履行出资人职责的机构、部门，以下统称为履行出资人职责的机构。"

[2]《国有企业参股管理暂行办法》（国资改革规〔2023〕41号）第2条："本办法所称国有企业是指各级国有资产监督管理机构履行出资人职责的企业及其子企业，参股是指国有企业在所投资企业持股比例不超过50%且不具有实际控制力的股权投资。"第5条："国有企业是参股管理责任主体，应当结合实际制定管理制度，按照出资关系和企业相关规定对参股经营投资进行有效管控。"

司法》(2023修订)第15条规定出具董事会决议或股东会决议。除此之外,《企业国有资产法》等法律法规就国有企业对外担保还有一些特殊规定。

例如,《企业国有资产法》第30条规定:"国家出资企业合并、分立、改制、上市,增加或者减少注册资本,发行债券,进行重大投资,为他人提供大额担保,转让重大财产,进行大额捐赠,分配利润,以及解散、申请破产等重大事项,应当遵守法律、行政法规以及企业章程的规定,不得损害出资人和债权人的权益。"第31条规定:"国有独资企业、国有独资公司合并、分立,增加或者减少注册资本,发行债券,分配利润,以及解散、申请破产,由履行出资人职责的机构决定。"第32条规定:"国有独资企业、国有独资公司有本法第三十条所列事项的,除依照本法第三十一条和有关法律、行政法规以及企业章程的规定,由履行出资人职责的机构决定的以外,国有独资企业由企业负责人集体讨论决定,国有独资公司由董事会决定。"第43条规定:"国家出资企业的关联方不得利用与国家出资企业之间的交易,谋取不当利益,损害国家出资企业利益。本法所称关联方,是指本企业的董事、监事、高级管理人员及其近亲属,以及这些人员所有或者实际控制的企业。"第45条规定:"未经履行出资人职责的机构同意,国有独资企业、国有独资公司不得有下列行为:……(二)为关联方提供担保……"

除了前述法律规定,国务院国有资产监督管理委员会、地方各级人民政府或国有资产监督管理委员会也会出台国有企业担保管理办法。典型的如国务院国有资产监督管理委员会发布的《关于加强中央企业融资担保管理工作的通知》(国资发财评规〔2021〕75号)。地方各级人民政府或地方国有资产监督管理委员会在此基础上,对省属、市属甚至区属国有企业对外提供担保作出了更细化的规定,比如《山东省省属企业担保管理办法》(鲁国资收益〔2024〕1号)、《厦门市国有企业担保管理办法》(厦国资产规〔2022〕243号)、长沙市人民政府国有资产监督管理委员与长沙市财政局共同印发的《关于加强市属国有企业融资行为和融资担保管理的通知》(长国资产权〔2022〕133号)、《嘉定区国有企业担保管理办法》(嘉国资委〔2019〕1号)等。但这些文件通常属于部门规章或其他规范性文件,不仅不得与法律法规冲突,而且在规范的效力上大部分属于内部性管理文件,对金融机构等债权人不一定具有约束力。

对于前述法律法规、部门规章甚至其他规范性文件，债权人应当如何应对？

一方面，债权人应当依照法律规定审查国有企业提供的担保。《公司法》（2023修订）第15条属于公司对外担保的一般规定，《企业国有资产法》中对外担保的规定则属于国家出资企业的特别规定。两者均为法律规定，因此特别规定应当优先适用。债权人在提供融资接受国有企业提供的担保时，当然必须尽到审慎义务，严格审查国有企业的担保文件（包括合同、决议等）是否符合相关法律规定。[1]

另一方面，规章与其他规范性文件关于国有企业对外担保的限制性规定并不一定约束债权人。一般情况下，债权人在接受国有企业提供担保时，可主要依照法律、法规的规定进行审查，而不需要依照地方国资委的规范性文件进行审查。尽管如此，依照《九民纪要》《民法典担保制度解释》要求债权人接受公司担保时应当尽到善意审查义务的规定，笔者认为，债权人在接受国有企业提供的担保时，除了严格依照《公司法》（2023修订）、《企业国有资产法》等法律进行审查外，还应当对各级国有资产监督管理委员会、地方政府及相关部门出台的相关规范性文件保持适度关注。

（三）国有企业对外担保的决议或决定机关

依据《公司法》（2023修订）第15条之规定，公司对外担保的决议机关按照公司章程的规定为董事会或股东会，若为股东提供担保则决议机关为股东会且关联股东应当回避表决。

依据《企业国有资产法》第32条之规定，如果法律、行政法规以及国有企业章程规定国有独资企业、国有独资公司为他人提供大额担保由履行出资人职责的机构决定的，则应当由履行出资人职责的机构决定。如果法律、行政法规以及国有企业章程均未规定国有独资企业、国有独资公司为他人提供大额担保应当

---

[1] 实践中曾有法院认为《企业国有资产法》第30条、第31条、第32条等规定，属于管理性规定，并不是效力性强制性规定，即使违反了亦不导致担保无效。参见四川省高级人民法院民事裁定书，(2018) 川民申3795号；广东省高级人民法院民事判决书，(2017) 粤民终2882号。《九民纪要》发布之后，理论与实务已经不再关注相关规范的性质属于管理性规定还是效力性强制性规定，而是侧重关注债权人是否善意，因此笔者认为前述案例的观点不应当继续适用于今后的案件。

由履行出资人职责的机构决定的,则国有独资企业由企业负责人集体讨论决定,国有独资公司由董事会决定。需要注意的是,《企业国有资产法》未规定何为"大额担保",可能由各地方政府或国有资产监督管理委员会分别作出规定,甚至没有规定,实践中难免给债权人审查担保造成一定困扰。但笔者认为,无论国有独资企业、国有独资公司提供的担保是否属于大额担保,债权人均可参考《企业国有资产法》第32条之规定进行审查,以履行谨慎审查义务。

此外,依据《企业国有资产法》第45条之规定,国有独资企业、国有独资公司为关联方提供担保应当经履行出资人职责的机构同意。而且,依据《企业国有资产法》第43条之规定,关联方是指本企业的董事、监事、高级管理人员及其近亲属,以及这些人员所有或者实际控制的企业。可见,该法规定的"为关联方提供担保"与《公司法》(2023修订)第15条第2款所规定的"为公司股东或者实际控制人提供担保"并不相同,债权人应当予以注意。

综合上述规定,债权人应当注意《企业国有资产法》对于国有独资企业、国有独资公司提供担保时,担保决议机关的特殊规定。

(四)国有独资公司为其全资子公司提供担保是否豁免决议

《民法典担保制度解释》第8条第1款第2项规定:"有下列情形之一,公司以其未依照公司法关于公司对外担保的规定作出决议为由主张不承担担保责任的,人民法院不予支持……(二)公司为其全资子公司开展经营活动提供担保……"若国有独资公司为其全资子公司开展经营活动提供担保,是否能够依据上述规定免除决议?对此问题,实践中还存在争议。但是笔者认为,如前文所述,相较于《公司法》(2023修订)第15条规定而言,《企业国有资产法》中对外担保的规定属于国家出资企业的特别规定,因此后者应当优先适用。尽管《民法典担保制度解释》规定公司为其全资子公司开展经营活动提供担保无须决议,但此解释亦是对一般规定所作出的解释,因此,若是国有独资公司为其全资子公司提供担保,债权人仍然应当优先依据《企业国有资产法》的相关规定进行审查,而不能适用《民法典担保制度解释》第8条无须决议的例外规定。然而,《企业国有资产法》第30条规定的是"为他人提供大额担保",却未明确何为大额担保。理论上，对于除大额担保以外的其他担保，因《企业国有资产法》并未对此作出规定，可以适用《民法典担保制度解释》第8条无须决议的例外规定。但是，由于缺乏何为大额担保的界定标准，若债权人无法通过当地政府或国有资产监督管理委员会的规定或文件准确判断并确定大额担保，建议债权人仍然按照《企业国有资产法》第32条之规定对国有独资公司提供的担保进行审查。

（五）国有企业对外担保问题的答复

国有资产监督管理委员会官方网站[1]"互动交流"栏目下"问答选登"会发布关于国有企业对外担保问题的答复。笔者整理了可查询的近三年来的问答，以供参考。

1. 国有独资公司的全资子公司对关联公司提供担保

发布时间：2021-11-11 17:20:52

留言详情

标题	国有独资公司的全资子公司对关联公司提供担保
内容	您好，《企业国有资产法》第45条规定，未经履行出资人职责的机构同意，国有独资企业、国有独资公司不得有下列行为：……（二）为关联方提供担保……请问该条规定是否仅约束国家直接出资设立的国有独资公司或企业，国有独资公司的全资子公司对关联公司提供担保是否也应当按照该条规定取得出资人同意？谢谢。

回复详情

答复部门	国资委	答复时间	2021-11-11 17:20:52
回复	您好： 　　您提出的关于国有独资公司的全资子公司对关联公司提供担保的问题收悉。经研究，现答复如下： 　　《企业国有资产法》第38条规定，国有独资企业、国有独资公司、国有资本控股公司对其所出资企业的重大事项参照本章规定履行出资人职责。因此，国有独资公司的全资子公司对关联公司提供担保也应当符合《企业国有资产法》有关规定。此外，根据我委《关于加强中央企业融资担保管理工作的通知》（国资发财评规〔2021〕75号）要求，中央企业严禁对集团外无股权关系的企业提供任何形式担保。 　　上述回复仅供参考，希望您再次提问。

---

[1] 网址：http://www.sasac.gov.cn/index.html。

2. 关于《关于加强中央企业融资担保管理工作的通知》咨询

发布时间：2021-11-23 10:28:38

留言详情

标题	关于《关于加强中央企业融资担保管理工作的通知》咨询
内容	尊敬的国资委领导，您好，《关于加强中央企业融资担保管理工作的通知》（以下简称《通知》）出台后，有利于进一步规范各中央企业对外担保行为，但对于《通知》中部分规定的理解，向您咨询如下： 一、《通知》中共有5处（5大类）须报"集团董事会"审批的规定，分别为： 1. 制定和修订融资担保管理制度； 2. 融资担保预算管理； 3. 对金融子企业等3种情况提供担保； 4. 对子企业超股比担保； 5. 对所控股上市公司等提供超股比担保且无法取得反担保的。 二、问题 1. 上述5大类须报"集团董事会"审批的事项，是否是指"中央企业"（即国资委履行出资人职责的国家出资企业）本部（自身）对外提供担保时所需履行的内部决策程序？"集团董事会"是否是指"中央企业"自身的董事会？ 2. 对于中央企业下属的子公司（包括2级、3级、4级以及其他各级子公司）等，是否可以仅根据《章程》《公司法》《企业国有资产法》等规定，仅取得子公司自身的董事会决议（或股东/股东会决议）即可就上述5大类事项作出决策，无须再越级上报中央企业的董事会（集团董事会）进行审批？ 谢谢。

回复详情

答复部门	国资委	答复时间	2021-11-23 10:28:38
回复	您好： 您提出的关于中央企业融资担保管理事项的审批问题收悉。经研究，现答复如下： 《关于加强中央企业融资担保管理工作的通知》（国资发财评规〔2021〕75号）中的中央企业包括中央企业集团本部及各级子企业。提问中提到的五类融资担保管理事项中，除融资担保预算管理事项可由集团董事会或其授权决策主体审议决定外，其余事项均由集团董事会审批决定，不得授权子企业董事会或其他决策主体审批。 以上答复供参考。			

3.《关于加强中央企业融资担保管理工作的通知》问题咨询

发布时间：2021-11-23 13:55:18

留言详情

标题	《关于加强中央企业融资担保管理工作的通知》问题咨询
内容	根据《关于加强中央企业融资担保管理工作的通知》（国资发财评规〔2021〕75号）第1条的规定，融资担保主要包括中央企业为纳入合并范围内的子企业和未纳入合并范围的参股企业借款和发行债券、基金产品、信托产品、资产管理计划等融资行为提供的各种形式担保，……也包括出具有担保效力的共同借款合同、差额补足承诺、安慰承诺等支持性函件的隐性担保…… 请问： （1）中央企业下属子企业以应收账款债权或PPP项目收益权等作为基础资产，发行资产证券化产品（ABS），债务人未来向ABS履行付款义务，ABS投资者获得相应收益分配和本金返还。在该产品结构中，如中央企业或下属上市主体为ABS优先级资产支持证券本金及利息的兑付提供差额支付承诺，是否属于上述融资担保中的隐性担保？中央企业及其下属上市主体合计为下属企业ABS提供此类差额支付的总额度，是否不得超过集团合并净资产的40%？ （2）A公司为中央企业下属子公司，A公司作为有限合伙人与其关联方共同设立私募股权投资基金B（合伙型），A公司关联方将其持有的C项目公司控股权转让给B合伙企业。A、B、C均为中央企业合并财务报表范围内企业。如A公司将其持有的B合伙企业超过50%份额转让给外部金融机构D，转让后B合伙企业及C项目公司不再是中央企业合并财务报表范围内企业。在此基础上，如A公司向外部金融机构D出具流动性差额支付承诺函，承诺如外部金融机构D从B合伙企业获得的分配的收益未达到一定水平，由A公司负责补足。前述流动性差额支付承诺函是否属于上述融资担保？

回复详情

答复部门	国资委	答复时间	2021-11-23 13:55:18
回复	您好： 您提出的关于隐性担保的问题收悉。经研究，现答复如下： 按照《关于加强中央企业融资担保管理工作的通知》（国资发财评规〔2021〕75号）规定，共同借款合同、差额补足承诺、安慰承诺等支持性函件只要具有担保效力，均属于隐性担保；在计算集团总融资担保规模占集团合并净资产比重时，集团总融资担保规模包括中央企业集团本部及各级子企业提供的融资担保额。 以上答复供参考。

4. 关于《关于加强中央企业融资担保管理工作的通知》所述"直接股权关系"该如何理解的咨询

发布时间：2021-11-26 14:04:49

留言详情

标题	关于《关于加强中央企业融资担保管理工作的通知》所述"直接股权关系"该如何理解的咨询
内容	《关于加强中央企业融资担保管理工作的通知》（国资发财评规〔2021〕75号）第3条规定"集团内无直接股权关系的子企业之间不得互保"，其中"集团内无直接股权关系"应该作何理解？所谓直接股权关系是仅限于直接的母子公司关系？还是可以理解为，某个企业对其实际控制的各级子公司均有直接股权关系？谢谢您的阅读和回答。

回复详情

答复部门	国资委	答复时间	2021-11-26 14:04:49
回复	您好： 您提出的关于直接股权关系的问题收悉。经研究，现答复如下： 直接股权关系不仅限于直接的母子公司关系，某个企业对其实际控制的各级子公司均有直接股权关系。 以上答复供参考，欢迎再次提问。			

5.《关于加强中央企业融资担保管理工作的通知》适用咨询

发布时间：2021-11-26 14:05:32

留言详情

标题	《关于加强中央企业融资担保管理工作的通知》适用咨询
内容	国务院国资委您好， 我想向您部门补充咨询国资发财评规〔2021〕75号文件《关于加强中央企业融资担保管理工作的通知》的适用问题。该通知中第四项对中央企业融资担保的规模作出了规定。针对第四项的适用，我想问以下三个问题： 1."集团"的定义。集团是指中央企业本部加所有子企业吗？第四项中提到的"集团本部"和"单户子企业"具体指什么？ 2."单户子企业（含集团本部）融资担保额不得超过本企业净资产的50%"这项对单户子企业的融资担保额比例要求下单户子企业是适用合并报表还是子企业单体报表？ 3.请问纳入"国资委年度债务风险管控范围的企业"有什么标准？

回复详情

答复部门	国资委	答复时间	2021-11-26 14:05:32
回复	您好： 　　您提出的关于中央企业融资担保规模的问题收悉。经研究，现答复如下： 　　中央企业集团是指中央企业本部及各级子企业，单户子企业融资担保规模适用子企业单体报表，中央企业集团总融资担保规模适用集团合并报表。国资委根据债务风险量化评估模型对中央企业债务风险进行量化评估，将债务风险较高的企业纳入年度债务风险管控范围。 　　以上答复供参考，欢迎再次提问。			

6. 中央企业控股上市公司能否为其金融子企业提供担保

发布时间：2021-11-26 14:15:00

留言详情

标题	中央企业控股上市公司能否为其金融子企业提供担保
内容	老师，您好！ 　　国资委新出台的《关于加强中央企业融资担保管理工作的通知》（国资发财评规〔2021〕75号）第3条规定："严格限制融资担保对象。中央企业严禁对集团外无股权关系的企业提供任何形式担保。原则上只能对具备持续经营能力和偿债能力的子企业或参股企业提供融资担保。不得对进入重组或破产清算程序、资不抵债、连续三年及以上亏损且经营净现金流为负等不具备持续经营能力的子企业或参股企业提供担保，不得对金融子企业提供担保，集团内无直接股权关系的子企业之间不得互保，以上三种情况确因客观情况需要提供担保且风险可控的，需经集团董事会审批。中央企业控股上市公司开展融资担保业务应符合《中华人民共和国证券法》和证券监管等相关规定。" 　　请问这里的"不得对金融子企业提供担保"是否仅指中央企业集团本部不得对金融子企业提供担保？中央企业控股上市公司能否为其金融子企业开展融资业务提供担保？当然，上市公司需要履行董事会和股东会等相应的上市公司决议和信息披露流程。

回复详情

答复部门	国资委	答复时间	2021-11-26 14:15:00
回复	您好： 　　您提出的关于不得对金融子企业提供担保的问题收悉。经研究，现答复如下： 　　在《关于加强中央企业融资担保管理工作的通知》（国资发财评规〔2021〕75号）中，中央企业包括中央企业集团本部及各级子企业。 　　以上答复供参考。			

7.《关于加强中央企业融资担保管理工作的通知》适用咨询

发布时间：2021-11-26 14:22:14

留言详情

标题	《关于加强中央企业融资担保管理工作的通知》适用咨询
内容	尊敬的国资委： 　　鉴于2021年11月贵机关出台了《关于加强中央企业融资担保管理工作的通知》，本人对该规定的具体适用主体及适用程度存在疑问，故特申请咨询，主要问题如下： 　　1.该通知第1条规定"不包括中央企业主业含担保的金融子企业开展的担保"，是否意味着国资委直接履行出资义务的央企控股的其他子企业开展担保需要适用第1条的规定？即中央企业制定完善担保管理制度的规范主体包含一般性控股子企业担保行为？ 　　2.该通知第3条规定"中央企业控股上市公司开展融资担保业务应符合《中华人民共和国证券法》和证券监管等相关规定"，是否意味着中央企业控股的"上市公司"属于特殊类型公司只要适用上市相关法律法规及证券法，不需要适用该通知的规定？还是仅仅不需要适用该通知第3条的规定？抑或说即使是上市公司，只要属于央企控股仍然需要适用该通知的一般性规定？ 　　3.国资委在实务监管中如何界定央企控股的子企业？若央企实际持有该上市公司的股份比例低于30%且未实现控制，但其在年报中披露该上市公司为其控股子公司，而上市公司的年报中却又仅将该央企披露为主要股东，请问国资委该如何认定？上市公司是否属于应该被纳入该通知监管的央企子企业？

回复详情

答复部门	国资委	答复时间	2021-11-26 14:22:14
回复	您好： 　　您提出的关于中央企业融资担保管理工作的问题收悉。经研究，现答复如下： 　　在《关于加强中央企业融资担保管理工作的通知》（国资发财评规〔2021〕75号）中，中央企业包括中央企业集团总部及各级子企业，中央企业控股上市公司开展融资担保业务也适用该通知规定，中央企业子企业是指纳入合并范围内的子企业。 　　以上答复供参考。

8.《关于加强中央企业融资担保管理工作的通知》适用范围

发布时间：2021-11-30 10:48:24

留言详情

标题	《关于加强中央企业融资担保管理工作的通知》适用范围
内容	您好，请问央企的子公司是否适用《关于加强中央企业融资担保管理工作的通知》规定，即央企的子公司也不得对其金融子企业提供担保？保理公司、融资租赁公司是否属于该规定中"金融子企业"的范畴？

回复详情

答复部门	国资委	答复时间	2021-11-30 10:48:24
回复	您好： 　　您提出的关于中央企业融资担保的有关问题收悉。经研究，现答复如下： 　　央企的子公司适用《关于加强中央企业融资担保管理工作的通知》规定。金融子企业是指中央企业每年度向国资委报送的金融子企业决算库里的企业。 　　以上答复供参考。

9. 央企子公司是否适用《关于加强中央企业融资担保管理工作的通知》

发布时间：2021-11-30 10:51:58

留言详情

标题	央企子公司是否适用《关于加强中央企业融资担保管理工作的通知》
内容	您好，请问 　　1. 央企子公司是否适用《关于加强中央企业融资担保管理工作的通知》的规定？ 　　2.《关于加强中央企业融资担保管理工作的通知》第4条"单户子企业（含集团本部）融资担保额不得超过本企业净资产的50%"所规定的净资产是指母公司口径还是合并口径？ 　　3.《关于加强中央企业融资担保管理工作的通知》第8条"违规担保责任"，是否适用于中央企业为子公司提供担保。 　　盼回复，感谢！

回复详情

答复部门	国资委	答复时间	2021-11-30 10:51:58
回复	您好： 　　您提出的关于中央企业融资担保的问题收悉。经研究，现答复如下： 　　央企子公司适用《关于加强中央企业融资担保管理工作的通知》的规定。《关于加强中央企业融资担保管理工作的通知》第4条"单户子企业（含集团本部）融资担保额不得超过本企业净资产的50%"所规定的净资产是指母公司口径。第8条"违规担保责任"，适用于中央企业为子公司提供担保。 　　以上答复供参考。

10. 对于《关于加强中央企业融资担保管理工作的通知》中具体条款的理解

发布时间：2021-11-30 11:05:44

留言详情

标题	对于《关于加强中央企业融资担保管理工作的通知》具体条款的理解
内容	国务院2021年10月9日发布的《关于加强中央企业融资担保管理工作的通知》（国资发财评规〔2021〕75号）中规定的以下条款的理解和执行，烦请解答： 1. 该通知规定"集团内无直接股权关系的子企业之间不得互保"，请问"无直接股权关系"如何理解？是要求直接持有股权吗，如对间接持有股权的公司提供担保也是要求集团董事会审批吗？比如：A公司通过其两层子公司间接持有B公司100%股权，是否属于"无直接股权关系"？A公司是否需要取得集团董事会审批？ 2. 请问如何能够知悉某央企或其子企业是否属于"纳入国资委年度债务风险管控范围的企业"？

回复详情

答复部门	国资委	答复时间	2021-11-30 11:05:44
回复	您好： 您提出的关于中央企业融资担保的问题收悉。经研究，现答复如下： A公司通过其两层子公司间接持有B公司100%股权，A公司和B公司不属于"无直接股权关系"。中央企业是否纳入国资委年度债务风险管控范围会通过预算复函等渠道反馈中央企业。 上述回复仅供参考。欢迎您再次提问。		

11. 纳入国资委年度债务风险管控范围的企业名单

发布时间：2021-12-06 15:49:05

留言详情

标题	纳入国资委年度债务风险管控范围的企业名单
内容	鉴于国资委发布了《关于加强中央企业融资担保管理工作的通知》，其中明确"纳入国资委年度债务风险管控范围的企业总融资担保规模不得比上年增加"，请问贵委对此有相关的名单吗？

回复详情

答复部门	国资委	答复时间	2021-12-06 15:49:05
回复	您好： 　　您提出的关于国资委年度债务风险管控范围的问题收悉。经研究，现答复如下： 　　国资委每年度根据企业债务风险状况确定纳入债务风险管控范围的企业名单，并随企业年度预算复函反馈各相应企业，该名单不对外公布。 　　以上答复供参考，欢迎再次提问。			

12. 国有企业能否无偿为控股子公司提供担保？

发布时间：2021-12-15 15:35:35

留言详情

标题	国有企业能否无偿为控股子公司提供担保？
内容	《关于加强中央企业融资担保管理工作的通知》规定，"中央企业应当制定和完善集团统一的融资担保管理制度，明确集团本部及各级子企业融资担保权限和限额、融资担保费率水平，落实管理部门和管理责任，规范内部审批程序，细化审核流程"，"将年度融资担保计划纳入预算管理体系，包括担保人、担保金额、被担保人及其经营状况、担保方式、担保费率、违规担保清理计划等关键要素"。 　　该规定已明确担保费率是关键要素。经检索，其他现行规范未明确国企为控股子公司提供担保是否收取担保费的问题，对此我们有如下疑问： 　　1.国有企业与某外资企业成立合资公司，其中国有企业持股51%。现拟为合资子公司提供担保，能否免收担保费？ 　　2.《企业国有资产法》第44条规定，"国有独资企业、国有独资公司、国有资本控股公司不得无偿向关联方提供资金、商品、服务或者其他资产，不得以不公平的价格与关联方进行交易"。国有企业为控股子公司提供担保是否适用该条，必须收取担保费？

回复详情

答复部门	国资委	答复时间	2021-12-15 15:35:35
回复	您好： 　　您提出的关于融资担保的有关问题收悉。经研究，现答复如下： 　　《关于加强中央企业融资担保管理工作的通知》（国资发财评规〔2021〕75号）规定，中央企业应当严格按照持股比例对子企业和参股企业提供担保。严禁对参股企业超股比担保。对子企业确需超股比担保的，须报集团董事会审批，同时，对超股比担保额应由小股东或第三方通过抵押、质押等方式提供足额且有变现价值的反担保。对所控股上市公司、少数股东含有员工持股计划或股权基金的企业提供超股比担保且无法取得反担保的，经集团董事会审批后，在符合融资担保监管等相关规定的前提下，采取向被担保人依据代偿风险程度收取合理担保费用等方式防范代偿风险。 　　以上答复供参考。			

13. 国资委下属各级国有企业控股的金融企业的监管适用？

发布时间：2021-12-22 12:17:23

留言详情

标题	国资委下属各级国有企业控股的金融企业的监管适用？
内容	虽然国有金融资本管理政策要求国有金融企业要统一由财政条线监管，但是在目前，国资管理部门下属各级国有企业仍存在大量控股银行、证券、保险等金融企业以及担保、小贷、地方交易所等地方金融组织的情况，在同级人民政府没有明确要求同级国资管理部门将该等金融企业的管理权限移交给同级财政部门的情况下，请问该等金融企业的增资、转让资产和股权等国有资产交易行为是适用国资委出台的国资监管规定，还是财政部出台的针对国有金融企业的监管规定？

回复详情

答复部门	国资委	答复时间	2021-12-22 12:17:23
回复	您好： 　　由国资委履行出资人职责的国有及国有控股企业、国有实际控制企业进行产权转让、增资和资产转让，应按照《企业国有资产交易监督管理办法》（国资委 财政部令第32号）有关规定执行。		

14. 国有参股企业适用国资发财评规〔2021〕18号文？

发布时间：2021-12-22 12:21:59

留言详情

标题	国有参股企业适用国资发财评规〔2021〕18号文？
内容	国有参股企业是否适用《关于加强地方国有企业债务风险管控工作的指导意见》？国有参股企业能否为不存在产权关系的境外企业提供担保？

回复详情

答复部门	国资委	答复时间	2021-12-22 12:21:59
回复	您好： 　　您提出的关于国有参股企业的问题收悉。经研究，现答复如下： 　　国有参股企业不适用《关于加强地方国有企业债务风险管控工作的指导意见》。国资委对"国有参股企业能否为不存在产权关系的境外企业提供担保"没有规定要求。 　　上述回复仅供参考。欢迎您再次提问。		

15.《关于加强中央企业融资担保管理工作的通知》相关咨询

发布时间：2021-12-23 14:29:43

留言详情

标题	《关于加强中央企业融资担保管理工作的通知》相关咨询
内容	领导您好： 　　根据《关于加强中央企业融资担保管理工作的通知》（国资发财评规〔2021〕75号）第5条规定，"中央企业应当严格按照持股比例对子企业和参股企业提供担保。严禁对参股企业超股比担保。对子企业确需超股比担保的，需报集团董事会审批"。想请问此条约束的对象是仅指央企本部还是包括央企下属子公司。比如央企三级子公司为四级控股子公司提供超股比担保的，是否需要央企本部董事会审批？期盼得到回答与指导，不胜感激！

回复详情

答复部门	国资委	答复时间	2021-12-23 14:29:43
回复	您好： 　　您提出的关于中央企业融资担保管理的问题收悉。经研究，现答复如下： 　　《关于加强中央企业融资担保管理工作的通知》（国资发财评规〔2021〕75号）管控对象不仅包括中央企业集团本部，还包括中央企业所属各级子企业，央企三级子企业为四级控股子企业提供超股比担保的，需要央企集团董事会审批。 　　以上答复供参考。			

16.《关于加强中央企业融资担保管理工作的通知》咨询

发布时间：2021-12-24 15:36:09

留言详情

标题	《关于加强中央企业融资担保管理工作的通知》咨询
内容	《关于加强中央企业融资担保管理工作的通知》第4条规定，根据自身财务承受能力合理确定融资担保规模，原则上总融资担保规模不得超过集团合并净资产的40%，单户子企业（含集团本部）融资担保额不得超过本企业净资产的50%…… 　　想请教，这里的单户子企业50%的融资担保比例计算方式，是否分母为单户子企业的单体报表口径下净资产，分子为该等单户子企业作为保证人/差补义务人等对并表范围内子公司及并表范围外子公司的全部融资担保金额，谢谢！

回复详情

答复部门	国资委	答复时间	2021-12-24 15:36:09
回复	您好： 您提出的关于中央企业融资担保管理的问题收悉。经研究，现答复如下： 单户子企业（含集团本部）融资担保额占净资产的比重计算方法是：分母为单户子企业的单体报表口径下净资产，分子为该单户子企业提供的全部融资担保金额。 以上答复供参考。		

17. 关于《关于加强中央企业融资担保管理工作的通知》对金融子企业担保的规定咨询

发布时间：2022-01-06 15:22:07

留言详情

标题	关于《关于加强中央企业融资担保管理工作的通知》对金融子企业担保的规定咨询
内容	中央企业是否可以对金融子企业担保，集团内子企业之间担保可以吗？

回复详情

答复部门	国资委	答复时间	2022-01-06 15:22:07
回复	您好： 您在我们网站上提交的问题已收悉，现针对您所提供的信息简要回复如下： 根据国务院国资委印发的《关于加强中央企业融资担保管理工作的通知》精神，如确因客观情况需要对金融子企业提供担保，需经中央企业集团董事会审批，金融子企业范围参考中央企业每年度向国务院国资委报送的金融子企业决算报表库里的企业名单。集团内无直接股权关系的子企业之间不得互保，如确因客观情况需要提供担保的，须经中央企业集团董事会审批，其中：子企业对母公司提供担保适用此条规定。 上述回复仅供参考。欢迎您再次提问。		

18.《关于加强中央企业融资担保管理工作的通知》中"金融子企业"的企业类型问题的咨询

发布时间：2022-01-13 10:41:50

留言详情

标题	《关于加强中央企业融资担保管理工作的通知》中"金融子企业"的企业类型问题的咨询
内容	《关于加强中央企业融资担保管理工作的通知》中提到"不得对金融子企业提供担保"，该"金融子企业"的企业类型可参考《关于加强中央企业金融业务管理和风险防范的指导意见》（国资发资本规〔2019〕25号）有关规定，请问该指导意见中对"金融子企业"的企业类型具体规定为哪几类，类型具体为什么？

回复详情

答复部门	国资委	答复时间	2022-01-13 10:41:50
回复	您好： 　　您提出的关于中央企业融资担保管理的有关问题收悉。经研究，现答复如下： 　　《关于加强中央企业融资担保管理工作的通知》（国资发财评规〔2021〕75号）中的金融子企业范围参考中央企业每年度向国务院国资委报送的金融子企业决算报表库里的企业名单，主要包括挂牌金融机构、类金融机构和金融管理平台公司。 　　以上答复供参考。

19. 关于《关于加强中央企业融资担保管理工作的通知》的性质及违反后果等问题的咨询

发布时间：2022-01-26 13:43:35

留言详情

标题	关于《关于加强中央企业融资担保管理工作的通知》的性质及违反后果等问题的咨询
内容	国资委领导： 　　您好！ 　　就《关于加强中央企业融资担保管理工作的通知》（国资发财评规〔2021〕75号），有三个问题咨询您，感谢您百忙中回复 　　1.《关于加强中央企业融资担保管理工作的通知》的性质是什么呢？是部门规章还是部门工作制度文件？ 　　2.违反《关于加强中央企业融资担保管理工作的通知》的后果是什么呢？第8条提到的"按照有关规定对相关责任人严肃追究责任"中的有关规定具体指哪些规定呢？ 　　3.违反《关于加强中央企业融资担保管理工作的通知》对相关担保效力文件的影响如何呢？会导致这些文件无效还是效力待定？

回复详情

答复部门	国资委	答复时间	2022-01-26 13:43:35
回复	您好： 　　您提出的关于中央企业融资担保管理的问题收悉。经研究，现答复如下： 　　《关于加强中央企业融资担保管理工作的通知》（国资发财评规〔2021〕75号，以下简称75号文）属于国务院国资委规范性文件。75号文第8条"应当按照有关规定对相关责任人严肃追究责任"中的有关规定具体指《中央企业违规经营投资责任追究实施办法（试行）》（国资委令第37号）。75号文主要是为了规范和加强中央企业融资担保管理，不涉及担保文件效力方面的内容。 　　以上答复供参考。		

20. 非公开协议转让约定分期付款的，延期付款的起算时点如何计算

发布时间：2022-02-09 08:30:37

留言详情

标题	非公开协议转让约定分期付款的，延期付款的起算时点如何计算
内容	根据贵委的先前回复，根据《企业国有资产交易监督管理办法》（以下简称《管理办法》）第31条规定的非公开协议方式转让企业国有产权的，产权转让双方关于交易价款的分期付款安排，应按照《管理办法》第28条规定执行。 　　《管理办法》第28条规定，"交易价款原则上应当自合同生效之日起5个工作日内一次付清。金额较大、一次付清确有困难的，可以采取分期付款方式。采用分期付款方式的，首期付款不得低于总价款的30%，并在合同生效之日起5个工作日内支付；其余款项应当提供转让方认可的合法有效担保，并按同期银行贷款利率支付延期付款期间的利息，付款期限不得超过1年"。 　　请问第28条规定的"延期付款期间"的起算时点是合同生效之日起6个工作日，还是协议约定的第二期付款日后一日？

回复详情

答复部门	国资委	答复时间	2022-02-09 08:30:37
回复	您好： 　　您提出的关于咨询"非公开协议转让延期付款的起算时点"有关问题的申请收悉。经研究，现答复如下： 　　根据《企业国有资产交易监督管理办法》（国资委 财政部令第32号）第28条的规定，交易价款原则上应当自合同生效日起5个工作日内一次付清，采用分期付款的，付款期限不得超过1年。根据您所述情形，我们建议将合同生效并首期付款后到价款付清作为延期付款期间，相关事项可在合同中根据具体情况详细约定。 　　上述回复仅供参考。欢迎您再次提问。		

21. 关于加强中央企业融资担保比例计算问题的咨询

发布时间：2022-01-11 15:20:21

留言详情

标题	关于加强中央企业融资担保比例计算问题的咨询
内容	尊敬的国资委老师，你们好。 　　根据《关于加强中央企业融资担保管理工作的通知》第4条的规定，单户子企业（含集团本部）融资担保额不得超过本企业净资产的50%。根据贵委此前的答复，计算该等比例公式为：分母为单户子企业的单体报表口径下净资产，分子为该单户子企业提供的全部融资担保金额。 　　但针对央企公司的地产单户子企业而言，它们在开展经营活动的过程中，基于地产行业特性，通常通过设立项目公司形式实现资产分离，因此地产单户子企业的单体报表口径净资产规模较小。同时，为正常项目建设开发贷等融资需要，地产单户子企业作为项目公司的实控人通常对并表范围内项目公司提供保证担保，造成该地产单户子企业融资担保规模额较大。 　　想请教一下老师针对这种情况是否可以适用地产单户子企业合并报表口径下的净资产作为分母，以该地产单户子企业及其并表范围内子公司对该地产单户子企业并表范围外公司的全部融资担保金额作为分子计算融资担保额比例？ 　　谢谢老师！

回复详情

答复部门	国资委	答复时间	2022-01-11 15:20:21
回复	您好： 　　您提出的关于中央企业融资担保的问题收悉。经研究，现答复如下： 　　计算中央企业所属地产单户子企业融资担保规模占净资产比重时，不能使用地产子企业合并报表数据，只能用单体子企业数据。 　　上述回复仅供参考。欢迎您再次提问。			

22. 国资非典型担保之进场交易事项咨询

发布时间：2022-03-04 15:12:35

留言详情

标题	国资非典型担保之进场交易事项咨询
内容	想问一下，在《民法典》和《民法典担保制度解释》体系下，法律上承认了"让与担保"为非典型担保的一种，请问"股权让与担保"，即债务人以将持有的股权作为担保，无偿或者0元、1元等对价形式上转移至债权人（国企）名下的方式，办理工商变更登记至国企名下，为债务履行提供担保，债务人到期清偿债务后，国企将股权再返还、登记回债务人名下的这种方式。 　　(1)担保过程中，国企无偿受让或0元、1元等对价取得非国有的股权，是否需履行国资的评估和进场交易？ 　　(2)债务清偿完毕后，国企将其无偿受让或0元、1元等对价取得非国有的股权（无实缴或实际出资），转让回债务人名下，并办理股权变更登记，是否需履行国资的评估和进场交易？

回复详情

答复部门	国资委	答复时间	2022-03-04 15:12:35
回复	您好： 　　您在我们网站上提交的问题已收悉，现针对您所提供的信息简要回复如下：《企业国有资产交易监督管理办法》(国资委 财政部令第32号，以下简称32号令)规范的是国有及国有控股、实际控制企业的企业产权转让、增资以及企业资产转让行为，担保行为不在32号令规范范围内。 　　上述回复仅供参考。欢迎您再次提问。		

23. 对《关于加强中央企业融资担保管理工作的通知》的严格限制融资担保对象等问题的咨询

发布时间：2022-03-30 16:13:52

留言详情

标题	对《关于加强中央企业融资担保管理工作的通知》的严格限制融资担保对象等问题的咨询
内容	国资委领导： 　　您好！ 　　1.第5条　严格控制超股比融资担保。如总部公司对下属控股子公司（非100%控股）提供100%履约类银行保函，是否属于提供超股比融资担保的情形？ 　　2.第3条　严格限制融资担保对象。不得对进入重组或破产清算程序、资不抵债、连续三年及以上亏损且经营净现金流为负等不具备持续经营能力的子企业提供担保。不得提供融资担保的子企业是需要同时满足上述三种情况还是只要满足其一？如新成立的成长型公司因业务特点培育期存在资不抵债或连续三年亏损是否可以豁免？ 　　非常感谢贵委领导拨冗答复，谢谢！

回复详情

答复部门	国资委	答复时间	2022-03-30 16:13:52
回复	您好： 　　您在我们网站上提交的问题已收悉，现针对您所提供的信息简要回复如下： 　　提供履约类银行保函如果属于为子企业融资提供的担保，则在《关于加强中央企业融资担保管理工作的通知》（国资发财评规〔2021〕75号，以下简称《通知》）规定范围内。《通知》规定，不得对进入重组或破产清算程序、资不抵债、连续三年及以上亏损且经营净现金流为负等不具备持续经营能力的子企业提供担保。若子企业属于上述三种情况中的一种情况则不能提供担保，新成立的成长型公司也不可豁免，如确因客观情况需要提供担保且风险可控的，须经集团董事会审批。 　　上述回复仅供参考。欢迎您再次提问。		

24. 关于央企开展资产证券化业务增信的情况咨询

发布时间：2022-04-02 11:46:50

留言详情

标题	关于央企开展资产证券化业务增信的情况咨询
内容	央企子公司将自己持有的应收账款债权转让给参股公司，参股公司作为发起机构发行资产支持票据，央企子公司为资产支持票据的本息兑付出具差额支付承诺。这种情况下是否可以豁免75号文中"严禁对参股企业超股比担保"的限制。具体考量如下：75号文主旨精神在于对央企对内外"融资担保"的管理，本交易中，参股公司在发行后的第一日收到发行票据募集款项实则是用于支付发行前一日转让应收账款的价款，所以参股公司并未实现自身融资，央企子公司也不存在为参股公司的融资提供了担保。参股公司在本项目的结构中多为资产服务机构，负责资产支持票据存续阶段，应收账款回款的资金归集及划转，央企子公司的差补也仅限于对自己转出的应收账款资产而发行票据的本息兑付。 　　上述两个案例均为由参股方或无股权关系的企业作为融资结构中的"通道"角色，央企或央企子公司对由通道受让的资产发行的票据提供的担保，"通道"角色没有实现融资。这种情况下，是否可以不受到75号文的限制。

回复详情

答复部门	国资委	答复时间	2022-04-02 11:46:50
回复			

回复	您好： 　　您在我们网站上提交的问题已收悉，现针对您所提供的信息简要回复如下： 　　《关于加强中央企业融资担保管理工作的通知》（国资发财评规〔2021〕75号）规定：融资担保主要包括中央企业为子企业和参股企业融资行为提供的各种形式担保，也包括出具有担保效力的共同借款合同、差额补足承诺、安慰承诺等支持性函件的隐性担保。若中央企业不是为子企业或参股企业的融资行为提供的担保，则不属于上述通知规定范围。 　　上述回复仅供参考。欢迎您再次提问。

25.《关于加强中央企业融资担保管理工作的通知》相关咨询

发布时间：2022-04-06 14:15:53

留言详情

标题	《关于加强中央企业融资担保管理工作的通知》相关咨询
内容	您好！我想就国资发财评规〔2021〕75号文件《关于加强中央企业融资担保管理工作的通知》的适用问题进行咨询。 　　问题：请问央企子企业，为其子公司的出口业务，向银行申请保证，银行要求该央企子企业作为股东提供反担保。该反担保是否属于《通知》中规定的"融资担保"；是否适用《通知》中有关严格按照持股比例对子企业和参股企业提供担保的要求？ 　　盼复！非常感谢！

回复详情

答复部门	国资委	答复时间	2022-04-06 14:15:53

回复	您好： 　　您在我们网站上提交的问题已收悉，现针对您所提供的信息简要回复如下： 　　《关于加强中央企业融资担保管理工作的通知》（国资发财评规〔2021〕75号）规定，融资担保主要包括中央企业为子企业和参股企业借款和发行债券、基金产品、信托产品、资产管理计划等融资行为提供的各种形式担保，如一般保证、连带责任保证、抵押、质押等，也包括出具有担保效力的共同借款合同、差额补足承诺、安慰承诺等支持性函件的隐性担保。 　　上述回复仅供参考。欢迎您再次提问。

26. 咨询关于直接股权关系的理解

发布时间：2022-04-12 15:49:38

留言详情

标题	咨询关于直接股权关系的理解
内容	国务院国资委您好，就国务院于2021年10月9日发布的《关于加强中央企业融资担保管理工作的通知》(国资发财评规〔2021〕75号)文中"集团内无直接股权关系的子企业之间不得互保"的要求，想咨询一下：如现有A企业直接持有B企业100%股权，另外A企业同时直接持有C企业的100%股权，现B企业需对C企业提供担保，上述情况是否属于集团内无直接股权关系的子企业间的担保？

回复详情

答复部门	国资委	答复时间	2022-04-12 15:49:38
回复	您好： 　　您在我们网站上提交的问题已收悉，现针对您所提供的信息简要回复如下： 　　如果A企业直接持有B企业100%股权，同时A企业直接持有C企业100%股权，则B企业对C企业提供的担保属于集团内无直接股权关系的子企业间的担保。 　　上述回复仅供参考。欢迎您再次提问。		

27.《关于加强中央企业融资担保管理工作的通知》适用范围

发布时间：2022-05-16 15:53:31

留言详情

标题	《关于加强中央企业融资担保管理工作的通知》适用范围
内容	尊敬的国资委领导，您好！ 　　根据《关于加强中央企业融资担保管理工作的通知》第1条规定"融资担保主要包括中央企业为纳入合并范围内的子企业和未纳入合并范围的参股企业借款和发行债券、基金产品、信托产品、资产管理计划等融资行为提供的各种形式担保"，想确认下，中央企业以自身资产发行资产证券化产品时，对产品提供的差额补足等措施是否适用75号文？即75号文是否适用于"母公司"对"子公司/参股公司"的担保，而不适用于对自身的担保？感谢回复！

回复详情

答复部门	国资委	答复时间	2022-05-16 15:53:31
回复	您好： 　　您在我们网站上提交的问题已收悉，现针对您所提供的信息简要回复如下： 　　《关于加强中央企业融资担保管理工作的通知》（国资发财评规〔2021〕75号）不适用于中央企业对自身的担保。 　　上述回复仅供参考。欢迎您再次提问。			

28.《关于加强中央企业融资担保管理工作的通知》之规范对象的咨询

发布时间：2022-05-18 09:33:03

留言详情

标题	《关于加强中央企业融资担保管理工作的通知》之规范对象的咨询
内容	《关于加强中央企业融资担保管理工作的通知》规范了中央企业及其子企业和参股企业间的担保行为，未涉及中央企业下属事业单位。 　　请问，中央企业下属的事业单位，对中央企业各级子公司的担保，是否适用该通知？

回复详情

答复部门	国资委	答复时间	2022-05-18 09:33:03
回复	您好： 　　您在我们网站上提交的问题已收悉，现针对您所提供的信息简要回复如下： 　　《关于加强中央企业融资担保管理工作的通知》（国资发财评规〔2021〕75号）适用于中央企业及其子企业，中央企业所属事业单位也适用。 　　上述回复仅供参考。欢迎您再次提问。			

29.《关于加强中央企业融资担保管理工作的通知》中"无直接股权关系"条款理解的咨询

发布时间：2022-07-04 16:37:18

留言详情

标题	《关于加强中央企业融资担保管理工作的通知》中"无直接股权关系"条款理解的咨询
内容	《关于加强中央企业融资担保管理工作的通知》(国资发财评规〔2021〕75号)中规定的以下条款的理解和执行,烦请解答:该通知规定"集团内无直接股权关系的子企业之间不得互保",请问"无直接股权关系"如何理解? 举例1:A企业和B企业均为某集团内的全资控股子企业,且A和B之间无相互持股关系,若A企业向B企业提供担保,B企业可否向A企业提供担保,A、B企业可否形成互保关系;举例2:集团母公司向子企业A企业提供担保,A企业可否向母公司提供担保,此类可否互保?

回复详情

答复部门	国资委	答复时间	2022-07-04 16:37:18

回复	您好:
	  您在我们网站上提交的问题已收悉,现针对您所提供的信息简要回复如下:
	  根据《关于加强中央企业融资担保管理工作的通知》(国资发财评规〔2021〕75号)要求,集团内无直接股权关系的子企业之间不得互保,如确因客观情况需要提供担保的,须经中央企业集团董事会审批,其中:子企业对母公司提供担保适用此条规定。若A企业和B企业均为某集团的全资控股子企业,且A和B之间无相互持股关系,若A企业向B企业提供担保或者B企业向A企业提供担保,均须经中央企业集团董事会审批。
	  上述回复仅供参考。欢迎您再次提问。

30. 关于具有担保效力的理解以及违反《关于加强中央企业融资担保管理工作的通知》的后果的咨询

发布时间:2022-08-10 08:45:11

留言详情

标题	关于具有担保效力的理解以及违反《关于加强中央企业融资担保管理工作的通知》的后果的咨询
内容	(1)《关于加强中央企业融资担保管理工作的通知》(国资发财评规〔2021〕75号)中提及了"具有担保效力的共同借款合同、差额补足承诺、安慰承诺等支持性函件的隐性担保",请问什么是"具有担保效力",如何判定函件是否具有担保效力? (2)违反《关于加强中央企业融资担保管理工作的通知》的规定提供担保,是否会影响相关担保文件的效力?

回复详情

答复部门	国资委	答复时间	2022-08-10 08:45:11
回复	您好： 　　您在我们网站上提交的问题已收悉，现针对您所提供的信息简要回复如下： 　　按照《关于加强中央企业融资担保管理工作的通知》要求，企业提供共同借款合同、差额补足承诺、安慰承诺等支持性函件是否具有担保效力，需要企业法律部门根据具体条款进行判定，具有担保效力的则属于隐性担保。融资担保应当作为企业内部审计、巡视巡查的重点，因违规融资担保造成国有资产损失或其他严重不良后果的，应当按照有关规定对相关责任人严肃追究责任。 　　上述回复仅供参考。欢迎您再次提问。			

31. 关于《关于加强中央企业融资担保管理工作的通知》中金融子企业的界定

发布时间：2021-11-23 10:32:26

留言详情

标题	关于《关于加强中央企业融资担保管理工作的通知》中金融子企业的界定
内容	近期下发的文件《关于加强中央企业融资担保管理工作的通知》提到，"不得对金融子企业提供担保"，请问金融子企业如何界定？都包括哪些企业类型？融资租赁公司是否包括在内？

回复详情

答复部门	国资委	答复时间	2021-11-23 10:32:26
回复	您好： 　　您提出的关于中央企业融资担保管理中的金融子企业问题收悉。经研究，现答复如下： 　　《关于加强中央企业融资担保管理工作的通知》（国资发财评规〔2021〕75号）中金融子企业具体包括的企业类型请参考《关于加强中央企业金融业务管理和风险防范的指导意见》（国资发资本规〔2019〕25号）有关规定。中央企业每年度向国资委报送的金融子企业决算库中的企业都属于金融子企业。 　　以上答复供参考。			

32. 关于《关于加强中央企业融资担保管理工作的通知》的适用问题咨询

发布时间：2023-02-01 15:45:28

留言详情

标题	关于《关于加强中央企业融资担保管理工作的通知》的适用问题咨询
内容	《关于加强中央企业融资担保管理工作的通知》是否适用于中央企业投资的产业基金及产业基金对外投资的公司？

回复详情

答复部门	国资委	答复时间	2023-02-01 15:45:28
回复	您好： 　　您在我们网站上提交的问题已收悉，现针对您所提供的信息简要回复如下： 　　根据《关于加强中央企业融资担保管理工作的通知》规定，中央企业包括中央企业集团本部及所属各级子企业，中央企业对子企业和参股企业的融资担保均适用于《关于加强中央企业融资担保管理工作的通知》。 　　上述回复仅供参考。欢迎您再次提问。		

33. 关于《关于加强中央企业融资担保管理工作的通知》适用问题的咨询

发布时间：2023-03-17 08:48:54

留言详情

标题	关于《关于加强中央企业融资担保管理工作的通知》适用问题的咨询
内容	《关于加强中央企业融资担保管理工作的通知》（以下简称《通知》）出台有利于规范各中央企业对外担保行为，该通知是否仅限于狭义的"融资担保"，如果是类似于"履约担保"的担保，是否适用于该通知的规定？具体的背景情况为，央企下属企业拟申请成为上海期货交易所（以下简称上期所）指定交割厂库，根据上期所业务规则规定，需有担保单位为厂库履行期货商品入库、保管、出库、交割等业务产生的一切债务和责任出具担保函，承担不可撤销的全额连带保证担保责任。该担保责任可能产生的担保金额与经上期所确认的厂库库容、期货品种相关，该案例中，担保单位预估的担保金额上限为2.5亿元。根据该担保所涉担保单位与被担保单位的股权关系，本次涉及的担保情况为"集团内无直接股权关系的子企业互保"，如果根据《通知》规定，"……集团内无直接股权关系的子企业之间不得互保，以上三种情况确因客观情况需要提供担保且风险可控的，需经集团董事会审批"。上期所按照《通知》规范担保行为的精神，希望该担保单位担保行为获集团董事会审批。但该央企下属子企业认为，上述担保属于"履约担保"，不属于通知所规范的"融资担保"。类似于"履约担保"的担保是否适用《通知》的规定？

回复详情

答复部门	国资委	答复时间	2023-03-17 08:48:54
回复	您好： 　　您在我们网站上提交的问题已收悉，现针对您所提供的信息简要回复如下： 　　按照《关于加强中央企业融资担保管理工作的通知》，融资担保主要包括中央企业为纳入合并范围内的子企业和未纳入合并范围的参股企业借款和发行债券、基金产品、信托产品、资产管理计划等融资行为提供的各种形式担保，如一般保证、连带责任保证、抵押、质押等，也包括出具有担保效力的共同借款合同、差额补足承诺、安慰承诺等支持性函件的隐性担保。若不是为企业融资行为提供的担保，则不适用于《关于加强中央企业融资担保管理工作的通知》。 　　上述回复仅供参考。欢迎您再次提问。			

34. 关于《关于加强中央企业融资担保管理工作的通知》条款如何理解的问题咨询

发布时间：2023-07-05 15:59:36

留言详情

标题	关于《关于加强中央企业融资担保管理工作的通知》条款如何理解的问题咨询
内容	文件中有关总额控制下：根据自身财务承受能力合理确定融资担保规模，原则上总融资担保规模不得超过集团合并净资产的40%。这里的总融资担保规模是指对集团合并范围外企业的担保余额？还是指包含对集团合并范围内子企业的担保余额？

回复详情

答复部门	国资委	答复时间	2023-07-05 15:59:36
回复	您好： 　　您在我们网站上提交的问题已收悉，现针对您所提供的信息简要回复如下： 　　《关于加强中央企业融资担保管理工作的通知》（国资发财评规〔2021〕75号）规定，融资担保主要包括中央企业为纳入合并范围内的子企业和未纳入合并范围的参股企业的融资行为提供的各种形式担保。 　　上述回复仅供参考。欢迎您再次提问。			

35. 关于《关于加强中央企业融资担保管理工作的通知》有关审批权限授权问题的咨询

发布时间：2023-10-26 16:03:36

留言详情

标题	关于《关于加强中央企业融资担保管理工作的通知》有关审批权限授权问题的咨询
内容	针对2021年的75号文，想请问一下，集团董事会可否将有关审批权限授权给总经理办公会？具体包括：一是集团董事会可否将新增三种情况担保的审批权限授权给总经理办公会；二是集团董事会可否将续办三种情况担保的审批权限授权给总经理办公会？

回复详情

答复部门	国资委	答复时间	2023-10-26 16:03:36
回复	您好： 　　您在我们网站上提交的问题已收悉，现针对您所提供的信息简要回复如下：根据《关于加强中央企业融资担保管理工作的通知》(国资发财评规〔2021〕75号)规定，中央企业不得对进入重组或破产清算程序、资不抵债、连续三年及以上亏损且经营净现金流为负等不具备持续经营能力的子企业或参股企业提供担保，不得对金融子企业提供担保，集团内无直接股权关系的子企业之间不得互保，以上三种情况确因客观情况需要提供担保且风险可控的，需经集团董事会审批。集团董事会对以上三种担保事项的审批权限不得授权给总经理办公会。 　　上述回复仅供参考。欢迎您再次提问。			

36. 关于《关于加强中央企业融资担保管理工作的通知》有关财务数据问题的咨询

发布时间：2024-05-20 15:12:41

留言详情

标题	关于《关于加强中央企业融资担保管理工作的通知》有关财务数据问题的咨询
内容	《关于加强中央企业融资担保管理工作的通知》第3条提到的"不得对进入重组或破产清算程序、资不抵债、连续三年及以上亏损且经营净现金流为负等不具备持续经营能力的子企业或参股企业提供担保"。请问：1. 上述财务数据指的是子企业或参股企业的单体数据还是合并数据？2. "连续三年及以上亏损且经营净现金流为负"是指"连续三年及以上亏损且连续三年及以上经营净现金流为负"吗，即"经营现金流为负"是一年为负还是三年为负？

回复详情

答复部门	国资委	答复时间	2024-05-20 15:12:41
回复	您好： 　　您在我们网站上提交的问题已收悉，现针对您所提供的信息简要回复如下： 　　根据《关于加强中央企业融资担保管理工作的通知》（国资发财评规〔2021〕75号）规定，"资不抵债"等财务数据，是指子企业或参股企业的单体数据；"连续三年及以上亏损且经营净现金流为负"，是指连续三年及以上亏损且连续三年及以上经营净现金流为负。 　　上述回复仅供参考。欢迎您再次提问。			

八十八、除公司外，合伙企业等单位或组织对外担保有何特别要求？

问

公司对外担保应当依据《公司法》（2023修订）第15条进行决议，但除公司外，全民所有制企业（国有独资企业）、合伙企业、个人独资企业、不具有法人资格的专业服务机构、农村集体经济组织法人、城镇农村的合作经济组织法人、学校、幼儿园、医疗机构、养老机构等其他单位或组织对外担保，有何特别要求？

答

《公司法》（2023修订）第15条规定公司对外担保必须有决议，特别是随着《九民纪要》的发布及《民法典担保制度解释》的施行，"凡担保，必决议"（公众公司"凡担保，必公告"）已然成为司法实践共识。但是，《公司法》（2023修订）第2条规定："本法所称公司，是指依照本法在中华人民共和国境内设立的有限责任公司和股份有限公司。"该规定意味着《公司法》（2023修订）第15条规定仅适用于有限责任公司和股份有限公司。那么是否意味着除了有限责任公司和股份有限公司外的其他单位或组织对外担保不需要任何讨论或决定程序？当然不是，笔者罗列一些特殊规定，以供参考。

（一）全民所有制企业（国有独资企业）

依据《全民所有制工业企业法》（2009修正）第2条之规定，全民所有制企业是指依法自主经营、自负盈亏、独立核算的社会主义商品生产和经营单位。企业的财产属于全民所有，国家依照所有权和经营权分离的原则授予企业经营管理。国有独资企业是依照《全民所有制工业企业法》设立的，企业全部资本均为国有资本的非公司制企业。因此，全民所有制企业（或国有独资企业）对外担保不适用《公司法》（2023修订）第15条之规定。但是全民所有制企业对外担保有其特别要求或程序，具体详见本书第八十七问："债权人接受国有企业提供的担保需要注意哪些规定？"

（二）合伙企业

《合伙企业法》（2006修订）第2条第1款规定："本法所称合伙企业，是指自然人、法人和其他组织依照本法在中国境内设立的普通合伙企业和有限合伙企业。"因此，合伙企业（包括外商投资的合伙企业）不是公司，不属于《公司法》（2023修订）调整范畴。

在合伙企业对外担保程序方面，《合伙企业法》（2006修订）第31条第5项明确规定："除合伙协议另有约定外，合伙企业的下列事项应当经全体合伙人一致同意：……（五）以合伙企业名义为他人提供担保……"虽然该条规定于《合伙企业法》（2006修订）第2章"普通合伙企业"，但该条同样适用于有限合伙企业，依据是第3章"有限合伙企业"第60条规定："有限合伙企业及其合伙人适用本章规定；本章未作规定的，适用本法第二章第一节至第五节关于普通合伙企业及其合伙人的规定。"《民法典》第504条规定："法人的法定代表人或者非法人组织的负责人超越权限订立的合同，除相对人知道或者应当知道其超越权限外，该代表行为有效，订立的合同对法人或者非法人组织发生效力。"因此，正如法定代表人违反《公司法》(2023修订)第15条规定随意代表公司为他人提供担保构成越权担保,合伙企业的负责人超越权限对外订立担保合同,也构成越权代表。因此,债权人在接受合伙企业提供担保时,应当重点审查担保是否符合合伙协议的约定。若关于为他人担保事宜在合伙协议中没有约定或约定不明,则应当经全体合伙人一致同意。仅在担保合同上加盖合伙企业公章,或仅由执行事务合伙人或负责人签名,或在担保合同上加盖合伙企业公章并仅由执行事务合伙人签名,该等情况下由合伙企业提供的担保可能面临担保合同对合伙企业不发生效力的风险。

与合伙企业对外担保相关的一个问题是,合伙人以其在合伙企业中的财产份额出质的,是否必须经其他合伙人一致同意?《合伙企业法》(2006修订)第25条规定:"合伙人以其在合伙企业中的财产份额出质的,须经其他合伙人一致同意;未经其他合伙人一致同意,其行为无效,由此给善意第三人造成损失的,由行为人依法承担赔偿责任。"但该法第72条却规定:"有限合伙人可以将其在有限合伙企业中的财产份额出质;但是,合伙协议另有约定的除外。"因此,有观点认为,有限合伙人将其在有限合伙企业中的财产份额出质并不需要经其他合伙人一致同意。对此,笔者认为,一方面,《合伙企业法》(2006修订)第60条已经明确规定本章("有限合伙企业"章)未规定的适用第2章第1节至第5节关于普通合伙企业及其合伙人的规定。另一方面,建议债权人从审慎角度出发,不论接受质押的财产份额是普通合伙企业还是有限合伙企业的,均应当要求出质人提供所有合伙人一致同意的书面文件。

(三)个人独资企业

《个人独资企业法》第2条规定:"本法所称个人独资企业,是指依照本法在中国境内设立,由一个自然人投资,财产为投资人个人所有,投资人以其个人财产对企业债务承担无限责任的经营实体。"与合伙企业一样,个人独资企业亦不属于《公司法》(2023修订)调整范畴。由于个人独资企业是以投资人个人财产对企业债务承担无限责任,因此,若债权人接受个人独资企业为他人债务提供担保，应当获得投资人同意。综合《个人独资企业法》第8条[1]、第17条[2]、第18条[3]的规定，由于个人独资企业的投资人为一个自然人，个人独资企业投资人对本企业的财产依法享有所有权，个人独资企业投资人在申请企业设立登记时明确以其家庭共有财产作为个人出资的，应当依法以家庭共有财产对企业债务承担无限责任，个人独资企业在法律上区别于《公司法》（2023修订）中的只有一个自然人股东的有限责任公司。《最高人民法院关于民事执行中变更、追加当事人若干问题的规定》（2020修正）第13条第1款亦规定："作为被执行人的个人独资企业，不能清偿生效法律文书确定的债务，申请执行人申请变更、追加其出资人为被执行人的，人民法院应予支持。个人独资企业出资人作为被执行人的，人民法院可以直接执行该个人独资企业的财产。"可见，个人独资企业的独立财产并不存在，其与投资人个人财产无实质区别，因此理论与实践中在个人独资企业对外提供担保时，应视为以投资人个人所有财产对外提供担保。[4]如个人独资企业投资人在申请企业设立登记时明确以其家庭共有财产作为个人出资，那么在以个人独资企业名义作保证人的场合，应视为以家庭共有财产对外提供担保。

《个人独资企业法》第19条第1款规定："个人独资企业投资人可以自行管理企业事务，也可以委托或者聘用其他具有民事行为能力的人负责企业的事务管理。"第20条第5项规定："投资人委托或者聘用的管理个人独资企业事务的人员不得有下列行为：……（五）擅自以企业财产提供担保……"依据上述规定，若投资人委托或聘用他人管理个人独资企业事务，担保文件加盖个人独资企业公章并仅有受托或受聘用的管理人员签字，仍不能代表投资人已经同意提供担保。此时，债权人仍然应当获得个人独资企业投资人的书面同意。

---

[1]《个人独资企业法》第8条："设立个人独资企业应当具备下列条件：（一）投资人为一个自然人；（二）有合法的企业名称；（三）有投资人申报的出资；（四）有固定的生产经营场所和必要的生产经营条件；（五）有必要的从业人员。"

[2]《个人独资企业法》第17条："个人独资企业投资人对本企业的财产依法享有所有权，其有关权利可以依法进行转让或继承。"

[3]《个人独资企业法》第18条："个人独资企业投资人在申请企业设立登记时明确以其家庭共有财产作为个人出资的，应当依法以家庭共有财产对企业债务承担无限责任。"

[4] 参见高圣平：《民法典担保人资格的解释论》，载《荆楚法学》2022年第1期。

(四)不具有法人资格的专业服务机构

专业服务机构,是指以专业知识和专门技能为客户提供服务的机构,常见的专业服务机构包括律师事务所、会计师事务所以及资产评估机构。依照《注册会计师法》(2014修正)及《资产评估法》之相关规定,会计师事务所、评估机构除合伙形式以外,符合条件的均可以公司形式设立。因此,根据不同法律规定,专业服务机构可以具有法人资格,也可以不具有法人资格。当债权人接受具有法人资格的专业服务机构提供担保时,显然应当按照《公司法》(2023修订)第15条之规定审查相关决议。而不具有法人资格的专业服务机构,指《民法典》第102条第2款"非法人组织包括个人独资企业、合伙企业、不具有法人资格的专业服务机构等"之规定中的不具有法人资格的专业服务机构。该类机构不具有法人资格,但能够依法以自己的名义从事民事活动,因此不具有法人资格的专业服务机构亦不属于《公司法》(2023修订)调整范畴。《律师法》(2017修正)第15条第2款规定:"合伙律师事务所可以采用普通合伙或者特殊的普通合伙形式设立。合伙律师事务所的合伙人按照合伙形式对该律师事务所的债务依法承担责任。"《注册会计师法》(2014修正)第23条规定:"会计师事务所可以由注册会计师合伙设立。合伙设立的会计师事务所的债务,由合伙人按照出资比例或者协议的约定,以各自的财产承担责任。合伙人对会计师事务所的债务承担连带责任。"因此,对于律师事务所(国家出资设立的律师事务所[1]除外)及合伙设立的会计师事务所而言,亦适用《合伙企业法》。债权人接受律师事务所及合伙设立的会计师事务所提供的担保时,可以参考前述关于合伙企业对外担保相关程序的要求。

(五)农村集体经济组织法人

农村集体经济组织实行家庭承包经营为基础、统分结合的双层经营体制。农村中的生产、供销、信用、消费等各种形式的合作经济,是社会主义劳动群众

---

[1] 国家出资设立的律师事务所,有时也称"国办所"或"国资所",是司法行政机关根据国家需要设立的,以其全部资产承担法律责任的律师事务所。但从2001年开始,全国国资所进行脱钩改制工作,曾占重要地位的国资所逐步退出历史舞台,目前只在部分边远地区保留了国资所。

集体所有制经济。依据《民法典》第96条[1]、第99条[2]之规定,农村集体经济组织属于《民法典》中规定的特别法人。关于农村集体经济组织是否属于《公司法》(2023修订)调整范畴问题,相对而言比较复杂。"从目前情况看,农村集体经济组织依法取得法人地位主要有三种形态:一是以享有集体土地所有权为基础的传统型农村集体经济组织(主要是村、村民小组),如浙江、北京、广东,以颁发组织证明书的形式赋予集体经济组织以法律地位;二是以经营性集体资产为基础的企业化的现代型农村集体经济组织,其中,北京、山东、河北,侧重于特定人的合作,将其登记为农民专业合作社;三是同样以经营性集体资产为基础,青岛、厦门、长沙等一些经济发达地区的城中村、城郊村和经济发达村,参照《公司法》的规定,将其登记为企业法人。"[3]

但是,《农业农村部、中国人民银行、国家市场监督管理总局关于开展农村集体经济组织登记赋码工作的通知》(农经发〔2018〕4号)规定:"……农村集体经济组织是具有中国特色的农村经济组织,是农村集体资产的管理主体,是一类特别法人。各级农业农村管理部门作为农村集体经济组织建设和发展的主管部门,是农村集体经济组织登记赋码的管理部门……县级农业农村管理部门负责向本辖区农村集体经济组织发放登记证书,并赋统一社会信用代码,具体工作由农村经营管理机构承担。"《农业农村部办公厅关于启用农村集体经济组织登记证有关事项的通知》(农办政改〔2018〕3号)规定:"一、《农村集体经济组织登记证》的使用(一)《农村集体经济组织登记证》采用统一式样,设有《农村集体经济组织登记证(正本)》《农村集体经济组织登记证(副本)》及封套。登记证正本与副本内容一致,具体式样、尺寸和印制标准详见附件。自2018年10月1日起,启用《农村集体经济组织登记证》式样……二、《农村集体经济组织登记证》的管理(三)《农村集体经济组织登记证》启用后,先期已经取得组织机构代码和登

---

[1]《民法典》第96条:"本节规定的机关法人、农村集体经济组织法人、城镇农村的合作经济组织法人、基层群众性自治组织法人,为特别法人。"

[2]《民法典》第99条:"农村集体经济组织依法取得法人资格。法律、行政法规对农村集体经济组织有规定的,依照其规定。"

[3] 最高人民法院民事审判第二庭:《最高人民法院民法典担保制度司法解释理解与适用》,人民法院出版社2021年版,第118~119页。

记证的农村集体经济组织,应于2020年底前完成换证赋码工作。2015年以来在农村集体产权制度改革试点中,由地方自行编码发证的农村集体经济组织,应于2019年6月30日前完成换证赋码工作。未按期完成换证赋码的农村集体经济组织,其旧证照作废。"依据上述规定,前期参照公司法设立的农村集体经济组织,应当根据上述通知的要求完成换证赋码工作,其旧证照则相应作废。据此,理论上,目前应不再存在公司制形式的农村集体经济组织。

笔者倾向于认为,依照《农业农村部、中国人民银行、国家市场监督管理总局关于开展农村集体经济组织登记赋码工作的通知》(农经发〔2018〕4号)及《农业农村部办公厅关于启用农村集体经济组织登记证有关事项的通知》(农办政改〔2018〕3号)的规定设立的农村集体经济组织,不属于《公司法》(2023修订)调整范畴。

《民法典担保制度解释》第5条第2款规定:"居民委员会、村民委员会提供担保的,人民法院应当认定担保合同无效,但是依法代行村集体经济组织职能的村民委员会,依照村民委员会组织法规定的讨论决定程序对外提供担保的除外。"因此,如果是村民委员会依法代行村集体经济组织职能的,应当依照《村民委员会组织法》(2018修正)规定的讨论决定程序对外提供担保。需要进一步说明的是,依照农业农村部印发的《农村集体经济组织示范章程(试行)》(农政改发〔2020〕5号),目前依法设立登记的村集体经济组织原则上也制定有章程。债权人在接受依法设立的村集体经济组织为他人提供的担保时,也需要对其章程作出审查,关注章程中约定的村集体经济组织的最高权力机构(通常为成员大会),对外担保事项属于章程规定的一般事项还是重大事项,对外担保事项是否需要经章程规定的成员代表表决通过,等等。

(六)城镇农村的合作经济组织法人

《民法典》第100条规定:"城镇农村的合作经济组织依法取得法人资格。法律、行政法规对城镇农村的合作经济组织有规定的,依照其规定。"《民法典》将城镇和农村的合作经济组织规定在"特别法人"一节,属于对城镇和农村的合作经济组织特别法人地位的确认性条款,对于其详细具体的内容未作规定。为了更好地发挥城镇和农村的合作经济组织的法人作用,对于没有规定的部分应适用其他法律法规的规定。例如,在《农民专业合作社法》中,对农民专业合作社的设立和登记、成员、组织机构、财务管理、合并、分立、解散和清算、法律责任等事项作了明确的规定。在《农民专业合作社登记管理条例》[1]中,曾对于城镇农村的合作经济组织登记事项、设立登记程序、变更登记、注销登记、法律责任都作出了明确的规定。农民专业合作社应当依照上述规定依法取得法人资格。[2]据此,《农民专业合作社法》(2017修订)规定的农民专业合作社,属于城镇农村的合作经济组织法人。《农民专业合作社法》(2017修订)第5条规定:"农民专业合作社依照本法登记,取得法人资格。农民专业合作社对由成员出资、公积金、国家财政直接补助、他人捐赠以及合法取得的其他资产所形成的财产,享有占有、使用和处分的权利,并以上述财产对债务承担责任。"第29条规定:"农民专业合作社成员大会由全体成员组成,是本社的权力机构,行使下列职权:……(三)决定重大财产处置、对外投资、对外担保和生产经营活动中的其他重大事项……"第30条规定:"农民专业合作社召开成员大会,出席人数应当达到成员总数三分之二以上。成员大会选举或者作出决议,应当由本社成员表决权总数过半数通过;作出修改章程或者合并、分立、解散,以及设立、加入联合社的决议应当由本社成员表决权总数的三分之二以上通过。章程对表决权数有较高规定的,从其规定。"第59条第1款规定:"农民专业合作社联合社应当设立由全体成员参加的成员大会,其职权包括修改农民专业合作社联合社章程,选举和罢免农民专业合作社联合社理事长、理事和监事,决定农民专业合作社联合社的经营方案及盈余分配,决定对外投资和担保方案等重大事项。"由上述规定可见,债权人接受农民专业合作社提供担保,应当审查担保是否经过由全体成员组成的农民专业合作社成员大会通过。若章程没有规定的,担保应当由农民合作社成员表决权总数过半数通过,章程对表决权数有较高规定的,从其规定。例如,在江苏省徐州市中级人民法院(2020)苏03民终766号金融借款合同纠纷案中,法院

---

〔1〕 已经被《市场主体登记管理条例》(国务院令第746号)废止。
〔2〕 参见最高人民法院民法典贯彻实施工作领导小组主编:《中华人民共和国民法典总则编理解与适用[上]》,人民法院出版社2020年版,第507页。

认为:"天牧童合作社虽然是农民专业合作社,但不论是《中华人民共和国农民专业合作社法》,还是天牧童合作社章程均规定对外担保应经成员大会表决。在银行已明知应对盈丰公司审查股东会决议的情况下,亦应对天牧童合作社同意担保的成员大会决议进行审查。在银行不能提供天牧童合作社成员大会决议同意对案涉贷款进行担保的情况下,天牧童合作社的保证担保合同亦无效。"[1]

(七)学校、幼儿园、医疗机构、养老机构等

《民法典担保制度解释》第6条规定:"以公益为目的的非营利性学校、幼儿园、医疗机构、养老机构等提供担保的,人民法院应当认定担保合同无效,但是有下列情形之一的除外:(一)在购入或者以融资租赁方式承租教育设施、医疗卫生设施、养老服务设施和其他公益设施时,出卖人、出租人为担保价款或者租金实现而在该公益设施上保留所有权;(二)以教育设施、医疗卫生设施、养老服务设施和其他公益设施以外的不动产、动产或者财产权利设立担保物权。登记为营利法人的学校、幼儿园、医疗机构、养老机构等提供担保,当事人以其不具有担保资格为由主张担保合同无效的,人民法院不予支持。"因此,学校、幼儿园、医疗机构、养老机构等并非一定不具有担保资格,也可以提供担保。

对于登记为营利性法人的学校、幼儿园、医疗机构、养老机构等为他人债务提供担保,当然应适用《公司法》(2023修订)第15条之规定。对于以公益为目的的非营利性学校、幼儿园、医疗机构、养老机构等为他人债务提供担保时,应当区分情形:情形一:对外提供保证担保的,担保无效。依据是《民法典》第683条第2款"以公益为目的的非营利法人、非法人组织不得为保证人"之规定。此时自然无须讨论是否需要决议。情形二:以教育设施、医疗卫生设施、养老服务设施和其他公益设施以外的不动产、动产或者财产权利为他人债务设立担保物权。该情形符合《民法典担保制度解释》第6条第1款第2项所规定的情形。虽然此种情形下学校、幼儿园、医疗机构、养老机构等并不属于营利法人,似乎没有适用《公司法》(2023修订)第15条之空间。但是,既然非公益的营利法人提供担保尚

---

[1] 江苏省徐州市中级人民法院民事判决书,(2020)苏03民终766号。持有类似观点的案例:江苏省无锡市锡山区人民法院民事判决书,(2019)苏0205民初5235号。

且需要适用《公司法》(2023修订)第15条提供决议,那么"举轻以明重",对于以公益为目的的非营利性学校、幼儿园、医疗机构、养老机构等提供担保时,债权人自然也应当审查决议。对此,笔者认为,债权人接受以公益为目的的非营利性学校、幼儿园、医疗机构、养老机构等以教育设施、医疗卫生设施、养老服务设施和其他公益设施以外的不动产、动产或者财产权利为他人债务设立担保物权时,应当审查该担保是否经过学校、幼儿园、医疗机构、养老机构等主体的出资人或设立人书面同意。

因笔者见识有限,故未能穷尽我国现行法律法规项下所有单位或组织,仅列举部分特殊主体为例,供债权人参考。此外,对于法律规定不得提供担保的主体(比如机关法人)笔者亦未作进一步列举。总之,债权人在接受担保人提供的担保时,还应当关注担保人的主体性质,并根据不同主体有针对性地审查担保人的担保决议。

八十九、中外合资经营企业、中外合作经营企业对外担保,决议机关是董事会还是股东会?

问

2020年1月1日前设立的中外合资经营企业、中外合作经营企业,其组织形式、组织机构具有特殊性,若其提供对外担保,其决议机关是董事会还是股东会?

答

自2020年1月1日起,随着《外商投资法》和《外商投资法实施条例》的施行,《中外合资经营企业法》(2016修正)、《中外合作经营企业法》(2017修正)、《外资企业法》(2016修正)以及相关实施条例和实施细则均已被废止,外商投资企业的组织形式、组织机构及其活动准则应适用《公司法》等法律的规定,但2020年1月1日前已经设立的外商投资企业可在5年过渡期内保留原有的组织形式和组织机构。[1]自2025年1月1日起,对未依法调整组织形式、组织机构等并办理变更登记的现有外商投资企业,市场监督管理部门不予办理其申请的其他登记事项,并将相关情形予以公示。[2]

外商投资企业中,中外合资经营企业或中外合作经营企业的组织机构有其特殊性。《中外合资经营企业法》(2016修正,已失效)第6条第2款规定:"董事会的职权是按合营企业章程规定,讨论决定合营企业的一切重大问题……"《中外合资经营企业法实施条例》(2019修订,已失效)第30条规定:"董事会是合营企业的最高权力机构,决定合营企业的一切重大问题。"《中外合作经营企业法》(2017修正,已失效)第12条规定:"合作企业应当设立董事会或者联合管理机构,依照合作企业合同或者章程的规定,决定合作企业的重大问题……"《中外合作经营企业法实施细则》(2017修订,已失效)第24条规定:"合作企业设董事会或者联合管理委员会。董事会或者联合管理委员会是合作企业的权力机构,按照合作企业章程的规定,决定合作企业的重大问题。"因此,中外合资经营企业的最高权力机构是董事会,中外合作经营企业的最高权力机构是董事会或者联合管理委员会,董事会或联合管理委员会作出的决议应被视为与股东会决议具有同等效力。

由上可见,2025年1月1日前,如果债权人接受2020年1月1日前已经设立的中外合资经营企业或中外合作经营企业提供的担保,应当先审查该企业是否已按照《公司法》及《合伙企业法》(2006修订)的规定完成组织机构调整和章程修

---

[1]《外商投资法》第42条:"本法自2020年1月1日起施行。《中华人民共和国中外合资经营企业法》、《中华人民共和国外资企业法》、《中华人民共和国中外合作经营企业法》同时废止。本法施行前依照《中华人民共和国中外合资经营企业法》、《中华人民共和国外资企业法》、《中华人民共和国中外合作经营企业法》设立的外商投资企业,在本法施行后五年内可以继续保留原企业组织形式等。具体实施办法由国务院规定。"

[2]《外商投资法实施条例》第44条:"外商投资法施行前依照《中华人民共和国中外合资经营企业法》、《中华人民共和国外资企业法》、《中华人民共和国中外合作经营企业法》设立的外商投资企业(以下称现有外商投资企业),在外商投资法施行后5年内,可以依照《中华人民共和国公司法》、《中华人民共和国合伙企业法》等法律的规定调整其组织形式、组织机构等,并依法办理变更登记,也可以继续保留原企业组织形式、组织机构等。自2025年1月1日起,对未依法调整组织形式、组织机构等并办理变更登记的现有外商投资企业,市场监督管理部门不予办理其申请的其他登记事项,并将相关情形予以公示。"

改。若已经完成组织机构调整和章程修改，则应当依照《公司法》及《合伙企业法》(2006修订)的相关规定进行审查。若尚未完成机构调整和章程修改，则董事会或联合管理委员会仍然是中外合资经营企业或中外合作经营企业的最高权力机构，债权人应当审查董事会或联合管理委员会的决议。司法实务中，已有案例认可中外合资经营企业董事会作为公司最高权力机构(包括《外商投资法》实施后的5年过渡期内)，认为董事会有权决定公司的重大事项。[1]

自2025年1月1日起，外商投资企业的对外担保事项，应按照《公司法》及《合伙企业法》(2006修订)的规定，经有权机构决议。但是，2025年1月1日后提供担保的中外合资经营企业或中外合作经营企业仍然未依法调整组织形式、组织机构等并办理变更登记的，应当由哪个机关就担保事项作出决议，可能会引起争议。依据《外商投资法实施条例》第44条第2款之规定，自2025年1月1日起，对未依法调整组织形式、组织机构等并办理变更登记的现有外商投资企业，市场监督管理部门不予办理其申请的其他登记事项，并将相关情形予以公示。但无论是《外商投资法》还是《外商投资法实施条例》均未规定在此情况下未完成变更的外商投资企业最高权力机关是否仍然为董事会或联合管理委员会。因此，笔者建议债权人谨慎接受未完成组织形式、组织机构变更的中外合资经营企业或中外合作经营企业提供担保，并要求其先完成组织形式、组织机构的调整。

参考案例

某商务公司诉某房地产公司公司决议撤销纠纷案
——《外商投资法实施条例》关于过渡期规定的适用

人民法院案例库入库编号：2024-10-2-270-001

关键词

民事　公司决议　外商投资法实施　原企业组织形式变更、过渡期

---

[1] 参见最高人民法院民事裁定书，(2020)最高法民申5172号；上海市第二中级人民法院民事判决书，(2019)沪02民终1340号；上海市浦东新区人民法院民事判决书，(2020)沪0115民初70316号。

▶ 基本案情

原告某商务公司诉称：原告为香港特别行政区单一东主公司，ZHANG×××为原告唯一的股东及法定代表人，被告为原告在深圳市所投资设立的外商投资企业，因资金困难，原告决定为被告引入新的投资方，后原告与第三人达成合作，双方于2014年12月12日签署订立了新的公司章程及《某房地产公司合同》（以下简称《合营合同》），其中就公司治理部分，因第三人初始投资额有限且存在提前退出合作的可能性，故于《合营合同》和公司章程中规定，董事会是公司最高权力机构，合资公司3名董事中，1名由第三人委派，2名由原告委派且董事长及法定代表人由原告委派的董事担任，修改公司章程必须经全体董事一致同意等。2014年12月24日深圳市经济贸易和信息化委员会下达深经贸信息资字[2014]1×××号文，批准前述章程及《合营合同》，同意组建新的合营公司，之后合营双方在工商部门办理了相关工商登记手续。2020年3月下旬，原告发现被告在原告完全不知情的情况下，召开了一个所谓的"2020年第一次股东会"，形成了所谓股东会决议，内容为修改公司章程，解散公司董事会，"选举公司新一届董事会"，并且董事全部由第三人委派。原告认为，被告作出的案涉股东会决议，严重违反法律的规定。由此提出诉讼请求：1.撤销被告于2020年3月2日作出的《某房地产公司二〇二〇年第一次股东会决议》；2.判令第三人承担案件诉讼费、律师费。

被告某房地产公司辩称：根据《外商投资法》的有关规定，被告作为外商投资企业，组织形式、组织机构及其活动准则，适用《公司法》等法律的规定，案涉股东会决议符合《公司法》等法律规定。即使适用《外商投资法实施条例》第44条有关5年"过渡期"的规定，第三人作为持有被告90%股权的股东，也有权以股东会决议的方式调整被告的组织机构，即通过修订章程调整股东会为最高权力机构，变更董事产生方式、议事表决机制等。在《外商投资法》实施后五年内调整最高权力机构、法定代表人或者董事产生方式、议事表决机制等与《公司法》强制性规定不符事项的，应当修订公司章程，并依法向登记机关申请办理变更登记、章程备案或者董事备案等手续。但该规定未明确修改公司章程的具体表决方式。

第三人某投资合伙企业述称意见与被告基本一致。

法院经审理查明：被告注册成立于1998年4月28日。依据工商登记信息，自2014年12月24日起，被告股东为由原告持股10%，第三人持股90%。

2014年10月10日，原告与第三人、被告、ZHANG×××签订《框架协议》，该协议第13.1条约定：被告由第三人负责运营管理，统一执行第三人管理制度，原告同意将其相关股东权利以书面形式委托第三人行使。第13.2条约定：被告设股东会，股东会由原告（或原告指定的在中国设立的公司）和第三人组成，其中原告持有被告10%股权，第三人持有被告90%股权；股东会是公司最高权力机构，行使以下权利：……（12）制定和修改公司章程。第13.2.2条约定：股东会的表决根据同股同权的原则，按照持股比例计算表决权。上述事项经代表50%以上（不含本数）表决权的股东通过即生效。第13.3.1条约定：被告设董事会，董事会成员3名，均由第三人委派，董事长由第三人提名的董事担任，为公司法定代表人，董事会负责召集股东会。

2014年12月12日，原告与第三人签订《合营合同》，约定：合营企业（被告）设董事会，董事会由3名董事组成，其中第三人委派1名，原告委派2名，董事会设董事长1人，由原告委派，董事每届任期三年，经委派方继续委派可以连任。董事会为公司最高权力机关，决定合营企业的一切重大事宜，对于重大问题应由出席董事会的董事一致通过方可作出决定，对其他事项需经出席董事会半数以上董事通过。

被告2014年12月的公司章程载明：合营企业（被告）设董事会，董事会是被告的最高权力机构。董事会决定被告的一切重大事宜，其职权主要如下：(1)决定公司的经营方针和投资计划；(2)审查经营情况，批准公司的年度财务预算方案、决算方案；(3)决定公司的利润分配方案和弥补亏损方案；(4)决定公司增加或者减少注册资本；(5)决定公司合并、分立、变更公司形式、中止、解散；(6)修改公司章程……董事会由3名董事组成，由第三人委派1名，原告委派2名，董事长由原告委派，法定代表人由董事长担任；下列事项须经出席董事会的董事一致通过：(1)决定公司的经营方针和投资计划；(2)审查经营情况，批准公司的年度财务预算方案、决算方案；(3)决定公司的利润分配方案和弥补亏损方案；(4)决定公司增加或者减少注册资本；(5)决定公司合并、分立、变更公司形式；(6)修改公司章程。被告设监事1名，由原告、第三人共同委派。该公司章程由原告与第三人代表签名并加盖企业印章。

2014年12月24日，上述《合营合同》及被告2014年12月公司章程经深圳市经济贸易和信息化委员会批准生效。当日，被告作出《董事、监事任职书》，选举郑某、邓某、肖某为董事，委任陈某为监事，并作出《董事长任职书》，选举郑某为董事长、兼任法定代表人。被告对前述事项进行了工商变更登记手续。

2016年3月，被告发生工商变更登记，董事长、法定代表人由郑某变更为郝某，董事由郑某、肖某、邓某变更为郝某、肖某、邓某。

2017年6月14日，被告作出《股东会决议》，选举刘某为公司董事、董事长，任法定代表人职务，任期三年，同时免去郝某原董事、董事长、法定代表人职务；选举何某、邹某为公司董事职务，任期三年，免去邓某原董事、副董事长职务，免去肖某原董事职务；委任刘某为公司监事职务，任期三年，免去陈某原监事职务。原告已另案提起诉讼，请求确认该决议不成立，并于2020年5月9日获生效判决支持。

本案第三人于2020年1月6日向依据2017年6月14日《股东会决议》任命的董事刘某（董事长）、何某、邹某发送《关于召开某房地产公司2020年第一次股东会的请求函》，载明：鉴于《外商投资法》已于2020年1月1日生效，原《中外合资经营企业法》同时废止，第三人作为被告股东，请求被告董事会立即召集被告2020年第一次股东会。该请求函附两份文件：1.《关于修订〈某房地产公司章程〉的议案》；2.《关于董事会换届选举的议案》。该请求函于2020年1月7日被签收。2020年1月10日，刘某、何某、邹某共同签名，以被告董事会名义向第三人发送《函》，称因被告董事成员资格牵涉诉讼，为避免不必要的法律纠葛，本董事会此次不召集和主持公司2020年第一次股东会；并建议本案第三人根据相关规定自行召集公司2020年第一次股东会。

2020年1月17日，第三人向依据2017年6月14日《股东会决议》任命的监事刘某发送《关于召开某房地产公司2020年第一次股东会的请求函》（主要内容与上述请求函一致），2020年1月20日，刘某签名，以被告监事名义向第三人发送该请求函，称根据被告现状，本监事决定不召集公司2020年第一次股东会；并建议本案第三人根据相关规定自行召集公司2020年第一次股东会。

2020年2月12日，第三人作出《某房地产公司关于召开2020年第一次股东会的通知》，通知了股东会召开的时间、地点、内容，并载明此次股东会会议议案及详细的议案内容：(一)《关于修订〈某房地产公司章程〉的议案》；(二)《关于董事会换届选举的议案》。该通知已向原告有效送达。

2020年3月2日，被告形成《某房地产公司二〇二〇年第一次股东会决议》，载明：本次股东会于2020年3月2日14:30在东莞市东城区×××号某酒店会议室某厅召开。本次会议的召集程序、表决方式符合《公司法》《外商投资法》的有关规定。被告股东会成员两名，分别为第三人及原告；实际到场出席本次会议的股东1名，出席本次会议的股东代表公司股东会90%表决权。本股东会决议经代表90%表决权的股东通过，符合《公司法》《外商投资法》的规定，符合被告股东间的相关约定，合法有效。股东会决议具体内容如下：一、决定修订《某房地产公司章程》。修订后的章程为本决议附件，同时提交本次会议审议并获得通过。二、决定解散被告现董事会，选举被告新一届董事会。决定选举以下人员为公司新一届董事：刘某、何某、汤某。被告新一届董事会由以上三人组成，新一届董事会自本决议作出之日开始行使董事会职权、履行董事会职责、开展董事会各项工作。本决议自作出之日起生效。

广东省深圳前海合作区人民法院于2020年12月30日作出（2020）粤0391民初3425号民事判决：一、撤销被告某房地产公司于2020年3月2日作出的《某房地产公司二〇二〇年第一次股东会决议》；二、驳回原告某商务公司其他诉讼请求。宣判后，双方当事人均未提出上诉，判决已发生法律效力。

▶ **裁判理由**

法院生效裁判认为，原告与第三人签署《框架协议》、《合营合同》及2014年12月被告公司章程时，施行的《中外合资经营企业法实施条例》第7条第3项规定，申请设立合营企业，由中外合营者共同向审批机构报送由合营各方授权代表签署的合营企业协议、合同和章程。该条例第10条第1款、第2款规定，合营企业协议是指合营各方对设立合营企业的某些要点和原则达成一致意见而订立的文件；合营企业合同是指合营各方为设立合营企业就相互权利、义务关系达成一致意见而订立的文件；合营企业章程，是指按照合营企业合同规定的原则，经合营各方一致同意，规定合营企业的宗旨、组织原则和经营管理方法等事项的文件。合营企业协议与合营企业合同有抵触时，以合营企业合同为准。《合营合同》及被告2014年12月公司章程经深圳市经济贸易和信息化委员会批准生效，被告及第三人以《框架协议》系双方真实意思表示和实际履行的协议为由，否认《合营合同》及被告2014年12月公司章程的效力，与各方当事人作出民事行为时实施的法律不符，依法不应予以支持。由此，被告召开股东会议及股东会的职权范围应当遵循被告2014年12月公司章程的规定。修改被告公司章程应属于被告董事会的职权范围，不应由股东会直接行使。

被告及第三人主张依照2020年1月1日施行的《外商投资法》第31条的规定，即"外商投资企业的组织形式、组织机构及其活动准则，适用《中华人民共和国公司法》、《中华人民共和国合伙企业法》等法律的规定"，主张依照《公司法》第37条之规定应由股东会行使修改公司章程的职权。对此生效裁判认为，依照《外商投资法实施条例》第44条第1款之规定，外商投资法施行前依照《中外合资经营企业法》《外资企业法》《中外合作经营企业法》设立的外商投资企业（现有外商投资企业），在外商投资法施行后5年内，可以依照《公司法》《合伙企业法》等法律的规定调整其组织形式、组织机构等，并依法办理变更登记，也可以继续保留原企业组织形式、组织机构等。对于这一规则的理解应为如现有外商投资企业要在规定时间内依照《公司法》《合伙企业法》等法律的规定调整企业组织形式、组织机构等，需要遵循原企业合营合同约定或企业章程规定作出符合相应法律规定的企业机关决议如修订公司章程等，而非直接依据《外商投资法》及《公司法》、《合伙企业法》等法律的规定，由相应的企业机关在违反原有合营合同、企业章程的情况下直接作出决议。否则，将使《外商投资法实施条例》第44条关于5年过渡期规定的立法目的和现实意义落空。

基于以上理由，被告2020年3月2日形成的股东会决议，决议内容系修改公司章程并依据修订后的公司章程改选被告董事，因修改公司章程的职权依照被告2014年12月公司章程不应由股东会行使，而应由董事会行使，故被告2020年3月2

日形成的股东会决议均违反被告公司章程，原告主张应予以撤销，具有事实和法律依据，应当予以支持。

▶ **裁判要旨**

在《外商投资法实施条例》规定的过渡期内，外商投资企业依照《公司法》《合伙企业法》等法律的规定调整企业组织形式、组织机构等，需要遵循原企业合营合同约定或企业章程规定的职权范围、议事程序作出相关决议，而非按照《公司法》《合伙企业法》规定直接对公司机关的职权划分作出调整，否则，将使5年过渡期规定的立法目的和现实意义落空。

▶ **关联索引**

《外商投资法实施条例》第44条第1款

一审：广东省深圳前海合作区人民法院（2020）粤0391民初3425号民事判决（2020年12月30日）

九十、公司采用电子通信方式就对外担保事项进行表决，债权人如何审查？

▶ **问**

若依照《公司法》（2023修订）规定，公司采用电子通信方式或者在公司内部通过OA系统就对外担保事项进行表决，债权人如何审查？

▶ **答**

随着计算机技术和网络技术的不断发展，电子通信技术已较为成熟并普遍运用，并且在公司治理领域也慢慢普及。在此背景下，《公司法》(2023修订)第24条规定："公司股东会、董事会、监事会召开会议和表决可以采用电子通信方式，公司章程另有规定的除外。"虽然该条规定是2023年修订时新增条款，但事实上这并非公司法领域的全新规则。《上市公司股东大会规则》(2022修订，已失效)第20条规定："公司应当在公司住所地或公司章程规定的地点召开股东大会。股东大会应当设置会场，以现场会议形式召开，并应当按照法律、行政法规、中国证监会或公司章程的规定，采用安全、经济、便捷的网络和其他方式为股东参加股东大会提供便利。股东通过上述方式参加股东大会的，视为出席。股东可以亲自出席股东大会并行使表决权，也可以委托他人代为出席和在授权范围内行使表决权。"依据该规定，上市公司应采用网络和其他方式为股东参加股东会提供便利。

在实践中，不少公司在提供对外担保召开股东会或董事会时，是采用电子通信方式召开会议并进行表决的。与传统公司股东会或董事会等会议主要采用现场召开、现场表决方式相比，通过电子通信方式召开会议和进行表决，有利于降低会议成本、提升效率，值得推广。但债权人在接受公司提供的对外担保时，需要审查公司通过电子通信方式表决所作出的股东会决议或董事会决议，则会面临许多问题。例如，通过电子通信方式表决的股东会决议或董事会决议，无法像传统纸质的书面决议一样展示予债权人，债权人无法直观审查决议的签名或盖章，从而判断决议是否符合法律或章程规定的表决通过比例。此外，一些公司基于便捷性考虑同意采用电子通信方式召开股东会或董事会，但在具体方式上，可能普遍采用腾讯会议、微信视频会议或其他类似的视频软件等。鉴于相关软件的功能受限，股东或董事的表决也大多以口头或文字方式进行，有可能无法在线上落实并保留表决内容与表决结果。甚至有些公司的股东会或董事会是通过公司内部OA系统[1]完成，所形成的决议可能是公司OA系统里某一个页面或表格。即使公司将该页面或表格截图打印并加盖公司的公章，作为未参与该OA系统表

---

〔1〕 OA系统，即Office Automation，办公自动化系统，是一种将计算机、通信等现代化技术应用于传统办公方式的新型办公系统。区别于传统办公方式，OA系统的会议、审批都可通过线上点击、操作完成，可代替传统线下办公方式，从而可以提高办公与业务处理效率，实现对信息资源的高效利用。

决的债权人也难以审查该表决结果的真实性。部分公司邀请债权人旁观公司以电子通信方式召开股东会或董事会及其表决过程，但债权人如何确认电子通信系统或OA系统中表决股东或董事的身份，从而确定表决结果的效力，也存在很多技术上的困难。退一万步讲，即使债权人亲眼见证了公司股东或董事通过电子通信方式进行表决，在将来发生纠纷时，债权人如何向法庭举证证明审查过公司的决议，并且使该证据能够获得法庭的认可，可能是实际操作中面临的主要障碍。

对此，笔者认为，既然《公司法》（2023修订）已经明确规定公司股东会、董事会、监事会召开会议和表决可以采用电子通信方式，并且这可能是未来的一个趋势，那么债权人亦不必完全排斥该方式。面对此种情况，笔者建议债权人在审查通过电子通信方式表决的股东会决议或董事会决议时，注意以下几点：

首先，债权人应当审查公司提供的最新有效的章程。虽然是审查公司股东会决议或董事会决议，但债权人当然有义务审查公司的章程。[1]《公司法》（2023修订）第24条一方面规定公司股东会、董事会、监事会召开会议和表决可以采用电子通信方式，另一方面规定公司章程另有规定的除外。可见该条规定不是强制性规定，章程可以规定某些会议的召开或者表决不得采用电子通信方式。依据该条规定，除非公司章程另有规定，否则公司采用电子通信方式召开会议和进行表决都是合法有效的。因此，债权人应先审查公司的章程，以明确公司章程是否规定对外担保事项不得采用电子通信方式召开股东会或董事会并进行表决。若章程明确规定不得采用该方式，那么就应当采用传统的线下现场方式召开会议并进行表决；若无规定，则既可采用电子通信方式，又可采用线下现场方式。

其次，审查电子通信方式形成的表决结果，是否足以体现参会股东、董事的身份信息，是否能够体现参会股东、董事的意思表示。传统纸质的股东会决议或董事会决议，一般留有股东、董事的签名或盖章，债权人可以直观判断。但电子通信方式形成的表决结果，并不一定能够便于直观判断。如果是通过视频方式进行表决，并且保存了会议召开、表决的全过程，则该保存的视频可以作为担保

---

[1] 详见本书第二十九问："债权人是否有义务审查公司章程？"

事项已经由公司股东会、董事会决议通过的证据。如果股东或董事的表决是通过公司OA系统进行的，除非公司能提供证据证明OA系统中投票人的具体身份情况，以及表决结果，否则债权人应当谨慎接受此类决议。

最后，若公司提供的通过电子通信方式形成的股东会决议或董事会决议，不方便债权人将来向法庭证明其曾经履行了合理审查义务，那么债权人应当坚持要求公司提供纸质的决议。虽然电子通信方式召开会议并进行表决可能是一种趋势，但在现阶段，并非所有事项都可以离开传统的纸质决议。例如，一些需要向市场监督管理部门申请变更登记的事项，公司在形成决议后，可能也需要向市场监督管理部门提供纸质的决议文件。因此，债权人要求公司提供纸质的决议，并非完全不合理的要求。

总之，作为债权人，应当从形式上保证将来发生争议时，能够向法庭举证证明已经尽到了合理审查义务。

附录一　相关法律法规及司法解释

1. 中华人民共和国公司法（2023修订）（节录）

（1993年12月29日第八届全国人民代表大会常务委员会第五次会议通过　根据1999年12月25日第九届全国人民代表大会常务委员会第十三次会议《关于修改〈中华人民共和国公司法〉的决定》第一次修正　根据2004年8月28日第十届全国人民代表大会常务委员会第十一次会议《关于修改〈中华人民共和国公司法〉的决定》第二次修正　2005年10月27日第十届全国人民代表大会常务委员会第十八次会议第一次修订　根据2013年12月28日第十二届全国人民代表大会常务委员会第六次会议《关于修改〈中华人民共和国海洋环境保护法〉等七部法律的决定》第三次修正　根据2018年10月26日第十三届全国人民代表大会常务委员会第六次会议《关于修改〈中华人民共和国公司法〉的决定》第四次修正　2023年12月29日第十四届全国人民代表大会常务委员会第七次会议第二次修订）

第十五条　公司向其他企业投资或者为他人提供担保，按照公司章程的规定，由董事会或者股东会决议；公司章程对投资或者担保的总额及单项投资或者担保的数额有限额规定的，不得超过规定的限额。

公司为公司股东或者实际控制人提供担保的，应当经股东会决议。

前款规定的股东或者受前款规定的实际控制人支配的股东，不得参加前款规定事项的表决。该项表决由出席会议的其他股东所持表决权的过半数通过。

第一百三十五条　上市公司在一年内购买、出售重大资产或者向他人提供担保的金额超过公司资产总额百分之三十的，应当由股东会作出决议，并经出席会议的股东所持表决权的三分之二以上通过。

第一百六十三条　公司不得为他人取得本公司或者其母公司的股份提供赠与、

借款、担保以及其他财务资助,公司实施员工持股计划的除外。

为公司利益,经股东会决议,或者董事会按照公司章程或者股东会的授权作出决议,公司可以为他人取得本公司或者其母公司的股份提供财务资助,但财务资助的累计总额不得超过已发行股本总额的百分之十。董事会作出决议应当经全体董事的三分之二以上通过。

违反前两款规定,给公司造成损失的,负有责任的董事、监事、高级管理人员应当承担赔偿责任。

2. 中华人民共和国企业国有资产法(节录)

(2008年10月28日第十一届全国人民代表大会常务委员会第五次会议通过 中华人民共和国主席令第5号 2008年10月28日公布 自2009年5月1日起施行)

第三十条 国家出资企业合并、分立、改制、上市,增加或者减少注册资本,发行债券,进行重大投资,为他人提供大额担保,转让重大财产,进行大额捐赠,分配利润,以及解散、申请破产等重大事项,应当遵守法律、行政法规以及企业章程的规定,不得损害出资人和债权人的权益。

第三十一条 国有独资企业、国有独资公司合并、分立,增加或者减少注册资本,发行债券,分配利润,以及解散、申请破产,由履行出资人职责的机构决定。

第三十二条 国有独资企业、国有独资公司有本法第三十条所列事项的,除依照本法第三十一条和有关法律、行政法规以及企业章程的规定,由履行出资人职责的机构决定的以外,国有独资企业由企业负责人集体讨论决定,国有独资公司由董事会决定。

第三十三条 国有资本控股公司、国有资本参股公司有本法第三十条所列事项的,依照法律、行政法规以及公司章程的规定,由公司股东会、股东大会或者董事会决定。由股东会、股东大会决定的,履行出资人职责的机构委派的股东代表应当依照本法第十三条的规定行使权利。

3.《最高人民法院关于适用〈中华人民共和国民法典〉有关担保制度的解释》(节录)

(2020年12月25日由最高人民法院审判委员会第1824次会议通过 法释〔2020〕28号 2020年12月31日公布 自2021年1月1日起施行)

第七条 公司的法定代表人违反公司法关于公司对外担保决议程序的规定,超越权限代表公司与相对人订立担保合同,人民法院应当依照民法典第六十一条和第五百零四条等规定处理:

(一)相对人善意的,担保合同对公司发生效力;相对人请求公司承担担保责任的,人民法院应予支持。

(二)相对人非善意的,担保合同对公司不发生效力;相对人请求公司承担赔偿责任的,参照适用本解释第十七条的有关规定。

法定代表人超越权限提供担保造成公司损失,公司请求法定代表人承担赔偿责任的,人民法院应予支持。

第一款所称善意,是指相对人在订立担保合同时不知道且不应当知道法定代表人超越权限。相对人有证据证明已对公司决议进行了合理审查,人民法院应当认定其构成善意,但是公司有证据证明相对人知道或者应当知道决议系伪造、变造的除外。

第八条 有下列情形之一,公司以其未依照公司法关于公司对外担保的规定作出决议为由主张不承担担保责任的,人民法院不予支持:

(一)金融机构开立保函或者担保公司提供担保;

(二)公司为其全资子公司开展经营活动提供担保;

(三)担保合同系由单独或者共同持有公司三分之二以上对担保事项有表决权的股东签字同意。

上市公司对外提供担保,不适用前款第二项、第三项的规定。

第九条 相对人根据上市公司公开披露的关于担保事项已经董事会或者股东大

会决议通过的信息，与上市公司订立担保合同，相对人主张担保合同对上市公司发生效力，并由上市公司承担担保责任的，人民法院应予支持。

相对人未根据上市公司公开披露的关于担保事项已经董事会或者股东大会决议通过的信息，与上市公司订立担保合同，上市公司主张担保合同对其不发生效力，且不承担担保责任或者赔偿责任的，人民法院应予支持。

相对人与上市公司已公开披露的控股子公司订立的担保合同，或者相对人与股票在国务院批准的其他全国性证券交易场所交易的公司订立的担保合同，适用前两款规定。

第十条 一人有限责任公司为其股东提供担保，公司以违反公司法关于公司对外担保决议程序的规定为由主张不承担担保责任的，人民法院不予支持。公司因承担担保责任导致无法清偿其他债务，提供担保时的股东不能证明公司财产独立于自己的财产，其他债权人请求该股东承担连带责任的，人民法院应予支持。

第十一条 公司的分支机构未经公司股东（大）会或者董事会决议以自己的名义对外提供担保，相对人请求公司或者其分支机构承担担保责任的，人民法院不予支持，但是相对人不知道且不应当知道分支机构对外提供担保未经公司决议程序的除外。

金融机构的分支机构在其营业执照记载的经营范围内开立保函，或者经有权从事担保业务的上级机构授权开立保函，金融机构或者其分支机构以违反公司法关于公司对外担保决议程序的规定为由主张不承担担保责任的，人民法院不予支持。金融机构的分支机构未经金融机构授权提供保函之外的担保，金融机构或者其分支机构主张不承担担保责任的，人民法院应予支持，但是相对人不知道且不应当知道分支机构对外提供担保未经金融机构授权的除外。

担保公司的分支机构未经担保公司授权对外提供担保，担保公司或者其分支机构主张不承担担保责任的，人民法院应予支持，但是相对人不知道且不应当知道分支机构对外提供担保未经担保公司授权的除外。

公司的分支机构对外提供担保，相对人非善意，请求公司承担赔偿责任的，参照本解释第十七条的有关规定处理。

第十二条 法定代表人依照民法典第五百五十二条的规定以公司名义加入债务的，人民法院在认定该行为的效力时，可以参照本解释关于公司为他人提供担保的有关规则处理。

第十七条　主合同有效而第三人提供的担保合同无效，人民法院应当区分不同情形确定担保人的赔偿责任：

（一）债权人与担保人均有过错的，担保人承担的赔偿责任不应超过债务人不能清偿部分的二分之一；

（二）担保人有过错而债权人无过错的，担保人对债务人不能清偿的部分承担赔偿责任；

（三）债权人有过错而担保人无过错的，担保人不承担赔偿责任。

主合同无效导致第三人提供的担保合同无效，担保人无过错的，不承担赔偿责任；担保人有过错的，其承担的赔偿责任不应超过债务人不能清偿部分的三分之一。

4.《全国法院民商事审判工作会议纪要》（节录）

（法〔2019〕254号　2019年11月8日发布施行）

（六）关于公司为他人提供担保

关于公司为他人提供担保的合同效力问题，审判实践中裁判尺度不统一，严重影响了司法公信力，有必要予以规范。对此，应当把握以下几点：

17.【违反《公司法》第16条构成越权代表】为防止法定代表人随意代表公司为他人提供担保给公司造成损失，损害中小股东利益，《公司法》第16条对法定代表人的代表权进行了限制。根据该条规定，担保行为不是法定代表人所能单独决定的事项，而必须以公司股东（大）会、董事会等公司机关的决议作为授权的基础和来源。法定代表人未经授权擅自为他人提供担保的，构成越权代表，人民法院应当根据《合同法》第50条关于法定代表人越权代表的规定，区分订立合同时债权人是否善意分别认定合同效力：债权人善意的，合同有效；反之，合同无效。

18.【善意的认定】前条所称的善意，是指债权人不知道或者不应当知道法定代表人超越权限订立担保合同。《公司法》第16条对关联担保和非关联担保的决议机关作出了区别规定，相应地，在善意的判断标准上也应当有所区别。一种情形是，为公司股东或者实际控制人提供关联担保，《公司法》第16条明确规定必须由股东（大）

会决议，未经股东（大）会决议，构成越权代表。在此情况下，债权人主张担保合同有效，应当提供证据证明其在订立合同时对股东（大）会决议进行了审查，决议的表决程序符合《公司法》第16条的规定，即在排除被担保股东表决权的情况下，该项表决由出席会议的其他股东所持表决权的过半数通过，签字人员也符合公司章程的规定。另一种情形是，公司为公司股东或者实际控制人以外的人提供非关联担保，根据《公司法》第16条的规定，此时由公司章程规定是由董事会决议还是股东（大）会决议。无论章程是否对决议机关作出规定，也无论章程规定决议机关为董事会还是股东（大）会，根据《民法总则》第61条第3款关于"法人章程或者法人权力机构对法定代表人代表权的限制，不得对抗善意相对人"的规定，只要债权人能够证明其在订立担保合同时对董事会决议或者股东（大）会决议进行了审查，同意决议的人数及签字人员符合公司章程的规定，就应当认定其构成善意，但公司能够证明债权人明知公司章程对决议机关有明确规定的除外。

债权人对公司机关决议内容的审查一般限于形式审查，只要求尽到必要的注意义务即可，标准不宜太过严苛。公司以机关决议系法定代表人伪造或者变造、决议程序违法、签章（名）不实、担保金额超过法定限额等事由抗辩债权人非善意的，人民法院一般不予支持。但是，公司有证据证明债权人明知决议系伪造或者变造的除外。

19.【无须机关决议的例外情况】存在下列情形的，即便债权人知道或者应当知道没有公司机关决议，也应当认定担保合同符合公司的真实意思表示，合同有效：

（1）公司是以为他人提供担保为主营业务的担保公司，或者是开展保函业务的银行或者非银行金融机构；

（2）公司为其直接或者间接控制的公司开展经营活动向债权人提供担保；

（3）公司与主债务人之间存在相互担保等商业合作关系；

（4）担保合同系由单独或者共同持有公司三分之二以上有表决权的股东签字同意。

20.【越权担保的民事责任】依据前述3条规定，担保合同有效，债权人请求公司承担担保责任的，人民法院依法予以支持；担保合同无效，债权人请求公司承担担保责任的，人民法院不予支持，但可以按照担保法及有关司法解释关于担保无效的规定处理。公司举证证明债权人明知法定代表人超越权限或者机关决议系伪造或者变造,债权人请求公司承担合同无效后的民事责任的,人民法院不予支持。

21.【权利救济】法定代表人的越权担保行为给公司造成损失,公司请求法定代表人承担赔偿责任的,人民法院依法予以支持。公司没有提起诉讼,股东依据《公司法》第151条的规定请求法定代表人承担赔偿责任的,人民法院依法予以支持。

22.【上市公司为他人提供担保】债权人根据上市公司公开披露的关于担保事项已经董事会或者股东大会决议通过的信息订立的担保合同,人民法院应当认定有效。

23.【债务加入准用担保规则】法定代表人以公司名义与债务人约定加入债务并通知债权人或者向债权人表示愿意加入债务,该约定的效力问题,参照本纪要关于公司为他人提供担保的有关规则处理。

附录二　上市公司对外担保监管规定

1.《上市公司监管指引第8号——上市公司资金往来、对外担保的监管要求》

（中国证券监督管理委员会公告〔2022〕26号　2022年1月28日发布施行）

第一章　总　则

第一条　为进一步规范上市公司与控股股东、实际控制人及其他关联方的资金往来，有效控制上市公司对外担保风险，保护投资者合法权益，根据《中华人民共和国民法典》（以下简称《民法典》）、《中华人民共和国公司法》（以下简称《公司法》）、《中华人民共和国证券法》（以下简称《证券法》）、《中华人民共和国银行业监督管理法》《企业国有资产监督管理暂行条例》等法律、行政法规，制定本指引。

第二条　上市公司应建立有效的内部控制制度，防范控股股东、实际控制人及其他关联方的资金占用，严格控制对外担保产生的债务风险，依法履行关联交易和对外担保的审议程序和信息披露义务。

第三条　控股股东、实际控制人及其他关联方不得以任何方式侵占上市公司利益。

第二章　资金往来

第四条　控股股东、实际控制人及其他关联方与上市公司发生的经营性资金往来中，不得占用上市公司资金。

第五条　上市公司不得以下列方式将资金直接或者间接地提供给控股股东、实际控制人及其他关联方使用：

（一）为控股股东、实际控制人及其他关联方垫支工资、福利、保险、广告等费用、承担成本和其他支出；

（二）有偿或者无偿地拆借公司的资金（含委托贷款）给控股股东、实际控制人及其他关联方使用,但上市公司参股公司的其他股东同比例提供资金的除外。前述所称"参股公司",不包括由控股股东、实际控制人控制的公司;

(三)委托控股股东、实际控制人及其他关联方进行投资活动;

(四)为控股股东、实际控制人及其他关联方开具没有真实交易背景的商业承兑汇票,以及在没有商品和劳务对价情况下或者明显有悖商业逻辑情况下以采购款、资产转让款、预付款等方式提供资金;

(五)代控股股东、实际控制人及其他关联方偿还债务;

(六)中国证券监督管理委员会(以下简称中国证监会)认定的其他方式。

第六条 注册会计师在为上市公司年度财务会计报告进行审计工作中,应当根据本章规定,对上市公司存在控股股东、实际控制人及其他关联方占用资金的情况出具专项说明,公司应当就专项说明作出公告。

第三章 对外担保

第七条 上市公司对外担保必须经董事会或者股东大会审议。

第八条 上市公司的《公司章程》应当明确股东大会、董事会审批对外担保的权限及违反审批权限、审议程序的责任追究制度。

第九条 应由股东大会审批的对外担保,必须经董事会审议通过后,方可提交股东大会审批。须经股东大会审批的对外担保,包括但不限于下列情形:

(一)上市公司及其控股子公司的对外担保总额,超过最近一期经审计净资产百分之五十以后提供的任何担保;

(二)为资产负债率超过百分之七十的担保对象提供的担保;

(三)单笔担保额超过最近一期经审计净资产百分之十的担保;

(四)对股东、实际控制人及其关联方提供的担保。

股东大会在审议为股东、实际控制人及其关联方提供的担保议案时,该股东或者受该实际控制人支配的股东,不得参与该项表决,该项表决由出席股东大会的其他股东所持表决权的半数以上通过。

第十条 应由董事会审批的对外担保,必须经出席董事会的三分之二以上董事审议同意并做出决议。

第十一条 上市公司为控股股东、实际控制人及其关联方提供担保的,控股股东、实际控制人及其关联方应当提供反担保。

第十二条　上市公司董事会或者股东大会审议批准的对外担保，必须在证券交易所的网站和符合中国证监会规定条件的媒体及时披露，披露的内容包括董事会或者股东大会决议、截止信息披露日上市公司及其控股子公司对外担保总额、上市公司对控股子公司提供担保的总额。

第十三条　上市公司在办理贷款担保业务时，应向银行业金融机构提交《公司章程》、有关该担保事项董事会决议或者股东大会决议原件、该担保事项的披露信息等材料。

第十四条　上市公司独立董事应在年度报告中，对上市公司报告期末尚未履行完毕和当期发生的对外担保情况、执行本章规定情况进行专项说明，并发表独立意见。

第十五条　上市公司控股子公司对于向上市公司合并报表范围之外的主体提供担保的，应视同上市公司提供担保，上市公司应按照本章规定执行。

第四章　上市公司提供担保的贷款审批

第十六条　各银行业金融机构应当严格依据《民法典》《公司法》《最高人民法院关于适用〈中华人民共和国民法典〉有关担保制度的解释》等法律法规、司法解释，加强对由上市公司提供担保的贷款申请的审查，切实防范相关信贷风险，并及时将贷款、担保信息登录征信管理系统。

第十七条　各银行业金融机构必须依据本指引、上市公司《公司章程》及其他有关规定，认真审核以下事项：

（一）由上市公司提供担保的贷款申请的材料齐备性及合法合规性；

（二）上市公司对外担保履行董事会或者股东大会审批程序的情况；

（三）上市公司对外担保履行信息披露义务的情况；

（四）上市公司的担保能力；

（五）贷款人的资信、偿还能力等其他事项。

第十八条　各银行业金融机构应根据相关法律法规和监管规定完善内部控制制度，控制贷款风险。

第十九条　对由上市公司控股子公司提供担保的贷款申请，比照本章规定执行。

第五章　资金占用和违规担保的整改

第二十条　上市公司应对其与控股股东、实际控制人及其他关联方已经发生的资金往来、对外担保情况进行自查。对于存在资金占用、违规担保问题的公司，应及时完成整改，维护上市公司和中小股东的利益。

第二十一条 上市公司被控股股东、实际控制人及其他关联方占用的资金，原则上应当以现金清偿。严格控制控股股东、实际控制人及其他关联方以非现金资产清偿占用的上市公司资金。控股股东、实际控制人及其他关联方拟用非现金资产清偿占用的上市公司资金，应当遵守以下规定：

（一）用于抵偿的资产必须属于上市公司同一业务体系，并有利于增强上市公司独立性和核心竞争力，减少关联交易，不得是尚未投入使用的资产或者没有客观明确账面净值的资产。

（二）上市公司应当聘请符合《证券法》规定的中介机构对符合以资抵债条件的资产进行评估，以资产评估值或者经审计的账面净值作为以资抵债的定价基础，但最终定价不得损害上市公司利益，并充分考虑所占用资金的现值予以折扣。审计报告和评估报告应当向社会公告。

（三）独立董事应当就上市公司关联方以资抵债方案发表独立意见，或者聘请符合《证券法》规定的中介机构出具独立财务顾问报告。

（四）上市公司关联方以资抵债方案须经股东大会审议批准，关联方股东应当回避投票。

第六章 资金占用和违规担保的处置

第二十二条 中国证监会与公安部、国资委、中国银保监会等部门加强监管合作，实施信息共享，共同建立监管协作机制，严厉查处资金占用、违规担保等违法违规行为，涉嫌犯罪的依法追究刑事责任。

第二十三条 上市公司及其董事、监事、高级管理人员，控股股东、实际控制人及其他关联方违反本指引的，中国证监会根据违规行为性质、情节轻重依法给予行政处罚或者采取行政监管措施。涉嫌犯罪的移交公安机关查处，依法追究刑事责任。

第二十四条 国有资产监督管理机构应当指导督促国有控股股东严格落实本指引要求。对违反本指引的，按照管理权限给予相应处理；造成国有资产损失或者其他严重不良后果的，依法依规追究相关人员责任。

第二十五条 银行保险机构违反本指引的，中国银保监会依法对相关机构及当事人予以处罚；涉嫌犯罪的，移送司法机关追究法律责任。

第二十六条 公安机关对中国证监会移交的上市公司资金占用和违规担保涉嫌犯罪案件或者工作中发现的相关线索，要及时按照有关规定进行审查，符合立案条件的，应尽快立案侦查。

第七章 附则

第二十七条 本指引下列用语的含义：

（一）本指引所称"对外担保"，是指上市公司为他人提供的担保，包括上市公司对控股子公司的担保。

（二）本指引所称"上市公司及其控股子公司的对外担保总额"，是指包括上市公司对控股子公司担保在内的上市公司对外担保总额与上市公司控股子公司对外担保总额之和。

第二十八条 金融类上市公司不适用本指引第三章、第四章的规定。金融监管部门对金融类上市公司资金往来另有规定的，从其规定。

第二十九条 本指引自公布之日起施行。2017年12月7日施行的《关于规范上市公司与关联方资金往来及上市公司对外担保若干问题的通知》（证监会公告〔2017〕16号）、2005年11月14日施行的《关于规范上市公司对外担保行为的通知》（证监发〔2005〕120号）、2005年6月6日施行的《关于集中解决上市公司资金被占用和违规担保问题的通知》（证监公司字〔2005〕37号）同步废止。

附件

《上市公司监管指引第8号——上市公司资金往来、对外担保的监管要求》起草说明

为深入贯彻国务院金融委"建制度、不干预、零容忍"的工作要求，结合监管实践需要，中国证监会组织开展上市公司监管法规体系整合工作，推进完善基础性制度，形成体例科学、层次分明、规范合理且协调一致的上市公司监管法规体系，提升市场规则的友好度，方便市场主体查找使用。现将《上市公司监管指引第8号——上市公司资金往来、对外担保的监管要求》（以下简称《8号指引》）起草情况说明如下：

一、起草背景

经梳理涉及上市公司资金往来、对外担保监管的相关规则,存在部分规定已不执行、部分要求互相矛盾等情况,有必要进行全面整合。据此,结合近年监管实践,本次将《关于规范上市公司与关联方资金往来及上市公司对外担保若干问题的通知》(证监会公告〔2017〕16号,以下简称《16号文》)、《关于规范上市公司对外担保行为的通知》(证监发〔2005〕120号,以下简称《120号文》)和《关于集中解决上市公司资金被占用和违规担保问题的通知》(证监公司字〔2005〕37号)三份规范性文件内容梳理归并,整合形成《8号指引》,由中国证监会联合公安部、国资委、中国银保监会发文。

二、章节安排

《8号指引》共七章,二十九条。第一章总则,对上市公司与控股股东、实际控制人和其他关联方的资金往来以及对外担保行为提出总体要求;第二章资金往来,主要规范上市公司与控股股东、实际控制人和其他关联方的资金往来行为;第三章对外担保,主要规范上市公司对外担保行为;第四章上市公司提供担保的贷款审批,主要规范银行业金融机构贷款担保审批行为;第五章资金占用和违规担保的整改,主要明确清欠解保、以资抵债要求;第六章资金占用和违规担保的处置,为罚则章节,内容包括证监会、国资委、银保监会、公安机关的监管执法;第七章附则。

三、主要修订内容

从内容看,《8号指引》内容主要基于《16号文》和《120号文》,本次重点整合归并存在矛盾或重复的内容。

一是关于上市公司对外担保的要求,结合监管实践,将《16号文》要求所有被担保方提供反担保的要求,限缩为控股股东、实际控制人及其关联方。

二是明确上市公司控股子公司对合并报表外的主体提供担保,视同上市公司提供担保等。

三是新增一章关于上市公司占用担保的整改要求,将占用担保监管作为一项持续工作推进,同时保留《16号文》关于以资抵债的要求。

四是在罚则部分整合关于证监会、国资委和银保监会等单位依法查处违法违规行为的内容,并新增公安机关对涉嫌犯罪案件的处理。

2.《上市公司收购管理办法》(2025修正)(节录)

（2006年5月17日中国证券监督管理委员会第180次主席办公会议审议通过　根据2008年8月27日中国证券监督管理委员会《关于修改〈上市公司收购管理办法〉第六十三条的决定》、2012年2月14日中国证券监督管理委员会《关于修改〈上市公司收购管理办法〉第六十二条及第六十三条的决定》、2014年10月23日中国证券监督管理委员会《关于修改〈上市公司收购管理办法〉的决定》、2020年3月20日中国证券监督管理委员会《关于修改部分证券期货规章的决定》、2025年2月19日中国证券监督管理委员会《关于修改部分证券期货规章的决定》修正）

第三十三条　收购人作出提示性公告后至要约收购完成前，被收购公司除继续从事正常的经营活动或者执行股东会已经作出的决议外，未经股东会批准，被收购公司董事会不得通过处置公司资产、对外投资、调整公司主要业务、担保、贷款等方式，对公司的资产、负债、权益或者经营成果造成重大影响。

第五十二条　以协议方式进行上市公司收购的，自签订收购协议起至相关股份完成过户的期间为上市公司收购过渡期（以下简称过渡期）。在过渡期内，收购人不得通过控股股东提议改选上市公司董事会，确有充分理由改选董事会的，来自收购人的董事不得超过董事会成员的1/3；被收购公司不得为收购人及其关联方提供担保；被收购公司不得公开发行股份募集资金，不得进行重大购买、出售资产及重大投资行为或者与收购人及其关联方进行其他关联交易，但收购人为挽救陷入危机或者面临严重财务困难的上市公司的情形除外。

第五十三条　上市公司控股股东向收购人协议转让其所持有的上市公司股份的，应当对收购人的主体资格、诚信情况及收购意图进行调查，并在其权益变动报告书中披露有关调查情况。

控股股东及其关联方未清偿其对公司的负债，未解除公司为其负债提供的担保，或者存在损害公司利益的其他情形的，被收购公司董事会应当对前述情形及时予以披露，并采取有效措施维护公司利益。

第六十六条 收购人聘请的财务顾问就本次收购出具的财务顾问报告，应当对以下事项进行说明和分析，并逐项发表明确意见：

……

（十三）上市公司原控股股东、实际控制人及其关联方是否存在未清偿对公司的负债、未解除公司为其负债提供的担保或者损害公司利益的其他情形；存在该等情形的，是否已提出切实可行的解决方案；

……

第六十九条 财务顾问在收购过程中和持续督导期间，应当关注被收购公司是否存在为收购人及其关联方提供担保或者借款等损害上市公司利益的情形，发现有违法或者不当行为的，应当及时向中国证监会、派出机构和证券交易所报告。

第七十九条 上市公司控股股东和实际控制人在转让其对公司的控制权时，未清偿其对公司的负债，未解除公司为其提供的担保，或者未对其损害公司利益的其他情形作出纠正的，中国证监会责令改正、责令暂停或者停止收购活动。

被收购公司董事会未能依法采取有效措施促使公司控股股东、实际控制人予以纠正，或者在收购完成后未能促使收购人履行承诺、安排或者保证的，中国证监会可以认定相关董事为不适当人选。

3.《上海证券交易所股票上市规则（2024年4月修订）》（节录）

（上证发〔2024〕51号发布）

3.3.4 投资者申请限售股票及其衍生品种解除限售的，应当委托上市公司办理相关手续，并满足下列条件：

……

（三）申请解除限售的投资者不存在对公司的资金占用，公司对该投资者不存在违规担保等损害公司利益的行为；

……

4.1.1 上市公司应当建立健全有效的治理结构，建立完善独立董事制度，形成科学有效的职责分工和制衡机制，强化内部和外部监督制衡，保证内部控制制度的完整性、合理性及有效性。

公司应当确保股东大会、董事会、监事会等机构合法运作和科学决策，明确股东、董事、监事和高级管理人员的权利和义务，保障股东充分行使其合法权利，尊重利益相关者的基本权益，保证公司经营管理合法合规、资金资产安全、信息披露真实、准确、完整，切实防范财务造假、资金占用、违规担保等违法违规行为，维护公司及股东的合法权益。

4.1.3 上市公司与董事、监事、高级管理人员、控股股东、实际控制人及其他关联人发生资金往来、担保等，应当遵守法律法规、本所相关规定和公司章程，不得损害公司利益。

因关联人占用或者转移公司资金、资产或者其他资源而给公司造成损失或者可能造成损失的，董事会应当及时采取诉讼、财产保全等措施避免或者减少损失，并追究有关人员的责任。

关联人强令、指使或者要求公司违规提供资金或者担保的，公司及其董事、监事和高级管理人员应当拒绝，不得协助、配合、默许。

4.5.2 上市公司控股股东、实际控制人应当履行下列职责：

……

（六）不得强令、指使或者要求上市公司及相关人员违法违规提供担保；

……

控股股东、实际控制人应当明确承诺，如存在控股股东、实际控制人及其关联人占用公司资金、要求公司违法违规提供担保的，在占用资金全部归还、违规担保全部解除前不转让所持有、控制的公司股份，但转让所持有、控制的公司股份所得资金用以清偿占用资金、解除违规担保的除外。

6.1.1 本节所称重大交易，包括除上市公司日常经营活动之外发生的下列类型的事项：

……

（四）提供担保（含对控股子公司担保等）；

……

6.1.10 上市公司发生"提供担保"交易事项，除应当经全体董事的过半数审议通过外,还应当经出席董事会会议的三分之二以上董事审议通过,并及时披露。

担保事项属于下列情形之一的,还应当在董事会审议通过后提交股东大会审议:

(一)单笔担保额超过上市公司最近一期经审计净资产10%的担保;

(二)上市公司及其控股子公司对外提供的担保总额,超过上市公司最近一期经审计净资产50%以后提供的任何担保;

(三)上市公司及其控股子公司对外提供的担保总额,超过上市公司最近一期经审计总资产30%以后提供的任何担保;

(四)按照担保金额连续12个月内累计计算原则,超过上市公司最近一期经审计总资产30%的担保;

(五)为资产负债率超过70%的担保对象提供的担保;

(六)对股东、实际控制人及其关联人提供的担保;

(七)本所或者公司章程规定的其他担保。

上市公司股东大会审议前款第(四)项担保时,应当经出席会议的股东所持表决权的三分之二以上通过。

6.1.11 对于达到披露标准的担保,如果被担保人于债务到期后15个交易日内未履行还款义务,或者被担保人出现破产、清算或者其他严重影响其还款能力的情形,上市公司应当及时披露。

6.1.15 上市公司进行"提供担保"、"提供财务资助"、"委托理财"等之外的其他交易时,应当对相同交易类别下标的相关的各项交易,按照连续12个月内累计计算的原则,分别适用第6.1.2条、第6.1.3条的规定。已经按照第6.1.2条、6.1.3条履行相关义务的,不再纳入相关的累计计算范围。

除前款规定外,公司发生"购买或者出售资产"交易,不论交易标的是否相关,若所涉及的资产总额或者成交金额在连续12个月内经累计计算超过公司最近一期经审计总资产30%的,除应当披露并参照第6.1.6条进行审计或者评估外,还应当提交股东大会审议,并经出席会议的股东所持表决权的三分之二以上通过。

6.3.11 上市公司为关联人提供担保的,除应当经全体非关联董事的过半数审议通过外,还应当经出席董事会会议的非关联董事的三分之二以上董事审议同意并作出决议,并提交股东大会审议。公司为控股股东、实际控制人及其关联人提供担保的,控股股东、实际控制人及其关联人应当提供反担保。

公司因交易或者关联交易导致被担保方成为公司的关联人，在实施该交易或者关联交易的同时，应当就存续的关联担保履行相应审议程序和信息披露义务。

董事会或者股东大会未审议通过前款规定的关联担保事项的，交易各方应当采取提前终止担保等有效措施。

6.3.18　上市公司与关联人发生的下列交易，可以免于按照关联交易的方式审议和披露：

（一）上市公司单方面获得利益且不支付对价、不附任何义务的交易，包括受赠现金资产、获得债务减免、无偿接受担保和财务资助等；

（二）关联人向上市公司提供资金，利率水平不高于贷款市场报价利率，且上市公司无需提供担保；

……

9.8.1　上市公司出现以下情形之一的，本所对其股票实施其他风险警示：

（一）公司被控股股东（无控股股东的，则为第一大股东）及其关联人非经营性占用资金，余额达到最近一期经审计净资产绝对值5%以上，或者金额超过1000万元，未能在1个月内完成清偿或整改；或者公司违反规定决策程序对外提供担保（担保对象为上市公司合并报表范围内子公司的除外），余额达到最近一期经审计净资产绝对值5%以上，或者金额超过1000万元，未能在1个月内完成清偿或整改；

……

9.8.4　上市公司股票因第9.8.1条第一款第（一）项规定情形被实施其他风险警示的，在被实施其他风险警示期间，公司应当至少每月披露1次提示性公告，披露资金占用或违规担保的解决进展情况。

9.8.6　上市公司股票因第9.8.1条第一款第（一）项规定情形被实施其他风险警示后，相关情形已完全消除的，公司应当及时公告，并可以向本所申请撤销对其股票实施的其他风险警示。

公司关联人资金占用情形已完全消除，向本所申请撤销对其股票实施的其他风险警示的，应当提交会计师事务所出具的专项核查意见等文件。

公司违规担保情形已完全消除，向本所申请撤销对其股票实施的其他风险警示的，应当提交律师事务所出具的法律意见书。

12.2.10　持续督导期内，保荐人及其保荐代表人应当重点关注上市公司是否存在如下事项：

......

（三）可能存在重大违规担保；

......

出现上述情形的，保荐人及其保荐代表人应当督促公司核实并披露，同时应当自知道或者应当知道之日起15日内按规定进行专项现场核查。公司未及时披露的，保荐人应当及时向本所报告。

12.4.6 收购人聘请的财务顾问认为收购人利用上市公司的收购损害被收购公司及其股东合法权益的，应当拒绝为收购人提供财务顾问服务。

公司聘请的独立财务顾问应当对收购人的主体资格、资信情况及收购意图进行调查，对要约条件进行分析，对股东是否接受要约提出建议，并对本次收购的公正性和合法性发表专业意见。

公司和财务顾问应当根据收购人股份限售的期限等合理确定持续督导期限。在公司收购过程中和持续督导期间，独立财务顾问和财务顾问应当关注被收购公司是否存在为收购人及其关联人提供担保或者借款等损害公司利益的情形，发现有违法或者不当行为的，应当及时督促其纠正，并向本所报告。

持续督导期届满，公司及相关信息披露义务人存在尚未完结的督导事项的，财务顾问应当依法依规继续履行督导义务，直至相关事项全部完成。

15.1 本规则下列用语具有如下含义：

......

（六）控股股东：指其持有的股份占公司股本总额50%以上的股东；或者持有股份的比例虽然不足50%，但依其持有的股份所享有的表决权已足以对股东大会的决议产生重大影响的股东。

（七）实际控制人：指通过投资关系、协议或者其他安排，能够实际支配公司行为的自然人、法人或者其他组织。

（八）上市公司控股子公司：指上市公司持有其50%以上的股份，或者能够决定其董事会半数以上成员的当选，或者通过协议或其他安排能够实际控制的公司。

......

4.《深圳证券交易所股票上市规则（2024年修订）》（节录）

（深证上〔2024〕339号发布）

3.3.4 投资者申请限售股票及其衍生品种解除限售的，应当委托上市公司办理相关手续，并满足下列条件：

……

（三）申请解除限售的投资者不存在对公司资金占用，公司对该主体不存在违规担保等损害公司利益的行为；

……

4.1.1 上市公司应当健全治理机制、建立有效的治理结构，建立完善独立董事制度，形成科学有效的职责分工和制衡机制，强化内部和外部监督，保证内部控制制度的完整性、合理性及有效性。

公司应当确保股东大会、董事会、监事会等机构合法运作和科学决策，明确股东、董事、监事和高级管理人员的权利和义务，保障股东充分行使其合法权利，尊重利益相关者的基本权益，保证公司经营管理合法合规、资金资产安全、信息披露真实、准确、完整，切实防范财务造假、资金占用、违规担保等违法违规行为，维护公司及股东的合法权益。

4.1.3 上市公司与董事、监事、高级管理人员、控股股东、实际控制人及其他关联人发生资金往来、担保等事项应当遵守法律法规、本规则、本所其他规定和公司章程的规定，不得损害上市公司利益。

因上市公司关联人占用或者转移公司资金、资产或者其他资源而给公司造成损失或者可能造成损失的，公司董事会应当及时采取诉讼、财产保全等措施避免或者减少损失，并追究有关人员的责任。

关联人强令、指使或者要求公司违规提供资金或者担保的，公司及其董事、监事、高级管理人员应当拒绝，不得协助、配合或者默许。

4.5.3 上市公司控股股东、实际控制人应当遵守下列要求：

……

（六）不得强令、指使或者要求公司及相关人员违法违规提供担保；

……

控股股东、实际控制人应当明确承诺，存在控股股东或者控股股东关联人占用公司资金、要求公司违法违规提供担保的，在占用资金全部归还、违规担保全部解除前不转让所持有、控制的公司股份，但转让所持有、控制的公司股份所得资金用以清偿占用资金、解除违规担保的除外。

6.1.1 本节所称重大交易，包括除上市公司日常经营活动之外发生的下列类型的事项：

……

（五）提供担保（含对控股子公司担保等）；

……

6.1.10 上市公司提供担保，除应当经全体董事的过半数审议通过外，还应当经出席董事会会议的三分之二以上董事审议同意并作出决议，并及时对外披露。

上市公司提供担保属于下列情形之一的，还应当在董事会审议通过后提交股东大会审议：

（一）单笔担保额超过上市公司最近一期经审计净资产10%；

（二）上市公司及其控股子公司对外提供的担保总额，超过上市公司最近一期经审计净资产50%以后提供的任何担保；

（三）上市公司及其控股子公司对外提供的担保总额，超过上市公司最近一期经审计总资产30%以后提供的任何担保；

（四）被担保对象最近一期财务报表数据显示资产负债率超过70%；

（五）最近十二个月内担保金额累计计算超过公司最近一期经审计总资产的30%；

（六）对股东、实际控制人及其关联人提供的担保；

（七）本所或者公司章程规定的其他情形。

上市公司股东大会审议前款第五项担保事项时，应当经出席会议的股东所持表决权的三分之二以上通过。

6.1.11 上市公司的对外担保事项出现下列情形之一时，应当及时披露：

（一）被担保人于债务到期后十五个交易日内未履行还款义务的；

(二)被担保人出现破产、清算及其他严重影响还款能力情形的。

6.3.13　上市公司为关联人提供担保的，除应当经全体非关联董事的过半数审议通过外，还应当经出席董事会会议的非关联董事的三分之二以上董事审议同意并作出决议，并提交股东大会审议。公司为控股股东、实际控制人及其关联人提供担保的，控股股东、实际控制人及其关联人应当提供反担保。

公司因交易导致被担保方成为公司的关联人的，在实施该交易或者关联交易的同时，应当就存续的关联担保履行相应审议程序和信息披露义务。

董事会或者股东大会未审议通过前款规定的关联担保事项的，交易各方应当采取提前终止担保等有效措施。

9.8.1　上市公司出现下列情形之一的，本所对其股票交易实施其他风险警示：

……

(二)违反规定程序对外提供担保且情形严重；

……

9.8.2　……

本规则第9.8.1条第二项所述违反规定程序对外提供担保且情形严重，是指上市公司违反规定程序对外提供担保的余额（担保对象为上市公司合并报表范围内子公司的除外）在1000万元以上，或者占上市公司最近一期经审计净资产绝对值的5%以上，且无可行的解决方案或者虽提出解决方案但预计无法在一个月内解决。

9.8.5　上市公司因触及本规则第9.8.1条第一项、第二项情形，其股票交易被实施其他风险警示期间，应当至少每月披露一次进展公告，披露资金占用或者违反规定程序对外担保的解决进展情况，直至相应情形消除。公司没有采取措施或者相关工作没有进展的，也应当披露并说明具体原因。

……

12.2.9　持续督导期间，保荐人应当重点关注上市公司是否存在控股股东、实际控制人及其关联人资金占用、违规担保，以及资金往来、现金流重大异常等情况。发现异常情况的，应当督促公司核实并披露，同时按规定及时进行专项现场核查。公司未及时披露的，保荐人应当及时向本所报告。

12.4.6　收购人聘请的财务顾问认为收购人利用上市公司的收购损害被收购公司及其股东合法权益的，应当拒绝为收购人提供财务顾问服务。

上市公司聘请的独立财务顾问应当对收购人的主体资格、资信情况、收购意图等进行调查，对要约条件进行分析，对股东是否接受要约提出建议，并对本次收购的公正性和合法性发表专业意见。

收购人和财务顾问应当根据收购人股份限售的期限等合理确定持续督导期限。在上市公司收购过程中和持续督导期间，财务顾问应当关注被收购公司是否存在为收购人及其关联人违规提供担保或者借款等损害上市公司利益的情形，发现有违法或者不当行为的，应当及时督促其纠正，并向本所报告。

持续督导期届满，收购人存在尚未完结的督导事项的，财务顾问应当依规继续履行督导义务，直至相关事项全部完成。

15.1 本规则下列用语具有如下含义：

……

（四）控股股东：指拥有上市公司控制权的股东。

（五）实际控制人：指通过投资关系、协议或者其他安排，能够实际支配公司行为的自然人、法人或者其他组织。

……

（九）上市公司控股子公司：指上市公司能够控制或者实际控制的公司或者其他主体。此处控制，是指投资方拥有对被投资方的权力，通过参与被投资方的相关活动而享有可变回报，并且有能力运用对被投资方的权力影响其回报金额。

……

（二十四）违反规定程序对外提供担保：指上市公司违反本规则规定的审议程序要求而进行的对外担保行为。

……

5.《北京证券交易所股票上市规则（试行）》（2024修订）（节录）

（北证公告〔2024〕22号发布）

3.2.13 上市公司出现下列情形之一的，上市公司在披露临时报告前应当告知保荐机构及其保荐代表人。保荐机构及其保荐代表人应当督促上市公司按规定履行信息披露义务，就信息披露是否真实、准确、完整，对公司经营的影响，以及是否存在其他未披露重大风险等内容发表意见，并于上市公司披露公告时予以披露：

……

（二）提供担保；

……

保荐机构、保荐代表人无法按时履行前款所述职责的，应当披露尚待核实的事项及预计发表意见的时间，并充分提示风险。

3.2.14 上市公司出现下列情形之一的，保荐机构及其保荐代表人应自知道或应当知道之日起15个交易日内进行专项现场核查：

……

（五）违规为他人提供担保或借款；

……

保荐机构进行现场核查的，应当就核查情况、提请上市公司及投资者关注的问题、本次现场核查结论等事项出具现场核查报告，并在现场核查结束后15个交易日内披露。

4.1.18 上市公司股东大会审议下列影响中小股东利益的重大事项时，对中小股东的表决情况应当单独计票并披露：

……

（三）关联交易、提供担保（不含对控股子公司提供担保）、提供财务资助、变更募集资金用途等；

……

4.3.7 上市公司控股股东、实际控制人及其关联方不得以下列任何方式占用公司资金：

……

（四）不及时偿还公司承担控股股东、实际控制人及其关联方的担保责任而形成的债务；

……

7.1.1 本章所称"交易"包括下列事项：

……

（三）提供担保（即上市公司为他人提供的担保，含对控股子公司的担保）；

……

7.1.11　上市公司提供担保的，应当提交公司董事会审议并对外披露。董事会审议担保事项时，必须经出席董事会会议的三分之二以上董事审议同意。

符合以下情形之一的，还应当提交公司股东大会审议：

（一）单笔担保额超过上市公司最近一期经审计净资产10%的担保；

（二）上市公司及其控股子公司提供担保的总额，超过上市公司最近一期经审计净资产50%以后提供的任何担保；

（三）为资产负债率超过70%的担保对象提供的担保；

（四）按照担保金额连续12个月累计计算原则，超过上市公司最近一期经审计总资产30%的担保；

（五）中国证监会、本所或者公司章程规定的其他担保。

股东大会审议前款第四项担保事项时，必须经出席会议的股东所持表决权的三分之二以上通过。

7.1.12　上市公司为全资子公司提供担保，或者为控股子公司提供担保且控股子公司其他股东按所享有的权益提供同等比例担保，不损害公司利益的，可以豁免适用本规则第7.1.11条第二款第一至三项的规定，但是公司章程另有规定除外。上市公司应当在年度报告和中期报告中汇总披露前述担保。

7.2.7　上市公司为关联方提供担保的，应当具备合理的商业逻辑，在董事会审议通过后及时披露，提交股东大会审议。

上市公司为控股股东、实际控制人及其关联方提供担保的，控股股东、实际控制人及其关联方应当提供反担保。

8.3.8　上市公司出现以下情形之一的，应当自事实发生或董事会决议之日起及时披露：

……

（十）上市公司提供担保，被担保人于债务到期后15个交易日内未履行偿债义务，或者被担保人出现破产、清算或其他严重影响其偿债能力的情形；

……

上述事项涉及具体金额的，应当比照适用本规则第7.1.2条的规定。

上市公司发生第一款第十六、十七项规定情形，可能触及本规则第十章规定的重大违法类强制退市情形的，还应当同时披露可能被实施重大违法类强制退市的风险提示公告。

上市公司发生违规对外担保，或者资金、资产被控股股东、实际控制人及其关联方占用的，应当披露相关事项的整改进度情况。

12.1 本规则下列用语的具体含义或计算方法如下：

……

（九）实际控制人，是指通过投资关系、协议或者其他安排，能够支配、实际支配公司行为的自然人、法人或者其他组织。

（十）控股股东，是指其持有的股份占上市公司股本总额50%以上的股东；或者持有股份的比例虽然不足50%，但依其持有的股份所享有的表决权已足以对股东大会的决议产生重大影响的股东。

（十一）控制，是指有权决定一个企业的财务和经营政策，并能据以从该公司的经营活动中获取利益。有下列情形之一的，为拥有上市公司控制权（有确凿证据表明其不能主导公司相关活动的除外）：

1. 为上市公司持股50%以上的控股股东；
2. 可以实际支配上市公司股份表决权超过30%；
3. 通过实际支配上市公司股份表决权能够决定公司董事会半数以上成员选任；
4. 依其可实际支配的上市公司股份表决权足以对公司股东大会的决议产生重大影响；
5. 中国证监会或者本所认定的其他情形。

（十二）上市公司控股子公司，是指上市公司合并报表范围内的子公司，即持有其50%以上股份，或者能够决定其董事会半数以上成员组成，或者通过协议或其他安排能够实际控制的公司。

……

（二十六）违规对外担保，是指上市公司及其控股子公司未经公司章程等规定的审议程序而实施的对外担保事项。

……

6.《上海证券交易所科创板股票上市规则(2024年4月修订)》(节录)

(上证发〔2024〕52号发布)

3.2.7 上市公司日常经营出现下列情形的,保荐机构、保荐代表人应当就相关事项对公司经营的影响以及是否存在其他未披露重大风险发表意见并披露:

……

(五)涉及关联交易、为他人提供担保等重大事项;

……

3.2.13 上市公司出现下列情形之一的,保荐机构、保荐代表人应当自知道或者应当知道之日起15日内进行专项现场核查:

……

(三)可能存在重大违规担保;

……

4.1.4 上市公司控股股东、实际控制人不得通过关联交易、资金占用、担保、利润分配、资产重组、对外投资等方式损害上市公司利益,侵害上市公司财产权利,谋取上市公司商业机会。

4.1.7 上市公司控股股东、实际控制人转让控制权的,应当保证公平合理,不得损害上市公司和其他股东的合法权益。

控股股东、实际控制人转让控制权前存在下列情形的,应当予以解决:

……

(二)未清偿对上市公司债务或者未解除上市公司为其提供的担保;

……

7.1.1 本章所称"交易"包括下列事项:

……

(五)提供担保;

……

7.1.16 上市公司提供担保的,应当提交董事会或者股东大会进行审议,并及时披露。

上市公司下列担保事项应当在董事会审议通过后提交股东大会审议：

（一）单笔担保额超过公司最近一期经审计净资产10%的担保；

（二）公司及其控股子公司的对外担保总额，超过公司最近一期经审计净资产50%以后提供的任何担保；

（三）为资产负债率超过70%的担保对象提供的担保；

（四）按照担保金额连续12个月累计计算原则，超过公司最近一期经审计总资产30%的担保；

（五）本所或者公司章程规定的其他担保。

对于董事会权限范围内的担保事项，除应当经全体董事的过半数通过外，还应当经出席董事会会议的三分之二以上董事同意；前款第四项担保，应当经出席股东大会的股东所持表决权的三分之二以上通过。

7.1.17 上市公司为全资子公司提供担保，或者为控股子公司提供担保且控股子公司其他股东按所享有的权益提供同等比例担保，不损害上市公司利益的，可以豁免适用第7.1.16条第一项至第三项的规定，但是公司章程另有规定除外。上市公司应当在年度报告和半年度报告中汇总披露前述担保。

7.1.18 上市公司提供担保，被担保人于债务到期后15个交易日内未履行偿债义务，或者被担保人出现破产、清算或其他严重影响其偿债能力情形的，上市公司应当及时披露。

7.2.5 上市公司为关联人提供担保的，应当具备合理的商业逻辑，在董事会审议通过后及时披露，并提交股东大会审议。

上市公司为控股股东、实际控制人及其关联方提供担保的，控股股东、实际控制人及其关联方应当提供反担保。

8.2.6 上市公司出现下列重大风险事项之一，应当及时披露具体情况及其影响：

……

（十二）被控股股东及其关联方非经营性占用资金或违规对外担保；

……

9.2.2 上市公司控股股东及其一致行动人质押股份占其所持股份的比例达到50%以上，以及之后质押股份的，应当及时通知公司，并披露下列信息：

……

(四)控股股东及其关联方与上市公司之间的关联交易、资金往来、担保、共同投资,以及控股股东、实际控制人是否占用上市公司资源;

……

12.9.1 上市公司出现以下情形之一的,本所对其股票实施其他风险警示:

(一)公司被控股股东(无控股股东的,则为第一大股东)及其关联人非经营性占用资金,余额达到最近一期经审计净资产绝对值5%以上,或者金额超过1000万元,未能在1个月内完成清偿或整改;或者公司违反规定决策程序对外提供担保(担保对象为上市公司合并报表范围内子公司的除外),余额达到最近一期经审计净资产绝对值5%以上,或者金额超过1000万元,未能在1个月内完成清偿或整改;

……

12.9.4 上市公司股票因第12.9.1条第一款第一项规定情形被实施其他风险警示的,在被实施其他风险警示期间,公司应当至少每月披露1次提示性公告,披露资金占用或违规担保的解决进展情况。

14.2.9 上市公司出现下列情形之一,保荐机构、保荐代表人未能诚实守信、勤勉尽责的,本所可以根据情节轻重,对相关机构及其人员采取前条规定的监管措施或者纪律处分:

……

(四)违规提供担保;

……

15.1 本规则下列用语含义如下:

……

(十二)控股股东,指其持有的股份占公司股本总额50%以上的股东,或者持有股份的比例虽然不足50%,但依其持有的股份所享有的表决权已足以对股东大会的决议产生重大影响的股东。

(十三)实际控制人,指虽不是公司的股东,但通过投资关系、协议或者其他安排,能够实际支配公司行为的人。

(十四)上市公司控股子公司,指上市公司持有其50%以上的股份,或者能够决定其董事会半数以上成员的当选,或者通过协议或其他安排能够实际控制的公司。

……

7.《深圳证券交易所创业板股票上市规则（2024年修订）》（节录）

（深证上〔2024〕340号发布）

3.2.4 上市公司临时报告披露的信息涉及募集资金、关联交易、委托理财、提供担保、对外提供财务资助等重大事项的，保荐机构应当按照中国证监会和本所相关规定发表意见。

3.2.7 上市公司出现下列情形之一的，保荐机构和保荐代表人应当在知悉或者理应知悉之日起十五日内进行专项现场核查：

……

（三）可能存在重大违规担保；

……

保荐机构进行现场核查的，应当告知上市公司现场核查结果及提请公司注意的事项，并在现场核查结束后十个交易日内披露现场核查报告。

4.3.2 上市公司控股股东、实际控制人应当诚实守信，依法行使股东权利，不滥用控制权损害公司或者其他股东的利益，履行以下义务：

……

（二）不以任何方式违法违规占用公司资金或者要求公司违法违规提供担保；

……

7.1.1 本章所称"交易"，包括下列类型的事项：

……

（四）提供担保（指上市公司为他人提供的担保，含对控股子公司的担保）；

……

7.1.14 上市公司提供担保的，应当经董事会审议后及时对外披露。

担保事项属于下列情形之一的，应当在董事会审议通过后提交股东大会审议：

（一）单笔担保额超过公司最近一期经审计净资产10%的担保；

（二）公司及其控股子公司的提供担保总额，超过公司最近一期经审计净资产50%以后提供的任何担保；

（三）为资产负债率超过70%的担保对象提供的担保；

（四）连续十二个月内担保金额超过公司最近一期经审计净资产的50%且绝对金额超过5000万元；

（五）连续十二个月内担保金额超过公司最近一期经审计总资产的30%；

（六）对股东、实际控制人及其关联人提供的担保；

（七）本所或者公司章程规定的其他担保情形。

董事会审议担保事项时，必须经出席董事会会议的三分之二以上董事审议同意。股东大会审议前款第五项担保事项时，必须经出席会议的股东所持表决权的三分之二以上通过。

股东大会在审议为股东、实际控制人及其关联人提供的担保议案时，该股东或者受该实际控制人支配的股东，不得参与该项表决，该项表决由出席股东大会的其他股东所持表决权的半数以上通过。

7.1.15 上市公司为全资子公司提供担保，或者为控股子公司提供担保且控股子公司其他股东按所享有的权益提供同等比例担保，属于第7.1.14条第二款第一项至第四项情形的，可以豁免提交股东大会审议，但是公司章程另有规定除外。

7.1.16 对于已披露的担保事项，上市公司应当在出现下列情形之一时及时披露：

（一）被担保人于债务到期后十五个交易日内未履行还款义务；

（二）被担保人出现破产、清算或者其他严重影响还款能力情形。

7.1.17 上市公司与其合并范围内的控股子公司发生的或者上述控股子公司之间发生的交易，除中国证监会或者本章另有规定外，可以豁免按照本节规定披露和履行相应程序。

7.2.13 上市公司为关联人提供担保的，应当在董事会审议通过后及时披露，并提交股东大会审议。

上市公司为控股股东、实际控制人及其关联方提供担保的，控股股东、实际控制人及其关联方应当提供反担保。

8.3.1 发行可转换公司债券的上市公司出现下列情形之一的，应当及时披露：

……

（九）公司新增借款或者对外提供担保超过上年末净资产的20%；

……

9.4 上市公司出现下列情形之一的,本所对其股票交易实施其他风险警示:

……

(五)向控股股东(无控股股东,则为第一大股东)或者其关联人提供资金或者违反规定程序对外提供担保且情形严重;

……

9.5 第9.4条第五项所述"向控股股东或者其关联人提供资金或者违反规定程序对外提供担保且情形严重",是指上市公司存在下列情形之一且无可行的解决方案或者虽提出解决方案但预计无法在一个月内解决的:

(一)上市公司向控股股东或者其关联人提供资金的余额在1000万元以上,或者占上市公司最近一期经审计净资产绝对值的5%以上;

(二)上市公司违反规定程序对外提供担保的余额(担保对象为上市公司合并报表范围内子公司的除外)在1000万元以上,或者占上市公司最近一期经审计净资产绝对值的5%以上。

13.1 本规则下列用语具有以下含义:

……

(六)控股股东:指其持有的股份占公司股本总额50%以上的股东;或者持有股份的比例虽然不足50%,但依其持有的股份所享有的表决权已足以对股东大会的决议产生重大影响的股东。

(七)实际控制人:指通过投资关系、协议或者其他安排,能够实际支配公司行为的人。

(八)控制:指有权决定一个企业的财务和经营政策,并能据以从该企业的经营活动中获取利益。有下列情形之一的,为拥有上市公司控制权:

1.为上市公司持股50%以上的控股股东;

2.可以实际支配上市公司股份表决权超过30%;

3.通过实际支配上市公司股份表决权能够决定公司董事会半数以上成员选任;

4.依其可实际支配的上市公司股份表决权足以对公司股东大会的决议产生重大影响;

5.中国证监会或者本所认定的其他情形。

（九）上市公司控股子公司：指上市公司持有其50%以上股份，或者能够决定其董事会半数以上成员组成，或者通过协议或者其他安排能够实际控制的公司。

……

8.《上海证券交易所上市公司自律监管指引第1号——规范运作（2023年12月修订）》（节录）

（上证发〔2023〕193号发布）

4.2.4 控股股东、实际控制人应当维护上市公司财务独立，不得通过以下方式影响公司财务的独立性：

……

（三）要求公司违法违规提供担保；

……

4.2.9 控股股东、实际控制人应当维护上市公司在提供担保方面的独立决策，支持并配合公司依法依规履行对外担保事项的内部决策程序与信息披露义务，不得强令、指使或者要求公司及相关人员违规对外提供担保。

控股股东、实际控制人强令、指使或者要求公司从事违规担保行为的，公司及其董事、监事和高级管理人员应当拒绝，不得协助、配合、默许。

4.3.1 控股股东、实际控制人不得通过关联交易、资产重组、对外投资、担保、利润分配和其他方式直接或者间接侵占上市公司资金、资产，损害公司及其他股东的利益。

4.3.6 ……

控股股东、实际控制人在转让控制权之前，存在占用公司资金、要求公司违法违规提供担保等违规情形的，应当将占用资金全部归还、违规担保全部解除，但转让控制权所得资金用以清偿占用资金、解除违规担保的除外。

……

5.2 上市公司的内部控制制度应当涵盖经营活动的所有环节，包括销货及收款、采购及付款、存货管理、固定资产管理、货币资金管理、担保与融资、投资管理、研发管理、人力资源管理等环节。

......

5.6 上市公司应当加强对关联交易、提供担保、募集资金使用、重大投资、信息披露等活动的控制,按照本所相关规定的要求建立相应控制政策和程序。

5.12 除法律法规另有规定外,董事会审计委员会应当督导内部审计部门至少每半年对下列事项进行一次检查,出具检查报告并提交审计委员会。检查发现上市公司存在违法违规、运作不规范等情形的,应当及时向本所报告:

(一)公司募集资金使用、提供担保、关联交易、证券投资与衍生品交易、提供财务资助、购买或者出售资产、对外投资等重大事件的实施情况;

......

5.16 上市公司应当重点加强对控股子公司实行管理控制,主要包括:

......

(六)定期取得并分析各控股子公司的季度或者月度报告,包括营运报告、产销量报表、资产负债表、利润表、现金流量表、向他人提供资金及对外担保报表等,并根据相关规定,委托会计师事务所审计控股子公司的财务报告;

......

6.2.1 上市公司为他人提供担保,包括为其控股子公司提供担保,适用本节规定,但以提供担保为其主营业务的持有金融牌照的上市公司及其控股子公司的除外。

6.2.2 上市公司应当按照法律法规及本所相关规定,在公司章程中明确股东大会、董事会关于提供担保事项的审批权限,以及违反审批权限和审议程序的责任追究机制,并严格执行提供担保审议程序。

未经董事会或者股东大会审议通过,公司不得提供担保。

6.2.3 上市公司应当建立健全印章保管与使用管理制度,指定专人保管印章和登记使用情况,明确与担保事项相关的印章使用审批权限,做好与担保事项相关的印章使用登记。

公司印章保管人员应当按照印章保管与使用管理制度管理印章,拒绝违反制度使用印章的要求。公司印章保管或者使用出现异常的,公司印章保管人员应当及时向董事会、监事会报告。

6.2.4 上市公司对外担保时应当采取必要措施核查被担保人的资信状况,并在审慎判断被担保方偿还债务能力的基础上,决定是否提供担保。

上市公司为控股股东、实际控制人及其关联人提供担保的，应当要求对方提供反担保。公司董事会应当建立定期核查制度，每年度对上市公司全部担保行为进行核查，核实公司是否存在违规担保行为并及时披露核查结果。

6.2.5 上市公司向其控股子公司提供担保，如每年发生数量众多、需要经常订立担保协议而难以就每份协议提交董事会或者股东大会审议的，上市公司可以对资产负债率为70%以上以及资产负债率低于70%的两类子公司分别预计未来12个月的新增担保总额度，并提交股东大会审议。

前述担保事项实际发生时，上市公司应当及时披露。任一时点的担保余额不得超过股东大会审议通过的担保额度。

6.2.6 上市公司向其合营或者联营企业提供担保且被担保人不是上市公司的董事、监事、高级管理人员、持股5%以上的股东、控股股东或实际控制人的关联人，如每年发生数量众多、需要经常订立担保协议而难以就每份协议提交董事会或者股东大会审议的，上市公司可以对未来12个月内拟提供担保的具体对象及其对应新增担保额度进行合理预计，并提交股东大会审议。

前述担保事项实际发生时，上市公司应当及时披露，任一时点的担保余额不得超过股东大会审议通过的担保额度。

6.2.7 上市公司向其合营或者联营企业进行担保额度预计，同时满足以下条件的，可以在其合营或联营企业之间进行担保额度调剂：

（一）获调剂方的单笔调剂金额不超过上市公司最近一期经审计净资产的10%；

（二）在调剂发生时资产负债率超过70%的担保对象，仅能从资产负债率超过70%（股东大会审议担保额度时）的担保对象处获得担保额度；

（三）在调剂发生时，获调剂方不存在逾期未偿还负债等情况。

前款调剂事项实际发生时，上市公司应当及时披露。

6.2.8 上市公司应当持续关注被担保人的财务状况及偿债能力等，如发现被担保人经营状况严重恶化或者发生公司解散、分立等重大事项的，公司董事会应当及时采取有效措施，将损失降低到最小程度。

提供担保的债务到期后，公司应当督促被担保人在限定时间内履行偿债义务。若被担保人未能按时履行义务，公司应当及时采取必要的应对措施。

6.2.9 上市公司担保的债务到期后需展期并继续由其提供担保的，应当作为新的对外担保，重新履行审议程序和信息披露义务。

6.2.10 上市公司控股子公司为上市公司合并报表范围内的法人或者其他组织提供担保的，上市公司应当在控股子公司履行审议程序后及时披露，按照本所《股票上市规则》应当提交上市公司股东大会审议的担保事项除外。

上市公司控股子公司为前款规定主体以外的其他主体提供担保的，视同上市公司提供担保，应当遵守本节相关规定。

6.2.11 上市公司及其控股子公司提供反担保应当比照担保的相关规定执行，以其提供的反担保金额为标准履行相应审议程序和信息披露义务，但上市公司及其控股子公司为以自身债务为基础的担保提供反担保的除外。

6.2.12 因控股股东、实际控制人及其他关联人不及时偿还上市公司对其提供的担保而形成的债务，占用、转移公司资金、资产或者其他资源而给上市公司造成损失或者可能造成损失的，公司董事会应当及时采取追讨、诉讼、财产保全、责令提供担保等保护性措施避免或者减少损失，并追究有关人员的责任。

6.2.13 上市公司发生违规担保行为的，应当及时披露，并采取合理、有效措施解除或者改正违规担保行为，降低公司损失，维护公司及中小股东的利益，并追究有关人员的责任。

9.《上海证券交易所科创板上市公司自律监管指引第1号——规范运作（2023年12月修订）》（节录）

（上证发〔2023〕194号发布）

2.2.4 控股股东、实际控制人应当维护科创公司财务独立，不得通过以下方式影响科创公司财务的独立性：

……

（二）通过借款、违规担保等方式非经营性占用科创公司资金；

……

2.2.6 ……

控股股东、实际控制人应当维护科创公司在生产经营、内部管理、对外投资、对外担保等方面的独立决策,支持并配合科创公司依法履行重大事项的内部决策程序,以行使提案权、表决权等有关法律法规及科创公司章程规定的股东权利方式,通过股东大会依法参与科创公司重大事项的决策。

2.4.2 ……

控股股东、实际控制人在转让控制权之前,存在占用科创公司资金等损害科创公司和其他股东合法权益情形的,应当采取措施予以消除;存在未清偿对科创公司负债或者未解除科创公司为其负债所提供担保的情形的,应当配合科创公司提出解决措施;存在未履行承诺情形的,应当采取措施保证承诺履行不受影响。

……

3.5.2 科创公司的内部控制制度应当涵盖经营活动的所有环节,包括销货及收款、采购及付款、存货管理、固定资产管理、货币资金管理、担保与融资、投资管理、研发管理、人事管理等环节。

……

6.1.1 科创公司控股股东、实际控制人对公司和社会公众股东负有诚信义务,不得组织、指使公司实施财务造假、违规担保,不得通过资金占用等方式损害公司及社会公众股东合法权益。

6.1.2 科创公司董监高应当履行忠实、勤勉义务,采取合理措施,积极预防、发现并制止财务造假、违规担保、资金占用等严重损害公司利益的行为,维护公司及社会公众股东合法权益。

……

6.1.3 科创公司应当建立健全公司治理机制和内部控制制度,切实防范财务造假、违规担保、资金占用等违法违规行为,维护公司及社会公众股东的合法权益。

6.1.6 科创公司控股股东、实际控制人、董监高不得利用其控制地位或者职务便利操纵、指使科创公司实施违规担保行为。

科创公司应当依照有关法律法规,在公司章程中明确股东大会、董事会关于提供担保事项的审批权限,以及违反审批权限和审议程序的责任追究机制,并严格执行提供担保审议程序。

6.3.1 科创公司控股股东、实际控制人及其关联方不得以下列方式占用公司资金:

……

（八）不及时偿还公司承担对其的担保责任而形成的债务；

……

6.4.1 控股股东、实际控制人应当维护科创公司在提供担保方面的独立决策，支持并配合科创公司依法依规履行对外担保事项的内部决策程序与信息披露义务，不得强令、指使或者要求科创公司及相关人员违规对外提供担保。

控股股东、实际控制人强令、指使或者要求科创公司从事违规担保行为的，科创公司及其董监高应当拒绝，不得协助、配合、默许。

6.4.2 科创公司董事会审议提供担保事项时，应当核查被担保人的资信状况，并在审慎判断被担保方偿还债务能力的基础上，决定是否提供担保。

董事会应当建立定期核查制度，每年度对科创公司全部担保行为进行核查，核实公司是否存在违规担保行为并及时披露核查结果。

董事会发现科创公司可能存在违规担保行为，或者公共媒体出现关于公司可能存在违规担保的重大报道、市场传闻的，应当对公司全部担保行为进行核查，核实公司是否存在违规担保行为并及时披露核查结果。

科创公司根据前款规定披露的核查结果，应当包含相关担保行为是否履行了审议程序、披露义务，担保合同或文件是否已加盖公司印章，以及印章使用行为是否符合公司印章保管与使用管理制度等。

董事会根据第一款的规定履行核查义务的，可以采用查询本公司及子公司征信报告、担保登记记录，或者向控股股东、实际控制人发函查证等方式。控股股东、实际控制人应当配合科创公司的查证，及时回复，并保证所提供信息或者材料真实、准确、完整。

6.4.3 审计委员会应当持续关注公司提供担保事项的情况，监督及评估公司与担保相关的内部控制事宜，并就相关事项做好与会计师事务所的沟通。发现异常情况的，应当及时提请公司董事会采取相应措施。

6.4.4 持续督导期内，保荐机构、保荐代表人应当重点关注科创公司是否存在违规担保行为。

发现科创公司可能存在违规担保行为的，应当督促公司立即核实并披露，同时按照《科创板上市规则》的规定及时进行专项现场核查；公司未及时披露的，保荐机构应当及时披露相关情况。

6.4.5 科创公司发生违规担保行为的,应当及时披露,并采取合理、有效措施解除或者改正违规担保行为,降低公司损失,维护公司及中小股东的利益,并追究有关人员的责任。

6.4.6 科创公司应当建立健全印章保管与使用管理制度,指定专人保管印章和登记使用情况,明确与担保事项相关的印章使用审批权限,做好与担保事项相关的印章使用登记。

公司印章保管人员应按照印章保管与使用管理制度管理印章,拒绝违反制度使用印章的要求;公司印章保管或者使用出现异常的,公司印章保管人员应当及时向董事会报告。

6.5.1 科创公司董监高获悉公司控股股东及其一致行动人质押股份占其所持股份的比例达到50%以上的,应当重点关注相关融资目的与用途、相关主体财务状况与偿债能力、资信状况、对外投资情况、业绩承诺补偿情况,相关主体与科创公司之间的关联交易、资金往来、担保、共同投资情况,以及控股股东、实际控制人是否存在占用公司资金或者指使公司为其违规提供担保等情形。

6.5.3 科创公司董监高获悉公司控股股东及其一致行动人质押股份占其所持股份的比例达到80%以上的,应当提请董事会核查控股股东、实际控制人是否存在占用公司资金或者指使公司为其违规提供担保等情形,以及是否存在控股股东、实际控制人主导的交易或提案损害科创公司利益的情况。

10.《上海证券交易所上市公司自律监管指南第1号——公告格式（2024年11月修订）》（节录）

（上证函〔2024〕3304号发布）

第四号 上市公司为他人提供担保公告（2023年8月修订）

适用情形：

1.上市公司为他人提供担保应当按本公告格式履行信息披露义务,包括上市公司及其控股子公司对他人的担保以及上市公司对控股子公司的担保。

2.上市公司进行年度担保预计的,在担保预计额度内发生具体担保事项时,应当参照本公告格式披露实际发生的担保情况，披露本次担保的基本情况、担保余额等主要信息，并就担保对象的财务状况、资产负债率等是否发生显著变化作出特别提示。

上市公司因担保发生频次较高，逐笔披露确有不便的，可以按月汇总披露上市公司为子公司、子公司之间等上市公司并表范围内实际发生的担保情况，但应当充分论述原因及合理性。

3.对于达到披露标准的担保，如果被担保人于债务到期后15个交易日内未履行还款义务，或者被担保人出现破产、清算或者其他严重影响其还款能力的情形，上市公司应当及时披露。

证券代码：　　　证券简称：　　　公告编号：

××××股份有限公司为他人提供担保公告

> 本公司董事会及全体董事保证本公告内容不存在任何虚假记载、误导性陈述或者重大遗漏，并对其内容的真实性、准确性和完整性承担法律责任。
>
> 如有董事对临时公告内容的真实性、准确性和完整性无法保证或存在异议的，公司应当在公告中作特别提示。

重要内容提示：

• 被担保人名称及是否为上市公司关联人

• 本次担保金额及已实际为其提供的担保余额

• 本次担保是否有反担保

• 对外担保逾期的累计数量

特别风险提示：上市公司及控股子公司对外担保总额超过最近一期经审计净资产100%、对资产负债率超过70%的单位提供担保、担保金额超过上市公司最近一期经审计净资产50%，以及对合并报表外单位担保金额达到或超过最近一期经审计净资产30%的情况下，应当提醒投资者充分关注担保风险。

一、担保情况概述

（一）简要介绍担保基本情况，例如协议签署日期、被担保人和债权人的名称、担保金额、担保方式、担保期限、担保原因及范围、是否有反担保等。如为控股子公司或参股公司提供担保，说明其他股东提供担保的情况。

（二）上市公司就本次担保事项履行的内部决策程序及尚需履行的决策程序。

编制提醒：

1.对于非关联担保，担保事项除应当经全体董事的过半数审议通过外，还应当经出席董事会会议的三分之二以上董事审议通过。对达到《股票上市规则》规定情形的担保，应在董事会审议后提交股东大会审议。

2.对于关联担保，除应当经全体非关联董事的过半数审议通过外，还应当经出席董事会会议的非关联董事的三分之二以上董事审议同意并作出决议，并提交股东大会审议。

3.公司因交易或者关联交易导致被担保方成为公司的关联人，在实施该交易或者关联交易的同时，应当就存续的关联担保履行相应审议程序和信息披露义务。

4.董事会或者股东大会未审议通过前款规定的关联担保事项的，交易各方应当采取提前终止担保等有效措施。

(三)担保预计基本情况

担保方	被担保方	担保方持股比例	被担保方最近一期资产负债率	截至目前担保余额	本次新增担保额度	担保额度占上市公司最近一期净资产比例	担保预计有效期	是否关联担保	是否有反担保
一、对控股子公司的担保预计									
1.资产负债率为70%以上的控股子公司									
2.资产负债率为70%以下的控股子公司									
二、对合营、联营企业的担保预计									
1.资产负债率为70%以上的合营、联营企业									
2.资产负债率为70%以下的合营、联营企业									

已审议额度内的担保实际发生时，除参照本公告格式披露相关内容外，还应当在相关公告中明确披露对被担保方相关担保额度的审议情况，包括审议过程、审议时间、审议的担保额度以及本次担保前后对被担保方的担保余额(已提供且尚在担保期限内的担保余额，下同)、可用担保额度等。

担保调剂事项发生时，应当披露调剂的相关情况，例如调出方及调入方名称、担保额度以及本次调剂前后对各方的担保余额、可用担保额度等。

编制提醒：

1.上市公司对控股子公司提供担保，可对资产负债率为70%以上和70%以下的两类子公司分别预计未来12个月的新增担保总额度，并提交股东大会审议；

2.上市公司向合营或联营企业提供担保，且被担保方不是上市公司董事、监事、高级管理人员、持股5%以上股东、控股股东或实际控制人的关联人，公司可合理预计对未来12个月内拟提供担保的具体对象及新增担保额度，并提交股东大会审议；

3.上市公司控股子公司内部可进行担保额度调剂，但调剂发生时资产负债率为70%以上的子公司仅能从股东大会审议时资产负债率为70%以上的子公司处获得担保额度；

4.上市公司对合营或联营企业进行担保额度预计，同时满足以下条件的，可以在合营或联营企业内部进行担保额度调剂，并应当参照本公告格式及时披露：(1)单笔获调剂金额不超过上市公司最近一期经审计净资产的10%；(2)调剂发生时资产负债率超过70%的担保对象仅能从股东大会审议时资产负债率为70%以上的担保对象处获得担保额度。

简要说明本次担保预计事项已履行的内部决策程序及尚需履行的决策程序。上市公司进行担保额度预计的，应当提交股东大会审议。

二、被担保人基本情况

（一）被担保人为法人或其他组织的，说明被担保人的基本法人信息，例如名称、统一社会信用代码、成立时间、注册地、主要办公地点、法定代表人、注册资本、主营业务、主要股东或实际控制人，最近一年又一期财务报表的资产总额、负债总额、净资产、营业收入、净利润、影响被担保人偿债能力的重大或有事项（包括担保、抵押、诉讼与仲裁事项）等。

被担保人为自然人的，披露其姓名、主要就职单位等基本情况，以及具有偿债能力的证明。

（二）详细说明被担保人与上市公司关联关系，或在产权、业务、资产、债权债务、人员等方面的其他关系。为关联人提供担保的，披露关联人的股权结构（包括直接和间接股东至最终股东）；为控股子公司或参股公司提供担保，说明该控股或参股公司的股东及持股比例。

（三）被担保方为失信被执行人的，进一步披露其失信情况、受到的惩戒措施，对本次担保的影响，以及公司所采取的应对措施等。

三、担保协议的主要内容

主要介绍担保的方式、期限、金额、其他股东方是否提供担保及担保形式、反担保情况及形式，以及担保协议中的其他重要条款。如通过资产等标的提供担保的，参照上市公司对外投资相关公告格式介绍资产等标的的基本情况。

四、担保的必要性和合理性

1.结合被担保人的资信状况披露该担保事项的利益和风险，包括董事会对被担保方偿还债务能力的判断。若被担保方存在较大的偿债风险，如有逾期债务、资产负债率超过70%等情形的，需进一步论证本次担保的必要性和合理性；反担保是否足以保障上市公司利益（如适用）。

2.若上市公司为参股或控股公司提供超出股权比例的担保，应当对该担保是否公平、对等、其他股东没有按比例提供担保等说明原因。

3.上市公司为控股股东、实际控制人及其关联人提供担保，应对是否具备合理的商业逻辑进行说明，并要求对方提供反担保。

五、董事会意见

披露董事会的审议情况，董事反对或弃权的，应当披露反对或弃权理由；存在反担保的，董事会应当就反担保是否足以保障上市公司利益发表意见。

六、累计对外担保数量及逾期担保的数量

截至公告披露日上市公司及其控股子公司对外担保总额、上市公司对控股子公司提供的担保总额、上市公司对控股股东和实际控制人及其关联人提供的担保总额、上述数额分别占上市公司最近一期经审计净资产的比例、逾期担保累计数量。

编制提醒：

1.担保总额，包含已批准的担保额度内尚未使用额度与担保实际发生余额之和；

2.上市公司及其控股子公司的对外担保总额，是指包括上市公司对控股子公司担保在内的上市公司对外担保总额与上市公司控股子公司对外担保总额之和。

特此公告。

××××股份有限公司董事会

年　月　日

•报备文件

担保协议

11.《上海证券交易所科创板上市公司自律监管指南（2024年11月修订）》（节录）

（上证函〔2024〕3305号发布）

第三号　科创板上市公司为他人提供担保公告

适用情形：

1.科创板上市公司（以下简称上市公司）进行年度担保预计、上市公司及其控股子公司为关联方或其他方提供担保及反担保，适用本公告格式指引。

2.上市公司为控股子公司提供担保，且控股子公司其他股东未按所享有的权益提供同等比例担保的，也适用本公告格式指引。

证券代码：　　　证券简称：　　　公告编号：

××××股份有限公司为××××提供担保公告

> 本公司董事会及全体董事保证本公告内容不存在任何虚假记载、误导性陈述或者重大遗漏，并对其内容的真实性、准确性和完整性依法承担法律责任。
>
> 如有董事对临时公告内容的真实性、准确性和完整性无法保证或存在异议的，公司应当在公告中作特别提示。

重要内容提示：

• 被担保人名称及是否为上市公司关联方

• 本次担保金额及已实际为其提供的担保余额

• 本次担保是否有反担保

• 本次担保是否经股东大会审议

一、担保情况概述

（一）简要介绍担保基本情况，包括协议签署日期、被担保人和债权人的名称、担保金额等。

（二）上市公司就本次担保事项履行的内部决策程序及尚需履行的程序。

二、被担保人基本情况

（一）主要介绍被担保人的名称、成立日期、注册地点、法定代表人、经营范围、股权结构、最近一年又一期的资产总额、负债总额、资产净额、营业收入、净利润、扣除非经常性损益后的净利润、影响被担保人偿债能力的重大或有事项（包括担保、抵押、诉讼与仲裁事项）等，并注明是否经过审计、审计机构名称。

被担保人是否失信被执行人，如是，应进一步披露其失信情况、受到的惩戒措施、对本次担保的影响，以及公司所采取的应对措施等。

（二）详细说明被担保人与上市公司的关联关系，或在产权、业务、资产、债权债务、人员等方面的其他关系。为关联方提供担保，应披露关联人的股权结构（包括直接和间接股东至最终股东）；为控股子公司或参股公司提供担保，应说明该控股或参股公司的股东及持股比例。

三、担保协议的主要内容

主要介绍担保的方式（包括一般保证、连带责任保证、抵押和质押等）、期限、金额和担保协议中的其他重要条款。如以资产等标的提供担保的，应参照收购、出售资产公告格式指引介绍资产等标的的基本情况。如为控股子公司或参股公司提供担保，说明其他股东的担保情况。如有反担保的，说明反担保的具体内容。

四、担保的原因及必要性

（一）介绍担保的理由，并结合被担保人的资信状况披露该担保事项的利益和风险，包括董事会对被担保方偿还债务能力的判断。

（二）上市公司为关联人提供担保的，应当具备合理的商业逻辑，在董事会审议通过后及时披露，并提交股东大会审议。上市公司为控股股东、实际控制人及其关联方提供担保的，控股股东、实际控制人及其关联方应当提供反担保。

（三）上市公司为控股或参股公司提供超出股权比例的担保，应对该担保是否公平、对等、其他股东没有按比例提供担保说明原因；上市公司向控股和参股公司以外的其他对象提供担保，应说明原因及必要性。

五、董事会意见

披露董事会的审议情况，董事反对或弃权的，应当披露反对或弃权理由；存在反担保的，董事会应当就反担保是否足以保障上市公司利益发表意见。

六、累计对外担保金额及逾期担保的金额

截至公告披露日，上市公司及其控股子公司对外担保总额、上市公司对控股子公司提供的担保总额、上述数额分别占上市公司最近一期经审计净资产及总资产的比例、逾期担保累计金额、涉及诉讼的担保金额等。

七、上网公告附件

被担保人最近一期的财务报表

特此公告。

××××股份有限公司董事会
年　月　日

• 报备文件

（一）担保协议

（二）经与会董事签字生效的董事会决议（如适用）

（三）股东大会决议（如适用）

（四）本所要求的其他文件

12.《深圳证券交易所上市公司自律监管指南第2号——公告格式（2024年11月修订）》（节录）

（深证上〔2024〕1014号发布）

交易类第5号　上市公司对外担保公告格式

证券代码：　　证券简称：　　公告编号：

××××××股份有限公司对外担保公告

本公司及董事会全体成员（或除董事×××、×××外的董事会全体成员）保证信息披露的内容真实、准确、完整，没有虚假记载、误导性陈述或重大遗漏。

董事×××因(具体和明确的理由)不能保证公告内容真实、准确、完整。

特别提示（如适用）：

上市公司及控股子公司对外担保总额超过最近一期经审计净资产100%、对资产负债率超过70%的被担保对象担保、担保金额超过上市公司最近一期经审计净资产50%，以及对合并报表外单位担保金额达到或超过最近一期经审计净资产30%的情况下，应当提醒投资者充分关注担保风险。

一、担保情况概述

简要介绍本次担保基本情况，包括协议签署日期、签署地点、被担保人和债权人的名称、担保金额等。

简要说明董事会审议担保议案的表决情况；交易生效所必需的审议或审议程序，如是否需经过股东大会或有关部门批准等。

二、上市公司及控股子公司存在担保额度预计情况的，在相关预计公告中，应披露下表

担保方	被担保方	担保方持股比例	被担保方最近一期资产负债率	截至目前担保余额	本次新增担保额度	担保额度占上市公司最近一期净资产比例	是否关联担保
……							

已审议额度内的担保实际发生时，除按本公告格式披露相关内容外，还应当在相关公告中明确披露对被担保方相关担保额度的审议情况，包括审议过程、审议时间、审议的担保额度以及本次担保前后对被担保方的担保余额（已提供且尚在担保期限内的担保余额，下同）、可用担保额度等。

担保调剂事项发生时，应当在相关公告中分别披露调出方及调入方名称、担保额度以及本次调剂前后对各方的担保余额、可用担保额度等。

三、被担保人基本情况

1.应说明被担保人的名称、成立日期、注册地点、法定代表人、注册资本、主营业务、股权结构、与上市公司存在的关联关系或其他业务联系。

2.对需提交股东大会审议的担保事项,应以方框图或者其他有效形式全面披露被担保人相关的产权及控制关系,包括被担保人的主要股东或权益持有人、股权或权益的间接控制人及各层之间的产权关系结构图,直至披露到出现自然人、国有资产管理部门或者股东之间达成某种协议或安排的其他机构。

3.应说明被担保人最近一年又一期的资产总额、负债总额(其中包括银行贷款总额、流动负债总额),或有事项涉及的总额(包括担保、抵押、诉讼与仲裁事项)、净资产、营业收入、利润总额、净利润等主要财务指标和最新的信用等级状况。

4.被担保方是否为失信被执行人,如是,应进一步披露其失信情况、受到的惩戒措施、对本次交易的影响,以及公司所采取的应对措施等。

四、担保协议的主要内容

主要介绍担保的方式、期限、金额、其他股东方是否提供担保及担保形式、反担保情况及形式,以及担保协议中的其他重要条款。如通过资产等标的提供担保的,参照"上市公司购买、出售资产公告格式"介绍资产等标的的基本情况。

五、董事会意见

1.介绍提供担保的原因。

2.董事会在对被担保人资产质量、经营情况、行业前景、偿债能力、信用状况等进行全面评估的基础上,披露该担保事项的利益和风险,以及董事会对被担保人偿还债务能力的判断。

3.为控股子公司或参股公司提供担保的,应说明该控股子公司或参股公司其他股东是否按出资比例提供同等担保或者反担保等,担保是否公平、对等。如该股东未能按出资比例向上市公司控股子公司或者参股公司提供同等担保或反担保等风险控制措施,应当披露主要原因,并在分析担保对象经营情况、偿债能力的基础上,充分说明该笔担保风险是否可控,是否损害上市公司利益等。

4.说明被担保方提供反担保情况,未提供反担保的应当说明其合理性以及是否损害上市公司利益。公司为控股股东、实际控制人及其关联人提供担保的,控股股东、实际控制人及其关联人应当提供反担保。

六、累计对外担保数量及逾期担保的数量

本次担保后,上市公司及其控股子公司的担保额度总金额(如有)、本次担保提供后上市公司及控股子公司对外担保总余额及占上市公司最近一期经审计净资产的

比例；上市公司及其控股子公司对合并报表外单位提供的担保总余额及占上市公司最近一期经审计净资产的比例；逾期债务对应的担保余额、涉及诉讼的担保金额及因被判决败诉而应承担的担保金额等。

七、其他

担保公告首次披露后，上市公司应及时披露担保的审议、协议签署和其他进展或变化情况。

八、备查文件

1.董事会决议；2.担保合同（如有）；3.深交所要求的其他文件。

××××××股份有限公司董事会
×××年××月××日

13.《深圳证券交易所上市公司自律监管指引第1号——主板上市公司规范运作（2023年12月修订）》（节录）

（深证上〔2023〕1145号发布）

2.1.18 以下事项必须经出席股东大会的股东所持表决权的三分之二以上通过：

……

（五）《股票上市规则》第6.1.8条、第6.1.10条规定的连续十二个月内购买、出售重大资产或者担保金额超过公司资产总额百分之三十；

……

3.3.9 董事会在审议提供担保事项前，董事应当充分了解被担保方的经营和资信情况，认真分析被担保方的财务状况、营运状况和信用情况等。

董事应当对担保的合规性、合理性、被担保方偿还债务的能力以及反担保措施是否有效等作出审慎判断。

董事会在审议对上市公司的控股子公司、参股公司的担保议案时，董事应当重点关注控股子公司、参股公司的各股东是否按出资比例提供同等担保或者反担保等风险控制措施。

4.1.5 控股股东、实际控制人应当履行下列职责并在《控股股东、实际控制人声明及承诺书》中作出承诺：

（一）遵守并促使上市公司遵守法律法规；

（二）遵守并促使公司遵守本所《股票上市规则》、本指引、本所其他相关规定，接受本所监督；

（三）遵守并促使公司遵守公司章程；

（四）依法行使股东权利，不滥用控制权损害公司或者其他股东的利益；

（五）严格履行作出的公开声明和各项承诺，不擅自变更或者解除；

（六）严格按照有关规定履行信息披露义务；

（七）本所认为应当履行的其他职责和应当作出的其他承诺。

控股股东、实际控制人应当明确承诺，如存在控股股东、实际控制人及其关联人占用公司资金、要求公司违法违规提供担保的，在占用资金全部归还、违规担保全部解除前不转让所持有、控制的公司股份，但转让所持有、控制的公司股份所得资金用以清偿占用资金、解除违规担保的除外。

4.2.3 控股股东、实际控制人及其关联人不得通过下列任何方式影响上市公司财务独立：

……

（三）要求公司违法违规提供担保；

……

4.2.6 控股股东、实际控制人应当维护上市公司业务独立，支持并配合公司建立独立的生产经营模式，不得与公司在业务范围、业务性质、客户对象、产品可替代性等方面存在可能损害公司利益的竞争，不得利用其对公司的控制地位，牟取属于公司的商业机会。控股股东、实际控制人应当采取措施，避免或者消除与公司的同业竞争。

控股股东、实际控制人应当维护公司在生产经营、内部管理、对外投资、对外担保等方面的独立决策，支持并配合公司依法履行重大事项的内部决策程序，以行使提案权、表决权等法律法规、本所相关规定及公司章程规定的股东权利的方式，通过股东大会依法参与公司重大事项的决策。

4.2.7 控股股东、实际控制人应当维护上市公司在提供担保方面的独立决策，支持并配合公司依法依规履行对外担保事项的内部决策程序与信息披露义务，不得强令、指使或者要求公司及相关人员违规对外提供担保。

控股股东、实际控制人强令、指使或者要求公司从事违规担保行为的，公司及其董事、监事及高级管理人员应当拒绝，不得协助、配合、默许。

4.3.1 控股股东、实际控制人及其关联人不得利用关联交易、资产重组、对外投资、担保、利润分配和其他方式直接或者间接侵占上市公司资金、资产，损害公司及其他股东的合法权益。

4.3.6 控股股东、实际控制人转让上市公司控制权之前，应当对拟受让人的主体资格、诚信状况、受让意图、履约能力、是否存在不得转让控制权的情形等情况进行合理调查，保证交易公允、公平、合理，有利于维护公司和中小股东利益。

控股股东、实际控制人及其关联人如存在占用公司资金、要求公司违法违规提供担保等违规情形的，控股股东、实际控制人在转让控制权之前，应将占用资金全部归还、违规担保全部解除；存在未履行承诺情形的，应当采取措施保证承诺履行不受影响。

控股股东、实际控制人转让公司控制权时，应当关注、协调新老股东更换，确保上市公司董事会以及公司管理层平稳过渡。

5.6 上市公司应当加强对关联交易、提供担保、募集资金使用、重大投资、信息披露等活动的控制，按照本所有关规定的要求建立相应控制政策和程序。

5.13 审计委员会应当督导内部审计部门至少每半年对下列事项进行一次检查，出具检查报告并提交审计委员会。检查发现上市公司存在违法违规、运作不规范等情形的，应当及时向本所报告：

（一）公司募集资金使用、提供担保、关联交易、证券投资与衍生品交易、提供财务资助、购买或者出售资产、对外投资等重大事件的实施情况；

……

审计委员会应当根据内部审计部门提交的内部审计报告及相关资料，对公司内部控制有效性出具书面的评估意见，并向董事会报告。董事会或者审计委员会认为公司内部控制存在重大缺陷或者重大风险的，或者保荐人、独立财务顾问、会计师事务所指出上市公司内部控制有效性存在重大缺陷的，董事会应当及时向本所报告并予以披露。公司应当在公告中披露内部控制存在的重大缺陷或者重大风险、已经或者可能导致的后果，以及已采取或者拟采取的措施。

5.17 上市公司应当重点加强对控股子公司的管理控制，主要包括：

……

（六）定期取得并分析各控股子公司的季度或者月度报告，包括营运报告、产销量报表、资产负债表、利润表、现金流量表、向他人提供资金及对外担保报表等，并根据相关规定，委托会计师事务所审计控股子公司的财务报告；

……

6.2.1 上市公司为他人提供担保，包括为其控股子公司提供担保，适用本节规定。

6.2.2 上市公司应当按照有关法律法规和本所相关规定，在公司章程中明确股东大会、董事会关于提供担保事项的审批权限，以及违反审批权限和审议程序的责任追究机制，并严格执行提供担保审议程序。

未经董事会或者股东大会审议通过，公司不得提供担保。

6.2.3 上市公司应当在印章保管与使用管理相关制度中明确与担保事项相关的印章使用审批权限，做好与担保事项相关的印章使用登记。

6.2.4 上市公司对外担保时应当采取必要措施核查被担保人的资信状况，并在审慎判断被担保方偿还债务能力的基础上，决定是否提供担保。

上市公司为控股股东、实际控制人及其关联人提供担保的，应当要求对方提供反担保。

6.2.5 上市公司为其控股子公司、参股公司提供担保，该控股子公司、参股公司的其他股东应当按出资比例提供同等担保等风险控制措施，如该股东未能按出资比例向上市公司控股子公司或者参股公司提供同等担保等风险控制措施，上市公司董事会应当披露主要原因，并在分析担保对象经营情况、偿债能力的基础上，充分说明该笔担保风险是否可控，是否损害上市公司利益等。

6.2.6 上市公司向其控股子公司提供担保，如每年发生数量众多、需要经常订立担保协议而难以就每份协议提交董事会或者股东大会审议的，上市公司可以对最近一期财务报表资产负债率为70%以上和70%以下的两类子公司分别预计未来十二个月的新增担保总额度，并提交股东大会审议。

前述担保事项实际发生时，上市公司应当及时披露。任一时点的担保余额不得超过股东大会审议通过的担保额度。

6.2.7 上市公司向其合营或者联营企业提供担保且同时满足以下条件，如每年发生数量众多、需要经常订立担保协议而难以就每份协议提交董事会或者股东大会审议的，上市公司可以对未来十二个月内拟提供担保的具体对象及其对应新增担保额度进行合理预计，并提交股东大会审议：

（一）被担保人不是上市公司的董事、监事、高级管理人员、持股5%以上的股东、实际控制人及其控制的法人或其他组织；

（二）被担保人的各股东按出资比例对其提供同等担保或反担保等风险控制措施。

前述担保事项实际发生时，上市公司应当及时披露，任一时点的担保余额不得超过股东大会审议通过的担保额度。

6.2.8 上市公司向其合营或者联营企业进行担保额度预计，同时满足以下条件的，可以在其合营或联营企业之间进行担保额度调剂，但累计调剂总额不得超过预计担保总额度的50%：

（一）获调剂方的单笔调剂金额不超过上市公司最近一期经审计净资产的10%；

（二）在调剂发生时资产负债率超过70%的担保对象，仅能从资产负债率超过70%（股东大会审议担保额度时）的担保对象处获得担保额度；

（三）在调剂发生时，获调剂方不存在逾期未偿还负债等情况；

（四）获调剂方的各股东按出资比例对其提供同等担保或反担保等风险控制措施。

前述调剂事项实际发生时，上市公司应当及时披露。

6.2.9 上市公司应当持续关注被担保人的财务状况及偿债能力等，如发现被担保人经营状况严重恶化或者发生公司解散、分立等重大事项的，上市公司董事会应当及时采取有效措施，将损失降低到最小程度。

提供担保的债务到期后，上市公司应当督促被担保人在限定时间内履行偿债义务。若被担保人未能按时履行义务，上市公司应当及时采取必要的补救措施。

6.2.10 上市公司担保的债务到期后需展期并继续由其提供担保的，应当作为新的对外担保，重新履行审议程序和信息披露义务。

6.2.11 上市公司控股子公司为上市公司合并报表范围内的法人或者其他组织

提供担保的，上市公司应当在控股子公司履行审议程序后及时披露。按照本所《股票上市规则》第6.1.10条，需要提交上市公司股东大会审议的担保事项除外。

上市公司控股子公司为前款规定主体以外的其他主体提供担保的，视同上市公司提供担保，应当遵守本节相关规定。

6.2.12 上市公司及其控股子公司提供反担保应当比照担保的相关规定执行，以其提供的反担保金额为标准履行相应审议程序和信息披露义务，但上市公司及其控股子公司为以自身债务为基础的担保提供反担保的除外。

6.2.13 上市公司董事会应当建立定期核查制度，对上市公司担保行为进行核查。上市公司发生违规担保行为的，应当及时披露，并采取合理、有效措施解除或者改正违规担保行为，降低公司损失，维护公司及中小股东的利益，并追究有关人员的责任。

6.2.14 因控股股东、实际控制人及其关联人不及时偿债，导致上市公司承担担保责任的，公司董事会应当及时采取追讨、诉讼、财产保全、责令提供担保等保护性措施避免或者减少损失，并追究有关人员的责任。

14.《深圳证券交易所上市公司自律监管指引第2号——创业板上市公司规范运作（2023年12月修订）》（节录）

（深证上〔2023〕1146号发布）

2.1.18 以下事项必须经出席股东大会的股东所持表决权的三分之二以上通过：

……

（五）《创业板上市规则》规定的连续十二个月内购买、出售重大资产或者担保金额超过公司资产总额百分之三十；

……

前款第四项、第十项所述提案，除应当经出席股东大会的股东所持表决权的三分之二以上通过外，还应当经出席会议的除上市公司董事、监事、高级管理人员和单独或者合计持有上市公司5%以上股份的股东以外的其他股东所持表决权的三分之二以上通过。

上市公司章程的相应条款应当符合前两款的规定。

3.1.9　董事、监事和高级管理人员发现上市公司或者公司董事、监事、高级管理人员、股东、实际控制人等存在涉嫌违法违规或者其他损害公司利益的行为时，应当要求相关方立即纠正或者停止，并及时向董事会或者监事会报告、提请核查，必要时应当向本所报告。

董事、监事和高级管理人员获悉上市公司控股股东、实际控制人及其关联人出现下列情形之一的，应当及时向公司董事会或者监事会报告，并督促公司按照相关规定履行信息披露义务：

……

（二）要求公司违法违规提供担保；

……

公司未及时履行信息披露义务，或者披露内容与实际情况不符的，相关董事、监事和高级管理人员应当立即向本所报告。

3.1.10　董事、监事和高级管理人员获悉上市公司控股股东、实际控制人及其关联人出现质押平仓风险、债务逾期或者其他资信恶化情形的，应当重点关注相关主体与上市公司之间的关联交易、资金往来、担保、共同投资，以及控股股东、实际控制人是否存在占用公司资金或者利用公司为其自身或其关联方违法违规提供担保等情形。

3.3.9　董事会审议提供担保事项时，董事应当积极了解被担保方的基本情况，如经营和财务状况、资信情况、纳税情况等。

董事应当对担保的合规性、合理性、被担保方偿还债务的能力以及反担保措施是否有效、担保风险是否可控等作出审慎判断。

董事会审议对上市公司的控股公司、参股公司的担保议案时，董事应当重点关注控股子公司、参股公司的其他股东是否按股权比例提供同比例担保或者反担保等风险控制措施，该笔担保风险是否可控，是否损害上市公司利益。

4.1.4　控股股东、实际控制人应当履行下列职责并在《控股股东、实际控制人声明及承诺书》中作出承诺：

（一）遵守并促使上市公司遵守法律法规；

（二）遵守并促使公司遵守本所《创业板上市规则》、本指引、本所其他相关规定，接受本所监督；

（三）遵守并促使公司遵守公司章程；

（四）依法行使股东权利，不滥用控制权损害公司或者其他股东的利益；

（五）严格履行作出的公开声明和各项承诺，不擅自变更或者解除；

（六）严格按照有关规定履行信息披露义务；

（七）本所认为应当履行的其他职责和应当作出的其他承诺。

控股股东、实际控制人应当明确承诺如存在控股股东、实际控制人及其关联人占用公司资金、要求公司违法违规提供担保的，在占用资金全部归还、违规担保全部解除前不转让所持有、控制的公司股份，但转让所持有、控制的公司股份所得资金用以清偿占用资金、解除违规担保的除外。

4.2.3 控股股东、实际控制人及其关联人不得通过下列方式影响上市公司财务独立：

……

（三）要求公司违法违规提供担保；

……

4.2.5 控股股东、实际控制人及其关联人不得以下列方式占用上市公司资金：

……

（七）不及时偿还公司承担对其的担保责任而形成的债务；

……

控股股东、实际控制人不得以"期间占用、期末归还"或者"小金额、多批次"等形式占用公司资金。

4.2.6 ……

控股股东、实际控制人应当维护上市公司在生产经营、内部管理、对外投资、对外担保等方面的独立决策，支持并配合上市公司依法履行重大事项的内部决策程序，以行使提案权、表决权等法律法规、本所相关规定以及公司章程规定的股东权利的方式，通过股东大会依法参与上市公司重大事项的决策。

4.2.7 控股股东、实际控制人应当维护上市公司在提供担保方面的独立决策，支持并配合公司依法依规履行对外担保事项的内部决策程序与信息披露义务，不得强令、指使或者要求公司及相关人员违规对外提供担保。

控股股东、实际控制人强令、指使或者要求公司从事违规担保行为的，公司及其董事、监事及高级管理人员应当拒绝，不得协助、配合、默许。

4.3.1 控股股东、实际控制人及其关联人不得利用关联交易、资产重组、垫付费用、对外投资、担保、利润分配和其他方式直接或者间接侵占上市公司资金、资产，损害公司及其他股东的合法权益。

4.3.6 控股股东、实际控制人转让上市公司控制权之前，应当对拟受让人的主体资格、诚信状况、受让意图、履约能力、是否存在不得转让控制权的情形等情况进行合理调查，保证公平合理，不得损害公司和其他股东的合法权益。

控股股东、实际控制人转让控制权前存在以下情形的，应当予以解决：

（一）未清偿对公司的债务或者未解除公司为其提供的担保；

（二）对公司或者其他股东的承诺未履行完毕；

（三）对公司或者中小股东利益存在重大不利影响的其他事项。

前述主体转让股份所得用于归还公司、解除公司为其提供担保的，可以转让。

4.4.5 上市公司及其股东、保荐机构或者独立财务顾问应当关注限售股份及其衍生品种的限售期限。股东申请限售股份及其衍生品种解除限售的，应当委托公司董事会办理相关手续，并满足下列条件：

……

（三）对申请解除限售的股份及其衍生品种拥有权益的主体，不存在对公司资金占用或者公司对该主体的违规担保等损害公司利益的行为；

……

5.8 上市公司应当加强对关联交易、提供担保、募集资金使用、重大投资、出售资产、信息披露等活动的控制，按照本所规定的要求建立相应的控制制度和程序。

5.9 上市公司在与董事、监事、高级管理人员、控股股东、实际控制人及其关联人发生经营性资金往来时，应当严格履行相关审议程序和信息披露义务，明确经营性资金往来的结算期限，不得以经营性资金往来的形式变相为董事、监事、高级管理人员、控股股东、实际控制人及其关联人提供资金等财务资助。

因相关主体占用或者转移公司资金、资产或者其他资源而给上市公司造成损失或者可能造成损失的，公司董事会应当及时采取诉讼、财产保全等保护性措施避免或者减少损失，并追究有关人员的责任。

相关主体强令、指使或者要求公司从事违规担保行为的,公司及其董事、监事、高级管理人员应当拒绝,不得协助、配合或者默许。

5.18 审计委员会应当督导内部审计部门至少每半年对下列事项进行一次检查,出具检查报告并提交审计委员会。检查发现上市公司存在违法违规、运作不规范等情形的,应当及时向本所报告并督促上市公司对外披露:

(一)公司募集资金使用、提供担保、关联交易、证券投资与衍生品交易等高风险投资、提供财务资助、购买或者出售资产、对外投资等重大事件的实施情况;

……

审计委员会应当根据内部审计部门提交的内部审计报告及相关资料,对公司内部控制有效性出具书面评估意见,并向董事会报告。

5.22 上市公司应当重点加强对控股子公司的管理控制,主要包括:

……

(六)定期取得并分析各控股子公司的季度或者月度报告,包括营运报告、产销量报表、资产负债表、利润表、现金流量表、向他人提供资金及提供担保报表等,并根据相关规定,委托会计师事务所审计控股子公司的财务报告;

……

上市公司存在多级下属企业的,应当相应建立和完善对各级下属企业的管理控制制度。

上市公司对分公司和具有重大影响的参股公司的内控制度应当比照上述要求作出安排。

7.2.1 上市公司为他人提供担保,包括为其控股子公司提供担保,适用本节规定。

7.2.2 上市公司提供担保应当遵循合法、审慎、互利、安全的原则,严格控制风险。

7.2.3 上市公司应当按照法律法规、《创业板上市规则》、本指引和本所其他规定,在公司章程中明确股东大会、董事会关于提供担保事项的审批权限,以及违反审批权限和审议程序的责任追究机制,并严格执行提供担保审议程序。

未经董事会或者股东大会审议通过的,公司不得提供担保。

7.2.4 上市公司应当明确与担保事项相关的印章使用审批权限,做好与担保事项相关的印章使用登记。

7.2.5 上市公司董事会应当在审议提供担保议案前充分调查被担保人的经营和

资信情况，认真审议分析被担保人的财务状况、营运状况、信用情况和所处行业前景，依法审慎作出决定。公司可以在必要时聘请外部专业机构对担保风险进行评估，以作为董事会或者股东大会进行决策的依据。

7.2.6 保荐机构或者独立财务顾问（如适用）应当在董事会审议提供担保事项（对合并范围内子公司提供担保除外）时就其合法合规性、对公司的影响及存在风险等发表独立意见，必要时可以聘请会计师事务所对公司累计和当期提供担保情况进行核查。如发现异常，应当及时向董事会和本所报告并披露。

7.2.7 上市公司为其控股子公司、参股公司提供担保，该控股子公司、参股公司的其他股东原则上应当按出资比例提供同等担保或者反担保等风险控制措施。相关股东未能按出资比例向上市公司控股子公司或者参股公司提供同等比例担保或反担保等风险控制措施的，上市公司董事会应当披露主要原因，并在分析担保对象经营情况、偿债能力的基础上，充分说明该笔担保风险是否可控，是否损害上市公司利益等。

7.2.8 上市公司为其控股子公司提供担保，如每年发生数量众多、需要经常订立担保协议而难以就每份协议提交董事会或者股东大会审议的，上市公司可以对资产负债率为70%以上以及资产负债率低于70%的两类子公司分别预计未来十二个月的新增担保总额度，并提交股东大会审议。

前述担保事项实际发生时，上市公司应当及时披露，任一时点的担保余额不得超过股东大会审议通过的担保额度。

7.2.9 对于应当提交股东大会审议的担保事项，判断被担保人资产负债率是否超过70%时，应当以被担保人最近一年经审计财务报表、最近一期财务报表数据孰高为准。

7.2.10 上市公司出现因交易或者关联交易导致其合并报表范围发生变更等情况的，若交易完成后原有担保形成对关联方提供担保的，应当及时就相关关联担保履行相应审议程序和披露义务。董事会或者股东大会未审议通过上述关联担保事项的，交易各方应当采取提前终止担保或取消相关交易或者关联交易等有效措施，避免形成违规关联担保。

7.2.11 上市公司控股子公司为上市公司合并报表范围内的法人或其他组织提供担保的，上市公司应当在控股子公司履行审议程序后及时披露。

上市公司控股子公司为前款规定主体以外的其他主体提供担保的，视同上市公司提供担保，应当遵守本节相关规定。

7.2.12 上市公司及其控股子公司提供反担保应当比照担保的相关规定执行，以其提供的反担保金额为标准履行相应审议程序和信息披露义务，但上市公司及其控股子公司为以自身债务为基础的担保提供反担保的除外。

7.2.13 上市公司应当持续关注被担保人的财务状况及偿债能力等，如发现被担保人存在经营状况严重恶化、债务逾期、资不抵债、破产、清算或者其他严重影响还款能力情形的，董事会应当及时采取有效措施，将损失降低到最小程度。

提供担保的债务到期后，公司应当督促被担保人在限定时间内履行偿债义务。若被担保人未能按时履行偿债义务，公司应当及时采取必要的补救措施。

7.2.14 上市公司担保的债务到期后需展期并需继续由其提供担保的，应当作为新的提供担保事项，重新履行审议程序和信息披露义务。

7.2.15 上市公司应当妥善管理担保合同及相关原始资料，及时进行清理检查，并定期与银行等相关机构进行核对，保证存档资料的完整、准确、有效，关注担保的时效、期限。

7.2.16 上市公司董事会应当建立定期核查制度，对上市公司担保行为进行核查。上市公司发生违规担保行为的，应当及时披露，董事会应当采取合理、有效措施解除或者改正违规担保行为，降低公司损失，维护公司及中小股东的利益，并追究有关人员的责任。

因控股股东、实际控制人及其关联人不及时偿债，导致上市公司承担担保责任的，公司董事会应当及时采取追讨、诉讼、财产保全、责令提供担保等保护性措施避免或者减少损失，并追究有关人员的责任。

15.《全国中小企业股份转让系统挂牌公司信息披露规则》(2021修订)(节录)

(股转系统公告〔2021〕1007号发布)

第三十五条 挂牌公司发生以下交易，达到披露标准的，应当及时披露：

......

（三）提供担保；

......

第三十八条 挂牌公司与其合并报表范围内的控股子公司发生的或者上述控股子公司之间发生的交易，除另有规定或者损害股东合法权益外，免于按照本节规定披露。

挂牌公司提供担保的，应当提交公司董事会审议并及时披露董事会决议公告和相关公告。

第五十六条 挂牌公司出现以下情形之一的，应当自事实发生或董事会决议之日起及时披露：

......

（十）挂牌公司提供担保，被担保人于债务到期后15个交易日内未履行偿债义务，或者被担保人出现破产、清算或其他严重影响其偿债能力的情形；

挂牌公司发生违规对外担保，或者资金、资产被控股股东、实际控制人及其控制的企业占用的，应当披露相关事项的整改进度情况。

第六十八条 本规则下列用语具有如下含义：

......

（十一）违规对外担保，是指挂牌公司及其控股子公司未经公司章程等规定的审议程序而实施的对外担保事项。

......

16.《全国中小企业股份转让系统挂牌公司治理规则》（2021年11月修订）（节录）

（股转系统公告〔2021〕1018号发布）

第二十六条 股东人数超过200人的挂牌公司股东大会审议下列影响中小股东利益的重大事项时，对中小股东的表决情况应当单独计票并披露：

......

（三）关联交易、提供担保（不含对合并报表范围内子公司提供担保）、对外提供财务资助、变更募集资金用途等；

……

第七十二条 挂牌公司控股股东、实际控制人及其控制的企业不得以下列任何方式占用公司资金：

……

（四）不及时偿还公司承担控股股东、实际控制人及其控制的企业的担保责任而形成的债务；

……

第七十八条 ……

控股股东、实际控制人及其一致行动人转让控制权时存在下列情形的，应当在转让前予以解决：

……

（二）未清偿对公司债务或者未解除公司为其提供的担保；

……

第八十条 本章所称"交易"包括下列事项：

……

（三）提供担保；

……

第八十九条 挂牌公司提供担保的，应当提交公司董事会审议。符合以下情形之一的，还应当提交公司股东大会审议：

（一）单笔担保额超过公司最近一期经审计净资产10%的担保；

（二）公司及其控股子公司的对外担保总额，超过公司最近一期经审计净资产50%以后提供的任何担保；

（三）为资产负债率超过70%的担保对象提供的担保；

（四）按照担保金额连续12个月累计计算原则，超过公司最近一期经审计总资产30%的担保；

（五）中国证监会、全国股转公司或者公司章程规定的其他担保。

第九十条 挂牌公司为全资子公司提供担保，或者为控股子公司提供担保且控股子公司其他股东按所享有的权益提供同等比例担保，不损害公司利益的，可以豁免适用第八十九条第一项至第三项的规定,但是公司章程另有规定除外。

第一百零二条 挂牌公司为关联方提供担保的,应当具备合理的商业逻辑,在董事会审议通过后提交股东大会审议。

挂牌公司为股东、实际控制人及其关联方提供担保的,应当提交股东大会审议。挂牌公司为控股股东、实际控制人及其关联方提供担保的,控股股东、实际控制人及其关联方应当提供反担保。

17.《全国中小企业股份转让系统挂牌公司持续监管指引第2号——提供担保》

(股转系统公告〔2022〕40号发布)

第一条 为进一步明确挂牌公司提供担保的监管要求,根据挂牌公司信息披露、公司治理等相关业务规则,制定本指引。

第二条 挂牌公司为他人提供担保,包括挂牌公司为控股子公司提供担保,适用本指引。

第三条 挂牌公司应当按照法律法规、部门规章、业务规则等有关规定,在公司章程中明确股东大会、董事会关于为他人提供担保事项的审批权限,以及违反审批权限和审议程序的责任追究机制,并严格执行为他人提供担保的审议程序。

第四条 挂牌公司为他人提供担保,应当合理评估风险,谨慎判断被担保人的履约能力,切实维护公司和投资者的合法权益。

第五条 挂牌公司为他人提供担保的,应当提交挂牌公司董事会审议。

担保金额、担保总额、被担保人资产负债率等达到《全国中小企业股份转让系统挂牌公司治理规则》(以下简称《公司治理规则》)第八十九条规定的股东大会审议标准的,经董事会审议通过后,还应当提交股东大会审议。

未经董事会或者股东大会审议通过,挂牌公司不得为他人提供担保。

第六条 挂牌公司计算担保金额、担保总额时,应当包括挂牌公司为他人提供担保的金额以及控股子公司为挂牌公司合并报表范围外的主体提供担保的金额,不包括控股子公司为挂牌公司或者挂牌公司合并报表范围内的其他主体提供担保的金额。

第七条 连续12个月累计计算的担保金额,应当包括本次担保金额以及审议本次担保前12个月内尚未终止的担保合同所载明的金额。

第八条 判断被担保人资产负债率时,应当以被担保人最近一年经审计财务报表或者最近一期财务报表数据孰高为准。

第九条 挂牌公司控股子公司为挂牌公司合并报表范围内的主体提供担保的,控股子公司按照其公司章程的规定履行审议程序。

挂牌公司控股子公司为挂牌公司合并报表范围外的主体提供担保的,按照其公司章程的规定履行审议程序;达到《公司治理规则》规定的股东大会审议标准的,视同挂牌公司提供担保,应当按照本指引的相关规定履行审议程序和信息披露义务。

第十条 挂牌公司可以预计未来12个月对控股子公司的担保额度,提交股东大会审议并披露。

预计担保期间内,任一时点累计发生的担保金额不得超过股东大会审议通过的担保额度。对于超出预计担保额度的担保事项,挂牌公司应当按照本指引和公司章程的规定履行相应的审议程序。

挂牌公司应当在年度报告中披露预计担保的审议及执行情况。

第十一条 挂牌公司在审议预计为控股子公司提供担保的议案时,仅明确担保额度,未明确具体被担保人的,被担保人是否属于挂牌公司的控股子公司,应当根据担保事项实际发生的时点进行判断。

在挂牌公司审议通过预计担保议案后,担保事项实际发生时,被担保人不再是挂牌公司控股子公司的,对于上述担保事项,挂牌公司应当按照本指引和公司章程的规定重新履行审议程序。

对于在挂牌公司审议通过未明确具体被担保人的预计担保议案后新增的控股子公司,可以与其他控股子公司共享预计担保额度。

第十二条 挂牌公司为关联方或者股东、实际控制人及其关联方提供担保的,应当具备合理的商业逻辑,在董事会审议通过后提交股东大会审议,关联董事、关联股东应当回避表决。

第十三条 股东人数超过200人的挂牌公司,召开股东大会审议担保事项的(不含对合并报表范围内子公司提供担保),应当提供网络投票方式,对中小股东的表决情况单独计票并披露,聘请律师对股东大会的召集、召开程序、出席会议人员的资格、召集人资格、表决程序和结果等会议情况出具法律意见书。

第十四条 挂牌公司为全资子公司提供担保,或者为其他控股子公司提供担保且控股子公司其他股东按所享有的权益提供同等比例担保,不损害公司利益的,由董事会审议即可,无需提交股东大会审议,但是连续12个月累计计算的担保金额超过挂牌公司最近一期经审计总资产30%的担保及公司章程另有规定的除外。

第十五条 挂牌公司及其控股子公司担保的债务到期后展期并继续由其提供担保的,应当作为新的担保事项,重新履行审议程序。

第十六条 挂牌公司及其控股子公司为他人提供反担保的,应当比照担保的相关规定履行审议程序,但挂牌公司及其控股子公司为以自身债务为基础的担保提供反担保的除外。

第十七条 挂牌公司为控股股东、实际控制人及其关联方提供担保的,控股股东、实际控制人及其关联方或其指定的第三人应当提供反担保,反担保的范围应当与挂牌公司提供担保的范围相当。

被担保人或其指定的第三人提供反担保的,挂牌公司应当合理判断反担保人的履约能力、担保财产的权属及权利状态,并充分披露反担保人的资信状况、担保财产的价值等基本情况,反担保合同的主要内容,接受保证担保的理由和风险等事项。挂牌公司应当定期对反担保人、担保财产的基本情况等进行核查。

第十八条 发生下列情形的,挂牌公司应当及时披露临时报告:

(一)挂牌公司为他人提供担保,包括挂牌公司为他人提供反担保(基于自身债务提供的反担保除外);

(二)挂牌公司预计为控股子公司提供担保,及所涉控股子公司控制权发生重大变化等情形;

(三)挂牌公司控股子公司为挂牌公司合并报表范围外的主体提供担保,属于本指引第九条第二款规定的视同挂牌公司提供担保的情形;

(四)挂牌公司提供担保时,接受被担保人或其指定的第三人提供的反担保,及反担保人、担保财产的基本情况出现重大变化等情形;

(五)被担保人于债务到期后15个交易日内未履行偿债义务;

(六)被担保人出现破产、清算或者其他严重影响其偿债能力的情形;

（七）挂牌公司提供担保或者视同挂牌公司提供担保的情形下，实际承担担保责任或者代为履行债务；

（八）违规担保的情况及后续整改进展；

（九）挂牌公司已披露的担保或者反担保事项，出现其他可能对挂牌公司股票及其他证券品种交易价格或者投资者决策产生较大影响的进展或者变化的；

（十）中国证券监督管理委员会、全国中小企业股份转让系统有限责任公司（以下简称全国股转公司）规定的其他情形。

第十九条 挂牌公司应当在年度报告、中期报告中披露报告期内履行的及尚未履行完毕的担保合同。对于未到期担保合同，如有明显迹象表明有可能承担连带清偿责任，应当明确说明。基础层挂牌公司前述担保的累计金额不超过报告期末净资产绝对值10%的，可以免于披露前述事项及累计金额。

挂牌公司在年度报告、中期报告中披露前款规定的担保事项，创新层挂牌公司应当包括其控股子公司为挂牌公司合并报表范围外的主体提供的担保，基础层挂牌公司应当包括属于本指引第九条第二款规定的视同挂牌公司提供担保的情形。

第二十条 本指引下列用语的具体含义如下：

（一）挂牌公司控股股东、实际控制人、控股子公司、挂牌公司关联方、净资产，分别适用《全国中小企业股份转让系统挂牌公司信息披露规则》第六十八条第五项、第六项、第八项、第九项及第十二项的规定。

（二）中小股东，适用《公司治理规则》第一百二十六条第一项的规定。

（三）"超过"不含本数。

第二十一条 本指引由全国股转公司负责解释。

第二十二条 本指引自发布之日起施行。

18.《上市公司章程指引》（2025修订）（节录）

（中国证券监督管理委员会公告〔2025〕6号发布）

第二十二条 公司或者公司的子公司（包括公司的附属企业）不得以赠与、垫资、担保、借款等形式，为他人取得本公司或者其母公司的股份提供财务资助，公司实施员工持股计划的除外。

为公司利益，经股东会决议，或者董事会按照本章程或者股东会的授权作出决议，公司可以为他人取得本公司或者其母公司的股份提供财务资助，但财务资助的累计总额不得超过已发行股本总额的百分之十。董事会作出决议应当经全体董事的三分之二以上通过。

注释：公司或者公司的子公司（包括公司的附属企业）有本条行为的，应当遵守法律、行政法规、中国证监会及证券交易所的规定。

第四十六条 公司股东会由全体股东组成。股东会是公司的权力机构，依法行使下列职权：

（一）选举和更换董事，决定有关董事的报酬事项；

（二）审议批准董事会的报告；

（三）审议批准公司的利润分配方案和弥补亏损方案；

（四）对公司增加或者减少注册资本作出决议；

（五）对发行公司债券作出决议；

（六）对公司合并、分立、解散、清算或者变更公司形式作出决议；

（七）修改本章程；

（八）对公司聘用、解聘承办公司审计业务的会计师事务所作出决议；

（九）审议批准本章程第四十七条规定的担保事项；

（十）审议公司在一年内购买、出售重大资产超过公司最近一期经审计总资产百分之三十的事项；

（十一）审议批准变更募集资金用途事项；

（十二）审议股权激励计划和员工持股计划；

（十三）审议法律、行政法规、部门规章或者本章程规定应当由股东会决定的其他事项。

股东会可以授权董事会对发行公司债券作出决议。

注释：1.公司经股东会决议，或者经本章程、股东会授权由董事会决议，可以发行股票、可转换为股票的公司债券，具体执行应当遵守法律、行政法规、中国证监会及证券交易所的规定。

2.除法律、行政法规、中国证监会规定或证券交易所规则另有规定外，上述股东会的职权不得通过授权的形式由董事会或者其他机构和个人代为行使。

第四十七条 公司下列对外担保行为，须经股东会审议通过：

（一）本公司及本公司控股子公司的对外担保总额，超过最近一期经审计净资产的百分之五十以后提供的任何担保；

（二）公司的对外担保总额，超过最近一期经审计总资产的百分之三十以后提供的任何担保；

（三）公司在一年内向他人提供担保的金额超过公司最近一期经审计总资产百分之三十的担保；

（四）为资产负债率超过百分之七十的担保对象提供的担保；

（五）单笔担保额超过最近一期经审计净资产百分之十的担保；

（六）对股东、实际控制人及其关联方提供的担保。

注释：公司应当在章程中规定股东会、董事会审批对外担保的权限和违反审批权限、审议程序的责任追究制度。

第八十二条 下列事项由股东会以特别决议通过：

（一）公司增加或者减少注册资本；

（二）公司的分立、分拆、合并、解散和清算；

（三）本章程的修改；

（四）公司在一年内购买、出售重大资产或者向他人提供担保的金额超过公司最近一期经审计总资产百分之三十的；

（五）股权激励计划；

（六）法律、行政法规或者本章程规定的，以及股东会以普通决议认定会对公司产生重大影响的、需要以特别决议通过的其他事项。

注释：1.发行类别股的公司，有《公司法》第一百一十六条第三款及中国证监会规定的事项等可能影响持有类别股股份的股东权利的，除应当经股东会特别决议外，还应当经出席类别股股东会议的股东所持表决权的三分之二以上通过。公司章程可以对需经类别股股东会议决议的其他事项作出规定。

2.类别股股东的决议事项及表决权数等应当符合法律、行政法规、中国证监会以及公司章程的规定。

第一百零一条 董事应当遵守法律、行政法规和本章程的规定，对公司负有忠实义务,应当采取措施避免自身利益与公司利益冲突,不得利用职权牟取不正当利益。

董事对公司负有下列忠实义务：

（一）不得侵占公司财产、挪用公司资金；

（二）不得将公司资金以其个人名义或者其他个人名义开立账户存储；

（三）不得利用职权贿赂或者收受其他非法收入；

（四）未向董事会或者股东会报告,并按照本章程的规定经董事会或者股东会决议通过,不得直接或者间接与本公司订立合同或者进行交易；

（五）不得利用职务便利,为自己或者他人谋取属于公司的商业机会,但向董事会或者股东会报告并经股东会决议通过,或者公司根据法律、行政法规或者本章程的规定,不能利用该商业机会的除外；

（六）未向董事会或者股东会报告,并经股东会决议通过,不得自营或者为他人经营与本公司同类的业务；

（七）不得接受他人与公司交易的佣金归为己有；

（八）不得擅自披露公司秘密；

（九）不得利用其关联关系损害公司利益；

（十）法律、行政法规、部门规章及本章程规定的其他忠实义务。

董事违反本条规定所得的收入,应当归公司所有;给公司造成损失的,应当承担赔偿责任。

董事、高级管理人员的近亲属,董事、高级管理人员或者其近亲属直接或者间接控制的企业,以及与董事、高级管理人员有其他关联关系的关联人,与公司订立合同或者进行交易,适用本条第二款第（四）项规定。

注释：除以上各项义务要求外,公司可以根据具体情况,在章程中增加对本公司董事其他义务的要求。

第一百一十条　董事会行使下列职权：

（一）召集股东会,并向股东会报告工作；

（二）执行股东会的决议；

（三）决定公司的经营计划和投资方案；

（四）制订公司的利润分配方案和弥补亏损方案；

（五）制订公司增加或者减少注册资本、发行债券或者其他证券及上市方案；

（六）拟订公司重大收购、收购本公司股票或者合并、分立、解散及变更公司形式的方案；

（七）在股东会授权范围内，决定公司对外投资、收购出售资产、资产抵押、对外担保事项、委托理财、关联交易、对外捐赠等事项；

（八）决定公司内部管理机构的设置；

（九）决定聘任或者解聘公司经理、董事会秘书及其他高级管理人员，并决定其报酬事项和奖惩事项；根据经理的提名，决定聘任或者解聘公司副经理、财务负责人等高级管理人员，并决定其报酬事项和奖惩事项；

（十）制定公司的基本管理制度；

（十一）制订本章程的修改方案；

（十二）管理公司信息披露事项；

（十三）向股东会提请聘请或者更换为公司审计的会计师事务所；

（十四）听取公司经理的工作汇报并检查经理的工作；

（十五）法律、行政法规、部门规章、本章程或者股东会授予的其他职权。

注释：公司股东会可以授权公司董事会按照公司章程的约定向优先股股东支付股息。

超过股东会授权范围的事项，应当提交股东会审议。

第一百一十三条　董事会应当确定对外投资、收购出售资产、资产抵押、对外担保事项、委托理财、关联交易、对外捐赠等权限，建立严格的审查和决策程序；重大投资项目应当组织有关专家、专业人员进行评审，并报股东会批准。

注释：公司董事会应当根据相关的法律、法规及公司实际情况，在公司章程中确定符合公司具体要求的权限范围，以及涉及资金占公司资产的具体比例。

19.《监管规则适用指引——发行类第6号》（节录）

（中国证券监督管理委员会2023年2月17日发布）

6-6　对外担保

向不特定对象发行证券的，上市公司为合并报表范围外的公司提供担保的，发行人应当按照相关法律法规的要求规范担保行为,履行必要的程序,及时履行信息披露义务,严格控制担保风险。对于前述担保事项对方未提供反担保的,发行人应当披露原因并向投资者揭示风险。

保荐机构及发行人律师应当核查发行人发生上述情形的原因,是否按照相关法律法规规定履行董事会或股东大会决策程序,董事会或股东大会审议时关联董事或股东是否按照相关法律规定回避表决,对外担保总额或单项担保的数额是否超过法律法规规章或者公司章程规定的限额,是否及时履行信息披露义务,独立董事是否按照规定在年度报告中对对外担保事项进行专项说明并发表独立意见等,构成重大担保的,应当核查对发行人财务状况、盈利能力及持续经营的影响,并就是否构成对持续经营有重大不利影响的情形,是否构成本次再融资障碍明确发表意见。

上市公司发行优先股的,适用本条核查及信息披露要求。

附录三　国有企业担保相关规定

1.《国资委关于加强中央企业融资担保管理工作的通知》

（国资发财评规〔2021〕75号　2021年10月9日发布施行）

各中央企业：

近年来，中央企业认真执行国资委关于担保管理有关要求，建立担保制度、规范担保行为，担保规模总体合理，担保风险基本可控，但也有部分企业存在担保规模增长过快、隐性担保风险扩大、代偿损失风险升高等问题。为贯彻落实党中央、国务院关于统筹发展和安全的决策部署，进一步规范和加强中央企业融资担保管理，有效防范企业相互融资担保引发债务风险交叉传导，推动中央企业提升抗风险能力，加快实现高质量发展，现将有关事项通知如下：

一、完善融资担保管理制度。融资担保主要包括中央企业为纳入合并范围内的子企业和未纳入合并范围的参股企业借款和发行债券、基金产品、信托产品、资产管理计划等融资行为提供的各种形式担保，如一般保证、连带责任保证、抵押、质押等，也包括出具有担保效力的共同借款合同、差额补足承诺、安慰承诺等支持性函件的隐性担保，不包括中央企业主业含担保的金融子企业开展的担保以及房地产企业为购房人按揭贷款提供的阶段性担保。中央企业应当制定和完善集团统一的融资担保管理制度，明确集团本部及各级子企业融资担保权限和限额、融资担保费率水平，落实管理部门和管理责任，规范内部审批程序，细化审核流程。制定和修订融资担保管理制度需经集团董事会审批。加强融资担保领域的合规管理，确保相关管理制度和业务行为符合法律法规和司法解释规定。

二、加强融资担保预算管理。中央企业开展融资担保业务应当坚持量力而行、权责对等、风险可控原则。将年度融资担保计划纳入预算管理体系，包括担保人、担保金额、被担保人及其经营状况、担保方式、担保费率、违规担保清理计划等关键要素，提交集团董事会或其授权决策主体审议决定。担保关键要素发生重大变化或追加担保预算，需重新履行预算审批程序。

三、严格限制融资担保对象。中央企业严禁对集团外无股权关系的企业提供任何形式担保。原则上只能对具备持续经营能力和偿债能力的子企业或参股企业提供融资担保。不得对进入重组或破产清算程序、资不抵债、连续三年及以上亏损且经营净现金流为负等不具备持续经营能力的子企业或参股企业提供担保，不得对金融子企业提供担保，集团内无直接股权关系的子企业之间不得互保，以上三种情况确因客观情况需要提供担保且风险可控的，需经集团董事会审批。中央企业控股上市公司开展融资担保业务应符合《中华人民共和国证券法》和证券监管等相关规定。

四、严格控制融资担保规模。中央企业应当转变子企业过度依赖集团担保融资的观念，鼓励拥有较好资信评级的子企业按照市场化方式独立融资。根据自身财务承受能力合理确定融资担保规模，原则上总融资担保规模不得超过集团合并净资产的40%，单户子企业（含集团本部）融资担保额不得超过本企业净资产的50%，纳入国资委年度债务风险管控范围的企业总融资担保规模不得比上年增加。

五、严格控制超股比融资担保。中央企业应当严格按照持股比例对子企业和参股企业提供担保。严禁对参股企业超股比担保。对子企业确需超股比担保的，需报集团董事会审批，同时，对超股比担保额应由小股东或第三方通过抵押、质押等方式提供足额且有变现价值的反担保。对所控股上市公司、少数股东含有员工持股计划或股权基金的企业提供超股比担保且无法取得反担保的，经集团董事会审批后，在符合融资担保监管等相关规定的前提下，采取向被担保人依据代偿风险程度收取合理担保费用等方式防范代偿风险。

六、严格防范代偿风险。中央企业应当将融资担保业务纳入内控体系，建立融资担保业务台账，实行定期盘点并对融资担保业务进行分类分析和风险识别，重点关注被担保人整体资信状况变化情况、融资款项使用情况、用款项目进展情况、还款计划及资金筹集情况，对发现有代偿风险的担保业务及时采取资产保全等应对措施，最大程度减少损失。

七、及时报告融资担保管理情况。中央企业应当随年度预算、决算报送融资担保预算及执行情况，应当按季度向国资委报送融资担保监测数据，融资担保余额按照实际提供担保的融资余额填报，应当如实填报对参股企业的超股比担保金额和对集团外无股权关系企业的担保金额，不得瞒报漏报。中央企业应当加强融资担保信息化建设应用，并做好与国资国企在线监管系统的融合。

八、严格追究违规融资担保责任。中央企业应当对集团内违规融资担保问题开展全面排查，对集团外无股权关系企业和对参股企业超股比的违规担保事项，以及融资担保规模占比超过规定比例的应当限期整改，力争两年内整改50%，原则上三年内全部完成整改。对因划出集团或股权处置形成的无股权关系的担保、对参股企业超股比担保，应当在两年内清理完毕。融资担保应当作为企业内部审计、巡视巡查的重点，因违规融资担保造成国有资产损失或其他严重不良后果的，应当按照有关规定对相关责任人严肃追究责任。

收到本通知后，各中央企业应当立即组织贯彻落实，切实扛起主体责任，全面开展自查自纠，对存量违规融资担保行为设立整改台账，明确整改责任人、时间进度，并于2021年底前报送国资委（财务监管与运行评价局）。《关于加强中央企业资金管理有关事项的补充通知》（国资厅发评价〔2012〕45号）等文件有关担保管理要求与本通知不符的，以本通知为准。

2.《财政部关于上市公司国有股质押有关问题的通知》

（财企〔2001〕651号　2001年10月25日发布施行）

国务院各部委、各直属机构，各省、自治区、直辖市、计划单列市财政厅（局），上海市、深圳市国有资产管理办公室，各中央管理企业，新疆生产建设兵团财务局，中国人民解放军总后勤部：

为了加强上市公司国有股质押的管理，规范国有股东行为，根据《国务院关于印发〈减持国有股筹集社会保障资金管理暂行办法〉的通知》和国家有关法律、法规的规定，现就上市公司国有股质押有关问题通知如下：

一、国有股东授权代表单位将其持有的国有股用于银行贷款和发行企业债券质押，应当遵守《中华人民共和国公司法》、《中华人民共和国担保法》及有关国有股权管理等法律法规的规定，并制定严格的内部管理制度和责任追究制度。

二、公司发起人持有的国有股,在法律限制转让期限内不得用于质押。

三、国有股东授权代表单位持有的国有股只限于为本单位及其全资或控股子公司提供质押。

四、国有股东授权代表单位用于质押的国有股数量不得超过其所持该上市公司国有股总额的50%。

五、国有股东授权代表单位以国有股进行质押,必须事先进行充分的可行性论证,明确资金用途,制订还款计划,并经董事会(不设董事会的由总经理办公会)审议决定。

六、国有股东授权代表单位以国有股质押所获贷款资金,应当按照规定的用途使用,不得用于买卖股票。

七、以国有股质押的,国有股东授权代表单位在质押协议签订后,按照财务隶属关系报省级以上主管财政机关备案,并根据省级以上主管财政机关出具的《上市公司国有股质押备案表》,按照规定到证券登记结算公司办理国有股质押登记手续。

(一)国有股东授权代表单位办理国有股质押备案应当向省级以上主管财政机关提交如下文件:

1.国有股东授权代表单位持有上市公司国有股证明文件;2.质押的可行性报告及公司董事会(或总经理办公会)决议;3.质押协议副本;4.资金使用及还款计划;5.关于国有股质押的法律意见书。

(二)各省、自治区、直辖市、计划单列市财政厅(局)应于每年1月31日前,将本地区上年度上市公司国有股质押情况上报财政部。具体内容包括:

1.国有股质押总量;2.各国有股东授权代表单位国有股质押情况;3.各国有股东授权代表单位国有股解除质押情况;4.各国有股东授权代表单位国有股因质押被人民法院冻结、拍卖情况。

八、国有股东授权代表单位将其持有的国有股用于银行贷款和发行企业债权质押,应当按照证券市场监管和国有股权管理的有关规定履行信息披露的义务。

九、国有股用于质押后,国有股东授权代表单位应当按时清偿债务。若国有股东授权代表单位不能按时清偿债务的,应当通过法律、法规规定的方式和程序将国有股变现后清偿,不得将国有股直接过户到债权人名下。

十、国有股变现清偿时,涉及国有股协议转让的,应按规定报财政部核准;导致上市公司实际控制权发生变化的,质押权人应当同时遵循有关上市公司收购的规定。

十一、本通知自印发之日起执行。

3.《山东省省属企业担保管理办法》

（鲁国资收益〔2024〕1号　2024年6月20日发布施行）

第一章　总　则

第一条　为进一步加强国有资产监督管理,规范企业担保行为,切实防范经营风险,根据《中华人民共和国公司法》《中华人民共和国民法典》《中华人民共和国企业国有资产法》和《山东省企业国有资产监督管理条例》等有关法律、法规,结合工作实际,制定本办法。

第二条　本办法适用于山东省人民政府国有资产监督管理委员会（以下简称省国资委）履行出资人职责的企业（以下简称省属企业）及其各级出资企业。

本办法所称各级出资企业包括：省属企业出资形成的各级控股、实际控制和参股企业。其中,控股企业包括：省属企业出资设立的独资或全资企业；直接或间接合计持股比例超过50%的企业,且其中之一为最大股东的企业；前述企业出资拥有股权比例超过50%的各级子企业。实际控制企业包括：省属企业及其控股企业直接或间接持股比例虽未超过50%,但为第一大股东,并且通过股东协议、公司章程、董事会决议或者其他协议安排能够对其实际支配的企业。

第三条　省属企业担保应当坚持以下原则：

（一）主体明确、权责清晰。省属企业是提供担保行为的责任主体,是担保决策的直接责任人；省国资委依法行使出资人职责,规范和指导省属企业的担保管理工作。

（二）严格程序、审慎决策。省属企业要严格履行担保决策程序,对被担保企业进行资质审查,对担保项目进行分析论证和风险评估,并采取相应的风险防范措施。

（三）依法合规、规范运作。省属企业要严格执行有关政策法规,完善担保管理制度,规范担保工作程序,确保担保行为合法规范、风险可控。

第二章　担保与反担保要求

第四条　省属企业要鼓励子企业提高资信评级,按照市场化方式独立融资。省属企业开展融资担保业务应当坚持量力而行、权责对等、风险可控原则,严格控制担保规模,担保总额原则上不超过最近1个会计年度集团合并会计报表净资产的40%。

省属企业及其控股、实际控制企业(以下简称省属企业及其控制企业)不得为无产权关系的企业提供担保(省属企业及其控制企业除外);不得为个人提供担保;不得为高风险投资项目(包括任何形式的委托理财、买卖股票、期货、期权等)以及不符合国家产业政策的项目提供担保。

省属企业及其控制企业为控制企业提供担保,担保额原则上应按出资比例确定,对同一企业累计担保额不得超过担保企业自身净资产的30%。单户子企业担保额不得超过本企业自身最近1个会计年度合并会计报表净资产的60%。

省属企业为参股企业提供担保,担保额须按出资比例确定,严禁超比例担保,且累计担保额不得超过其出资额(享有的净资产低于其出资额的,以享有的净资产为限)。

省属企业内部无产权关系的子企业间不得担保。

经省国资委确认,列入省委、省政府重大投资建设项目或"一带一路"国际合作建设项目的,且经充分论证具备较好收益、不影响企业完成降杠杆任务的,可按出资比例提供担保。

第五条 被担保企业应具备以下条件:

(一)具有企业法人资格,能独立承担民事责任;

(二)独立核算、自负盈亏,拥有健全的管理机构和财务制度;

(三)具备持续盈利能力(具备可持续发展能力),或有利于企业转型升级、高质量发展;

(四)具有清偿债务能力;

(五)无逃废银行债务或拖欠贷款本息等不良信用记录;

(六)无重大经济纠纷或经济案件;

(七)最近1个会计年度资产负债率原则上不高于70%;

(八)贷款项目符合国家产业政策及主导产业发展规划;

(九)省国资委规定的其他条件。

第六条 下列企业和资产不得设定担保:

(一)未按规定办理企业国有资产产权登记的企业;

(二)依法被查封、扣押、监管的资产;

(三)所有权、使用权不明或者有争议的资产；

(四)依法不得设定担保的其他国有资产。

第七条 省属企业为控制企业超出资比例提供担保，由省属企业董事会决策，超股比担保额应由被担保企业其他股东或第三方提供足额且有变现价值的反担保；为参股企业、无产权关系的省属企业及其控制企业提供担保，被担保企业必须同时提供反担保。反担保方式依据风险程度和被担保企业的财务状况、履约能力等确定。

第八条 省属企业及各级出资企业在被担保企业确定提供反担保后，方可与债权人签署担保合同。反担保合同和担保合同的签订、履行等工作应当符合相关法律、法规规定。

第九条 利用国际金融组织贷款、外国政府贷款项目的反担保，按照国家有关规定办理。

第三章 担保职责

第十条 省国资委对省属企业担保管理工作履行以下职责：

(一)按照国家有关法律、法规、规章等规定，制定省属企业担保管理办法；

(二)指导省属企业建立健全企业担保管理制度；

(三)组织开展对省属企业担保业务的监督检查；

(四)指导省属企业完善担保风险防范措施；

(五)其他按国家法律、法规和规章应履行的担保管理职责。

第十一条 省属企业对担保管理工作履行以下职责：

(一)根据《公司法》等法律、法规规定，在公司章程中载明担保决策机构、决策程序等事项。

(二)省属企业负责制定本企业担保管理制度并向省国资委备案，明确管理部门和管理责任，规范内部审批程序，细化审核流程，按程序决策担保事项。

(三)将年度担保计划纳入预算管理体系，包括担保人、担保金额、被担保人及其经营状况、担保方式、担保费率、违规担保清理计划等关键要素，提交省属企业董事会审议决定。超过年度担保计划额度的省属企业原则上不得新增担保业务，待担保规模符合年度担保额度预算后再行实施(经省国资委研究同意符合本办法第十二条规定的担保事项除外)。

(四)建立担保业务台账，详细记录担保对象、金额、期限、担保方式等，定期对担保事项进行分类整理和清理。

（五）负责各级出资企业担保事项的监督检查。

（六）负责企业担保信息的收集、汇总、分析工作，在半年和年度终了1个月内将企业担保情况书面报告（报告制度的格式要求另行通知）省国资委。

（七）其他按有关规定应履行的担保管理职责。

第十二条　省属企业间的担保事项，省属企业需向省国资委备案。省国资委收到担保备案报告后10个工作日内无异议的，视为备案通过。

省属企业为受托管理企业提供担保事项，由省属企业董事会决策，担保额纳入省属企业担保总额管理。

第四章　担保程序

第十三条　省属企业应明确担保业务管理部门，遵照财务制度和业务流程，负责办理省属企业及其各级出资企业的担保事项。

第十四条　被担保企业申请担保，须提供本企业以下有关文件资料：

（一）担保申请书，包括担保事项的内容、担保的主要债务情况说明、担保方式及担保期限、担保协议的主要条款等相关情况；

（二）公司章程、营业执照复印件；

（三）企业法定代表人的身份证明复印件；

（四）企业国有资产占有产权登记证（表）复印件；

（五）具有资格的会计师事务所审计的企业近3年和最近一期的财务报告；

（六）企业风险评估报告；

（七）政府有关部门或单位出具的被担保项目审批文件；

（八）被担保项目的可行性研究报告，企业盈利预测报告，参股企业还需提供企业征信报告；

（九）被担保项目主债务合同及其他有关文件；

（十）还款计划、方式及资金来源预测分析；

（十一）有反担保的提供反担保有关文件。

第十五条　省属企业及其各级出资企业办理担保事项应包括但不限于履行以下程序：

（一）担保业务管理部门组织审查被担保企业提供资料的真实性、合法性，调查担

保项目和被担保企业资信状况,对担保事项进行风险评估,提出初审意见,并征求财务、技术、法律等有关部门意见;

(二)重大担保事项应由律师事务所出具法律意见书;

(三)企业设有财务总监、总法律顾问的,应对担保事项按相关规定发表意见。

第十六条 本办法第十二条中省属企业应向省国资委备案的担保事项,省属企业要在履行决策程序后、签订担保合同前向省国资委备案。备案时除提供本办法第十四条规定的资料外,省属企业还须提供以下资料:

(一)省属企业提供担保申请书,并重点说明提供担保事项理由、被担保企业资信状况和财务状况、担保风险评价以及本企业累计担保余额等情况;

(二)省属企业董事会同意提供担保的董事会决议;

(三)企业设有财务总监、总法律顾问的,出具的有关担保事项的意见;

(四)按照第十二条规定应向省国资委备案的担保事项,由律师事务所出具的法律意见书;

(五)省国资委要求的其他资料。

第五章 担保管理

第十七条 省属企业应加强担保管理,建立符合审慎经营原则的担保评估制度、事后追偿和处置制度、风险预警机制和突发事件应急机制。要规范内部决策流程,未经法律审核和风险评估,不得随意出具具有担保性质的承诺函、支持函等文件。

第十八条 省属企业应建立跟踪和监控制度。对担保期间内被担保企业以及担保项目的资金使用与回笼状况、财务状况及债务主合同执行情况进行跟踪,加强风险防控,依法及时处理对其偿债能力产生重大不利影响的事项。

第十九条 省国资委对省属企业的担保事项进行检查监督,检查的主要内容:

(一)担保制度及担保风险预警制度是否完善;

(二)担保的决定或批准是否严格按管理权限履行决策程序,本办法第十二条中有关担保事项是否备案;

(三)担保必备资料审核是否严格;

(四)担保项目跟踪是否到位,已过期担保项目是否及时清理;

(五)担保项目的风险防控情况等。

第二十条 对省属企业违反本办法有关规定提供担保,或因疏于管理,出现担保风险未及时报告、未采取有效措施，造成国有资产损失的，要依法依规追究企业有关人员的责任。

第六章 附 则

第二十一条 上市公司、金融类企业的担保事项按照监管部门有关规定执行。

第二十二条 本办法自印发之日起施行，由省国资委负责解释。

4.《北京市国有文化企业担保管理暂行办法》

（京文资发〔2017〕13号　2017年12月26日发布施行）

第一章 总 则

第一条 为进一步加强北京市国有文化企业（以下简称"文化企业"）担保事项管理，规范担保行为，防范担保风险，切实维护国有文化资产安全，根据《中华人民共和国公司法》《中华人民共和国担保法》《中华人民共和国企业国有资产法》及《北京市文化企业国有资产监督管理暂行办法》（京宣发〔2016〕65号）、《北京市国有文化企业重大事项管理暂行办法》（京宣发〔2016〕50号）等有关法律法规及规定，结合本市实际，制定本办法。

第二条 本办法所指文化企业，是由北京市国有文化资产监督管理办公室（以下简称"市文资办"）根据市政府授权，依法履行出资人职责的国家出资企业（包括国有独资企业、国有控股企业、国有实际控制企业）及上述国家出资企业的各级全资、控股和实际控制企业。

前款所称实际控制企业是指市文资办或国家出资企业直接或者间接合计持股比例超过50%，或者持股比例虽然未超过50%，但作为第一大股东，并通过股东协议、公司章程、董事会决议或者其他协议安排能够实际支配的企业。

第三条 本办法所称的担保是指文化企业以担保人名义与债权人约定，当债务人（以下称"被担保人"）不履行债务时，担保人按照约定履行债务或承担责任的经济行为。

本办法所称的担保方式是指《中华人民共和国担保法》所规定的担保方式，包括保证（一般保证、连带责任保证）、抵押、质押（动产质押、权利质押）、留置和定金。

第四条 文化企业担保分为对内担保和对外担保。对内担保是指国家出资企业与子企业(指企业境内设立的全资、控股和实际控制的各级子企业)或子企业相互之间的担保；对外担保是指文化企业出于业务发展等原因，向其境内参股企业、无产权关系企业和境外文化企业以及香港、澳门、台湾地区的文化企业提供的担保。

文化企业应严格控制对外担保、隐性担保。

第五条 文化企业担保必须遵循平等自愿、公平诚信、依法合规、审慎处置、量力而行、风险可控的原则。

第二章　管理职责

第六条 市文资办对文化企业的担保履行下列监管职责：

（一）依法制定担保管理相关规定；

（二）审核文化企业对外担保事项；

（三）对文化企业的担保管理工作进行监督检查，指导文化企业防范担保风险；

（四）其他法定监管职责。

第七条 国家出资企业对本企业及子企业的担保履行下列管理职责：

（一）制定企业的担保管理制度并组织实施，督促并参与子企业担保管理制度的制定；

（二）接受市文资办对企业担保管理工作的监督，负责对子企业担保事项以及风险防范工作的监督；

（三）负责本企业及子企业担保信息的收集、汇总、分析、监控，及时采取措施防范担保风险；

（四）负责向市文资办报告本企业及子企业的担保责任情况，配合市文资办开展担保稽查及责任追究工作；

（五）其他法定职责。

第三章　担保人和被担保人条件

第八条 担保人应具备以下条件：

（一）具有企业法人资格，能独立承担民事责任，具备《中华人民共和国担保法》规定的担保资格；

（二）经营状况和财务状况良好，内部管理制度健全；

（三）具有良好的资信及代为偿债能力；

（四）具有本办法规定的担保权限。

第九条 被担保人应符合以下条件：

（一）依法经工商行政管理机关（或其他主管机关）核准登记并办理年检手续；

（二）独立核算、自负盈亏，具备健全的管理机构和财务制度；

（三）具有清偿债务的能力；

（四）无逃废银行债务等不良信用记录；

（五）最近一个会计年度审计后资产负债率应不高于70%（含）；

（六）市文资办规定的其他条件。

第四章 担保要求

第十条 文化企业所担保的额度应当与资产规模、业务规模、盈利能力等状况相匹配，累计担保总额原则上不应高于本企业最近一个会计年度经审计合并净资产的50%，其中对外担保单笔担保总额不应高于本企业最近一个会计年度经审计合并净资产的10%。

第十一条 文化企业提供的担保应有明确期限，严禁提供无期限担保。

第十二条 出现下列情形之一的，文化企业不得提供担保：

（一）担保事项不符合国家法律法规和国家产业政策规定；

（二）为购买金融衍生品等高风险投资项目担保（包括任何形式的委托理财，投资股票、期货、期权等）；

（三）被担保人最近三个会计年度连续亏损或资不抵债的；

（四）被担保人为自然人或非法人单位的；

（五）被担保人已进入重组、托管、兼并或破产清算程序的；

（六）被担保人涉及重大经济纠纷或经济案件对其偿债能力具有实质不利影响的；

（七）被担保人与本企业发生担保纠纷且仍未妥善解决的，或不能按约定及时足额交纳担保费用的；

（八）被担保人被列入人民法院失信被执行人名单的；

（九）其他可能影响可持续经营能力的情况。

第十三条 下列国有文化资产不得设置抵押担保：

（一）未办理文化企业国有资产占有产权登记的；

（二）所有权、使用权不明或者有争议的国有文化资产；

（三）依法被查封、扣押监管的国有文化资产；

（四）依法不得抵押的其他国有文化资产。

第十四条 抵押人所担保的债权不得超出其抵押物的价值，国有文化资产抵押后，该财产的价值大于所担保的债权的余额部分，可以再次抵押，但不得超出其余额部分的价值。

第十五条 文化企业委托银行等金融机构向不能实施控制的企业提供贷款时，不得同时再为该笔贷款提供担保。

第十六条 文化企业向境外企业提供担保，应符合国家有关规定。禁止文化企业为不能实施控制的境外企业提供担保。

第十七条 文化企业不得向关联方提供对外担保。

本办法所称关联方，是指本企业的董事、监事、高级管理人员及其近亲属，以及这些人员所有或者实际控制的企业。

第五章 反担保

第十八条 文化企业的对外担保，必须由被担保人或第三方提供反担保，市属国有文化企业之间采用等额互保的业务除外。

第十九条 文化企业应依据所提供担保的风险程度和反担保人的财务状况、履约能力等因素确定反担保的方式。反担保的方式主要包括保证、抵押、质押等，留置和定金不适用反担保。

（一）保证反担保。文化企业不得接受被担保人以保证的方式提供的反担保。保证反担保由被担保人之外的第三方提供，第三方应具有独立法人资格、资信可靠、财务状况良好，具有偿债能力，无重大债权债务纠纷。被担保人及第三方均为非国有企业法人的，应当要求被担保人的实际控制人和自然人股东与第三方共同提供保证反担保。

（二）抵押反担保。抵押物必须是所有权、使用权明确且不涉及诉讼或争议的资产，依法被查封、扣押、监管的资产和已设定抵押的资产不能再抵押。抵押物应进行资产评估，评估结果应按照有关规定办理核准或备案手续。

（三）质押反担保。质押物必须是权属清晰、不涉及诉讼或争议且未设定质押的动产、有价证券、应收款项、股权等资产。质押物应进行资产评估,评估结果应按照有关规定办理核准或备案手续。

第二十条 反担保抵(质)押物应由其权属单位履行同意抵(质)押的决策程序。采取保证、抵押和质押方式的反担保都要出具合法、有效的书面决议或决定文件。

第二十一条 文化企业按本办法规定须提供反担保的,应当在签订担保合同的同时,与反担保人签订连带责任反担保合同,并依法办理抵(质)押物的登记等相关反担保手续。反担保合同生效的时间原则上不得迟于担保合同生效的时间。

第二十二条 文化企业要切实加强对反担保标的物的跟踪管理,定期核实标的物存续状况和价值,发现问题及时处理,确保标的物安全、完整。

第二十三条 利用国际金融组织贷款、外国政府贷款项目的反担保,应符合国家有关规定。

第六章 担保的程序和权限

第二十四条 文化企业接到被担保人的担保申请后,应当对担保项目的基本情况和被担保人的资产质量、经营情况、偿债能力、盈利水平、信用程度及行业前景等资信状况进行调查,评估担保风险,建立风险预警机制,制定风险防范措施。

第二十五条 文化企业应依照法律、行政法规以及公司章程的规定,逐级履行担保事项内部决策程序,由股东会、股东大会或董事会(未设董事会的为总经理办公会)决议,同时抄报监事会(未设监事会的,抄送监事)。文化企业为其股东或者实际控制人提供担保的,必须经股东会或者股东大会决议。

第二十六条 文化企业的对外担保事项应报市文资办审核,由国家出资企业向市文资办提交以下材料:

(一)担保事项的请示,应包括被担保人基本情况、担保事由、担保方式、担保金额和期限等相关情况;

(二)股东会、股东大会或董事会(未设董事会的为总经理办公会)同意担保的书面决议;

(三)担保说明书,应包括被担保项目具体情况,被担保人的财务状况、盈利能力、资信水平,担保风险评价及内部审核意见等;

(四)企业法律顾问或律师事务所审核担保、反担保及相关合同后出具的法律意见书;

（五）被担保人或第三方提供反担保的有关文件；

（六）担保双方最近一个会计年度经审计的财务报告；

（七）《北京市国有文化企业对外担保事项核准表》（附表）；

（八）要求提交的其他材料。

第二十七条　市文资办原则上在受理之日起5个工作日内反馈需补充的材料，材料齐全后，10个工作日内出具核准意见或风险提示。对于确需延长审核时间的，市文资办应及时告知国家出资企业。

第二十八条　文化企业对外担保发生下列情形之一的，应当按照本办法规定程序，由国家出资企业重新办理审核手续：

（一）担保项目自核准之日起6个月内未实施，需顺延的；

（二）担保期间，需修改担保合同中担保的金额、范围、责任和期限等主要条款的；

（三）担保项目期满后需展期并需由企业继续提供担保的。

第二十九条　当出现下列情况之一时，文化企业应及时通知被担保人和担保权人，终止担保合同：

（一）担保有效期届满；

（二）主合同被终止的；

（三）被担保人或担保权人要求终止担保合同；

（四）其他约定事项。

第三十条　文化企业的对内担保事项应在企业作出决定后10个工作日之内，由国家出资企业报市文资办备案。

第七章　担保的日常管理和监督检查

第三十一条　文化企业担保事项属于"三重一大"事项，企业应按"三重一大"事项相关管理规定履行决策程序。国家出资企业应明确担保事项的管理部门和责任人员，加强担保事项的基础管理：

（一）建立审核论证制度。文化企业财务、法务等部门应对担保事项从严把关、严格论证，并由企业相关部门或中介机构出具风险评估报告及法律意见书。

（二）建立担保台账制度。文化企业应对担保事项进行分类管理，以台账方式详细记录担保合同基本情况、担保对象、金额、期限、担保方式及担保责任履行等情况。

（三）建立跟踪和监控制度。文化企业要严格按照企业决策通过的担保事项订立担保、反担保及相关合同,并对被担保人的经营及财务状况、被担保项目的资金使用及债务主合同执行情况实施动态监控。

(四)建立担保报告制度。国家出资企业应在每年1月底前,汇总企业上一年度对内担保和对外担保情况,将电子版随同加盖公章的纸质报表一并报送市文资办。

第三十二条　文化企业在实施日常监控过程中发现被担保人存在经营困难、债务沉重或者违反担保合同等情况,应及时采取有效措施,最大限度降低担保责任。

第三十三条　文化企业履行担保责任后,应当依法向被担保人、反担保人行使追偿权。

由第三方申请的被担保人破产案件经人民法院受理后,文化企业作为债权人,应当依法及时申报债权,预先行使追偿权。

第八章　责任追究

第三十四条　市文资办指导和监督文化企业担保管理事项,文化企业违反本办法规定出现下列情形的,市文资办责令企业限期整改:

(一)超出规定权限、批准范围提供担保或疏于对已担保项目跟踪管理的;

(二)出现担保风险未及时报告和未采取有效措施的;

(三)未建立完善担保管理制度,未按规定程序决策,导致发生重大担保风险的;

(四)未及时向市文资办履行担保审核、备案等程序的;

(五)违规担保的其他情形。

发生上述情形造成国有资产损失的,根据干部管理权限和情节轻重对相关责任人依法依规追究责任,涉嫌犯罪的,移送司法机关处理。

第三十五条　社会中介机构及有关人员与文化企业相互串通,弄虚作假、提供虚假鉴证材料的,市文资办或文化企业可以提请行业主管部门或行业自律组织对其给予行政处罚或行业惩戒,并取消其市文资办中介机构库入库资格,禁止其从事与文化企业相关业务,涉嫌犯罪的,追究其法律责任。

第三十六条　市文资办工作人员违反本办法规定造成国有资产损失的,依纪依法给予相应处分。

第九章　附　则

第三十七条　市文资办根据市政府授权,依法履行出资人职责的实行企业化管理的文化事业单位依照本办法执行。上市公司、专业融资担保公司的担保事项按照国家有关规定执行。

第三十八条 本办法自印发之日起施行。现行文化企业担保事项相关规定与本办法不一致的，以本办法为准。

附件：北京市国有文化企业对外担保事项核准表

单位：万元

担保人	担保人名称				
	注册地址			注册资本	
	担保项目名称			申请担保金额	
	累计担保总金额		担保期限	担保方式	
	抵（质）押物名称		抵（质）押物评估值	是否为续保（画√）	1.是　2.否
	与被担保人关系（划√）	1.参股公司（担保人持股比例＿＿＿＿）；2.无股权关系的业务关联企业；3.互保关系；4.担保人所投资境外企业（含全资、控股、参股企业，包括港、澳、台地区）；5.其他：＿＿＿＿＿＿＿＿＿＿＿＿＿＿			
	主要财务指标（数据所属期：　　年　　月）				
	资产总额	负债总额	最近一期经审计的净资产总额	净资产收益率	经营总收入	税后净利润
被担保人	被担保人名称				
	注册地址			注册资本	
	主要财务指标（数据所属期：　　年　　月）				
	资产总额	负债总额	最近一期经审计的净资产总额	净资产收益率	经营总收入	税后净利润

续表

<table>
<tr><td rowspan="5">反担保人</td><td>反担保人名称</td><td colspan="2"></td><td></td><td></td></tr>
<tr><td>注册地址</td><td colspan="2"></td><td>注册资本</td><td></td></tr>
<tr><td>与被担保人关系</td><td colspan="2"></td><td>反担保方式</td><td></td></tr>
<tr><td>反担保抵（质）押物名称</td><td colspan="2">反担保抵（质）押物 评估值</td><td>是否出具同意 反担保决议（画√）</td><td>1.是　　2.否</td></tr>
<tr><td colspan="4"></td></tr>
<tr><td rowspan="3">申请与审核</td><td>申请审核</td><td colspan="2">同意申请</td><td colspan="2">同意申请</td></tr>
<tr><td>担保人盖章</td><td colspan="2">所属部门或国家出资企业盖章</td><td colspan="2">监管部门盖章</td></tr>
<tr><td>法定代表人签字：</td><td colspan="2">单位负责人签字：</td><td colspan="2"></td></tr>
<tr><td></td><td>日期：　年　月　日</td><td colspan="2">日期：　年　月　日</td><td colspan="2">日期：　年　月　日</td></tr>
</table>

5.《浙江省国资委出资企业投资及对外担保监督管理暂行办法》

（浙国资发〔2005〕9号　2005年3月29日发布施行）

第一章　总　则

第一条　为了依法履行出资人职责，加强出资企业投资和对外担保管理，规范浙江省人民政府国有资产监督管理委员会（以下简称省国资委）出资企业及所属企业（以下简称出资企业）的投资及对外担保行为，规避投资担保风险，特制定本办法。

第二条　本办法依据《中华人民共和国公司法》、《企业国有资产监督管理暂行条例》（国务院令第378号）等有关法律、法规制定。

第三条　本办法所称的投资，指出资企业对外投资（指设立子公司、国内外收购兼并、合资合作、对已投资项目追加投入）、固定资产投资（指基本建设和技术改造）、金融投资（指证券投资、期货投资、外汇买卖、委托理财）等。

第四条　本办法所称的对外担保，指出资企业以保证、质押等形式为出资企业之外的企业出具对外承诺，当被担保人未按合同约定偿付债务时，由担保人履行偿付义务的行为。

第五条 本办法适用于省国资委出资企业及所属全资、控股企业、事业单位的投资和对外担保。

第二章 各方职责

第六条 出资企业是投资和对外担保的责任主体,主要职责是:

(一)按国家有关法律法规开展投资和对外担保活动;

(二)负责投资项目的可行性研究;

(三)负责投资和对外担保决策并承担风险;

(四)组织好投资管理,并对投资项目的效益进行评价分析。

第七条 出资企业投资和对外担保必须经过严格的投资决策程序,投资和对外担保方案由出资企业相关部门在科学论证的基础上提出,最后由出资企业董事会及相关决策机构(以下简称董事会)讨论决定。董事会对投资和对外担保决定做出会议记录,出席会议的董事应当在会议记录上签名。

第八条 省国资委派驻出资企业的监事会或财务总监负责对出资企业投资、对外担保情况进行监督检查,并定期向省国资委报告有关情况。

第九条 省国资委对出资企业的投资和对外担保活动履行出资人职责,主要职责是:

(一)组织研究国有资本投资导向;

(二)参与出资企业重大投资的可行性研究;

(三)审核出资企业的年度投资计划,对重大投资、对外担保实施备案管理;

(四)建立出资企业投资报告制度;

(五)组织开展投资效益分析评价活动,对重大投资项目组织实施稽查、审计、后评估等动态监督管理。

第三章 对外投资和固定资产投资

第十条 出资企业应当编制年度投资计划,其主要内容如下:

(一)年度投资规模与投资方向;

(二)投资方式及其比重结构;

(三)年度投资进度安排;

(四)年度投资项目汇总情况。

第十一条 编制年度投资计划的程序：

（一）每年11月底前由出资企业向省国资委提交企业下一年度投资计划草案，并提供重大投资项目的计划书等相关文件和资料；

（二）省国资委对出资企业上报的投资计划草案进行审核，并反馈审核意见；

（三）根据省国资委的审核意见，出资企业组织修改、完善年度投资计划，并提交董事会审议；

（四）出资企业将经审议决定的投资计划报送省国资委备案。

第十二条 省国资委审核出资企业年度投资计划的重点为：

（一）是否符合国有经济发展战略和投资方向；

（二）投资是否主要集中于出资企业的主导业务；

（三）投资规模与出资企业的总体经营能力是否匹配；

（四）有否规避风险的预案。

第十三条 出资企业年度投资计划内的重大投资项目实施时报省国资委备案。

第十四条 重大投资项目一般指出资企业投资额超过其净资产的10%或投资额在5000万元以上。重大投资项目实施时报备案应包括以下资料：

（一）投资项目概况（名称、规模、建设周期、出资额及方式、持股比例等）；

（二）投资效果的可行性分析，专家咨询评估意见；

（三）与其他股东的合作协议，及其他股东概况。如合资方是外资或民营企业，须提供该合作方的资信情况以及经营方式；

（四）出资企业董事会对该项目进行审议的会议讨论记录，包括审议日期、人员、不同观点及结论意见。

第十五条 出资企业应严格执行年度投资计划。如情况特殊需调整年度投资计划的（指增加项目或追加投资），应当说明调整内容及原因，计划外重大投资项目报省国资委备案。

第十六条 凡需向有关行政管理部门申报的投资项目，由出资企业按照相关部门规定的程序和要求负责报送。

第十七条 凡国外境外投资项目（包括设立办事机构），不论投资数额大小，实施时报省国资委备案。

第十八条 以上重大投资项目、国外境外投资项目实施时备案，指出资企业做出投资决定后，在10个工作日内按十四条规定内容，将相关材料上报省国资委。

第四章 金融投资

第十九条 出资企业应严格规范金融投资资金来源，不得融资进行金融投资，不得挪用专项资金进行金融投资，不得违反法律法规进行金融投资。

第二十条 委托理财必须与具有法人资格的证券经营机构或投资机构签订书面协议，不得采用口头协议进行，不得以任何形式进行暗箱操作。

第二十一条 出资企业进行金融投资，必须进行可行性研究，考察投资机构资信情况，评估金融投资风险。

第二十二条 出资企业金融投资决策确定后，不论单笔金额大小，须在10个工作日内将金融投资的可行性分析报告和董事会做出金融投资决定的会议记录报省国资委备案。

第二十三条 金融投资协议如需要续签，出资企业必须在对前期金融投资进行评估的基础上，按规定程序重新进行决策并报备案。

第五章 对外担保

第二十四条 为了规避风险，出资企业应要求被担保人落实反担保措施或提供相应的抵押物。

第二十五条 出资企业应关注被担保人的资金和财产情况。

第二十六条 出资企业提供重大对外担保的，由出资企业上报省国资委备案。重大对外担保一般指担保金额超过企业净资产的10%或担保额5000万元以上的担保。

第二十七条 以上对外担保的备案，是指出资企业做出对外担保的决定后，在10个工作日内将董事会做出的对外担保会议记录及被担保人的财务资信情况上报省国资委。

第六章 定期报告

第二十八条 建立出资企业投资报告制度，报告由省国资委出资企业负责报送。报告内容包括出资企业的所有投资情况。

第二十九条 报告要求内容详实，数字真实，上报及时。

第三十条 企业对外投资和固定资产投资分析报告应全面反映出资企业国有资

本结构调整情况、年度投资计划执行情况、项目投资收益情况等,并于下年度3月底前上报。

第三十一条 金融投资报告分为年度分析报告和重大事项专题报告。

金融投资年度分析报告的内容应包括金融投资的期限和金额,证券公司或投资机构基本情况和报告时运营状况,金融投资风险、盈利(亏损)情况等,并于下年度3月底前上报。

重大事项专题报告是指证券经营机构或投资机构发生重大人事变动、资信危机、产权变更、政府接管等情况,导致出资企业投资风险偏大或已存在较大潜在损失(指浮动亏损20%以上)的,应当在该事项发现之时起5个工作日内向省国资委报告。紧急情况,即时报告。

第七章 投资分析评估

第三十二条 省国资委对出资企业已实施的重大投资项目不定期的组织审计、后评估等动态监督管理。

第三十三条 投资项目完成(竣工)一年后,出资企业应当组织投资决策后评估工作,评估报告应及时上报省国资委。

第八章 附 则

第三十四条 省国资委出资企业可依据本办法并结合实际情况制订投资和对外担保管理办法,报省国资委备案。

第三十五条 本办法由省国资委负责解释。

第三十六条 本办法自发布之日起执行。

6.《江苏省国资委关于印发〈省属企业借出资金与提供担保管理若干规定〉的通知》

(苏国资规〔2022〕4号 2022年8月1日发布施行)

为规范省国资委履行出资人职责企业和列名监管企业(以下简称"省属企业")的借出资金与提供担保行为,有效防控经营和财务等风险,保障国有资产安全,现就省属企业借出资金和提供担保管理规定如下：

一、建立健全管理制度。省属企业应进一步增强风险意识，健全内部控制和风险管理体系，审慎对待和严格控制借出资金与提供担保产生的债务（或有债务）风险。应结合自身实际，进一步修订完善集团内企业借出资金和提供担保管理制度，规范内部审批程序，细化审核流程，加强风险防范，强化责任追究。

借出资金指向他人直接出借资金，不包括因资金集中管理所发生的向上归集资金，以及所归集该企业资金范围内的资金拨付。集团采取统借统还形式向所属企业提供资金的应纳入借出资金管理范畴。

提供担保主要指为他人借款和发行债券、基金产品、信托产品、资产管理计划等融资行为提供各种形式担保，包括一般保证、连带责任保证、抵押、质押等，也包括出具有担保效力的共同借款合同、差额补足承诺、安慰承诺等支持性函件的隐性担保。

二、严格落实禁止性和限制性规定。省属企业不得向自然人和无产权关系的企业借出资金或提供担保（省属企业集团内通过集团财务公司借出资金及集团内企业之间提供担保的除外），不得超持股比例向无实际控制权的参股企业借出资金或提供担保。

严格控制超持股比例向控股（实际控制）企业借出资金或提供担保。

严格控制向资产负债率高、资金链紧张等高风险企业借出资金或提供担保。原则上不得对进入重组或破产清算程序、资不抵债、连续三年及以上亏损且经营净现金流为负等不具备持续经营能力的子企业（参股企业）借出资金或提供担保，原则上不得对金融子企业提供担保，因特殊情况需要借出资金或提供担保的，应按照谨慎、可控的原则，由省属企业董事会审批。

无产权关系的集团内企业之间原则上不得提供担保，确需提供担保且风险可控的，需经省属企业董事会审批。

严禁假借经营、投资活动等名义变相借出资金，如融资性贸易、明股实债等行为。

三、加强预算管理。省属企业应制定年度借出资金和提供担保计划，细化资金金额、用途等相关事项，纳入预算管理，按国资监管相关规定报告省国资委。要按照谨慎、可控原则，加强担保总额和单户限额管理，以绝对值或相对值方式明确控制标准，经董事会审议批准，控制标准一经确定，不得随意变更；已超过控制标准的，要制定具体压降方案，确保担保总额、单户额度逐步压降至控制标准内。贸易类省属企业原则上担保总额（已授信未融资的担保除外）不应超过最近一个年度合并会计报表所有者权益的50%、对单户子企业担保限额不应超过被担保方所有者权益5倍的标准。

四、收取借出资金利息及担保费。发生借款业务的企业双方，应当签订借款合同或协议，明确借款用途、金额、期限、利率、计息还款方式、担保或质押等还款保障和违约责任等。省属企业收取借出资金利息一般不低于本企业同期融资成本或取得该资金的融资成本，超持股比例借出资金的，利率标准适当提高。省属企业提供担保的，应规范办理担保手续，收取合理的担保费，超股权比例提供担保的，担保费用标准适当提高。对全资子企业借出资金或提供担保的，可以视管理成本情况减免借出资金利息或担保费。具体标准由省属企业董事会决定。

五、有效落实风险控制措施。省属企业向有关企业借出资金或提供担保，应当对该企业资金需求和用途以及企业资产质量、运营情况、偿债能力等进行分析评估，确定具体限额和相应风险控制措施。对近三年因借款或担保造成省属企业发生损失的企业，审慎对其借出资金或提供担保；属于参股企业的，应停止对其借出资金或提供担保。

超持股比例向控股（实际控制）企业借出资金或提供担保的，应以借出资金金额或提供担保额度为标准，取得借款方、被担保方有效资产担保或反担保；或取得借款方、被担保方其他股东按持股比例提供的担保或反担保。对高风险子企业和无实际控制权的参股企业借出资金或提供担保的，应以借出资金金额或提供担保额度为标准，取得借款方、被担保方担保或反担保。提供担保或反担保标的物应合法有效、可执行可变现。

超持股比例为控股（实际控制）贸易企业的贸易业务借出资金或提供担保，应积极争取担保或反担保，担保或反担保标的不能覆盖额度的，省属企业应通过加强对该贸易业务的风险管控，如通过对贸易规模控制、贸易方式及模式评估、客户信用评审、强化资金和货物控制等措施管控贸易业务风险，从源头上有效管控借出资金或提供担保风险。

对所控股上市公司、少数股东含有员工持股计划或股权基金的企业超股比借出资金或提供担保且无法取得担保、反担保的，经集团董事会审批后，在符合借款、担保监管等相关规定的前提下，可向借款方、被担保方依据风险程度提高借款利息或担保费，并加强对其经营活动的管控，有效防范风险。

六、严格决策程序。省属企业借出资金或提供担保的年度计划，以及年度计划外借出资金或提供担保事项，由股东会或董事会审议批准。超持股比例借出资金或提供担保的，借款方或被担保方资产负债率超80%的，以及企业认为属于高风险事项的，均应在年度计划中特别列示，充分说明借出资金或提供担保的必要性、规模、期限和风险控制措施等，也可以出具专项风险评估报告，作为股东会或董事会决策的重要参考资料。

七、加强后续监督管理。各省属企业应将借出资金与提供担保管理纳入内控体系，建立相关业务台账，加强借出资金和提供担保的后续监管和风险防控，涉及借款或担保的子企业应通过集团资金集中管理等措施加强监控，督促按照确定的用途使用资金，防止资金挪用。要跟踪掌控担保、借款业务及相关事项的运营情况，密切关注借款方或被担保方财务状况，对债务负担重、运营资金紧张、资金链脆弱的企业要加大过程监控力度，对可能存在损失风险的借出资金或提供担保事项及时采取应对措施，避免或最大限度减少损失。发生借出资金或提供担保重大损失风险的，应及时处置并报告省国资委。

八、严肃问责追究。省属企业应建立有效责任追究工作机制，发生担保代偿或借款逾期，1年内未能全额收回应收款项或提供有效资产保全的，按相关制度规定启动问责程序，开展定性、定损和定责工作，并根据认定责任和损失情况，严格进行问责追究。

九、其他规定。省属企业借出资金或提供担保行为不得违反国家现行法律法规规定。省属企业集团内因承担政府专项任务发生的借出资金和提供担保行为的，经履行规范程序，可放宽相关要求。

省属企业各级子企业参照执行本规定。金融企业不适用本规定。上市企业的监管机构相关规定与本规定不一致的，从严执行。

本规定自2022年8月1日起施行。《省国资委关于进一步加强省属企业借出资金与提供担保管理的通知》（苏国资〔2021〕15号）同时废止。

7.《河南省省属企业担保管理暂行办法》

（2006年11月22日豫国资文〔2006〕124号发布施行）

第一章 总 则

第一条 为规范省属企业担保行为，切实防范经营风险，根据《中华人民共和国公司法》、《中华人民共和国担保法》、《企业国有资产监督管理暂行条例》等有关法律、法规的规定,制定本办法。

  第二条 本办法所称省属企业是指河南省人民政府授权河南省人民政府国有资产监督管理委员会(以下简称"省政府国资委")履行出资人职责的国有及国有控股企业。

  第三条 本办法所称的担保行为是指省属企业为其他企业(以下称"被担保人")提供保证、抵押、质押等形式的担保,当被担保人未按期履行债务时,省属企业须按照约定履行债务或承担责任的行为。

  第四条 省属企业提供担保应量力而行,坚持以下原则:

  (一)诚实信用原则;

  (二)合法合规原则;

  (三)防范风险原则;

  (四)自愿公平原则;

  (五)严格管理原则。

第二章 担保管理

  第五条 省属企业的分支机构和内设职能部门不得对外提供担保。

  第六条 省属企业不得对经营状况非正常的被担保人提供担保。经营状况非正常的被担保人是指有下列情形之一的:

  (一)在提出担保申请之前两个会计年度连续亏损、经营状况严重恶化的;

  (二)在提出担保申请之前存在恶意拖欠银行贷款本息不良记录的;

  (三)涉及重大的诉讼案件或潜在的重大纠纷,预计对生产经营产生严重影响的;

  (四)生产经营不符合国家有关政策的;

  (五)资不抵债、且存在较大风险的;

  (六)省政府国资委认为经营状况非正常的其他情形。

  第七条 省属企业不得以下列国有资产设置抵押担保:

  (一)未办理企业国有资产占有产权登记的;

  (二)所有权不明或者有争议的国有资产;

  (三)依法被采取查封、扣押等财产保全措施或执行措施的国有资产;

  (四)依法不得抵押担保的其他国有资产。

第八条 省属企业为其他企业提供担保时，必须要求被担保人提供具有法律效力的反担保。被担保人不提供反担保的，省属企业不得提供担保。

第九条 省属企业应加强担保事项管理，制定本企业担保管理办法，建立担保内部责任制度。

（一）建立担保业务台账，定期对担保业务进行分类整理归档和统计分析。

（二）建立担保业务跟踪和监控制度。省属企业在提供担保时，应与被担保人约定，省属企业有权对被担保人以及担保项目资金使用情况、财务状况及主合同履行情况进行定期或不定期检查监督。如被担保人拒绝与省属企业做出上述约定的，省属企业不得提供担保。在省属企业提供担保之后，如被担保人不按上述约定配合省属企业对其进行检查监督的，省属企业应及时采取措施降低担保风险。

（三）建立担保事项备案制度和年度报告制度。省属企业决定的担保事项，应按规定期限向省政府国资委书面备案；年度终了后一个月内，省属企业应汇总本企业及所属企业本年度担保事项（包括被担保人、担保项目、担保金额、担保期限、担保方式、担保财产等情况）和担保诉讼情况，向省政府国资委作出书面报告。

第十条 省属企业担保行为应根据《中华人民共和国公司法》及公司章程规定，由股东会授权的董事会审议或未设董事会的总经理办公会议审议，形成书面决议并签字后，由省属企业财务部门或指定的部门办理。

第十一条 省属企业为其全资、绝对控股企业提供担保，应在提供担保后七个工作日内以书面形式报省政府国资委备案。

第十二条 省属企业之间互相提供担保，担保企业应在内部权力机构作出决议后七个工作日内将提供担保的决议及有关材料报省政府国资委备案后执行。

第十三条 省属企业为本办法第十一条、第十二条规定以外的企业提供担保，应在企业权力机构作出决议后七个工作日内持相关文件和资料报省政府国资委批准。

第十四条 省属企业对外提供担保，应向省政府国资委提交下列文件和资料：

（一）对外提供担保的请示文件；

（二）担保项目的可行性研究报告和经济评价报告；

（三）企业权力机构作出的关于对外提供担保事项决议；

（四）法律事务机构对担保事项出具的法律意见书；

（五）省属企业和被担保人上年度财务审计报告及最近一期财务报告；

（六）如担保形式为抵押、质押等物权担保的，应提交抵押或质押财产的权属凭证（载明担保财产的名称、数量、质量等状况）以及有资格的资产评估机构对抵押或质押财产出具的资产评估报告等材料；

（七）被担保人拟提供反担保的书面说明，载明反担保的形式、反担保的期限、反担保的财产状况。如被担保人提供的反担保系抵押、质押等物权担保的，应提供涉及的股权、土地使用权、房屋产权、机器设备等财产的权属证明凭证；

（八）被担保人负债状况及或有负债情况的说明；

（九）根据本办法规定应当提交的其他材料。

第十五条 省属企业对外担保，应组织有关人员进行调查，重点审查被担保人的财务状况和偿债能力，对担保项目进行风险评估，并提出风险控制的防范措施。对材料齐全、符合条件的担保行为，自收到省属企业提交的文件和资料后，在10个工作日内予以批复。若省属企业提交的文件和资料不齐全或需要补充修正材料，批复时间相应顺延。

第十六条 省政府国资委对担保事项批复后，省属企业应与被担保人及时签订书面反担保合同，并办理反担保必需的登记手续。反担保合同签订后，省属企业方可提供担保。

第十七条 省属企业以财产抵押或权利质押的，依照法律程序将抵押物或质押物折价、拍卖或变卖处理时，抵押或质押资产应依法进行资产评估，资产评估结果应报省政府国资委备案。

第三章　违规处罚

第十八条 省属企业在提供担保活动中有意瞒报情况，或者弄虚作假、提供虚假会计资料的，由省政府国资委责令改正，并可根据《中华人民共和国会计法》和《企业国有资产监督管理暂行条例》等有关法律、法规规定对其作出处罚；对企业主管人员和直接责任人员依法给予行政处分和纪律处分。

第十九条 省属企业违反本办法有关规定为他人提供担保或对所提供的担保项目未认真审查、未进行跟踪监督，发现担保风险又不及时报告，造成国有资产损失的，对企业主要负责人和其他直接责任人员，按照《企业国有资产监督管理暂行条例》等有关规定，视情节轻重处以通报批评、行政处分、经济处分直至终身不得担任国有及国有控股企业的负责人等处罚。涉嫌犯罪的,移送司法机关处理。

第二十条 省属企业负责人和有关工作人员在担保工作中,采取隐瞒不报、低价变卖、虚报损失等手段侵吞、转移国有资产的,由省政府国资委责令改正,并依法给予行政和纪律处分;涉嫌犯罪的,移送司法机关处理。

第二十一条 省属企业负责人对申报的担保工作结果的真实性、完整性承担责任;社会中介机构对其出具的专业报告的准确性、真实性、合法性承担责任。

第二十二条 社会中介机构及有关当事人在担保工作中与企业相互串通,弄虚作假、提供虚假鉴证材料的,省政府国资委将有关情况通报其行业主管部门,建议给予相应处罚,并不再选择其从事相关业务。

第二十三条 国有资产监督管理机构工作人员在对企业担保行为进行审核过程中徇私舞弊,造成重大工作过失的,应当依法给予行政和纪律处分;涉嫌犯罪的,移送司法机关处理。

第四章 附 则

第二十四条 省政府国资委履行出资人职责以外的其它省属企业的担保行为,参照本办法执行。上市公司(省属企业占控股地位)的担保业务按国家有关规定执行;专业担保公司经营的担保业务按《中华人民共和国担保法》的有关规定执行。

第二十五条 省属企业为其他企业提供反担保的,参照本办法执行。

第二十六条 本办法实施前的有关省属企业担保工作的规章制度与本办法不一致的,依照本办法的规定执行。

8.《河南省人民政府国有资产监督管理委员会关于改进和加强省属企业担保管理工作的意见》

(豫国资文〔2017〕122号 2017年12月8日发布施行)

各省属企业:

《河南省省属企业担保管理暂行办法》(豫国资文〔2006〕124号,以下简称"《暂行办法》")自2006年实施以来,在防控省属企业担保风险、防止国有资产流失方面起到了积极作用,省属企业的担保行为逐步规范。为适应以管资本为主加强国有资产监管的要求,进一步改进和加强省属企业及其各级子企业的担保管理工作,现根据《中华人民共和国企业国有资产法》、《中华人民共和国公司法》、《国务院办公厅关于加强和改进企业国有资产监督和防止国有资产流失的意见》(国办发〔2015〕79号)等法律法规及文件要求,结合工作实际,将《暂行办法》部分内容予以调整补充,对省属企业担保管理工作提出如下意见。

一、明确适用范围。省政府国资委履行产权管理职责的省属企业(以下简称"省属企业")均应按照《暂行办法》和本意见,进一步改进和加强担保管理工作。

二、改进监管方式。按照管资本为主和"放管服"的要求,省政府国资委将进一步改进监管方式,不再直接批准或备案省属企业担保事项,主要负责制定、修改省属企业担保监督管理有关制度,对省属企业担保工作进行监督检查,对违法违规担保事项予以责任追究。

三、强化省属企业管理职责。省属企业要切实承担担保事项的管理职责,根据《暂行办法》和本意见要求,科学制定本企业的担保管理制度,并报省政府国资委备案;决定或审批本企业的各类担保事项;负责所属独资、控股和实际控制的各级子企业(以下简称"子企业")担保事项的监督检查和责任追究工作。省属企业对各级子企业担保事项负总责。子企业担保事项由省属企业集团负责审批,权限不得下放。

四、严格控制担保规模。省属企业及其子企业应当注重防范财务风险,累计担保总额原则上不得超过本企业净资产的50%,对单个被担保人提供的累计担保总额原则上不得超过本企业净资产的20%。在本意见下发前已超过以上限额的,企业应积极采取措施,逐步削减担保规模。

五、严控对外担保事项。省属企业要从严控制与其他省属企业之间的担保事项,原则上不得对省属企业之外的其他国有企业提供担保,严禁向非国有企业和个人提供担保。子企业禁止为所在省属企业合并会计报表范围之外的任何企业和个人提供担保。

六、加强对内担保管理。省属企业要切实加强内部担保的管理,坚持"同股同权同责"原则,严格审批和管理母子企业之间、各子企业之间的担保事项,切实防范担保风险。

七、加强对被担保人的资信调查。 省属企业在担保事项决策和审批前，必须认真开展对被担保人的资信调查。严禁为经营状况非正常企业提供担保；严禁为不符合所在地经济布局和产业结构调整要求以及高风险（包括任何形式的委托理财，投资股票、期货、期权、风险投资等）的投融资项目提供任何形式的担保。经营状况非正常企业主要是指出现下列情况之一的企业：

（一）最近3个会计年度连续亏损（政策性亏损除外）或资不抵债的；

（二）存在拖欠银行贷款本息不良记录的；

（三）涉及重大的诉讼案件或潜在的重大纠纷，预计对生产经营产生严重影响的；

（四）已进入重组、托管、被兼并或破产清算程序的；

（五）与本企业发生过担保纠纷且仍未妥善解决的；

（六）其他经营状况非正常的情况。

八、强化反担保保障。 省属企业应强化法人财产权独立和反担保具备优先受偿权的意识，将反担保措施作为提供担保的必备要件。被担保人不提供具有法律效力反担保的，省属企业及其子企业不得提供担保。省属企业及其子企业在提供担保时，应依据风险程度和反担保人的财务状况、履约能力来确定反担保方式。采用保证作为反担保方式的，一般应由被担保人以外的第三方提供，本通知第七条所列经营状况非正常企业不得作为反担保人。采用抵押、质押等作为反担保方式的，抵押、质押物必须是权属清晰、不涉及诉讼或争议，且未设定抵押、质押的财产。抵押、质押物应当进行资产评估，并办理抵押、质押登记。

九、完善风险防控机制。 省属企业应按照《暂行办法》及本意见要求，及时依法定程序修改公司章程，制定担保管理制度和内部审批流程，将重大担保事项列入"三重一大"决策范围，完善跟踪和监控制度，健全风险防控机制。在担保事项决策、审批环节，应严格流程，规范运作，重点审查被担保人及反担保人的财务状况和偿债能力，做好财务、法律风险评估及风险防控措施，一般不提供连带责任保证。在担保事项跟踪、监控环节，应落实专职部门责任，及时发现问题，在可能或已经造成担保损失时采取解除担保、追加反担保、追偿等措施，降低担保风险。

十、完善报告制度。 省属企业应在每一季度终了20个工作日内，汇总本企业的各类担保事项，以正式文件形式向省政府国资委报告。担保事项出现风险起10个工作日内，省属企业应及时向省政府国资委做出书面报告。

十一、加强监督检查和责任追究。省政府国资委将不定期开展担保工作专项监督检查，同时将担保管理作为外派监事会、审计、纪检监察等监督检查的重要内容，强化检查成果运用，加强责任追究。省属企业要建立各相关职能部门联动监督机制，创新监督方式，加大对子企业担保事项的监督检查和责任追究力度。对违反规定提供担保的，按照《企业国有资产监督管理暂行条例》《河南省省属国有企业违规经营投资责任追究暂行办法》等法律法规和文件规定，视情节轻重对责任单位和个人采取组织处理、扣减薪酬、禁入限制、党政纪处分、移交司法机关等方式处理。

十二、《暂行办法》中与本意见不一致的，依照本意见的规定执行。

9.《湖南省国资委关于加强监管企业担保管理有关事项的通知》

（湘国资预算〔2014〕17号　2014年1月29日发布施行）

各监管企业：

为规范监管企业担保行为，防范和控制担保风险，切实维护国有资本权益，根据《中华人民共和国公司法》、《中华人民共和国担保法》、《中华人民共和国企业国有资产法》等法律法规及省国资委《关于印发〈湖南省国资委国有独资公司授权经营管理办法〉的通知》（湘国资〔2006〕196号）的规定，现就加强监管企业担保管理有关事项通知如下：

一、本通知所称担保是指监管企业以第三人的名义为债务人提供担保，当债务人不履行债务时，由企业按照约定履行债务或承担责任的行为。监管企业担保的方式包括：保证（一般保证、连带责任保证）、抵押、质押（动产质押、权利质押）、留置和定金等。

二、监管企业对控股子企业和参股企业提供担保（以下简称对内担保）必须坚持同股同权、同股同责的原则，以出资（持股）比例为限（即提供的担保份额原则上不得超过所出资比例）；监管企业原则上不得为最近三个会计年度连续亏损、存在拖欠银行贷款本息不良记录、涉及重大经济纠纷或经济案件、涉及破产诉讼、资产负债率过高（制造业企业资产负债率超过70%、非制造业企业资产负债率超过80%）、审计后净资产低于注册资本的子公司或参股企业提供担保；监管企业原则上不得为无产权关系的法人、非法人单位和自然人提供担保（以下简称对外担保）。

三、监管企业应于每年3月底前将上年度担保业务情况、本年度担保总额控制的计划、担保风险控制措施报省国资委备案。省国资委对年度担保控制限额进行确认。监管企业全年累计对内担保总额一般不得超过最近一期经审计企业合并报表净资产总额的50%，额度以内的对内担保，按程序由企业董事会审议决定；额度之外以及单笔达到年度担保总额50%的对内担保，在履行企业内部决策程序后，应及时逐笔报省国资委确认。监管企业因特殊情况确需提供对外担保的，必须逐笔报省国资委审核。企业任何部门或个人不得私自决定担保事项。

四、被担保企业必须具备完善的管理制度、健全的财务及风险控制制度、良好的财务状况、充分和客观的经营和财务信息披露制度，近三年的财务报表经会计师事务所审计均为无保留意见。被担保企业向监管企业递交担保申请后，监管企业财务部门应严格审查被担保企业的资产质量、偿债能力、财务信用及申请担保事项的合法性、合规性和风险程度。

监管企业提供担保要与被担保企业签订担保协议，明确担保人与被担保人的权利、义务及违约责任。被担保企业还应向监管企业提供必要的反担保措施。监管企业应根据担保金额按规定向被担保企业收取担保费。监管企业与所属子企业或参股企业的其他股东按出资比例提供担保的，其担保费按出资股东各方约定的同等标准收取。

监管企业对所属子企业提供担保所占份额已超过出资（持股）比例的，要限期将担保数额压缩至出资（持股）比例之内。在未降到限额比例之前，监管企业应通过减少或暂停股利分配、加强子公司董事会控制权等措施逐步进行规范，严格控制担保风险。

五、监管企业应按同股同权、同股同责的原则修订和完善公司章程，制订本企业内部的担保管理办法和风险控制措施，规范担保行为，防范法律风险。

监管企业应当建立担保业务备查簿，详细登记被担保企业、担保金额及担保份额、担保费率、担保期限、担保解除时间等信息，加强对担保事项的管理和控制。

在财务审计中，受托审计监管企业年度财务决算报表的会计师事务所要按照独立审计准则和执业规范，对企业的担保事项逐笔检查核实，进行风险评估，在出具的审计报告中予以披露。同时，省国资委将加强对企业担保、未决诉讼或仲裁等或有事项的监督检查。

六、对因违规担保、超比例担保及未履行决策程序担保导致国有资产损失的，省国资委将按照《中华人民共和国企业国有资产法》、《关于印发〈湖南国资委监管企业国有资产损失责任追究暂行办法〉的通知》、《关于印发〈湖南省国资委国有独资公司授权经营管理办法〉的通知》规定，追究主要负责人员、其他直接责任人员及对该项担保决策投赞成票的人员的责任。

10.《福建省人民政府国有资产监督管理委员会所出资企业担保事项管理暂行办法》

（闽国资运营〔2017〕69号 2017年4月10日发布施行）

第一条 为指导企业进一步完善担保事项管理，规范担保行为，防范担保风险，维护国有资产安全，根据《中华人民共和国企业公司法》《中华人民共和国担保法》《中华人民共和国企业国有资产法》等法律法规的规定，制定本办法。

第二条 福建省人民政府国有资产监督管理委员会（以下简称省国资委）履行出资人职责的企业（以下简称所出资企业）及其权属企业（包含各级独资、绝对控股及具有实际控制权的相对控股企业）的担保事项适用本办法。

第三条 企业担保分为对内担保和对外担保。对内担保是指所出资企业与其权属企业或其权属企业相互之间的担保行为。对外担保，是指所出资企业及其权属企业对参股企业、无产权关系企业提供担保的行为。

第四条 企业担保属于企业"三重一大"事项，应按"三重一大"事项相关管理规定履行决策程序。

第五条 所出资企业及其权属企业的对内担保，由所出资企业按照内部管理程序自主决策。

原则上所出资企业及其权属企业不得对外担保，特殊情况需要对外担保的，除本办法第六条、第七条规定的情形外，应报省国资委批准后方可进行。

第六条 根据《中华人民共和国公司法》《中共中央国务院关于深化国有企

改革的指导意见》《中共福建省委福建省人民政府关于深化国有企业改革的实施意见》，已建立规范董事会，且外部董事占多数、法人治理结构完善的所出资企业，其对外担保行为，由该所出资企业董事会依照公司章程的规定自主决策或审批。

第七条 以下对外担保事项，由所出资企业自主决策。

（一）所出资企业之间的相互担保行为。

（二）省属国有控股上市公司对外担保行为，由上市公司按照公司章程规定自主决策。

（三）所出资企业对外投资项目，根据项目建设融资需要，股东按照股比共同为项目提供担保的。

（四）经省国资委同意设立，或纳入所出资企业主业范围的专业担保公司开展的担保业务。

（五）政策性专业担保公司的担保业务或行为，按照国家和我省有关规定执行。

第八条 所出资企业应当组织实施《企业内部控制基本规范》及其担保业务指引，建立健全本企业担保管理制度，依法加强对权属企业担保事项的集中管控，防范担保风险。

第九条 所出资企业及其权属企业开展对外担保，应当对担保项目的基本情况和被担保人的资产质量、经营情况、偿债能力、盈利水平、信用程度及行业前景等资信状况进行调查，评估担保风险。出现以下情形之一的，企业不得对外提供担保：

（一）担保事项不符合国家法律法规和国家产业政策规定；

（二）为购买金融衍生品等高风险投资项目担保；

（三）被担保人为自然人或非法人单位；

（四）被担保人已进入重组、托管、兼并或破产清算程序的；

（五）被担保人财务状况恶化、资不抵债、管理混乱、经营风险较大的；

（六）被担保人存在较大经济纠纷，面临法律诉讼且可能承担较大赔偿责任的；

（七）被担保人与担保人发生担保纠纷且仍未妥善解决的，或双方已约定担保费用，但被担保人不能按约定及时足额交纳担保费用的；

（八）其他可能影响企业可持续经营能力的情况。

第十条 按照本办法第五条规定的批准权限，所出资企业向省国资委报批担事项时，应当提交下列资料，并对其真实性负责：

（一）所出资企业关于担保事项的请示，应包括担保人、被担保人基本情况，担保事由，担保方式、金额和期限等；

（二）所出资企业董事会（或总经理办公会，下同）同意担保的书面决议；

（三）被担保人的营业执照有效复印件、公司章程；

（四）被担保人的法定代表人身份证明和身份证的有效复印件；

（五）被担保人股东会或其授权董事会同意的主债务合同和请求担保的有关决议，合同及有关决议应有明确的担保额和期限；

（六）被担保人近三年经审计的年度财务报告；

（七）被担保人或第三方提供反担保的有关文件；

（八）担保风险评估报告；

（九）企业法律顾问或律师事务所审核担保、反担保及相关合同后出具的法律意见书；

（十）省国资委要求提交的其他材料。

省国资委在收到所出资企业申报材料齐全后，7个工作日内做出是否批准的答复。

第十一条 企业经批准对外担保的，必须要求被担保人提供反担保，在签订担保合同的同时，签订反担保合同并办理相应反担保手续。企业要加强对反担保标的物的跟踪管理，定期核实标的物存续状况和价值，发现问题及时处理，确保标的物安全、完整。

第十二条 企业对外担保经批准后需要变更担保金额、期限等担保合同主要条款或担保合同到期后要求续保的，应按照本办法规定重新履行审批程序。

第十三条 省国资委指导和监督企业担保事项管理情况，根据工作需要对企业对外担保行为开展随机抽查和审计督查。对企业违反本办法提供对外担保或疏于管理，出现担保风险未及时报告、未采取有效措施，造成国有资产损失的，要依法依规追究相关责任人的责任。

第十四条 本办法自印发之日起执行。本办法施行后，此前省国资委的规定与本办法的规定相抵触的，以本办法为准。

11.《省政府国资委关于进一步规范省管企业融资担保管理工作的通知》

（豫国资规〔2023〕2号　2023年1月12日公布施行）

各省管企业：

近年来，省管企业按照《省政府国资委关于印发〈河南省省属企业担保管理暂行办法〉的通知》（豫国资文〔2006〕124号）、《省政府国资委关于改进和加强省属企业担保管理工作的意见》（豫国资文〔2017〕122号）等规定，建立担保制度、规范担保行为，担保风险基本可控，但也有少数企业存在担保规模增长过快、隐性担保风险扩大、代偿损失风险升高等问题。为进一步规范和加强省管企业融资担保管理，有效防范企业相互融资担保引发债务风险交叉传导，推动企业提升抗风险能力，促进企业高质量发展，现将有关事项通知如下：

一、完善融资担保管理制度。融资担保主要包括省管企业为纳入合并范围内的子企业和未纳入合并范围的参股企业借款和发行债券、基金产品、信托产品、资产管理计划等融资行为提供的各种形式担保，如一般保证、连带责任保证、抵押、质押等，也包括出具有担保效力的共同借款合同、差额补足承诺、安慰承诺等支持性函件的隐性担保，不包括主业含担保的金融子企业开展的担保以及房地产企业为购房人按揭贷款提供的阶段性担保。省管企业应当制定和完善集团统一的融资担保管理制度，落实管理部门和管理责任，规范内部审批程序，细化审核流程。制定和修订融资担保管理制度需经集团董事会审批。加强融资担保领域的合规管理，确保相关管理制度和业务行为符合法律法规和司法解释规定。

二、加强融资担保预算管理。省管企业开展融资担保业务应当坚持量力而行、权责对等、风险可控原则，将年度融资担保计划纳入预算管理体系，包括担保人、担保金额、被担保人及其经营状况、担保方式、担保费率、违规担保清理计划等关键要素，提交集团董事会或其授权决策主体审议决定，担保关键要素发生重大变化或追加担保预算，需重新履行预算审批程序。

三、严格控制融资担保规模。省管企业应当转变子企业过度依赖集团融资担保的观念，鼓励拥有较好资信评级的子企业按照市场化方式独立融资。根据各级企业财务承受能力合理确定融资担保规模,原则上总融资担保规模不得超过集团合并净资产的50%,单户企业(含集团本部)融资担保额不得超过本企业净资产的50%。

四、严格控制超股比融资担保。省管企业应当严格按照持股比例对子企业和参股企业提供担保。严禁对参股企业超股比担保。对子企业确需超股比担保的,需报集团董事会或其授权决策主体审批,并对超出持股比例的担保额度,应由小股东或第三方通过抵押、质押等方式提供足额且有变现价值的反担保。对所控股上市公司、少数股东含有员工持股计划或股权基金的企业提供超股比担保且无法取得反担保的,经集团董事会或其授权决策主体审批后,在符合融资担保监管等相关规定的前提下,采取向被担保人依据代偿风险程度收取合理担保费用等方式防范代偿风险。

五、严格防范代偿风险。企业应当将融资担保业务纳入内控体系,建立融资担保管理台账,适时更新、跟踪管理,建立风险分类识别和防范机制,重点关注被担保人整体资信状况变化情况、融资款项使用情况、用款项目进展情况、还款计划及资金筹集情况,对发现有代偿风险的担保业务及时采取增信或有效的资产保全等应对措施,最大程度减少损失。

六、严格追究违规融资担保责任。省管企业应当对集团内违规融资担保问题定期或不定期开展全面排查,对各种原因形成的违规担保事项应当及时清理完毕。融资担保应当作为企业内部审计、内部巡察的重点,因违规融资担保造成国有资产损失或其他严重不良后果的,应当按照有关规定对相关责任人严肃追究责任。

《省政府国资委关于印发〈河南省省属企业担保管理暂行办法〉的通知》《省政府国资委关于改进和加强省属企业担保管理工作的意见》等与本通知不一致的,依照本通知的规定执行。

12.《关于加强省属企业融资担保与借款管理的指导意见(试行)》

(川国资评价〔2023〕7号 2023年2月6日发布施行)

为深入贯彻党的二十大精神和习近平总书记关于防范化解重大风险重要论述要求,全面落实省委、省政府关于坚决打好防范化解重大风险攻坚战的决策部署,切实加强省属企业融资担保和借款行为风险管控,保证国有资金安全,持续增强企业抗风险能力。根据《中华人民共和国公司法》、《中华人民共和国企业国有资产法》等法律法规，提出以下意见。

一、总体要求

（一）指导思想

强化风险意识、忧患意识，树牢底线思维、极限思维，以防止国有资产流失、促进保值增值为目标，以制度建设、流程规范为保障，提高防范化解重大风险能力，推动企业持续健康发展。

（二）基本原则

——分级管理、企业主体。企业是融资担保和借款行为的主体，是融资担保和借款决策的直接责任人；省国资委依法行使出资人职责，指导和监督企业融资担保和借款行为，防止国有资产流失。

——量力而行、风险可控。企业开展融资担保业务和借款业务必须规模适度，量力而行，不能影响公司自身业务的发展；在做出决策前要严格按照程序进行分析论证和风险评估，提出相应的风险防范措施，确保风险可控。

——依法合规、规范运作。企业应严格遵守国家有关法律、法规、规章等制度规定，完善融资担保和借款管理制度，规范工作程序，确保融资担保和借款行为的合法规范。

（三）适用范围

融资担保主要包括省属企业为纳入合并范围内的子企业和未纳入合并范围的参股企业的借款和发行债券、基金产品、信托产品、资产管理计划等融资行为提供的各种形式担保（含子企业之间、子企业向母公司提供担保），担保方式如一般保证、连带责任保证、抵押、质押等，也包括出具有担保效力的共同借款合同、差额补足承诺、安慰承诺、流动性支持等隐性担保，不包括主业含担保的金融子企业开展的担保、房地产企业为购房人按揭贷款提供的阶段性担保、因自身对外融资需要向提供担保服务的第三方担保公司提供的反担保。

借款主要包括省属企业为纳入合并范围的子企业提供的资金融通，也包括子企业之间、子企业向母公司提供资金融通，不包括金融子企业在批准业务范围内开展的对外借款。

省属企业控股上市公司开展融资担保业务和提供借款还应符合《中华人民共和

国证券法》和证券监管等相关规定。

二、着力强化企业内部管理

(四)统一管理制度

省属企业应当制定和完善集团统一的融资担保与借款管理制度,明确集团本部和各级子企业融资担保和借款权限和限额,落实管理部门和管理责任。制定和修订集团统一的融资担保与借款管理制度需经集团董事会审批。加强融资担保和借款的合规管理,确保相关管理制度和业务行为符合法律法规和司法解释规定。

(五)规范审批流程

省属企业应当规范融资担保和借款的审核标准和审批流程,建立一套科学、系统、严谨的程序和统一、规范的标准,严格和细化审核审批流程,绘制出清晰完整的操作流程图。提供担保和借款需经企业董事会或类似决策机构审批。

(六)加强预算管理

省属企业应当将年度融资担保计划和提供借款规模纳入预算管理体系,提交集团董事会审议决定。年度融资担保计划包括担保金额、违规担保清理计划等关键要素,担保关键要素发生重大变化或追加担保预算、追加借款预算,需重新履行预算审批程序。

(七)强化动态监测

省属企业应当将融资担保和借款事项纳入内部控制体系,建立融资担保和借款登记台账,实行动态监测和定期盘点,并对融资担保和借款进行分类分析和风险识别。融资担保重点关注被担保人整体资信状况变化情况、融资款项使用情况、用款项目进展情况、还款计划及资金筹集情况等,对发现有代偿风险的担保业务及时采取资产保全等应对措施,最大程度减少损失;借款重点关注借款人经营状况和资信状况、借款资金使用情况、用款项目进展情况、还款计划及资金筹集情况等,对发现有借款收回风险的借款业务及时采取资产保全等应对措施,最大程度减少损失。

三、严格规范业务范围和规模

(八)严控集团内融资担保与借款范围

省属企业一般应在本集团范围内开展融资担保业务和提供借款,包括集团本部和纳入合并范围内的各级子企业。原则上只能对具备持续经营能力和偿债能力的各级子企业提供担保和借款。原则上不得对以下几类企业提供担保和借款:

1.进入重组或破产清算程序、资不抵债、连续三年及以上亏损且经营净现金流为

负等不具备持续经营能力的子企业;

2.金融子企业;

3.集团内无直接股权关系的子企业(受托管理除外)之间。

以上三种情况确因客观情况需要提供担保和借款且风险可控的,需经集团董事会审批。

(九)严控超股比融资担保

省属企业应当遵循同股同权的原则,严格按照持股比例对子企业和参股企业提供担保。对子企业确需超股比担保的,需经集团董事会审批。严禁对参股企业超股比担保,严禁对集团外无股权关系的企业提供任何形式担保。若遇特殊情况确需对参股企业超股比担保或对集团外无股权关系企业提供担保的,应报省国资委审批。

(十)严控集团外提供借款

省属企业原则上不得向参股企业和集团外无股权关系的企业和自然人提供借款,确有必须的应充分进行风险评估、落实风险防范措施并经集团董事会审批。严禁开展名为贸易、投资实为对外提供借款资金的业务。

(十一)科学设定融资担保规模上限

省属企业应当转变子企业过度依赖集团担保融资的观念,鼓励资信评级较好的子企业按照市场化方式独立融资。根据自身财务承受能力合理确定融资担保规模,原则上集团合并层面总融资担保规模不得超过集团合并净资产的50%,其中对未纳入合并范围的企业融资担保总额不应超过集团合并净资产的10%,资产负债率超过管控线的企业总融资担保规模不得比上年增加。若因企业发展需要,确需突破上述融资担保控制限额的,需经集团董事会审批并报省国资委备案。

四、防范化解业务风险

(十二)严格防范融资担保代偿风险

省属企业对子企业提供超股比担保的,应由第三方或其他股东通过抵押、质押等方式提供足额且有变现价值的反担保,无法取得足额反担保的,经集团董事会审批后采取其他有效方式防范代偿风险。

(十三)合理设置借款担保措施

省属企业应当明确设置集团内借款和集团外借款担保措施的适用范围、形式和具体操作流程,担保形式包括但不限于其他股东信用担保、资产抵押担保、资产质押担保、股权质押担保。

(十四)及时采取资产保全措施

省属企业对发现有损失风险的融资担保和借款应及时采取资产保全等应对措施,最大程度减少损失。承担担保责任后,应当依法向被担保人、反担保人行使追偿权。由第三方申请的被担保人破产案件经人民法院受理后,省属企业作为债权人,应当依法及时申报债权,依照《企业破产法》行使追偿权或预先追偿权。逾期无法收回借款时,应当及时向借款人催收,并依法根据实际情况采取诉讼仲裁及财产保全措施,要求担保人承担担保责任。

(十五)有效防范并购中的担保风险

省属企业在开展并购时,应高度关注标的企业融资担保风险,加强尽职调查,强化风险分析,做好风险防控。并购完成后,应组织被并购企业开展融资担保事项清理,及时按规定进行规范。

五、加强审计监督和责任追究

(十六)强化年度审计审核

省属企业应当随年度预算、决算报送融资担保和借款预算及执行情况。在年度财务决算审计中向承担审计任务的中介机构如实提供全部融资担保和借款事项,并在年度财务决算专项说明中逐笔披露融资担保和借款明细情况,对形成或有债务的融资担保、可能形成呆坏账的借款做重点关注和详细披露,并就融资担保和借款管理情况、风险管控情况等进行说明。承担审计任务的中介机构应当对省属企业提供的融资担保和借款情况进行逐笔审核,出具审核意见。

(十七)完善动态监测机制

省国资委建立省属企业融资担保和借款动态监测机制,各企业按季度向省国资委报送融资担保和借款动态监测数据,特别是应当如实填报对参股企业的超股比担保金额和对集团外无股权关系企业的担保金额,对参股企业和集团外无股权关系企业的借款金额,不得瞒报漏报。

(十八)严格责任追究

省属企业应当建立各相关职能部门联动监督机制,将融资担保和借款作为内部审计、巡视巡察的重点,加大监督检查和责任追究力度。因未履职或未正确履职造成国有资产损失或其他严重不良后果的,应当按有关规定追究相关人员责任,并将追责情况及时报省国资委,必要时省国资委可直接开展责任追究工作。

本意见适用于省国资委直接履行出资人职责的省属企业及其下属各级全资、控股子企业以及其实际控制企业,自印发之日施行。《关于规范省属监管企业委托贷款业务的指导意见》(川国资委〔2014〕88号)、《关于规范省属监管企业担保行为的指导意见》(川国资委〔2014〕89号)同时废止。

13.《安徽省国资委关于加强省属企业融资担保管理工作的通知》

(皖国资产权〔2022〕34号　2022年3月14日发布施行)

各省属企业:

为进一步规范省属企业融资担保行为,服务企业融资,防控担保风险,推动企业提升抗风险能力,促进企业高质量发展,现就有关事项通知如下:

一、完善企业担保管理制度。融资担保主要指担保单位出于经营管理需要为其他单位提供债务担保,主要包括集团内部、省属企业之间以及为参股企业借款和发行债券、基金产品、信托产品、资产管理计划等融资行为提供的各种形式担保,不包括省属企业主业含担保的金融子企业开展的担保以及房地产企业为购房人按揭贷款提供的阶段性担保。省属企业应当制定和完善集团统一的融资担保管理制度,落实所属各级子企业的担保事项由集团公司董事会决策的要求,充分发挥董事会的风险把关作用。

二、严格限制担保对象。省属企业原则上只能对具备持续经营能力和偿债能力的子企业或参股企业提供担保。不得对关停并转或清算破产、资不抵债、连续三年及以上亏损且经营净现金流为负等不具备持续经营能力的子企业或参股企业提供担保,以上情况确因客观需要提供担保且风险可控的,由集团董事会审批。省属企业原则上不得对无股权关系的非省属企业提供担保,特殊情况需提供担保的,在履行企业内部决策程序后报省国资委审批。省属企业之间确需提供担保的,由集团董事会审批,可由集团公司或其全资、控股子公司提供担保。

三、严格控制担保规模。省属企业应转变子企业过度依赖集团担保融资的观念,鼓励拥有较好资信评级的子企业按照市场化方式独立融资。新建符合集团主业发展方向的固定资产投资项目,建设期确需对项目公司超净资产提供担保的,由集团董事会按照企业内部管理制度规定审批。省属企业融资担保规模超过上年度合并净资产80%以及超子企业净资产担保的,应制定工作计划,在确保企业资金链安全的前提下,实现担保比例逐年逐项稳中有降。

四、严格控制超股比担保。省属企业原则上按持股比例对子企业提供担保。对子企业确需超股比担保的,由集团董事会审批,同时,对超股比担保额应由少数股东提供反担保,或通过抵押、质押等方式取得足额且有变现价值的反担保。对所控股上市公司、少数股东含有员工持股计划或股权基金的企业提供超股比担保且无法取得反担保的,经集团董事会审批后,在符合融资担保监管等相关规定的前提下,采取向被担保人依据代偿风险程度收取合理担保费用等方式防范代偿风险。省属企业对市场化债转股子企业提供担保的,按照债转股协议约定或公司章程规定执行。严禁对参股企业超持股比例担保。

五、严格防范代偿风险。省属企业应当将融资担保纳入内控体系和合规管理重点,动态监控被担保人的经营及财务状况、融资款项使用情况,定期核实反担保物存续状况和价值,跟踪主债务合同还款计划及资金筹集情况,发现有代偿风险的担保及时采取资产保全等应对措施,最大程度减少损失。

六、及时报告担保管理情况。省国资委建立省属企业担保管理信息系统,省属企业应加强系统部署和功能应用,按月更新担保信息,不得瞒报漏报。省属企业每半年终了后10日内,向省国资委报告融资担保风险管控情况,涉及担保代偿和追偿、违规事项整改等,在报告中重点说明。

14.《山西省省属企业担保管理暂行办法》

(2017年8月18日晋国资发〔2017〕36号发布施行)

第一章 总 则

第一条 为贯彻落实省委、省政府《关于深化国企国资改革的指导意见》(晋发2017(26)号)精神和以管资本为主推进国资监管机构职能转变及"放管服"改革要求,规范省属企业担保行为,防范经营风险,根据《中华人民共和国公司法》《中华人民共和国担保法》《中华人民共和国企业国有资产法》和《企业国有资产监督管理暂行条例》(国务院令第378号)等法律、法规,制定本办法。

第二条 山西省人民政府国有资产监督管理委员会(以下简称"省国资委")履行出资人职责的企业以及授权山西省国有资本投资运营公司履行出资人职责的企业(以下简称"省属企业")及其所属企业担保行为的监督管理,适用本办法。

省属企业及其所属企业是指省属企业及其所属的全资、控股及参股企业。

第三条 省属企业及其所属企业提供担保应坚持以下原则:

(一)诚实信用原则;

(二)自愿公平原则;

(三)合法合规原则;

(四)严格管理原则;

(五)防范风险原则。

第二章 担保权限和范围

第四条 省属企业与所属企业以及所属企业之间的担保,由省属企业依据《公司章程》和企业内部担保管理办法审查决定。

第五条 省属企业及其所属企业选择互保企业时,应优先选择其他省属企业及其所属企业。

因特殊情况,需要选择省属企业及其所属企业以外的企业为互保企业的,须报省国资委批准。

第六条 省属企业及其所属企业应严格控制对外担保,不得对本企业所属企业和互保企业之外的其他企业、组织或自然人提供担保。因特殊情况需要提供担保的,须报省国资委批准。

第七条 经省国资委批复同意,省属企业及其所属企业对省属企业及所属企业以外的其他企业、组织、自然人实施担保时,被担保人须提供具有法律效力的反担保,并依据风险程度和反担保人的财务状况、履约能力确定反担保形式,最大限度的降低担保风险。被担保人不提供反担保的,担保人不得提供担保。

第八条 省属企业及其所属企业不得以《中华人民共和国担保法》规定的担保方式之外的其他方式变相为被担保人提供担保。

第三章　担保批准程序

第九条　省属企业为所属企业提供担保时，应遵循以下程序实施：

（一）省属企业为国有独资公司的，省属企业为本企业所属企业提供担保的，须由省属企业董事会（不设董事会的由经理办公会）审查决定。

（二）省属企业为国有控股、参股公司的，省属企业为本企业所属企业提供担保的，须由省属企业按照本企业《公司章程》规定的股东会或董事会审查决定。

第十条　所属企业之间提供担保的，担保人和被担保人应在履行本企业内部决策程序后，报省属企业董事会或股东会审查决定。省属企业不得将本条规定的审查决定权下放或授权。

第十一条　省属企业及其所属企业为本企业的控股公司、参股公司提供担保时，应遵循以下原则：

（一）全体股东按持股比例承担相应的担保额度。

（二）确因特殊情况需由省属企业单独提供担保或者担保额度超过按持股比例所应承担担保额度时，应由其他股东以所持股份或其他方式对应承担相应合法有效的担保责任。

第四章　担保管理

第十二条　省属企业及其所属企业实施担保行为，应进行充分的专项调查，重点审查被担保人及反担保人的资信情况、财务状况、偿债能力及担保物和资产价值，对担保项目进行风险评估，建立风险预警机制，并提出合理的风险防控措施。

第十三条　省属企业对所属企业担保事项进行决策时，由总会计师和财务及相关部门从严把关，企业法律事务部门严格审核，并由企业相关部门或中介机构出具风险评估报告及法律意见书。

第十四条　省属企业应加强担保管理，建立健全规范担保行为的各项制度。

（一）建立担保业务台账，定期对担保业务进行分类整理归档和统计分析。

（二）省属企业及所属企业在实施担保后，应加强内部监督管理和对外监管措施的监督检查，及时跟踪被担保人及担保项目资金使用、经营状况及债务主合同执行情况，发现异常情况，应及时处理，并向省国资委或省属企业报告。

（三）省属企业对决定的担保事项，于每季度结束后的十五个工作日内，将本季度的执行情况及担保事项报省国资委备案。

第五章 责任追究

第十五条 省属企业及其所属企业应严格依据本办法履行担保程序,防止国有资产的流失。

第十六条 省属企业及其所属企业在从事担保活动中,有下列情形之一造成国有资产损失的,应当追究相关责任人责任:

(一)未按规定权限、范围提供担保的;

(二)未履行规定程序或者未经批准擅自为其他企业或个人提供担保的;

(三)对担保项目未进行有效监管,发生损失未及时采取有效措施的;

(四)违规进行担保的其他情形。

第十七条 省属企业及其所属企业在从事担保活动中,如违反本办法有关规定造成国有资产损失的,对相关责任人给予纪律处分;涉嫌犯罪的,依法移送司法机关追究刑事责任。

第六章 附则

第十八条 省属企业及所属企业应根据本办法,结合本企业实际情况,修改本企业《公司章程》,并相应制定、完善本企业内部担保管理办法,省属企业报省国资委备案,所属企业报省属企业备案。

第十九条 上市公司的担保业务、专业担保公司经营的担保业务不适用本办法,按照国家有关规定执行。

第二十条 本办法由省国资委负责解释。

第二十一条 本办法自发布之日起施行。

省国资委2007年1月22日发布的晋国资法规〔2007〕9号《山西省省属企业担保管理暂行办法》及相关文件同时废止。

15.《贵州省国资委监管企业担保管理办法》

(2020年3月10日黔国资通法规〔2020〕22号发布施行)

第一条 为进一步规范企业担保行为,切实防范风险,根据《公司法》《物权法》

《担保法》《企业国有资产法》《国务院关于印发改革国有资本授权经营体制方案的通知》和省委省政府《关于加强和改进全省国资国企监管工作的指导意见》等有关法律法规和政策规定，制定本办法。

第二条　本办法所规范的担保是指贵州省人民政府国有资产监督管理委员会（以下简称"省国资委"）履行出资人职责的国有独资企业或国有控股企业（以下简称"监管企业"），以及其所属各级全资、控股企业（以下简称"所属企业"）以企业财产或保证人身份为被担保人（债务人或自身）的债务、行为、合同或协议履行而提供的抵押、质押以及保证等形式的保障措施的行为。

本办法所称提供反担保的物或者权利等财产，是指财产权利人合法拥有且无权利瑕疵的财产。

第三条　监管企业为自身或者为其所属各级企业提供担保的，在省国资委（股东会）为监管企业核定的负债规模和资产负债率范围内，授权该监管企业董事会审议决定。但具有下列情形之一的，须报省国资委（股东会）审议决定：

（一）拟提供担保金额与监管企业现有负债金额之和所形成的资产负债率，超出省国资委为该监管企业所核定的资产负债率管控线；

（二）超过出资比例为所属各级控股、参股企业提供担保；

（三）担保的项目（含股权投资）不在省国资委为该企业核定的主业范围内；

（四）实施负债规模管控的监管企业，提供担保金额与该企业现有负债金额之和，超出省国资委为该企业所核定的负债管控规模；

（五）其他需要报省国资委（股东会）决定的情形。

前款担保事项，公司章程另有规定或省国资委（股东会）另有授权的，以公司章程或授权文件为准；同时，监管企业可根据实际需要申请专项授权或按年度报审。

第四条　授权由董事会审议的担保事项，须经出席董事会的三分之二以上董事审议同意并做出决议，与决议事项有关联关系的董事应当按照《公司法》规定予以回避。应由省国资委（股东会）审议的担保事项，经董事会审议通过后，提交省国资委（股东会）审议决定。

第五条　依照本办法第三条规定由省国资委（股东会）审议决定的担保事项，监管企业应当报送以下材料：

（一）董事会对本条（二）至（五）项材料审查后形成的担保事项决议；

（二）总会计师出具的财务分析报告，其内容包括：担保事项说明、担保人与被担保人财务状况（含双方企业对外累计借入款项额和对外提供担保额）、融资资金用途、还款来源明细及还款计划、被担保人长短期偿债能力分析和盈利能力分析、担保事项财务风险评估及风险防范措施等；没有设置总会计师的由财务总监或财务部门负责人出具财务分析报告，并由企业分管财务的负责人签署意见；

（三）企业总法律顾问出具的法律意见书，其内容包括：担保人与被担保人关系及双方股权结构、被担保人主体资格及资信状况、担保事项、反担保措施、决策程序、担保行为和担保内容的合法合规性、担保人与被担保人责任承担能力分析、担保事项法律风险评估及风险防范措施等；暂未设置总法律顾问的由企业法务部门负责人或外聘律师事务所出具法律意见书，并由企业分管法务的负责人签署意见；

（四）担保人与被担保人有关财务报表，包括资产负债表、利润表、现金流量表、应上交应弥补款项表、基本情况表等；

（五）为项目或股权融资提供担保的，还应当提供有关政府部门的审批文件和省国资委的核准文件；

（六）其他需要说明的事项或需要补充的材料。

第六条 监管企业除为自身担保外，为被担保人提供担保的，应要求被担保人以其财产提供相应的反担保，并落实反担保措施。监管企业应综合评估担保风险、反担保人财务状况、履约能力等因素审慎选择采取抵押、质押或保证等反担保方式。

（一）抵押或质押反担保。依照《物权法》规定提供可以抵押、质押的物或者权利的，应当进行资产评估。法律规定办理登记才能设立抵押权、质押权以及对抗第三人的，应当在有关部门办理相应登记手续。

（二）保证反担保。由被担保人之外的第三人提供的，其应具有独立的法人资格，资信和财务状况良好，在担保责任承担期限内具有债务清偿能力，无重大债权债务纠纷。

第七条 监管企业为所属控股、参股企业提供担保的，应当坚持同股同权、同股同责的原则，以持股比例为限。若超过持股比例提供担保的，对未按持股比例提供担保的其他股东，应要求其提供财产进行反担保。

反担保的财产优先顺序如下：其他股东拥有的货币或实物资产；其他股东在该企业的股权及其他合法权益；其他股东在其他正常经营且无重大债务、重大诉讼纠纷企业的股权及其他合法权益。

第八条 监管企业及所属企业与其他投资人合作新设企业时,应当在合作协议或公司章程中,按照同股同权、同股同责的要求,对各股东为新设企业提供融资担保支持的方式和原则进行约定。

其他投资人为财务类投资者的,按投资协议约定或公司章程规定执行。

第九条 在本办法实施前监管企业及所属企业与其他投资人合作已设立的企业,监管企业及所属企业提供担保已形成长期债权、同时其他投资人不能按照本办法提供反担保的,监管企业及所属企业应按"股权+债权"合并计算,提升企业管理控制权,积极争取增加对该企业的管控权限以及重大事项决策权限,并协调将其形成股东会决议。

第十条 监管企业在办理担保手续前,应当严格审查被担保人的生产经营状况、财务状况、信用等级、资金用途、资金使用计划、还款计划、还款资金来源,并制定相应的风险预案;在办理担保手续后,要对被担保人的资金使用情况和生产经营状况跟踪监督,建立担保动态监管档案。

第十一条 监管企业及所属企业在产品销售、合作贸易、代理业务等各类生产经营活动中,应严格审查并注意识别各类合同、协议中让企业实质上承担担保责任的隐性担保条款,加强风险管控,提高决策层级。

第十二条 监管企业及所属企业应严格加强印章管理,因印章管理不善被用于为他人提供担保盖章而承担担保责任的,追究企业负责人以及有关责任人的相关责任。

第十三条 监管企业及所属企业在生产经营中形成的各类债权,在债权未清偿前,对逾期没有完全履行或者暂不能履行的债务人,应根据清收风险评估情况,按本办法反担保规定要求债务人提供担保。

第十四条 监管企业未经省国资委(股东会)同意,不得向无产权关系的自然人、法人(含监管企业所属各级控股、参股企业的其他股东)提供担保或者出借资金。

监管企业向省国资委履行出资人职责的其他监管企业提供担保或出借资金的,不受本办法前款规定限制,但应严格规范内部决策程序,符合有关监管规定。

监管企业因经营管理需要对外出借资金,应严格按照"三重一大"规定履行决策程序,并要求资金使用人按本办法规定提供反担保。

第十五条　监管企业及所属企业违反本办法规定为他人提供担保，造成国有资产损失或其他严重不良后果的，对企业主要负责人和有关责任人按照《企业国有资产法》《企业国有资产监督管理条例》《贵州省国有企业违规经营投资责任追究暂行办法》等有关规定追究责任，涉嫌犯罪的，移送司法机关处理。

第十六条　监管企业应参照本办法，加强对所属企业对外担保及资金出借管理，建立相应制度。

第十七条　本办法自发布之日起施行，原《省国资委关于进一步加强监管企业资金出借、提供担保管理等问题的通知》（黔国资通法规〔2015〕45号）废止。

第十八条　本办法由省国资委负责解释。

16.《广西壮族自治区人民政府国有资产监督管理委员会履行出资人职责企业担保管理办法》

（桂国资发〔2017〕29号　2017年5月22日发布施行）

第一章　总　则

第一条　为切实履行国有资产出资人职责，规范企业担保行为，防范风险，根据《中华人民共和国担保法》《中华人民共和国公司法》《中华人民共和国企业国有资产法》、《企业国有资产监督管理暂行条例》等法律法规规定，制定本办法。

第二条　本办法适用于广西壮族自治区人民政府国有资产监督管理委员会（以下简称自治区国资委）履行出资人职责的企业（以下简称出资企业）。

第三条　本办法所称的担保行为是指出资企业为被担保人提供保证（含一般保证和连带责任保证）、抵押、质押（含动产质押和权利质押）等形式的担保，当被担保人未按期履行债务时，出资企业按照约定或法律规定履行债务或承担责任的行为。

第四条　本办法所称的自治区国资委系统投资企业是指出资企业及其投资的各级全资、控股和参股企业。

第五条　出资企业提供担保应量力而行，坚持诚实信用、合法合规、自愿公平、严格管理，切实落实责任，防范风险。

第六条　出资企业担保应按照企业规模、经营状况、资信情况等因素，采取配对担保，避免连环担保。

配对担保是指两家出资企业之间相互担保的行为。连环担保是指两家以上的出资企业之间相互担保的行为。

第二章　管理职责

第七条　自治区国资委对出资企业担保活动履行以下职责：

（一）依法制定出资企业担保管理相关规定；

（二）按管理权限核准出资企业担保事项；

（三）对出资企业的担保管理工作进行监督检查，指导制定防范担保风险的措施；

（四）国家法律、法规、规章和企业章程规定的其他担保监管职责。

第八条　出资企业是本企业及投资企业担保管理的责任主体，主要职责为：

（一）负责建立健全本企业担保决策程序和内控风险管理制度并向自治区国资委报备，明确相应的管理机构，落实责任追究制度；

（二）决定本企业担保事项，其中对本办法中规定需报自治区国资委审核的事项履行核准程序；

（三）按照本企业担保管理的规章制度审批投资企业担保事项；

（四）负责本企业担保事项的风险管控，及时收集汇总和分析担保信息，建立担保事项风险防范和预警机制；

（五）定期向自治区国资委和自治区国有企业监事会报告本企业及投资企业担保和风险管控情况。报告内容包括担保基本情况（被担保人信息、担保种类及对应的担保余额和期限、反担保措施等）、履行了担保义务的额度及应对措施情况、涉担保重大诉讼情况、担保计划等，并于每年12月31日前正式行文上报。

（六）自治区国资委按规定赋予的担保管理其他职责。

第三章　担保对象与范围

第九条　出资企业原则上不得为具有下列情形之一的单位提供担保：

（一）近三个会计年度连续亏损的（政策性亏损除外）或资不抵债的；

（二）存在恶意拖欠银行贷款本息不良记录的；

（三）涉及重大经济纠纷或经济案件对其偿债能力具有实质不利影响的；

（四）已进入托管、合并、分立或破产清算程序的；

（五）与本企业及投资企业发生过纠纷且仍未妥善解决的；

（六）有偷税漏税行为的；

（七）被列入人民法院失信被执行人名单的

（八）自治区国资委认定的其他情形。

第十条　出资企业认真审查被担保人的融资项目，有以下情形的项目禁止提供担保：

（一）法律、行政法规禁止投资的领域或项目和列入国家、自治区投资负面清单（禁止类）的项目。

（二）不符合国家现有产业政策、信贷政策、行业准入和技术规范的项目。

（三）高风险、低回报的项目（包括任何形式的委托理财，投资股票、期货、期权等）。

（四）自治区国资委认定的其他项目

第十一条　出资企业应对被担保人财务状况、偿债能力、社会信誉状况进行审查，评估担保项目风险，制定风险防范措施，必要时可聘请中介机构进行论证。

第四章　担保权限与范围

第十二条　出资企业提供的担保应有明确期限，严禁提供无期限担保。

第十三条　实行担保负面清单管理，出资企业不得提供下列担保：

（一）没有相互担保或反担保措施情况下为非投资企业提供担保或在投资企业中超出持股比例提供担保（控股的上市公司、股权结构很分散的控股公司和开展股权融资的公司经自治区国资委批准的除外）。

（二）为资产负债率高于60%的非自治区国资委系统投资企业提供担保。

（三）为非国有股东、非法人单位、自然人和本企业董事、监事、高级管理人员及其近亲属，以及这些人员所有或实际控制的企业提供担保。

（四）对外担保余额超过出资企业上一会计年度经审计的合并财务报表净资产70%后的担保（建筑行业企业经自治区国资委批准的除外）。

（五）以收取保费为目的的担保。

（六）其他法律法规禁止的情形。

第十四条　在不违反本办法第十三条规定的前提下，出资企业下列担保事项须报自治区国资委核准，或由其转报自治区人民政府审批：

（一）出资企业间的相互担保；

（二）为非投资企业提供担保；

（三）超出持股比例为所投资企业提供担保；

（四）为资产负债率超过一定比率的被担保对象提供担保（工业企业资产负债率为70%，商贸类企业和建筑施工类企业资产负债率为80%，金融类企业资产负债率为90%）；

（五）境外担保（包括香港特别行政区、澳门特别行政区、台湾地区在内的内保外贷、外保内贷和其他形式的跨境担保行为）；

（六）自治区国资委认为需要核准的其他担保事项。

第十五条 出资企业担保执行过程中出现下列情形，应及时报告自治区国资委：

（一）被担保人的资信状况发生重大变化的；

（二）担保的债务履行出现重大困难或超过履行期限仍未履行的；

（三）出资企业须履行担保责任或出现担保风险的；

（四）主合同变更或债权人将对外担保合同项下的权利转让的。

（五）自治区国资委认为需要报告的其他担保事项。

第五章　反担保要求

第十六条 除出资企业之间的互保外，出资企业为非投资企业提供担保或为其所投资企业提供超出持股比例担保时，应当要求被担保人或第三人向其提供合法、有效的反担保。反担保措施未落实的，原则上不得给予担保。

第十七条 反担保的方式主要包括保证、抵押、质押等。

（一）保证反担保。应当由被担保人之外的第三方提供，第三方应具有独立法人资格，资信可靠，财务状况良好，具有偿债能力，无重大债权债务纠纷。被担保人及第三方均为非国有企业法人的，应当要求其实际控制人和自然人股东与第三方共同提供保证反担保。

（二）抵押反担保。被担保人（抵押物提供人）提供的抵押物须符合《中华人民共和国担保法》相关规定，抵押物必须权属清晰、完整，且被担保人（抵押物提供人）有处分权；依法被查封、扣押、监管的财产和已设定抵押且无可抵押余值的财产不能再抵押。反担保抵押物一般应当进行资产评估。

（三）质押反担保。质押物权属清晰，不涉及诉讼或争议且未设定质押或者已设定质押但仍有质押余值的动产、有价证券、被担保人的应收款项、股权等均可以作为质物进行质押反担保。反担保质押物一般应当进行资产评估。

第十八条 反担保抵押物和质押物应该由其权属单位履行同意抵(质)押的决策程序。采取保证、抵押和质押形式的反担保都要出具合法、有效的书面决议或决定文件。

第十九条 出资企业应当根据风险程度和被担保人的财务状况、履约能力确定反担保方式。提供非保证方式担保的出资企业不得接受纯保证方式的反担保。

第二十条 按本办法规定须提供反担保的，出资企业应当在签订担保合同的同时，与反担保人签订连带责任反担保合同，并依法办理抵(质)押物的登记等相关反担保手续。反担保合同生效的时间原则上不得迟于担保合同生效的时间。

第六章 担保程序

第二十一条 出资企业在做出担保决定前应对被担保人资信、偿债能力和经营状况及担保风险进行全面分析，形成书面可行性研究报告。

第二十二条 担保业务可行性研究报告可由出资企业内部职能部门编制，并经由企业总会计师或企业分管担保业务领导审核并签署意见；相关协议、法律意见书须经企业总法律顾问或企业分管法务领导审核并签署意见。法律意见书需由中介机构出具。

第二十三条 出资企业的担保事项须经集团公司董事会审议通过，并形成董事会决议。

第二十四条 出资企业董事会审议担保事项时，应通知总会计师、总法律顾问及派驻出资企业的自治区国有企业监事会列席。

第二十五条 须报请自治区国资委核准的担保事项，出资企业应提供下列资料：

（一）担保请示文；

（二）出资企业董事会决议文件；

（三）出资企业最近一期经审计的财务报表和已对外担保总额的情况说明；

（四）被担保单位最近一期经审计的财务报表；

（五）被担保单位尽职调查报告（含资信情况、债务情况、偿还债务能力、融资项目情况等）；

（六）须反担保的，提供反担保标的的情况说明及资产评估报告；

（七）涉及担保的相关协议草案；

（八）法律意见书；

（九）国资委认为需要提供的其他相关材料。

第二十六条 自治区国资委原则上在受理之日起5个工作日内反馈需补充的材料，材料齐全后，10个工作日内出具核准通知书或风险提示。对于确需延长审核时间的，国资委应及时告知出资企业。

第二十七条 出资企业的担保事项如需续保和变更担保范围，都应重新履行决策及核准程序。

第二十八条 当出现下述情况时，出资企业应及时通知被担保人和担保权人，终止担保合同：

（一）担保有效期届满；

（二）主合同被终止的；

（三）担保权人要求终止担保合同；

（四）其他约定事项。

第七章 责任追究

第二十九条 出资企业违反本办法规定出现下列情形的，自治区国资委责令企业限期整改。

（一）违规提供担保的；

（二）出现担保风险不及时采取措施的；

（三）未建立完善担保管理制度，导致发生重大担保风险的；

（四）未按本办法规定定期向自治区国资委和国有企业监事会报送担保情况报告的。

发生上述情形造成国有资产损失的，根据干部管理权限和情节轻重对相关责任人分别给予提醒、函询和诫勉、调离岗位、降职、免职等组织处理，涉及纪律处分的，由相应的纪检监察机关依法依规查处，并将有关情况作为领导干部考核、任免、奖惩的重要依据，视情节轻重相应扣减个人薪酬，追究相关责任人赔偿责任，涉嫌犯罪的，移送司法机关处理。

第三十条 社会中介机构及有关人员与出资企业相互串通、弄虚作假、提供虚假鉴证材料的，自治区国资委或出资企业可以提请行业主管部门或行业自律组织对其给予行政处罚或行业惩戒，并取消其自治区国资委中介机构库资格，禁止其从事与出资企业和投资企业相关业务,涉嫌犯罪的,追究其法律责任。

第三十一条 自治区国资委工作人员违反本办法规定造成国有资产损失的,依纪依法给予相应处分。

第八章 附 则

第三十二条 国家法律、法规和章程对上市公司、金融机构担保有特别规定的,从其规定。

第三十三条 专业担保公司经营的担保业务按《中华人民共和国担保法》的有关规定执行,不适用本办法。

第三十四条 其他办法中担保事项的规定与本办法冲突的,以本办法规定为准。本办法自发布之日起施行。

17.《广州市国资委监管企业担保管理办法》

(穗国资法〔2021〕11号 2021年9月26日发布施行)

第一章 总 则

第一条 为规范监管企业担保行为,加强担保业务管理,有效防范企业担保风险,维护国有资产安全,根据《中华人民共和国民法典》《中华人民共和国公司法》《中华人民共和国企业国有资产法》《企业国有资产交易监督管理办法》等法律法规,制定本办法。

第二条 本办法适用于广州市人民政府授权广州市人民政府国有资产监督管理委员会(以下统称"市国资委")履行出资人职责的国有及国有控股企业、国有实际控制企业(以下统称"监管企业")及其下属各级国有及国有控股企业、国有实际控制企业(以下统称"各级子企业")的担保行为。

国有及国有控股企业、国有实际控制企业范围按照《企业国有资产交易监督管理办法》(国务院国资委 财政部令第32号)第四条执行。

第三条 本办法所称的担保行为是指企业以担保人名义与债权人约定,当债务人(以下称"被担保人")不履行到期债务时,担保人按照约定履行债务或承担责任的行为。

本办法所称的担保方式是指《中华人民共和国民法典》及相关司法解释所规定的担保方式,包括抵押、质押和保证等。

企业采取《中华人民共和国民法典》及相关司法解释中关于非典型担保的方式提供担保的,应符合国有资产交易的相关规定。

第四条 担保行为应当遵守以下原则:

(一)平等自愿、依法依规的原则;

(二)诚实信用、审慎处置的原则;

(三)规范运作、合理分担风险的原则;

(四)分级管理、分层审批的原则。

第二章 担保条件

第五条 担保人应当符合下列条件:

(一)具备《中华人民共和国民法典》规定的担保资格;

(二)企业经营情况、财务状况良好,具有代为清偿债务的能力;

(三)担保总额累计不高于本企业上一年度经审计合并净资产的50%(含本数);

(四)对同一个被担保人提供的累计担保余额不高于本企业上一年度经审计合并净资产的30%(含本数);

(五)单笔担保额不高于本企业上一年度经审计合并净资产的10%(含本数)。

担保人不符合本条第一款第(三)项、第(四)项和第(五)项要求,但确需提供担保的,由监管企业董事会依程序决策。

第六条 被担保人应当符合下列条件:

(一)企业经营情况、财务状况良好,有按期还本付息的能力;

(二)无挤占挪用贷款资金、无逃废银行债务等不良信用记录;

(三)原到期借款本息已清偿,没有清偿的获得贷款银行认可;

(四)经审计确定的最近1个会计年度资产负债率原则上不高于70%(含本数)。

被担保人不符合本条第一款第(四)项要求,但确需对其提供担保的,由监管企业董事会依程序决策。

第七条 被担保人有下列情形之一的,担保人不得提供担保:

(一)被担保人与担保人之间无产权关系的,不得提供担保。被担保人为市国资委或其他国有资产监督管理机构的监管企业及其各级子企业，不受此条款限制；

（二）被担保人为自然人或非法人单位的；

（三）被担保人为担保人的董事、监事、高级管理人员及其近亲属所有或者实际控制的企业；

（四）法律法规规定不得担保的情形。

第八条 担保人原则上不得对经营状况非正常企业提供担保。经营状况非正常企业主要是指出现下列情况之一的企业：

（一）最近3个会计年度连续亏损（政策性亏损除外）且扭亏无望或资不抵债的；

（二）存在拖欠银行贷款本息的记录或被列入人民法院失信被执行人名单的；

（三）涉及重大经济纠纷或经济案件对其偿债能力具有实质不利影响的；

（四）已进入破产清算程序的；

（五）与本企业发生过担保纠纷且仍未妥善解决的，或不能按约定及时足额交纳担保费用的。

因特殊情况，确需对符合本条情形的被担保人提供担保的，由监管企业董事会依程序决策。

第九条 被担保的项目应当符合下列条件：

（一）符合国家、省和本市有关产业政策要求；

（二）符合本市国有经济布局战略性调整要求；

（三）符合被担保人主业方向；

（四）不属于任何形式的委托理财、投资股票、期货、期权等高风险的投资项目（被担保人主业为投资理财的除外）。

第十条 严格控制对参股企业提供担保，确需提供的，应严格履行决策程序，且不得超股权比例提供担保。

向债权人提供差额补足、流动性支持等类似承诺文件作为增信措施，具有提供担保意思表示的，应当依照保证的要求履行决策程序。上述增信措施应有确定的数额，禁止提供无上限的增信措施。

第十一条 担保如需续保，续保金额原则上不高于原担保金额，续保应当按申请担保程序重新办理，续保申请人应当在原担保期满45个工作日前向担保人提出书面续保申请。

第十二条 担保人对其全资子企业提供担保的,可以不收取担保费。担保人提供除上述其他担保时,应当向被担保人收取担保费,并根据实际需要参照市场化费率收取。

第三章 担保审批权限和程序

第十三条 监管企业应加强担保事项管理,切实防范或有风险,采取合法有力措施加强对各级子企业担保业务的统一监控。具体按照下列权限办理:

(一)监管企业及其各级子企业提供以下担保的,应由监管企业董事会审议决定:

1.监管企业为各级子企业提供担保;

2.单笔担保额超过担保人上一年度经审计合并净资产的10%(含本数)的担保事项;

3.对同一个被担保人提供的累计担保余额超过担保人上一年度经审计合并净资产的30%(含本数)的担保事项;

4.提供担保后,导致担保总额累计高于担保人上一年度经审计合并净资产的50%(含本数)的;

5.为经审计确定的最近1个会计年度资产负债率超过70%(含本数)的被担保人提供担保的担保事项。

6.提供超出担保人持股比例的担保事项;

7.为市国资委或其他国有资产监督管理机构的监管企业及其各级子企业提供担保的;

8.监管企业董事会规定的其他情形。

(二)除本条第(一)款所列事项外,监管企业各级子企业的其他担保事项,按照企业相应内部决策程序执行。

监管企业董事会审批本条第(一)款担保事项后,应于董事会作出相关决议后10个工作日内通过"智慧国资"系统向市国资委报告。

监管企业及其各级子企业在各类生产经营活动中,应严格审查并注意识别各类合同中导致企业实质上承担担保责任的隐形担保条款,加强风险管控。各企业不得以单项担保事项未超过年度担保计划为由规避对各担保事项进行单项决策和审批。

第十四条 被担保人向担保人申请担保,参照下列清单提交资料,并对其真实性负责:

（一）担保申请；

（二）被担保人的营业执照、公司章程；

（三）被担保人的法定代表人身份证明和身份证复印件；

（四）被担保人的法定代表人的授权委托书和被授权人的身份证复印件；

（五）被担保人同意请求担保的有关董事会决议或股东（大）会决议；

（六）被担保人近3年经审计的年度财务报告及最近一期财务报告；

（七）被担保人的还款计划、方式及资金来源；

（八）担保项目的可行性研究报告及有关批文；

（九）反担保的有关资料；

（十）其他需要提供的资料。

第十五条 担保人应当审查被担保人的财务状况、偿债能力，评估担保项目风险，提出风险防范措施。

第十六条 按照规定的审批权限，担保人拟提供担保并向审批机构或部门呈报审批时，参照下列清单提交资料，并对其真实性负责：

（一）关于担保事项的请示，应包括被担保人基本情况，担保事由，担保人与被担保人的关系，被担保人的财务状况、偿债能力，本次拟担保金额、拟采用的担保方式和担保期限等相关情况；

（二）担保人和被担保人的公司营业执照、公司章程；

（三）担保人和被担保人的法定代表人身份证明和身份证复印件；

（四）担保人和被担保人的法定代表人的授权委托书和被授权人的身份证复印件；

（五）担保人和被担保人的产权关系证明，分属于不同监管企业的除外；

（六）担保人同意提供担保的有关党委（党支部）会议纪要、董事会决议或股东（大）会决议；

（七）被担保人近3年经审计的年度财务报告及最近一期财务报告；

（八）担保人最近1个会计年度经审计的年度财务报告；

（九）担保项目的可行性研究报告及有关批文；

（十）反担保的有关资料；

（十一）企业法律顾问或律师事务所审核担保事项后出具的法律意见书；

（十二）其他需要提供的资料。

第十七条　各审批主体审批担保时,应当分别对担保人和被担保人双方进行评估和审查,必要时可聘请中介机构对担保事项进行论证。

第十八条　监管企业应当根据本企业实际情况,制定完善内部担保管理制度,严格执行有关政策法规,实时监控担保总额和单项担保数额,规范担保工作程序,确保担保行为合法规范、风险可控。

第四章　反担保措施

第十九条　被担保人为监管企业及其各级子企业的,担保人可要求被担保人提供合法、有效的反担保。其他被担保人应当提供合法、有效的反担保。

第二十条　反担保的方式主要包括保证、抵押、质押,担保人应当根据风险程度和被担保人的财务状况、履约能力来确定反担保方式,提供反担保的被担保人应当具有实际承担能力,其中,保证反担保一般由被担保人之外的第三方提供。

第二十一条　被担保人必须提供反担保的,担保人应当在担保申请批准后,在签署担保合同的同时与反担保人签署反担保合同,并办理相关的反担保手续。

反担保合同和担保合同的签订、履行等工作应当符合相关法律、法规规定。

第二十二条　国家法律、法规和政策对利用国际金融组织贷款、外国政府贷款等境外融资项目的反担保有特殊规定的,从其规定。

第五章　担保管理

第二十三条　监管企业对本企业及其各级子企业的担保行为履行下列职责:

(一)制定并执行企业担保管理制度及实施细则;建立健全企业内部担保决策程序和内控风险管理制度,落实责任追究;

(二)根据审批权限决定并实施本企业的担保行为,及时采取措施防范担保风险;

(三)按照审批权限和审批程序批复各级子企业的担保事项;

(四)负责各级子企业担保业务的监督检查工作;

(五)负责各级子企业担保信息的收集、汇总、分析工作;

(六)及时向市国资委报告本企业及其各级子企业的担保情况;

(七)配合市国资委开展担保调查、稽查及责任追究工作;

(八)其他法定职责。

第二十四条　担保人应当建立下列担保管理制度:

(一)台帐管理制度。需要详细记录担保对象、金额、期限、担保方式、反担保措施等,定期对担保业务进行分类整理归档和统计分析;对被担保项目的资金使用、被担保人的财务状况及主债务合同履行情况进行跟踪检查,发现问题,及时处理;实时跟踪反担保人的财务状况、履约能力。如已履行担保责任或发生法律纠纷,应当即时报告原审批部门。

(二)报告制度。每年度终了的两个月内,担保人应当将有关担保的实施情况以书面报告的形式逐级上报,由监管企业汇总后向市国资委报告。

第二十五条 监管企业总会计师应重点关注企业担保行为,并视企业担保行为风险情况及时向市国资委报告。

重点关注的内容主要包括:

(一)是否明确负责担保管理的相关岗位;

(二)担保业务评审是否科学合理,担保业务的审批手续是否符合规定,是否存在越权审批的行为;

(三)担保对象是否符合规定,担保合同是否完善;

(四)担保业务的记录和档案文件是否完整,有关财产和抵押权、质押权等权利证明是否得到妥善保管,反担保财产的安全、完整是否得到保证;

(五)担保合同到期是否及时办理终结手续。

未设置总会计师的,由监管企业财务负责人履行上述职责。

第六章 责任追究

第二十六条 监管企业对监管企业及其各级子企业的担保行为负责,定期检查企业担保事项。

第二十七条 监管企业及其各级子企业违反相关法律法规或本办法规定出现下列情形的,市国资委向有关监管企业印发提示函或通报,责令限期整改:

(一)未建立、完善企业担保管理制度,致使企业担保决策程序不规范,可能或已经造成重大担保风险的;

(二)未按规定程序进行审批、决策或违反本办法有关规定提供担保,或疏于对已担保项目管理的;

(三)出现担保风险未及时报告、未及时采取有效措施的;

(四)其他未按相关法律法规及本办法规定,可能或已经造成重大担保风险的情形。

第二十八条 监管企业及其各级子企业违反法律法规及本办法规定提供担保，造成或确有证据证明可能造成国有资产损失的，依据《广州市市属企业违规经营投资责任追究实施办法（试行）》等相关规定，追究企业相关责任人员的责任；涉嫌违法违纪的，移送纪检监察处理；涉嫌犯罪的，移送司法机关处理。

第七章 附 则

第二十九条 为规范担保行为，防范担保风险，监管企业及其各级子企业根据实际需要，可通过专业担保机构、银行等第三方提供担保或反担保。

第三十条 监管企业及其各级子企业提供不动产作担保的，应按照国家、省、市有关法律、法规、规章和市政府有关文件规定处理。

第三十一条 监管企业及其各级子企业开展跨境担保业务时，应遵守国家、省、市外汇管理法律、法规、规章和有关规定。

第三十二条 专业融资担保公司的担保事项、按揭销售中涉及的为客户担保、银行或财务公司为客户开具保函以及担保公司的担保业务不适用本办法，按照国家有关规定执行。

企业以自身财产为自身债务或经济行为提供担保的，或因诉讼或者仲裁事项申请保全措施需要提供担保的，不适用本办法。

第三十三条 国家法律、法规和政策对上市公司另有规定的从其规定。

第三十四条 委托监管企业由受托监管部门参照本办法制定相关细则执行。

第三十五条 本办法由市国资委负责解释。

第三十六条 本办法自颁布之日起实施。原《广州市市属国有企业担保管理办法（试行）》（穗国资法〔2016〕12号）同时废止。

18.《厦门市国有企业担保管理办法》

（2022年8月11日厦国资产规〔2022〕243号发布 自2021年1月1日起施行）

第一章 总 则

第一条 为加强国有资产监管，规范国有企业担保行为，防范企业担保风险，维护国有资产安全,根据《中华人民共和国民法典》、《中华人民共和国公司法》和《中华人民共和国企业国有资产法》等法律法规的规定,制定本办法。

第二条 本办法适用于厦门市国有企业(包括全资、控股和实际控制的各级国有企业,以下统称"企业",其中"一级国有企业"简称"集团")为借款和发行债券、基金产品、信托产品、资产管理计划等融资行为提供各种形式担保,包括一般保证、连带责任保证、抵押、质押、留置、定金等形式的担保以及出具有担保效力的共同借款合同、差额补足承诺、安慰承诺等支持性函件的隐性担保。

本办法不适用于专业担保公司开展的担保及按揭销售中涉及的担保等具有日常经营性质的担保行为。

第二章 管理职责

第三条 根据国有资产"分级监管"原则,国资监管机构对企业担保行为加强监管,督促企业依法履行担保主体责任,组织开展监督检查,指导企业防范担保风险。

第四条 集团作为担保行为的责任主体,应建立健全集团统一的担保管理制度,明确决策权限和限额、程序、担保费率水平、风险管理机制和责任追究制度等,并报国资监管机构备案。

第五条 集团应将年度担保计划纳入预算管理,严格控制担保规模,确保担保风险可控,并应当于每年度结束后一个月内以书面形式向国资监管机构报告年度本集团及其子企业间的担保总额、对集团外担保明细以及风险管控情况。

第三章 担保审批权限

第六条 集团审批以下担保事项:

(一)集团董事会或其授权决策主体按法律法规、公司章程和企业内部决策流程审批对境内子企业的担保事项。集团授权决策主体原则上应控制在规模较大的二级子企业。

(二)集团董事会审批对境内参股企业未超持股比例的担保事项。

第七条 企业不得对以下事项进行担保:

(一)对无股权关系的企业提供担保;

(二)对金融子企业提供担保;

(三)对境内参股企业提供超持股比例担保;

（四）对境外子企业及参股企业提供担保；

（五）对不具备法人资格的企业分支机构和职能部门提供担保；

（六）其他法律、法规规定不得进行担保的情况。

第八条　企业不得为出现下列情况之一的子企业提供担保，特殊情况需要提供担保的，应按企业的担保决策程序特别审慎研究决定，并逐级上报国资监管机构备案。

（一）最近三个会计年度连续亏损的；

（二）存在拖欠银行债务不良记录、逃废银行债务等情形的；

（三）涉及重大经济纠纷或重大经济案件严重或将严重影响企业经营管理或继续存续的；

（四）已经进入破产程序的；

（五）企业最近一次审计后净资产小于注册资本的。

第九条　超出企业决策权限的第六条第（二）项、第七条和第八条的担保事项，必须逐级上报国资监管机构履行相应程序后方可进行。需国资监管机构审批的担保事项，必须要求被担保人或第三人提供具有法律效力的反担保。除特殊情况外，被担保人不提供反担保的，不得为其担保。

第十条　按照规定的审批权限，企业向国资监管机构报批担保事项时，应当提供下列资料，并对其真实性负责：

（一）请示文件。请示内容应包括担保的对象和理由、利益关系、担保企业的财务状况、银行资信等级、已发生的担保情况及本次拟担保金额、采用的担保方式等；

（二）决策同意提供担保的有关董事会或股东会决议；

（三）被担保人的营业执照有效复印件、公司章程、法定代表人身份证明和身份证的有效复印件、企业信用报告；

（四）被担保人股东会或其授权董事会同意的主债务合同和请求担保的有关决议，合同及有关决议应有明确的担保额和期限；

（五）被担保人的还款计划、方式及资金来源，贷款资金使用说明；

（六）被担保人近三年经审计的年度财务报告；

（七）被担保人或第三方提供反担保的有关文件；

（八）担保风险评估报告；

（九）企业法律部门或法律顾问或律师事务所审核担保、反担保及相关合同后出具的法律意见书；

（十）其他需要提供的资料。

第四章 担保管理事项

第十一条 担保合同应按以下程序和要求管理：

（一）担保合同有效期内，出现以下任何一种情形，担保人必须按照本办法规定的权限和程序，重新报原批准单位批准后方可出具书面同意意见：

1.主债务合同的变更加重了担保人责任的；

2.被担保人转让或部分转移主债务合同债务的；

3.担保合同的任何可能损害担保人利益的变更；

4.原担保到期之前，被担保人提出续保申请的。

（二）担保人负有依法监督被担保人履行主债务合同的责任，并应向担保的批准机构报告主债务合同的履行情况。若被担保人出现延迟还款或任何可能影响其偿债能力的情况，担保人应及时向担保的批准机构书面报告并依法采取风险防范措施。

（三）主债务合同履行期届满后，担保人应及时向担保批准机构报告主债务的偿付情况及担保责任情况。

（四）担保人应当在担保责任终止后及时办理解除担保手续，包括办理注销抵押或质押登记手续等。

（五）担保批准机构应对担保合同的履行情况进行监管，及时了解可能使担保人承担担保责任的情况并督促担保人采取有效的应对措施。

（六）若担保人或担保批准机构发现被担保人与债权人恶意串通，损害担保人利益的，应当及时收集证据并向有关部门请求确认担保合同无效。

第十二条 被担保人到期未能清偿债务，担保人承担的担保责任应经法律程序确认；担保人依法被要求承担担保责任时应立即向担保批准机构书面报告；相关担保财产的处置应按照法律法规和国有资产处置的相关规定进行。

第十三条 担保人履行担保责任后，应当按照法律的规定向被担保人及反担保人行使追偿权。

第五章 责任追究

第十四条 企业违反本办法规定为他人提供担保，或对担保项目监管不力，出现担保风险不及时、不全面报告并采取措施,造成国有资产损失的,按照《中华人民共和国企业国有资产法》《企业国有资产监督管理暂行条例》及《厦门市市属国有企业违规经营投资责任追究试行办法》(厦府办〔2018〕223号)等有关规定,对企业相关责任人员依法追究责任,涉嫌犯罪的,移送司法机关处理。

第六章 附 则

第十五条 经国资监管机构授权的企业按授权管理规定执行。

第十六条 法律法规、监管规定和国家政策对上市公司、金融机构担保有特别规定的,依照其规定。

第十七条 本办法由市国资委负责解释。自发布之日起施行,《厦门市国有企业担保管理暂行办法》(厦国资产〔2009〕166号)同时废止。

19.《温州市市属国有企业担保管理办法》

(2020年11月11日温国资委〔2020〕117号发布施行)

第一章 总 则

第一条 为进一步加强企业国有资产监督管理,规范市属国有企业及所属企业的担保行为,切实防范经营风险,根据《公司法》《企业国有资产法》《中华人民共和国担保法》《浙江省企业国有资产监督管理办法》等关于国企担保管理的规定,结合我市实际,制定本办法。

第二条 本办法适用范围为市政府授权市国资委履行出资人职责的市属国有企业。

各市属国有企业出资或管理的二级或二级以下国有全资和国有控股企业及事业单位(以下简称所属企业)实施担保行为,由市属国有企业根据产权关系通过二级法人治理结构行使出资人权利,参照本办法建立完善内部担保管理制度并进行管理;本办法另有规定的,从其规定。

第三条 本办法所称的担保行为,是指各级各类企业以担保人名义与债权人约定,当债务人(以下称被担保人)不履行债务时,由担保人按照约定履行债务或承担其他民事责任的行为，包括保证、抵押、质押、留置和定金。

为自身融资行为进行的担保，以及以担保为主业的国企所实施的担保行为等，按其他有关规定执行。

第二章　担保管理的责任主体及工作原则

第四条　市属国有企业是组织实施和管理本企业担保行为的责任主体，统筹负责市属国有企业本级和所属企业的所有担保和被担保行为。企业为他人提供担保，国有独资公司由董事会决定，国有资本控股、参股公司由股东会决定。企业对所决定的担保行为负责。

第五条　各市属国有企业和所属企业实施担保行为，应当遵循以下原则：

（一）从严管理原则。企业应从严控制对外担保。各企业要建立规范的担保管理制度，明确可提供担保的范围、条件、年度总体和单项额度上限，确保企业安全。

（二）严格控制风险原则。企业实施担保活动，应综合考虑双方的资产规模、行业特点、偿债能力、企业风险、授信额度和融资能力，防范担保风险。

（三）自愿、平等、诚信原则。企业之间的担保应在双方自愿的基础上平等协商，全面真实地提供各自信息，并对所提供资料的真实性、完整性、准确性负责。

（四）依法担保、分级管理原则。企业之间的担保，应按照有关法律、法规和本办法的规定，履行必需的酝酿、调研、评估、决策程序，并按规定分级报批或备案，确保规范运作。

第三章　实施要求

第六条　市属国有企业实施担保管理和担保行为，应履行好以下职责、要求或程序：

（一）按照国家有关法律法规，参照本办法制订本企业担保管理制度和程序，严格执行，并指导所属企业贯彻落实。

（二）统筹安排企业担保行为。市属国有企业每年应对企业本级和所属企业的全年担保行为进行统筹规划和安排，特别是要核算各级企业可承受担保额度，可提供担保的范围、形式、条件等，形成书面方案，更好指导具体担保行为的开展。

（三）市属国有企业的担保业务（包括市属国有企业之间、市属国有企业与所属企业之间，以及各所属企业之间的担保，下同）由市属国有企业统一审批管理。所属企业对外提供担保,应由企业董事会或负责人集体讨论决定后逐级上报,由市属国有企业按内部决策管理制度审核,批准同意后方可实施担保。

(四)企业应加强担保事项的事后管理。各企业要建立担保业务台账,定期进行统计分析;要健全担保业务跟踪监控机制,密切关注被担保企业的重大财务事项。

市属国有企业应于每年年末总结年度担保执行情况,统计分析全年担保总量、执行情况、风险防控情况、企业负担情况、存在问题和化解建议等,编制年度担保执行情况报告,于次年2月底前向董事会汇报,并抄送市国资委。

第七条 市属国有企业和所属企业应加强担保事项的风险防范,做到以下几点:

(一)严禁实施以下担保行为:

1. 为非国有企业和非法人单位、个人提供担保;

2. 为境外企业提供担保;

3. 对外担保累计超过本企业净资产,或自身资产负债率超过70%,拟继续对外部企业提供担保。

(二)原则上不对有下列情况之一的企业提供担保:

1. 存在资产负债率超过70%、最近三个会计年度连续亏损、存在拖欠银行贷款本息不良记录、涉及重大经济纠纷或经济案件、濒临破产或涉及破产诉讼等经营不良情况的企业;

2. 各县(市)所属的国有企业;

(三)为各区(功能区)国企提供融资担保,应按照规定程序从严审核,从严审批。

(四)为国有参控股企业提供担保的,应限于股权比例之内。

第八条 市属国有企业及所属企业对本企业及所属企业以外的国企提供担保,双方应建立互保关系:

(一)符合国家和省市有关产业政策的要求;

(二)符合全市国有经济战略布局的发展要求;

(三)符合双方的企业发展战略要求;

(四)不属于高风险的投资项目。

第九条 各企业应指定相应的职能部门专门负责担保业务,包括担保制度、程序建设和计划管理,以及具体担保事项的申请受理、审查、材料核实、办理合同、后续管理等。

第四章　反担保

第十条　市属国有企业及其所属企业为不以市国资委为出资人的企业提供担保，应根据风险程度和被担保企业的财务状况、履约能力，要求被担保人提供合法、有效的反担保；反担保措施未落实的，原则上不得给予担保。

第十一条　反担保的方式主要包括保证、抵押、质押等。

（一）保证反担保。应当由被担保企业之外的第三方提供，第三方应具有独立法人资格，资信可靠，财务状况良好，具有偿债能力，无重大债权债务纠纷。

（二）抵押反担保。用于反担保的抵押资产，必须权属清晰、完整，且有处分权，并对其价值量作从严计算；被查封、扣押、监管的财产不得作为反担保的抵押资产。

（三）质押反担保。所有权明确，不涉及诉讼或争议且未设定质押的动产和《中华人民共和国担保法》第七十五条规定的权利可以作为质押物进行质押反担保。

第十二条　提供非保证方式担保的企业不得接受保证方式的反担保。

第十三条　抵押物和质押物属有限责任公司、股份有限公司、合作合营企业或承包经营企业所有的，应有该公司（企业）董事会或经营班子、发包人审议同意的文件。

第十四条　利用国际金融组织贷款、外国政府贷款项目的反担保，应根据国家有关规定办理。

第五章　指导与备案

第十五条　市国资委在尊重企业决策的基础上，对所出资的市属国有企业担保管理运行机制进行指导，并根据需要对市属国有企业及必要的所属企业具体担保事项进行监督。

第十六条　市属国有企业拟实施以下担保行为，应按第三、四章规定的程序和要求，经市属国有企业董事会审议通过，并签署正式担保协议后，在15个工作日内向市国资委办理事后备案手续：

1.确有需要，且已经报市政府批准的第七条第（二）、（三）款所列的担保行为；

2.市属国有企业为以市国资委为出资人的其他市属国有企业及所属企业提供的担保行为；

3.市属国有企业为本企业所属企业提供的担保行为。

第十七条　市属国有企业就第十六条第1款规定的担保事项向市国资委备案的，应提供下列材料原件扫描件，通过温州市内"最多跑一次"平台申报：

（一）担保事项备案报告（须有文号，概述双方企业情况，担保额度、年限、贷款资金还款计划、方式和资金来源说明等内容）；

（二）担保事项备案表（样表见附件1）；

（三）被担保单位董事会要求担保的决议，以及关于还款计划、方式和资金来源的说明；

（四）提供担保的市属国有企业及所属企业董事会同意提供担保的决议；

（五）被担保单位及担保单位上一年度财务报告及上一月度财务报表；

（六）被担保单位及担保单位的营业执照、法定代表人身份证明等材料；

（七）已签署的被担保项目主债务合同及贷款意向书；

（八）已签署的担保合同；

（九）市政府的批准文件（或按有关程序获得的批准文件）；

（十）按规定需实施互保或反担保的，还应提交互保协议书、反担保有关资料。

拟实施以上担保行为的企业，经理班子原则上应研究制定担保风险评估意见书或分析报告，重点就提供担保的原因，对方经营情况、资产负债情况、所需资金用途、偿债资金来源和潜在风险，以及本企业的负债情况、累计提供担保情况和担保可能带来的风险等进行调查分析，并提出评估意见，供董事会决策参考。

第十八条　市属国有企业就第十六条第2款、第3款规定的担保事项向市国资委备案的，提供下列材料原件扫描件，通过温州市内"最多跑一次"平台申报：

（一）担保事项备案报告；

（二）担保事项备案表；

（三）提供担保企业董事会同意提供担保的决议；

（四）被担保单位营业执照；

（五）已签署的被担保项目主债务合同；

（六）已签署的担保合同；

（七）其他资料。

第十九条　市国资委对备案的担保材料，在收件并检查无缺漏后，在6个工作日内审核反馈。对发现的问题，市国资委采用适当形式及时告知市属国有企业，提醒企业调整补正，或在以后的担保工作中加以修改完善。

第二十条　向市国资委报告的担保事项（年、月报制度）。

除以上担保行为外，市属国有企业每月填写《市属国有企业及所属企业担保情况月报表》(样表见附件2)抄送市国资委，次年2月底前填写《市属国有企业及所属企业担保情况年报表》(样表见附件3)及年度担保执行情况报告抄送市国资委。

第二十一条 各类担保行为的主债务合同发生变更、修改的，应经担保人书面同意，并重新签订担保合同。担保合同变更、修改、展期的，应按规定程序重新审批、核准、备案或报告。

第六章 监督检查

第二十二条 各级企业应当严格管理、控制担保行为，不得违反本办法和企业内部担保管理制度的有关规定；坚决杜绝违反规定擅自提供担保，以及将担保业务游离于监管之外。

第二十三条 担保单位、被担保单位应对提交市国资委备案的材料真实性、有效性负责。企业经理班子应对提交董事会决策的担保方案、评估意见等的真实性、有效性负责。企业监事会应根据职责，对企业的担保行为积极进行监督，并向相关部门报告情况。

第二十四条 除告知性备案和年月度报告外，市国资委可采取定期检查和不定期抽查的方式，对市属企业的担保行为进行监督，重点查看担保制度和机制建设情况，担保负担总量控制情况，有无越权审批或擅自决定的情况，以及备案和报告的担保事项程序履行情况，发现问题及时指导修正，情况严重的，及时上报并配合市政府或有关部门查处。

第二十五条 企业有下列情形之一造成国有资产损失的，严格追究责任：

（一）未按规定要求建立健全集团或企业担保管理制度和程序，没有严格执行担保总量控制，出现管理失控，造成损失的；

（二）未按规定制度和程序进行科学评估和审慎决策，错估或忽视风险，造成损失的；

（三）越权审批担保或擅自对外担保的；

（四）应履行相应审批手续没有履行的；

（五）隐瞒信息或提供虚假资料的；

（六）审查不严或对担保项目跟踪、监管不力的；

（七）出现风险不及时报告或承担连带责任后不积极采取措施追索的。

第七章 附 则

第二十六条 本办法自2021年1月1日起实施，由温州市人民政府国有资产监督管理委员会负责解释。原《温州市市属国有企业担保管理试行办法》（温国资委〔2013〕266号）不再执行。

20.《成都市属国有企业融资及担保监督管理办法》

（2022年9月22日成府规〔2022〕4号发布　自2022年9月23日起施行）

第一章 总 则

第一条 为依法履行出资人职责，建立完善以管资本为主的国有资产监管体制，规范市属国有企业融资及担保活动，更好落实国有资本保值增值责任，根据《中华人民共和国民法典》《中华人民共和国公司法》《中华人民共和国企业国有资产法》《企业国有资产监督管理暂行条例》等法律法规规定，参照中央企业相关规定，结合我市实际，制定本办法。

第二条 本办法适用于由市国资委代表市政府履行出资人职责的国有独资和国有控股企业（以下统称市属企业）。

市属金融企业和主营业务为融资担保、融资租赁、小额贷款、典当等的企业，融资及担保活动遵循国家相关法律法规规定。

市属企业上市公司融资及担保活动，国家相关部门另有规定的，从其规定。

第三条 本办法所称融资主要包括：

（一）通过银行贷款、信托、融资租赁等方式对外举借债务；

（二）债券类融资；

（三）其他融资行为。

第四条 本办法所称担保是指市属企业以自身信用或特定财产担保债权人实现债权的行为。

第五条 市属企业融资应遵循聚焦主业发展、严格融资程序、控制融资成本、防范融资风险、优化债务结构等原则；担保应遵循量力而行、权责对等、风险可控等原则。

第二章 融资及担保监管职责

第六条 市国资委按照以管资本为主加强国有企业资产监管的原则，以强化监管、防范风险为重点，依法建立监督全面覆盖、风险控制有力的融资及担保监管体系，推动市属企业融资及担保活动全方面全过程监管，主要职责包括：

（一）指导和督促市属企业建立健全融资及担保管理制度，对市属企业融资及担保管理制度进行备案；

（二）完善市属企业债务风险防控监管体系，建立健全资产负债率约束机制和债务风险监测预警机制，强化企业资产负债率和债务风险管控；

（三）审核市属企业年度融资计划和债券发行审核机构要求企业必须取得市国资委同意文书的债券类融资项目，对市属企业年度担保计划进行备案管理；

（四）督促市属企业严格执行国家金融监管政策，合法合规使用资金，如期偿付债务本息，指导市属企业防范化解债务风险；

（五）健全国有资产监管信息系统，对市属企业融资及担保信息进行监测、分析、管理和运用；

（六）完善市属企业融资及担保活动分析评价制度，对企业融资及担保事项实施审计、后评价等监督管理；

（七）对市属企业违规融资及担保活动以及决策失误依法进行追责；

（八）其他法定职责。

第七条 市国资委对市属企业融资及担保活动实行实时跟踪、动态监管。市属企业应按市国资委要求，按月报送融资事项情况统计，按季报送债务监测事项情况统计，每半年报送担保事项情况统计。

第八条 市属企业是本企业融资及担保活动的决策主体、执行主体和责任主体，应当提升融资及担保活动的组织实施和风险管控水平，主要职责包括：

（一）制定融资及担保管理制度。融资及担保管理制度要明确本企业融资及担保活动管理机构和工作职责、融资决策事项、所属企业融资权限、担保、资金拆借等内容，构建"融入、使用、管理、偿还"及风险防范一体的融资及担保管理体系。市属企业融资及担保管理制度应报市国资委备案。

（二）制定年度融资及担保计划。年度融资计划（包含本企业及下属各级全资、控股企业融资活动）主要包括年度总融资规模、融资途径、资金用途、年度偿债计划以及实施年度融资计划对本企业债务结构、财务状况影响等内容。年度担保计划主要包括担保人、担保金额、被担保人等内容。

（三）加强融资决策管理。市属企业融资事项按照方案提出、审查论证、审议决策、审批实施等步骤进行管理。根据企业发展战略、投资计划、项目建设周期、债务规模及结构、盈利能力、偿债能力、资产质量等实际，充分考虑货币政策、利率水平和变化趋势，择优选择融资方案，优化债务结构，控制融资成本。

（四）加强担保事项管理。建立健全担保尽职调查机制、风险评估和审核制度，根据担保金额、被担保人履约能力及生产经营和整体资信状况等，评估担保风险，合理决策担保事项。

（五）加强融资及担保风险管控。定期评估企业资金流动性风险，严守财务安全底线，加强债务风险预警，充分研判债务偿还能力，及时采取有效措施化解偿付风险。定期跟踪核查担保情况，严格防范代偿风险。

（六）建立健全融资及担保风险信息报告机制。在风险评估的基础上，对预计无法按期足额支付的到期债务本息事项或担保重大代偿事项，应于债务到期日届满前1个月以上书面报告市国资委，不得瞒报、漏报、迟报。报告主要包括预计发生违约债务类别、债务人、债权人、债务期限、本息金额、担保情况、风险发生原因、事态发展趋势、可能造成的损失或影响、已采取或拟采取的应对措施等内容。

（七）建立健全融资及担保计划执行情况报告机制。定期统计分析本企业融资及担保事项，按市国资委要求报送融资及担保事项分析报告。

（八）完善资金效益提升机制。优化资金管理模式，推动资金在集团企业内部形成供需流转，减少非必要外部融资，防止过度融资形成资金无效沉淀，提升企业资金效益。

（九）履行市属企业出资人监管职责。加强所属企业资产负债约束日常管理，防止有息负债、或有负债过度积累，确保资产负债率保持在合理水平，债务风险处于可控状态。

（十）其他依法应承担的职责。

第三章 融资监督管理

第九条 市属企业应按照发展战略、主营业务经营规划及财务状况和偿债能力编制年度融资计划，并于每年1月10日前报市国资委。市国资委汇总审核后提交市政府审议。市属企业应严格执行年度融资计划，年内可根据实际情况进行一次调整。市属企业调增年度融资计划额度须向市国资委备案。

第十条　市属企业应按聚焦主营业务发展原则，开展融资事项实施前评估，包括但不限于以下内容：

（一）企业生产经营、财务状况和发展规划；

（二）企业债务总额、债务结构、资产负债率及债务风险状况；

（三）筹集资金的必要性及投放安排；

（四）筹集资金的规模和效益预测，对企业财务状况和生产经营的影响，企业偿债能力分析；

（五）融资成本控制措施及融资品种选择方式；

（六）风险控制及应对措施。

第十一条　市属企业应结合自身经营状况、项目建设周期、现金流状况、当期金融政策环境等因素制定融资方案。在制定过程中，严禁以下行为：

（一）以任何形式为地方政府及其部门举借债务，或以任何形式产生以政府财政收入作为还款来源、增加政府隐性负债的融资行为；

（二）利用没有收益的公益性资产、不具有合法合规产权的经营性资产开展抵（质）押贷款或发行信托、债券和资产证券化产品等融资业务；

（三）开展其他违反法律法规规定的融资业务。

第十二条　市属企业融资决策应充分考虑融资渠道、融资规模、融资成本、风险控制、实施可行性及自身财务状况等因素，合理决策融资事项，最大限度地控制融资风险。

第十三条　债券发行审核机构要求市属企业必须取得市国资委同意文书的债券类融资项目，应报市国资委核准后实施。经市国资委核准的债券类融资项目发行完成后，市属企业应每年向市国资委报告资金使用情况。同时，市国资委以不低于20%的比例，对市属企业上报的资金使用情况进行核查并形成专项报告报市政府。

第十四条　债券发行审核机构要求市属企业必须取得市国资委同意文书的债券类融资项目，应向市国资委报送下列文件资料：

（一）债券融资项目核准申请文件或报告文件；

(二)债券融资方案,包括但不限于以下内容:

1.债券注册发行金额已列入企业年度融资计划;

2.债券发行方式和融资对象;

3.拟注册发行金额、期限、票面及综合融资成本;

4.资金用途和投向;

5.债券还款资金来源及还款计划;

6.债券担保情况;

7.风险分析及应对方案(主要包括发行不成功风险、利率波动风险、经营风险、兑付风险等);

8.需专项说明的重大事项。

(三)企业章程规定的相关决议文件(股东会或董事会决议);

(四)经审计的财务报告;

(五)律师事务所出具的法律意见书;

(六)市国资委要求提交的其他材料。

第十五条 除债券发行审核机构要求市属企业必须取得市国资委同意文书的债券类融资项目外,市属企业其他融资项目,由企业自主决策并实施。

第四章 担保及借款监督管理

第十六条 本办法规定的担保方式主要包括保证、抵押、质押等,也包括出具有担保效力的共同借款合同、差额补足承诺、安慰承诺等支持性函件的隐性担保,不包括房地产企业为购房人按揭贷款提供的阶段性担保。

第十七条 市属企业担保业务按年度计划实施,年度担保计划随企业年度融资计划一并报送市国资委。担保计划年内可根据实际情况进行一次调整。市属企业调增年度担保计划额度须向市国资委备案。

第十八条 市属企业提供担保须根据本企业财务承受能力合理确定担保规模,除市政府研究确定的项目外,原则上总担保规模不得超过集团企业最近一期经审计合并净资产的40%,单户企业担保额不得超过本企业最近一期经审计净资产的50%。

第十九条 市属企业在总担保规模内,可实施以下担保事项:

(一)自主决定集团内部全资企业之间的担保事项;

(二)原则上以出资比例为限对纳入合并报表范围的非上市控股企业和代管企业

提供担保,确需超股比担保的,须集团企业董事会批准,同时,对超股比担保额应由小股东或第三方通过抵押、质押等方式提供足额且有变现价值的反担保;

(三)以出资比例为限决定是否为不纳入合并报表范围的参股企业提供担保;

(四)为控股上市公司、少数股东含有员工持股计划或股权基金的企业提供超股比担保且无法取得反担保的,须集团企业董事会批准后,在符合融资担保监管等相关规定的前提下,采取向被担保人依据代偿风险程度收取合理担保费用等方式防范代偿风险。

第二十条 市属企业不得向自然人、无股权关系的非法人组织、境外无股权关系的企业提供担保。除市政府研究确定的项目外,市属企业严禁对无股权关系的法人提供担保。

第二十一条 市属企业担保业务应纳入企业内部控制体系,对担保业务进行分类管控,动态管理企业担保事项,对有代偿风险的担保应及时采取资产保全等措施,减少担保损失。

第二十二条 市属企业应加强资金管理,控制资金风险,可实施以下借款事项:

(一)自主决定集团内部全资企业之间的借款事项;

(二)以出资比例为限对纳入合并报表范围的非上市控股企业和代管企业提供借款;

(三)以出资比例为限决定是否为不纳入合并报表范围的参股企业提供借款;

(四)为控股上市公司提供借款的,原则上按持股比例借款,确需超持股比例借款的,须集团企业董事会批准后执行。

第二十三条 市属企业不得向自然人、无股权关系的非法人组织、境外无股权关系的企业借款;不得向连续三年及以上亏损且经营现金流为负等不具备持续经营能力的子企业、控股企业和参股企业提供借款;不得开展名为贸易实为对外提供资金的业务。除市政府研究确定的项目外,不得向无股权关系的法人借款。

第二十四条 市属企业应加强借款和担保事项管理。若债务人、被担保人丧失或有可能丧失履行债务能力时,或提供反担保的第三人丧失或有可能丧失担保能力时,应及时采取必要的管控措施,有效控制借款和担保风险。

第五章 监督检查与责任追究

第二十五条 市属企业应于每年一季度末前,形成上一年度融资及担保活动分

析报告报市国资委。年度融资及担保分析报告,包括但不限于以下内容:

(一)年度融资总体完成情况;

(二)融资方式、债务结构、债务期限等分析;

(三)综合融资成本率及变动分析;

(四)融资资金用途及缺口分析;

(五)担保事项分析;

(六)存在的主要问题及建议。

第二十六条 市属企业应对担保事项进行全面排查,对集团外无股权关系的法人的担保(市政府研究确定的项目除外)和对控股企业、参股企业超过出资比例的担保,以及担保规模占比超过规定比例的,应当限期整改,原则上四年内完成整改;对因划出集团或股权处置形成的无股权关系的担保或超出资比例、超规模的担保,应在三年内完成整改。

第二十七条 市属企业执行本办法的情况、市国资委对市属企业融资及担保活动检查结果和企业整改结果等,作为考核指标纳入企业经营业绩考核和企业领导人员评价范畴。

第二十八条 市属企业应对所有上报材料的真实性负责。企业以拆分项目、提供虚假材料等不正当手段取得核准文件的,由市国资委撤销对该项目的核准,并追究相关人员责任。

第二十九条 市属企业未履行或未正确履行融资及担保活动管理职责,不按"三重一大"决策规定进行决策、对风险提示不予重视或存在违反本办法规定的其他行为,未造成国有资产损失的,市国资委予以通报批评并责令其限期整改;造成国有资产损失或其他严重后果的,依照相关规定予以处理;构成犯罪的依法移交司法机关追究刑事责任。

第六章 附 则

第三十条 本办法由市国资委承担具体解释工作。

第三十一条 各区(市)县政府(管委会)可参照本办法研究制定对所出资企业的融资及担保监督管理规定。

第三十二条 本办法自2022年9月23日起施行,有效期5年。我市关于市属企业融资及担保监督管理其他规定与本办法不一致的,以本办法为准。

后 记

《九民纪要》的发布,将"凡担保,必决议/公告"的理念深植于债权人风险防控的骨髓,而《民法典》及《民法典担保制度解释》的施行,则为公司对外担保规则补上了最后一环规则拼图。然而,金融商事担保实务的复杂性与动态性,始终如光影相生——法条再完善,亦难穷尽交易场景的千变万化。债权人的审查边界如何划定?越权担保的效力认定如何穿透表象?上市公司与非上市公司的规则鸿沟如何跨越?这些问题如同悬在实务者头顶的"达摩克利斯之剑",催促着本书以问题为刃,剖开规则与现实的隔膜。

本书以五大部分、九十问为经纬,试图在《公司法》(2023修订)第15条的立法本意与《九民纪要》《民法典担保制度解释》的裁判逻辑之间,架设一座横跨文本与实务的桥梁。从"为何必须审查决议"的基础命题,到隐名担保、股权嵌套、电子表决等新兴挑战;从非上市公司章程与决议的"左右互搏",到上市公司公告审查的"毫厘之争",每一问皆源于真实判例的淬炼,每一答皆试图在司法裁量的灰度中画出亮色。书中所引案例,既有最高人民法院一锤定音的标杆判决,亦有地方法院"摸着石头过河"的探索性裁判——它们共同勾勒出一幅债权人风险防控的立体图景。

成书过程中,笔者深刻体悟到商事规则的双面性:一面是立法者对交易安全与公司治理的精密权衡,另一面是市场参与者对效率与成本的永恒追逐。曾有客户手持不动产抵押登记证书发问:"既已登记,何须再查决议?"笔者苦笑:"若登记机关能代行风控之责,法官何苦在判决书中批驳债权人'怠于审查'?"亦有企业高管将数百页章程推至案头:"条款浩如烟海,如何尽察?"笔者默然翻开本书第二十九问,指尖轻点答案:"法官逐字审阅时,从无'太长不看'之说。"这些鲜活场景，恰是法律理想主义与现实主义碰撞的缩影。

　　法律的生命力，终须在技术革新与规则守正的张力中寻得出路。当区块链技术为公司担保决议存证赋予"防伪基因"，当AI开始标记章程条款的"高危雷区"，甚至当元宇宙股东会悄然挑战传统程序正义——债权人审查公司担保决议或公告的方式或将剧变，但核心逻辑永不褪色：对善意的恪守、对风险的敬畏、对正义的追求。若本书能助读者在变革浪潮中握紧规则之锚，于细微处预见风险，便不负数百日夜的伏案雕琢。

　　需要致谢者众：感谢司法界前辈以裁判文书为炬，照亮规则适用的幽微之处；感谢学术同仁以理论之刃，剖解实务争议的症结；感谢金融机构法务与企业合规团队，以"接地气"的诘问倒逼本书扎根实践；感谢申骏律师事务所金融商事部同仁，以"死磕"的工匠精神为书稿进行校对；更感谢编辑团队，将庞杂的规则丛林修剪为条分缕析的路径导图。当然，书中未尽之言、未达之意，皆由笔者自负文责。

　　路漫漫其修远，实务者的困境从无"标准答案"。书中若有疏漏，权当抛砖引玉；若生新疑，愿与诸君共探。毕竟，法律的魅力，正在于它永远为下一个问题预留席位。